जाँ निसार अख़्तर

जाँ निसार अख़्तर का जन्म 18 फ़रवरी, 1914 को ग्वालियर, मध्य प्रदेश में हुआ।

उनका ताल्लुक़ शायरों के परिवार से था। उनके दादा फ़ज़्ले-हक़ खैराबादी ने मिर्ज़ा ग़ालिब के कहने पर उनके दीवान का सम्पादन किया था। बाद में 1857 में ब्रिटिश सरकार के ख़िलाफ़ ज़िहाद का फ़तवा जारी करने के कारण उन्हें कालापानी की सज़ा दी गई। उनके पिता मुज़्तर खैराबादी भी एक प्रसिद्ध शायर थे। वे अलीगढ़ मुस्लिम विश्वविद्यालय के गोल्ड मेडलिस्ट एम.ए. थे। 1943 में उनकी शादी प्रसिद्ध शायर मजाज़ लखनवी की बहन सफ़िया सिराजुल हक़ से हुई जिनसे मशहूर शायर जावेद अख़्तर और सलमान अख़्तर का जन्म हुआ। 1947 में देश विभाजन के पहले ग्वालियर के विक्टोरिया कॉलेज में उर्दू के प्रोफ़ेसर रहे। फिर 1956 तक भोपाल के हमीदिया कॉलेज में उर्दू विभाग के अध्यक्ष पद पर रहे। इसी दौरान वे प्रगतिशील लेखक संघ से ज़ुड़े और उसके अध्यक्ष बने। 1949 में फ़िल्मों में काम पाने के उद्देश्य से बम्बई आ गए। 1953 में कैंसर से सफ़िया की मौत हो गई।

उनकी प्रमुख कृतियाँ हैं—'सलासिल', 'तारे-गरेबाँ', 'जाविदाँ', 'नज़रे-बुताँ', 'ख़ाक़े-दिल', 'घर-आँगन', 'पिछले पहर' आदि। 'ख़ाक़-ए-दिल' के लिए उन्हें 1976 के 'साहित्य अकादेमी पुरस्कार' से सम्मानित किया गया। 'अनारकली', 'नूरी', 'प्रेम पर्वत', 'रज़िया सुल्तान', 'बाप रे बाप' आदि प्रसिद्ध फ़िल्मों के लिए उन्होंने गीत लिखे।

निधन : 19 अगस्त, 1976

हिन्दोस्तां हमारा

1

सम्पादक

जां निसार अख़्तर

हिन्दी शब्दावली

मुग़नी अब्बासी
ज़ोया अब्बासी

हिन्दुस्तानी बुक ट्रस्ट

मुम्बई-20

पहला पुस्तकालय संस्करण
हिन्दुस्तानी बुक ट्रस्ट, मुम्बई से
1973 में प्रकाशित

राजकमल पेपरबैक्स में
पहला संस्करण : 2023
दूसरा संस्करण : 2024

राजकमल पेपरबैक्स : उत्कृष्ट साहित्य के जनसुलभ संस्करण

राजकमल प्रकाशन प्रा.लि.
1-बी, नेताजी सुभाष मार्ग, दरियागंज
नई दिल्ली-110 002
द्वारा प्रकाशित

शाखाएँ : अशोक राजपथ, साइंस कॉलेज के सामने, पटना-800 006
पहली मंजिल, दरबारी बिल्डिंग, महात्मा गांधी मार्ग, प्रयागराज-211 001
1, अनमोल सोराबजी संतुक लेन, धोबी तलाव, मरीन लाइंस, मुम्बई-400 002

वेबसाइट : www.rajkamalprakashan.com
ई-मेल : info@rajkamalprakashan.com

यश प्रिंटोग्राफिक्स
नोएडा-201 301 (उत्तर प्रदेश)
द्वारा मुद्रित

मूल्य : ₹999
(दो खंडो का सम्पूर्ण सेट)

HINDOSTAN HAMARA-1
Edited by Jaan Nisar Akhtar

ISBN : 978-93-95737-62-3

पंडित जवाहरलाल नेहरू की याद में
जिन्होंने हिंदुस्तान को सेक्यूलरिज़्म
और जम्हूरियत प्रदान की

प्रस्तावना

अपनी प्रकृति से ही उर्दू तमाम भारतीय भाषाओं में सबसे अधिक तरक़्क़ीपसंद, उदार और धर्मनिरपेक्ष भाषा है। उर्दू के इतिहास पर एक सरसरी नज़र डालना यह समझने के लिए काफ़ी है कि क्योंकर यह भाषा इतनी निष्पक्ष और समभावपूर्ण है। इस भाषा के बारे में सबसे बड़ी भ्रांति यह है कि इसे मुसलमान शासकों द्वारा लाकर यहां के लोगों पर थोप दिया। सच यह है कि पूरी तरह भारतीय भाषा है और अपनी ग्रहणशील स्वभाव के कारण सही मायने में भारतीय उपमहाद्वीप की सच्ची लोकभाषा कही जा सकती है। वाक्य विन्यास के नज़रिये से इसकी जड़ें खड़ी बोली की ज़मीन में गहराई तक डूबी हैं जबकि इसकी शब्दावली हिंदी और संस्कृत के अलावा फ़ारसी, अरबी, टर्की, अंग्रेज़ी, फ्रेंच, पुर्तगाली और उन तमाम भाषाओं के शब्दों को समाहित किए हुए है जो अविभाजित भारत में प्रचलित थीं। यह सब मिलकर उर्दू की ज़बान और अदब को शक्ल देते हैं। उर्दू ज़बान के आधारभूत तत्त्व इसकी धर्मनिरपेक्षता और राष्ट्रवाद हैं और वे इसकी कविता और गद्य में प्रभावशाली अभिव्यक्ति पाते हैं। लगभग पैंतीस साल पहले मेरे वालिद श्री जां निसार अख़्तर ने राष्ट्रवादी उर्दू कविता का विस्तृत चयन *हिन्दोस्तां हमारा* किया था जिसे *हिन्दुस्तानी बुक ट्रस्ट* ने दो खंडों में छापा था। इस चयन की ख़ासियत दोनों खंडों के साथ लगे जां निसार अख़्तर के लिखे दो परिचयात्मक लेख हैं। पहले खंड में कवितायें हैं जिनमें भारत की महानता, इसकी प्राकृतिक सुंदरता, मौसम, तीज त्योजार, शहर और गांव, पुरातत्व, कला, धार्मिक नेता, कहानियां और हमारे जीने के अंदाज़ की बातें हैं। दूसरा खंड पूरी तरह राजनीतिक और देशप्रेम की कविताओं को समर्पित है। यह किताब अब लगभग अप्राप्य है। इसलिए इसका पुनर्मुद्रण पूरी तरह न्यायोचित है ताकि आज के भारत में उर्दू को लेकर फैल रही अफ़वाहों और ग़लत धारणाओं को ख़त्म किया जा सके। मुझ पूरा यक़ीन है कि यह किताब हमारे पाठक को उर्दू और उर्दू की मातृभूमि भारत की बेहतर समझ देगी।

–जावेद अख़्तर

13 फ़रवरी, 2006

विषय-सूची

दूसरा अध्याय

हमारे क़ुदरती मनाज़िर

पहला भाग

हमारे क़ुदरती मनाज़िर

दूसरा भाग

तीसरा अध्याय

हमारे सुब्ह-ओ-शाम

चौथा अध्याय

हमारे मौसम

पांचवां अध्याय
हमारे त्योहार

छठा अध्याय

हमारे शहर और इलाक़े

सातवां अध्याय

हमारी तामीरात

आठवां अध्याय

हमारे फ़ुनूने-लतीफ़ा

(ललित कलायें)

नवां अध्याय

हमारे धार्मिक नेता

दसवां अध्याय

हमारी हिकायात

(कथा-माला)

पहला भाग

हमारी हिकायात

दूसरा भाग

ग्यारहवां अध्याय

हमारा अंदाज़े-इश्क़

भूमिका

उर्दू शाइरी शुरू ही से मिली-जुली सभ्यता की अमानतदार रही है। यों तो हिंदू और मुस्लिम सभ्यतायें उस समय से एक-दूसरे को प्रभावित करने लगी थीं जब मुसलमानों ने सिंध में अपने क़दम जमाए। लेकिन वह प्रारम्भिक दौर कहा जा सकता है। शुरू में इस आपसी मेलजोल का ख़ास पहलू मुसलमान सूफ़ियों के आन्दोलन हैं। हिंदुस्तान का वातावरण पहले से इन सूफ़ियों के ईरानी तसव्वुफ़ को स्वीकार करने के लिए तैयार था। हिंदुस्तान ने प्राचीन काल में उपनिषदों का जो फ़लसफ़ा पैदा किया था और जिसे नवीं शताब्दी में शंकराचार्य ने पुनर्जीवित किया, उसमें अद्वैत की कल्पना मौजूद थी। बाद में विष्णु-भक्ति आन्दोलन ने भी अद्वितीय अस्तित्व की प्राप्ति के लिए सूफ़ियों के मार्ग को ही अपनाया था। अतएव एक तरफ़ तसव्वुफ़ का असर भक्ति आन्दोलन पर पड़ा तो दूसरी तरफ़ तसव्वुफ़ भी हिंदू दर्शन से प्रभावित हुआ। तसव्वुफ़ और भक्ति के इन आन्दोलनों के फलस्वरूप सभ्यता और धर्म के वैमनस्य निरर्थक समझे जाने लगे थे। राम और रहीम एक ही कल्पना के द्योतक नज़र आने लगे थे। यही वह रहस्य था जो दोनों मज़हबों की रूह के लिए एक संगम का काम दे सका। मुसलमान सूफ़ियों में ख़्वाजा मुईनुद्दीन चिश्ती (मृत्यु 1226), ख़्वाजा क़ुतबुद्दीन बख़्तियार काकी, ख़्वाजा फ़रीदुद्दीन गंजशकर और निज़ामुद्दीन औलिया वग़ैरा का ख़ास तौर पर नाम लिया जा सकता है। बारहवीं सदी में दक्षिण में भक्ति आन्दोलन का बड़ा ज़ोर था। रामानुज के प्रभाव से यह तहरीक दक्षिण में बहुत लोकप्रिय हुई। तेरहवीं सदी में जब दिल्ली को एक केन्द्रीय हुकूमत की हैसियत प्राप्त होने लगी थी तो जहां तसव्वुफ़ को फूलने-फलने का मौक़ा मिला, वहां भक्ति तहरीक भी परवान चढ़ती गयी। उत्तर भारत में इस आन्दोलन को लोकप्रिय बनाने में रामानन्द और उनके अनुयायी भक्त कबीर, तुलसीदास और मीराबाई का बड़ा हिस्सा है। सम्राट् अकबर का दौर सही मानों में हिंदू-मुस्लिम तहज़ीबों के मिलाप का ज़माना था। उसकी कोशिशों ने मिली-जुली राष्ट्रीयता और मिली-जुली सभ्यता की रफ़्तार को तेज़ कर दिया। यह प्रभाव हर जगह दिखाई देने लगा। चित्रकला, संगीत, वास्तुकला आदि पर भी इस मेलजोल का असर पड़ा। तसव्वुफ़ और भक्ति आन्दोलन के काल में एक और अहम चीज़ जो उभरी थी वह विभिन्न बोलियों की उन्नति थी जिनके द्वारा सूफ़ी और भक्त अपने विचार जन-साधारण तक पहुंचा रहे थे। मुसलमान सूफ़ियों ने अपने विचारों के प्रचार के लिए जो रास्ता निकाला

वह स्थानीय बोलियों में तुर्की, अरबी और फ़ारसी के शब्दों की मिलावट का था। वैसे तो यह मिलावट सिंध के ज़माने ही से शुरू हो चुकी थी, सूफ़ियों की कोशिश से इसे और बढ़ावा मिला। उस वक़्त यह मिली-जुली ज़बान 'रेख़्ता' कहलाई। अमीर ख़ुसरो (1253 से 1325) के कलाम में इस रेख़्ते का स्पष्ट रूप हमारे सामने आता है। यह रेख़्ता खड़ी बोली में फ़ारसी के शब्दों की मिलावट है जिसमें उन्होंने गीत, पहेलियां और मुकरनियां लिखीं। स्थानीय बोलियों पर ज़ोर देने की यही वह प्रवृत्ति थी जिसने तुलसीदास से अवधी में 'रामचरित मानस' और सूरदास से ब्रजभाषा में 'सूर सागर' लिखवाया। मुसलमानों ने भी स्थानीय बोलियों में बहुत से अदबी कारनामे पेश किए, ख़ासतौर पर मलिक मुहम्मद जायसी की 'पद्मावत' जो अवधी भाषा की एक अमर कृति है।

खड़ी बोली में अरबी, तुर्की और फ़ारसी के शब्दों की मिलावट का जो सिलसिला शुरू हुआ था और जो ख़ुसरो के ज़माने में रेख़्ता कहलाया, एक नई हिंदुस्तानी ज़बान को जन्म देने में कामयाब हुआ जिसे शुरू में हिंदी या हिंदवी कहा गया और बाद में जो उर्दू कहलाई।

अकबर के ज़माने में यद्यपि हिंदुओं और मुसलमानों की मिली-जुली सभ्यता ने, जिसे हिंदुस्तानी सभ्यता कहना चाहिए, बड़ी तेज़ी के साथ तरक़्क़ी करना शुरू कर दिया थी, लेकिन इस नई हिंदुस्तानी ज़बान की तरक्क़ी की रफ़्तार बहुत सुस्त थी। अलबत्ता दक्षिण में दकनी उर्दू ने बहुत उन्नति कर ली थी और सुल्तान क़ुली क़ुतबशाह के शासन काल में, जो अकबर का समकालीन था, उसे अदबी दर्जा प्राप्त हो गया था। यों तो दक्षिण में बहमनी सल्तनत ही के ज़माने से दकनी उर्दू की बुनियाद पड़ने लगी थी और सैयद मुहम्मद हुसैन गेसूदराज़ ने अनेक लेख और शे'र दकनी उर्दू में कहे थे। लेकिन इस सल्तनत की समाप्ति पर जब बिदर, बरार, अहमदनगर, बीजापुर और गोलकुंडा के स्वतन्त्र राज्य अस्तित्व में आये तो भाषा और साहित्य की बड़ी सेवा हुई। ख़ास तौर पर आदिलशाही और क़ुतबशाही दौर में अगर एक तरफ़ दक्षिण भाषा और साहित्य की उन्नति हुई तो दूसरी तरफ़ हिंदू और मुसलमानों के सांस्कृतिक मेलजोल से नया समाज दिन-प्रतिदिन उन्नति करता गया। यह मिली-जुली संस्कृति जो एक ओर उत्तर भारत में और दूसरी ओर दक्षिण में उन्नति कर रही थी, दकनी उर्दू और उत्तर भारत की उर्दू में रचती चली गयी। अगर क़ुली क़ुतबशाह के दीवान में हिंदुस्तानी मौसमों, त्योहारों, रीति-रिवाजों और हिंदू पौराणिक कथाओं के हवाले हैं तो उत्तर भारत के प्रारम्भिक शाइरों में 'फ़ाइज़' देहलवी की 'पनघट' हिंदुस्तान के असली दृश्य पेश करती है। शाह आयतुल्लाह 'जौहरी' की मस्नवी 'गौहरे-जौहरी' में कंवलदयी की ज़बानी जो बारहमासा लिखा गया है उसमें 'भाषा' की शाइरी का पूरा अक्स है। इतना ज़रूर है कि जो हिंदुस्तानियत क़ुली क़ुतबशाह की ग़ज़लों में मिलती है या 'वली' दकनी के कलाम में जिस तरह प्रेमिका से सम्बोधन सजन और मोहन शब्दों में नज़र आता है और जिस प्रकार टीके और भभूत का ज़िक्र मिलता है वह उत्तर भारत के उस दौर के शाइरों में

कहीं-कहीं देखने को मिलता है। उत्तर भारत की ग़ज़ल पर फ़ारसी का प्रभाव था। उसे उन मुग़ल शासकों का संरक्षण भी प्राप्त नहीं हुआ जो मिली-जुली संस्कृति के समर्थक थे।

औरंगज़ेब के दक्षिण प्रवास से उत्तर और दक्षिण का संबंध बढ़ा और 'वली' दकनी सन् 1700 ई. में देहली आये। 'वली' के इस सफ़र के बाद से उत्तर भारत में उर्दू शाइरी तेज़ी से क़दम बढ़ाने लगी। अगर हम उस दौर से लेकर आज तक उर्दू के काव्य-रूपों पर गहरी नज़र डालें तो हम इस नतीजे पर आसानी से पहुंचेंगे कि वह ग़ज़ल हो या नज़्म, मस्नवी हो या क़सीदा, यहां तक कि मर्सियों तक में मिली-जुली हिंदुस्तानी सभ्यता और संस्कृति समाई हुई है। ग़ज़ल में यह ज़रूर है कि जो उपमायें, रूपक या प्रतीक आमतौर पर इस्तेमाल हुए हैं वे फ़ारसी अदब से आये हैं, लेकिन इससे इनकार कैसे किया जा सकता है कि इन पर्दों के पीछे हर युग के हिंदुस्तानी जीवन के सामाजिक, सांस्कृतिक और राजनीतिक चित्र उजागर हैं। अगर मीर तक़ी 'मीर' कहता है—

दिल की बरबादी का क्या मज़्कूर है
यह नगर सौ मर्तबा लूटा गया

तो यहां दिल का लफ़्ज़ दिल्ली का पर्यायवाची बन जाता है जो भीतरी और बाहरी हमलों से तहस-नहस होती रहती थी। या 'रिन्द' लखनवी का यह शेर—

खुली है कुंजे-क़फ़स में मिरी ज़बां सैयाद
मैं माजरा-ए-चमन क्या करूं बयां सैयाद

तो दरअसल यह रूपक हिंदुस्तान की उस हालत की तरफ़ इशारा करता है जब दिल्ली और लखनऊ की सल्तनतें ख़्वाबो-ख़याल हो चुकी थीं और हमारा देश ब्रिटिश सत्ता के शिकंजे में जकड़ गया था। आख़िर में आनेवालों में 'हाली' का यह शेर लीजिए—

'हाली' नशाते-नग़्मा-ओ-मै ढूंडते हो अब
आये हो वक़्ते-सुब्ह, रहे रात भर कहां

तो इस शेर के पीछे मुग़ल साम्राज्य की तबाही और बरबादी की पूरी दास्तान छिपी हुई मिलेगी। हमें यह न भूलना चाहिए कि ग़ज़ल में इशारों की ज़बान इस्तेमाल होती रही है। सरसरी तौर पर देखनेवालों को ऐसा लगता है कि ग़ज़ल में रस्मी विषय हैं और उसे हिंदुस्तान या हिंदुस्तानियत से कोई वास्ता नहीं है। मगर ग़ज़ल वास्तव में अपने देश की हर युग की कहानी कहती आई है। सूफ़ियों की तहरीकें हों या मुल्की और सियासी हालात और घटनाओं का बयान हो, ग़ज़ल ने अपने ढंग से सबकुछ कहा है।

उर्दू शाइरी का दूसरा रूप मस्नवी लीजिए। मस्नवी का अंदाज़ वर्णनात्मक है, इसलिए बात खुलकर सामने आती है। कितनी मस्नवियां हैं जिनके विभिन्न भागों में हिंदुस्तान की मिली-जुली सभ्यता रची-बसी है। 'फ़ाइज़' की मस्नवियां 'निहां' और 'जोगन'; शाह 'हातिम' की मस्नवी 'बज़्मे-इश्रत'; 'मीर' की मस्नवी 'जश्ने-होली' और 'कदखुदाई' और 'सौदा' की मस्नवी 'मौसमे-गरमा' ही पर निर्भर नहीं, मीर हसन की 'सहरुलबयान' हिंदुस्तान की सामाजिक और सांस्कृतिक रस्मों और परंपराओं से भरी

पड़ी है। 'मुस्हफ़ी' ने गर्मी और जाड़े की कैफ़ियत बयान की है तो 'रंगीन' की 'दिल-पज़ीर' में जो 'क़िस्स-ए-जबीनो-नाज़नीन : रानी श्रीनगर' के नाम से मशहूर है और दयाशंकर 'नसीम' के 'क़िस्स-ए-गुल बकावली' में हिंदुस्तानी तत्त्वों की कितनी झलकियां मौजूद हैं। बाद के शाइरों की मस्नवियां जिनमें हिंदुस्तानियत का तत्त्व है, उनमें 'इब्रत' की पद्मावत, मूलचन्द मुंशी की 'हीर-रांझा', नवाब मुहब्बत ख़ां 'मुहब्बत' की 'ससी-पुन्नू' और 'राहत' काकोरवी की 'नल-दमन' विशेषतः उल्लेखनीय हैं। वाजिदअली शाह के युग में 'अमानत' के छन्दोबद्ध ड्रामे 'इन्द्र सभा' में भी हिंदुस्तानी झलक नज़र आती है।

मस्नवियों की तरह क़सीदों में भी हिंदुस्तानियत के तत्त्व बिखरे हुए मिलते हैं। दकनी उर्दू में तो ईद, बक़रीद और वसंत या मौसमों पर क़सीदे लिखे ही गये थे। 'वली' दकनी ने जो क़सीदों की तशबीब (प्रारम्भिक भाग) लिखी है उसमें हिंदुस्तानी ज्योतिष विद्या और संगीत का बयान भी लिखा है। 'सौदा' के क़सीदे यद्यपि काल्पनिक उड़ान पर आधारित हैं लेकिन उनके अधिकांश क़सीदों में वसंत ऋतु का ज़िक्र है। उनका मशहूर क़सीदा 'शहर आशोब' उस ज़माने के राजनीतिक पतन और सामाजिक दरिद्रता पर व्यंग्य की हैसियत रखता है। 'मीर' के यहां भी एक क़सीदे में ज़माने की गर्दिश का ज़िक्र यथार्थ के रूप में किया गया है। हम सिर्फ़ उन्हीं क़सीदों की तरफ़ इशारा करना चाहते हैं जिनका विषय या जिनका प्रारम्भिक भाग हिंदुस्तानी सभ्यता का आईनादार है। 'इंशा' के अधार्मिक क़सीदों में हिंदी के शब्द बहुतायत से प्रयुक्त हुए हैं। और हिंदुस्तानी इशारों और परंपराओं का भी नियमित रूप से उपयोग किया गया है। उनके क़सीदों के किसी-किसी टुकड़े में हिंदुस्तानी वातावरण पूर्ण रूप से सांस लेता है। 'दुल्हन जान' की प्रशंसा में जो क़सीदा 'इंशा' ने कहा है उसमें हिंदुस्तानी संगीत की शब्दावली और हिंदुस्तान के उस युग की दरिद्रता और अशांति का नक़्शा खींचा गया है। 'ज़ौक़' के एक क़सीदे के प्रारम्भिक भाग में हमको ज्योतिष, खगोल विद्या, आयुर्वेद, इतिहास, मतलब यह कि पूर्वी विद्याओं और कलाओं का हवाला मिलता है, जिसकी वजह से एक ज्ञान का वातावरण पैदा हो गया है। हिंदुस्तानी संगीत के बारे में सुनिए—

इस क़दर साज़े-तरबसाज़ की आवाज़ बलन्द
छेड़ें गर तार खरज का तो हो पैदा धैवत
लेके अंगड़ाई कहीं हंसने लगी राम कली
उट्ठी मलती हुई आंखों को कहीं अपनी ललत

ग़ालिब ने उस क़सीदे की तशबीब में जो हज़रत अली की स्तुति में है, तसव्वुफ़ और वेदान्त के उस दृष्टिकोण को पेश किया है जो विश्व के प्रारम्भ के बारे में है। एक क़सीदे में प्रातःकाल का दृश्य बहुत जानदार है। यों तो सैकड़ों क़सीदे हैं लेकिन अरमान अली 'सहर' लखनवी के 'क़सीदा-ए-बहारिया' पर हमारी नज़र ठहरती है जिसका शे'र है—

अय हवा जाके बनारस से उड़ा ला बादल
चाहिए हिंदवी सौसन के लिए गंगाजल

'मुनीर' शिकोहाबादी के चन्द क़सीदों में 1857 की क्रांति की घटनायें दर्ज हैं। 'तस्लीम' के क़सीदों के प्रारम्भ में आमतौर पर निजी ग़म मिलता है, लेकिन एक क़सीदे में 'दिले-बरबाद की खानाख़राबी' की आड़ में आम सामाजिक दशा की तरफ़ इशारा कर गये हैं–

घर किया ख़ानाख़राबी ने दिले-बरबाद में
आजकल है अपना सीना ग़ैरते-हिन्दोस्तां

उर्दू के शाइर मिली-जुली हिंदुस्तानी सभ्यता और संस्कृति से कितने प्रभावित थे, इसका अंदाज़ा मर्सियों के अध्ययन से भी आसानी से हो सकता है। कर्बला की घटनाओं की पृष्ठभूमि यद्यपि अरब देश है लेकिन मर्सिए हिंदुस्तानी समाज का चित्र पेश करते हैं। हम अगर सिर्फ़ 'अनीस' के मर्सियों को उठाकर देखें तो काफ़ी है। हद यह है कि 'अनीस' ने इमाम हुसैन की लड़की और भतीजे की शादी के मौक़े पर हिंदुओं के संस्कार बयान किए हैं। संदल, मेहंदी, नथ, कंगना, सेहरा ख़ालिस हिंदुस्तानी चीज़ें हैं। दूल्हा के सिर पर बहनों का आंचल डालना ख़ालिस हिंदुस्तानी रस्म है–

बहनें किधर हैं डालने आंचल बने पे आयें
अब देर क्या है हुजरे से बाहर दुल्हन को लायें

यहां तक तो हमने प्राचीन उर्दू शाइरी में मिली-जुली हिंदुस्तानी सभ्यता की ओर ध्यान आकृष्ट किया है। अब एक उचटती-सी नज़र आधुनिक शाइरी पर भी डाली जाये जो 'आज़ाद' और 'हाली' के दौर से शुरू होती है।

'आज़ाद' और 'हाली' के दौर से आधुनिक नज़्म-निगारी शुरू होती है। यह बदलते हुए हालात का तक़ाज़ा था। अंग्रेज़ी साहित्य का प्रभाव भी उर्दू साहित्य पर पड़ने लगा था। 'आज़ाद' की 'अब्रे-करम' और 'ज़मिस्तां' में और 'हाली' की 'बरखा रुत' में हिंदुस्तानी मौसमों का चित्रण है। नेचुरल शाइरी के इस दौर में हिंदुस्तान के दृश्यों और यहां के मौसमों पर इतना मसाला मिलता है जो अपने सम्पादन के लिए कई ग्रन्थों की अपेक्षा करता है। इसका विस्तृत वर्णन हम उन अध्यायों के अन्तर्गत करेंगे जिनमें प्राकृतिक दृश्यों और मौसमों पर नज़्में दी गयी हैं। अलबत्ता यह जान लेना ज़रूरी है कि यह युग केवल मंज़र-निगारी तक ही सीमित न रहा था बल्कि इस दौर से ही उर्दू शाइरी सीधे-सीधे देशप्रेम और राष्ट्रीयता की भावना से परिपूर्ण होने लगी थी। देशभक्ति की जो लहर 'हाली', 'आज़ाद' और इस्माईल, 'सुरूर' जहानाबादी और 'चकबस्त' से चली उसके पीछे देश के सामाजिक और राजनीतिक प्रभाव काम कर रहे थे। यह लहर ज़माने के साथ-साथ बढ़ती चली गयी और हिंदुस्तान के सारे राजनीतिक आन्दोलनों को अपने में समोती गयी। हर सामाजिक और राजनीतिक घटना जैसे उर्दू शाइरी का अभिन्न अंग हो। कोई मंज़िल और कोई मोड़ ऐसा नहीं है जहां उसने साथ न दिया हो या उसे अपने दिल की आवाज़ में न ढाला हो। इंक़िलाब ज़िंदाबाद तक का नारा

उर्दू ज़बान ही ने हमारी जंगे-आज़ादी को दिया। यह सच है कि जंगे-आज़ादी के इतिहास को उर्दू नज़्मों ने अपने दिल के ख़ून से लिखा है और इसे दोस्त-दुश्मन सभी मानते हैं। 'इक़बाल', 'जोश' और 'फ़िराक़' और उनके समकालीन सभी शाइर और उनके बाद आनेवाली प्रगतिशील शाइरों की नस्ल ने यह जंग अपने क़लम से लड़ी है। उर्दू शाइरी ने मुल्की सियासत को किस तरह अपनाया और क्या सेवा की इसकी व्याख्या हम इस संकलन के दूसरे भाग में करेंगे जिसमें हिंदुस्तान के राजनीतिक आन्दोलनों को सम्मिलित किया जायेगा। इस जगह हम उर्दू के मशहूर लेखक क़ैयूम 'ख़िज़्र' का एक उद्धरण देना काफ़ी समझते हैं : ''अगर हिंदुस्तान की तमाम तारीख़ी किताबें (इतिहास) ख़त्म कर दी जायें, तमाम आन्दोलनों के वृत्तान्त गुम कर दिए जायें और सिर्फ़ उर्दू साहित्य बाक़ी रह जाये तो आप हिंदुस्तान की हर युग की लगातार ऐतिहासिक कड़ियों को जोड़ सकते हैं और आपको केवल उर्दू के द्वारा हिंदुस्तान के संपूर्ण इतिहास का ज्ञान प्राप्त हो सकता है।''

हिंदुस्तान की महानता : हमने इस पहले अध्याय में वे चन्द नज़्में दी हैं जो हमारे देश की विशेषता और महानता को उजागर करती हैं। इतिहास गवाह है कि हिंदुस्तान ने सदियों दुनिया को ज्ञान का प्रकाश प्रदान किया है। यह धरती अगर एक तरफ़ दुनिया के कई बड़े धर्मों की जन्मभूमि है तो दूसरी तरफ़ कई विद्याओं और कलाओं का पहला पालना भी सिद्ध हुई है। एक तरफ़ इसने वेद, उपनिषद्, महाभारत, रामायण, गीता और धम्मपद जैसी पवित्र किताबें दुनिया को दीं तो दूसरी तरफ़ गणित, दशमलव प्रणाली, ज्योतिष विद्या, खगोल विद्या और आयुर्वेद में दूसरे देशों का मार्गदर्शन किया। आर्यभट्ट, ब्रह्मगुप्त और वराह मिहिर ने अगर ज्योतिष शास्त्र और गणित शास्त्रों को आगे किया तो वागभट्ट ने आयुर्वेद पर एक बड़ा ग्रन्थ ज़माने के सामने रखा। यही नहीं चित्रकारी, मूर्तिकला और वास्तुकला में अजन्ता, एलौरा, सांची और सारनाथ की बेमिसाल यादगारें क़ायम कीं। अपने मुल्क के महान् कारनामों पर गर्व करना और अपनी धरती के कण-कण से मुहब्बत करना एक नफ़्सियाती बात है। इंसान जिस धरती पर रसता-बसता है, उसके आर्थिक और सांस्कृतिक रिश्तों की जड़ें उस धरती में बहुत गहरी होती हैं। और यही वह बन्धन है जो देशभक्ति की भावना की बुनियाद है। आर्यों से लेकर मुसलमानों तक जितनी भी क़ौमें आईं और यहां रस-बस गईं उनके लिए हिंदुस्तान अपना वतन बन गया। यह भी सत्य है कि हिंदुस्तान में एक संयुक्त राष्ट्रीयता की बुनियाद शुरू ही से पड़ती रही है और हिंदुस्तान की सारी क़ौमें वक़्त के साथ इस उद्देश्य की तरफ़ क़दम बढ़ाती रही हैं। यह बात ध्यान में रखनी चाहिए कि धर्म, नस्ल और इतिहास का सहयोग यद्यपि अहम है लेकिन संयुक्त राष्ट्रीयता के लिए अनिवार्य शर्त की हैसियत नहीं रखता। डॉक्टर आबिद हुसैन ने भी अपनी किताब 'क़ौमी तहज़ीब का मस्अला' में माना है कि केवल भौगोलिक एकत्व, आर्थिक एकत्व और आम

सांस्कृतिक एकत्व ही को हम क़ौमी राष्ट्रीयता की अनिवार्य शर्तें क़रार दे सकते हैं। मिला-जुला इतिहास निश्चित ही एक बड़ी शक्ति है जो एक देश में बसनेवालों को एक करने में मदद देती है। हिंदुस्तान की क़ौमें हज़ारों साल से एक-दूसरे के साथ ज़िंदगी गुज़ारती आई हैं। मुसलमान जो सबके बाद में यहां आकर बसे उन्हें भी साढ़े सात सौ साल से ज़्यादा हो गये हैं। अगर हम उस वक़्त से मुसलमानों के आगमन का हिसाब करें जब उन्होंने सिंध में पहले-पहल अपने क़दम जमाए तो बारह सौ साल से भी ज़्यादा का अरसा होता है। अठारहवीं सदी के मध्य से उन्नीसवीं सदी के मध्य तक के ज़माने में जो हिंदुस्तानियों की राजनीतिक और आर्थिक दासता का दौर था, हिंदुओं और मुसलमानों का इतिहास, जो दरअसल स्वतन्त्रता-युद्ध का इतिहास है, एक रहा है। हिंदुओं और मुसलमानों के सांस्कृतिक मेलजोल की तरफ़ हम पहले ही इशारा कर चुके हैं। उर्दू भाषा जो इस साझे का ही फल थी, हिंदुओं और मुसलमानों की साझे की मीरास है। मौलवी अब्दुल हक़ ने अपने अभिभाषणों में लिखा है कि 'उर्दू के बनाने-संवारने में अगर हिंदुओं की साझेदारी न होती तो यह अस्तित्व ही में न आ सकती थी।' अतएव उर्दू ने जहां इस धरती की एक-एक चीज़ को गले लगाया वहां इस देश की महानता के भी गीत गाए।

जो नज़्में इस विषय पर चुनी गयी हैं उनमें पहली नज़्म डॉक्टर इक़बाल की है जो अखंड हिंदुस्तान में पैदा हुए और अखंड हिंदुस्तान में ही स्वर्ग सिधार गये। इक़बाल की यह नज्म ज़ंगे-आज़ादी के दौरान तराने का रूप धारण कर गयी थी और जब हिंदुस्तान आज़ाद हुआ तो आज़ादी की घोषणा के समारोह में टैगोर के 'जन गण मन' के साथ, जो आज हमारा राष्ट्रगीत है, इक़बाल का यह तराना भी गाया गया था। 'चकबस्त' की 'ख़ाके-हिंद' में हिंदुस्तान की महानता का वर्णन है। एक ओर गौतम, सरमद, अकबर और राणा का ज़िक्र है तो दूसरी तरफ़ गंगा और कश्मीर की ख़ूबसूरत घाटी का बयान है। दुर्गासहाय 'सुरूर' जहानाबादी के यहां देशभक्ति की आत्मा है। 'जोश' की नज़्म व्यक्तिगत अनुभूति लिये हुए है, फिर भी करोड़ों दिलों की बात कहती है। 'फ़िराक़' ने अपनी रुबाइयों में हिंदुस्तान की जो सर्वव्यापी और महान् तस्वीर दी है वह हमारे तारीख़ी, समाजी और इल्मी पहलुओं का ही ज़िक्र नहीं करती बल्कि हमारी नैतिक और आध्यात्मिक ऊंचाइयों को भी अपने में समोये हुए है। महाराज बहादुर 'बर्क़' हिंदुस्तान के नैयरे-इक़बाल के दुबारा चमकने का यक़ीन रखते हैं। इसी तरह 'सीमाब' की नज़्म में अनेक ऐतिहासिक हवाले मिलते हैं और वह हिंदुस्तान की गुज़री हुई महानता को एक बार फिर आवाज़ देते नज़र आते हैं। 'जमील' मज़हरी, आनंद नारायण 'मुल्ला' और 'तैश' सिद्दीक़ी ने हिंदुस्तानी इतिहास और संस्कृति को सुंदर ढंग से पेश किया है। ख़ासतौर पर 'मुल्ला' और 'तैश' की नज़्मों का कैन्वस काफ़ी विस्तृत है। 'साग़र' निज़ामी का 'तराना-ए-वतन' एक गीत का तास्सुर लिये हुए है। 'अफ़सर' मेरठी, निहाल स्योहारवी और 'एजाज़' सिद्दीक़ी की कोशिशें भी निष्ठा से परिपूर्ण हैं। सरदार जाफ़री की लंबी मस्नवी का एक टुकड़ा भी शामिल किया गया है जिसमें वह बरतानवी क़ब्ज़े

से हिंदुस्तान के सौंदर्य के सारे ख़ज़ाने हमेशा के लिए छीन लेना चाहते हैं। गोपाल मित्तल की संक्षिप्त नज़्म में आज के हिंदुस्तान में विचार-स्वातन्त्र्य और व्यवहार-स्वातन्त्र्य को सराहा गया है। 'नाज़िश' की कृति बहुत सुंदर है। जां निसार अख़्तर के 'बादः-ए-वतन' में हिंदुस्तान के दृश्य, त्योहार, रीति-रिवाज, ललित कलाओं आदि का प्रतिनिधित्व है। आख़िर में सिकन्दर अली 'वज्द' की नज़्रे-वतन' है। यह नज़्म उन भावनाओं का इज़्हार है जो अपने देश को आज़ादी से गले मिलते देखकर शाइर के दिल में मौजें मार रही हैं।

सियाह दौरे-गुलामी ख़यालो-ख़्वाब है आज
बलन्द अज़्मते-इन्सां का आफ़्ताब है आज

ये रचनायें इस बात का खुला सुबूत हैं कि हिंदुस्तान की सदियों की महानता उर्दू शाइरों की कला और चिंतन का अंग बन गयी है।

प्राकृतिक दृश्य : इस अध्याय को हमने दो भागों में बांट दिया है। पहले भाग में चन्द वे नज़्में हैं जो हमारे पहाड़ों और नदियों से संबंधित हैं। हिमालय पर दो नज़्में हैं। एक डॉक्टर इक़बाल की और दूसरी 'मुनव्वर' लखनवी की। हिंदू शास्त्रों में पर्वत को शक्ति का प्रतीक समझा जाता है। सब पर्वतों में हिमालय का स्थान सबसे ऊंचा है। इसकी विभिन्न चोटियों को विभिन्न देवी-देवताओं का निवास-स्थान माना गया है। मसलन मेरु ब्रह्मा का निवास स्थान है, मंदराचल दुर्गा का निवास स्थान है, कैलाश शिवजी का निवास स्थान है। गंगा और पार्वती को हिमालय की बेटियां माना गया है और एक किंवदन्ती के अनुसार हिमालय का नाम हेमावती से लिया गया है जो पार्वती के अनेक नामों में से एक है। हिमालय की पवित्रता का अंदाज़ा इससे भी किया जा सकता है कि बड़े-बड़े ऋषि-मुनि साधना और आराधना के लिए हिमालय या उसकी तराई को अपना स्थान बनाते रहे हैं। इस धार्मिक श्रद्धा से अलग हिमालय की भौगोलिक स्थिति हमारे देश के लिए बड़ी अहम रही है। 'इक़बाल' की नज़्म हिमालय की महानता का राग गाती है और बड़े रोबीले शब्दों में। 'मुनव्वर' लखनवी की नज़्म दरअसल कालिदास के 'कुमारसम्भव' का एक टुकड़ा है। कालिदास ने जिस हुस्न और ख़ूबी के साथ हिमालय का चित्र खींचा है, इसमें शक नहीं कि 'मुनव्वर' ने उसे उर्दू शाइरी के क़ालिब में उसी ख़ूबसूरती से ढाल दिया है। गंगा पर उर्दू में अनेक नज़्में हैं, उनमें से हमने सिर्फ़ पांच नज़्में दी हैं। गंगा हमारे देश की सबसे पवित्र नदी मानी जाती है। प्राचीन काल से लेकर आज तक इसको धार्मिक महत्त्व प्राप्त है। हिंदू शास्त्रों में यह नदी गंगा माई या गंगा माता कही जाती है और इसे देवी का स्थान दिया गया है। पुराणों के युग में कितनी ही कथायें गंगा के संबंध में अस्तित्व में आईं जिनमें गंगा को ब्रह्मा, विष्णु और शिव से एक-न-एक रूप में संबंधित बताया गया है। एक कथा यह भी है कि राजा सगर के बेटे जब एक ऋषि के शाप से भस्म हो गये तो भगीरथ ने उनकी आत्मा की शांति के लिए यही उपाय सोचा कि गंगा स्वर्ग से धरती पर उतरे और उसके पवित्र जल से

उनकी मुक्ति हो। भगीरथ ने अपनी तपस्या से गंगा को राज़ी कर लिया लेकिन डर यह पैदा हुआ कि गंगा धरती पर सीधी गिरी तो धरती धंस न जाये। उस समय शिवजी ने यह बात मान ली कि गंगा उनकी जटाओं पर गिरे और वहां से धरती पर बहे। भगीरथ की तपस्या ही से मानो गंगा धरती पर उतरी इसलिए गंगा को भागीरथी भी कहकर पुकारा जाता है। इस धार्मिक विशेषता के अलावा गंगा का ऐतिहासिक महत्त्व भी बहुत बड़ा है। पंडित जवाहरलाल नेहरू ने अपने वसीयतनामे में गंगा के बारे में महत्त्वपूर्ण बातें कही हैं। वैसे भी गंगा हिंदुस्तान जैसे कृषि-प्रधान देश में अहम है जो हमारे देश की लाखों मील धरती को सींचती और तृप्त करती है। गंगा पर जो नज़्में दी गयी हैं वे उसके विभिन्न पहलुओं का चित्रण करती हैं। विशेषतः 'नज़ीर' बनारसी की नज़्म 'गंगा के तीन रूप' और 'राही' मासूम रज़ा की नज़्म का आख़िरी टुकड़ा बहुत ख़ूबसूरत है। 'साग़र' निज़ामी की नज़्म यमुना पर है। यमुना भी हमारे देश की महत्त्वपूर्ण नदी है। पौराणिक दृष्टि से जमुना या यमुना सूर्य देवता की पुत्री मानी गयी है। भाईदूज के मौक़े पर यमुना के किनारे मेला लगता है जहां बहनें स्नान करके अपने भाइयों के लिए शुभकामनायें करती हैं। यमुना की महानता और विशेषता में बड़ा हाथ कृष्ण और राधा की कथा का है। यमुना जिसके किनारे कृष्ण के पवित्र प्रेम के आज भी राग गाए जाते हैं और जहां सदियों के बाद एक और मुहब्बत की यादगार 'ताजमहल' के रूप में उभरी, उर्दू साहित्य में हमेशा के लिए प्रवाहित हो चुकी है। एक नज़्म संगम या त्रिवेणी पर है। यह हामिदुल्लाह 'अफ़सर' मेरठी की है। इलाहाबाद या प्रयाग में जहां गंगा-यमुना और सरस्वती का मिलाप होता है, उसी को संगम के नाम से याद करते हैं। सरस्वती नदी का उल्लेख हमें ऋग्वेद में मिलता है। उसके ठंडे, निर्मल जल की मां के दूध से तुलना की गयी है। कहा जाता है कि सरस्वती गंगा-यमुना की सतह के नीचे शांति और सुकून से बहती रहती है। संगम हिंदुओं का पवित्र स्थान है। एक पौराणिक कथा के अनुसार अमृत घट की बूंदें तीन-चार स्थानों पर टपक पड़ी थीं। उनमें प्रयाग, हरिद्वार, काशी आदि सम्मिलित हैं। कुम्भ का मेला यहीं लगता है। एक नज़्म रावी पर है। 'इक़बाल' ने इस नदी को जीवन के दार्शनिक दृष्टिकोण से देखा है। आख़िर में जगन्नाथ 'आज़ाद' की संक्षिप्त नज़्म 'चिनाब' है, जिससे हिंदुस्तान की कई रूमानी कहानियां सम्बद्ध हैं।

इस अध्याय के दूसरे भाग में दृश्यों पर चन्द मोहक नज़्में हैं। उर्दू में दरअसल फ़ितरत-निगारी की शुरुआत 1857 के बाद हुई। इस शे'री आन्दोलन के बारे में अगर निश्चयात्मकता से काम लिया जाये तो हम 1857 का साल निश्चित कर सकते हैं। इस साल मुहम्मद हुसैन 'आज़ाद' ने आधुनिक उर्दू शाइरी का नज़रिया पेश किया और मुहम्मद इस्माईल मेरठी ने अंग्रेज़ी नज़्मों के अनुवाद किए। 1874 में यह आन्दोलन लोकप्रिय हुआ और 'आज़ाद' के कन्धे से कन्धा मिलाकर 'हाली' भी इस मैदान में उतर आये। हिंदुस्तान के प्राकृतिक दृश्य, यहां के सुब्हो-शाम और यहां के मोसमों पर नज़्में लिखी जाने लगीं। यद्यपि इससे पहले मस्नवियों और मर्सियों और क़सीदों में भी ये तत्त्व

मिलते हैं जिनकी तरफ़ हम इशारा कर चुके हैं। प्राचीन शाइरी में केवल 'नज़ीर' अकबराबादी एक ऐसा शाइर है जिसने ऐसे विषयों पर अलग-अलग नज़्में कही हैं। फ़ितरतनिगारी हमें 'इक़बाल' और 'चकबस्त' के यहां भी मिलती है। 'जोश' मलीहाबादी ने इस प्रकार की बहुत सुंदर और दिलकश नज़्में कही हैं। उन्हीं के प्रभाव से यह प्रवृत्ति आगे की नस्ल तक पहुंची। 'साग़र' निज़ामी, अहसान 'दानिश', 'अख़्तर' शीरानी, 'नदीम' क़ास्मी, विशेषकर रूमानी शाइरों ने इसे अपनाया। प्रगतिशील आन्दोलन के शाइरों के कलाम में इस प्रकार की नज़्में हैं लेकिन बहुत कम। इस हिस्से में जो नज़्में दी गयी हैं, उनमें दो टुकड़े तो मीर हसन की मस्नवी 'सहरुलबयान' से लिये गये हैं। तीन नज़्में जोश की हैं और निस्सन्देह लाजवाब हैं। ज़िंदा दृश्यों में इंसानी जज़्बात पर दृश्यों की जादूगरी को बड़े ख़ूबसूरत अंदाज़ में पेश किया है। 'फ़ाख़्ता की आवाज़' उर्दू की हसीनतरीन नज़्मों में गिनी जाने के लायक़ है। अब्बास बेग 'महशर' की 'राजहंस', 'अख़्तर' शीरानी की 'चरवाहे की बंसी', जां निसार 'अख़्तर' की 'एक वादी से गुज़रते हुए', 'फ़ैयाज़' ग्वालियरी की 'धान के खेत' और 'शिहाब जाफ़री' की नज़्म 'जज़ीरों का ख़्वाब' इस प्रकार की शाइरी का ख़ूबसूरत सरमाया हैं।

इन नज़्मों में हिंदुस्तान के प्राकृतिक दृश्यों की असली रूह है।

हमारे सुब्हो-शाम : जो नज़्में इस अध्याय में शामिल हैं वे भी फ़ितरतनिगारी ही की प्रवृत्ति की पैदावार हैं। यह वास्तविकता है कि अगर हम ऐसे शाइरों की फ़ेहरिस्त तैयार करें जिनके कलाम में हमारे सुब्हो-शाम का हुस्न और जमाल रचा है तो तादाद सैकड़ों से कम न होगी। जो नाम सहसा हमारे ज़िहन में उभरते हैं वे 'आज़ाद' और 'हाली' के अलावा इस्माईल मेरठी, 'चकबस्त', 'सुरूर', बेनज़ीर शाह, 'नादिर' काकोरवी, अब्दुल हलीम 'शरर', 'नज़्म' तबातबाई, 'शौक़' क़िदवाई, 'औज' गयावी, सैयद मुहम्मद हादी, 'जलाल' मुरादाबादी, कुन्दनलाल 'शरर' वग़ैरा हैं। 'इक़बाल' और 'जोश' के बाद भी मंज़रनिगारी की प्रवृत्ति उर्दू शाइरी में रही, जैसा कि हम ऊपर दिखा आये हैं। इस भाग में जो पहली नज़्म 'तूलू-ए-आफ़्ताब' शामिल है वह ग़ालिब के क़सीदे से ली गयी है। मर्सियों में से हमने मिर्ज़ा अनीस के यहां से 'नूर ज़हूर का वक़्त' और 'नफ़ीस' के यहां से 'सुब्ह का समां' लिया है। 'जल्वा-ए-सुब्ह' के शीर्षक से ब्रजनारायण 'चकबस्त' की नज़्म है जो मिर्ज़ा अनीस ही के रंग में है। एक छोटी मगर ख़ूबसूरत नज़्म 'सुब्ह की बहार' 'उफ़ुक़' लखनवी की है। 'नुमूदे सुब्ह' 'बेनज़ीर' शाह की कृति है जो उनकी लंबी मस्नवी 'अल्कलाम' का एक टुकड़ा है। 'बेनज़ीर' शाह पर मीर हसन का असर साफ़ दिखाई देता है। उनके यहां अवलोकन की बड़ी शक्ति है। इक़बाल की नज़्म 'आफ़्ताब' दरअसल गायत्री से अनूदित है। एक मौलिक नज़्म 'नुमूदे-सुब्ह' भी शामिल है। इक़बाल अपने आलाप से हर दृश्य को वैभवशाली बना देते हैं। सुब्ह पर एक नज़्म 'जोश' की है। उसमें 'जोश' अपनी शाइराना लताफ़तों और जादूगराना उपमाओं के साथ जल्वागर

हैं। दोपहर पर 'अख़्तर' अंसारी की एक छोटी-सी नज़्म है। आख़िरी शे'र में वास्तव में दोपहर सनसनाती हुई अनुभव होती है। शाम पर इक़बाल, 'जोश', 'मख़दूम' और 'निदा' फ़ाज़्ली की नज़्में हैं। 'जोश' की नज़्म उनकी मशहूर नज़्म 'किसान' का प्रारम्भिक भाग है। इक़बाल की 'बज़्मे-अन्जुम' मंज़रनिगारी की हद से गुज़रकर जीवन-दर्शन तक पहुंचती है और उनकी आवाज़ अलग से सुनाई देने लगती है। रात के विषय पर पहली नज़्म मुहम्मद हुसैन 'आज़ाद' की है। दूसरी मुहम्मद इस्माईल मेरठी की। इस्माईल ने शफ़क़ पर भी एक ख़ूबसूरत नज़्म कहीं है लेकिन लंबी होने के कारण उसे शामिल नहीं किया गया। 'बेनज़ीर' शाह की 'चांदनी रात' उनके विशेष रंग की द्योतक है। एक ग़ज़लनुमा नज़्म 'औज' गयावी की है और आख़िर में 'शाज़' तमकनत की 'आख़िरे-शब' है जिसमें ख़ूबसूरत शब्दों और ख़ूबसूरत बन्दिशों की बहुतायत के बावजूद एक जज़्बाती कैफ़ियत रची हुई है।

हमारे मौसम : इस अध्याय में हिंदुस्तानी ऋतुओं पर नज़्में हैं। उर्दू ज़बान जहां अपने विकास की विभिन्न मंज़िलों में स्थानीय भाषाओं से असर क़ुबूल करती रही वहीं स्थानीय साहित्यिक परंपरा और काव्य-रूपों को भी अपनाने में पीछे नहीं रही। अतएव इसमें 'बारहमासा' की शैली को भी अपनाया। बारहमासा की परंपरा के बारे में डॉ. मसूद हुसैन ख़ां का ख़याल है कि 'इसका विकास संस्कृत और अपभ्रंश के प्रबन्धकाव्य के ऋतु वर्णन से हुआ है।' कालिदास की 'ऋतुसंहार' इसका श्रेष्ठ नमूना है और इस अध्याय का आरम्भ हमने उसी के अनुवाद से किया है जो सरदार जाफ़री का किया हुआ है। यही ऋतुओं का ज़िक्र अपने मासिक विवरण में जाकर बारहमासा बन गया। इसके प्रभाव से दूसरी स्थानीय भाषाओं में मौसमों का हाल बयान होने लगा। हिंदी साहित्य में वीरगाथा काल के अधिकाश 'रासो' में ऋतु वर्णन का विधान मिलता है। उर्दू ने भी इस परंपरा का लाभ उठाया। अतएव उर्दू में बारहमासे का पहला नमूना मुहम्मद अफ़ज़ल 'अफ़ज़ल' (मृत्यु 1625 ई.) का लिखा हुआ मिलता है जो 'विकट कहानी' के नाम से मशहूर है। इसकी भाषा बताती है कि इसके लिखनेवाले का संबंध खड़ी बोली या उससे लगे हुए क्षेत्र से है। 'अफ़ज़ल' के बाद आयतुल्ला 'जौहरी', काज़िम अली 'जवां', अब्दुल्ला अंसारी और न जाने कितने शाइरों ने बारहमासे लिखे। इन बारहमासों का यह महत्त्व कम नहीं कि यह मिली-जुली सभ्यता, भाषा और साहित्य का मार्ग निश्चित करने की ओर एक ख़ुशगवार पहल का पता देते हैं। हमने इस अध्याय में 'अफ़ज़ल' के बारहमासे के दो टुकड़े 'सावन और भादों' लिये हैं। हिंदी शाइरी की परंपरा के अनुसार औरत आशिक़ की हैसियत रखती है। वही हैसियत उर्दू के बारहमासों में उसको दी गयी है।

बरसात हिंदुस्तान का सबसे ख़ूबसूरत मौसम माना जाता है। जहांगीर ने अपनी 'तुज़ुक' में लिखा है कि बरसात ही हिंदुस्तान का वसंत है। दक्षिण में इब्राहीम

आदिलशाह द्वितीय ने अपनी किताब 'नौरस' के एक गीत में कहा है कि 'हिंदुस्तान की आदर्श औरत बरसात के समान है क्योंकि उसके दांत दुनिया को रौशन करनेवाली बिजली हैं। रंग-बिरंगे वस्त्र बादल मालूम होते हैं और पसीना घनघोर घटा है जो बरस रही है। शरीर के बाल पौधे हैं और जवानी फल की तरह है।' वह बरसात के आगमन पर जश्न मनाता था। यही हाल सुल्तान क़ुली क़ुतबशाह का था। इस मौसम पर उसकी कोई पन्द्रह नज़्में हैं। इसके अलावा 'वजही' के ज़माने से अदबी मस्नवियों का जो सिलसिला शुरू हुआ उनमें 'मुक़ीमी' की 'चंद्रबदन महियार', जुनैदी की 'माह पैकर', 'सिराज' की 'बोस्ताने-ख़याल,' नुसरती की 'फूलबन' और सैकड़ों मस्नवियों में दृश्यों और मौसम पर अशआर मिलते हैं, लेकिन भाषा की कठिनाई के कारण उनके हिस्से नहीं लिये गये। उत्तर भारत की मस्नवियों से हमने एक-दो टुकड़े लिये हैं। मीर तक़ी 'मीर' ने लगभग बत्तीस मस्नवियां लिखी हैं जिनमें चार मस्नवियां बरसात के बारे में हैं। इनमें से हमने उद्धरण लिये हैं। प्राचीन काल में 'नज़ीर' अकबराबादी का वह एकमात्र व्यक्तित्व है जिसने हिंदुस्तानी मौसमों, त्योहारों बल्कि हिंदुस्तान के हर हुस्न को अपनी शाइरी का विषय बनाया। डॉक्टर 'सलाम' सन्देलवी ने ठीक ही कहा है कि 'अमीर ख़ुसरो के बाद अगर किसी शाइर के कलाम में हिंदुस्तान का गहरा और हसीन अक्स मिलता है तो 'नज़ीर' अकबराबादी की नज़्मों में है।' एक उद्धरण हमने हाली की 'बरखा रुत' से लिया है। 'हाली' की इस नज़्म में सिर्फ़ बरसात की मंज़रकशी ही नहीं बल्कि इंसानों की भावनात्मक प्रतिक्रिया को भी प्रकट किया गया है। इसके अलावा 'सुरूर' जहानाबादी की 'फ़ज़ा-ए-बर्शगाल', 'बेनज़ीर' शाह की 'आमदे-अब्र', 'उफ़ुक़' लखनवी की 'बरसात की बहार' और 'हसरत' मोहानी की 'बरसात' शामिल की हैं। 'जोश' की नज़्म 'बरसात की पहली घटा' सुंदर है। 'जोश' को सूक्ष्म-से-सूक्ष्म बातों के चित्रण में जो कुशलता प्राप्त है उसकी मिसाल 'नज़ीर' अकबराबादी के बाद कहीं और नहीं मिलती। एक छोटी-सी नज़्म 'अख़्तर' शीरानी की है। 'शम्स' अज़ीमाबादी की नज़्म 'बरसात' उनकी मस्नवी 'जल्वा-ए-सदरंग' से ली गयी है जो दरअसल बारहमासे की नवीनता का हुक्म रखती है। इसकी पृष्ठभूमि गया, पटना और आरा के शहरों, विशेषकर उनके आसपास की देहाती ज़िंदगी से गहरा संबंध रखती है। अतएव भाषा पर भी स्थानीय बोलचाल का ख़ासा असर है। फिर भी बारहमासे को ज़िंदा करने की यह कोशिश श्रेष्ठ कही जा सकती है। आख़िर में अख़्तर' शीरानी की एक और नज़्म 'ओ देस से आनेवाले बता' के कुछ बन्द दिए हैं। इसकी पृष्ठभूमि भी बरसात का मौसम और देहाती ज़िंदगी का नक़्शा है और उर्दू की मशहूर नज़्मों में इसका शुमार होता है।

जाड़े पर जो नज़्में हैं उनमें 'सौदा' की एक मस्नवी 'बर्दिया' का एक टुकड़ा है। इसमें कल्पना के रंग की मिलावट है, अलबत्ता 'नज़ीर' अकबराबादी की नज़्म दिलचस्प और हल्का-सा व्यंग्य का अंदाज़ रखती है। एक टुकड़ा 'आज़ाद' की नज़्म 'ज़मिस्तां' से लिया गया है। 'बेनज़ीर' शाह की 'फ़स्ले-सरमा' उनकी विशेष शैली में है। 'जोश'

की नज़्म 'जाड़ा और अंगीठी' बहुत सुंदर है और जाड़े की पृष्ठभूमि में हिंदुस्तान की जागीरदाराना सभ्यता के एक ख़ास पहलू की बड़ी दिलकश नुमाइन्दगी करती है। 'शम्स' अज़ीमाबादी की मस्नवी से जाड़े पर भी एक उद्धरण लिया है और कोई शक नहीं कि बहुत सुंदर है।

गर्मी पर जो शे'र 'अनीस' के एक मर्सिये से लिये गये हैं या 'हाली' की गर्मी का मौसम और इस्माईल की गर्मी से संबंधित नज़्म, सबमें ग्रीष्म ऋतु की प्रचंडता का ज़ोरदार बयान है। अल्बत्ता 'जोश' की नज़्म 'गर्मी और देहाती बाज़ार' उनकी प्रेक्षण-क्षमता का एक और सुंदर उदाहरण है। 'शम्स' की नज़्म भी बैसाख और जेठ की मौसमी हालत को सविस्तार पेश करती है और लगता है उनमें मौसमों पर लिखने का ख़ास सलीक़ा है। इसके बाद हमने बहार के मौसम पर गिनती की चन्द नज़्में दी हैं जिनमें एक 'सौदा' के क़सीदे के प्रारम्भिक भाग के कुछ शे'र हैं। ये शे'र वसंत ऋतु को हमारी आंखों के सामने तो नहीं लाते, सिर्फ़ उनकी शैली की नुमाइन्दगी करते हैं। 'ग़ालिब' का क़तआ 'आमदे-बहार', 'अकबर' इलाहाबादी की नज़्मनुमा ग़ज़ल 'बहार आई', 'बेनज़ीर' शाह की 'बहार', अहमद अली 'शौक' क़िदवाई की 'आमदे-बहार' इस मौसम पर चन्द चुनी हुई नज़्में हैं जो विभिन्न युगों की शाइरी में बहार का समां दिखाती हैं। इस अध्याय के अन्त में 'जोश' और 'शम्स' की दो ख़ूबसूरत नज़्में और जोड़ दी गयी हैं जो हर तरह प्रशंसा के योग्य हैं।

हमारे त्योहार : त्योहारों की बुनियाद आमतौर पर मज़हब पर होती है। लेकिन चूंकि भारत एक कृषि-प्रधान देश है इसलिए इसके त्योहार अगर एक ओर मज़हब से ताल्लुक़ रखते हैं तो दूसरी तरफ़ फ़स्ल की तैयारी और पैदावार के संचय से। हिंदुस्तानी त्योहार अधिकांश इसी प्रकार के हैं। कुछ त्योहार ऐसे अवश्य हैं जिनका कृषि से कोई संबंध नहीं। मस्लन रामलीला या दुर्गा पूजा। इनके अलावा बहुत-से वे त्योहार जो जैन मत, बौद्ध मत, ईसाइयत और इस्लाम वग़ैरा से ताल्लुक़ रखते हैं, विशुद्ध धार्मिक बुनियादों पर मनाए जाते हैं। हम मौसमों के बारे में नज़्में दे चुके हैं। त्योहारों पर भी उर्दू में बहुत-सी नज़्में मिलती हैं। यह बात कम महत्त्वपूर्ण नहीं कि जहां मुसलमान शाइरों ने हिंदुओं के त्योहार होली, दिवाली, वसंत वग़ैरा पर नज़्में लिखीं वहां हिंदू और सिख शाइरों ने इस्लामी त्योहारों पर नज़्में लिखीं। यह दरअसल उसी मिली-जुली सभ्यता का चमत्कार था जो हिंदू, मुसलमान, सिख सभी को प्यारी रही है। शाइर वह चाहे किसी ज़बान का हो यों भी धार्मिक कट्टरपन का शिकार नहीं होता। उसके लिए इनसानियत सबसे महत्त्वपूर्ण है। फिर उर्दू ज़बान जो इसी धरती की पैदावार है, उसके शाइर यहां के सभी त्योहारों को अपना त्योहार कैसे नहीं समझते ! होली जिसे रंगों का त्योहार कहना चाहिए, पूरे भारत में बड़ी धूमधाम से मनाया जाता है। यह धूमधाम आज से नहीं, सदियों से चली आ रही है। दक्षिण के सुल्तानों के दौर में और उत्तर भारत में

मुसलमानों के शासनकाल में हिंदू और मुसलमान मिलकर इस त्योहार को मनाते थे। सुल्तान क़ुली क़ुतबशाह हर त्योहार को, चाहे ईद हो या वसंत, एक जश्न का रूप दे दिया करता था। दरअसल क़ुली क़ुतबशाह हिंदुस्तानियत का पुजारी था। वसंत का त्योहार दक्षिण में ही नहीं उत्तर भारत में भी बड़ी आनबान से मनाया जाता था। वसंत का आरम्भ इसी मौसमी त्योहार से होता है। जब रबी की फ़सल तैयार होने लगती है, एक ओर सरसों फूलती है तो दूसरी ओर आम के बौर महक उठते हैं। इस त्योहार को मुग़लों के युग में मुसलमान भी मनाते थे। शाही क़िले में उस दिन वसंती वस्त्र धारण किए जाते थे। आज तक वसंत पंचमी के दिन अगर एक तरफ़ कालकाजी के मंदिर पर मेला लगता है तो दूसरी ओर मुसलमान सूफ़ी सरसों के फूल हाथ में लिये हुए उस स्थान पर जाते हैं जहां पहले-पहल वसंत पंचमी के अवसर पर ख़ुसरो ने हज़रत निज़ामुद्दीन औलिया की सेवा में सरसों के फूल पेश किए थे। क़ुली क़ुतबशाह के दीवान में इस त्योहार पर नौ नज़्में मिलती हैं तो इस त्योहार से संबंधित गीत ख़ुद शाहआलम ने भी कहे हैं। वसंत और दिवाली पर भी उसके शे'र मिलते हैं। दिवाली का त्योहार भी जो सर्दी की शुरुआत का एलान है जिसे हिंदू धर्मग्रन्थों के अनुसार रामचंद्रजी के चौदह वर्ष बनवास काटकर अयोध्या वापस आने का जश्न माना जाता है, उर्दू शाइरी का प्रिय विषय रहा है। इस त्योहार के अलावा दक्षिण और उत्तर भारत में शबेबरात और ईद भी प्रमुख ढंग से मनाई जाती रही है। फ़िरोज़शाह तुग़लक (1351 ई.) के ज़माने ही से शबेबरात के त्योहार में आतिशबाज़ी का रिवाज हो गया था और गाने-बजाने का भी। ज़ाहिर है जनसाधारण में यह रिवाज लोकप्रिय होता चला गया और आज भी शबेबरात के मौक़े पर आतिशबाज़ी का प्रदर्शन होता है।

हमने इस अध्याय में हर त्योहार पर कुछ नज़्में दी हैं। होली पर पहली नज़्म 'फ़ाइज़' देहलवी की है जो उत्तर भारत का पहला साहिबे-दीवान शाइर था। 'मीर' की 'मस्नवी दरबयाने-होली' से और 'हातिम' की मस्नवी 'बज़्मे-इशरत' से होली पर कुछ शे'र लिये गये हैं। दो नज़्में 'नज़ीर' अकबराबादी की हैं जिनका वातावरण होली की रंगारंग कैफ़ियतों को हमारी आंखों के सामने ला देता है। सआदतयार ख़ां 'रंगीन' की होली पर एक नज़्म है। बाक़ी नज़्में इस युग के शाइरों की कही हुई हैं, जिनमें एक 'सीमाब' अकबराबादी की है और दूसरी मुंशी द्वारकाप्रसाद 'उफ़ुक़' की। वसंत पर 'नज़ीर', 'इंशा', 'अमानत' और 'बेनज़ीर' शाह की नज़्में हैं। 'बसंत बहार' शीर्षक से जो नज़्म 'मुनव्वर' लखनवी की है वह दरअसल जयदेव के 'गीतगोविन्द' के एक टुकड़े का अनुवाद है और इसमें कोई शक नहीं कि बहुत सुंदर अनुवाद है। तीन नज़्में वसंत पर और हैं जो 'नज़ीर' लुधियानवी, 'नुशूर' वाहिदी और 'फ़ैयाज़' ग्वालियरी की कही हुई हैं। एक नज़्म 'नज़ीर' अकबराबादी की राखी पर भी है। दिवाली पर हमने पांच नज़्में चुनी हैं जिनमें आले अहमद 'सुरूर', हुर्मतुल इकराम, 'शमीम' करहानी और 'मख़मूर' सईदी की नज़्में बहुत सुंदर हैं। 'ईदे-मीलादुन्नबी' पर 'हफ़ीज़' जालन्धरी की लंबी नज़्म 'विलादते-रसूले-मक़बूल' से लंबा उद्धरण दिया है। शबेबरात और ईद

पर भी फिर 'नज़ीर' अकबराबादी ही की नज़्में हैं। 'बेनज़ीर' शाह की 'ईद की धूम' और 'अख़्तर' शीरानी की नज़्म 'ईद का चांद देखकर' भी इस अध्याय में सम्मिलित हैं।

इनके अलावा हमने जैनी त्योहार–'छमावनी' पर भी एक नज़्म दी है जो 'नज़ीर' बनारसी की कही हुई है। यह त्योहार धार्मिक से अधिक सामाजिक हैसियत रखता है। जैन सम्प्रदाय के लोग साल में एक दिन एकत्रित होकर एक-दूसरे से साल-भर की बातों के लिए माफ़ी मांगते हैं और गले मिलते हैं। इसीलिए इसका नाम छमावनी (क्षमावाणी) रखा गया है। एक नज़्म आख़िर में 'फूलवालों की सैर' है जो गोपीनाथ 'अम्न' लखनवी की लेखनी की आभारी है। यह मेला हिंदू-मुस्लिम एकता का श्रेष्ठ द्योतक रहा है। बहादुरशाह 'ज़फ़र' के ज़माने में इसकी बड़ी धूम थी और आज उस शानो-शौकत से तो नहीं लेकिन मनाया ज़रूर जाता है। उर्दू शाइरी में हिंदुस्तान के मेलों, प्रदर्शनियों, तैराकी की प्रतिस्पर्धाओं आदि पर न जाने कितनी नज़्में हैं जो इस संकलन में शामिल नहीं की गयी हैं। बहरहाल इन त्योहारों पर उर्दू शाइरों की रचनाओं से प्रतीत होता है कि हिंदुस्तानी समाज के परस्पर मेलजोल और मिली-जुली सभ्यता का प्रतिनिधित्व उर्दू शाइरी सदियों से करती आई है।

हमारे शहर और इलाक़े : इस अध्याय में हिंदुस्तान के कुछ महत्त्वपूर्ण शहरों पर चुनी हुई नज़्में हैं। सबसे पहले ग़ालिब का एक क़ता है कलकत्ता पर। मौलाना आज़ाद मरहूम का ख़याल था कि ग़ालिब कलकत्ते की प्रशंसा सिर्फ़ इसलिए करते हैं कि अंग्रेज़ों की पसन्द को अपनी पसन्द क़रार देना चाहते हैं, लेकिन यह सही नहीं। ग़ालिब सन् 1828 ई. से सन् 1830 ई. तक इस शहर में रहे। उस वक़्त कलकत्ता सचमुच 'जन्नतुल्बलाद' (स्वर्ग की तरह सुंदर शहर) का हुक्म रखता था। अबुल कलाम आज़ाद और कौसर चांदपुरी ने जिन कृतियों का हवाला दिया है वे उस वक़्त की हैं जब कलकत्ता गुंजान आबादी के कारण बीमारियों का घर बनने लगा था। गारसां द् तासी ने अपने व्याख्यानों में लिखा है कि 'इस युग में हिंदुस्तान के मुसलमान बंगाल को जन्नतुल्बलाद ही कहते थे।' बहरहाल ग़ालिब को शहर कलकत्ते से सचमुच लगाव पैदा हो गया था जिसकी पुष्टि उनके कुछ पत्रों से भी होती है। कलकत्ता पर एक उद्धरण हमने हुर्मतुल इकराम की लंबी नज़्म 'कलकत्ता एक रबाब' से भी लिया है। इसमें इस बड़े शहर के सामाजिक, सांस्कृतिक और कल्चरल जीवन के तारीक और रौशन, दोनों पहलुओं की झलकियां मिलती हैं। इलाहाबाद, बनारस और जौनपुर पर 'सफ़ी' लखनवी की नज़्में हैं। 'सफ़ी' मरहूम ने ये तमाम नज़्में 'लख़्ते-जिगर' शीर्षक के अन्तर्गत कही थीं। यद्यपि ये नज़्में ऑल इंडिया शीआ कांफ़्रेंस के उद्देश्य से लिखी गयी थीं और विभिन्न जलसों में पढ़ी गईं लेकिन इन शहरों पर उन्होंने गहरी नज़र डाली और किसी नज़्म में उस स्थान का ऐतिहासिक महत्त्व और किसी में उसके प्राचीन खंडहरों का विवरण दिया है। बनारस

पर उर्दू में सैकड़ों नज़्में हैं। हमने 'सफ़ी' की नज़्म के अलावा 'रईस' अमरोहवी की भी एक छोटी-सी नज़्म बनारस पर दी है जो प्रभावशाली है। आगरा की ऐतिहासिक महानता पर मौलाना 'सीमाब' की नज़्म है। गुजरात (पंजाब) जिसकी धरती में सोहनी-महिवाल के प्रेम की ख़ुशबू बसी है उस पर 'अख़्तर' शीरानी मरहूम की लिखी हुई छोटी मगर सुंदर साहित्यिक रचना है। लखनऊ पर भी 'अख़्तर' ही के चन्द शे'र हैं। अलीगढ़ पर 'मजाज़' की नज़्म है जो ख़ालिस रूमानी है लेकिन उसकी भावनात्मक तीव्रता से इनकार नहीं किया जा सकता। इस नज़्म को मुस्लिम यूनिवर्सिटी के विद्यार्थियों ने अपनी यूनियन का तराना बनाया हुआ है और विद्यार्थियों ही की आवाज़ में इस तराने का रेकॉर्ड तैयार हो चुका है। बम्बई पर सरदार जाफ़री की एक नज़्म का उद्धरण दिया गया है। यह नज़्म यद्यपि निजी अनुभव से प्रेरित है लेकिन इसके आईने में बम्बई की ज़िंदगी की बहुत-सी कटु सच्चाइयां बड़ी ख़ूबी के साथ झलक उठी हैं—

तिरी सड़कों पे सोये
तेरी बारिश में नहाये हैं

हैदराबाद का बड़ा ऐतिहासिक महत्त्व रहा है। यह शहर सदियों ज्ञान और साहित्य, सभ्यता और शिष्टता का पालना रहा है। दकनी उर्दू का पहला साहिबे-दीवान शाइर सुल्तान क़ुली क़ुतबशाह इसी धरती पर पैदा हुआ। 'वली' दकनी, जिन्हें उर्दू शाइरी का बाबा आदम कहा जाता है, एक मुद्दत तक इस शहर से वाबस्ता रहे। इस तारीख़ी शहर पर सिकन्दर अली 'वज्द' की छोटी-सी नज़्म है। औरंगाबाद की भी हमारे राजनीतिक, सांस्कृतिक और साहित्यिक इतिहास में कम अहमियत नहीं। 'वज्द' और यूसुफ़ 'नाज़िम' की नज़्मों में बहुत-से साहित्यिक और सांस्कृतिक हवाले मिलते हैं। ख़ुल्दाबाद पर 'मैकश' हैदराबादी मरहूम की नज़्म है। जगन्नाथ 'आज़ाद' ने लाहौर पर नज़्म कही है और वहां के बहुत-से साहित्यकारों के हवाले दिए हैं। देहली पर जो सदियों से हिंदुस्तान का दिल है, नरेशकुमार 'शाद' मरहूम की शास्त्रीय शैली में छोटी-सी साहित्यिक सर्जना है। इस अध्याय में जिन क्षेत्रों पर हमने नज़्में शामिल की हैं उनमें 'नाज़िश' प्रतापगढ़ी की 'वादि-ए-कश्मीर' है। याह्या आज़मी की 'जन्नते-रंगो-बू' भी इसी हसीन और शादाब क्षेत्र का चित्रण करती है। एक नज़्म ब्रज इलाक़े पर है जो मुंशी बनवारीलाल 'शोला' की रचना है। ब्रज को जो धार्मिक पवित्रता प्राप्त रही है उसकी पूरी झलक उनके मुसद्दस में मौजूद है। आख़िर में सरदार जाफ़री की 'अवध की ख़ाके-हसीं' है जो उनकी एक लंबी नज़्म से ली गयी है। इसमें सरदार ने अवध की प्राकृतिक सुंदरता, वहां के खेतों, किसानों और मज़दूरों का चित्रण बड़ी कुशलतापूर्वक किया है।

हमारी इमारतें : इस अध्याय में हमने हिंदुस्तान की चन्द महत्त्वपूर्ण इमारतों पर नज़्में दी हैं। पहली नज़्म 'नालन्दा के खंडहर' के शीर्षक से है। नालन्दा प्राचीन भारत में सबसे

बड़े विश्वविद्यालय की हैसियत रखता था जो मगध में स्थित था। उस समय तक मुद्रण कला का आविष्कार न हुआ था। किताबें हाथ से लिखी जाती थीं। चीनी पर्यटक ह्वेनसांग ने पांच वर्ष तक इस विश्वविद्यालय में रहकर शिक्षा प्राप्त की। उसे गौतम बुद्ध की धरती देखने और बौद्ध मत के साहित्य का अध्ययन करने का शौक़ ही हिंदुस्तान खींचकर लाया था। यह नज़्म उसी नालन्दा के खंडहरों की आवाज़ बनकर हमारे सामने आती है। आज नालन्दा को दुबारा जीवित करने की कोशिश हो रही है लेकिन उर्दू शाइरी ने उस प्राचीन नालंदा की तस्वीर को अपने सीने में सुरक्षित कर रखा है। अजन्ता और एलौरा की गुफायें हमारी शानदार ऐतिहासिक यादगारें हैं और संगतराशी के आश्चर्यजनक चमत्कार की हैसियत रखती हैं। इन गुफाओं को बनाने या बनवाने का सिलसिला हमारे यहां पांचवीं सदी के मध्य से आरम्भ हुआ था और दो सौ वर्षों तक रुक-रुककर काम होता रहा। एलौरा में प्रारम्भिक गुफायें बौद्धमत से संबंधित हैं। हिंदू धर्म ने जब नया रूप धारण किया और बौद्ध मत के मुक़ाबले पर आया तो चट्टानों को काटकर गुफायें बनाने में भी प्रतिस्पर्धा हुई। सातवीं सदी के प्रारम्भ में बौद्ध भिक्षु एलौरा में अपना काम समाप्त कर चुके थे जबकि ब्राह्मणों और जैनियों ने अपना काम अभी आरम्भ ही किया था। एलौरा में हिंदू धर्म और जैन मत से संबंधित गुफायें भी निर्मित हुईं। इन सबमें कैलाश मंदिर संगतराशी का शानदार नमूना है। इन गुफाओं में मूर्तियों को एक विशेष क्रम दिया गया है और इसमें शक नहीं कि कला और धर्म यहां एक आत्मा और एक शरीर नज़र आते हैं। अजन्ता और एलौरा पर उर्दू में कई नज़्में हैं लेकिन सिकन्दर अली 'वज्द' की नज़्मों को प्रधानता प्राप्त है। इनमें एक ऐसी भावनात्मक गहराई और विस्तार मिलता है जो इन नज़्मों को अजन्ता और एलौरा ही की तरह अमर बना देता है। इसके बाद हमने ताजमहल पर कुछ नज़्में दी हैं। ताजमहल का निर्माण जिस युग में हुआ उससे बहुत पहले हिंदू वास्तुकला और ईरानी वास्तुकला का सम्मिश्रण व्यवहार में आ चुका था। हम सरसरी तौर पर एक नज़र डालें तो देखेंगे कि अजमेर की जामा मस्जिद में आबू पर्वत के जैन मंदिर का प्रतिबिम्ब है। रनपुर के मंदिर में मस्जिद के खम्भों का प्रत्यंकन है। क़ुतुबमीनार की सजावट जैन प्रणाली की सजावट की आभारी है। ग्वालियर में मानसिंह के महल हिंदुओं और मुसलमानों की मिश्रित वास्तुकला का नमूना हैं। अकबर और जहांगीर द्वारा निर्मित महल और बाग़ मिली-जुली सभ्यता का संगम हैं। फ़तेहपुर सीकरी की मस्जिद, ख़ासतौर पर उसके गुम्बदों में हिंदू वास्तुकला झलकती है। यह मिश्रित वास्तुकला, जिसे शाहजहां के युग में मुग़ल निर्माण शैली कहा जाता था, ऐसी विशेषताओं की द्योतक बन गयी थी जो न शुद्ध हिंदी वास्तुकला में पाई जाती हैं, न शुद्ध ईरानी शैली में। ताजमहल इसी शैली का श्रेष्ठ नमूना है। यही नहीं बल्कि इसके निर्माण में अगर उस्ताद याहिया, अमानत ख़ां तुग़रानवीस, मुहम्मद ख़ां ख़ुशनवीस का हाथ है तो मोहनलाल पच्चीकार, मनोहरसिंह और मन्नूलाल का भी उतना ही हाथ है। इन नज़्मों के अलावा हुमायूं के मक़बरे पर 'जोश' की नज़्म और अकबर के मज़ार पर 'सीमाब' की नज़्म 'सिकन्दरा' शानदार नज़्में

हैं। एक नज़्म ऐतमादुद्दौला पर भी है। यह उसी मिश्रित वास्तुकला की यादगार इमारतों में से है। जोधाबाई के मंदिर पर 'सीमाब' की एक छोटी-सी नज़्म है। जोधाबाई जहांगीर की पत्नी और जोधपुर-नरेश राजा उदयसिंह की पुत्री थी और उसका असली नाम मानमती था। उसी के पेट से शाहजहां पैदा हुआ था। मौलाना शिबली की नज़्म जिसका यह शेर है :

> दुल्हन की पालकी लाए थे जो ख़ुद अपने कांधों पर
> वो शाहंशाहे-अकबर और जहांगीर इब्ने-अकबर था

जोधाबाई ही की विदाई के बारे में है। अकबर ने जो राष्ट्रीय एकता का स्वप्न देखा था वह बहुत क़ीमती था और आज की हमारी राष्ट्रीय एकता के लिए एक सुंदर उदाहरण की हैसियत रखता है। अन्त में एक नज़्म भाखड़ा नंगल बांध पर है, जो आधुनिक वास्तुकला का एक शानदार कारनामा है, जिसका उद्घाटन करते हुए पंडित नेहरू ने कहा था कि आज की दुनिया में इनका वही स्थान है जो आराधना-गृह का होता है। यह नज़्म दरअसल इस बात की पुष्टि है कि उर्दू शाइरी अगर अपने देश की प्राचीन धरोहर से मुहब्बत रखती है तो आज के हर उन्नतिशील मंसूबे से भी अनभिज्ञ नहीं और स्वयं को वर्तमान काल के हर संघर्ष में लीन रखती है।

हमारी ललित कलायें : यह मेलजोल और एकता केवल वास्तुकला तक ही सीमित न थी। दूसरी कलायें जैसे संगीत या चित्रकला भी इस रंग से प्रभावित हो रही थीं। भारत में संगीत प्राचीन काल से एक महत्त्वपूर्ण स्थान रखता है। केवल सांस्कृतिक और सामाजिक समारोहों में ही नहीं बल्कि धार्मिक संस्कारों और पूजा-पाठ आदि में भी इसका अपना स्थान रहा है। तेरहवीं सदी ईसवी के बाद से दूसरी ललित कलाओं की तरह संगीत भी मिश्रित सौन्दर्याभिरुचि का प्रतीक बनता गया। अमीर ख़ुसरो की मिसाल तो मशहूर है। उन्होंने विभिन्न राग-रागिनियां और वाद्य ईजाद किए। अधिकांश मुसलमान बादशाहों की भी इस कला से कम दिलचस्पी नहीं रही। फ़रिश्ताकृत इतिहास में तो बाबर तक को संगीत का प्रेमी बताया गया है। अकबर के युग में इस कला का संरक्षण किया गया। तानसेन के अलावा हरिदास और रामदास को देशव्यापी कीर्ति प्राप्त हुई। यह संरक्षण जहांगीर और शाहजहां के दौर में भी जारी रहा। यह बात केवल देहली तक सीमित न थी बल्कि आदिलशाही हुकूमत में इब्राहिम आदिलशाह द्वितीय स्वयं बहुत बड़ा संगीतकार था। उसकी रचना 'नौरस' में राग-रागिनियों को ध्यान में रखकर गीत कहे गये हैं। हिंदू पौराणिक कथाओं का उसे पूर्ण ज्ञान था। शिव, पार्वती, सरस्वती, गणेश, वग़ैरा पर 'नौरस' में गीत शामिल हैं। इब्राहिम आदिलशाह ने सरस्वती के बारे में जो गीत कहा है वह अपरिचित दकनी शब्दों से भरा हुआ है लेकिन उसका अनुवाद डॉ. नज़ीर अहमद के शब्दों में सुनिए : "ज्ञान का रास्ता दिखाई नहीं देता था इसलिए सरस्वती और गणेश चांद और सूरज का प्रकाश बन गये।" यह सच है कि इब्राहिम

आदिलशाह हिंदुस्तानी अभिरुचि और सभ्यता को लोकप्रिय बनाने में उतना ही प्रयत्नशील था जितना महान् अकबर था। क़ुली क़ुतबशाह के दौर में भी संगीत का ख़ासा ज़ोर रहा। हर त्योहार चाहे वह नौरोज़ हो या वसंत या जश्ने-ईदे-मीलादुन्नबी, गाने और नाच के बिना नहीं मनाया जाता था। देहली में शाहआलम द्वितीय ने राग और ताल के अनुसार अपने ख़याल कविताबद्ध किए हैं। मुहम्मद शाह रंगीले के दरबार में संगीतकारों की क़द्र थी। उसके दरबार का प्रसिद्ध संगीतकार सदारंग था जिसने ख़याल को उन्नति के शिखर पर पहुंचाया। मालवा में बाज़बहादुर और लखनऊ में लगभग सारे शासकों ने इस कला का संरक्षण किया। आसिफ़ुद्दौला के ज़माने में संगीत पर एक महत्त्वपूर्ण रचना 'उसूलुन्नग़मातुल-आसफ़िया' लिखी गयी। वाजिदअली शाह के दौर तक तो संगीत की लोकप्रियता अपनी चरम सीमा तक पहुंच गयी थी। वाजिदअली शाह ने ख़ुद कई रागिनियां, जोगी, जुही वग़ैरा ईजाद की थीं और तानसेन के घराने के कुशल संगीतकारों को अपने दरबार में एकत्र कर लिया था। इसका कारण यह भी था कि अयोध्या और बनारस से, जो पहले ही से संगीत का केन्द्र थे, अवध सल्तनत का ख़ास संबंध था। बहरहाल संगीत के मैदान में भी जो एकता और मेलजोल नज़र आता है वह छिपा हुआ नहीं। गुलाम नबी शऊरी ने टप्पा ईजाद किया तो ख़ुसरो ने क़व्वाली की धुनें। तबला और सितार पर अमीर ख़ुसरो के भजन आज भी गाए जाते हैं। बूअली सीना की आविष्कृत शहनाई आज भी बिस्मिल्लाह ख़ां के होंठों से हिंदू-मुसलमान दोस्तों को मस्त बना देती है। इसी प्रकार अकबर के ज़माने से चित्रकला भी मिश्रित हिंदुस्तानी सभ्यता का द्योतक बनती गयी। भारतीय यथार्थ और ईरानी मृदुलता के सुंदर सम्मिश्रण ने एक नई चित्रकला को जन्म दिया। अजन्ता और दिल्ली स्कूल की चित्रकला में कोई समानता नहीं मिलेगी लेकिन दिल्ली, जयपुर और कांगड़े के चित्रों में समानता स्पष्ट दिखाई देती है। इस कला को मुग़लों का संरक्षण भी प्राप्त रहा और राजपूताना और तंजौर के हिंदू राजाओं की एकता और सद्भाव जो इस कला को अकबर के दौर में प्राप्त हो गया था वह बराबर इन शाहकारों में पाया जाता है।

इस अध्याय में हमने कुछ गिनती की नज़्में संगीत और चित्रकला पर दी हैं जिनमें से कुछ ख़ास महत्त्व रखती हैं। आरम्भ में नृत्य पर कुछ नज़्में हैं। नृत्यकला हिंदुस्तान की प्राचीन कलाओं में से है और हिंदुस्तान के राष्ट्रीय और आध्यात्मिक जीवन में इसका उच्च स्थान रहा है। शास्त्रीय नृत्य में भरतनाट्यम सबसे अहम माना जाता है। इसे दूसरे नृत्यों का उद्गम भी कहा जा सकता है। इस नृत्य में नर्तक अंगों के हाव-भाव से कोई-न-कोई कहानी कहता है। दूसरा मुख्य नृत्य कथकली है जो केरल का महत्त्वपूर्ण लोकनृत्य है। इस नृत्य में आर्य और द्रविड़ प्रभाव मिले-जुले हैं। मणिपुरी नृत्य मणिपुर (असम) का अहमतरीन नृत्य है और यह शिव और पार्वती का नृत्य समझा जाता है। कत्थक का विषय राधा और कृष्ण का अमर प्रेम है। यह नृत्य उत्तर भारत, ख़ासतौर पर अवध के इलाक़े में बहुत लोकप्रिय हुआ। मीर हसन की मस्नवी 'सहरुलबयान' से मुजरे के जो दो टुकड़े लिये गये हैं उनमें कत्थक नृत्य की ही झलक है। अवध में नृत्य

और संगीत की महफ़िलें आम हो चुकी थीं और वेश्या समाज का एक अभिन्न अंग बन गयी थीं। ये वेश्यायें नाच और गाने की कला में निपुण होती थीं और उनके पेशे के लिए यह महारत ज़रूरी भी थी क्योंकि समाज की मानसिक चेतना संगीत के क्षेत्र में बहुत सजग हो गयी थी। अतएव मुजरा स्वयं एक कला का रूप धारण कर गया था। मीर हसन की 'सहरुलबयान' से जो मुजरे के दृश्य दिए गये हैं उनसे पता चलता है कि स्वयं शाइर राग-रागिनियों और नृत्य के विभिन्न पहलुओं का संपूर्ण ज्ञान रखता है। रक़्स पर एक नज़्म 'जोश' की और एक नज़्म 'वज्द' की शामिल है जिसमें रक़्स की तकनीक से बहस न करते हुए उसके जमालियाती तास्सुर को उजागर किया गया है। उदयशंकर पर जो नज़्म 'अख़्तर' अंसारी की दी गयी है उसे हम उदयशंकर के कमाल का एतिराफ़ ही कह सकते हैं। उदयशंकर ने जिस प्रकार हिंदुस्तानी शास्त्रीय नृत्य में खोज करके वर्तमान काल के विषयों और मांगों को समोने का प्रयत्न किया है वह कम महत्त्व नहीं रखता। संगीत के सिलसिले में इस दौर के दो मुख्य कलाकारों पर एक-दो नज़्में हैं। रसूलनबाई और लता मंगेशकर की कला और आवाज़ संगीत की दुनिया में अमर कहे जाने योग्य हैं। संगीत-कला पर हमने चार नज़्में मुख़्तार सिद्दीक़ी की दी हैं। 'सरगम', 'ख़याल दरबारी', 'ख़याल एमन कल्याण' और 'केदारा का एक रूप'। शास्त्रीय संगीत दिन-रात की विभिन्न घड़ियों में विभिन्न बन्दिशों और विभिन्न प्रभावों का क़ायल है। इसलिए हर राग-रागिनी अपने उचित समय पर ही वह असर पैदा करती है जिसके लिए उसकी रचना की गयी है। यह तास्सुर 'रस' कहलाता है। उसे इस राग-विशेष का बुनियादी भाव या ख़याल समझना चाहिए। मुख़्तार सिद्दीक़ी ने अपनी इन नज़्मों में ऐसे ही बोलों का सहारा लिया है जो राग के बुनियादी तास्सुर और उसकी विषयवस्तु की बेहतर-से-बेहतर तर्जुमानी कर सकें। ख़याल जिस तरह गाया जाता है और जिस तरकीब और क्रम का उसमें ध्यान रखा जाता है, यानी आलाप, फिर अस्थायी, फिर अंतरा, इसके बाद राग के समस्त विस्तार का निरीक्षण और फिर वापसी या अभोग का मरहला। मुख़्तार सिद्दीक़ी ने इस क्रम को ध्यान में रखा है। हम कह सकते हैं कि हमारे शास्त्रीय संगीत की आत्मा और उसके शरीर, रस और वर्णन को पहली बार उर्दू शे'र में इस तरह ढाला गया है। इन नज़्मों के अलावा और भी कुछ नज़्में हैं जैसे 'इकतारे का जादू' या 'ढोलक का गीत' जो तास्सुराती रंग लिये हुए हैं। अन्त में इसमें हमने सिर्फ़ एक नज़्म चित्रकला बल्कि आज के सुप्रसिद्ध कलाकार हुसैन पर शामिल की है। हुसैन हमारे राष्ट्रीय चित्रकारों की प्रथम श्रेणी में गिने जाते हैं। वह अपने कैनवस पर नग्न तत्त्वों की सर्जना बाह्य आकृतियों की सहायता से करते हैं। उनका कैनवस यथार्थ और काल्पनिक कृतियों का सुंदर मिश्रण होता है। अनीस फ़ारूक़ी ने उनके आर्ट पर टिप्पणी करते हुए लिखा है कि—वह रहस्य, उपमा और रूपक को रूमानी अंदाज़ में यथार्थ का रूप देने में पूरी कुशलता रखते हैं। हुसैन अपने कलात्मक प्रयोगों में सदैव व्यस्त रहते हैं। सन् 1947 ई. में हुसैन ने हिंदुस्तानी रीति-रिवाज, सभ्यता और संस्कृति, विशेषतः यहां के जीवन की झलकियों को तैलचित्रों में नए ढंग से पेश किया था और

अब सितम्बर में जो नुमाइश ब्राज़ील में होने जा रही है, उसमें हुसैन विशुद्ध शास्त्रीय भारतीय विषय 'महाभारत' पर अपने शाहकार पेश करनेवाले हैं जिसका एलान किया जा चुका है।

हमारे धार्मिक नेता : उर्दू शाइरी ने जहां हिंदुस्तान के सांस्कृतिक, सामाजिक और तहज़ीबी सरमाये को अपने में समोया और उसकी तर्जुमानी की, वहां उसने उन तमाम मज़हबों को, जो हिंदुस्तान में पैदा हुए या जिन्हें हिंदुस्तान में आकर बसनेवाली जातियां अपने साथ लाईं, अपने सर-आंखों पर जगह दी है। इस अध्याय में हमने अवतारों, पैग़म्बरों और धार्मिक नेताओं पर कुछ नज़्में दी हैं जिनके आगे आज भी हिंदुस्तान के करोड़ों जनसाधारण श्रद्धा से सिर झुकाते हैं, जिनकी आराधना और पूजा करते हैं, जिनके बताए हुए उसूलों को अपने लिए मार्ग-दर्शन जानते और मानते हैं। हिंदुस्तानी जीवन का सामाजिक, आर्थिक और नैतिक ढांचा सदियों मज़हबी बुनियादों पर क़ायम रहा है और आज भी हिंदुस्तानी समाज के लिए मज़हब बुनियादी महत्त्व रखता है। आपस का मेलजोल और रवादारी या दूसरे अर्थों में राष्ट्रीय एकता के पीछे 'मज़हबी रवादारी और मज़हबों की तालीमे-इंसानियत का बड़ा हाथ है। उर्दू अदब और उर्दू शाइरी कभी धर्मान्ध और तंग-नज़र नहीं रही। हर धर्म और हर धार्मिक मार्गदर्शक का सम्मान उर्दू शाइरी का शेवा रहा है। जो चन्द नज़्में इस संकलन में दी गयी हैं वे शिवजी, रामचंद्रजी, कृष्ण, गौतम, महावीर स्वामी और गुरु नानक के अलावा ईसा मसीह और हज़रत मुहम्मद के गुणों और विशेषताओं से संबंधित हैं। रामचंद्रजी अगर बदी के ख़िलाफ़ लड़ते हैं तो श्रीकृष्ण उपद्रव और हंगामे के ख़ात्मे पर तुले नज़र आते हैं ताकि एक स्वस्थ समाज जन्म ले सके जहां किसी के अधिकार न छिन सकें। महात्मा बुद्ध और महावीर स्वामी जंग से नफ़रत करना सिखाते हैं और अम्न, शांति और अहिंसा की शिक्षा देते हैं। हज़रत ईसा अगर पीड़ित मानवता का सहारा बनते हैं तो हज़रत मुहम्मद इंसानी बिरादरी को बराबरी का सुनहरा उसूल बताते हैं और गुलामी की लानत और रंग और नस्ल के अंतर को समाप्त करके मानवता की प्रतिष्ठा को बढ़ाते हैं। गुरु नानक का पैग़ाम उस एकता और मेलजोल का द्योतक है जो बंटी हुई मानवता को एकत्व के रिश्ते में पिरो देना चाहता है। वास्तविकता यह है कि विश्वास और रीति-रिवाज को छोड़कर हर धर्म के संस्थापक का बुनियादी जज़्बा एक ही रहा है कि इंसान सहयोग करे और परस्पर प्रेम और रवादारी के रिश्ते में बंध जाये। उर्दू शाइरी ने न केवल तमाम मज़हबी मार्गदर्शकों पर श्रद्धापूर्ण नज़्में लिखी हैं बल्कि तमाम इलहामी और मज़हबी किताबों के छन्दोबद्ध अनुवाद भी पेश किए हैं।

मुंशी शंकरदयाल 'फ़रहत', मुंशी जगन्नाथ 'ख़ुशतर', मुंशी द्वारकाप्रसाद 'उफ़ुक़', इक़बाल वर्मा 'सहर' हंगामी, रामसहाय 'तमन्ना' के रामायण के अनुवाद; मुंशी तोताराम 'शायां' का महाभारत का अनुवाद; मुंशी लक्ष्मण प्रसाद 'सदर' लखनवी, 'सनोबर'

अज़ीमाबादी, देवकीनन्दन 'मुब्तदी', जाफ़र अली ख़ां 'असर', 'मुनव्वर' लखनवी के गीता के अनुवाद; ख़्वाजा मुहम्मद 'दिल' का 'जपजी साहब' का अनुवाद; विशेश्वर प्रसाद 'मुनव्वर' के 'इंजील', जैनी ग्रन्थ और क़ुराने-पाक की विभिन्न आयतों के अनुवाद या 'सीमाब' की 'वही-ए-मंज़ूम' वग़ैरा उर्दू शाइरी का वह पवित्र सरमाया है जिसे वह गर्व के साथ पेश कर सकती है। इन नज़्मों का अध्ययन हमारा सर ऊंचा कर देता है। जब हम देखते हैं कि मुसलमान शाइरों ने राम, कृष्ण, गौतम, महावीर स्वामी और गुरु नानक पर नज़्में कही हैं, और हिंदू और सिख शाइरों ने हज़रत मुहम्मद, ख़्वाजा मुईनुद्दीन चिश्ती, हज़रत निज़ामुद्दीन औलिया और अमीर ख़ुसरो को अपनी श्रद्धा का मंज़ूम नज़राना पेश किया है। ये रस्मी रचनायें नहीं हैं बल्कि जिस जज़्बे, निष्ठा और श्रद्धा की ओर ये इशारा करती हैं उनमें रूह और दिल की गहराइयां बसी हुई हैं। उर्दू शाइरी के सेक्यूलर मिज़ाज की इससे बढ़कर और क्या दलील हो सकती है ! 'मुहसिन' काकोरवी ने जो क़सीदा 'मदहे-ख़ैरुल-मुरसलीन' हज़रत मुहम्मद की शान में कहा है उसकी तशबीब (प्रारम्भिक भाग) की बुनियाद हिंदुओं के पवित्र स्थानों और उनके धार्मिक संस्कारों पर रखी है। यह क़दम एक ख़ास महत्त्व रखता है और इसे उस मिली-जुली सभ्यता की देन कहना चाहिए जो हर एक रूप में उर्दू शाइरी सदियों से अपनाती चली आ रही है।

हमारी कथायें : इस अध्याय को हमने दो भागों में बांट दिया है। पहले भाग में कुछ धार्मिक कथायें पेश की गयी हैं जो उर्दू मस्नवियों या उर्दू नज़्मों से ली गयी हैं और जिन्हें किताब के कलेवर को ध्यान में रखकर संक्षिप्त करके दिया गया है। इस भाग में 'नज़ीर' का कहा हुआ—'जनम कन्हैयाजी' और 'हर की तारीफ़ में' जो दरअसल 'नरसी की दास्तान' है—शामिल है। 'चकबस्त' की नज़्म 'रामायण का एक दृश्य' है, मुंशी बनवारीलाल 'शोला' का 'सीता-हरण' और 'मुनव्वर' लखनवी द्वारा अनूदित जयदेव कृत गीतगोविन्द से दो टुकड़े, 'राधा आलमे-फ़िराक़ में' और 'कृष्ण और राधा की मुलाक़ात' शामिल किए गये हैं। इन नज़्मों पर नज़र डालिए तो मालूम होगा कि 'नज़ीर' भारतीयता के रंग में पूर्ण रूप से रंगे हुए हैं। यह कहना कुछ बेजा न होगा कि उनकी शाइरी अपने युग की सबसे अधिक सेक्यूलर शाइरी थी। उन्होंने बिला तफ़रीक़ हर मज़हब और मिल्लत को अपने सीने से लगाया है। अगर उन्हें हज़रत मुहम्मद से अक़ीदत है तो शिवजी, राम और नानक से भी लगाव है। भारतीयता के जो गहरे और सुंदर चित्र उनके सारे कलाम में फैले हुए हैं वे हमारे बहुमूल्य विरसे की हैसियत रखते हैं। 'चकबस्त' ने रामायण का जो सीन नज़्म किया है वह उर्दू शाइरी में बहुत सुंदर वृद्धि है। रामायण का महत्त्व भारतीय समाज में असीम है। वाल्मीकि की रामायण संस्कृत में थी, लेकिन तुलसीदास ने संस्कृत के बजाय अवधी भाषा को अपनाकर रामायण के संदेश को करोड़ों दिलों तक पहुंचा दिया। यह बात कम महत्त्वपूर्ण

नहीं कि तुलसीदास ने रामायण में अरबी और फ़ारसी शब्दों को निस्संकोच इस्तेमाल किया है—मस्लन गरीबनवाज (ग़रीबनवाज़) मिस्कीन, जहान, दीवान, बरात, शहनाई, सरताज, रुख़, दफ़ वग़ैरा। हक़ीक़त यह है कि रामचरितमानस या रामायण का प्रभाव भारत की सब भाषाओं पर पड़ा है। हम ऊपर कह आये हैं कि रामायण के कितने अनुवाद गद्य और पद्य में उर्दू में हुए। इनके अलावा कितनी नज़्में रामायण की घटनाओं से प्रभावित होकर लिखी गईं, उन्हीं में से 'चकबस्त' की यह नज़्म है। 'चकबस्त' के अलावा मुंशी दुर्गा सहाय 'सुरूर' जहानाबादी और तिलोकचन्द 'महरूम' और मुंशी बनवारीलाल 'शोला' ने भी रामायण के विभिन्न दृश्य कविताबद्ध किए जिनमें से 'शोला' का 'सीताहरण' इस संकलन में सम्मिलित है। 'मुनव्वर' लखनवी ने जो जयदेव के गीतगोविन्द का अनुवाद किया है उसमें से भी दो टुकड़े लिये गये हैं। जयदेव, जिसकी यह लंबी नज़्म संस्कृत में है, बारहवीं सदी के प्रारम्भ में हुआ था। इसमें राधा और कृष्ण की शारीरिक और आध्यात्मिक मुहब्बत का संगम जिस दैवी पवित्रता से बयान हुआ है उसने इस किताब को अमर प्रेम की दास्तान बना दिया है। उर्दू शाइरी में ऐसी सुंदर नज़्मों का बाहुल्य है। इस अध्याय के दूसरे भाग में हमने केवल कालिदास के ड्रामों या नज़्मों से तीन उद्धरण पेश किए हैं जिसकी हैसियत क्लासिकी है। उर्दू शाइरी ने इन तमाम अदबी जवाहरों को अपने दामन में भर रखा है जिस पर भारतीय साहित्य ही नहीं सारी दुनिया का अदब नाज़ कर सकता है। यह नहीं कि केवल कालिदास ही की नज़्में उर्दू में परिवर्तित हुई हैं बल्कि हिंदुस्तान की कथाओं पर आधारित कितनी ही अनूदित और कितनी ही मौलिक रचनायें मौजूद हैं। मस्लन इक़बाल वर्मा 'सहर' की 'दुष्यन्त-ओ-शकुन्तला' जो 1925 ई. में प्रकाशित हुई; 'मुनव्वर' लखनवी और प्रेमपाल की 'शकुन्तला'; 'जिगर' बरेलवी की मस्नवी 'पयामे-सावित्री' जो सावित्री और सत्यवान की दास्तान है; रंगलाल 'चमन' की 'सिंघासन बत्तीसी' जो सीधी संस्कृत से ली गयी है और 1864 ई. में छपकर सामने आई। इसी के साथ 1886 में मक्खनलाल की 'सिंघासन बत्तीसी' प्रकाशित हुई। 'नल-दमन' के भी कितने मंज़ूम एडीशन उर्दू में मौजूद हैं जिनमें 'राहत', अहमद अली 'अहमद' और कालीप्रसाद का नाम लिया जा सकता है। 'इब्रत' की 'पद्मावत' और मुहम्मद अली क़ासिम की 'पद्मावत' भी उर्दू नज़्म में मौजूद हैं। सन् 1871 ई. में अरोड़ाराय ने 'सोनी-महिवाल' का मंज़ूम तर्जुमा लाहौर से प्रकाशित किया था। मूलचन्द मुंशी और मौलवी करम इलाही भोपाली के मंज़ूम 'हीर-रांझे' भी हमें मिलते हैं। यही नहीं बल्कि ईसाइयों की 'फ़िरदौसे-गुमशुदा', 'फ़िरदौसे-बाज़याफ़्ता' और 'शमज़न महज़ू' का अनुवाद भी ईसाचरन 'सदा' ने उर्दू नज़्म में किया हुआ है। बहरहाल ये तो चन्द नाम हैं वरना इस प्रकार का अदबी सरमाया उर्दू में बेहिसाब है। कालिदास के जो अनुवाद इस संकलन में शामिल हैं उनमें एक तो उनके मशहूर ड्रामे 'कुमारसम्भव' का एक टुकड़ा है जिसके अनुवादक 'मुनव्वर' लखनवी हैं। एक टुकड़ा उनके जगत्-प्रसिद्ध ड्रामे 'शकुन्तला' से लिया गया है। 'अभिज्ञान शाकुन्तल' का अनुवाद लगभग हर सुसंस्कृत भाषा—अंग्रेज़ी, फ़्रांसीसी, जर्मन, अरबी,

फ़ारसी वग़ैरा में हो चुका है। 'मुनव्वर' लखनवी के अनुवाद का आधार यद्यपि असली ड्रामे पर है लेकिन उन्होंने राजा लक्ष्मणसिंह के अनुवाद से ख़ासा लाभ उठाया है। इस अनुवाद के बारे में डॉक्टर ज़ाकिर हुसैन ने कहा था—''कहीं यह महसूस नहीं हुआ कि यह एक बाकमाल उर्दू शाइर का कलाम नहीं है।'' 'मेघदूत' का अनुवाद हाफ़िज़ ख़लील हसन 'ख़लील' का किया हुआ है जो 1914 ई. में आगरा से प्रकाशित हुआ था। कोई शक नहीं कि ख़लील हसन ने मस्नवी के अंदाज़ में कालीदास की इस हसीन-ओ-जमील नज़्म को मुन्तक़िल करने का हक़ अदा कर दिया है।

हमारा अंदाज़े-इश्क़ : इस पुस्तक का आख़िरी अध्याय हमारे अंदाज़े-इश्क़ के बारे में है। उर्दू शाइरी में इश्क़ का विषय हमेशा से लोकप्रिय रहा है। यह कहना ग़लत न होगा कि उर्दू शाइरी के प्रिय विषयों में भी इस विषय को प्रधानता प्राप्त है। उर्दू की इश्क़िया शाइरी पर तरह-तरह के आरोप लगाए जाते हैं लेकिन चन्द शाइरों के गिरे हुए चिंतन-स्तर को पूरी उर्दू शाइरी पर नहीं थोपा जा सकता। इश्क़ की कल्पना उर्दू शाइरी में उच्चतम मानसिक सतह को छूती रही है। इससे इनकार अन्याय होगा। इश्क़ दरअसल उस तीव्र अनुभूति का नाम है जो बुनियादी तौर पर जिन्सी होते हुए भी इंसानी ज़िंदगी की उच्च नफ़्सियाती और नैतिक सतहों पर असरअंदाज़ होती है और जो स्वभाव, चरित्र और व्यक्तित्व को बनाने और संवारने में अहम रोल अदा करती है। यही आशिक़ाना अनुभूति जब विश्वव्यापी कल्पना से हमआहंग होती है तो उसमें एक महानता आ जाती है। शाइरी की महानता और उच्चता का रहस्य भी इसी में छिपा हुआ है। इश्क़ की जलन जब ज़िंदगी की जलन में ढलती है तो महान शाइरी की बुनियाद बनती है। उर्दू अदब में इश्क़ या इश्क़िया शाइरी की कौन-सी सतहें हमारे सामने आती हैं इस पर एक नज़र डालना जरूरी है। शुरू में दकनी उर्दू में जो ग़ज़ल कही गयी उसमें मर्द और औरत की परस्पर मुहब्बत की ख़ूबसूरत झलकियां मिलती हैं। क़ुली क़ुतबशाह की ग़ज़लें हों या 'वली' की प्रारम्भिक ग़ज़लें, उनमें इश्क़ की एक सभ्य भावनात्मक सतह का अहसास होता है—

वली उस गौहरे-काने-हया की क्या कहूं ख़ूबी
मिरे घर इस तरह आता है ज्यूं सीने में राज़ आवे

दकनी ग़ज़ल में हमें हिंदी लहजा और हिंदुस्तानी तत्त्व साफ़ दिखाई देते हैं। लेकिन यह बात याद रखनी चाहिए कि इश्क़िया ग़ज़ल की बुनियाद अगर कुछ है तो मुहब्बत की रूह है। इसीलिए प्रो. मसूद हसन रिज़वी ने श्रेष्ठ इश्क़िया शेरों को 'रूहे-मुहब्बत की तस्वीरें' कहा है। उर्दू की इश्क़िया ग़ज़ल का एक पहलू तो वह है जो हुस्न और इश्क़ के मामलात और कैफ़ियात से सीधा संबंध रखता है। एक पहलू वह है जिसे फ़लसफ़ियाना (दार्शनिक) या आरिफ़ाना कह सकते हैं। और तीसरा पहलू वह है जो विजदानी सतह पर हयात और कायनात के ब्रह्मज्ञान की आईनादारी करता है। 'मीर'

की ग़ज़ल में इश्क़ फ़लसफ़ियाना या आशिक़ाना अंदाज़ में हमारे सामने नहीं आता। यद्यपि अपनी मस्नवियों में कई जगह 'मीर' इश्क़ को हयात-ओ-कायनात का बुनियादी कारण बताते हैं जिसका एक उद्धरण भी हमने इस अध्याय में एक जगह दिया है लेकिन वास्तव में 'मीर' इश्क़ को आम इंसानी सतह पर देखते थे। यह ज़रूर था कि वह 'मजनूं' गोरखपुरी के शब्दों में—"इश्क़ को हुस्न का परस्तार समझते हुए भी एक प्रमुख और अधिक सुसंस्कृत शक्ति मानते थे।" वह इश्क़ के नाम पर मर मिटने का जज़्बा रखते हैं। 'मीर' ने ग़मे-इश्क़ और ग़मे-ज़िंदगी दोनों का मुक़ाबला करने का हौसला और मानसिक शक्ति दी है। उनके यहां आनंद का पहलू नहीं है तो इसका कारण उनके ज़माने के प्रतिकूल हालात और ख़ुद उनके इश्क़ की नाकामी है। हमने इस संकलन में 'मीर' की ग़ज़लें और कुछ शेर दिए हैं जिनसे 'मीर' के अंदाज़े-इश्क़ पर रौशनी पड़ती है। उर्दू शाइरी में इश्क़िया शेरों की संख्या लाखों से भी अधिक है, इसलिए हर शाइर के कलाम को पेश करना मुम्किन न था। कुछ ग़ज़लों, कुछ नज़्मों और कुछ रुबाइयों पर ही संतुष्टि कर ली गयी है। 'मीर' के बाद ग़ालिब की महान् शाइरी हमारे सामने आती है। उनके यहां 'मीर' की नश्तरियत तो नहीं, अलबत्ता एक ऐसी सलीक़ामंद नज़र मिलती है जो इश्क़, बल्कि पूरी हयात और कायनात से परिचित है। हुस्नो-इश्क़ के विषयगत वार्तालाप की मिसालें ग़ालिब के कलाम में हसीन से हसीनतर मिलती हैं :

नींद उसकी है, दिमाग़ उसका है, रातें उसकी हैं
तेरी ज़ुल्फ़ें जिसके बाज़ू पर परीशां हो गईं

जो ग़ज़ल इस इन्तिख़ाब में शामिल है उसमें इश्क़ के लिए एक ऐसी तड़प का एहसास है जो शोक और हर्ष के पहलुओं को बड़े संतुलित और फ़नकारी के साथ अपने में समोए हुए है। यह न भूलना चाहिए कि ग़ालिब की शाइरी हुस्नो-इश्क़ की नफ़्सियात तक सीमित नहीं बल्कि बक़ौल आले अहमद सुरूर—"उर्दू शाइरी में ग़ालिब से बड़ा ज़िंदगी का आशिक़ और आरिफ़ शायद ही कोई मिले।" ग़ालिब के विपरीत जब हम 'दाग़' की शाइरी पर आते हैं तो हमें जो मिलता है वह 'खुली-खुली इश्क़िया शाइरी' है। 'दाग़' पर विलासिता की भावना का इल्ज़ाम रखा जाता है लेकिन उनकी चुनी हुई आशिक़ाना ग़ज़लें या शे'र उन्हें इश्क़िया शाइरी में एक स्थान देते हैं। यह सच है कि उन्हें आम इश्क़िया शे'रों में उस जागीरदाराना सभ्यता का एहसास होता है जो उर्दू की इश्क़िया मस्नवियों में भी रचा-बसा है। बहरहाल 'दाग़' की शाइरी जिस पाए की भी मानी जाये, वह भी हर एक के बस की बात नहीं। 'हसरत' मोहानी ने आशिक़ाना शाइरी को 'दाग़' की अपेक्षा यक़ीनन शाइस्तातर बनाया है। वह भी इश्क़ को आस्मानी या उलूही चीज़ नहीं समझते। सिर्फ़ एक सच्चे और मुख़लिस आशिक़ के रूप में हमारे सामने आते हैं। वह सादगी, विनम्रता और निष्ठा को इश्क़ का जौहर समझते हैं। हुस्नो-इश्क से संबंधित वस्तुगत वार्त्तालाप में उनके यहां भी ख़ूबसूरत तहज़ीबी झलकियां मिलती हैं। 'हसरत' के बाद हमने 'फ़िराक़' की ग़ज़ल और शे'र दिए हैं। 'फ़िराक़' का तसव्वुरे-इश्क़ बुनियादी तौर पर ज़मीनी है लेकिन उनके जमालियाती और विजदानी

एहसास ने उसे एक बलन्द सतह दे दी है। अतएव इश्क़ की कैफ़ियतें हयात और कायनात से हमआहंग नज़र आती हैं और हम ऐसा महसूस करते हैं कि इश्क़ मिलन और विरह की कैफ़ियतों से अलग ज़िंदगी का पर्यायवाची बन गया है। उनके यहां जिंसी जज़्बा एक ऐसी पवित्रता और स्वच्छता लिये हुए हमारे सामने आता है कि तल्लीनता और आश्चर्य की क़ैफ़ियत पैदा हो जाती है। उनके इश्क़िया शे'रों में अक्सर महसूस होता है कि अछूती बलन्दियां और अनजानी वुसअतें सिमट आई हैं।

इश्क़िया नज़्मों में हमने सबसे पहले 'इक़बाल' की नज़्म 'मुहब्बत' दी है जिसमें मुहब्बत या इश्क़ का एक आस्मानी तसव्वुर मिलता है। 'इक़बाल' की शाइरी में इश्क़ दरअसल एक दार्शनिक परिभाषा बन गया है और ऐसी रहस्यमयी शक्ति के समान है जो कायनात की रचना और जीवन के विकास की मंज़िलें तय करने में सहयेागशील है—

सितारों से आगे जहां और भी हैं
अभी इश्क़ के इम्तिहां और भी हैं

'इक़बाल' से जब हम 'जोश' पर आते हैं तो हम फिर ज़मीनी इश्क़ से दो-चार होते हैं। 'जोश' लाख 'शाइरे-इंक़िलाब' कहे जायें लेकिन जहां उनकी शाइरी अपनी चरम सीमा को छूती है वह मंज़र-निगारी या हुस्नो-इश्क़ की वारदातें हैं। इश्क़ का तसव्वुर उनके यहां शारीरिक आकर्षण और नफ़सियाती बारीकियों के दायरे से आगे नहीं बढ़ता। वह बुनियादी तौर पर रूमानियत के शाइर हैं। उनकी नज़्मों में बक़ौल 'फ़िराक़'—"रूमानियत छत्तीसों सिंगार के साथ अपनी छवि दिखाती हुई सामने आती है।" उनकी नज़्म 'अश्के-अव्वलीं' और उनके शे'र 'हनोज़' से उनके आशिक़ाना तर्ज़ का पूरा अंदाज़ा लगाया जा सकता है। 'अख़्तर' शीरानी भी रूमानी शाइर हैं। उनकी प्रारम्भिक नज़्मों में तो महबूबा से ज़्यादा महबूबा का तसव्वुर प्रिय नज़र आता है। आगे चलकर भी 'अख़्तर' की शाइरी चाहने और चाहे जाने की लज़्ज़त और ख़्वाहिश से आगे नहीं बढ़ी लेकिन इश्क़ और इश्क़ की वारदातें जिस सरशारी और कैफ़ से उनके यहां बयान हुई हैं उनमें एक जादू ज़रूर पाया जाता है जो थोड़ी देर के लिए सबकुछ भुला देता है। 'फ़ैज़' इश्क़ में भी गम्भीरता और गरिमा को ध्यान में रखते हैं। उनके यहां इश्क़ का तसव्वुर विशाल होकर ग़मे-जहां को भी अपने दामन में समेट लेता है। उनकी अक्सर नज़्मों में यह सम्मिश्रण बड़े कलात्मक ढंग से हमारे सामने आता है। 'मजाज़' की आशिक़ाना नज़्मों में कोई चिंतन या दर्शन के तत्त्व की मिलावट तो नहीं अलबत्ता इश्क़ की परिचयात्मक तर्जुमानी ज़रूर है। 'जांनिसार' अख़्तर की नज़्म 'महकती हुई रात' में वह पहलू सामने आता है जब दो चाहनेवाले दिलों ने एक-दूसरे की संगति में ज़िंदगी का लंबा समय गुज़ारा हो और जीवन-संघर्ष में लगातार शरीक रहे हों। यह नज़्म इश्क़ की ज़िंदगी का एक कामयाब और स्वस्थ नज़रिया पेश करती है। इसके प्रतिकूल 'मख़दूम' की नज़्म 'चारागर' सामाजिक बन्धनों के वातावरण में इश्क़ की ग़मगीन कहानी बयान करती है। 'कैफ़ी' की नज़्म 'अंदेशे' भी हमारे समाज के उस निर्दयी रवैये

से संबंध रखती है जो औरत को मुहब्बत की आज़ादी नहीं देता और जहां औरत अपनी मुहब्बत को सीने में दफ़न करके ज़िंदगी से समझौते पर मजबूर हो जाती है। इस नज़्म में औरत की जज़्बाती कैफ़ियात की ख़ूबसूरत अक्कासी की गयी है। इसके अलावा 'मजरूह' की एक हर्षप्रद ग़ज़ल है और कुछ बन्द 'साहिर' की 'परछाइयां' से लिये गये हैं। इनमें चन्द रूमानी क्षणों की हसीन मुसव्विरी है। साथ ही जज़्बाती फ़िज़ा का अहसास भी होता है।

आशिक़ाना रुबाइयात में कुछ रुबाइयां 'फ़िराक़' के कलाम से ली गयी हैं। 'फ़िराक़' की ग़ज़लों में जिस तरह इश्क़ की व्यापकता का एहसास होता है उसी तरह उनकी रुबाइयों में हुस्न अपनी नक़ाब उलट देता है। ऐसा लगता है कि 'फ़िराक़' ने हुस्न को सिर्फ़ देखा ही नहीं अपने सारे अस्तित्व से अनुभव किया है। डॉक्टर गोपीचन्द नारंग ने सही लिखा है कि " 'फ़िराक़' हुस्नो-जमाल की बोलती हुई रूह के शाइर हैं।' उनकी रुबाइयों में जो हिंदुस्तानी सभ्यता और उसकी जमालियाती क़द्रें मिलती हैं वे कहीं और नज़र नहीं आतीं। 'जांनिसार' अख़्तर की रुबाइयां 'फ़िराक़' की तरह शृंगार रस की रुबाइयां नहीं। उनका विषय दाम्पत्य जीवन का रूमान है। 'फ़िराक़' के शब्दों में 'इन रुबाइयों में हिंदुस्तान के लगभग पन्द्रह करोड़ घरों और घरेलू जीवन की नर्म-ओ-नाज़ुक झलकियां दिखाई गयी हैं...ये विषय और उसके हज़ारों पहलू सूरदास के पदों में दिखाए गये हैं। 'जांनिसार' अख़्तर ने यही नेमत हमें इन रुबाइयों में देकर हम सब पर बड़ा एहसान किया है।'

इस अध्याय का मक़सद दरअसल एक झलक पेश करना था उस इश्क़िया शाइरी की जो अपने चित्र-विचित्र और रंगारंग पहलुओं के साथ उर्दू में रची-बसी है और जो हमारे मशरिक़ी या हिंदुस्तानी मिज़ाज की ग़म्माज़ रही है।

हर्फ़े-आख़िर : यह पुस्तक उर्दू शाइरी के उस स्थूल सरमाये की एक झलक है जो हमारी मिली-जुली सभ्यता की आईनादार है। यह यथार्थ है कि इस किताब का हर अध्याय एक अलग ग्रन्थ की रचना चाहता है। इसके अलावा उर्दू शाइरी के कई ऐसे पहलू और भी हैं जिन्हें इस सिलसिले में पेश किया जा सकता था। मसलन उन नज़्मों के चयन का भी एक अध्याय सम्पादित किया जा सकता था जिनमें हिंदुस्तानी रीति-रिवाज, मजलिसी शिष्टाचार, शादी-ब्याह के तौर-तरीक़ों के विवरण मौजूद हैं। हिंदुस्तान के सब धर्मों की पवित्र पुस्तकों के मंज़ूम (पद्यात्मक) अनुवाद के उद्धरण भी शामिल किए जा सकते थे लेकिन फ़िलहाल प्रकाशन की मजबूरियों के कारण ऐसा करना मुमकिन नहीं हो सका। फिर भी यह किताब उर्दू शाइरी के बारे में बहुत-सी बदगुमानियों और ग़लतफ़हमियों को दूर करने में ज़रूर मदद करेगी। वे लोग जो उर्दू को लस्सानी तौर पर हिंदी-उल-अस्ल और हिंदी-उल-नस्ल मानने के बावजूद उसके 'एक विशेष सांस्कृतिक मिज़ाज' की बात करते हैं उनसे हम इस किताब को पेश करते हुए सिर्फ़ इतना ही कहना

चाहते हैं कि बेशक ज़बान का एक सांस्कृतिक स्वभाव होता है लेकिन हमें ऐतिहासिक सत्य को सामने रखने की ज़रूरत है। हम मानते हैं कि जब मुसलमान शासक के रूप में मौजूद थे और फ़ारसी ज़बान सरकारी ज़बान थी तो उर्दू पर फ़ारसी का प्रभाव पड़ा लेकिन यह प्रभाव पड़ना तारीख़ी तौर पर अनिवार्य था। सोलहवीं और सतरहवीं सदी की दकनी शाइरों में जो हिंदीयत असली तत्त्व के रूप में शामिल थी वह सूरत उत्तर भारत में न थी। अलबत्ता इससे इनकार नहीं किया जा सकता कि यहां हिंदीयत और ईरानियत का सम्मिश्रण मौजूद था। आगे चलकर एक समय फ़ारसीयत का आधिपत्य भी हुआ, लेकिन क्या अंग्रेज़ों के शासनकाल में उर्दू भाषा और उर्दू शाइरी पर अंग्रेज़ी साहित्य का प्रभाव नहीं पड़ा ? यह भी ऐतिहासिक तौर पर होना अनिवार्य था और आज जब हमारे ऐतिहासिक हालात बदल चुके हैं; फ़िरंगी सियासत, जो हिंदुस्तानी क़ौमों की ज़िंदगी के एक-एक विभाग को तक़सीम करने पर तुली हुई थी, फ़ना हो चुकी है; नई स्थिति में क्या उर्दू भाषा अपने प्राचीन सांस्कृतिक प्रभाव से बाहर निकलकर आधुनिक सांस्कृतिक प्रभाव न अपनाएगी ? उर्दू अदब और शाइरी का गहरी नज़र से अध्ययन करनेवाले आज भी यह बात अनुभव करते हैं कि उर्दू शाइरी का मिज़ाज बदलने लगा है और हम समझते हैं कि वह दिन दूर नहीं जब उर्दू शाइरी का सांस्कृतिक मिज़ाज सही मानों में संतुलित हिंदुस्तानी मिज़ाज कहा जायेगा। हम 'दाग़' की बात को तो दोहराना नहीं चाहते कि–

कहते हैं उसे ज़बाने-उर्दू
जिसमें न हो रंग फ़ारसी का

क्योंकि यह भी सच है कि फ़ारसी रंग ने भी उर्दू को बहुत कुछ दिया है जो सीने से लगाए रखने के क़ाबिल है। लेकिन हम यह स्वीकार करते हैं कि आज उर्दूवालों को संस्कृत-साहित्य से भी बहुत कुछ लेना है। 'फ़िराक़' गोरखपुरी लिखते हैं कि 'हमारी उर्दू ज़बान में कितनी विशालता और कितनी बड़ी सम्भावनायें पैदा हो जायेंगी अगर उर्दू शब्दकोश में दो-ढाई हज़ार संस्कृत के शब्द भी शामिल कर लिये जायें। कितनी शक्ति और फैलाव, कितनी तहें, कितनी झलकियां और परछाइयां, कितना रस, कितनी सुगंध, कितना रचाव, कितनी सुगढ़ता, कितनी नई गूंजें, कितना सलीक़ा, कितना प्रवाह और ठहराव, कितना लोच और लचक उर्दू में पैदा हो जायेगी अगर संस्कृत शब्दों की किरनों की खनक भी अरबी, फ़ारसी और हिंदी शब्दों की खटक, रस और झंकार के साथ साज़े-उर्दू से सुनाई देने लगे।' हम समझते हैं कि इन शब्दों की मिलावट से केवल उर्दू शब्दकोश ही को लाभ न पहुंचेगा बल्कि इस वृद्धि के द्वारा साहित्य और शाइरी हिंदुस्तान की रूह को और गहरे तौर पर अपने में समो सकेगी।

अन्त में उन चन्द मित्रों का शुक्रिया ज़रूरी है जिन्होंने पुस्तकें एकत्र करने में सहायता दी। उनमें प्रोफेसर अब्दुस्सत्तार दलवी, प्रोफेसर मुग़ीस उद्दीन फ़रीदी, राजनारायण 'राज़', दर्शनसिंह दुग्गल और साबिर दत्त के हम ख़ासतौर पर आभारी हैं।

–जां निसार अख़्तर

पहला अध्याय

हिंदोस्तान की अज़्मत

(भारत महिमा)

तरान-ए-हिंदी

डॉ. मुहम्मद इक़बाल

सारे जहां से अच्छा हिन्दोस्तां हमारा
हम बुलबुलें हैं इसकी, यह गुलिस्तां हमारा
गुरबत[1] में हों अगर हम रहता है दिल वतन में
समझो वहीं हमें भी, दिल हो जहां हमारा
पर्वत वो सबसे ऊंचा हमसाया आसमां का
वो संतरी हमारा, वो पासबां[2] हमारा
गोदी में खेलती हैं इसकी हज़ारों नदियां
गुलशन है जिनके दम से रश्के-जिनां[3] हमारा
अय आबे-रूदे-गंगा[4] वो दिन है याद तुझको
उतरा तिरे किनारे जब कारवां हमारा
मज़हब नहीं सिखाता आपस में बैर रखना
हिंदी हैं हम, वतन है हिन्दोस्तां हमारा
यूनानो-मिस्रो-रूमां सब मिट गये जहां से
अब तक मगर है बाक़ी. नामो-निशां हमारा
कुछ बात है कि हस्ती मिटती नहीं हमारी
सदियों रहा है दुश्मन दौरे-ज़मां हमारा
'इक़बाल' कोई महरम[5] अपना नहीं जहां में
मालूम क्या किसी को दर्दे-निहां[6] हमारा

---

1. परदेस, 2. संरक्षक, पहरेदार 3. जिस पर स्वर्ग भी ईर्ष्या करे, 4. गंगा नदी का पानी 5. दोस्त, रहस्य जाननेवाला, 6. छिपा हुआ दर्द।

हिंदोस्तानी बच्चों का क़ौमी गीत

डॉ. मुहम्मद इक़बाल

चिश्ती[1] ने जिस ज़मीं में पैग़ामे-हक़[2] सुनाया
नानक ने जिस चमन में वहदत[3] का गीत गाया
तातारियों[4] ने जिसको अपना वतन बनाया
जिसने हिजाज़ियों[5] से दश्ते - अरब[6] छुड़ाया
मेरा वतन वही है, मेरा वतन वही है

यूनानियों को जिसने हैरान[7] कर दिया था
सारे जहां को जिसने इल्मो-हुनर[8] दिया था
मिट्टी को जिसकी हक़[9] ने ज़र[10] का असर[11] दिया था
तुर्कों का जिसने दामन हीरों से भर दिया था
मेरा वतन वही है, मेरा वतन वही है

टूटे थे जो सितारे फ़ारस[12] के आसमां से
फिर ताब[13] दे के जिसने चमकाये कहकशां[14] से
वहदत[15] की लय सुनी थी दुनिया ने जिस मकां[16] से
मीरे-अदब[17] को आई ठंडी हवा जहां से
मेरा वतन वही है, मेरा वतन वही है

बन्दे[18]-कलीम[19] जिसके, पर्वत जहां के सीना[20]
नूहे-नबी[21] का आकर ठहरा जहां सफ़ीना[22]
रिफ़अत[23] है जिस ज़मीं की बामे-फ़लक[24] का ज़ीना
जन्नत[25] की ज़िंदगी है जिसकी फ़ज़ा[26] में जीना
मेरा वतन वही है, मेरा वतन वही है

---

1. ख़्वाजा मुईनुद्दीन चिश्ती अजमेरी, 2. सत्य का संदेश, 3. अद्वैत, 4. तातार के रहनेवाले, 5. हिजाज़ के रहनेवाले, 6. अरब का जंगल, 7. व्याकुल, 8. ज्ञान और शिल्प, 9. ख़ुदा, 10. सोना, 11. प्रभाव, 12. ईरान, 13. चमक, 14. आकाशगंगा, 15. अद्वैत, 16. घर, मकान, 17. अरब का सरदार, 18. लोग, 19. हज़रत मूसा, 20. तूर नामक पर्वत जिस पर हज़रत मूसा को ख़ुदा का जल्वा दिखाई दिया, 21. हज़रत नूह (जिसके ज़माने में एक तूफ़ान आया था जिसमें सबकुछ डूब गया था, केवल उनकी नाव बची थी), 22. नाव, 23. ऊंचाई, 24. आकाश की छत, 25. स्वर्ग, 26. वातावरण।

ख़ाके-हिंद

पंडित ब्रजनारायण 'चकबस्त'

अय ख़ाके-हिंद[1] तेरी अज़मत[2] में क्या गुमां[3] है
दरिया - ए - फ़ैज़े - क़ुदरत[4] तेरे लिए रवां[5] है
तेरी जबीं[6] से नूरे - हुस्ने - अज़ल[7] अयां[8] है
अल्लाह रे ज़ेबो - ज़ीनत[9] क्या औजे-इज़्ज़ो-शां[10] है

हर सुबह है यह ख़िदमत ख़ुरशीदे-पुरज़िया[11] की
किरनों से गूंथता है चोटी हिमालया की

इस ख़ाके-दिलनशीं[12] से चश्मे[13] हुए वो जारी[14]
चीनो-अरब में जिनसे होती थी आबयारी[15]
सारे जहां पे जब था वहशत[16] का अब्र[17] तारी[18]
चश्मो-चिराग़े-आलम[19] थी सरज़मीं[20] हमारी

शम्ए-अदब[21] न थी जब यूनां की अंजुमन[22] में
ताबां[23] था मेहूरे-दानिश[24] इस वादि-ए-कुहन[25] में

गौतम ने आबरू[26] दी इस मा'बदे-कुहन[27] को
सरमद ने इस ज़मीं पर सदक़े किया[28] वतन को
अकबर ने जामे-उल्फ़त[29] बख़्शा[30] इस अंजुमन को
सींचा लहू से अपने राना ने इस चमन को

सब सूरबीर अपने इस ख़ाक में निहां[31] हैं
टूटे हुए हैं खंडर या उनकी हड्डियां हैं

---

1. भारत की धरती, 2. महानता, 3. शक, 4. प्रकृति की दयारूपी नदी, 5. प्रवाहित, 6. ललाट, 7. आदिकाल के सौंदर्य का प्रकाश, 8. प्रकट, 9. शोभा, 10. ज्ञान और प्रतिष्ठा की ऊंचाई, 11. प्रकाशमान सूर्य, 12. चित्ताकर्षक धरती, 13. स्रोत, 14. प्रवाहित, 15. सिंचाई, 16. पशुता, हैवानियत, 17 बादल, 18 छाया हुआ, 19. संसार के नेत्रों की ज्योति, 20. धरती, 21. साहित्य का दिया, 22. महफ़िल, 23. प्रकाशमान, 24. ज्ञान का सूर्य, 25. पुरानी वादी, 26. मान, प्रतिष्ठा, 27. प्राचीन आराधना-गृह, 28. न्यौछावर, 29. प्रेम का प्याला, 30 प्रदान किया, 31. छुपे हुए।

दीवारो-दर से अब तक उनका असर अयां[1] है
अपनी रगों में अब तक उनका लहू रवां[2] है
अब तक असर में डूबी नाक़ूस[3] की फ़ुग़ां[4] है
फ़िरदौसे-गोश[5] अब तक कैफ़ीयते - अज़ां[6] है

कश्मीर से अयां है जन्नत का रंग अब तक
शौकत[7] से बह रहा है दरिया-ए-गंग[8] अब तक

है जू - ए - शीर[9] हमको नूरे - सहर[10] वतन का
आंखों में रौशनी है, जल्वा[11] इस अंजुमन[12] का
है रश्के - मेहर[13] ज़र्रा[14] इस मंज़िले - कुहन[15] का
तुलता है बर्गे - गुल[16] से कांटा भी इस चमन का

गर्दो-गुबार[17] यां का ख़िलअत[18] है अपने तन को
मरकर भी चाहते हैं ख़ाके - वतन[19] कफ़न को

गुलज़ारे-वतन

दुर्गा सहाय 'सुरूर' जहानाबादी

फूलों का कुंजे-दिलकश[20] भारत में इक बनायें
हुब्बे-वतन[21] के पौदे उसमें नए लगायें
इक-एक गुल में फूंकें रूहे - शमीमे - वहदत[22]
इक-इक कली को दिल के दामन से दें हवायें
मुर्ग़ाने-बाग़[23] बनकर उड़ते फिरें हवा में
नग़मे[24] हों रूह-अफ़्ज़ा[25] और दिलरुबा सदायें[26]

---

1. प्रकट, 2. प्रवाहित, 3. शंख, 4. आर्तनाद, 5. कानों में समायी हुई, 6. अज़ान की मस्ती, 7. वैभव, ठाठ, 8. गंगा नदी, 9. दूध की नदी, 10. प्रभात का प्रकाश, 11. दर्शन, 12. महफ़िल, 13. सूर्य के समान, 14. कण, 15. प्राचीन मंज़िल, 16. फूल की पत्ती, 17. धूल, मैल, 18. पुरस्कार, 19. देश की धूल, 20. मोहक कुंज, 21. देशभक्ति, 22. अद्वैत की सुगंध, 23. उपवन के पक्षी, 24. गीत, 25. आत्मा को शांति देनेवाले, 26. आवाज़ें।

छायी हुई घटा हो, मौसम तरब-फ़ज़ा[1] हो
झोंके चलें हवा के, अशजार[2] लहलहायें

इस कुंजे-दिलनशीं[3] में क़ब्ज़ा[4] न हो ख़िज़ां का
जो हो गुलों का तख़्ता[5], तख़्ता हो इक जिनां[6] का
बुलबुल को हो चमन में सैयाद का न खटका[7]
ख़ुश-ख़ुश हो शाख़े-गुल[8] पर, ग़म हो न आशियां[9] का
मौसम हो जोशे-गुल[10] का और दिन बहार[11] के हों
आलम अजीब दिलकश[12] हो अपने गुलिस्तां का
मिल-मिलके हम तराने हुब्बे-वतन[13] के गायें
बुलबुल हैं जिस चमन के, गीत उस चमन के गायें

वतन

'जोश' मलीहाबादी

अय वतन, पाक वतन, रूहे-रवाने-अहरार[14]
अय कि ज़र्रों में तिरे बू-ए-चमन[15], रंगे-बहार[16]
अय कि ख़्वाबीदा[17] तिरी ख़ाक में शाहाना वक़ार[18]
अय कि हर ख़ार[19] तिरा रूकशे-सदरू-ए-निगार[20]
रेज़े अलमास[21] के तेरे ख़सो-ख़ाशाक[22] में हैं
हड्डियां अपने बुज़ुर्गों[23] की तिरी ख़ाक में हैं

पाई गुंचों[24] में तिरे रंग की दुनिया हमने
तेरे कांटों से लिया दर्से-तमन्ना हमने[25]

---

1. आनंददायक, सुहाना, 2. वृक्ष, 3. आकर्षक कुंज, 4. अधिकार, 5. क्यारी, 6. स्वर्ग, 7. भय, 8. फूल की डाली, 9. घोंसला, 10. वसंत, 11. वसंत, 12. सुहाना, 13. देशप्रेम, 14. आजाद लोगों की रूह (प्राणवायु), 15. चमन की सुगंध, 16. बहार का रंग, 17. सोया हुआ, 18.बादशाहों की गरिमा, 19. कांटा, 20. हज़ारों प्रेमिकाओं के चेहरे की तरह, 21. हीरक, 22. घासफूस, 23. पूर्वज, आदरणीय, 24. कली, 25. अभिलाषा का पाठ।

तेरे क़तरों[1] से सुनी क़िरअते - दरिया[2] हमने
तेरे ज़र्रों[3] में पढ़ी आयते - सहरा[4] हमने

क्या बतायें कि तिरी बज़्म[5] में क्या-क्या देखा
एक आईने में दुनिया का तमाशा देखा

पहले जिस चीज़ को देखा वो फ़ज़ा[6] तेरी थी
पहले जो कान में आई वो सदा[7] तेरी थी
पालना जिसने हिलाया वो हवा तेरी थी
जिसने गहवारे[8] में चूमा वो सबा[9] तेरी थी

अव्वलीं रक़्स[10] हुआ मस्त घटा में तेरी
भीगी हैं अपनी मसें आबो-हवा[11] में तेरी

अय वतन ! आज से क्या हम तिरे शैदाई[12] हैं
आंख जिस दिन से खुली, तेरे तमन्नाई हैं
मुद्दतों[13] से तिरे जल्वों[14] के तमाशाई हैं
हम तो बचपन से तिरे आशिक़ो-सौदाई[15] हैं

भाई तिफ़्ली[16] से हर इक आन[17] जहां[18] में तेरी
बात तुतला के जो की भी तो ज़बां में तेरी

हुस्न[19] तेरे ही मनाज़िर[20] ने दिखाया हमको
तेरी ही सुब्ह के नग़्मों[21] ने जगाया हमको
तेरे ही अब्र[22] ने झूलों में झुलाया हमको
तेरे ही फूलों ने नौशाह[23] बनाया हमको

ख़ंदः-ए - गुल[24] की ख़बर तेरी ज़बानी आई
तेरे बाग़ों में हवा खाके जवानी आई

तुझसे मुंह मोड़के, मुंह अपना दिखायेंगे कहां
घर जो छोड़ेंगे तो फिर छावनी छायेंगे कहां

---

1. बूंद, 2. नदी की कलकल, 3. कण, 4. जंगल की आयत, 5. महफ़िल, 6. वातावरण, 7. आवाज़, 8. पालना, 9. हवा, 10. नृत्य, 11. पानी और हवा, 12. मर-मिटनेवाले, 13. वर्षों से, लंबे अरसे से, 14. दर्शन, 15. प्रेमी, 16. बचपन, 17. अदा, 18. संसार, 19. सौंदर्य, 20. दृश्य, 21. गीत, 22. बादल, 23. दूल्हा, 24. फूल की मुस्कान।

बज़्मे-अग़ियार[1] में आराम यह पायेंगे कहां
तुझसे हम रूठ के जायें भी तो जायेंगे कहां

तेरे हाथों में है क़िस्मत का नविश्ता[2] अपना
किस क़दर[3] तुझसे है मज़बूत यह रिश्ता[4] अपना

अय मादरे-हिंद

'फ़िराक़' गोरखपुरी

अय मादरे-हिंद[5] सुब्ह तेरी, तिरी शाम
हैं साक़ि-ए-दौरां[6] के छलकते हुए जाम
लम्हों में तिरे राज़े - अबद[7] पिन्हां[8] हैं
तेरी हर सांस एक पैग़ामे-दवाम[9]

दरिया, आईना - ए - जहाने - गुज़रां[10]
कुहसार, तिरे सुकूने-दायम[11] के निशां[12]
है तेरी फ़ज़ा[13] में कुछ घुलावट ऐसी
अफ़ज़ूं[14] जो करे रिक़्क़ते - क़ल्बे - यज़्दां[15]

इंसान को इंसान बनाया तूने
विज्दान[16] को विज्दान बनाया तूने
हर फ़न को आईना हक़ीक़त[17] का किया
हर इल्म[18] को इरफ़ान[19] बनाया तूने

शाने-रमे-ज़िंदगी[20] अदाओं में तिरी
पेचो-ख़मे-ज़िंदगी[21], कलाओं में तिरी

---

1. ग़ैरों की महफ़िल, 2. लिखा हुआ, 3. कितना, 4. संबंध, 5. भारतमाता, 6. समय का साक़ी, 7. अनंत काल के रहस्य, 8. छुपे हुए, 9. नित्यता का संदेश, 10. बीते हुए समय के आईने 11. स्थायी शांति 12. चिन्ह, 13. वातावरण, 14. अधिक, 15. ईश्वर के दिल की सूक्ष्मता, 16. आगही, जानकारी, 17. सच्चाई, 18. ज्ञान, 19. ब्रह्मज्ञान, 20. जीवन की दौड़ की शान, 21. जीवन के मोड़।

मूसीक़ि - ए - सय्याल[1] लबो - लहजा[2] तिरा
कैफ़ो-कमे-ज़िंदगी[3] सदाओं[4] में तिरी

बादल का धुआं सरे - फ़राज़े - कुहसार[5]
जल्वागहे[6] देवलोक दश्तो - गुलज़ार[7]
गाती हुई अप्सरायें जैसे गुज़रें
नदियों ने तिरी वो छेड़ रखा है सितार

वो इन्द्रधनुष, वो सात रंगों की फुआर
बहुरूप दिखाते मौसमों की रफ़्तार[8]
आ जाती है झंकार तिरी पायल की
इक रक़्से-सरमदी[9] है, या रुत का सिंगार

रुख़सारों[10] में तेरी ही दमक देखते हैं
हर अज़्व[11] में तेरी ही लचक देखते हैं
पड़ती है आंख अपनी जब ख़ुलक़त[12] पर
हर चेहरे में तेरी ही झलक देखते हैं

दिन-रात खनक रहे हैं लाखों ही तार[13]
कानों में अज़ल[14] से आ रही है झंकार
अफ़लाके-बरीं[15] पर उंगलियों ने तेरी
लौ देते हुए तारों का छेड़ा है सितार

तेरी हर सांस में जिनां[16] की बू-बास
दामन की हवा तेरे ज़माने को है रास
हासिल हुआ धड़कनों से तेरे दिल की
रूहानियते-माद्दा[17] का यह एहसास[18]

हर फ़िरक़[19]-ओ-हर मिल्लत[20]-ओ-हर मज़हब-ओ-हर दीं[21]
सबने जा-ए-पनाह[22] पाई है यहीं

---

1. प्रवाहित संगीत, 2. उच्चारण, 3. जीवन की न्यूनता की मस्ती, 4. आवाज़, 5. फैले हुए पर्वतों पर, 6. दर्शनस्थल, 7. जंगल और उपवन, 8. गति, 9. अनश्वर नृत्य, 10. कपोल, 11. अंग, 12. सृष्टि, 13. सितार के तार, 14. आदिकाल, 15. सबसे ऊंचा आकाश, 16. स्वर्ग, 17. भूत का अध्यात्म, 18. अनुभूति, 19. सम्प्रदाय, 20. समाज, 21. धर्म, 22. शरण-स्थल।

औलाद[1] में मामता छलकती है तिरी
दुनिया की मादरे - वतन[2] है यह ज़मीं

फेरी तिरे दर की जो लगा जाते थे
सीने की दबी जोत जगा जाते थे
सुनते हैं अलावा दौलते-दुनिया[3] के
साइल[4] तिरे कुछ और भी पा जाते थे

क्या-क्या हमें दे गये हमारे अज्दाद[5]
क्या-क्या हमें कर गये वो शादो-नाशाद[6]
दी दौलते - बेदारे - रमूज़े - हस्ती[7]
गहरी है निशातो-ग़म[8] से जिनकी बुनियाद

पैग़ाम तिरा[9] बात अटल है, अय हिंद
हर दौर तिरा एक ही पल है, अय हिंद
शामों पे तिरी शामे-अबद[10] का साया
हर सुब्ह तिरी सुब्हे-अज़ल[11] है, अय हिंद

वो सैयारों[12] के आने-जाने की सदा[13]
वो क़ल्बे-ज़मां[14] के थरथराने की सदा
पहली आवाज़ थी ज़माने में तेरी
कहते हैं जिसे अलख जगाने की सदा

दिल सांचों में अनवार[15] के ढल जाते थे
आतिश-नफ़सी[16] के लोग बल जाते थे
ज़ुल्मात[17] के सीने में बक़ौले - रावी[18]
सांसों में तिरी चिराग़ जल जाते थे

तू ने ही खिलाए हैं हक़ाइक़[19] के वो फूल
बैठी अब तक न जिन पे क़रनों[20] की धूल

---

1. संतान, 2. देश की मां, 3. संसार की सम्पत्ति, 4. भिखारी, 5. पूर्वज, 6. प्रसन्न और दुखी, 7. जीवन के रहस्य को जगाने की सम्पत्ति, 8. ख़ुशी और ग़म, 9. संदेश, 10. अनंतकाल की संध्या, 11. अनादिकाल का प्रभात, 12. नक्षत्र, 13. आवाज़, 14. ज़माने का दिल, 15. प्रकाश (ब.व.), 16. गर्म सांस, 17. अंधेरे, 18. रावी के कथनानुसार, 19. सच्चाई, 20. युग।

तारीख़े-बशर[1] है ख़ैरो-बरकत[2] तेरी
तहज़ीबे-जहां[3] का तू इमामो-रसूल[4]

इंसान की तक़दीर बना देती है
हर आह को तासीर[5] बना देती है
पहलू में तिरे दबी हुई है वो आंच[6]
जो दर्द को इकसीर[7] बना देती है

देखा नहीं आंखों ने तिरा कोमल गात
हैं तेरे गवाह ज़िंदगी के लम्हात[8]
तू एक वुजूदे-ग़ैरमरई[9] की तरह
रहती है हमारे साथ, दिन हो या रात

हर गुंच-ओ गुल[10] जामो-सुबू[11] है तेरा
औलाद[12] तिरी जोशे-नुमू[13] है तेरा
हर अहले-वतन[14] को तूने पाला-पोसा
इस क़ौम की रग-रग में लहू है तेरा

कन्यायें, अज़ल[15] की है सबाहत[16] जिनमें
राधा की अदाओं की नज़ाकत[17] जिनमें
तू आज भी जन रही है ऐसे बच्चे
है कृष्ण की शोख़ी-ओ-शरारत[18] जिनमें

शोले[19] से जबीनों से[20] लपक जाते हैं
मुरझाए हुए चेहरे दमक जाते हैं
उन चेहरों में जिन पर है अटी गर्दे-मलाल[21]
रुख़[22] भीष्मो-अर्जुन के झलक जाते हैं

इक नग़्मा[23] हवा अब भी सुना जाती है
इक आग-सी सीनों में लगा जाती है

---

1. मानव का इतिहास, 2. कल्याण, 3. संसार की सभ्यता, 4. नबी, 5. असर, 6. आग, 7. रामबाण, 8. क्षण, 9. अगोचर अस्तित्व, 10. कली और फूल, 11. प्याला और सुराही, 12. संतान, 13. विकास का जोश, 14. देशवासी, 15. आदिकाल, 16. सलोनापन, 17. कोमलता, 18. चंचलता, 19. ज्वाला, 20. ललाट, 21. दुख की धूल, 22. चेहरा, 23. गीत।

हां आज भी सनसनाती हुई बसवाड़ियों से
बंसीवाले की तान आ जाती है

है तेरी क़दामत[1] में भी बरनाई[2] सी
असरारे-नुमू[3] से है शनासाई[4] सी
वो लोच है ज़ावियों[5] में फ़िक्रो-फ़न[6] के
लेता है दवाम[7] जिनमें अंगड़ाई-सी

हर फ़न्ने-लतीफ़[8] की वो नौईयत[9] है
नश्तर[10] ज़दे-विज्दान[11] वो शे'रीयत है
अनदेखी हक़ीक़तों[12] ने सूरत पकड़ी
कितनी दिलकश यह क़ल्बे-माहीयत[13] है

बेज़ारि-ए-चश्मे-ग़ैब[14] की है जो मिसाल[15]
देखा तिरे फ़नकारों[16] ने वो ख़्वाबे-जमाल[17]
जो क़ल्बे-हक़ीक़त[18] से छलक जाता है
शादाब[19] उसी लहू से रंगहा-ए-ख़याल[20]

हर नक़्शे-अजन्ता[21] का वो चलता जादू
वो हुस्नो-जमाल[22] के बदलते पहलू
वो बुतसाज़ी[23] कि जान[24] पत्थर में पड़े
है ताज कि रुख़सारे-ज़मां[25] पर आंसू

पहुंचे हैं कहां-कहां से तेरे फ़नकार
शिव का तांडव है या है सृष्टि-सिंगार
पेशानि-ए-शिव[26] दमे-हलाहलनोशी[27]
वो अबरुओं[28] पे चढ़ी कमानों[29] का उतार

---

1. प्राचीनता, 2. जवानी, 3. विकास के रहस्य, 4. जान-पहचान, 5. कोण, 6. चिंतन, 7. स्थायित्व, 8. ललित कला, 9. प्रकार, 10. चाकू, 11. आगही की ज़द, 12. यथार्थ, 13. तत्त्वों का परिवर्तन, 14. ग़ैब की आंख की बेजारी, 15. उदाहरण, 16. कलाकार, 17. सुंदर स्वप्न, 18. सत्य का हृदय, 19. हरी-भरी, 20. कल्पना के रंग, 21. अजन्ता के चित्र, 22. सौंदर्य, 23. मूर्तिकारी, 24. प्राण, 25. संसार के कपोल, 26. शिव का ललाट, 27. विषपान के समय, 28. भृकुटी, 29. धनुष।

फ़ितरत[1] की ख़िल्वतों[2] में डाले डेरे
पेचो - ख़मे - ज़ीस्त[3] के लगाए फेरे
दुनिया के कुतुबख़ानों[4] से जो पिन्हां[5] थे
वो राज़[6] खुले हैं जंगलों में तेरे

तहज़ीब[7] की पहली सुब्ह[8] की पाक[9] दुआयें
गूंजी हुई हैं फ़ज़ा[10] में ऋषियों की सदायें[11]
अय गंगो-जमन[12] की गुनगानाती लहरो
देती हैं सुनाई तुममें वेदों की ऋचायें

वो तेरे मुफ़क्किरों[13] का क़ल्बे-हुशियार[14]
पलकों में जिनकी बन्द रूहे-बेदार[15]
वो जैन और बुद्ध की ग़ायर-नज़री[16]
इनकार को कर दिया है रश्के-इक़रार[17]

शाइर तेरे जिस वक़्त सदा देते हैं
सोए हुए सपनों को जगा देते हैं
आफ़ाक़[18] के मंदिर में वो नग़मे[19] उनके
रह - रहके घंटियां बजा देते हैं

इन रागों का राज़[20] कोई पूछे हम से
अफ़लाक[21] खनक रहे हैं तालो-सम[22] से
मिट्टी तिरी अय हिंद है नरमाई हुई
सीता-ओ-शकुन्तला के अश्के-ग़म[23] से

आग़ोशे-मुलाइम[24] में सुलाया हमको
ख़ामोश[25] आवाज़ से जगाया हमको
कुछ हम भी बनायें तेरे बिगड़े हुए काम
ऐ ख़ाके-वतन[26] तूने बनाया हमको

---

1. प्रकृति, 2. एकान्त, 3. ज़िंदगी के मोड़, 4. पुस्तकालय, 5. छुपे हुए, 6. रहस्य, 7. सभ्यता, 8. प्रातःकाल, 9. पवित्र, 10. शून्य, 11. आवाज़ें, 12. गंगा-यमुना, 13. चिंतक, 14. जाग्रत हृदय, 15. जागती हुई रूह, 16. गहरी उतरनेवाली नज़र, 17. जिस पर स्वीकृति रश्क करे, 18. क्षितिज (ब.व.), 19. गीत, 20. रहस्य, 21. आकाश, (ब.ब), 22. ताल और सम, 23. ग़म के आंसू, 24. कोमल गोद, 25. चुप, मौन, 26. देश की मिट्टी।

अहले-हिंद

महाराज बहादुर 'बर्क़' देहलवी

इन्क़लाबे - दह्र[1] से सब शान वाले मिट गये
रूमवाले मिट गये, यूनानवाले मिट गये
सीरियावाले मिटे तूरानवाले मिट गये
कौन कहता है कि हिंदुस्तानवाले मिट गये
नक़्शे-बातिल[2] हम नहीं जिसको मिटाए आसमां[3]
हम नहीं मिटने के जब तक है बिना-ए-आसमां[4]

ख़ाक से इस देश की पैदा हुए वो नामवर
नक़्श[5] जिनके कारनामे हैं बिसाते-दह्र[6] पर
दबदबे से जिनके झुकते थे सर-अफ़राज़ों[7] के सर
जिनका लोहा मानते हैं हुक्मराने-बहरो-बर[8]
तेग़ो-तरकश[9] के धनी थे, रज़्मगह[10] में फ़र्द[11] थे
इस शुजाअत[12] पर यह तुर्रा[13] है, सरापा[14] दर्द थे

आशना-ए-राज़े-वहदत[15] फ़लसफ़ि-ए-बेमिसाल[16]
गौहरे-दरिया-ए-दानिश[17], नुक्तादाने-बाकमाल[18]
माहिरे-इल्मो-हुनर[19], शेवा-बयां[20], शीरीं-मक़ाल[21]
रास्तबाज़ो-सुल्ह-जू[22], पाकीज़ा-ख़ू[23], रौशन-ख़याल[24]
बाद-ए-तहज़ीब[25] से वो सर-ब-सर[26] मख़मूर[27] थे
क़ल्ब[28] रौशन मारिफ़त[29] के नूर[30] से पुर-नूर[31] थे।

क्या थे अहले-हिंद[32], यह चर्ख़े-कुहन[33] से पूछ लो
या हिमाला की गुफाओं के दहन[34] से पूछ लो

---

1. विश्वक्रांति, 2. झूठ के निशान, 3. आकाश, समय, 4. आकाश की जड़, 5. चित्रित, 6. संसार की बिसात, 7. ऊंचे सरवाले, 8. धरती और समुद्रों पर शासन करनेवाले, 9. तलवार और तूणीर, 10. रण-स्थल, 11. यकता, एक, 12. बहादुरी, 13. विचित्रता, 14. सर से पैर तक, 15. अद्वैत के रहस्य से परिचित, 16. बेमिसाल दार्शनिक, 17. ज्ञान के समुद्र का मोती, 18. पारखी, 19. ज्ञान और कला के माहिर, 20. कुशल वक्ता, 21. मधुर, 22. सदाचारी और सुलह करनेवाले, 23. अच्छी आदतवाले, 24. उदार, 25. संस्कृति की मदिरा, 26. बिल्कुल, 27. मस्त, 28. हृदय, 29. ब्रह्मज्ञान, 30. प्रकाश, 31. प्रकाशमान, 32. भारतवासी, 33. बूढ़ा आकाश, 34. मुंह।

अपना अफ़साना लबे-गंगो-जमन[1] से पूछ लो
पूछ लो, हर ज़र्र - ए - ख़ाके - चमन[2] से पूछ लो
अपने मुंह से क्या बतायें हम कि क्या वो लोग थे
नफ़्स-कुश[3] नेकी[4] के पुतले थे, मुजस्सम[5] योग थे

हम मुअर्रा[6] होके उन औसाफ़[7] से पस्ती[8] में हैं
दौलते-इल्मो-अमल[9] खोकर तिही-दस्ती[10] में हैं
शुहरः-ए-आफ़ाक़[11] अब मस्ति-ओ-बदमस्ती[12] में हैं
शम्ए-अफ़सुर्दा[13] की सूरत महफ़िले-हस्ती[14] में हैं
दौरे-रफ़्ता[15] का मगर सौदा[16] हमारे सर में है
बादः - ए - हुब्बे-वतन[17] छलके हुए साग़र[18] में है

फिर हमें होगा मुयस्सर[19] दह्र[20] में जाहो - जलाल[21]
चार दिन में गुलशने-हस्ती[22] में फिर होंगे निहाल[23]
'बर्क़' यह ज़र्बुल - मसल[24] होगी हमारे हस्बे-हाल[25]
"हर कमाले रा ज़वाले, हर ज़वाले रा कमाल"[26]
नैयरे - इक़बाल[27] चमकेगा हमारा एक दिन
औज[28] पर इस देश का होगा सितारा एक दिन

हिन्दोस्तां

ज़फ़र अली ख़ां

नाक़ूस[29] से ग़रज़ है न मतलब अज़ां[30] से है
मुझको अगर है इश्क़[31] तो हिन्दोस्तां से है

---

1. गंगा-यमुना के तट, 2. उपवन की धूल का कण, 3. संयमी, 4. भलाई, 5. साकार, 6. वंचित, 7. गुण, (ब.व.), 8. गिरावट, 9. ज्ञान और कर्म की सम्पति, 10. दरिद्रता, 11. सुप्रसिद्ध, 12. नशा, 13 उदास चराग़, 14. जीवन की महफ़िल, संसार, 15. अतीत, 16. उन्माद, 17. देशभक्ति की मदिरा, 18. प्याला, 19. प्राप्त, 20. दुनिया, 21. वैभव, 22. अस्तित्व का उपवन, 23. पौधे, 24. लोकोक्ति, कहावत, 25. स्थिति के अनुसार, 26. उत्थान का पतन और पतन का उत्थान, 27. प्रताप का तारा, 28. उच्चता, ऊंचाई, 29. शंख, 30. अज़ान, 31. प्रेम।

तहज़ीबे - हिंद[1] का नहीं चश्मा[2] अगर अज़ल[3]
यह मौजे - रंग - रंग फिर आई कहां से है
ज़र्रे[4] में गर तड़प है तो इस अर्ज़े - पाक[5] से
सूरज में रौशनी है तो इस आसमां से है

हिन्दोस्तां

'सीमाब' अकबराबादी

वो परस्तिशगाहे - फ़ितरत[6] सिज्दागाहे - आफ़ताब[7]
किर्दगारे - सुब्हे - मशरिक़[8], शामे - गेती[9] का शबाब[10]
था सनमज़ारे - अरब[11] जिसके सनमख़ानों[12] की धूम
आतिशे - बज़्मे - अ़जम[13] थी जिसके ऐवानों[14] की धूम
बुतकदों[15] में जिसके ज़िंदा थे बुताने - आज़री[16]
इश्क़[17] की परवर्दिगारी[18], हुस्न[19] की पैग़म्बरी
सुर्ख़[20] संदल[21] सी जबीं[22], उनपे क़श्क़ों[23] के चिराग़[24]
बर्ग[25] से नाज़ुक[26] तबीअत, फूल से नाज़ुक दिमाग़
जिसके दरिया आईने पिघले हुए, बहते हुए
जिसके पर्बत कायनाते - अब्र[27] को घेरे हुए
जिसकी नदियां मौजे-मय[28] की तरह लहराती हुई
घूमती, गिरती, गुज़रती, गूंजती, गाती हुई
शाम मस्ती - आफ़री[29], रंगे - सहर[30] जल्वा-पनाह[31]
इश्क़ की पहली जमाही, हुस्न की पहली निगाह
लहलहाते सब्ज़ाज़ारों[32] में बहार[33] आई हुई
इक घटा बरसी हुई और इक घटा छाई हुई

1. भारतीय संस्कृति, 2. स्रोत, 3. अनादि काल, 4. कण, 5. पवित्र धरती, 6. प्रकृति का आराधना-गृह, 7. सूर्य के सिजदा करने की जगह, 8. पूर्व के प्रभात का परमात्मा, 9. धरती, 10. यौवन, 11. अरब का सनमज़ार, 12. मंदिर, 13. अजम की बज़्म की आग, 14. प्रासाद, 15. मंदिर, 16. आज़र की मूर्तियां, 17. प्रेम, 18. ख़ुदाई, 19. सौंदर्य, 20. लाल, 21. चन्दन, 22. ललाट, 23. तिलक, 24. दिये, 25. पत्ते, 26. कोमल, 27. बादलों की दुनिया, 28. शराब की मौज, 29. नशीली, 30. प्रभात का रंग, 31. शरण, 32. हरे-भरे मैदान, 33. वसंत।

जैसे रक़्सां[1] हो फ़ज़ा[2] में हुस्न का रंगीं ख़दंग[3]
मुख़्तलिफ़[4] रंगों का जैसे उड़ रहा हो इक पतंग
देखकर अफ़ग़ानियों[5] ने उसकी परवाज़े जमील[6]
ले लिया आग़ोशे - क़ुव्वत[7] में ब - अंदाज़े - जमील[8]
मिल गयी शम्ए - हरम[9] बुतख़ाने के फ़ानूस से
इब्ने - आज़र[10] ने सदा[11] दी परदः - ए - नाक़ूस[12] से
मसलके - बुद्ध[13] को तहफ़्फ़ुज़[14] का इशारा मिल गया
कृष्ण के मंदिर को मस्जिद का सहारा मिल गया
ज़र्रा-ज़र्रा[15] महफ़िले - ज़ुहरा[16] नज़र आने लगा
ख़ून सा क़श्क़ा[17] सुरैया[18] बनके इतराने लगा
शामे - मग़रिब[19]. यह सितारा देख के ललचा गयी
सादः - ओ - बेनूर[20] आंखों में चकाचौंध आ गयी
फ़लसफ़ी[21] भी दाम[22] ले - लेकर बढ़े, तज्जार[23] भी
अपना फंदा लेने उट्ठा देवे - इस्तेमार[24] भी
अर्शे - सतवत[25] पे थीं मौजे - इशरते - अफ़ग़ानिया[26]
जल्वः - ए - साग़र[27] पे थीं चमकी हुई महताबियां[28]
थीं यही दो चार बातें गर्मि - ए - बज़्मे - शबाब[29]
नग़्मः - ए - मुतरिब[30] कनारे - शाहिदो - जामे - शराब[31]
कारवां ग़ाफ़िल हुआ, रोबे-शबे मंज़िल[32] गया
पासबाने[33]-वक़्त को शबख़ूं[34] का मौक़ा मिल गया
शामे-मग़रिब[35] सुब्हे-मशरिक़[36] पर यकायक[37] छा गयी
सुर्ख़[38] इक बदली ज़मीं से आसमां तक छा गयी
अब वो सैयारा[39] जो रिफ़अत[40] पर सुबुक-परवाज़[41] था
पस्ति-ए-हालात[42] से फिर नक़्शे-पा-अंदाज़[43] था

---

1. नृत्य करती हुई, 2. वातावरण, 3. तीर, 4. विभिन्न, 5. अफ़ग़ानिस्तान के रहनेवाले, 6. सुंदर उड़ान, 7. शक्ति का बाहुपाश, 8. सुंदर ढंग से, 9. हरम का चराग़, 10. आज़र का बेटा, 11.आवाज़, 12. शंख का परदा, 13. बुद्ध का धर्म, 14. सुरक्षा, 15. कण-कण, 16. शुक्र ग्रह की महफ़िल, 17. तिलक, 18. कृत्तिका, 19. पश्चिम की शाम, 20. श्वेत और ज्योतिहीन, 21. दार्शनिक, 22. जाल, 23. व्यापारी, 24. साम्राज्य का राक्षस, 25. आतंक का आकाश, 26. अफ़ग़ानिस्तानियों के वैभव की मौज, 27. मधुपात्र का दर्शन, 28. आतिशबाज़ी, 29. यौवन की बज़्म की गर्मी, 30. गीतकार का गीत, 31. शराब के जाम की ख़ुशी, 32. मंज़िल की रात का आतंक, 33. पहरेदार, 34. शत्रु पर अचानक रात में हमला, 35. पश्चिम की संध्या, 36. पूर्व का प्रभात, 37. सहसा, 38. लाल, 39. नक्षत्र, 40. ऊंचाई, 41. उड़ान पर, 42. दुरावस्था, 43. पैरों के निशान पर।

गो[1] बज़ाहिर[2] तू निशाते - नुदरते - अय्याम[3] है
फ़िल - हक़ीक़त[4] बे - सुकूं[5], बेचैन, बे-आराम है
बहरो - बर[6] तेरे वही हैं और तू बे - इक़्तिदार[7]
एक ज़र्रे, एक क़तरे[8] पर नहीं है इख़्तियार[9]
अब भी मैदानों में बिछती है बिसाते - माहताब[10]
तेरी मौजे - ख़ाक[11] से अब भी बरसते हैं गुलाब
रूह[12] से ख़ाली है लेकिन पैकरे - मुर्दा[13] तिरा
जल्वा पज़मुर्दा[14] है तेरा, बातिल[15] अफ़सुर्दा[16] तिरा
जैसे शम्ए-सुब्हे-महफ़िल[17], जैसे छुपता आफ़ताब[18]
जैसे शाइर का बुढ़ापा और बेवा का शबाब[19]
पस्तियों[20] को इर्तिक़ा[21] फिर जल्वः - ए - आग़ाज[22] दे
काश मुस्तक़बिल[23] तिरा माज़ी[24] को फिर आवाज़ दे

अय मादरे-हिन्दोस्तां

'जमील' मज़हरी

हिन्दोस्तां, हिन्दोस्तां, हिन्दोस्तां, हिन्दोस्तां
तेरी ज़मीं[25] रश्के-फ़लक[26], तेरा चमन रश्के-जिनां[27]

तेरी ज़मीने-पाक[28] से मिहरो-महो-अख़्तर[29] उगे
तेरी मुक़द्दस[30] ख़ाक[31] से नानक उगे, अकबर उगे
इक राख की चुटकी तिरी टैगोर और गांधी बनी
हर ज़र्रा[32] इक सहरा[33] बना, हर मुश्ते-ख़ाक[34] आंधी बनी

---

1. यद्यपि, 2. प्रत्यक्ष रूप से, 3. समय की विचित्रता का सुख, 4. वास्तव में, 5. अशान्त, 6. समुद्र और धरती, 7. सत्ताहीन, 8. बूंद, 9. अधिकार, 10. चांद की बिसात, 11. धूल की मौज, 12. प्राण, आत्मा, 13. मृत आकार, 14. उदास, 15. झूठ, 16. उदास, 17. महफ़िल की सुबह का चिराग़, 18. सूर्य, 19. यौवन, 20. पतन, 21. विकास, उत्थान, 22. आगाज़ का जल्वा, 23. भविष्य, 24. भूतकाल, 25. धरती, 26. जिस पर आकाश भी ईर्ष्या करे, 27. जिस पर स्वर्ग ईर्ष्या करे, 28. पवित्र धरती, 29. चांद, सूरज और तारे, 30. पवित्र, 31. धूल, 32. कण, 33. जंगल, 34. मुट्ठी-भर धूल।

इरफ़ां[1] का इक बादल बना, भारत तिरे दिल का धुआं
हिन्दोस्तां, हिन्दोस्तां, हिन्दोस्तां हिन्दोस्तां

हर क़तरः-ए-रौशन[2] तेरा इक आलमे-इरफ़ां[3] लिये
अय मादरे-गंगा[4] तिरा हर बुलबुला तूफ़ां लिये
अय अर्ज़े-पाके-हिंद[5] हम तेरी कहानी क्या कहें
इक क़ुलजुमे-रहमत[6] है तू, तेरी रवानी[7] क्या कहें

हर मौज इक तारीख़[8] है, हर लहर है इक दास्तां[9]
हिन्दोस्तां, हिन्दोस्तां, हिन्दोस्तां हिन्दोस्तां

क़ौमें[10] हुई शीरो-शकर[11] पलकर तिरी आग़ोश[12] में
मस्जिद तिरी आग़ोश में, मंदिर तिरी आग़ोश में
महफ़ूज़[13] है पूंजी तिरी अब तक ख़ला[14] की गोद में
अय तरबियतगाहे-मलल,[15] तेरी फ़ज़ा[16] की गोद में

हम-सौत[17], हम-आहंग[18] हैं सदियों से नाक़ूसो-अज़ां[19]
हिन्दोस्तां, हिन्दोस्तां, हिन्दोस्तां, हिन्दोस्तां

सोज़े-उख़ूवत[20] की लहर हर शहर में हर गांव में
जुमला[21] मज़ाहिब[22] दह्र[23] के सरसब्ज़[24] तेरी छांव में
तूने तमाम अदयान[25] को मौक़ा दिया तलक़ीन[26] का
पिरथी[27] के राजस्थान में रौज़ा मुईनुद्दीन का

तेरी रवादारी[28] का है पाइंद-ओ-मुहकम[29] निशां
हिन्दोस्तां, हिन्दोस्तां, हिन्दोस्तां, हिन्दोस्तां

अय पाक[30] मिट्टी हिंद की, तुझसे बना गौतम का दिल
ज़र्रों[31] में तेरे आज भी बेचैन है भीषम का दिल
तूने शऊरे-इश्क़[32] को इक कैफ़े-रूहानी[33] दिया
प्यासी थी रूहे-ज़िंदगी[34], तूने उसे पानी दिया

---

1. ब्रह्मज्ञान, 2. चमकदार बूंद, 3. ज्ञान का संसार, 4. गंगा मैया, 5. भारत की पवित्र धरती, 6. दया की नदी, 7. प्रवाह, 8. इतिहास, 9. कहानी, 10. राष्ट्र, 11. दूध-शक्कर, 12. गोद, 13. सुरक्षित, 14. शून्य, 15. राष्ट्रों का प्रशिक्षण-स्थल, 16. वातावरण, 17. एक आवाज़, 18. एक आवाज़, 19. शंख और अज़ान, 20. भाईबन्दी का दर्द, 21. सब, 22. धर्म, 23. दुनिया, 24. हरे-भरे, 25. दीन, धर्म 26. उपदेश, 27. पृथ्वीराज चौहान, 28. भाईचारा, 29. मज़बूत, 30. पवित्र, 31. कण, 32. प्रेमचेतना. 33. आध्यात्मिक नशा, 34. ज़िंदगी की आत्मा।

तेरे किनारे आ बसा तिश्ना-लबों[1] का कारवां
हिन्दोस्तां, हिन्दोस्तां, हिन्दोस्तां, हिन्दोस्तां

सदियों तलक चौखट तिरी, इक काबः-ए-इरफ़ां[2] रही
चीनो-खुतन[3] के वास्ते सरचश्मः-ए-ईमां[4] रही
झुकती रहीं पेशानियां[5] तेरी ज़ियारतगाह[6] में
तेरी जबीं[7] की भीक है कशकोले-मेह्रो-माह[8] में
इल्मो-अमल[9] की राह में तेरी तजल्ली[10] ज़ौफ़िशां[11]
हिन्दोस्तां, हिन्दोस्तां, हिन्दोस्तां, हिन्दोस्तां

अय क़ुलज़ुमे-इरफ़ां[12] तिरी हर मौज है कौसर[13] लिये
प्यासों की महफ़िल में गये साक़ी तिरे साग़र[14] लिये
इक आबशारे-ज़िंदगी[15] तेरे चमनज़ारों में है
दिल मामता का मुज़्तरिब[16] इन दूध की धारों में है
तहज़ीबे-इंसानी[17] हुई इस दूध से पलकर जवां
हिन्दोस्तां, हिन्दोस्तां, हिन्दोस्तां, हिन्दोस्तां

हर रंग के, हर बाग़ के हैं फूल दामन में तिरे
नैरंगियां[18] आफ़ाक़[19] की सिमटी हैं गुलशन में तिरे
हर रेत में, हर खेत में, बरसा किया बादल तिरा
है एशिया पर आज भी साया-फ़िगन[20] आंचल तिरा
लहरा रहा है आज भी तेरे तक़द्दुस[21] का निशां
हिन्दोस्तां, हिन्दोस्तां, हिन्दोस्तां, हिन्दोस्तां

---

1. प्यासे होंठ, 2. ज्ञान का काबा, 3. चीन और ख़ुतन, 4. ईमान का स्रोत, 5. ललाट, 6. दर्शन स्थल, 7. ललाट, 8. चांद और सूरज का भिक्षा-पात्र, 9. ज्ञान और कर्म, 10. शुभ दर्शन, 11. प्रकाशमान, 12. ज्ञान की नदी, 13. जन्नत की नहर, 14. प्याले, 15. जीवन का जल-प्रपात, 16. बेचैन, 17. मानव-सभ्यता, 18. इन्द्रजाल, जादूगरी, 19. संसार, उफ़ुक़ का ब.व., 20. छांव किए हुए, 21. पवित्रता।

ज़मीने-वतन

पं. आनंद नारायण 'मुल्ला'

ज़मीने-वतन ! अय ज़मीने-वतन !

अज़ल[1] में जहां से सबसे पहले हयात[2]
लिये अपनी आग़ोश[3] में कायनात[4]
जलाती हुई शम्ए - ज़ातो - सिफ़ात[5]
हिजाबे-अदम[6] से हुई जल्वाज़न[7]
ज़मीने-वतन ! अय ज़मीने वतन !

जहां बिस्तरे-बर्फ़[8] से मस्ते-ख़्वाब[9]
उठा आंख मलता हुआ आफ़ताब[10]
लुटाती हुई जल्व - ए - बेनिक़ाब[11]
जहां आई पहली सुनहरी किरन
ज़मीने-वतन ! अय ज़मीने-वतन !

जहां पहले तख़लीक़े-इन्सां[12] हुई
तिरी रहमत[13] उसकी निगहबां[14] हुई
ख़िरद[15] उसकी गहवारा-जुंबां[16] हुई
बशर[17] ने तमद्दुन[18] के सीखे चलन
ज़मीने-वतन ! अय ज़मीने-वतन !

जहां इब्ने-आदम[19] पला गोदियों
जहां नस्ले-इंसां[20] चली घुटनियों
जहां चश्मे-हैरत[21] के 'क्या' और 'क्यों'
लबे-तिफ़्ल[22] तक आये बनकर सुख़न[23]
ज़मीने-वतन ! अय ज़मीने-वतन !

---

1. अनादिकाल, 2. जीवन, 3. गोद, 4. ब्रह्मांड, 5. व्यक्तित्व और गुण का दिया, 6. शून्य का पर्दा, 7. प्रकट, 8. बर्फ़ का बिस्तर, 9. नींद में डूबा हुआ, 10. सूर्य, 11. खुला हुआ सौंदर्य, 12. मानव-सृष्टि, 13. दया, 14. पहरेदार, 15. बुद्धि, अक्ल, 16. हिलता हुआ पालना, 17. इंसान, 18. संस्कृति, 19. आदम की औलाद—मनुष्य, 20. इंसान की नस्ल, 21. आश्चर्य की आंख, 22. बचपन के होंठ, 23. बोल।

जहां ख़ैरो - शर[1] में हुआ इम्तियाज़[2]
बनी ज़ीस्त[3] मजमूअ-ए-सोज़ो-साज़[4]
खुला राज़े-ईमां[5] से हस्ती[6] का राज़[7]
तराशे गये एज़दो - अहरमन[8]
ज़मीने - वतन ! अय ज़मीने-वतन !

वो इंसां[9] का बढ़ता हुआ एतिक़ाद[10]
बने देवता आतिशो-आबो-बाद[11]
परस्तिश[12] पे दारोमदारे - मुराद[13]
वो वेदों के मीठे सुरीले भजन
ज़मीने-वतन ! अय ज़मीने-वतन !

जहां इक कंवल पर ब-सद दिलबरी[14]
उठी दूध के कुंड से लक्ष्मी
क़दम शिव के शानों पे धरती हुई
उतर आई गंगा जहां ख़ंदाज़न[15]
ज़मीने-वतन ! अय ज़मीने-वतन !

गये छोड़कर अपने - अपने निशां[16]
हुई बारी - बारी जहां कामरां[17]
जहां आके उतरा हर इक कारवां
मुग़ल, आर्या, तुर्क, तातार, हुन
ज़मीने-वतन ! अय ज़मीने-वतन !

लिए ग़ैर-मुल्कों[18] ने तुझसे सबक़[19]
तिरी दास्तां के उड़ाए वरक़[20]

---

1. नेकी-बदी, 2. अंतर, फ़र्क़, 3. जीवन, 4. सुख-दुख का मिश्रण, 5. ईमान का रहस्य, 6. अस्तित्व, 7. रहस्य, 8. ख़ुदा और शैतान, 9. मानव, 10. विश्वास, भरोसा, 11. आग, पानी और हवा, 12. पूजा, आराधना, 13. अभिलाषा का आधार, 14. माशूक़ी, 15. मुस्कुराती हुई, 16. चिह्न, निशान, 17. सफल, कामयाब, 18. विदेश, 19. पाठ, शिक्षा, 20. पृष्ठ, पन्ने।

तिरे ख़ोशाचीं[1] अज़ शफ़क़ ता शफ़क़[2]
अरब, मिस्र, यूनान, चीनो-ख़ुतन

ज़मीने-वतन ! अय ज़मीने-वतन !

शबिस्ताने-ईरां[3] का सामानो-साज़[4]
तरक़्क़ि-ए-बाज़ारे-वेनिस[5] का राज़[6]
वो ख़ुद अहले-रूमा[7] को था जिन पे नाज़[8]
तिरे दस्तकार[9] और तिरे अहले-फ़न[10]

ज़मीने-वतन ! अय ज़मीने-वतन !

किसे आयेगा आज इसका यक़ीं[11]
अशोक और अकबर की अय सरज़मीं[12]
तिरे दर पे घिसती थी दुनिया जबीं[13]
कभी तू ही थी सिज्दागाहे-ज़मन[14]

ज़मीने-वतन ! अय ज़मीने-वतन !

तिरे कोहो - दरिया[15] जमाल-आफ़रीं[16]
तिरी वादियां रश्के - ख़ुल्दे - बरीं[17]
किसी ने तुझे यों बनाया हसीं[18]
कि जैसे संवारी गयी हो दुल्हन

ज़मीने-वतन ! अय ज़मीने-वतन !

मिटाकर तिरी गर्मबाज़ारियां[19]
बनीं अहले-यूरप[20] की ज़रदारियां[21]
तिरे ख़ूं[22] से सींची हुई क्यारियां
ये मग़रिब[23] के सब लहलहाते चमन

ज़मीने-वतन ! अय ज़मीने-वतन !

---

1. खेत का फल बीननेवाले, 2. अरुणिमा, 3. ईरान का शयनागार, 4. उपकरण, 5. वेनिस के बाज़ार की उन्नति, 6. रहस्य, 7. रोम के निवासी, 8. गर्व, 9. शिल्पी, 10. कलाकार, 11. विश्वास, 12. धरती, 13. ललाट, 14. समय का सिजदा करने का स्थल, 15. पहाड़ और नदियां, 16. सुंदर 17. जिस पर स्वर्ग भी ईर्ष्या करे, 18. सुंदर, 19. बाज़ार की गर्मी, 20. यूरोपवासी, 21. सरमायादारी, 22. रक्त, 23. पश्चिम।

ये देहली के नक़्शो-निगारे-ख़मोश[1]
यह चित्तौड़ की ख़ाके-लालाफ़रोश[2]
ये कैलाश की चोटियां बर्फ़-पोश[3]
तुझे ढूंढती हैं उरूजे - कुहन[4]

ज़मीने-वतन ! अय ज़मीने-वतन !

तुझे सौलते - बाबरी[5] की क़सम
तुझे इस्मते - पद्मिनी[6] की क़सम
तुझे ख़ाके - पानीपती[7] की क़सम
फिर इक बार दिखला जलाले-कुहन[8]

ज़मीने-वतन ! अय ज़मीने वतन !

बदलने को है मौसमे - रोज़गार[9]
हवाओं में है एक कैफ़े-ख़ुमार[10]
तिरी सिम्त[11] फिर आ रही है बहार[12]
लिए फिर गुलो-लाल-ओ-नस्तरन[13]

ज़मीने-वतन ! अय ज़मीने वतन !

फिर आने को हैं सूए-गुलशन[14] असीर[15]
बरसने को है फिर घटाओं से नीर
चटानों में है मुज़्तरिब[16] जू-ए-शीर[17]
कहां है कहां तेशः-ए-कोहकन[18]

ज़मीने-वतन ! अय ज़मीने-वतन !

उख़ूवत[19] का फिर हाथ में जाम[20] ले
मसावाते-इंसां[21] का फिर नाम ले
रवायाते-माज़ी[22] से फिर काम ले
वतन को बना दरहक़ीक़त[23] वतन

ज़मीने-वतन ! अय ज़मीने-वतन !

---

1. मौन बेल-बूटे, 2. लाले के फूल खिलानेवाली मिट्टी, 3. बर्फ़ से ढकी हुई, 4. प्राचीन उत्थान, 5. बाबर का प्रताप, 6. पद्मिनी का सतीत्व, 7. पानीपत की धरती, 8. पुराना प्रताप, 9. ज़माने की हवा, 10. नशा, 11. ओर, 12. वसंत, 13. गुलाब, लाला और सेवती, 14. गुलशन की ओर, 15. क़ैदी, 16. दुखी, 17. दूध की नदी, 18. कोहकन का कुदाल, 19. भाईचारा, 20. प्याला, 21. इंसानी बराबरी, 22. भूतकाल की रिवायतें, 23. वास्तव में।

तरानः-ए-वतन

'साग़र' निज़ामी

अय वतन, अय वतन, अय वतन
जाने - मन, जाने - मन, जाने - मन

ज़र्रे - ज़र्रे[1] में महफ़िल सजा देंगे हम
तेरे दीवारो - दर[2] जगमगा देंगे हम
तुझको हस्ती[3] का गुलशन बना देंगे हम
आसमानों पे तुझको बिठा देंगे हम
बनके दुश्मन तिरा जो उठेगा यहां
उसको तहतुस्सरा[4] में गिरा देंगे हम
और तहतुस्सरा को फ़ना[5] के समंदर में अर्थी बनाकर बहा देंगे हम
अय वतन, अय वतन

सुन लें ये इंसो - जिन्नो - ज़मीनो - ज़मन[6]
अय वतन, अय वतन, अय वतन
जाने - मन, जाने - मन, जाने - मन

तेरी हस्ती[7] हिमाला की चोटी बनी
माहो - ख़ुरशीद[8] की उस पे बिंदी लगी
रौशनी शर्क़[9] से ग़र्ब[10] तक हो गयी
सिज्दे में झुक गयी अज़्मते - ज़िंदगी[11]
अज़्मते - ज़िंदगी की क़सम है हमें
तेरी इज़्ज़त पे सर तक कटा देंगे हम
वक़्त आने दे अय मां ! तिरे नाम पर अपनी हस्ती-ओ-मस्ती मिटा देंगे हम
अय वतन, अय वतन

---

1. कण, 2. दीवार और दरवाज़े, 3. अस्तित्व, 4. पाताल, 5. विनाश, 6. इंसान, जिन, धरती और समय, 7. अस्तित्व, 8. चांद-सूरज, 9. पूर्व, 10. पश्चिम, 11. जीवन की महानता।

ख़ून से अपने भर देंगे गंगो - जमन[1]
अय वतन, अय वतन, अय वतन
जाने - मन, जाने - मन, जाने - मन

मस्तो - ख़ुशबू हवाओं से शीतल है तू
माधुरी है, मनोहर है, कोमल है तू
प्रेम - मदिरा की लबरेज़[2] छागल है तू
सर पे दुनिया के रहमत[3] का बादल है तू
आंख उठाके जो देखा किसी ने तुझे
छावनी अपनी लाशों की छा देंगे हम
तेरे पाकीज़ा पैकर[4] को रूहों की बारीक चादर के नीचे छुपा देंगे हम
अय वतन, अय वतन

तुझ पे क़ुरबां[5] ज़रो-माल[6] और जानो-तन
अय वतन, अय वतन, अय वतन
जाने - मन, जाने - मन, जाने - मन

तेरी नदियां रसीली, मधुर नग़्माख़्वां[7]
तेरे पर्बत तिरी अज़्मतों के निशां
तेरे जंगल भी हंसते हुए गुलिस्तां
तेरे गुलशन भी रश्के - बहारे - जिनां[8]
तेरी मिट्टी में ख़ुशबू की फ़िरदौस[9] है
तेरे ज़र्रों को सूरज बना देंगे हम
जो भी पूछेगा जन्नत का हम से पता, राहे-कश्मीर उसको बता देंगे हम
अय वतन, अय वतन

तू चमन दर चमन है, अदन दर अदन
अय वतन, अय वतन
जाने - मन, जाने - मन, जाने - मन

---

1. गंगा और यमुना, 2. परिपूर्ण, भरी हुई, 3. कृपा, दया, 4. आकार, 5, न्योछावर, क़ुरबान, 6. धन-दौलत, 7. गीत गाती हुई, 8. जिस पर स्वर्ग ईर्ष्या करे, 9. जन्नत की बहार।

जिसका पानी है अमृत वो मख़ज़न[1] है तू
जिसके दाने हैं बिजली वो ख़िरमन[2] है तू
जिसके कंकर हैं हीरे वो मादिन[3] है तू
जिससे जन्नत है दुनिया वो गुलशन है तू
देवियों, देवताओं का मस्कन[4] है तू
तुझको सिज्दों से काबा बना देंगे हम

तेरी पाकीज़ा धरती को अम्नो-मुहब्बत का आकाश मंदिर बना देंगे हम
अय वतन, अय वतन,

हर सितारे से फूटेगी तेरी किरन
अय वतन, अय वतन, अय वतन
जाने - मन, जाने - मन, जाने - मन

ये सितारे, यह निखरा हुआ आसमां
आसमां से हिमाला की सरगोशियां[5]
यह तिरी अज़्मतों[6] का अटल राज़दां[7]
मुस्तक़िल[8], मोतबर[9], मुहतशिम[10], जाविदां[11]
इसकी चोटी से मज़लूम दुनिया को फिर
हम, पयामे - हयातो - वफ़ा[12] देंगे हम

हम, मुहब्बत का नग़्मा सुना देंगे हम, हम, ज़माने को जीना सिखा देंगे हम
अय वतन, अय वतन

हम बुझा देंगे शम्ए - निज़ामे - कुहन[13]
अय वतन, अय वतन, अय वतन
जाने - मन, जाने - मन, जाने - मन

---

1. ख़ज़ाना, 2. खलिहान, 3. खान, 4. निवास, 5. कानाफूसी, कान में बात कहना, 6. महानता, 7. मर्मज्ञ, रहस्य जाननेवाला, 8. स्थायी, 9. विश्वसनीय, 10. नौकर-चाकरवाला, 11. शाश्वत, 12. प्रेम-निर्वाह और जीवन का संदेश, 13. पुराने शासन का चिराग़।

वतन का राग

'अफ़सर' मेरठी

भारत प्यारा देश हमारा सब देशों से न्यारा है
हर रुत, हर मौसम इसका कैसा प्यारा-प्यारा है
कैसा सुहाना, कैसा सुंदर प्यारा देश हमारा है
दुख में सुख में हर हालत में भारत दिल का सहारा है
भारत प्यारा देश हमारा, सब देशों से प्यारा है

सारे जग के पहाड़ों में बे-मिस्ल[1] पहाड़ हिमाला है
पर्बत सबसे ऊंचा है यह पर्बत सबसे निराला है
भारत की रक्षा करता है, भारत का रखवाला है
लाखों चश्मे[2] बहते हैं, यह लाखों नदियोंवाला है
भारत प्यारा देश हमारा, सब देशों से प्यारा है

गंगाजी की प्यारी लहरें गीत सुनाती जाती हैं
सदियों की तहज़ीब हमारी याद दिलाती जाती हैं
भारत के गुलज़ारों[3] को सरसब्ज़[4] बनाती जाती हैं
खेतों को हरियाली देती, फूल खिलाती जाती हैं
भारत प्यारा देश हमारा, सब देशों से प्यारा है

कृष्ण की बंसी ने फूंकी है रूह हमारी जानों में
गौतम की आवाज़ बसी है महलों में मैदानों में
चिश्ती ने जो मय[5] दी थी, वह अब तक है पैमानों[6] में
नानक की तालीम[7] अभी तक गूंज रही है कानों में
भारत प्यारा देश हमारा, सब देशों से प्यारा है

मज़हब कुछ हो हिंदी हैं हम, सारे भाई-भाई हैं
हिंदू हैं या मुस्लिम हैं या सिख हैं या ईसाई हैं

---

1. अद्वितीय, 2. स्रोत, 3. उपवन, 4. हरा-भरा, 5. शराब, 6. प्याला, 7. शिक्षा।

प्रेम ने सबको एक किया है, प्रेम के हम शैदाई हैं
भारत नाम के आशिक़ हैं हम, भारत के सौदाई हैं
भारत प्यारा देश हमारा, सब देशों से प्यारा है

यह हिन्दोस्तां

अली सरदार जाफ़री

यह हिन्दोस्तां रश्के - ख़ुल्दे - बरीं[1]
उगलती है सोना वतन की ज़मीं
कहीं कोयले और लोहे की कां
कहीं सुर्ख़ पत्थर की ऊंची चटां[2]
कहीं संगमरमर की शफ़्फ़ाफ़ सिल
फिसलता है जिसकी सफ़ाई पे दिल
बहुत - से ख़ज़ीने हैं इस ख़ाक में
हज़ारों दफ़ीने[3] हैं इस ख़ाक में
गुलो-लालः - ओ-यासमन[4] के अयाग़[5]
महकते हुए आम के सब्ज़ बाग़
हरे और भरे जंगलों की बहार
झलाझल चमकते हुए रेगज़ार[6]
यह सूरज की रंगीन किरनों का जाल
कि जिस तरह फ़ितरत[7] ने खोले हों बाल
उफ़ुक़[8] से उबलता हुआ रंगो - नूर
फ़ज़ाओं[9] में परवाज़[10] करते तयूर[11]
कुहिस्तान[12] के ये सुनहरे उक़ाब[13]
हवाओं में उड़ते हुए आफ़ताब[14]

1. जिस पर स्वर्ग भी ईर्ष्या करे, 2. चट्टान, 3. गड़ा हुआ धन, 4. गुलाब, लाला और चमेली, 5. प्याला, 6. रेतीले मैदान, 7. प्रकृति, 8. क्षितिज, 9. शून्य, 10. उड़ते हुए, 11. पक्षी, 12. पहाड़ी इलाक़ा, 13. गिद्ध, 14. सूर्य।

कंवल झील में मुस्कुराते हुए
चिराग़ां[1] का मंज़र[2] दिखाते हुए

ये फूलों से गुल-पैरहन[3] शाख़सार[4]
ग़ज़ालों[5] से मामूर[6] ये मर्ग़ज़ार[7]

तड़पती मचलती हुई बिजलियां
समंदर में मिलती हुई नद्दियां

ये नीलम और अलमास[8] के कोहसार[9]
ये चांदी के पिघले हुए आबशार[10]

ये मख़मल में लिपटी हुई वादियां
हिमाला की गुलपोश[11] शहज़ादियां[12]

यह गंगा का आंचल, यह जमुना की रेत
ये धान और गेहूं के शादाब[13] .खेत

मगर ये ख़ज़ाने हमारे नहीं
हमारे नहीं हैं तुम्हारे नहीं।

बादः-ए-वतन

जां निसार अख़्तर

पिला साक़िया, बादः-ए-ख़ानासाज़[14]
कि हिन्दोस्तां पर रहे हमको नाज़[15]

मुहब्बत है ख़ाके-वतन से हमें
मुहब्बत है अपने चमन से हमें

हमें अपनी सुब्हों से शामों से प्यार
हमें अपने शहरों के नामों से प्यार

हमें प्यार अपने हर इक गांव से
घने बरगदों की घनी छांव से

---

1. दीपावली, 2. दृश्य, 3. फूलों के वस्त्र, 4. कुंज, झुरमुट, 5. हिरन, 6. परिपूर्ण, भरा हुआ, 7. हरे-भरे जंगल, 8. हीरक, 9. पहाड़, 10. जल प्रपात, 11. फूलों से ढंकी, 12. राजकुमारियां, 13. हरे-भरे, लहलहाते हुए, 14. घर की बनी हुई मदिरा, 15. गर्व।

हमें प्यार अपनी इमारात से
हमें प्यार अपनी रवायात[1] से
हमें प्यार है अपनी तमईज़[2] से
हमें प्यार है अपनी हर चीज़ से
उठाए जो कोई नज़र, क्या मजाल
तिरे रिंद[3] लें बढ़ के आंखें निकाल
सलामत रहें अपने दश्तो - दमन[4]
रहे गुनगुनाता हमारा गगन
निगाहें हिमाला की ऊंची रहें
सदा चांद - तारों को छूती रहें
रहे पाक गंगोतरी की फबन[5]
मचलती रहे ज़ुल्फ़े - गंगो - जमन
रहे जगमगाता यह संगम का रूप
चमकती ख़ुनुक[6] चांदनी, नर्म धूप
झलकती रहे यह अशोका की लाट
ये गोकुल की गलियां, ये काशी के घाट
लुटाती रहें अपने नैनों का मध
यह सुब्हे-बनारस,[7] यह शामे-अवध[8]
नहाता रहे नर्म किरनों में ताज
रहे ता क़यामत मुहब्बत की लाज
एलोरा के बुत रक़्स करते रहें
हसीं ग़ार[9] तारों से भरते रहें
रहें मुस्कुराती हसीं वादियां
रहें शाद[10] जंगल की शहज़ादियां
हरी खेतियां लहलहाती रहें
जवां लड़कियां गीत गाती रहें
लहकता रहे सब्ज़ मैदां में धान
ज़मीनों पे बिछते रहें आसमान
फ़ज़ा में घटायें गरजती रहें
जवां छागलें तट पे बजती रहें

1. परंपरा, 2. सभ्यता, शिष्टाचार, 3. शराबी, 4. जंगल, घूरा, 5. शोभा, 6. ठंडी, 7. बनारस का प्रभात, 8. अवध की संध्या, 9. गुफायें, 10. ख़ुश।

उड़ाती रहे आंचलों को हवा
मल्हारों की बूंदों में गूंजे सदा
दहकती रहे पाक होली की आग
रहें खेलती नारियां पी से फाग
सदा गाए राधा कन्हैया के गुन
मचलती रहे बन में मुरली की धुन
रहे यह दिवाली की जगमग बहार
मुंडेरों पे जलते दियों की क़तार
फ़ज़ा[1] रौशनी में नहाती रहे
हमारी ज़मीं जगमगाती रहे
रहे आसमां पर दहकता हिलाल[2]
रहे ईद का मुस्कुराता जमाल[3]
गले से गले लोग मिलते रहें
दिलों के जवां फूल खिलते रहें
रहे यह बसंतों के मेले की धूम
रहें शाद[4] ये गीत गाते हुजूम[5]
हसीनों के लहकें वसंती लिबास
रहे नर्म चेहरों पे हल्की मिठास
हसीं राखियां झलझलाती रहें
झमाझम सितारे लुटाती रहें
रहे अपने भाई पे बहनों को नाज़
यह मासूम नर्मी, यह मीठा गुदाज़[6]
घरों का तक़द्दुस[7] रहे बरक़रार
यह बेटों के माथों पे मांओं का प्यार
रहें शादो-आबाद[8] सहनों की. धूम
रहें आंगनों में 'चमकते नुजूम'[9]
सलामत रहे अंखड़ियों की हया
सलामत रहे घूंघटों की अदा
सलामत दुपट्टों की रंगीं बहार[10]
सलामत जवां आंचलों का वक़ार[11]

---

1. वातावरण, 2. चंद्रमा, 3. सौंदर्य, 4. प्रसन्न, 5. जमघट, समूह, 6. मृदुलता, 7. पवित्रता, 8. ख़ुश, 9. सितारे, 10. शोभा, 11. गरिमा।

सलामत रहे पाक अफ़शां का नूर
सलामत रहे बिंदियों का गुरूर
सलामत रहे काजलों की लकीर
सलामत रहें नर्म नज़रों के तीर
सलामत रहे चूड़ियों की खनक
सलामत रहे कंगनों की चमक
सलामत हसीनों के सोलह सिंगार
ये जूड़े पे लिपटे चमेली के हार
सलामत रहें मृगनयनों के बान
सलामत रहे मरनेवालों की शान
सलामत वफ़ाओं के अरमां[1] रहें
सलामत मुहब्बत के पैमां[2] रहें
सलामत रहें हीर-रांझे के गीत
रहे हार में भी मुहब्बत की जीत
लजाना रहे, मुस्कुराना रहे
मनाना रहे, रूठ जाना रहे
मुहब्बत के चश्मे उबलते रहें
जवां-साल[3] नग़्मों में ढलते रहें
रहे धूम टैगोर - ओ - इक़बाल की
रहे शान पंजाब - ओ - बंगाल की
रहे नाम अपने अदब का बुलंद
दिलों में समाया रहे प्रेमचन्द
सदा ज़िंदगानी ग़ज़लख़्वां[4] रहे
ज़माने में ग़ालिब का दीवां रहे
फ़ज़ाओं में छिड़ते रहें ये सितार
सदा झनझनाते रहें दिल के तार
मचलती रहे मस्त बीना की लय
बरसती रहे सात रंगों की मय
दहकता रहे अपने दीपक का राग
कलेजों में लगती रहे नर्म आग

---

1. अभिलाषा, 2. वचन, अहद, 3. नवयुवक, 4. ग़ज़ल गाते हुए।

रहे गूंजती घुंघरुओं की खनक
दफ़ों की सदा ढोलकों की गमक
ये घूमर, ये कत्थक के तोड़े रहें
जवां नाच दिल को झंझोड़े रहें
रहे साक़िया, बादाख़्वारों[1] की ख़ैर[2]
रहे साक़िया, तेरे प्यारों की ख़ैर
उभरता रहे ज़िंदगानी का जोश
रहे तेरे रिन्दों[3] को दुनिया का होश
सुराही से साग़र रहे मुत्तसिल[4]
न टूटे कभी तेरे शीशों[5] का दिल
उठा जाम, हां, दौर साक़ी रहे
जहां में सदा अम्न[6] बाक़ी रहे

वतन

'निहाल' स्योहारवी

सुरूरे - दीद - ओ - दिल[7] आलमे - दयारे - वतन[8]
हज़ार - ख़ुल्द - दर - आग़ोश[9] है बहारे - वतन[10]
वतन का जब लबे - शाइर[11] पे नाम होता है
तो इक हदीसे - मुहब्बत[12] कलाम[13] होता है
फ़ज़ा - ए - दिल[14] से वफ़ाओं के राग उठते हैं
तमाम इश्क़ के जज़्बात[15] जाग उठते हैं
अगर जहां में मज़ाक़े - हयात[16] पस्त नहीं
वो आदमी ही नहीं जो वतन - परस्त नहीं
वतन के सर्वो - समन[17] की अदायें क्या कहना !
वतन के बाग़, वतन की हवायें क्या कहना !
हर एक हुस्ने - सरापा[18], अरे मआज़ल्लाह ![19]

---

1. शराबी, 2. कुशल, 3. शराबी, 4. लगा हुआ, 5. बोतल, 6. शांति, 7. आंखों और दिल की मस्ती, 8. देश के घर की हालत, 9. हज़ारों स्वर्ग जिसकी गोद में हों, 10. देश की बहार, 11. कवि के होंठ, 12. मुहब्बत की हदीस, 13. कविता, 14. दिल का माहौल, 15. भावनायें, 16. जीवन की अभिरुचि, 17. सरो और चमेली, 18. सर से पांव तक, 19. आश्चर्य-सूचक संबोधन।

वतन के चश्मः - ओ - दरिया, अरे मआज़ल्लाह !
वतन का रूप है हर एक ला-कलाम[1] अज़ीज़[2]
वतन की सुब्ह है दिलकश, वतन की शाम अज़ीज़
अज़ीज़ अपने वतन की हैं चांदनी रातें
पसन्द अपने चमन की हैं चांदनी रातें
बरस रही है पयापय[3] शराब, क्या कहना !
वतन में दिलकशि - ए - आफ़ताब[4], क्या कहना !
वतन का चांद, वतन के नुजूम अच्छे हैं
वतन के फूलों को जी भरके चूम, अच्छे हैं।

नग़्मः-ए-वतन

एजाज़ सिद्दीक़ी

अय वतन, मेरे वतन, अच्छे वतन, प्यारे वतन

मुस्कुराती तेरी नदियां, गुनगुनाते आबशार[5]
लहलहाते खेत तेरे, नकहत - आगीं[6] लाला - ज़ार[7]
आसमां की रिफ़अतों[8] को छूनेवाले कोहसार[9]
मस्तो - रक़्सां[10] ये घटायें और यह सावन की फुआर
हर तरफ़ इक कैफ़ो - मस्ती[11], हर तरफ़ रंगे - ख़ुमार[12]
गुंचे - गुंचे[13] पर जवानी, पत्ते - पत्ते पर निखार
मोतियों को अपने दामन में सजाये सब्ज़ा - ज़ार[14]
ख़ुश्बुओं को अपने आंचल में लिये सुब्हे - बहार
सर्वो - सुंबुल[15] के नज़ारे, यह चिनारों की क़तार[16]
यह बिसाते - लाल - ओ - गुल[17], ये हवायें ख़ुशगवार[18]
तेरी अर्ज़े - हुस्न[19] पर फ़ितरत[20] के लाखों शाहकार

---

1. बेशक, 2. प्रिय, 3. लगातार, 4. सूर्य का आकर्षण, 5. जल-प्रपात, 6. सुगन्ध फैलानेवाले, 7. कली, 8. ऊंचाई, 9. पर्वत, 10. झूमती-नाचती, 11. नशा, 12. मदिरालस का रंग, 13. कली, 14. हरे-भरे खेत, 15. सरो और बालछड़, 16. पंक्ति, 17. लाले और गुलाब की बिसात, 18. सुहानी हवायें, 19. सुंदर धरती, 20. प्रकृति।

ज़र्रे-ज़र्रे से तिरे कैफ़े - अजल[1] है जल्वा - बार[2]
तू है मयख़ाना मिरा और मैं हूं तेरा मयगुसार[3]
तुझ पे क़ुरबां मेरी हस्ती, तुझ पे जानो-दिल निसार

मेरे सीने में रहे हर वक़्त तेरी ही लगन
अय वतन, मेरे वतन, अच्छे वतन, प्यारे वतन

तेरी मिट्टी से हुआ रूहानियत[4] का इर्तिक़ा[5]
तू कि इक तहज़ीब का सदियों गहवारा[6] रहा
दिलकुशा[7] तेरी हवा तेरे मनाज़िर[8] जां - फ़िज़ा[9]
मुख़्तलिफ़[10] रंगों में भी यक - रंग है तेरी अदा
आग तेरी दौलते - दिल[11], ख़ाक तेरी कीमिया[12]
तुझ से अफ़ज़ल - तर[13] नहीं है कोई शै तेरे सिवा
वो रगो-पै[14] क्या, न जिस में दर्द हो तेरा बसा
ज़ीस्त[15] का हासिल है तू, तू ज़िंदगी का मुद्दआ[16]
तेरा परचम[17] अज़्मते - अफ़लाक[18] को छूता हुआ
तेरे जादे[19] अम्ने - आलम[20] के लिए हैं रहनुमा[21]
एक इक ज़र्रे पे तेरे सब्त[22] है सिज्दा मिरा
तेरी चाहत, तेरी उल्फ़त है इबादत से सिवा[23]
तेज़गामो - तेज़रौ[24] है आज तेरा क़ाफ़िला
एक दिन यह पा ही लेगा अपनी मंज़िल का पता

तेरे दीवानों का कम होगा न अब दीवानापन
अय वतन, मेरे वतन, अच्छे वतन, प्यारे वतन

---

1. अनादिकाल का नशा, 2. दर्शन बिखेरता हुआ, 3. मदिरा पीनेवाला, 4. अध्यात्म, 5. विकास, 6. पालना, 7. दिल खोलनेवाले, 8. दृश्य, 9. जान को बढ़ानेवाला, 10. विभिन्न, 11. दिल की सम्पत्ति, 12. रसायन, 13. श्रेष्ठ, 14. नस, 15. जीवन, 16. उद्देश्य, 17. झंडा, 18. आकाश की ऊंचाई, 19. मार्ग, 20. विश्व-शांति, 21. मार्गदर्शक, 22. अंकित, 23. अधिक, 24. तीव्र गति।

नया साज़, नया अंदाज़

'नाज़िश' परतापगढ़ी

बहोश बाश[1] अय ज़बाने-ख़ामा[2], है आज़माइश मिरे सुख़न[3] की
लबों[4] की हर जुंबिशे-ख़फ़ी[5] पर लगी है आंख अहले-अंजुमन[6] की
हर एक तशबीह[7] सजके निकले, कि लाज रह जाये फ़िक्रो-फ़न[8] की
हर एक मिसरे[9] के आईने में हसीन[10] तस्वीर हो वतन की

इक एक हर्फ़[11] आये नज़्र[12] लेकर ख़ज़ाना लफ़्ज़ों की वुसअतों[13] का
कि मेरी तब्-ए-रवां[14] ने छेड़ा है ज़िक्र भारत की अज़्मतों[15] का

नुक़ूश[16] एलोरा के पत्थरों पर कि चश्मे-गेती[17] में ख़्वाब जैसे
क़ुतब की यह लाट, अज़्मे-आदम[18] की सूरत[19] कामयाब जैसे
यह ताज, इंसां की हुस्नकारी उलट रही हो निक़ाब जैसे
यह जामेअ मस्जिद का हुस्ने-सादा[20] दुआ कोई मुस्तजाब[21] जैसे

यह अर्ज़े-कश्मीर[22] एक शाइर की मुंतहा-ए-ख़याल[23] जैसे
यह लाल क़िलए की सुर्ख़ तामीर[24], जम गया हो गुलाल जैसे

उड़ी है संगम से जब भी ख़ुशबू तो आबरू-ए-ख़ुतन[25] गयी है
हंसी है रात जब मालवे की तो रौशनी दिल में छन गयी है
पठार अर्ज़े-दकन के हैं या निगाहे-महबूब[26] तन गयी है
कोई अमावस की रात लहराके ज़ुल्फ़े-बंगाल बन गयी है

निगारे-दिल्ली[27] की यह सजवाट कथाकली का हो रूप जैसे
यह लखनऊ की हसीन शामें, गुलाबी जाड़ों की धूप जैसे

---

1. संभल के, 2. क़लम की ज़बान, 3. कलाम, 4. होंठ, 5. मामूली-सा कम्पन, 6. अंजुमन वाले, 7. उपमा, 8. कला और चिंतन, 9. शे'र की एक लाइन, 10. सुंदर, 11. अक्षर, 12. भेंट, 13. विस्तार, 14. प्रवाहित कल्पना, 15. महानता, 16. चित्र, 17. धरती की आंख, 18. मानव का प्रण, 19. तरह, समान, 20. सादा सौंदर्य, 21. स्वीकार होनेवाली, 22. कश्मीर की धरती, 23. चरम सीमा पर पहुंचा हुआ ख़याल, 24. निर्माण, 25. ख़ुतन की प्रतिष्ठा, 26. प्रेमिका की दृष्टि, 27. दिल्ली के चित्र।

ये धान की बालियां कि जिस तरह कोई नाज़ुक-सी आरज़ू हो
झुके हुए ख़ोशाहा-ए-गंदुम[1] कि जैसे चश्मे-बहाना-जू[2] हो
ये पीले सरसों के खेत, आंगन में जैसे बैठी हुई बहू हो
ये फैली बिखरी हुई-सी बेलें कि जैसे आशिक़ की गुफ़्तुगू हो
ये क्यारियां हैं कि इक मुसव्विर[3] के शाहकारों[4] का सिलसिला है
ये कोंपलें हैं कि सीन-ए-आदमी में जीने का हौसला है

यह रूदे-सरजू[5] है या तक़द्दुस[6] की आंच में रूह[7] गल गयी है
पवित्र जमुना के रूप में बांसुरी की इक तान बह रही है
यह पाक गंगा कि जिससे क़ल्बो-नज़र[8] को आसूदगी[9] मिली है
हमारी धरती ने हाथ फैला के हमको आशीर्वाद दी है
ये नन्ही मौजें हैं या किसी मह-जबीं[10] के अबरू[11] की जुंबिशें हैं[12]
ये नर्म लहरों का है तरन्नुम[13] कि दिल की मासूम[14] धड़कनें हैं

यहां की सन्नाइयों[15] में दस्ते-बशर[16] की मेहनत लहक रही है
बनारसी साड़ियों की तह में हुनर की मस्ती झलक रही है
चिकन की वो चांदनी, कि तख़लीक़े-फ़न[17] की दुनिया चमक रही है
यह जामदानी का रूप है या चमन में जूही महक रही है
ये कामदानी की बूटियां, कहकशां[18] से जिनको ख़िराज[19] आये
ज़री की यह धूप-छांव, जैसे किसी सुहागन को लाज आये

यहां ख़यालों[20] की जल्वागाहों[21] में अम्न के दीप जल चुके हैं
यहां निगाहों की बांसुरी से ख़ुशी के नग़्मे उबल चुके हैं
दयारे-गोकुल में हुस्नो-उल्फ़त[22] के सरमदी[23] गीत पल चुके हैं
यह वो ज़मीं है जहां फ़ज़ा में ग़ज़ल के अशआर[24] ढल चुके हैं
हमारे इस गुलसितां में अब भी हज़ारहा बर्गो-बार[25] होंगे
यहां के बेटों में कितने ही राम और शरवन कुमार होंगे

---

1. गेहूं की बालियां, 2. प्रेमिका की आंख, 3. चित्रकार, 4. श्रेष्ठ कृतियां, 5. सरयू नदी, 6. पवित्रता, 7. आत्मा, 8. दिल और नज़र, 9. तृप्ति, संतुष्टि, 10. चंद्रमुखी, 11. भृकुटी, 12. कम्पन, 13. स्वरमाधुर्य, 14. निष्पाप, 15. कारीगरी, 16. मानव के हाथ, 17. कला की सृष्टि, 18. आकाशगंगा, 19. नज़राना, 20. विचार, कल्पना, 21. दर्शन-स्थल, 22. प्रेम और सौंदर्य, 23. अनश्वर, 24. शेर, 25. पत्ते और फल।

मिलेगा बुद्ध के पयामे-हक़[1] में वो सुकूने-हयात[2] अब भी
गया के ज़र्रे दिखा रहे हैं जहां को राहे-नजात[3] अब भी
अयोध्या की फ़ज़ाओं में है वफ़ा-ए-सीता[4] की बात अब भी
मुसीबतों के घनेरे जंगल में रामो-लछमन हैं साथ अब भी
कुरेदें माज़ी[5] की राख उसमें शऊर[6] का जामे-जम[7] मिलेगा
उन्हीं के रवायात[8] ख़ज़ाने से हमें ज़ोरे - क़लम मिलेगा

वही अदायें हैं गोपियों की तो कृष्ण की बांसुरी वही है
वफ़ा-ए-शाहजहां[9] ने की थी जो मरमरीं शाइरी वही है
हज़ार लुटकर भी अपनी धरती पे जल्वः-ए-ज़िंदगी[10] वही है
फटा है पंजाब का कलेजा मगर लबों पर हंसी वही है
इन्हीं में मौज़ू-ए-नज़्म[11] ढूंडे, यहीं पे मीनारः-ए-अदब[12] है
ज़मीन ही मरकज़े-सुख़न[13] है, वतन ही गहवारः-ए-अदब है[14]

हदीसे-वतन

'तैश' सिद्दीक़ी

मिरा वतन मिरा वतन हयात-ओ-कायनाते-मन[15]

मिरे वतन की सरज़मीं जमील-ओ-दिलकश-ओ-हसीं
मिरे वतन का आसमां अज़ीम-ओ-अज़्म आफ़रीं[16]
ये पुरखुलूस[17] बस्तियां फ़लाह-ओ-ख़ैर[18] की अमीं[19]
ये ज़रफ़रोश[20] खेतियां सिताराखेज़[21]-ओ-ख़ुरजबीं[22]
शगूफ़ाबार-ओ-गुल - चकां[23] नज़र - नवाज़-ओ-नाज़नीं[24]

---

1. सत्य का संदेश, 2. जीवन की शांति, 3. मुक्ति-मार्ग, 4. सीता की वफ़ा, 5. अतीत, 6. चेतना, 7. एक रिवायती प्याला जिसमें संसार का हाल दिखाई देता है, 8. परंपरा, 9. शाहजहां का प्रेम-निर्वाह, 10. जीवन का जल्वा, 11. कविता का विषय, 12. साहित्य का मीनार, 13. कलाम का केन्द्र, 14. साहित्य का पालना, 15. जीवन और मन की दुनिया, 16. महान और साहस प्रदान करनेवाला, 17. निष्ठायुक्त, 18. नेकी और भलाई, 19. अमानतदार, 20. सोना उगलनेवाली, 21. सितारे पैदा करनेवाली, 22. सूर्य और ललाट, 23. कलियां और फूल बरसानेवाली, 24. सुंदर और कोमल।

रवां दवां[1] है चारसू[2] फ़ज़ा में रूहे - अंगबीं[3]
मज़ाक़े - दीद[4] चाहिए तजल्लियां[5] कहां नहीं

मिरा वतन मिरा वतन हयात - ओ - कायनाते - मन

मिटा मिटा सा है शबे-सियाह का हर इक समां
लड़ी लड़ी सी हैं अजल[6] की क़ूवतों की धज्जियां
उफ़ुक़[7] उफ़ुक़ हैं मरियमे-सहर की दिलसितानियां[8]
जफ़ाकशी-ओ-तन्दही[9] की मोतरिफ़[10] हैं खेतियां
ख़ुलूसे-कार[11] की गवाह हैं मिलों की चिमनियां
उछल रहे हैं देवता मचल रही हैं देवियां
उबल रहे हैं ज़मज़मे[12] हुमक रही हैं मस्तियां

मिरा वतन मिरा वतन हयात - ओ - कायनाते - मन

यहीं पे राम-ओ-लक्ष्मण पले बढ़े जवां हुए
यहीं पे नानक-ओ-कृष्ण-ओ-बुद्ध गुहरफ़िशां[13] हुए
यहीं पे सूर-ओ-तुलसी-ओ-कबीर नग़्मा[14]-ख़्वां हुए
यहीं मुईन-ओ-वारिस-ओ-निज़ाम हक़बयां हुए
यहीं सलीम-ओ-साबिर-ओ-कलीम नुक्तादां[15] हुए
यहीं नज़ीर-ओ-मीर-ओ-मिर्ज़ा रबाबे-जां[16] हुए
हक़ाइक़ - ओ - बसायर - ओ - नज़र[17] के तर्जुमां हुए
रसूले - ज़िंदगी[18] हुए पयम्बरे - ज़मां[19] हुए

मिरा वतन मिरा वतन हयात-ओ-कायनाते-मन

यह साधुओं की जन्मभूमि सूफ़ियों का यह वतन
तमद्दुनों[20] का मदरसा, सक़ाफ़तों[21] की अंजुमन

---

1. प्रवाहित, 2. चारों ओर, 3. शहद की रूह, 4. दर्शन की अभिरुचि, 5. शुभ दर्शन, 6. मौत, 7. क्षितिज, 8. अत्याचार, 9. परिश्रम और लगन, 10. खेतियां स्वीकार करती हैं, 11. काम की निष्ठा, 12. गीत, 13. मोती बरसाए, 14. गीत गाए, 15. मर्मज्ञ, 16. प्राणों की वाणी, 17. वास्तविकता और परख, 18. ज़िंदगी के रसूल, 19. समय के पैग़म्बर—नबी, 20. संस्कृति, 21. सभ्यता।

ये सब्ज़पोश वादियां हरीफ़े - ख़ित्तः - ए - ख़ुतन[1]
ये चश्मः-हा-ए-ज़ांफ़ज़ा[2], यह गंग और यह जमन
कहीं बहार मुज़्तरिब[3] कहीं शराब मौजज़न[4]
लताफ़तें रविश रविश, नफ़ासतें चमन चमन
ये दिलबराने - शोलारू[5] सहर जमाल - ओ - सीमतन[6]
इशारतें[7] अदा अदा इबारतें[8] सुख़न[9] सुख़न
मिरा वतन मिरा वतन हयात-ओ-कायनाते-मन

ये काश्मिर की नुज़हतें[10] हिमालया की रिफ़अतें[11]
ये सुब्ह-ओ-शामे-काशी-ओ-अवध की जाज़िबियतें[12]
ये देहली और लखनऊ की यादगार अज़्मतें[13]
ये अर्ज़े-ताज[14] का उलुव्व[15], ये सीकरी[16] की शौकतें
ये पुरशिकोह[17] मक़बरे ये ज़ीवक़ार[18] तुर्बतें[19]
ये दीदा ज़ेब[20] बाग़चे ये दिलकुशा इमारतें[21]
ये सीम-ओ-ज़र की बख़्शिशें ये फ़िक्र-ओ-फ़न[22] की बर्कतें
ये आशिक़ी के मोजिज़े[23] ये हुस्न की करामतें
मिरा वतन मिरा वतन हयात-ओ-कायनाते-मन

यह अम्न का पयाम्बर यह आश्ती[24] का देवता
मुवाफ़िक़त[25] का राहबर मुसालहत[26] का रहनुमा
यह बेबसों का ख़ैरख़्वाह[27] बेकसों का हमनवा[28]
रफ़ीक़े - अहले - यूरूप[29] - ओ - अनीसे - आले - एशिया[30]
उठा तो लेके दावते - निशात - ओ - ख़ुर्रमी[31] उठा
बढ़ा तो बहरे-इन्तज़ाम[32] सुलह-ओ-दोस्ती बढ़ा
मिला तो सबसे आजिज़ी-ओ-इनकिसार[33] से मिला
रहा तो सबमें होके सरफ़राज़ - ओ - सुर्ख़रू[34] रहा

---

1. ख़ुतन से टक्कर लेनेवाली, 2. जीवनदायक स्रोत, 3. बेचैन, 4. तरंगित, 5. अग्नि की तरह चमकनेवाले चेहरे, 6. सौंदर्य और चांदी जैसे शरीर, 7. इशारे, 8. विषय, 9. बातचीत, 10. ताज़गी, सुहानापन, 11. ऊंचाइयां, 12. आकर्षण, 13. महानता, 14. ताज की धरती, 15. श्रेष्ठता, 16. फतेहपुर सीकरी, 17. वैभवशाली, 18. गरिमापूर्ण, 19. क़ब्रें, 20. मोहक, 21. भवन, प्रासाद, 22. चिंतन और कला, 23. चमत्कार, 24. शांति, 25. अनुकूलता, 26. समझौता, 27. शुभचिंतक, 28. साथी, 29. यूरोपवासियों का मित्र, 30. एशियाइयों का साथी, 31. सुख और आनंद का निमंत्रण, 32. व्यवस्था, 33. विनम्रता, 34. उच्च और सफल।

मिरा वतन मिरा वतन हयात-ओ-कायनाते-मन

यह फ़लसफ़े का आस्तां[1], हरीमे-दानिश-ओ-ख़बर[2]
यह ज्ञानियों का आश्रम, यह आरिफ़ाने-हक़[3] का घर
कहीं पे इज़्तिमाए-शब[4] कहीं पे महफ़िले-सहर[5]
तिलावतें[6] नफ़स नफ़स[7], इबादतें नज़र नज़र
जुनूं यहां का मुहतरम[8] ख़िरद[9] यहां की मुक़्तदिर[10]
यहां की ख़ाके-राह[11] भी है 'तैश' कीमिया असर[12]
ये बाग़-बन[13] ये बहरो-बर[14] ये काख़ो-कोहो-दश्तो-दर[15]
यह लालाज़ारे-बेकरां[16] यह एक ख़ुल्दे-मुख़्तसर[17]

मिरा वतन मिरा वतन हयात-ओ-कायनाते-मन

अय वतन

गोपाल मित्तल

सलाम हो तिरी गलियों पे अय वतन कि जहां
यह रस्म आम है, जो चाहे सर उठाके चले
कोई भी शर्त बजुज़[18] वज़ - ए - एहतियात[19] नहीं
कोई संभल के चले, कोई लड़खड़ा के चले

सलाम हो तिरी गलियों पे अय वतन कि जहां
मिरे जुनून की पादाश[20] संग - ओ - ख़िश्त[21] नहीं
जहां पे दानः - ए - गंदुम नहीं है वजहे - इताब[22]

1. चौखट, घर, 2. ज्ञान-भवन, 3. सत्य पहचाननेवाले, 4. रात के जमघट, 5. प्रातःकाल की गोष्ठियां, 6. धर्मग्रन्थ का पठन, 7. सांस, 8. आदरणीय, 9. बुद्धि, 10. जिसका प्रभुत्व हो, 11. मार्ग की धूल, 12. रसायन का असर रखनेवाली, 13. उपवन और जंगल, 14. धरती और समुद्र, 15. इमारत, मैदान और पहाड़, 16. असीम उपवन, 17. संक्षिप्त-सा स्वर्ग, 18. सिवाय, 19. सावधानी की रीत, 20. सज़ा, 21. ईंट और पत्थर, 22. क्रोध का कारण।

ज़हे - नसीब[1] मुयस्सर[2] है वो बहिश्ते - बरीं[3]

सलाम हो तिरी गलियों पे जो कुशादा[4] रहें
हमेशा मेरे लिए क़ल्बे - दोस्तां[5] की तरह
मैं एक सरकश[6] - ओ - आवारा था मगर तूने
हमेशा बख़्श दिया है शफ़ीक़[7] मां की तरह
सलाम तेरी हवा को, तिरी फ़ज़ा को सलाम
है जिनकी देन मिरा ज़ौके - शे'र - ओ - नग़्मागरी[8]
ख़ुलूसे - दिल[9] से दुआ है, रहे क़यामत[10] तक
मसर्रतों के सितारों से तेरी मांग भरी

नज़्रे-वतन

सिकन्दर अली 'वज्द'

जिहादे-अम्न-ओ-सदाक़त[11] है शाहकार तिरा
ख़ुलूस-ओ-मेहर-ओ-मुरव्वत[12] रहा शिआर[13] तिरा
हयातबख़्श[14] तमद्दुन[15] सदाबहार तिरा
चमक रहा है नया ताजे-ज़रनिगार[16] तिरा

कहीं उफ़ुक़ पे अंधेरा नज़र नहीं आता
नज़र न हो तो सवेरा नज़र नहीं आता

कहीं जवाब नहीं तेरे कोहसारों का
समां[17] अजीब है गंग-ओ-जमन के धारों का
मिसाले - क़ौसे - क़ुज़ह[18] रंग किश्तज़ारों[19] का
फ़ज़ा में इत्र है तहज़ीब की बहारों का

---

1. सौभाग्य, 2. प्राप्त, 3. स्वर्ग, 4. चौड़ी, 5. मित्रों का दिल, 6. बाग़ी, 7. दयालु, 8. शेर और गीत लिखने की अभिरुचि, 9. हार्दिक निष्ठा, 10. प्रलय, 11. सत्य और शांति का धर्मयुद्ध, 12. निष्ठा, दया, रवादारी, 13. चलन, 14. जीवनप्रद, 15. सभ्यता, 16. स्वर्ण-जटित मुकुट, 17. वातावरण, 18. इन्द्रधनुष के समान, 19. खेत।

ज़माना तेरे फ़साने भुला नहीं सकता
नुक़ूशे-ताज-ओ-अजन्ता[1] मिटा नहीं सकता

बहार साज़[2] हैं तेरे जदीद[3] मैख़ाने
छलक रहे हैं मए - आगही[4] के पैमाने
हक़ीक़तों[5] में जहां ढल रहे हैं अफ़साने
ख़िरद[6] को राह दिखाते हैं तेरे दीवाने

मुजाहिदों का लहू अर्जुमंद[7] होके रहा
तिरे वक़ार[8] का परचम[9] बलन्द होके रहा

बहे जो चश्मः-ए-हिम्मत[10] से नूर के धारे
हक़ीर ख़ाक के ज़र्रात बन गये तारे
हुए मुहीब[11] चटानों के संग महपारे[12]
क़दम क़दम पे चले ज़िंदगी के फ़व्वारे

बशर[13] ने चश्मः-ए-आबे-हयात[14] ढूंड लिया
मआले-कार[15] निशाने-सबात[16] ढूंड लिया

दयारे-लुत्फ़[17] है तू, दोस्ती का मख़ज़न[18] है
हिसारे-अद्ल[19] है जम्हूरियत का गुलशन है
हरीमे-अम्न-ओ-अमां[20] है ख़ुशी का मसकन[21] है
कोई हो तफ़रिक़ा - परदाज़[22] तेरा दुशमन है

किसी के ज़ुल्म वफ़ादार सह नहीं सकते
तिरी पनाह में खूंख़्वार रह नहीं सकते

शमीमे-अम्न[23] ज़माने में चलने वाली है
महक रहे हैं चमन रुत बदलने वाली है
हयाते-नौ[24] की सवारी निकलने वाली है
तिरी ज़मीन जवाहर उगलने वाली है

---

1. ताजमहल और अजन्ता के चित्र, 2. बहार बनानेवाले, 3. नवीन, 4. चेतना की मदिरा, 5. वास्तविकता, 6. बुद्धि, 7. सम्मानित, 8. प्रतिष्ठा, 9. झंडा, 10. साहस का स्रोत, 11. तुच्छ, 12. भयानक, 13. इंसान, 14. अमृत का स्रोत, 15. काम का अच्छा परिणाम, 16. स्थायित्व का निशान, 17. आनंद का घर, 18. भंडार, 19. न्याय की चारदीवारी, 20. शांति का घर, 21. निवास-स्थान, 22. फूट डालनेवाला, 23. शांति की सुगंध, 24. नया जीवन।

यह इन्क़िलाबे-करामत[1] नहीं तो फिर क्या है
शिकस्ते-ख़्वाब[2] हक़ीक़त[3] नहीं तो फिर क्या है

पयामे-सब्र-ओ-सुकूं[4] धुन तिरे तराने की
निगाहे-शौक़[5] है तेरी तरफ़ ज़माने की
नवेद[6] तूने सुनाई बहार आने की
सितमकशों[7] को है उम्मीद मुस्कुराने की

"लुटाके हुस्ने-सहर[8] बेक़रार फूलों में
बहार झूल रही है ख़ुशी के झूलों में"

तेरा तरीक़[9] मदावा[10] है दर्दे-आलम का
जहाने-ताज़ा[11] करिश्मा[12] है सई-ए-पैहम[13] का
नज़र नवाज़[14] है अंदाज़ तेरे परचम का
फ़ज़ा[15] में नूर फ़िशां[16] है पयाम[17] गौतम का

सियाह दौरे-गुलामी[18] ख़याल-ओ-ख़्वाब है आज
बलन्द अज़्मते-इन्सां[19] का आफ़ताब है आज

---

1. चमत्कार का इंक़लाब, 2. स्वप्न-भंग, 3. सत्य, सच्चाई, 4. शांति और धैर्य का संदेश, 5. शौक़ (अभिरुचि) की निगाह, 6. खुशख़बरी, शुभ सूचना, 7. अत्याचार सहन करनेवाले, 8. प्रभात का सौंदर्य, 9. नियम, 10. इलाज, 11. नया संसार, 12. चमत्कार, 13. निरन्तर प्रयत्न, 14. प्रियदर्शन, 15. वातावरण, 16. प्रकाश फैलानेवाला, 17. गौतम का संदेश, 18. ग़ुलामी का काला युग, 19. मानव की महानता।

दूसरा अध्याय

हमारे क़ुदरती मनाज़िर

हमारे प्राकृतिक दृश्य

(पहला भाग)

आर्यों की पहली आमद हिंदोस्तान में

वहीदुद्दीन सलीम पानीपती

वो देख कि मौजें रक़्सकुनां[1] हैं सतहे-ज़मीं पर गंगा की
नौवारिद[2] आर्या हैरत में हैं, देख के शान इस दरिया की
गंगोत्री से आती है चली अठखेलियां करती धार इसकी
आज़ादी है तेवर से अयां[3], मतवाली है रफ़्तार इसकी

उत्तर की तरफ़ जब उठती है इस क़ाफ़िलः-ए-मग़रिब[4] की नज़र
पड़ती हुई किरनें सूरज की हैं देखते बर्फ़ के तोदों पर
हर क़िलः-ए-कोहे-हिमाला[5] पर अज़मत[6] के हैं बादल छाए हुए
सीनों को हैं ताने देव खड़े अम्बर से सरों को मिलाए हुए

बर्गद के दरख़्तों के जंगल, फैले हैं पहाड़ के दामन[7] में
शाख़ें[8] हैं जो इनकी साया-फ़िगन[9], ज़ुल्मत[10] का समां[11] है हर बन में
फिरते हैं वो पीले-मस्त[12] यहां, है देव का जिनके क़द[13] पे गुमां[14]
यह काली घटा जब दौड़ती है आता है नज़र हैबत[15] का समां[16]

है रंग बिरंग के फूल खिले, ज़ीनत[17] है चमन[18] की शबाब[19] इनका
खोला है नसीमे-सहर[20] ने अभी किस शान से बन्दे-निक़ाब[21] इनका
आये हैं मुसाफ़िर हिंद में जो ख़ैबर के दर्रों से उतर के अभी
देखे थे उन्होंने लालः-ओ-गुल[22] पामीरी की वादी[23] में न कभी

---

1. नृत्य में लीन, 2. नवागन्तुक, 3. प्रकट, 4. पश्चिम का कारवां, 5. हिमालय पर्वत का क़िला, 6. महानता, 7. आंचल, 8. डालियां, 9. छांव फैलाए हुए, 10. अन्धकार, 11. वातावरण, 12. मस्त हाथी, 13. आकार, लबाई, 14. भ्रम, 15. आतंक, भय, 16. वातावरण, 17. शोभा, 18. उपवन, 19. यौवन, 2. प्रातः समीर, 21. मुखपट, 22. लाला और गुलाब, 23. घाटी।

ताइर[1] भी यहां पैदा हैं किए, क़ुदरत[2] ने अजब[3] गुलरंग-ओ-हसीं[4]
गर[5] ज़मज़मे[6] इनके ऋषी सुन लें, याद आये उन्हें फ़िरदौसे-बरीं[7]
इन्दर के अखाड़े की परियां, गाती हैं जो दिलकश[8] रागनियां
यह लोच[9] सुरों में उनके कहां, यह सोज़[10] गलों में उनके कहां

सूरज की चमकती हुई किरनें, हैं छेड़ती ठंडी हवाओं को
भर देती हैं नूर-ओ-हरारत[11] से बाग़ों को और उनकी फ़ज़ाओं[12] को
सोती हुई सोतें[13] चश्मों की, उठती हैं सब आंखें मल-मलकर
धारें हैं जो बर्फ़ के पानी की आती हैं पहाड़ों से चलकर

अय आर्यो, आओ क़दम[14] रखो, इन हुस्न[15] भरे गुलज़ारों[16] में
जन्नत[17] के मज़े[18] लूटोगे सदा इस पाक[19] ज़मीं[20] की बहारों में
तुम गंग-ओ-जमन[21] के किनारों पर शहर अपने नए आबाद[22] करो
गा गा के भजन, कर करके हवन, हो जाओ मगन दिल शाद[23] करो

हिमाला

डॉक्टर मुहम्मद इक़बाल

अय हिमाला ! अय फ़सीले-किशवरे-हिन्दोस्तां[24]
चूमता है तेरी पेशानी[25] को झुककर आसमां[26]
तुझमें कुछ पैदा नहीं देरीना रोज़ी[27] के निशां[28]
तू जवां है गर्दिशे-शाम-ओ-सहर[29] के दरमियां[30]

एक जल्वा[31] था कलीमे-तूरे-सीना[32] के लिए
तू तजल्ली[33] है सरापा[34] चश्मे-बीना[35] के लिए

---

1. पक्षी, 2. प्रकृति, 3. विचित्र, 4. लाल और सुंदर, 5. यदि, 6. गीत, 7. स्वर्ग, 8. मोहक, 9. लचीलापन, 10. तपन, 11. प्रकाश और गर्मी, 12. वातावरण, 13. स्रोत, 14. चरण, 15. सौंदर्य, 16. उपवन, 17. स्वर्ग, 18. आनंद, 19. पवित्र, 20. धरती, 21. गंगा और यमुना, 22. बसाओ, 23. प्रसन्न, 24. भारत देश का प्राचीर, 25. ललाट, 26. आकाश, 27. बुढ़ापा, 28. चिह्न, 29. सुबह-शाम का चक्र, 30. बीच, 31. शुभ दर्शन, 32. हज़रत मूसा, 33. प्रकाश, 34. सर से पैर तक, 35. दृष्टि वाले।

इम्तिहाने-दीदः-ए-ज़ाहिर[1] में कोहिस्तां[2] है तू
पासबां[3] अपना है तू, दीवारे - हिन्दोस्तां[4] है तू
मतलः-ए-अव्वल[5] फ़लक[6] जिसका हो वो दीवां[7] है तू
सू-ए-ख़लवतगाहे-दिल[8] दामन[9] कशे इन्सां[10] है तू

बर्फ़ ने बांधी है दस्तारे-फ़ज़ीलत[11] तेरे सर
ख़न्दाज़न[12] है जो कुलाहे-महरे-आलमताब[13] पर

तेरी उम्रे-रफ़्ता[14] की इक आन है अहदे-कुहन[15]
वादियों में हैं तिरी काली घटायें ख़ेमाज़न[16]
चोटियां तेरी सुरैया[17] से हैं सरगर्मे-सुख़न[18]
तू ज़मीं[19] पर और पहना-ए-फ़लक[20] तेरा वतन

चश्मः-ए-दामन[21] तिरा आईनः-ए-सैयाल[22] है
दामने - मौजे - हवा[23] जिसके लिए रूमाल है

अब्र[24] के हाथों में रहवारे-हवा[25] के वास्ते
ताज़ियाना[26] दे दिया बर्क़े - सरे - कुहसार[27] ने
अय हिमाला कोई बाज़ीगाह[28] है तू भी, जिसे
दस्ते - क़ुदरत[29] ने बनाया है अनासिर[30] के लिए

हाय क्या फ़र्ते - तरब[31] में झूमता जाता है अब्र[32]
फ़ीले - बेज़ंजीर[33] की सूरत[34] उड़ा जाता है अब्र

जुम्बिशे - मौजे - नसीमे - सुब्ह[35] गहवारा[36] बनी
झूमती है नशः-ए-हस्ती[37] में हर गुल[38] की कली

---

1. प्रत्यक्ष, 2. पर्वत, 3. प्रहरी, 4. भारत की दीवार, 5. पहला मतला (ग़ज़ल का पहला शेर), 6. आकाश, 7. दीवान, 8. दिल के एकान्त गृह की ओर, 9. फैला हुआ दामन, 10. मानव, 11. विद्वत्ता की पगड़ी, 12. मुस्कुराता हुआ, 13. प्रकाशमान सूर्य की कुलाह, 14. अतीत, 15. प्राचीनकाल, 16. तम्बू ताने हुए, डेरा डाले हुए, 17. कृत्तिका नक्षत्र, 18. वार्तालाप में व्यस्त, 19. धरती, 20. आकाश का विस्तार, 21. दामन में बहनेवाला स्रोत, 22. बहता हुआ दर्पण, 23. हवा की मौज का दामन, 24. बादल, 25. हवा का घोड़ा, 26. कोड़ा, 27. पर्वत पर की बिजली, 28. खेल का मैदान, 29. प्रकृति के हाथ, 30. तत्त्व, 31. आनंद की अधिकता, 32. बादल, 33. बिना बंधा हाथी, 34. तरह, रूप में, 35. प्रातः समीर, 36. पालना, 37, अस्तित्व का नशा, 38. फूल।

यूं ज़बाने - बर्ग[1] से गोया[2] है इसकी ख़ामुशी[3]
दस्ते - गुलचीं[4] की झटक मैंने नहीं देखी कभी

कह रही है मेरी ख़ामोशी[5] ही अफ़साना[6] मिरा
कुंजे-ख़िलवत ख़ानः-ए-क़ुदरत[7] है काशाना[8] मिरा

आती है नद्दी फ़राज़े-कोह[9] से गाती हुई
कौसर-ओ-तसनीम[10] की मौजों को शर्माती हुई
आईना सा शाहिदे-क़ुदरत[11] को दिखलाती हुई
संगे-रह[12] से गाह[13] बचती, गाह टकराती हुई

छेड़ती जा इस इराक़े-दिलनशीं[14] के साज़[15] को
अय मुसाफ़िर ! दिल समझता है तिरी आवाज़ को

लैलि-ए-शब[16] खोलती है आके जब ज़ुल्फ़े-रसा[17]
दामने-दिल[18] खींचती है आबशारों[19] की सदा[20]
वो ख़मोशी[21] शाम की जिस पर तकल्लुम[22] हो फ़िदा[23]
वो दरख़्तों[24] पर तफ़क्कुर[25] का समां[26] छाया हुआ

कांपता फिरता है क्या रंगे-शफ़क़[27] कुहसार[28] पर
ख़ुशनुमा[29] लगता है यह ग़ाज़ा[30] तेरे रुख़सार[31] पर

अय हिमाला ! दास्तां[32] उस वक़्त की कोई सुना
मस्कने-आबा-ए-इन्सां[33] जब बना दामन तिरा
कुछ बता उस सीधी सादी ज़िंदगी का माजरा[34]
दाग़[35] जिस पर ग़ाज़ः-ए-रंगे-तकल्लुफ़[36] का न था

हां दिखा दे अय तसव्वुर[37] फिर वो सुब्ह-ओ-शाम[38] तू
दौड़ पीछे की तरफ़ अय गर्दिशे-अय्याम[39] तू

---

1. पत्ते की ज़बान, 2. बातचीत करना, 3. मौन, 4. फूल तोड़नेवाले का हाथ, 5. चुप्पी, 6. कहानी, 7. प्रकृति के एकान्त का कुंज, 8. घर, 9. पहाड़ की ऊंचाई, 10. स्वर्ग की नहरें, 11. प्रकृति की प्रेमिका, 12. मार्ग के पत्थर, 13. कहीं, 14. दिल मोह लेनेवाले राग का साज़, 15. वाद्य, 16. रात की दुल्हन, 17. लंबी लटें, 18. दिल का दामन, 19. जल-प्रपात, 20. आवाज़, 21. मौन, सन्नाटा, 22. वार्तालाप, 23. न्योछावर, 24. वृक्ष, 25. चिंता, 26. वातावरण, 27. अरुणिमा का रंग, 28. पहाड़, 29. सुंदर, 30. पाउडर, 31. कपोल, 32. कहानी, 33. इंसान के पूर्वजों का घर, 34. हाल, 35. धब्बा, 36. औपचारिकता का रंग, 37. कल्पना, 38. प्रातःकाल और संध्या, 39. समय का चक्र।

हिमाला

बिशेश्वर प्रसाद 'मुनव्वर' लखनवी

मायः - ए - नाज़[1] - ओ - सरअफ़राज़[2] हिमाला पर्बत
सब पहाड़ों से है मुम्ताज़[3] हिमाला पर्बत

हामिले - ऐश[4] हैं क़ुदरत[5] के मज़ाहिर[6] इस को
क्यों ज़माना[7] न कहे काने - जवाहिर[8] इस को

कभी धुंदला नहीं होता रुख़े-रौशन[9] इसका
बर्फ़ गिरने पे भी बेदाग़[10] है दामन[11] इसका

बर्फ़ गिरना है अगर ऐब[12] तो परवा क्या है
बर्फ़ गिरने से हिमाला का बिगड़ता क्या है

दिलफ़रेबी[13] में कभी फ़र्क़[14] नहीं आ सकता
ऐब[15] इक लाख मुहासिन[16] पे नहीं छा सकता

नक़्स[17] कम कसरते-ख़ूबी[18] में नज़र आता है
चांद रौशन हो तो फिर दाग़ भी छुप जाता है

बूटियां इसकी ज़ियाबख़्शे-नज़र[19] हैं कैसी
जल्वा[20] गुस्तर[21] सिफ़ते-मिहर-ओ-क़मर[22] हैं कैसी

दूर इन से जो न हो जाये वो ज़ुलमत[23] ही नहीं
इन चिराग़ों के लिए तेल की हाजत[24] ही नहीं

---

1. गर्व करने योग्य, 2. उन्नत सर, 3. प्रधान, प्रमुख, 4. ऐश्वर्यवाहक, 5. प्रकृति, 6. दृश्य, 7. संसार, 8. जवाहरों की खान, 9. प्रकाशमान चेहरा, 10. स्वच्छ, 11. आंचल, 12. दोष, 13. आकर्षण, 14. अंतर, 15. दोष, 16. गुण, 17. दोष, 18. गुणों की अधिकता, 19. नज़र को ज्योति प्रदान करनेवाले, 20. दर्शन, 21. फैलानेवाले, 22. चांद-सूरज के गुण, 23. अंधकार, 24. आवश्यकता।

रौशनी[1] इनकी छिटकती है जहां रात के वक़्त
इक अजब लुत्फ़[2] का होता है समां[3] रात के वक़्त

बर्फ़ जमने से चटानों के हैं आसार[4] जहां
इक क़दम रास्ता चलना भी है दुश्वार[5] जहां

एड़ियां बस्तः - ए - आज़ार[6] हुंई जाती हैं
उंगलियां टीस से बेकार हुई जाती हैं

किन्नरों[7] की वो हसीनाने - सरापा एजाज़[8]
जिन का हिस्सा है अदा[9], ख़त्म है जिन पर अंदाज़[10]

उड़के इस सिम्त[11] जो बादल कहीं आ जाते हैं
सामने हर दहाने - ग़ार[12] के छा जाते हैं

किन्नरों की सितम-ईजाद[13] हसीनों[14] के लिए
नाज़नीनों[15] के लिए माहजबीनों[16] के लिए

पांव की कुछ न ख़बर, होश न सर का जिनको
चैन से बैठने देता नहीं ग़मज़ा[17] जिनको

सादगी जिनकी तबीअत में है नादानी[18] है
जिनके सरके हुए आंचल से पशेमानी[19] है

यही बादल हैं जो करते हैं निगहबानि-ए-हुस्न[20]
वरना मुमकिन ही नहीं पर्दः-ए-उरियानि-ए-हुस्न[21]

इक अजब कैफ़[22] का आलम[23] है फ़िज़ा[24] में जिसकी
नाज़नीनों[25] की है रफ़्तार[26] हवा में जिसकी

---

1. प्रकाश, 2. आनंद, 3. वातावरण, 4. लक्षण, 5. कठिन, 6. कष्टग्रस्त, 7. एक जाति, 8. साक्षात विनम्रता—सुन्दरियां, 9. हावभाव, 10. नख़रे, 11. ओर, 12. गुफा का द्वार, 13. ज़ुल्म ढानेवाली, 14. सुन्दरियां, 15. कोमलांगिनी, 16. चंद्रमुखी, 17. कटाक्ष, 18. बेसमझी, 19. शर्मिन्दगी, 20. सौंदर्य की देखभाल, 21. सौंदर्य की नम्रता का पर्दा, 22. नशा, मस्ती, 23. दशा, 24. वातावरण, 25. कोमलांगिनी, 26. गति।

उफ़ वो अंदाज़े-निगारी[1] का मज़ा दे जाना
झाग गंगा की तरंगों का उड़ा ले जाना

इसकी हर जुम्बिशे-मस्ताना[2] ग़ज़ब ढाती है
देवदार ऐसे दरख़्तों[3] को हिला जाती है

इसके झोंके जिगर-ओ-दिल[4] में उतर जाते हैं
पर थिरकते हुए मोरों के बिखर जाते हैं

आबे-शफ़्फ़ाफ़[5] से लबरेज़[6] हैं झीलें इसकी
क्या रवानी[7] में जुनूंख़ेज[8] हैं झीलें इसकी

ढेर हैं हलक़ः-ए-सदरंग[9] से छूटे हुए फूल
सप्तऋषियों के यदे-पाक[10] से टूटे हुए फूल

रंग उठती हुई किरनों से जो मिल जाते हैं
और ढलते हुए सूरज से यह खिल जाते हैं

इन पे शीराज़ः-ए-अनवार[11] बिखर जाता है
और भी रंग दमे-शाम[12] निखर जाता है

रोज़े-अव्वल[13] से है बेदार[14] मुक़द्दर[15] इसका
सब से ऊंचा है पहाड़ों में बस इक सर इसका

---

1. माशूक़ों का अंदाज़, 2. मस्त कम्पन, 3. वृक्ष, 4. दिल और जिगर, 5. स्वच्छ पानी, 6. परिपूर्ण, 7. प्रवाह, 8. उन्मादप्रद, 9. सैकड़ों रंग के हल्क़े, 10. पवित्र हाथ, 11. प्रकाश का शीराज़ा, 12. संध्याकाल, 13. प्रथम दिन, आदिकाल, 14. जाग्रत, 15. भाग्य।

कोहे-मसूरी[1]

'साग़र' निज़ामी

इस मंज़रे - रंगीं[2] के आगे अब हर दिलचस्पी[3] खोटी है
इशरत[4] में है हर उज़्वे - तन[5], फ़र्हत[6] में बोटी बोटी है
जिन चन्द बलन्द[7] चटानों पर बिजली रातों को लोटी है
वो सब पाबोसे - शाइर[8] हैं, दुनिया नज़रों में छोटी है
मैं उस चोटी पर बैठा हूं जो सबसे ऊंची चोटी है

बस्ती कुछ धुंदली धुंदली है, आलम[9] कुछ मैला मैला है
दुनिया पे कुहरा तारी[10] है हर सिम्त[11] धुआं सा फैला है
शादाब[12] दरख़्तों[13] की शाख़ें[14] झुककर सिजदे में गिरती हैं
आज़ाद बलन्द[15] फ़ज़ाओं[16] में कुछ चिड़ियां उड़ती फिरती हैं
मैं उस चोटी पर बैठा हूं जो सबसे ऊंची चोटी है

कुछ नाहमवार[17] चटानें हैं उन पर संगीं[18] काशाने[19] हैं
आबादी में हर जा[20] रौशन बिजली से ख़लवतख़ाने[21] हैं
टेढ़ी सीधी ऊंची नीची सड़कें कोसों फैला दी हैं
कुहसार[22] में भी इंसानों ने क्या ज़िंदगियां[23] दौड़ा दी हैं
मैं उस चोटी पर बैठा हूं जो सबसे ऊंची चोटी है

आंखों में किरनें भरने को कुछ काफ़िर[24] सुबहें[25] फिरती हैं
कुहरे की रिदा[26] में छुप छुपकर जन्नत[27] की हूरें[28] फिरती हैं
कुछ रंग हवायें लाती हैं उन पुतलों[29] में भर देने को

---

1. मसूरी पर्वत, 2. सुंदर दृश्य, 3. मनोरंजन, 4. आराम, 5. शरीर का अंग, 6. आनंद, 7. ऊंची, 8. शाइर के पांव चूमना, 9. संसार, 10. छाया हुआ, 11. दिशा, 12. हरे-भरे, 13. वृक्ष, 14. डालियां, 15. ऊंची, 16. शून्य, 17. ऊंची-नीची, 18. पत्थर के, 19. घर, 20. हर जगह, 21. शयनागार, 22. पर्वतीय देश, 23. जीवन, 24. ईमान डुला देनेवाली, 25. प्रभात, 26. चादर, 27. स्वर्ग, 28. अप्सरा, 29. मूर्तियां।

गुलज़ार[1] उभरकर निकले हैं अंगड़ाई फ़ज़ा में लेने को
मैं उस चोटी पर बैठा हूं जो सबसे ऊंची चोटी है

बादल के साए वादी[2] की गोदी में मचले फिरते हैं
मैं पर्दों में छुप जाता हूं अकसर[3] जब बादल घिरते हैं
हर अब्र[4] की आग़ोशे-तर[5] में इक मौजे-तबस्सुम[6] पाता हूं
सब जिसको बिजली कहते हैं, मैं हंस हंसकर कुछ गाता हूं
मैं उस चोटी पर बैठा हूं जो सबसे ऊंची चोटी है

गंगा के चराग़

आनंद नारायण 'मुल्ला'

आबे - गंगा[7] क्या ही मस्ताना तिरा अंदाज़[8] है
झूमकर चलने पे तेरे मुझ को क्या क्या नाज़[9] है
क्या मिरे जज़्बात[10] की दुनिया का तू हमराज़[11] है
तेरी लहरों में मिरी तख़ईल[12] की परवाज़[13] है

अपनी मौजों का तलातुम[14] आ मिरे सीने में देख
अक्स[15] अपनी बेकली[16] का दिल के आईने में देख

आज तक आंखों में है तेरा समां[17] अय हरदुवार
वो हुजूमे - महवशां[18], महूवे - तमाशा[19] बरकनार[20]
वो सफ़ा - ए - आबे - अख़ज़र[21] में चराग़ों[22] की बहार
देखकर जिनको यही कहता था दिल बेइख़्तियार[23]

---

1. उपवन, 2. घाटी, 3. अधिकांश, 4. बादल, 5. आर्द्र गोद, 6. मुस्कान की लहर, 7. गंगा का पानी, 8. ढंग, चाल, 9. गर्व, 10. भावनायें, 11. मित्र, भेद जाननेवाला, 12. कल्पना, 13. उड़ान, 14. जोश, 15. प्रतिबिम्ब, 16. व्याकुलता, 17. दृश्य, वातावरण, 18. चंद्रमुखियों का जमघट, 19. तमाशे में लीन, 20. किनारे पर, 21. हरे पानी की निर्मलता, 22. दिया, 23. अचानक, सहसा।

ता-ब-सत्हे-आब[1] हर गौहर[2] उभर आया है क्या
आसमां[3] लेकर सितारों को उतर आया है क्या

क्या शुआ - ए - मिहर[4] के ज़र्रे[5] परेशां[6] हो गये
फ़ैज़[7] से ख़ुर्शीद[8] के ये ख़ुद दरख़्शां[9] हो गये
तेरे आबे - पाक[10] के जौहर नुमायां[11] हो गये
क्या किसी के दाग़े - इसियां[12] नूरे - ईमां[13] हो गये

रक़्स[14] करने के लिए जुगनू निकल आये हैं क्या
फूल जन्नत[15] के फ़लक[16] वालों ने बरसाए हैं क्या

ये मुसाफ़िर कौन हैं कैसा है इनका कारवां
क्या इसी का अक्स[17] है कहते हैं जिसको कहकशां[18]
किस क़दर[19] प्यारी हैं इनकी छोटी छोटी किश्तियां[20]
ये कहां से आये हैं बहरे - तमाशा - ए - जहां[21]

अहले-दुनिया[22] को तिरी अज़्मत[23] दिखाने के लिए
स्वर्ग से उतरी हैं क्या परियां नहाने के लिए

घूरने वालों की नज़रों से यह घबराती नहीं
पैकरे - नूरी[24] की उरियानी[25] से शर्माती नहीं
हां, यक़ीं[26] इंसान[27] की बातों का यह लाती नहीं
मौजे - दरिया[28] छोड़कर साहिल[29] तलक आती नहीं

हुस्न[30] दिखलाती तो हैं लेकिन कुछ इस अंदाज़[31] से
अपना जलवा[32] ख़ुद छुपा लेती हैं अपने नाज़[33] से

---

1. पानी की सतह से ऊपर, 2. मोती, 3. आकाश, 4. सूर्य की किरणें, 5. कण, 6. बिखर गये, 7. दया, 8. सूर्य, 9. प्रकाशमान, 10. पवित्र पानी, 11. प्रकट, 12. गुनाहों के दाग़, 13. ईमान का प्रकाश, 14. नृत्य, 15. स्वर्ग, 16. आकाश, 17. प्रतिबिम्ब, 18. आकाश गंगा, 19. कितनी, 20. नावें, 21. संसार के तमाशे के लिए, 22. दुनिया के लोग, 23. महानता, 24. तूती का आकार, 25. नग्नता, 26. विश्वास, 27. मानव, 28. नदी की लहर, 29. किनारा, 30. सौंदर्य, 31. ढंग, 32. दर्शन, 33. नखरे, अदा।

अय चरागे़-आबे-गंगा[1] तुझ में कैसा नूर[2] है
तू किसी आशिक़[3] का दिल है या जबीने-नूर[4] है
इक झलक दिखला के तू मौजों में फिर मस्तूर[5] है
हुस्न[6] का चश्मे - तमन्ना[7] से यही दस्तूर[8] है

तेरा जलवा[9] क्या किसी मज़लूम[10] की तक़दीर[11] है
एक हस्ती के उमीद - ओ - बीम[12] की तस्वीर है

क्या तिरी तक़दीर में इन्सां की रंजूरी[13] भी है
क्या तिरे दिल की तमन्नाओं[14] की मजबूरी भी है
सीनः - ए - नूरी[15] में तेरे ज़ौक़े - महजूरी[16] भी है
क्या तिरे जामे - गिली[17] में आबे - अंगूरी[18] भी है

किसकी उम्मीदों की गुलकारी[19] तिरे दामन में है ?
आर्ज़ू[20] किसकी फ़रोज़ा[21] तेरे पैराहन[22] में है ?

तू किसी के सोज़े-दिल[23] का शोलः-ए-मस्तूर[24] है
तू किसी के दीदः-ए-गिर्यां[25] का सारा नूर[26] है
तुझ में सारी इल्तिजा - ए - ख़ातिरे - मजबूर[27] है
तू किसी बेकस[28] की नज़रों में चरागे़-तूर[29] है

इक ख़ुलूसे-दिल[30] की तुझमें इन्तिहाई[31] शान[32] है
जल्वः-ए-ख़ुर्शीद[33] तेरे नूर[34] पर क़ुर्बान[35] है

---

1. गंगा के पानी के दिये, 2. प्रकाश, 3. प्रेमी, 4. प्रकाश का ललाट, 5. गुप्त, 6. सौंदर्य, 7. अभिलाषा की आंख, 8. नियम, 9. दर्शन, 10. पीड़ित, 11. भाग्य, 12. आशा और भय, 13. अप्रसन्नता, 14. आकांक्षा, 15. तूती का सीना, 16. विरह की अभिलाषा, 17. मिट्टी का प्याला, 18. अंगूर का पानी, शराब, 19. चित्रण, 20. अभिलाषा, 21. प्रकाशमान, 22. वस्त्र, 23. दिल की जलन, 24. छुपी हुई ज्वाला, 25. अश्रु-भरी आंख, 26. प्रकाश, 27. मजबूर के दिल की प्रार्थना, 28. दुर्बल, 29. तूर पर्वत का चराग़, 30. दिल की निष्ठा, 31. असीम, 32. वैभव, 33. सूर्य का दर्शन, 34. प्रकाश, 35. न्योछावर।

गंगा-स्नान

'साक़िब' कानपुरी

अय बहारे - गंग[1], अय सरमायाः - ए - पाकीज़गी[2]
तेरी हस्ती[3] तश्नाकामों[4] के लिए मैख़ाना[5] है
दर्सआमोज़े - फ़ना[6] क़तरा क़तरा[7] आब[8] का
या हबाबों[9] की ज़बां[10] पर नारः - ए - मस्ताना[11] है

क्यों न हो ज़ौक़े - रवानी[12] में तलाशे - हक़[13] हमें
आब[14] की चादर में हो जाते हैं पोशीदा[15] गुनाह
नूर[16] का पैकर[17] बना देंगी लकीरें मौज की
दाग़े - ज़ुलमत[18] को मिटा देंगी यह आबी जल्वागाह[19]

ग़ैरमुमकिन[20] है कि दिल में रौशनी पैदा न हो
बुलबुले पानी के हैं अज़हान[21] में वहदत[22] की शम्अ[23]
साधुओं के वास्ते उपदेश है मौजों का राग
हाथ में लेकर खड़े हैं देवता जन्नत[24] की शम्अ

तेरी मौजें - मुज़्तरिब[25] हैं और दिल पुरजोश[26] है
यानी बेताबी[27] में इसका मुद्दआ[28] मिल जायेगा
हलक़ः - ए - गिर्दाब[29] में नक्शे - हक़ीक़त[30] देखकर
गुंचः-ए-गुल[31] की तरह दिल का कंवल खिल जायेगा

---

1. गंगा की शोभा, 2. पवित्रता की दौलत, 3. अस्तित्व, 4. प्यासा, 5. मदिरालय, 6. विनाश का पाठ सिखानेवाला, 7. बूंद, 8. पानी, 9. बुलबुला, 10. वाणी, ज़बान, 11 मस्ती का नारा, 12. प्रवाह की अभिलाषा, 13. सत्य की खोज, 14. पानी, 15. छिपा हुआ, 16. प्रकाश, 17. आकृति, 18. अन्धकार के दाग़, 19. प्रदर्शन की जगह, 20. असम्भव, 21. मस्तिष्क, (ब.व.), 22. अद्वैत, 23. चराग़, दिया, 24. स्वर्ग, 25. व्याकुल, 26. जोश से भरा हुआ, 27. बेचैनी, 28. उद्देश्य, 29. भंवर का चक्र, 30. सत्य के चिह्न, 31. फूल की कली।

बिन्ते-हिमाला[1]

परवेज़ शाहिदी

आह गंगा ! यह हसीं[2] पैकरे[3]-बिल्लौर[4] तिरा
तेरी हर मौजे-रवां[5] जलवः-ए-मग़रूर[6] तिरा
जौरे-मग़रिब[7] से मगर दिल है बहुत चूर तिरा
झांकता है तिरे गिर्दाब[8] से नासूर[9] तिरा

ज़ुल्म[10] ढाए हैं सफ़ीनों[11] ने सितमगारों[12] के
ज़ख़्म[13] अब तक तिरे सीने पे हैं पतवारों के

आह अय कोहे-हिमाला[14] के ग़ुरूरे-सैयाल[15]
तेरी मौजों में जमाल[16] और तिरे तूफ़ां में जलाल[17]
तेरे दामन पे कभी बैठी न थी गर्दे-मलाल[18]
मुंह तिरा पोंछता था चांद का सीमीं[19] रूमाल

ज़ख़्म सीने पे लिये आज हैं धारे तेरे
उफ़ कहां डूब गये चांद - सितारे तेरे

रेगे-दोज़ख़[20] को छुपाए हैं क़बा[21] के अन्दर
हौलनाक[22] आज है कितना यह दहकता मंज़र[23]
शाम ही शाम नज़र आती है क्यों साहिल[24] पर
क्यों तिरी मौजों से छनते नहीं अनवारे-सहर[25]

रौशनी[26] क्यों हुई जाती है गुरेज़ां[27] तुझ से
क्यों अंधेरों के हैं लिपटे हुए तूफ़ां तुझ से

---

1. हिमालय की बेटी, 2. सुंदर, 3. आकार, 4. स्फटिक मणि, 5. प्रवाहित मौज, 6. घमंडी दर्शन, 7. पश्चिम का अत्याचार, 8. भंवर, 9. रिसता हुआ घाव, 10. अत्याचार, 11. नाव, 12. ज़ालिम, 13. घाव, 4. हिमालय पर्वत, 15. बहता हुआ घमंड, 16. सौंदर्य, 17. प्रताप, 18. दुख की धूल, 19. रूपहली, चांदी का, 20. नरक की रेत, 21. लबादा, 22. भयानक, 23. दृश्य, 24. किनारा, 25. प्रातःकाल का प्रकाश, 26. प्रकाश, 27. विरक्त।

लेकिन अय बिन्ते-हिमाला[1] ! तिरी अज़्मत[2] की क़सम
सैल[3] के सांचे में ढाली हुई रिफ़अत[4] की क़सम
तेरे जलवों[5] की क़सम, तेरी लताफ़त[6] की क़सम
तेरी मौजों से उभरती हुई हिम्मत[7] की क़सम

अब तिरी आंखों को नमनाक[8] न होने देंगे
दामने - नाज़[9] तिरा चाक[10] न होने देंगे

गंगा के तीन रूप

'नज़ीर' बनारसी

वो सूर्य डूबा, वो दिन ने झुककर बढ़ा दिया रौशनी[11] का डेरा
वो रखके कांधे पे काली कमली हर इक तरफ़ से उठा अंधेरा
उदासियां बढ़के चार जानिब[12] लगाए जाती हैं अपना फेरा
लुटेगा अब सांझ का भी ज़ेवर[13] है घात में रात का लुटेरा

समय ने करवट बदल बदल के जो सूनी कर दी हैं सारी राहें
तो सांस ले ले के लंबी-लंबी हवायें भरने लगी हैं आहें[14]

किए हैं ये दीपदान[15] किसने ठहर ठहरकर मचल रहे हैं
हैं रौशनी के जिगर के टुकड़े हवा से तेवर[16] बदल रहे हैं
नहीं नहीं नहीं ये दिये नहीं हैं जो बहते पानी पे चल रहे हैं
गगन से तारे उतर उतरकर लहर लहर पर टहल रहे हैं

दिये की लौ सहमी जा रही है, हवा का झोंका लपक रहा है
हर इक दिये में है दिल किसी का ठहर ठहरकर धड़क रहा है

---

1. हिमालय की बेटी, 2. महानता, 3. प्रवाह, 4. ऊंचाई, 5. दर्शन, 6. कोमलता, 7. साहस, 8. अश्रुयुक्त, गीली, 9. गर्व का दामन, 10. विदीर्ण, फटना, 11. प्रकाश, 12. चारों ओर, 13. गहना, आभूषण, 14. श्वास, आर्तनाद, 15. दिये जलाकर गंगा में बहा दिये जाते हैं। हिंदू अक़ीदे के अनुसार बुज़ुर्गों की रूहों को रौशनी मिलती है। मन्नत मानने के बाद मुराद पूरी होने पर भी दिये जलाकर बहा दिये जाते हैं। दीपदान के बाद लोग इन दियों को मुड़-मुड़कर देखते हैं और जैसे-जैसे उनकी लवें थरथराती हैं, उनके माथे पर लकीरें बनती-बिगड़ती नज़र आती हैं, 16. भृकुटी।

वो चमचमाते कलस का आलम[1] वो सर उठाए-उठाए मंदिर
वो इतने ऊंचे कि जिन पे अपनी नज़र उठाते हुए उठे सर
हैं क़ान में कुछ मधुर सदायें[2] नज़र में शयन आरती[3] का मंज़र[4]
पवित्रता की वो मौज जिससे अंधेरा दिल हो उठे उजागर[5]

इधर दबे पांव नींद आई, गयी वो गंगा की बेक़रारी[6]
किवाड़ मंदिर के बन्द करके अभी-अभी सो गया पुजारी

बुझी-बुझी-सी दिखाई देने लगी हैं जलती हुई चितायें
दबी-दबी-सी है अग्नि ज्वाला, है सर्द[7]-सी मौत की सभायें
फ़ज़ाओं[8] में टूटकर गगन से ये गिरती-पड़ती हैं तारिकायें
कि साधनालोक[9] तोड़ने को उतरती आती हैं अपसरायें

वो काला-काला-सा नाग जैसा हर इक तरफ़ झूमता अंधेरा
समय की वो सांय-सांय जैसे बजाये तुमड़ी कोई सपेरा

है रात अब कूच करनेवाली सब अपने ख़ेमे[10] बढ़ा रहे हैं
वो जिनके दम से थी जगमगाहट उन्हीं के दम टूटे जा रहे हैं
निशा की शोभा बढ़ानेवाले सभायें अपनी बढ़ा रहे हैं
बहुत-से डूबे बहुत-से टूटे बचे खुचे झिलमिला रहे हैं

यह कौन पर्दे में छुपके तारों को मात[11] पर मात दे रहा है
ये हिचकियां रात ले रही है कि सांस परभात ले रहा है

सहर[12] की आमद[13] है सर्द[14] झोंके अभी से कुछ गुनगुना रहे हैं
अगर कथा कह रहे हैं तुलसी, कबीर दोहे सुना रहे हैं

---

1. दशा, समां, 2. आवाज़ें, 3. रात की आख़िरी आरती जिसके बाद मंदिरों के दरवाज़े बन्द हो जाते हैं और गंगा के सोने का वक़्त हो जाता है। सुबह के तीन बजे तक गंगा सोती रहती है, इस दौरान इसीलिए कोई नई चिता नहीं जलाई जाती। जो चितायें जल चुकी हैं वही जलती रहती हैं, 4. दृश्य, 5. प्रकट, ज़ाहिर, 6. व्याकुलता, 7. ठंडी, 8. शून्य, 9. ऋषि विश्वामित्र की साधना मेनका नामी एक अप्सरा (शकुन्तला की मां) ने तोड़ी थी। लेकिन यहां शाइर हर इक तारिका को अप्सरा मानता है जो तमाम कायनात की साधना में बाधा डालने को पानी की सतह पर उतर आती है, 10. तम्बू, डेरे, 11. पराजय, 12. प्रभात, 13. आगमन, 14. ठंडे।

अमर हैं वो संत और साधू जो मरके भी याद आ रहे हैं
जो काशी नगरी से उठ चुके हैं वो मन की नगरी बसा रहे हैं

यह घाट तुलसी के नाम से है यहीं वो करते थे जाप देखो
जहां पे गंगा वहीं पे तुलसी पवित्रता का मिलाप देखो

मिला है गंगा का जल जो निर्मल उतर के ऊषा नहा रही है
हवा है या रागिनी है कोई टहल के वीणा बजा रही है
अंधेरे करते हैं साफ़ रस्ता सवारी सूरज की आ रही है
किरन-किरन अब कलस-कलस को सुनहरी माला पिन्हा रही है

हुई है कितनी हसीन[1] घटना नज़र की दुनिया संवर रही है
किरन चढ़ी थी जो बनके माला वो धूप बनकर उतर रही है

वो कुछ ब्राह्मण हैं घाट पर जो जमाए बैठे हैं अपने आसन
ये करते आये हैं जाने कितने युगों से सबके दिलों पे शासन
है तख़्त इक और एक छाता यही है हर एक का सिंघासन
यहीं पे गंगा की मौज करती है बढ़के हर पाप का बिनासन

है सामने शीतला का मंदिर लगा है नर-नारियों का मेला
पुकारकर शंख कह रहे हैं हुई सिंगार आरती की बेला

कहीं पे गुजरात की हैं परियां कहीं पे मरवाड़ की निशानी
वो सिंध का हुस्ने-बेतकल्लुफ़[2] वो शोख़[3] पंजाब की जवानी
खुले हुए केश की लटों में महकते बंगाल की कहानी
यह घाट है सामने नज़र के कि देवताओं की राजधानी

न जाने कितनों ने देस छोड़े हैं अपनी मुक्ति की जुस्तुजू[4] में
यहां पे आये हैं जान लेकर यहां पे मरने की आर्ज़ू[5] में

सभी पराई नज़र से अपनी नज़र बचाकर गुज़र रही हैं
ये देवियां हैं मिरे नगर की जो सीढ़ियों से उतर रही हैं

---

1. सुंदर, 2. अनौपचारिक सौंदर्य, वह सौंदर्य जिसमें दिखावा या बनावट न हो, 3. चंचल, 4. खोज, 5. आकांक्षा।

घरों की परियां बदन समेटे उतर के इस्नान कर रही हैं
अभी जो इस्नान कर चुकी हैं किनारे हटकर संवर रही हैं

ये देखनेवाले की नज़र पर यहां की मस्ती[1] यहां का यौवन
कि सृष्टि जैसी हो दृष्टि वैसी, ख़याल जैसा हो वैसा दर्शन

यहां खड़ी होके हर इमारत[2] नसीब[3] अपना जगा रही है
वो जिसकी हालत बिगड़ चुकी है वो अपनी बिगड़ी बना रही है
नए-नए घाट बन रहे हैं नवीनता मुस्कुरा रही है
हर आर्ज़ू[4] जैसे रक़्स[5] में है निगाह मंगल मना रही है

यहां मुहब्बत[6] की छांव देखो यहां मुहब्बत की धूप देखो
यहां का आनंद लेनेवालो, यहां का संपूर्ण रूप देखो

पहन के आबे-रवां[7] की साड़ी, रवां है सीमाबवार[8] गंगा
रवां[9] हैं मौजें कि मां के दिल की तरह से है बेक़रार[10] गंगा
वो छूत हों या अछूत, सबका उठा के चलती है भार गंगा
यहां नहीं ऊंच-नीच कोई उतारे है सबको पार गंगा

'नज़ीर' अंतर नहीं किसी में सब अपनी माता के हैं दुलारे
यहां कोई अजनबी नहीं है न इस किनारे न उस किनारे

गंगा

राही मासूम रज़ा

दुल्हन की तरह नर्म रफ़्तार[11] पानी
शुआओं[12] के गजरे
हसीं[13] चांद सूरज की परछाइयों के करनफूल पहने
हुबाबों[14] की पायल

---

1. नशा, 2. भवन, 3. भाग्य, 4. अभिलाषा, 5. नृत्य, 6. प्रेम, 7. बहता पानी, 8. पारे की तरह, 9. प्रवाहित, 10. बेचैन, 11. मंद गति, 12. किरणें, 13. सुंदर, 14. बुलबुला।

निगाहें[1] झुकाए
तबस्सुम[2] छुपाए
यह गंगा
हिमाला की बेटी
कहीं एक धारा
कहीं एक दरिया
कहीं इक समंदर

यह आमों के जंगल में
केले के झुंडों में

बंसवाड़ियों के जहां में
यह आठों पहर जागती शाहराहों[3]
मिलों, कोठियों और चालों की रंगीनी-ए-दास्तां[4] और महरूमी-ए-बेज़बां[5]
यह बंगाल सागर की लहरों के साये में इन देवहैकल[6] जहाज़ों को लोरी सुनाती हुई

अपने आबे-रवां[7] का दुपट्टा बिछाए हुए
पूछती है यह सबसे
बताओ कि जमना का आबे-रवां किस तरफ़ है
कि सूरज की वो शोख़ि-ए-दास्तां[8] किस तरफ़ है
ब्रह्मपुत्र का तेज़ पानी यहां परफ़िशा[9] किस तरफ़ है
यह गंगा नहीं है
यह दरियाओं का इक बड़ा कारवां है
मगर यक ज़बां[10] है

बहुत दूर तक रास्ते मुख़्तलिफ़[11] थे
न अंदाज़े-रफ़्तार[12] यकसां[13] था इनका
न अंदाज़े-गुफ़्तार[14] यकसां था इनका
यह सब घूमते-घामते शाहराहे-तमन्ना[15] तलक—

---

1. दृष्टि, नज़रें, 2. मुस्कान, 3. राजमार्ग, 4. दास्तान की सुंदरता, 5. मौन वंचितता, 6. विशाल, 7. प्रवाहित जल, 8. दास्तान की चंचलता, 9. बिखरा हुआ, 10. एक ज़बान, 11. विभिन्न, 12. गति, 13. एक जैसी, 14. बातचीत का ढंग, 15. अभिलाषा का राजमार्ग।

रोदे-गंगा[1] तलक आ गये
और फिर रोदे-गंगा में गुम हो गये
अब न जमना है कोई
न सरजू है कोई
बस इक रोदे-गंगा है हद्दे-नज़र तक

जमुना

'साग़र' निज़ामी

जिसके पा - ए - नाज़[2] मसजूदे - गदा - ओ - शाह[3] थे
जिसके साहिल[4] तीरअंदाज़ों[5] के जौलांगाह[6] थे
जिसने पांडव को सुनाई थी नवेदे - ज़िंदगी[7]
जिसकी बेकल[8] मौज भी तसकीन[9] का इक राग थी
साहिलों[10] पर जिसके सहरा-ए-लक़-ओ-दक़[11] था कभी
जो दरिन्दों[12] और हैवानों[13] का था मलजा[14] कभी
ज़ौक़[15] ने उलफ़त[16] के जिसको रश्के-गुलशन[17] कर दिया
गुल-ब-दामन[18] कर दिया, जन्नत-ब-दामन[19] कर दिया

जिसको पांडों ने संवारा क्या वह दोशीज़ा[20] है तू
सच बता अय मेरी जमुना क्या वही जमुना है तू

सच बता अय मेरी जमुना क्या वही जमुना है तू
जिसके आगे सर्द[21] था क़ुलज़ुम[22], वही दरिया[23] है तू
जिसके पाकीज़ा[24] किनारे मंदिरों के शहर थे
जिसके क़तरे[25] एक दिन चश्म-ओ-चिराग़े-बहर[26] थे

---

1. नदी, 2. सौन्दर्याभिमान के पांव, 3. राजा और रंक के माथा टेकने की जगह, 4. किनारे, 5. तीर चलानेवाला, 6. दौड़ का मैदान, 7. जीवन-संदेश, 8. व्याकुल, 9. तृप्ति, संतोष, 10. किनारा, 11. चटियल मैदान, 12. हिंसक पशु, 13. पशु, 14. रक्षास्थान, 15. अभिरुचि, 16. प्रेम, 17. जिस पर उपवन भी ईर्ष्या करे, 18. जिसके दामन पर फूल हों, 19. जिसका किनारा स्वर्ग हो, 20. कुमारी, 21. ठंडा, 22. अरब और मिस्र के बीच का समुद्र, 23. नदी, 24 पवित्र, 25. बूंदें, 26. समुद्र के पुत्र।

जिसकी गोदी में हज़ारों क़िल्ए थे लाखों चमन
जिसकी मौजों में बहा करती थी दुनिया और धन
जिसके साहिल[1] पर बहादुर ज़िंदगी पाते रहे
अर्जुन - ओ - भीम - ओ - युधिष्ठिर गुर्ज़[2] चमकाते रहे
आसमां जन्नत[3] के मोती जिसपे बरसाता रहा
आरिया अज़्मत[4] का झंडा जिसपे लहराता रहा

जिसको क़ुदरत[5] ने तराशा[6] है वही हीरा है तू
सच बता अय मेरी जमुना क्या वही जमुना है तू

सच बता अय मेरी जमुना क्या वही जमुना है तू
कृष्ण की बंसी का इक बहता हुआ नग़्मा[7] है तू

याद है अब तक तिरा तूफ़ां उठाना याद है
गोवर्धन को देखकर मौजों पर आना याद है

किस क़दर[8] जादू-भरा था शौक़े-पाबोसी[9] तिरा
तेरी बेताबी[10] पे आख़िर कृष्ण को रहम[11] आ गया
कृष्ण ने अपना क़दम मौजे - रवां[12] पर रख दिया
ताज[13] उलफ़त[14] का वफ़ा[15] के आस्तां[16] पर रख दिया
बोसे[17] देकर कृष्ण के क़दमों[18] को तू बहने लगी
माइले - मक़सूद[19] - ओ - मह्वे - जुस्तजू[20] बहने लगी
जो मधुर मुरली की लै पर उम्र-भर बहती रही
कृष्ण से अफ़सानः-ए-शाम-ओ-सहर[21] कहती रही
शाम के हलके धुंदलके में ब-अंदाज़े-हिजाब[22]
छेड़ती थी कुंज में राधा मुहब्बत का रबाब[23]
हुस्न[24] का गहवारा[25] थी, दारुलअमाने - इश्क़[26] थी
जिसकी हर मौजे-रवां[27] आरामे-जाने-इश्क़[28] थी

---

1. किनारा, तट, 2. गदा, 3. स्वर्ग, 4. महानता, 5. प्रकृति, 6. काटा, 7. गीत, 8. कितना, 9. पांव चूमने की इच्छा, 10. विकलता, 11. दया, 12. प्रवाहित लहर, 13. मुकुट, 14. प्रेम, 15. प्रेम निर्वाह, 16. चौखट, 17. चुम्बन, 18. चरण, 19. मंजिल की तरफ़, 20. खोज में लीन, 21. सुबह-शाम की कहानी, 22. शर्माते हुए, 23. वीणा, 24. सौंदर्य, 25. पालना, 26. इश्क़ की पनाहगाह, 27. प्रवाहित मौज, 28. प्रेम की जान का सुख।

कृष्ण जिसमें तैरते थे क्या वही दरिया[1] है तू
सच बता अय मेरी जमुना क्या वही जमुना है तू

सच बता अय मेरी जमुना क्या वही जमुना है तू
सुहबते-माज़ी[2] का इक पुरदर्द[3] अफ़साना[4] है तू
शानागीरी[5] शहजहां को तेरे गेसू[6] से मिली
मरके भी की जज़्बः - ए - मुमताज़[7] ने मश्शातगी[8]

एक कोहेनूर दामन[9] पर तिरे टांका गया
जो तिरी आबी[10] दुलाई के लिए तारा बना
ताज से रातों की ख़ामोशी[11] में क्या कहती है तू
आके इसकी गोद में आहिस्ता[12] क्यों बहती है तू
आह वो तेरे ज़माने[13] इक फ़साना[14] हो गये
नाचते थे मोर जिन कुंजों में वो क्या हो गये

यादगारे - हशमते - तारीख़े - देरीना[15] है तू
सच बता अय मेरी जमुना क्या वही जुमना है तू

संगम

हामिदुल्ला 'अफ़सर' मेरठी

परयाग पे बिछड़ी हुई बहनें जो मिली हैं
पानी की ज़मीं[16] पर भी तो कलियां सी खिली हैं
कुछ गंगा का रुकना
कुछ जमुना का झुकना
फिर दोनों का मिलना
वो फूल से खिलना

1. नदी, 2. भूतकाल की संगति, 3. दर्द से भरा हुआ, 4. कहानी, 5. कंघी पकड़ना, 6. बाल, जुल्फ़ें, 7. मुमताज़ की भावना, 8. बनाव-सिंगार, 9. आंचल, 10. पानी की, 11. सन्नाटा, 12. धीरे, मंद गति, 13. दिन, 14. कहानी, 15. प्राचीन इतिहास के प्रताप की यादगार, 16. धरती।

किस शौक़[1] से इठलाती हुई साथ चली हैं
ये इश्क़ - ओ - मुहब्बत[2] के नज़ारे[3] अज़ली[4] हैं
कहते हैं कि जन्नत[5] से भी आई है बहन एक
गो तीनों का है अस्ल[6] में घर एक वतन[7] एक
घर जब से छुटा था
दिल सर्द[8] हुआ था
वो कोह[9] से गिरना
वो दश्त[10] में फिरना
रातों को वह सुनसान बयाबान[11] में चलना
सहमे हुए तारों का वो सीने में मचलना

था वो सफ़र दश्त[12] में मैदान में बन में
ख़ामोश पहाड़ों में गुलिस्तां[13] में चमन में
जंगल से निकलना
रुकते हुए चलना
कुछ बढ़ के पलटना
डर डर के सिमटना
मर मर के अकेले यह गुज़ारा[14] है ज़माना
जैसे कोई दुनिया में न हो अपना यगाना[15]

ख़ाली कभी जाती नहीं बेलफ़्ज़[16] सदायें[17]
आख़िर को असर कर गईं ख़ामोश[18] दुआयें[19]
जागा है मुक़द्दर[20]
परयाग पे आकर
अब ग़म न सहेंगे
तनहा न रहेंगे
परयाग पे बहनों को मिलाया है ख़ुदा ने
मुद्दत[21] में यह दिन आज दिखाया है ख़ुदा ने

---

1. अभिलाषा, कामना, 2. प्रेम, 3. दृश्य, 4. आदिकाल से, 5. स्वर्ग, 6. वास्तव में, 7. देश, 8. ठंडा, 9. पर्वत, 10. जंगल, 11. निर्जन स्थान, 12. जंगल, 13. उपवन, 14. व्यतीत, 15. ग़ैर, 16. बिना शब्द, 17. आवाज़ें, 18. मौन, 19. प्रार्थनायें, 20. भाग्य, 21. लंबा समय।

क्या जोशे - मुहब्बत[1] से बग़लगीर[2] हुई हैं
वारफ़्तगि - ए - शौक़[3] की तस्वीर[4] हुई हैं
अल्ला रे मुहब्बत
सरमायः - ए - राहत[5]
यह किसको ख़बर थी
दिल मिलते हैं यूं भी
होंगी न जुदा हश्र[6] तक अब ऐसी मिली हैं
ख़ुश बहनें हैं या पानी पे कलियां सी खिली हैं

कनारे-रावी

डॉक्टर मुहम्मद इक़बाल

सुकूते - शाम[7] में महूवे - सरोद[8] है रावी
न पूछ मुझसे जो है कैफ़ियत[9] मिरे दिल की

पयामे[10] सज्दः[11] का यह ज़ीर-ओ-बम[12] हुआ मुझको
जहां तमाम[13] सवादे - हरम[14] हुआ मुझको

सरे - कनारः - ए - आबे - रवां[15] खड़ा हूं मैं
ख़बर नहीं मुझे लेकिन कहां खड़ा हूं मैं

शराबे - सुर्ख़[16] से रंगीं हुआ है दामने - शाम[17]
लिये हैं पीरे-फ़लक[18] दस्ते-राशादार[19] में जाम[20]

अदम[21] को क़ाफ़िलः-ए-रोज़गार[22] तेज़गाम[23] चला
शफ़क़[24] नहीं है, यह सूरज के फूल हैं गोया[25]

---

1. प्रेम का जोश, 2. आलिंगनबद्ध, 3. अभिलाषा की शर्मिन्दगी, 4. चित्र, 5. सुख की दौलत, 6. प्रलय, 7. संध्याकाल की निस्तब्धता, 8. गीत में मग्न, 9. दशा, 10. संदेश, 11. नतमस्तक, 12. ऊपर-नीचे, 13. सारा संसार, 14. हरम की सीमा, 15. प्रवाहित जल के तट पर, 16. लाल मदिरा, 17. संध्याकाल का आंचल, 18. बूढ़ा आकाश, 19. कांपते हुए हाथ में, 20. प्याला, 21. यमलोक, 22. समय का कारवां, 23. तीव्र गति, 24. अरुणिमा, 25. मानो।

खड़े हैं दूर वो अज़्मत - फ़िज़ा - ए - तनहाई[1]
मनारे - ख़्वाबगहे[2] शहसवारे - चुग़ताई[3]

फ़सानः - ए - सितमे - इंक़िलाब[4] है यह महल
कोई ज़माने-सलफ़[5] की किताब है यह महल

मक़ाम[6] क्या है, सरोदे - ख़मोश[7] है गोया[8]
शजर[9] ! यह अंजुमने - बेख़रोश[10] है गोया

रवां[11] है सीनः-ए-दरिया[12] पे इक सफ़ीनाः-ए-तेज़[13]
हुआ है मौज से मल्लाह जिसका गर्मे-सतेज़[14]

सुबुक रवी[15] में है मिस्ले-निगाह[16] यह कश्ती[17]
निकल के हलक़ः-ए-हद्दे-नज़र[18] से दूर गयी

जहाज़े-ज़िंदगी-ए-आदमी[19] रवां[20] है युंही
अबद[21] की बहर में पैदा युंही, निहां[22] है युंही

शिकस्त[23] से यह कभी आशना[24] नहीं होता
नज़र से छिपता है, लेकिन फ़ना[25] नहीं होता

1. एकान्त की महानता बढ़ानेवाले, 2. शयनागार के मीनार, 3. मुग़ल शहसवार (जहांगीर के मक़बरे के मीनार), 4. क्रांति और अत्याचार की कहानी, 5. प्राचीन काल, 6. स्थान, 7. ख़ामोश गीत, 8. अर्थात्, 9. वृक्ष, पेड़, 10. ख़ामोश महफ़िल, 11. प्रवाहित, 12. नदी का सीना, 13. गतिशील नाव, 14. लड़ने के लिए आमादा, 15. मंद गति, 16. दृष्टि के समान, 17. नाव, 18. दृष्टि की सीमा, 19. मानव जीवन का जहाज़, 20. प्रवाहित, 21. अनंतकाल, 22. गुप्त, 23. पराजय, 24. परिचित, 25. नष्ट।

अय दरिया-ए-चिनाब

जगन्नाथ 'आज़ाद'

शोरिशे-आलम[1] से घबरा के लेके दिले-बेताब[2]
तेरे किनारे आ बैठा हूं, अय दरिया-ए-चिनाब[3]

तेरा ज़ाहिर[4] ऐसा ठंडा जैसा बैरी नाग
लेकिन तेरे दिल में निहां[5] है जनम-जनम की आग

तू इस ख़ाकी दुनिया[6] में है जन्नत[7] की तस्वीर
सोहनी तेरे दामन में है तेरे किनारे हीर

तेरी लहरों की लै[8] में ख़्वाबीदा[9] है फ़रियाद[10]
तेरा आबे-रवां[11] है सस्सी पुन्नू की रूदाद[12]

तेरी मौजों का हर क़तरा[13] एक धड़कता दिल
और धड़कते दिल को तिरी हर मौजे-रवां[14] साहिल[15]

मैं हूं जिस दुनिया का बासी वो है दुनिया और
इस दुनिया का और है सौदा तेरा सौदा और

मेरी दुनिया की ज़ुलमत[16] में नूर[17] हुआ मस्तूर[18]
तेरा तन भी नूर है प्यारे तेरा मन भी नूर

---

1. संसार का कोलाहल, 2. विकल हृदय, 3. चिनाब नदी, 4. प्रत्यक्ष, 5. गुप्त, 6. मिट्टी का संसार, 7. स्वर्ग, 8. सुर-ताल, 9. सुप्त, 10. आर्त्तनाद, 11. प्रवाहित जल, 12. कहानी, 13. बूंद, 14. प्रवाहित मौजें, 15. तट, 16. अंधकार, 17. प्रकाश, 18. विलीन, गुप्त।

दूसरा अध्याय

हमारे क़ुदरती मनाज़िर

प्राकृतिक दृश्य

(दूसरा भाग)

ज़ी-हयात मनाज़िर[1]

'जोश' मलीहाबादी

ख़ामुशी[2] दश्त[3] पे जिस वक़्त कि छा जाती है
उम्र भर जो न सुनी हो वो सदा[4] आती है

भीनी भीनी सी मचलती है फ़ज़ा[5] में ख़ुशबू[6]
ठंडी ठंडी लबे-साहिल[7] से हवा आती है

दश्ते-ख़ामोश[8] की उजड़ी हुई राहों से मुझे
जादा-पैमाओं[9] के क़दमों की सदा[10] आती है

पास आकर मिरे गाती है कोई ज़ुहरा-जमाल[11]
और गाती हुई फिर दूर निकल जाती है

मुस्कुराती है जो रह-रह के घटा में बिजली
आंख सी कोहे-बयाबां[12] की झपक जाती है

करने लगते हैं नज़ारे[13] से जो बादल मायूस[14]
बर्क़[15] आहिस्ता[16] से कुछ कान में कह जाती है

झाड़ियों को जो हिलाते हैं हवा के झोंके
दिले-शबनम[17] के धड़कने की सदा आती है

मुझसे करते हैं, घने बाग़ के साये बातें
ऐसी बातें कि मिरी जान पे बन जाती है

---

1. जीवित दृश्य, 2. सन्नाटा, 3. जंगल, 4. आवाज़, 5. शून्य वातावरण, 6. सुगंध, 7. तट, किनारा, 8. सुनसान जंगल, 9. पथिक, 10. आवाज़, 11. सुंदरी, 12. सुनसान पहाड़, 13. दृश्य, 14. निराश, 15. बिजली, 16. धीरे से, 17. ओस का दिल।

गुनगुनाते हुए मैदान के सन्नाटे[1] में
आप ही आप तबीअत मिरी भर जाती है

यूं नबातात[2] को छूती हुई आती है हवा
दिल में हर सांस से इक फांस सी चुभ जाती है

जब हरी दूब के मुड़ जाते हैं नाज़ुक[3] रेशे
शीशः-ए-क़ल्ब[4] में इक ठेस सी लग जाती है

बांसुरी जैसे बजाता हो कहीं दूर कोई
यूं दबे पांव बयाबां से हवा आती है

हसरतें[5] ख़ाक[6] की गुंचों[7] से उबल पड़ती हैं
रूह[8] मैदान के फूलों से निकल आती है

तब्ए-शाइर[9] को, रवानी[10] का इशारा करके
नहर शाख़ों के घने साये में सो जाती है

इन मनाज़िर[11] को मैं बेजान[12] समझ लूं कैसे
'जोश' ! कुछ अक़्ल में यह बात नहीं आती है

---

1. निस्तब्धता, 2. वनस्पति, 3. कोमल, 4. हृदय का शीशा, 5. अपूर्ण अभिलाषायें, 6. धूल, 7. कलियां, 8. प्राण, आत्मा, 9. शाइर का मिज़ाज, 10. प्रवाह, 11. दृश्य (ब.व.), 12. निर्जीव।

दो मंज़र

मीर हसन

दरख़्तों[1] की छांव और वो कुछ धूप
वो धानों की सब्ज़ी[2] वो सरसों का रूप

वो लाले[3] का आलम[4], हज़ारे का रंग
वो आंखों के डोरे नशे की तरंग

गुलाबी से हो जाना दीवार-ओ-दर[5]
दरख़्तों[6] से आना शफ़क़[7] का नज़र

वो चादर का छटना वो पानी का ज़ोर
हर इक जानवर का दरख़्तों पे शोर[8]

वो सुनसान जंगल वो नूरे - क़मर[9]
वो बुर्राक़[10] सा हर तरफ़ दश्त-ओ-दर[11]

वो उजला सा मैदां, चमकती सी रेत
उगा नूर[12] से चांद तारों का खेत

दरख़्तों के पत्ते चमकते हुए
ख़स - ओ - ख़ार[13] सारे झमकते हुए

दरख़्तों के साये से मह[14] का ज़ुहूर[15]
गिरे जैसे छलनी से छन छन के नूर[16]

---

1. वृक्ष, 2. हरियाली, 3. पोस्ते का फूल, 4. दशा, 5. दीवार और द्वार, 6. वृक्ष, 7. अरुणिमा, 8. कोलाहल, 9. चांद का प्रकाश, 10. शुभ्र, उज्ज्वल, 11. जंगल और द्वार, 12. प्रकाश, 13. घास और कांटे, 14. चंद्र, 15. प्रकटन, 16. प्रकाश।

सुब्हे-सहरा[1]

'बेनज़ीर' शाह

फ़लक[2] पर उड़ा वो सुनहरा गुबार[3]
मुनव्वर[4] हुए वादी - ओ - कोहसार[5]

मुतल्ला[6] पहाड़ों की वो चोटियां
दिखाती हैं इस वक़्त क्या क्या समां[7]

हरे नख़्ल[8] उन पर ज़रअफ़शां[9] किरन
शुआओं[10] की वो कोंपलों पर फबन[11]

वो पानी का झरना, वो चांदी के तार
वो शीशे की चादर वो साफ़ आबशार[12]

सरे - शाख़[13] फूलों का गहना[14] कहीं
गले मिलके नहरों का बहना कहीं

वो निखरा हुआ चेहराः - ए - नौनिहाल[15]
वो बिखरे हुए सुम्बुले - तर के बाल[16]

वो गुंजान शाख़ें[17] शजर[18] सायादार
पहाड़ी के दामन में वो सब्ज़ाज़ार[19]

कहीं ताइराने - सहर[20] नग़्माज़न[21]
कहीं चौकड़ी भर रहे हैं हिरन

---

1. जंगल का प्रभात, 2. आकाश, 3. धूल, 4. प्रकाशमान, 5. पहाड़ और घाटियां, 6. जिन पर सोने का काम हो, 7. दृश्य, 8. वृक्ष, 9. सोना बिखेरती हुई, 10. किरण, 11. शोभा, 12. जल-प्रपात, 13. डाल पर, 14. आभूषण, 15. पौधे का चेहरा, 16. गीली बालछड़, 17. डालियां, 18. पेड़, वृक्ष, 19. हरे-भरे मैदान, 20. सुबह के पक्षी, 21. गीत में लीन।

परिंदों[1] के झुरमुट बरंगे - सहाब[2]
कहीं झुंड चिड़ियों का बाला - ए - आब[3]

वो गल्लों का चरना चरागाह में
बिछा सब्ज़[4] क़ालीन हर राह में

वो केले का जंगल वो आबे - रवां[5]
तराई में लाखों जड़ी बूटियां

चटानों पे वो चादरे - आबे - साफ़[6]
हो चांदी के पत्तर का जैसे ग़िलाफ़

सिलें संगे - मरमर की बा - आब - ओ - ताब[7]
दिखाने लगी परतवे - आफ़ताब[8]

फ़ाख़्ता की आवाज़

'जोश' मलीहाबादी

आज तो फ़ाख़्ता की नर्म आवाज़
है कुछ इस तरह ग़र्क़े-सोज़-ओ-गुदाज़[9]

जैसे पीरी[10] में यादे - तिफ़्ली[11] आये
जैसे जल - जल के शम्अ बुझ जाये

जैसे याक़ूब[12] ग़र्क़ शेवन[13] में
जैसे सीता की जुस्तजू[14] बन में

---

1. पक्षी, 2. बादलों की तरह, 3. पानी के ऊपर, 4. हरा, 5. प्रवाहित जल, 6. स्वच्छ जल की चादर, 7. चमक-दमक केसाथ, 8. सूर्य का अक्स, 9. जलाकर पिघलाने वाली आवाज़ में गाती हुई, 10. बुढ़ापा, 11. बचपन की याद, 12. एक पैग़म्बर जिनका पुत्र उनसे बिछुड़ गया था, 13. रुदन में लीन, 14. खोज।

शब[1] को जिस तरह दिल में दर्द उठे
बेवगी[2] नौउरूस[3] की जैसे

शाम को ज़ेरे - सायः - ए - कुहसार[4]
जैसे वादी में धीमी - धीमी फुवार

जैसे अश्कों[5] की लहर सीने में
पानी आने लगे सफ़ीने[6] में

जैसे ससुराल में कोई लड़की
देखकर बदलियों को सावन की

सुब्ह पनघट को नीम के नीचे
मायके की घटायें याद करे

राजहंस

अब्बास बेग 'महशर'

यह आबजू[7] के किनारों पे नर्कुलों की क़तार[8]
नदी है बीच में दोनों तरफ़ बहार-बहार[9]

हैं नर्म शाख़ों पे बेलों के इस तरह साये
कि जैसे आशिक़[10] की बांहों में हुस्न[11] घिर जाये

कहीं-कहीं से निक़ाबे - ज़ुमुर्रुदीं[12] हटकर
गुलों[13] की आतिशे - रुख़सार[14] आ रही है नज़र

---

1. रात, 2. वैधव्य, 3. नई नवेली दुल्हन, 4. पहाड़ की छांव के नीचे, 5. आंसू, 6. नाव, 7. नदी, 8. पंक्ति, 9. शोभा, 10. प्रेमी, 11. सौंदर्य, 12. हरे निक़ाब, 13. फूल, 14. कपोलों की अग्नि।

है उनके अक्स[1] से यूं गुलफ़िशां[2] नदी की किताब
भरे शबाब[3] में जिस तरह ज़िंदगी की किताब

ठहर-ठहर के जो हल्की हवा के झोंके आये
कहीं - कहीं यह हिजाबे - ज़ुमुर्रुदीं[4] थर्राए

शराबरेज़[5] नज़ारों[6] से मस्त हैं आंखें
नज़र पसन्द बहारों से मस्त हैं आंखें

सहर[7] के नूर[8] की जलवागरी[9] निकल आई
हिजाबे - सब्ज़[10] हटाकर परी निकल आई

यह राजहंस, यह हुस्ने-मतीन[11] की तनवीर[12]
यह बुत तराशी-ए-क़ुदरत[13] की मरमरीं तस्वीर[14]

खिंची कमान[15]-सी गर्दन, तना हुआ सीना
हसीन[16] अक्स[17] से रौशन नदी का आईना[18]

ग़ुरूर[19] तोड़ रहा है शरीर मौजों का
पलट के होता है वापस जो तीर मौजों का

सुरूरे-फ़त्ह[20] में लेता है बाज़ुओं[21] से काम
लुटा रहा है गुहर[22], शादकाम[23] मस्त-ख़राम[24]

---

1. प्रतिबिम्ब, 2. फूल बिखेरती हुई, 3. यौवन, 4. जुमुर्रुद (पन्ना) की लज्जा, 5. शराब बरसानेवाले, 6. दृश्य, 7. प्रभात, 8. प्रकाश, 9. दर्शन देना, 10. हरा पर्दा, 11. गम्भीर सौंदर्य, 12. चमक, 13. प्रकृति की मूर्तिकारी, 14. संगेमरमर की मूर्ति, 15. धनुष, 16. सुंदर, 17. प्रतिबिम्ब, 18. दर्पण, 19. घमंड, 20. विजय का नशा, 21. बांहें, 22. मोती, 23. ख़ुश, 24. मंद गति।

चरवाहे की बंसी

'अख़्तर' शीरानी

शफ़क़[1] की छांव में चरवाहा जब बंसी बजाता है
तसव्वुर[2] में मिरे माज़ी[3] के नक़्शे[4] खींच लाता है
नज़र में एक भूला बिसरा आलम[5] लहलहाता है

मिरे अफ़कारे-तिफ़्ली[6] को है निस्बत[7] इसके नग़्मों[8] से
मैं बचपन में किया करता था उलफ़त[9] इसके नग़्मों से
जभी बंसी की लै में अहदे-तिफ़्ली[10] झिलमिलाता है

वो खेतों की क़तारें[11] और वो नज़्ज़ारा[12] बाग़ों का
वो दरिया का किनारा और वो गहवारा[13] बाग़ों का
रसीली बांसुरी के हमहमों[14] में झिलमिलाता है

नज़र में झूमता है बनके रंगीं ख़्वाब[15] का आलम[16]
वो सहरा[17] के नज़ारे[18] और वो महताब[19] का आलम
वही अफ़साना[20] इस बंसी के लब[21] पर गुनगुनाता है

एक वादी से गुज़रते हुए

जां निसार अख़्तर

यह वादी किस क़दर शादाब[22] थी अगली बहारों[23] में

कभी यह ख़ाक थी अय दोस्त रंगीं[24] सब्ज़ाज़ारों[25] में
यहां चांदी खनकती थी पिघलते आबशारों[26] में

---

1. अरुणिमा, 2. कल्पना, 3. भूतकाल, 4. चित्र, 5. संसार, 6. बचपन का चिंतन, 7. संबंध, 8. गीत, 9. प्रेम, 10. बचपन का दौर, 11. पंक्तियां, 12. दृश्य, 13. पालना, 14. आवाज़, 15. सुंदर सपना, 16. संसार, 17. जंगल, 18. दृश्य, 19. चंद्र, 20. कहानी, 21. होंठ, 22. हरी-भरी 23. वसंत, 24. सुंदर, 25. हरे-भरे मैदान, 26. जलप्रपात।

वो ख़ुदरौ[1] फूल, वो रंगीं ज़मीं[2] के ख़ुशनुमा[3] तारे
वो सब्ज़े की लहकती मौज पर ख़ुशबू के गहवारे[4]

सुनहरी तितलियां मशग़ूल[5] थीं रंगीन खेलों में
नज़र से ओझल कोई झूलता रहता था बेलों में

हवा गुंजान[6] झाड़ी में अनोखे गीत गाती थी
यहां शादाब[7] कुंजों में मुहब्बत गुनगुनाती थी

तराने[8] फूटती किरनों पे झरने गुनगुनाते थे
कि कच्ची नै[9] पे चरवाहे पहाड़ी गीत गाते थे

वो चश्मे[10] के किनारे दूब के रेशों में हलका नम
किसी ने दूर तक क़ैंची से कतरा था हरा रेशम

यहां बढ़-बढ़ के घटती थी धड़कते दिल की बेताबी[11]
यहां प्यासी नज़र को सेर[12] कर देती थी शादाबी[13]

बहुत से जाने वाले इस घने जंगल में खो जाते
थके हारे मुसाफ़िर आके इस वादी में सो जाते

यहीं हमने मुहब्बत के हसीं[14] जादू जगाए थे
इन्हीं शादाबियों[15] में दिल के गुंचे[16] मुस्कुराए थे

हम अकसर घास पर साये में लेटे गीत गाते थे
कभी कुछ गुनगनाते थे, कभी कुछ गुनगुनाते थे

कभी हम घूमते फिरते थे ऊंचे सब्ज़[17] टीलों पर
ज़ुमुर्रुद[18] सा बहा करता था मैदानों में झीलों पर

---

1. अपने-आप उगनेवाले, 2. धरती, 3. सुंदर, 4. पालने, 5. व्यस्त, 6. घनी, 7. हरे-भरे, 8. गीत, 9. बंसी, 10. स्रोत, 11. व्याकुलता, 12. तृप्त, 13. हरियाली, 14. सुंदर, 15. सरसब्ज, हरियाली, 16. कलियां, 17. हरे, 18. पन्ना।

वो क़िस्सा[1] उसके मुंह से हंस की सच्ची मुहब्बत का
वो लहरों में मुसर्रत[2] सी वो मौजों में तबस्सुम[3] सा

जवानी बादः - ए - गुलरंग[4] दोनों को पिलाती थी
कोई देवी शफ़क़[5] में मुंह छुपाए मुस्कुराती थी

न अब नग़्मे[6] हैं डालों पर न अब ख़ुशबू[7] है ख़ारों[8] में
बस इक दुखते हुए दिल की सदा[9] है आबशारों[10] में

यह वादी किस क़दर[11] शादाब[12] थी अगली बहारों में

धान के खेत

फ़ैयाज़ुद्दीन अहमद 'फ़ैयाज़'

यह धान के नन्हे पौदे हैं हरियाली के दल बादल में
या काही[13] रंग की गोट लगी है, हलके धानी आंचल में

रिमझिम जो बरसता निकला है इक अब्र[14] का टुकड़ा खेतों पर
क्या ख़ूब नहाकर निखरे हैं फ़ितरत[15] के हसीं[16] गंगा जल में

हर सुबह बिखरते हैं मोती सब्ज़े[17] में निखरते हैं मोती
शबनम[18] का ख़ज़ाना होता है, धानों की ज़ुमुर्रुदी छागल[19] में

खेतों के फ़राज़-ओ-पस्ती[20] में यूं झूम रही है बादे-सहर[21]
जैसे कोई मस्त शराब पिये फिरता हो भटकता जंगल में

---

1. कहानी, 2. ख़ुशी, 3. मुस्कान, 4. फूलों जैसे रंग की मदिरा, 5. अरुणिमा, 6. गीत, 7. सुगंध, 8. कांटे, 9. आवाज़, 10. जलप्रपात, 11. कितनी 12. सुसिक्त, हरी-भरी, 13. गहरा हरा, 14. बादल, 15. प्रकृति, 16. सुंदर, 17. हरियाली, 18. ओस 19. पन्ना जैसी, 20. ऊंचाई-नीचाई, 21. प्रातः समीर।

सुब्हों के सुहाने मंज़र[1] में, रंगीं हैं नज़ारे[2] शामों[3] के
फूली है शफ़क़[4], उट्ठी है घटा, धानों को डुबोने जल-थल में

बढ़ती हुई शामों की ज़ुलमत[5] में यूं अक्स[6] शफ़क़ का डूबा है
जिस तरह किसी दोशीज़ा[7] की मस्ती भरी आंखें काजल में

बरसात की रुत, सावन का महीना और जवानी का मौसम
मैके में उरूसे-फ़ितरत[8] है, मंगल मनते हैं जंगल में

देहात के रंगींपोश[9] यहां, जब खेत को नींदने आते हैं
धानों के हरे-भरे खेतों में सौ गुंचः-ओ-गुल[10] खिल जाते हैं

.ख़ुदरौ[11] पौदों के साथ उगना भाता नहीं नाज़ुक[12] धानों को
यह ग़ैरत[13] कुम्हला देती है इन नन्ही नन्ही जानों को

नींदे जो न जायें खेत कहीं, मिट जाये यह सब तख़लीक़े-हसीं[14]
मेहनत करना ही पड़ती है दिन-दिन भर कुछ इंसानों को

धानों की नज़ाकत[15] कहती है यह काम है सिन्फ़े-नाज़ुक[16] का
इस सिन्फ़[17] के क़दमों में पड़कर मिलती है जवानी धानों को

थक कर वो जब इक लमहे[18] के लिए अंगड़ाई लेती उठती हैं
आ जाती है रौनक़[19] खेतों पर मिलती है तरावट[20] धानों को

अय माल मगन ! कुछ सुनता है, इन धानों की क्या बिपदा है
वो हाथ पकाकर पकते हैं तू खाता है जिन धानों को

सूरज ने सराही कुछ मेहनत, बादल ने बढ़ाई कुछ हिम्मत
लेकिन तिरी नाशुक्री[21] फ़ितरत, भूली सारे एहसानों[22] को

---

1. दृश्य, 2. दृश्य, 3. संध्याकाल, 4. अरुणिमा, 5. अंधकार, 6. प्रतिबिम्ब, 7. कुमारी, 8. प्रकृति की दुल्हन, 9. रंगबिरंगे वस्त्रवाले, 10. फूल और कलियां, 11. .ख़ुद-बख़ुद उगनेवाले, 12. कोमल, 13. शर्म, 14. सुंदर सृष्टि, 15. कोमलता, 16. कोमलांगनियां, 17. जाति, 18. क्षण, 19. सुंदरता, 20. तरी, ताज़गी, 21. कृतघ्न प्रकृति, 22. आभार।

इनसे ही हुकूमत पलती है ख़िल्क़त[1] के यही अनदाता हैं
तन ढकने का मक़दूर[2] नहीं जिन बदक़िस्मत[3] इंसानों को

'फ़ैयाज़' यह धान के खेत नहीं, इक दर्द भरा अफ़साना[4] हैं
मज़्लूम[5] की सूखी रोटी हैं और ज़ालिम[6] का पैमाना[7] हैं

जज़ीरों का ख़्वाब

शहाब जाफ़री

फ़ज़ा[8] की गोद में सिमटा हुआ यह ख़्वाबे - बहार[9]
पहाड़ियों में कहीं चांद मुस्कुराता है

बहुत हसीन[10] है यह चांदनी का शीशमहल
वो सरसराये फ़ज़ाओं में शबनमी[11] आंचल

नदी किनारे सनोबर[12] की शाख़[13] लचकी है
फुवार पड़ती है चम्पा की नर्म टहनी है

छलक रही है वो शबनम[14] कुसुम की प्याली से
उतर रही है वो पर्बत से ख़ामुशी[15] छमछम

नदी के मोड़ पे सोई हुई है तुग़ियानी[16]
परिंद[17] पर को समेटे हैं आशियानों[18] में

मिरी भी लै है इसी राह के तरानों[19] में
यहां कोई नहीं, आवारा घूमता हूं मैं
हर एक शै[20] को मुहब्बत से चूमता हूं मैं

---

1. जन साधारण, 2. साहस, 3. अभागे, 4. कहानी, 5. पीड़ित, अत्याचार सहनेवाला, 6. अत्याचारी, 7. प्याला, शराब का प्याला, 8. वातावरण, 9. बहार का स्वप्न, 10. सुंदर, 11. ओस का, 12. सरो, 13. डाली, 14. ओस, 15. सन्नाटा, 16. तूफ़ान, बाढ़, 17. पक्षी, 18. घोंसला, 19. गीत, 20. वस्तु।

तीसरा अध्याय

हमारे सुब्ह-ओ-शाम

हम ऐसे अहले - नज़र[1] को सबूते - हक़[2] के लिए
अगर रसूल[3] न आते तो सुब्ह[4] काफ़ी थी

'जोश' मलीहाबादी

---

1. समझदार, 2. खुदा का सबूत, 3. नबी, 4. प्रातःकाल

तुलू-ए-आफ़ताब[1]

मिर्ज़ा 'ग़ालिब'

सुब्हदम[2] दरवाज़ाः - ए - ख़ावर[3] खुला
मिहरे - आलमताब[4] का मंज़र[5] खुला

ख़ुसरवे - अंजुम[6] के आया सर्फ़[7] में
शब[8] को था गंजीनः - ए - गौहर[9] खुला

वो भी थी इक सीमिया[10] की सी नुमूद[11]
सुब्ह को राज़े - मह - ओ - अख़्तर[12] खुला

हैं कवाकिब[13] कुछ नज़र आते हैं कुछ
देते हैं धोका ये बाज़ीगर[14] खुला

सतहे - गर्दूं[15] पर पड़ा था रात को
मोतियों का हर तरफ़ ज़ेवर खुला

सुब्ह आया जानिबे - मश्रिक़[16] नज़र
इक निगारे - आतिशीं - रुख़[17], सर खुला

---

1. सूर्योदय, 2. प्रातःकाल, 3. पूर्व दिशा का द्वार, 4. संसार को प्रकाशित करनेवाला सूरज, 5. दृश्य 6. तारों का बादशाह, 7. काम, 8. रात, 9. मोतियों का ख़ज़ाना, 10. काल्पनिक आकृतियां, 11. प्रकटन, 12. चांद-तारों का रहस्य, 13. तारे, 14. तमाशा दिखानेवाले, 15. आकाश की सतह, 16. पूर्व की ओर, 17. आग जैसे चेहरे की तस्वीर।

नूर ज़हूर का वक़्त

मीर बबर अली 'अनीस'

वो सुब्ह और वो छांव सितारों की और वो नूर[1]
देखे तो ग़श[2] करे अरनी गाये औजे - तूर[3]
पैदा · गुलों[4] से क़ुदरते - अल्लाह[5] का ज़ुहूर[6]
वो जा-ब-जा[7] दरख़्तों[8] पे तसबीह[9] - ख़्वां तयूर[10]

गुलशन[11] ख़जिल[12] थे वादि - ए - मीनूअसास[13] से
जंगल था सब बसा हुआ फूलों की बास से

ठंडी हवा वो सब्ज़ः-ए-सहरा[14] की वो लपक
शरमाए जिससे अतलसे - ज़िंगारी - ए - फ़लक[15]
वो झूमना दरख़्तों[16] का फूलों की वो महक[17]
हर बर्गे-गुल[18] पे क़तरः-ए-शबनम[19] की वो चमक

हीरे ख़जिल[20] थे गौहरे - यकता[21] निसार[22] थे
पत्ते भी हर शजर[23] के जवाहर निगार[24] थे

वो नूर[25] और वो दश्त[26] सुहाना सा, वो फ़ज़ा[27]
दुर्राज[28]-ओ-कब्क[29] तीतर-ओ-ताऊस[30] की सदा[31]
वो जोशे-गुल[32] वो नालः-ए-मुर्ग़ाने-ख़ुशनवा[33]
सर्दी[34] जिगर को बख़्शती[35] थी सुब्ह की हवा

---

1. प्रकाश, 2. बेहोश हो जाय, 3. जल्वे का तक़ाज़ा करनेवाले हज़रत मूसा, 4. फूल, 5. खुदा की क़ुदरत, भगवान की लीला, 6. प्रकटन, 7. कहीं-कहीं, 8. वृक्ष, पेड़, 9. माला जपते हुए, 10. पक्षी, 11. उपवन, 12. लज्जित, 13. स्वर्ग के समान, 14. जंगल की हरियाली, 15. आकाश का नीला अतलस, 16. वृक्ष, 17. सुगंध, 18. फूल की पत्ती, 19. ओस की बूंद, 20. शर्मिन्दा, 21. अद्‌भुत मोती, 22. न्योछावर, 23. वृक्ष, 24. चित्र, 25. प्रकाश, 26. जंगल, 27. वातावरण, 28. एक पक्षी, 29. चकोर, 30 मोर, 31. आवाज़, 32. फूलों का जोश, 33. मधुर आवाज़ वाले पक्षिगों का आर्तनाद, 34. ठंड, 35. प्रदान करती।

फूलों के सब्ज़[1] सब्ज़ शजर[2] सुर्ख़ पोश[3] थे
थाले भी नख़्ल[4] के सबदे-गुलफ़रोश[5] थे

वो दश्त[6] वो नसीम[7] के झोंके वो सब्ज़ाज़ार[8]
फूलों पे जा - बजा वो गुहरहा - ए - आबदार[9]
उठना वो झूम झूम के शाख़ों[10] का बार बार
बाला-ए-नख़्ल[11] एक जो बुलबुल तो गुल[12] हज़ार

ख़्वाहां[13] थे ज़हरे-गुलशने-ज़ुहरा[14] जवाब के
शबनम[15] ने भर दिए थे कटोरे गुलाब के

वो क़ुमरियों[16] का चार तरफ़ सर्व[17] के हुजूम[18]
कू कू का शोर[19] नालः-ए-हक़ सर्रहू[20] की धूम
सुब्हाने-रब्बना[21] की सदा[22] थी अललउमूम[23]
जारी थे वो जो उसकी इबादत[24] के थे रसूम[25]

कुछ गुल फ़क़त[26] न करते थे रब्बे-उला[27] की मद्‌ह[28]
हर ख़ार[29] को भी नोके-ज़बां[30] थी ख़ुदा की मद्‌ह

---

1. हरे, 2. वृक्ष, 3. लाल वस्त्रों में, 4. वृक्ष, 5. पुष्प-विक्रेता का टोकरा, 6. जंगल, 7. समीर, 8. हरा-भरा मैदान, 9. चमकदार मोती, 10. डालियां, 11. वृक्ष के ऊपर, 12. फूल, 13. इच्छुक, 14. सुंदरी के उपवन का ज़हर, 15. ओस, 16. एक पक्षी, 17. सरौ, 18. जमघट, 19. कोलाहल, 20. ख़ुदा की तारीफ़, 21. ख़ुदा की तरीफ़ के शब्द, 22. आवाज़, 23. आमतौर से, 24. आराधना, 25. रीति-रिवाज, 26. केवल, 27. ख़ुदा, 28. प्रशंसा, स्तुति, 29. कांटा, 30. ज़बान की नोक।

सुब्ह का समां

'नफ़ीस'

वो समां[1] दश्त[2] का वो नूर[3] का तड़का वो बहार[4]
सनअते-साने-ए-क़ुदरत[5] का वो था नक़्श-ओ-निगार[6]
वज्द[7] में लाती थी ख़ुशबू-ए-गुल-ओ-सौते-हज़ार[8]
कभी शाख़ों[9] का वो झुकना कभी उठना हर बार

शान दिखलाने को जो नख़्ल[10] था आमादा[11] था
ज़ुल्फ़[12] सुम्बुल[13] भी संवारे हुए इस्तादा[14] था

सब्ज़ा[15] वो जिससे ख़जिल[16] रंगे-सिपहरे-अख़ज़र[17]
मोती फैले हुए शबनम[18] के इधर और उधर
सर्द[19] नहरें कि जिन्हें देख के ठंडा हो जिगर
वो हुबाबों[20] की चमक जैसे फ़लक[21] पर अख़्तर[22]

बढ़के ग़ुंचों[23] के दहन[24] मुर्ग़े-चमन[25] चूमते थे
क़ुमरियां[26] बोलती थीं सर्वे-सही[27] झूमते थे

गुले-शब्बो[28] की सहर[29] को वो बहार[30] एक तरफ़
जलवागर[31] एक तरफ़ बर्ग[32] तो बार[33] एक तरफ़
रविशों[34] पर सनोबर[35] की क़तार[36] एक तरफ़
डालियां पहने हुए फूलों के हार एक तरफ़

ख़ुर्रम-ओ-ताज़ा-ओ-तर[37] दश्त[38] भी गुलज़ार[39] भी था
तर ज़बां[40] ज़िक्रे-इलाही[41] में हर एक ख़ार[42] भी था

---

1. वातावरण, 2. जंगल, 3. प्रकाश, 4. वसंत, 5. प्रकृति के कारीगर का उद्योग, 6. चित्र, 7. झूमना, 8. फूल की सुगंध और बुलबुल की आवाज़, 9. डालियां, 10. वृक्ष, 11. तैयार, 12. बाल, 13. बालछड़, 14. खड़ा, 15. हरियाली, 16. शर्मिन्दा, 17. नीला आकाश, 18. ओस, 19. ठंड, 20. बुलबुला, 21. आकाश, 22. तारे, 23. कली, 24. मुंह, 25. उपवन के पक्षी, 26. एक प्रकार की फ़ाख़्ता, 27. सीधे खड़े हुए सरौ, 28. एक फूल, 29. प्रभात, 30. शोभा, 31. दर्शन देते हुए, 32. पत्ते, 33. फल, 34. क्यारी, क्यारियों के बीच का मार्ग, 35. चीड़, 36. पंक्ति, 37. प्रसन्न और ताज़ा, 38. जंगल, 39. उपवन, 40 आर्द्र जिह्वा, 41. खुदा का ज़िक्र, 42. कांटा।

शम्अ-ओ-परवाने का वो सोज़-ओ-गुदाज़[1] एक तरफ़
बुलबुल-ओ-गुल[2] में नए राज़-ओ-नियाज़[3] एक तरफ़
तूती-ए-तेज़ज़बां[4] नग़्मा तराज़[5] एक तरफ़
चमनिस्ता[6] के हसीनों[7] का वो नाज़[8] एक तरफ़

नूरे - हंगामे - सहर[9] देख के ख़ुर्सन्द[10] कोई
कोई ख़न्दां[11] था चमन में तो शकरख़ंद[12] कोई

था नया हुस्न[13] जो बाग़ों का तहे-चर्ख़े-कुहन[14]
हर तरफ़ रक़्स-कुनां[15] फिरते थे ताऊसे-चमन[16]
जब चटकने में हंसे ग़ुंचः-ओ-नसरीन-ओ-समन[17]
जाग उठा सब्ज़ः-ए-ख़्वाबीदा[18] मियाने-गुलशन[19]

फूल को समझी थी जो आंखों का तारा नर्गिस
कर रही थी चमनिस्तां का नज़ारा[20] नर्गिस

था हर इक सहने-चमन[21] तानाज़ने-चर्ख़े-बरीं[22]
जा ब जा[23] ताज़ा वो ख़ोशे[24] कि ख़जिल[25] हो परवीं[26]
ख़ाक पर फ़र्श गुलों[27] का वो निहालों[28] के क़रीं[29]
थी यह बालीदा[30] कि फूली न समाती थी ज़मीं[31]

रंगे-नाज़ुक[32] जो हर इक गुल[33] की कली रखती थी
फूंककर पांव नसीमे - सहरी[34] रखती थी

---

1. जलन और मृदुलता, 2. फूल और बुलबुल, 3. रहस्य की बातें, 4. वाकपटु तूती, 5. गीत में लीन, 6. उपवन, 7. सुन्दरियां, 8. गर्व, 9. प्रातःकाल का प्रकाश, 10. प्रसन्न, 11. हंसता हुआ, 12. मीठी हंसी, 13. सौंदर्य, 14. बूढ़े आकाश के नीचे, 15. नाचते हुए, 16. उपवन के पक्षी, 17. सेवती और चमेली और कलियां, 18. सोई हुई हरियाली, 19. उपवन में, 20. दर्शन, 21. उपवन, 22. आकाश पर व्यंग्य करता हुआ, 23. जगह-जगह, 24. बालियां, 25. शर्मिन्दा, 26. कृत्तिका, छः छोटे-छोटे तारों का गुच्छा, 27. फूलों, 28. पौधे, 29. तरीक़ा, ढंग, 30. विकसित, 31. धरती, 32. कोमल रंग, 33. फूल, 34. प्रातः समीर।

जलवः-ए-सुब्ह[1]

ब्रजनारायण 'चकबस्त'

जब रंगे-शब[2] आईनः-ए-हस्ती[3] से हुआ दूर
हंगामे-सहर कौन-ओ-मकां[4] हो गये पुरनूर[5]
तबदील[6] हुई सूरते - कोहे - शबे - दैजूर[7]
चमका वो तजल्ली-ए-सहर[8] से सिफ़ते-नूर[9]

बिजली की तरह चर्ख़[10] पे नूरे-सहर[11] आया
आंखों को न फिर ख़िरमने-अंजुम[12] नज़र आया

वो सुब्ह का आलम[13] वो चमनज़ार[14] का आलम
मुर्ग़ाने-हवा[15] नग़्मा - ज़नी[16] करते थे बाहम[17]
हंगामे-सहर[18] बादे-सहर[19] चलती थी पैहम[20]
आराम में सब्ज़ा था तहे-चादरे-शबनम[21]

हर सिम्त[22] बंधी नारः-ए-बुलबुल[23] की हवा थी
गुंचों[24] की नसीमे-सहरी[25] उक़्दाकुशा[26] थी

जो नख़्ल[27] था गुलशन[28] में बरोमंद[29] खड़ा था
दामाने-सहर[30] में गुले-ख़ुर्शीद[31] पड़ा था
क्या ख़ूब मुक़द्दर[32] चमनिस्तां[33] का लड़ा था
हर गुल[34] पे गुहर[35] क़तरः-ए-शबनम[36] का जड़ा था

---

1. प्रभात दर्शन, 2. रात का रंग, 3. अस्तित्व का दर्पण, 4. संसार, 5. प्रकाशमान, 6. परिवर्तित, 7. अंधेरी रात, 8. प्रभात का प्रकाश, 9. आभा की तरह, 10. आकाश, 11. प्रभात का प्रकाश, 12. सितारों का जमघट, 13. समय, 14. हरा-भरा उपवन, 15. पक्षी, 16. गीत गाना, 17. परस्पर, 18. प्रभात का समय, 19. प्रातः समीर, 20. लगातार, निरन्तर, 21. ओस की चादर के नीचे, 22. हर तरफ़, 23. बुलबुल का नारा, 24. कली, 25. प्रातः समीर, 26. रहस्य खोलनेवाली, 27. वृक्ष, 28. उपवन, 29. प्रसन्न, सम्पन्न, 30. प्रभात का दामन, 31. सूर्य का फूल, 32. भाग्य, 33. उपवन, 34. फूल, 35. मोती, 36. ओस की बूंद।

बुलबुल कहीं ताऊस[1] कहीं घूम रहे थे
मस्तों की तरह नख़्ले-चमन[2] झूम रहे थे

था पेशे - नज़र[3] वादि - ए - ऐमन[4] का तमाशा
हर शाख़ - ओ - शजर[5] में शजरे-तूर[6] का नक़्शा
था आतिशे - गुल[7] में असरे - बर्क़े - तजल्ली[8]
मदहोश[9] थे मुर्ग़ाने - हवा[10] सूरते - मूसा[11]

शक्ले-यदे-बैज़ा[12] थी हर इक शाख़[13] नज़र में
एजाज़[14] का गुल था कफ़े - गुलचीने - सहर[15] में

रौनक़[16] पे दमे-सुब्ह[17] था खुमख़ानः-ए-आलम[18]
थम थमके हवा चलती थी सर्दी भी थी कम कम
पैमानाः-ए-महताब[19] था लबरेज़[20] सहर दम[21]
था जामे[22] सुबूही[23] के लिए नैयरे-आज़म[24]

गर्दूं[25] पे शफ़क़[26] की भी अजब जलवागरी[27] थी
मीना - ए - फ़लक[28] में मए - गुलरंग[29] भरी थी

---

1. मोर, 2. उपवन के वृक्ष, 3. नज़र के सामने, 4. तूर पर्वत की वादी, 5. डाली और वृक्ष, 6. तूर (पहाड़ जहां मूसा को ख़ुदा की तजल्ली दिखाई दी थी) का वृक्ष, 7. फूल की आग, 8. तजल्ली की बिजली का असर, 9. मदमस्त, मदोन्मत्त, 10. हवा के पक्षी, 11. मूसा की तरह, 12. सफ़ेद चमकते हुए हाथ की तरह, 13. डाली, 14. चमत्कार, 15. प्रातःकाल फूल तोड़नेवाले के हाथ में, 16. शोभा, 17. प्रातःकाल के समय, 18. संसार का मदिरालय, 19. चंद्रमा का पैमाना 20. परिपूर्ण, 21. सुबह के समय, 22. प्याला, 23. सुबह की शराब, 24. सूरज, 25. आकाश, 26. अरुणिमा, 27. दर्शन दिखाना, 28. आकाश की सुराही, 29. गुलाबी रंग की मदिरा।

सुब्ह की बहार

मुंशी द्वारका प्रसाद 'उफ़ुक़' लखनवी

पुर्ज़े पुर्ज़े[1] है गुल[2] का दामां[3]
सद चाक[4] है सुब्ह का गरीबां[5]

आंखें मलते हैं गुंचः - ए - तर[6]
छींटे देती है ओस मुंह पर

आवाज़े-जरस[7] जगा रही है
शानों[8] को सबा[9] हिला रही है

फूली शफ़क़[10] आसमां पर है
तड़का हुआ नूरे - सहर[11] है

मह[12] ने रहे-इल्तिफ़ात[13] काटी
सुर्ख़ाब[14] ने ग़म की रात काटी

वो चांद जो मारे-शब[15] का मन[16] था
वो चांद जो शम्अ-ए-अंजुमन[17] था

गुम मिस्ले-शरर[18] हुआ चमक के
जुगनू की तरह छुपा चमक के

शबनम[19] थी जो महवे-दुरफ़िशानी[20]
है बह्रे-वुज़ू-ए-गुल[21] वो पानी

बाग़ों में नसीम[22] चल रही है
परियों की तरह टहल रही है

---

1. टुकड़े-टुकड़े. 2. फूल, 3. दामन, 4. सौ जगह से फटा हुआ, 5. गरेबान, 6. ताज़ी कलियां, 7. घंटी की आवाज़, 8. कंधा, 9. हवा, 10. अरुणिमा, 11. प्रातःकाल का प्रकाश, 12. चांद, 13. प्रेम का रास्ता, 14. चकवा, 15. रात का सांप, 16. मणि, 17. महफ़िल का चराग़, 18. चिंगारी की तरह, 19. ओस, 20. मोती बरसाने में लीन, 21. फूल के वुज़ू के लिए, 22. समीर।

गुल[1] लहने-तुयूर[2] सुन के सुन्न है
हर मुर्ग़[3] को भैरवी की धुन है

हर एक कली महक रही है
उंगली की तरह चटक रही है

नुमूदे-सुब्ह[4]

बेनज़ीर शाह वारसी 'बेनज़ीर'

नुजूमे - फ़लक[5] झिलमिलाने लगे
चिराग़े - सहर टिमटिमाने लगे

ज़िया[6] आसमां से उतरने लगी
नज़र दूर तक काम करने लगी

वो शबनम[7] ने छिड़का चमन पर गुलाब
न रह जाये ता कोई सरगर्मे - ख़्वाब[8]

अनादिल[9] गुलिस्तां[10] में गाने लगे
तुयूरे - सहर[11] दिल लुभाने लगे

वो मैना[12] पहाड़ी वो काकातुआ[13]
हुए आके शाख़ों पे नग़्मासरा[14]

शुआयें[15] दिखाने लगीं वो झलक
हुई ज़ाफ़रानी[16] बिसाते - फ़लक[17]

---

1. फूल, 2. पक्षियों का राग, 3. पक्षी, मुर्गा, 4. प्रभात का उदय, 5. आकाश के तारे, 6. आभा, 7. ओस, 8. निद्राग्रस्त, 9. बुलबुल, 10. उपवन, 11. प्रभात के पक्षी, 12. सारिका, 13. एक पक्षी, 14. गाने में लीन, 15. किरणें, 16. केसरी, 17. आकाश की बिसात।

शफ़क़[1] में बसंती किरन ज़ौफ़शां[2]
गले मिल रही है बहार - ओ - ख़िज़ां[3]

वो ज़र्दी[4] ज़रा और गहरी हुई
पहाड़ों की चोटी सुनहरी हुई

मुतल्ला[5] हुआ गुम्बदे - हर - शजर[6]
बरसने लगा हर तरफ़ आबे - ज़र[7]

आफ़ताब

डॉक्टर मुहम्मद इक़बाल

अय आफ़्ताब[8] ! रूह-ओ-रवाने-जहां[9] है तू
शीराज़ा बन्दे[10] दफ़तरे-कौन-ओ-मकां[11] है तू

बाइस[12] है तू वुजूद-ओ-अदम[13] की नुमूद[14] का
है सब्ज़[15] तेरे दम से चमन हस्त-ओ-बूद[16] का

क़ायम[17] यह उंसुरों[18] का तमाशा तुझी से है
हर शै[19] में ज़िंदगी का तक़ाज़ा[20] तुझी से है

हर शै को तेरी जलवागरी[21] से सबात[22] है
तेरा यह सोज़-ओ-साज़[23] सरापा[24] हयात[25] है

वह आफ़ताब[26] जिससे ज़माने[27] में नूर[28] है
दिल है, ख़िरद[29] है, रूहे-रवां[30] है शुऊर[31] है

---

1. अरुणिमा, 2. चमकी हुई, 3. बसंत और हेमन्त, 4. पीलापन, 5. स्वर्ण-जटित, 6. हर वृक्ष का गुम्बद, 7. सोने का पानी, 8. सूर्य, 9. संसार के प्राण, 10. क्रमबद्ध, 11. संसार, 12. कारण, 13. अस्ति-नास्ति, 14. उत्पत्ति, 15. हरा, 16. अस्तित्व, 17. स्थिर, 18. तत्त्व, भूत, 19. वस्तु, 20. मांग, 21. दर्शन, 22. स्थिर, 23. जलन और वाद्य, 24. सर से पैर तक, 25. जीवन, 26. सूर्य, 27. संसार, 28. प्रकाश, 29. होश, 30. प्राण, 31. चेतना।

अय आफ़ताब[1] ! हमको ज़िया-ए-शुऊर[2] दे
चश्मे - ख़िरद[3] को अपनी तजल्ली[4] से नूर[5] दे

है महफ़िले - वुजूद[6] का सामां-तराज़[7] तू
यज़्दाने - साकिनाने - नशेब - ओ - फ़राज़[8] तू

तेरा कमाल हस्ति - ए - हर - जानदार[9] में
तेरी नुमूद[10] सिलसिलः - ए - कोहसार[11] में

हर चीज़ की हयात[12] का पर्वर्दिगार[13] तू
ज़ाईदगाने - नूर[14] का है ताजदार[15] तू

न इब्तिदा[16] कोई, न कोई इन्तिहा[17] तिरी
आज़ादे-क़ैदे-अव्वल-ओ-आख़िर[18] ज़िया[19] तिरी

('गायत्रीमंत्र' का अनुवाद)

नुमूदे-सुब्ह[20]

डॉक्टर मुहम्मद इक़बाल

हो रही है ज़ेरे - दामाने - उफ़ुक़[21] से आशकार[22]
सुब्ह, यानी दुःख़तरे - दोशीज़ः - ए - लैल - ओ - नहार[23]

पा चुका फ़ुर्सत[24] वुरूदे-फ़स्ले-अंजुम[25] से सिपिह्र[26]
किश्ते - ख़ावर[27] में हुआ है आफ़ताब[28] आईनाकार[29]

---

1. सूर्य, 2. चेतना की आभा, 3. ज्ञान-चक्षु, 4. प्रकाश, 5. ज्योति, 6. अस्तित्व की महफ़िल, 7. सामान करनेवाला, 8. नशेब और फ़राज़ के रहनेवालों का खुदा, 9. प्राणी, 10. बढ़वार, प्रकटन 11. पहाड़ों का सिलसिला, 12. ज़िंदगी, 13. पालनहार, 14. प्रकाश से पैदा होनेवाले, 15. मुकुटधारी, 16. प्रारम्भ, 17. अन्त, 18. आदि और अन्त की क़ैद से आज़ाद, 19. चमक, रोशनी, 20. प्रभात का प्रकटन, 21. क्षितिज के दामन के नीचे, 22. प्रकट, 23. रात दिन की दोशीज़ा की लड़की, 24. अवकाश, 25. सितारों की फ़सल का आगमन, 26. आकाश, 27. पूर्व की खेती, 28. सूर्य, 29. दर्पणकार।

आसमां[1] पर आमदे - ख़ुर्शीद[2] की पाकर ख़बर
महमिले-परवाज़े-शब[3] बांधा सरे - दोशे - गुबार[4]

शोलः-ए-ख़ुर्शीद[5] गोया हासिल[6] इस खेती का है
बोए थे दहक़ाने - गर्दूं[7] ने जो तारों के शरार[8]

है रवां[9] अंजुमे - सहर[10] जैसे इबादतख़ाने[11] से
सब से पीछे जाये कोई आबिदे - शब - ज़िंदादार[12]

क्या समां[13] है जिस तरह आहिस्ता आहिस्ता कोई
खींचता हो मियान[14] की ज़ुलमत[15] से तेग़े-आबदार[16]

मतलः-ए-ख़ुर्शीद[17] में मुज़मिर[18] है यूं मज़मूने-सुब्ह[19]
जैसे ख़लवतगाहे - मीना[20] में शराबे - ख़ुशगवार[21]

है तहे - दामाने - बाद[22] इख़तिलात - अंगेज़ सुब्ह[23]
शोरिशे - नाक़ूस[24] आवाज़े - अज़ां[25] से हमकनार[26]

जागे कोयल की अज़ां[27] से ताइराने - नग़्मा - संज[28]
है तरन्नुमरेज़[29] क़ानूने - सहर[30] का तार तार[31]

---

1. आकाश, 2. सूर्योदय, 3. रात की उड़ान का महमिल, 4. धूल, भंवर के कंधों पर, 5. सूर्य की ज्वाला, 6. प्राप्त, 7. आकाश का किसान, 8. चिंगारी, 9. प्रवाहित, 10 प्रातःकाल के सितारे, 11. आराधना घर, 12. रात भर जागने और जप-तप करनेवाला तपस्वी, 13. वातावरण, 14. तलवार की मियान, 15. अंधकार, 16. चमकती हुई तलवार, 17. सूर्योदय का स्थान, 18. निहित, पोशीदा, 19. प्रभात का अर्थ, 20 सुराही का एकान्त, 21. सुहानी मदिरा, 22. हवा के दामन के नीचे, 23. प्रेम प्रदान करनेवाला प्रभात, 24. शंख-ध्वनि, 25. अज़ान की आवाज़, 26. परिचित, 27. बांग, 28. गीत गानेवाले पक्षी, 29. स्वरमाधुर्य प्रद, 30. सुबह का क़ानून, 31. अस्त-व्यस्त।

अलबेली सुब्ह

'जोश' मलीहाबादी

नज़र झुकाए उरूसे - फ़ितरत[1] जबीं[2] से ज़ुल्फ़ें[3] हटा रही है
सहर[4] का तारा है ज़लज़ले[5] में, उफ़ुक़[6] की लौ थरथरा रही है

रविश रविश[7] नग़्मः - ए - तरब[8] है, चमन चमन जश्ने - रंग - ओ - बू[9] है
तुयूर[10] शाख़ों पे हैं ग़ज़लख़्वां[11], कली कली गुनगुना रही है

सितारः - ए - सुब्ह[12] की रसीली झपकती आंखों में हैं फ़साने[13]
निगारे - महताब[14] की नशीली निगाह जादू जगा रही है

तुयूर[15] बज़्मे-सहर[16] के मुतरिब[17], लचकती शाख़ों पे गा रहे हैं
नसीम[18] फ़िर्दौस[19] की सहेली, गुलों[20] को झूला झुला रही है

कली पे बेले की किरा अदा से पड़ा है शबनम का एक मोती
नहीं, यह हीरे की कील पहने, कोई परी मुस्कुरा रही है

सहर[21] को मद्‌दे-नज़र[22] हैं कितनी रिआयतें[23] चश्मे-ख़ूंफ़िशां[24] की
हवा बयाबां[25] से आने वाली, लहू[26] में सुर्ख़ी[27] बढ़ा रही है

शलोका[28] पहने हुए गुलाबी, हर इक सुबुक[29] पंखड़ी चमन में
रंगी हुई सुर्ख़ ओढ़नी का हवा में पल्लू सुखा रही है

फ़लक[30] पे इस तरह छिप रहे हैं हिलाल[31] के गिर्द-ओ-पेश[32] तारे
कि जैसे कोई नई नवेली जबीं[33] से अफ़शां[34] छुड़ा रही है

खटक यह क्यों दिल में हो चली फिर ? चटकती कलियो ! ज़रा ठहरना
हवा-ए-गुलशन[35] की नर्म रौ में यह किसकी आवाज़ आ रही है

---

1. प्रकृति की दुल्हन, 2. ललाट, 3. लटें, बाल, 4. प्रभात, 5. भूकम्प, 6. क्षितिज, 7. क्यारी, 8. हर्ष का गीत, 9. रंग और सुगंध का समारोह, 10. पक्षी, 11. ग़ज़ल गाते हुए, 12. सुबह का तारा, 13. कहानियां, 14. चंद्रमा की प्रेयसी, 15. पक्षी, 16. प्रभात की महफ़िल, 17. गायक, 18. समीर, 19. स्वर्ग, 20. ओस, 21. प्रातःकाल, 22. ध्यान में, नज़र में, 23. न्यूनता, 24. ख़ून टपकाने वाली आंख, 25. जंगल, 26. खून, रक्त, 27. लाली, 28. वस्त्र, 29. कोमल, 30. आकाश, गगन, 31. चंद्रमा, 32. चारों ओर, 33. ललाट, 34. सिन्दूर, 35. उपवन की हवा।

दोपहर

'अख़्तर' अंसारी

धूप की ताबानियों[1] का राज है
मिहर[2] की उरियानियों[3] का राज है

मिस्ल[4] भट्टी के दहकता है जहां
फट पड़ा है जैसे इक आतिशफ़िशां[5]

जो किरन है मिहरे - आतिश - बार[6] की
धार है जलती हुई तलवार की

तप रहे हैं कूचः-ओ-बाज़ार[7] सब
शोला-अफ़शां[8] हैं दर-ओ-दीवार[9] सब

सुर्ख़ आहन[10] जिस तरह देता है ज़ौ[11]
उठ रही है ख़ाक के ज़र्रों[12] से लौ

दश्त[13] की वीरानियों[14] का ज़िक्र क्या
काख़-ओ-ऐवां[15] से नहीं आती सदा

आसमानों की फ़ज़ा[16] ख़ामोश है
और ज़मीं पर ज़िंदगी रूपोश[17] है

हां इक उजड़े नीम पर बेसाख़्ता[18]
गा रही है अपनी धुन में फ़ाख़्ता

---

1. चमक, 2. सूर्य, 3. नग्नता, 4. भट्टी को तरह, 5. ज्वालामुखी, 6. आग बरसानेवाला सूर्य, 7. बाज़ार और गलियां, 8. आग बरसानेवाले, 9. दीवार और दरवाज़े, 10. लोहा, 11. चमक, 12. कण, 13. जंगल, 14. निर्जनता, 15. गढ़ी और महल, 16. शून्य, वातावरण, 17. छुपी हुई, 18. सहसा।

शाम का एक मंज़र[1]

'जोश' मलीहाबादी

झुटपुटे का नर्म रौ[2] दरिया[3], शफ़क़[4] का इज़तिराब[5]
खेतियां, मैदान, ख़ामोशी, ग़ुरुबे - आफ़ताब[6]

दश्त[7] के काम - ओ - दहन[8] को, दिन की तल्ख़ी[9] से फ़राग़[10]
दूर दरिया के किनारे धुंधले - धुंधले - से चिराग़

ज़ेरे-लब[11] अर्ज़-ओ-समा[12] में, बाहमी[13] गुफ़्त-ओ-शुनीद[14]
मशअले - गर्दू[15] के बुझ जाने से इक हलका - सा दूद[16]

वुसअतें[17] मैदान की सूरज के छुप जाने से तंग
सब्ज़ः-ए-अफ़सुर्दा[18] पर ख़्वाब-आफ़रीं[19] हल्का-सा रंग

ख़ामुशी और ख़ामुशी[20] में सनसनाहट की सदा[21]
शाम की .ख़ुनकी[22] से गोया दिन की गर्मी का गिला[23]

अपने दामन को बराबर क़तअ[24] सा करता हुआ
तीरगी[25] में खेतियों के दरमियां[26] का फ़ासला[27]

ख़ार-ओ-ख़स[28] पर एक दर्द-अंगेज़[29] अफ़साने[30] की शान[31]
बामे-गर्दू[32] पर किसी के रूठकर जाने की शान

दूब की ख़ुशबू[33] में शबनम[34] की नमी[35] से इक सुरूर[36]
चर्ख़[37] पर बादल, ज़मीं पर तितलियां, सर पर तुयूर[38]

पारा-पारा[39] अब्र[40] सुर्ख़ी[41] सुर्ख़ियों में कुछ धुआं
भूली - भटकी - सी ज़मीं[42], खोया हुआ - सा आसमां[43]

---

1. संध्याकाल का दृश्य, 2. मंदगति, 3. नदी, 4. अरुणिमा, 5. व्याकुलता, 6. सूर्यास्त, 7. जंगल, 8. मुंह, 9. कटुता, 10. छुटकारा, 11. होंठों ही होंठो में, 12. धरती और आकाश, 13. परस्पर, 14. बातचीत, 15. गमन की मशाल, 16. धुआं, 17. विस्तार, 18. उदास हरियाली, 19. नींद लानेवाला, 20. सन्नाटा, 21. आवाज़, 22. ठंडक, 23. शिकायत, 24. काटता हुआ, 25. अंधकार, 26. बीच, 27. अंतर, 28. कांटे और घास, 29. दर्द भरा, 30. कहानी, 31. वैभव, 32. आकाश की छत, 33. सुगंध, 34. ओस, 35. आर्द्रता, 36. नशा, 37. गगन, 38. पक्षी, 39. टुकड़े-टुकड़े, 40. बादल, 41. अरुणिमा, 42. धरती, 43. आकाश।

शाम

'निदा' फ़ाज़ली

सूखे कपड़ों को छत से चुनती हुई
पीली किरनों का हार बुनती हुई

गीले बालों में तौलिया लिपटाए
हाथ में एक कटी पतंग उठाए

दायें बाज़ू पे थोड़ी धूप सजाये
सीढ़ियों से उतर के आई है

किस क़दर बन - संवर के आई है
बजते हाथों से चिमनियां धोकर

घर के हर काम से सुबुक होकर
पालने को झुला रही है शाम

प्यालियों में खिला रही है शाम
चन्दा मामूं उगा रही है शाम

आसमानी लोरियां

'मख़्दूम' मोहीउद्दीन

रोज़े - रौशन[1] जा चुका, हैं शाम की तैयारियां
उड़ रही हैं आसमां[2] पर ज़ाफ़रानी[3] सारियां

शाम रुख़सत[4] हो रही है रात का मुंह चूमकर
हो रही हैं चर्ख़[5] पर तारों में कुछ सरगोशियां[6]

---

1. प्रकाशमान दिन, 2. आकाश, 3. केसरी, 4. बिदा, 5. गगन, 6. कानाफूसी।

जलवे[1] हैं बेताब[2] पर्दे से निकलने के लिए
बन - संवरकर आ रही हैं आसमां की रानियां

नौ - उरूसे - शब[3] ने पहना है लिबासे - फ़ाख़िरा[4]
आसमानी पैरहन में कहकशानी[5] धारियां

कारचोबी[6] शामियाने[7] में रची बज़्मे - नशात[8]
साज़[9] ने अंगड़ाई ली, बजने लगी हैं तालियां

लाजवर्दी[10] फ़र्श[11] पर है मुश्तरी[12] ज़ुहरा का रक़्स[13]
नील तन गिरधर के पहलू में मचलती गोपियां

दस्त-ओ-पा[14] की नर्म-ओ-ख़ुश आहंग[15] हल्की जुम्बिशें[16]
या फ़ज़ा[17] में नाचती हैं गुनगुनाती बिजलियां

सरमदी[18] नग़्मात[19] से सारी फ़ज़ा मामूर[20] है
नुत्क़े[21] - रब्बे - ज़ुलमनन[22] हैं रात की ख़ामोशियां

नींद-सी आंखों में आती है झुका जाता है सर
सुन रहा था देर से मैं आसमानी लोरियां

---

1. दर्शन, 2. विकल, 3. रात की नयी दुल्हन, 4. श्रेष्ठ वस्त्र, 5. आकाश गंगा की, 6. कारचोब के कामवाला, 7. कपड़े की छत, 8. ख़ुशी की गोष्ठी, 9. वाद्य. 10. नीला, 11. ज़मीन पर बिछा कपड़ा, 12. बृहस्पति, 13. शुक्र ग्रह, 14. नृत्य, 15. हाथ-पांव, 16. कोमल और मधुर आवाज़ 17. कम्पन, 18. शून्य, 19. अनश्वर, 20. गीत, 21. परिपूर्ण, 22. खुदा की आवाज़।

बज़्मे-अंजुम[1]

डॉक्टर मुहम्मद इक़बाल

सूरज ने जाते-जाते शामे - सियह - क़बा[2] को
तश्ते - उफ़ुक़[3] से लेकर लाले[4] के फूल मारे
पहना दिया शफ़क़[5] ने सोने का सारा ज़ेवर[6]
क़ुदरत[7] ने अपने गहने चांदी के सब उतारे

महमिल[8] में ख़ामुशी[9] के लैला - ए - ज़ुलमत[10] आई
चमके उरूसे - शब[11] के मोती वो प्यारे - प्यारे
वो दूर रहनेवाले हंगामः - ए - जहां[12] से
कहता है जिनको इन्सां[13] अपनी ज़बां[14] में 'तारे'

महवे - फ़लक - फ़रोज़ी[15] थी अंजुमन फ़लक[16] की
अर्शे - बरीं[17] से आई आवाज़ इक मलक[18] की

अय शब[19] के पासबानो[20] ! अय आसमां के तारो
ताबिन्दा[21] क़ौम सारी गर्दूं - नशीं[22] तुम्हारी
छेड़ो सुरूद[23] ऐसा, जाग उट्ठें सोनेवाले
रहबर[24] है क़ाफ़िलों की ताबे - जबीं[25] तुम्हारी
आईने क़िस्मतों[26] के तुम को यह जानते हैं
शायद सुनें सदायें[27] अहले - ज़मीं[28] तुम्हारी

रुख़सत[29] हुई ख़ामोशी[30] तारों भरी फ़ज़ा[31] से
वुसअत[32] थी आसमां[33] की मामूर[34] इस नवा[35] से

---

1. तारों की महफ़िल, 2. काले वस्त्रवाली शाम, 3. क्षितिक्ष की थाली, 4. पोस्ता, 5. अरुणिमा, 6. आभूषण, 7. प्रकृति, 8. ऊंट का कजाड़ा, 9. मौन, 10. अंधेरी रात, 11. रात की दुल्हन, 12. संसार का कोलाहल, 13. मानव, 14. भाषा, 15. आकाश को चमकाने में व्यस्त, 16. आकाश की महफ़िल, 17. सबसे ऊंचा आकाश, 18. फ़रिश्ता, 19. रात, 20. पहरेदार, 21. प्रकाशमान, 22. आकाश पर विराजमान, 23. गीत, 24. मार्गदर्शक, 25. ललाट की चमक, 26. भाग्य, 27. आवाज़ें, 28. धरती के वासी, 29. विदा, 30. सन्नाटा, 31. शून्य, 32. विस्तार, 33. आकाश, 34. परिपूर्ण, 35. आवाज़।

हुस्ने - अज़ल[1] है पैदा तारों की दिलबरी[2] में
जिस तरह अक्से - गुल[3] हो शबनम[4] की आरसी[5] में
आईने - नौ[6] से डरना तर्ज़े - कुहन[7] पे अड़ना
मंज़िल यही कठिन है क़ौमों की ज़िंदगी में

यह कारवाने - हस्ती[8] है तेज़गाम[9] ऐसा
क़ौमें कुचल गयी हैं जिसकी रवा - रवी[10] में

आंखों से हैं हमारी ग़ायब[11] हज़ारों अंजुम[12]
दाख़िल[13] हैं वो भी लेकिन अपनी बिरादरी[14] में
इक उम्र[15] में न समझे इसको ज़मीनवाले
जो बात पा गये हम थोड़ी - सी ज़िंदगी में

हैं जज़्बे - बाहमी[16] से क़ायम[17] निज़ाम[18] सारे
पोशीदा[19] है यह नुक्ता[20] तारों की ज़िंदगी में

रात की कैफ़ियत

मौलवी मुहम्मद हुसैन 'आज़ाद'

आ अय शबे-सियाह[21] कि लैला-ए-शब[22] है तू
आलम[23] में शाहज़ादि-ए-मुश्की[24] नसब[25] है तू

होना वो बादे-शाम[26] शफ़क़[27] में अयां[28] तिरा
उड़ना वो आबनूस[29] का तख़्ते-रवां[30] तिरा

आलम[31] पे तू जो आती है रंग अपना फेरती
हाथों से मुश्क[32] उड़ाती है अम्बर बिखेरती

---

1. आदिकाल का सौंदर्य, 2. माशूक़ी, 3. फूल का प्रतिबिम्ब, 4. ओस, 5. दर्पण, 6. नया विधान, 7. पुराना ढंग, 8. अस्तित्व का कारवां, 9. तीव्र गति, 10. जल्दी, 11. विलीन, 12. तारे, 13. सम्मिलित, 14. ख़ानदान, कुटुम्ब, 15. मुद्दत, लंबा समय, 16. परस्पर आकर्षण, 17. स्थिर, 18. विधान, 19. गुप्त, 20. मर्म, 21. अंधेरी रात, 22. रात की लैला, 23. संसार, 24. कस्तूरी के ख़ानदान की राजकुमारी, 25. ख़ानदान, 26. शाम के बाद, 27. अरुणिमा, 28. प्रकट, 29. एक काली लकड़ी, 30. गतिशील सिंहासन, 31. संसार, 32. कस्तूरी।

दुनिया पे सल्तनत[1] का तिरी देखकर हशम[2]
खाता है दिन भी तारों भरी रात की क़सम

सोता गदा[3] है ख़ाक[4] पर और शाह[5] तख़्त पर
माही[6] बज़ेरे - आब[7] है ताइर[8] दरख़्त[9] पर

है बेख़बर बड़ा जो बिछौनों पे घर में है
दामाने-दश्त[10] पर कोई सोता सफ़र[11] में है

घोड़े पर अपने औंध गया है सवार भी
चूका है बल्कि राहज़ने-नाबकार[12] भी

जिसको पुकारो वो सू-ए-ख़्वाबे-अदम[13] गया
दरिया[14] भी अब तो चलने से शायद हो थम गया

रात

मौलवी मुहम्मद इस्माईल 'इस्माईल'

गया दिन, हुई शाम, आई है रात
ख़ुदा ने अजब[15] शै[16] बनाई है रात

न हो रात तो दिन की पहचान क्या,
उठाए मज़ा दिन का इंसान क्या

लगे होने अब हाट बाज़ार बन्द
ज़माने के सब कार और बार[17] बन्द

1. शासन, राज्य, 2. प्रताप, दबदबा, 3. ग़रीब, दरिद्र, 4. धरती, 5. राजा, 6. मछली, 7. पानी के नीचे, 8. पक्षी, 9. वृक्ष, 10. जंगल के आंचल पर, 11. यात्रा, 12. दुष्ट चोर, 13. यमलोक की निद्रा की ओर, 14. नदी, 15. विचित्र, 16. वस्तु, 17. कारोबार, कामकाज।

हुई रात ख़िलक़त[1] छुटी काम से
ख़मोशी[2] सी छाई सरे - शाम से

मुसाफ़िर ने दिन - भर किया है सफ़र
सरे - शाम मंज़िल पे खोली कमर

दरख़्तों[3] के पत्ते भी चुप हो गये
हवा थम गयी पेड़ भी सो गये

अंधेरा उजाले पे ग़ालिब[4] हुआ
हर इक शख़्स[5] राहत[6] का तालिब[7] हुआ

हुए रौशन आबादियों[8] में चराग़
हुआ सब को मेहनत से हासिल[9] फ़राग़[10]

किसान अब चला खेत को छोड़ कर
कि घर में करे चैन से शब[11] बसर[12]

थपक कर सुलाया उसे नींद ने
तरद्दुद[13] भुलाया उसे नींद ने

ग़रीब आदमी जो कि मज़दूर हैं
मशक़्क़त[14] से जिनके बदन चूर हैं

वो दिन भर की मेहनत के मारे हुए
वो मांदे थके और हारे हुए

निहायत[15] ख़ुशी से गये अपने घर
हुए बाल बच्चे भी ख़ुश देखकर

गये भूल सब बाल बच्चों का ग़म[16]
सवेरे को उट्ठेंगे अब ताज़ा दम

---

1. जनसाधारण, 2. निस्तब्धता, 3. वृक्ष, 4. विजयी, 5. व्यक्ति, 6. आराम, 7. इच्छुक, 8. बस्तियां, 9. प्राप्त, 10. अवकाश, 11. रात, 12. व्यतीत, 13. चिंता, 14. परिश्रम, 15. बहुत, 16. दुख।

चांदनी रात

बेनज़ीर शाह वारसी 'बेनज़ीर'

वो महताब[1] की आसमां[2] पर नुमूद[3]
मुज़ैयन[4] कवाकिब[5] से चर्ख़े - कबूद[6]

वो किरनों की शबनम[7] के अन्दर बहार
उड़ाया है चांदी का गोया गुबार[8]

लरज़ती है पानी पे यह चांदनी
कि दरिया[9] में बिजली की है रौशनी

यह लहरें कहीं तिलमिलाती हुईं
चमक आईने की दिखाती हुईं

नहीं नाम को भी कहीं तीरगी[10]
कि अक्से - तजल्ली[11] है साये में भी

रवां[12] है यह चारों तरफ़ मौजे-नूर[13]
कि उड़ते हैं दिन की तरह कुछ तयूर[14]

शुआओं[15] की अल्लाह रे तेज़ियां[16]
क़मर[17] के वो जोबन की नौखेज़ियां[18]

मगर छोटे - छोटे सितारे हैं मांद
कि आज अपने जलवे[19] में पूरा है चांद

---

1. चंद्रमा, 2. गगन, 3. प्रकटन, 4. सुसज्जित, 5. तारे, 6. नीला आकाश, 7. ओस, 8. धूल, 9. नदी, 10. अंधेरा, 11. प्रकाश का प्रतिबिम्ब, 12. गतिशील, 13. प्रकाश की मौज, 14. पक्षी, 15. किरणें, 16. तीव्रता, 17. चंद्र, 18. जवानी, 19. दर्शन।

शुआओं का वह जगमगाना कहीं
सितारों का आंखें चुराना कहीं

गिरा छन के पत्तों से नूरे - क़मर[1]
कि हीरे के टुकड़े पड़े हैं उधर

हुआ पच्चीकारी[2] का यह एहतिमाम[3]
कि मरमर[4] पे है संगे - मूसा[5] का नाम

यह साये में औराक़[6] से नूर[7] के
कि गुल[8] संगे - मूसा पे बिल्लौर[9] के

सितारे जो रह रह के टूटे उधर
वो महताब[10] के फूल थे सरबसर[11]

हुई चांदनी यह तजल्लीफ़िशां[12]
कि है आलमे - वज्द[13] में आस्मां[14]

सफ़ा[15] बाम - ओ - दर[16] में समाई हुई
दरख़्तों[17] पे हैरत[18] सी छाई हुई

चांदनी

मुहम्मद याक़ूब 'औज' गयावी

गुंचः - ए - दिल[19] को खिला जाती है आकर चांदनी
है बरंगे - मौसमे - गुल[20] रूह - परवर[21] चांदनी

---

1. चंद्र का प्रकाश, 2. पत्थर का काम, 3. व्यवस्था, 4. एक पत्थर, 5. एक पत्थर, 6. वर्क़, पन्ने, 7. प्रकाश, 8. फूल, 9. स्फटिक मणि, 10. चंद्रमा, 11. सब, तमाम, 12. प्रकाश फैलानेवाली, 13. झूमने का आलम, 14. आकाश, 15. पवित्रता, 16. छत और द्वार, 17. पेड़, 18. आश्चर्य, 19. दिल की कली, 20. फूलों के मौसम की तरह, 21. प्राणवर्द्धक।

आस्मां से है झमाझम बारिशे - नूरे - ज़िया
नूर[1] का दरिया[2] रवां[3] है या ज़मीं[4] पर चांदनी

आस्मां पर है सितारों से फ़रोग़े - नूरे - माह[5]
चारसू[6] सतहे - ज़मीं[7] पर जलवा - गुस्तर[8] चांदनी

गुलशने - दुनिया[9] में यह रंगीं[10] बहारें तुझ से हैं
नूर[11] की मूरत है तू अय माहपैकर[12] चांदनी

इज्ज़[13] कहते हैं इसे है नाम इसका इंकिसार[14]
बिछ गयी सतहे - ज़मीं पर फ़र्श बनकर चांदनी

मरमिटों पर रखती है लुत्फ़-ओ-इनायत[15] की नज़र
डालती है क़ब्र पर रहमत की चादर चांदनी

गुंचः - ए - ख़ातिर[16] खिले जाते हैं कलियों की तरह
किस क़दर है दिलकुशा[17] क्या पुरफ़ज़ा[18] है चांदनी

हर रविश पर क्यों न इतराती फिरे बादे-सबा[19]
शाम ही से बाग़ में रौनक़फ़िज़ा[20] है चांदनी

बाग़ में जोशे - तरब[21] से बुलबुलें हैं नग़्माज़न[22]
मरहबा[23] अय औज क्या इशरत - फ़िज़ा[24] है चांदनी

है नमूना क़ुदरते - साने[25] का हर सू[26] आशकार[27]
मज़हरे - अनवारे - हक़[28] शाने - ख़ुदा[29] है चांदनी

---

1. प्रकाश, 2. नदी, 3. प्रवाहित, 4. धरती, 5. चांद के प्रकाश की चमक, 6. चारों ओर, 7. धरती की सतह, 8. जल्वा बिछानेवाली, 9. संसार का बाग़, 10. सुंदर, 11. प्रकाश, 12. चंद्र का आकार, 13. नम्रता, 14. विनम्रता, 15. दया, कृपा, 16. दिल की कली, 17. आनंददायक, विशाल, 18. खुशगवार, 19. प्रातःसमीर, 20. शोभा बिखेरती हुई, 21. आनंद का जोश, 22. गीत गाती हुई, 23. वाहवाह, 24. आरामदेह, 25. स्रष्टा की प्रकृति, 26. तरफ़, 27. प्रकट, ज़ाहिर, 28. सत्य के प्रकाश का द्योतक, 29. ख़ुदा की शान।

आख़िरे-शब

शाज़ तमकनत

ये हवायें यह सितारों का सुहाना साया
आह यह .ख़ुनकी[1] यह ठंडक यह उदासी यह गुदाज़[2]
तैरती फिरती है पिछले की रसीली आवाज़
डालियां ओस की बूंदों से लदी जाती हैं
चांदनी कोह[3] के माथे से उतर आई है
यह घनी रात यह महकी हुई[4] अफ़सुर्दा फ़ज़ा[5]
दूर तालाब के मंज़र[6] की सलोनी रंगत
फ़र्श पे लेटा हुआ नील गगन हो जैसे
यह शबे-माह[7] दुआओं में मगन हो जैसे

सुरमई धुंध में लिपटा हुआ बोझल मंज़र[8]
गुल ज़मीनों की ख़मोशी में यह सुर यह सरगम
ये चटानें यह तराशीदा[9] नगीं[10] फ़ितरत[11] के
यह .ख़ुनक नर्म हवाओं की चटीली आवाज़
तूले-हिज्रां[12] वो मसीहा[13] है कि जिसके हाथों
दिल के दुखने का भी अंदाज़[14] बदल जाता है

नुक़रई[15] गर्द[16] में चुपचाप खड़े हैं अशजार[17]
जुगनू उड़ते हैं कि सीले हुए शोलों की लपक
तारे जिस तरह घनी झाड़ियों की गोद भरें
फैलाती जाती हैं सायों की मुक़द्दस[18] महकें[19]
करवटें लेती हैं हरियाली की सोंधी लपटें
यह सिजल रैन यह संगीत यह तारों की फबन

---

1. ठंडक, 2. मृदुलता, 3. पर्वत, 4. सुगंध में डूबी हुई, 5. उदास वातावरण, 6. दृश्य, 7. चांदनी रात, 8. दृश्य, 9. काटे हुए, 10. नगीने, 11. प्रकृति, 12. विरह की लंबाई, 13. इलाज करनेवाल, 14. ठंड, 15. चांदी की, 16. धूल, 17. वृक्ष, 18. पवित्र, 19. सुगंध।

कौन सुन पाएगा फ़ितरत[1] की ज़बाने - मासूम[2]
जाने कब दीदः - ए - इन्सां[3] में धनक[4] उतरेगी
अय मिरी झूमती इठलाती ज़मीं करवट ले
दिले - हर - ज़र्रा[5] धड़कता है कहीं आहट ले

दूर टूटे हुए क़िल्ए का पुर - असरार[6] सुकूत[7]
ख़ामुशी[8] सर को झुकाए हुए मेहराबों में
न कुलाहे - सरे - शाहां[9] न शिकोहे - औरंग[10]
ने गुले - नग़्मा[11] न आहंग[12] पसे - पर्दः - ए - चंग[13]
गुंग[14] है ख़्वाजगि-ए-रक़्स-ओ-तरब[15] बरसों से
ख़न्दाज़न[16] है क़मरे - आख़िरे - शब[17] बरसों से
ने कनीज़ाने - समनफ़ाम - ओ - मसीहानफ़सां[18]
दिलबरां[19] लालरुख़ां[20], मू कमरां,[21] सर्वक़दां[22]
ख़ुशदिलां[23], ख़ुशबदनां[24], ख़ुशदहनां[25], ख़ुशनज़रां[26]
मक़तले - ऐश[27] में मस्लूबे - हवस[28] होके रहीं
गुमशुदा[29] क़ाफ़ले[30] की आहे - जरस[31] होके रहीं

चीख़ते मलबे[32] पे सन्नाटे के क़दमों के निशां[33]
भीगती रातों में चुपचाप लहू देते हैं
पास ही सोए हुए कत्बों[34] के कावाक[35] हुरूफ़[36]
अपने सोए हुए नक़्क़ाश[37] को देते हैं सदा[38]
चांदनी ख़स्ता - ओ - दरमान्दा[39] खड़ी हैं ख़ामोश[40]

---

1. प्रकृति, 2. निष्पाप ज़बान, 3. मानव की आंखें, 4. इन्द्रधनुष, 5. हर कण का दिल, 6. रहस्यमय, 7. सन्नाटा, 8. निस्तब्धता, 9. बादशाह के सर का मुकुट, 10. सिंहासन का दबदबा, 11. श्रेष्ठ गीत, 12. आवाज़, 13. चंग के पर्दे के पीछे, 14. गूंगी, 15. नृत्य और ख़ुशी की हुकूमत, 16. मुस्कुराता हुआ, 17. आख़िरी रात का चांद, 18. हज़रत ईसा जैसी श्वास वाली (कहते हैं कि हज़रत ईसा की सांस से मुर्दे जीवित हो जाते थे) और चमेली के रंग की दासियां, 19. दिल ले जाने वालियां, 20. लाले जैसे मुखवाली, 21. बाल जैसी पतली कमर वालियां, 22. सरो जैसे क़दवाली, 23. प्रसन्नचित्त, 24. सुंदर शरीर, 25. सुंदर मुख, 26. सुंदर नेत्र, 27. ऐश का वधस्थल, 28. अत्यधिक लालसा की सूली पर चढ़ा दी गईं, 29. खोये हुए, 30. कारवां, 31. घंटी का आर्तनाद, 32. घूरा, 33. चिह्न, 34. क़ब्र पर, 35. खोखले, 36. अक्षर, 37. नक़्श खोदनेवाला, 38. आवाज़, लगा पत्थर, 39. जर्जर और असहाय, 40. मौन।

दामने - कोह[1] में अलग़ोज़े[2] का लहरा गूंजा
कोई चरवाहा दुखे दिल को लिये जागा है
कितने पुरदर्द[3] हैं सुर कितनी हज़ीं[4] है यह अलाप
जिस तरह चोटें रगे-जां[5] की चमकती जायें
चांद लचकाता है किरनों के चमकते हुए तीर
किस सोयम्बर के रचाने का तमन्नाई[6] है
रसमसे जंगलों की नींद में डूबी हुई लय
रगे - मंज़र[7] में फ़ज़ा - ए - दिले - शब[8] बोलती है
अधखिले ग़ुंचों[9] में शबनम[10] की तरी[11] डोलती है
यह फ़ज़ा[12] रसभरी कलियों की गिरह खोलती है
यह ख़ुनक[13] रात सितारों के गुहर[14] रोलती है
सांवली चांदनी, मदमाती छलक पड़ती है
इन हवाओं में गुलाबी[15] सी छलक पड़ती है

टिमटिमाती हैं कहीं दूर चराग़ों की लवें
रहगुज़र[16] नींद भरी आंखों से यूं तकती है
कि पशेमां[17] न हो मेहमाने - सुबुकगाम[18] कोई
वज़्अ - ए - जादा[19] पे न आये कहीं इलज़ाम[20] कोई
यह सरे - चर्ख़[21] दमकता हुआ महताब[22] नहीं
रात का नाग है काढ़े हुए मुक़्क़ैश[23] का फन
गीत पे सन्नाटे की बदमस्त हुआ जाता है

झूम - झूम उठती है लहराई हुई चंद्रकिरन
यह उदाहट यह धुंधलका यह कसक यह महकार
कुंदनी[24] पंख समेटे हुए तारों के बदन
अर्श[25] के नील में पानी में घुले जाते हैं

---

1. पहाड़ का दामन, 2. बांसुरी, 3. दर्द भरे, 4. शोकातुर, 5. प्राण, धमनी, 6. इच्छुक, 7. दृश्य की रग, 8. रात के दिल का वातावरण, 9. कलियां, 10. ओस, 11. आर्द्रता, 12. वातावरण, 13. ठंडी, 14. मोती, 15. मदिरा, 16. मार्ग, रास्ता, 17. लज्जित, शर्मिन्दा, 18. मंदगति मेहमान, 19. मार्ग की आन, 20. आरोप, 21. आकाश पर, 22. चंद्र, 23. चांदी सोने के तारों का झालर, 24. सुनहरी, 25. आकाश।

ओस खाए हुए रुख़सार[1] सबा[2] की रंगत
पौ का छलका हुआ शफ़्फ़ाफ़[3] लहू है कि नहीं
महका - महका हुआ सोने का धुआं छाया है
क़िस्मते - शर्क़े - हसीं[4] जाग रही है शायद
मेरी महबूब[5] ज़मीं[6] जाग रही है शायद

---

1. कपोल, 2. हवा, समीर, 3. स्वच्छ, 4. पूर्व का भाग्य, 5. प्रेमिका, 6. धरती।

चौथा अध्याय

हमारे मौसम

मौसमों का गीत

अली सरदार जाफ़री

कितने दिलकश[1] हैं मिरे मुल्क[2] के मौसम, इनमें
हुस्न[3] की बात करें, इश्क़[4] पर इसरार[5] करें
नूरे - महबूब[6] से रौशन[7] करें आंखों के चराग़
फूल की तरह से ज़िक्रे - लब - ओ - रुख़सार[8] करें
मुसहफ़े - हक़[9] की तरह खोलें किताबे - दिल[10] को
जिसमें जंग[11] और जदल[12] का कोई अफ़साना[13] नहीं
फ़स्ले - गुल[14] फ़स्ले - ख़िज़ां[15] फ़स्ले - ज़मिस्तां[16] है मगर
मौसमे - जंग[17] नहीं, मौसमे - वीराना[18] नहीं

गर्मियां आई हैं बरसाती हुई अंगारे
देखना शोला - बदन[19] धूप पे आया है शबाब[20]
लोग तालाबों में उतरे हैं नहाने के लिए
तहनशीं[21] होती चली जाती है हर चादरे-आब[22]
इक ज़रा देर को थोड़ा-सा सुकूं[23] मिलता है
जिस्म[24] को छूता है जिस वक़्त ख़ुनुक[25] शाम का हाथ
इतनी सोज़िश[26] है कि बस सर्द[27] हुई गर्मिः-ए-इश्क़[28]
प्यार के मुंह से निकलती ही नहीं प्यार की बात

---

1. मोहक, 2. देश, 3. सौंदर्य, 4. प्रेम, 5. आग्रह, 6. प्रेमिका की आभा, 7. प्रकाशित, 8. होंठ और कपोलों का ज़िक्र, 9. क़ुरआन, 10 दिल की किताब, 11. युद्ध, 12. बैर, 13. कहानी, 14. बहार का मौसम, 15. पतझड़, 16. शीतकाल, 17. युद्ध का मौसम, 18. निर्जनता का मौसम, 19. प्रज्वलित शरीर, 20. यौवन, 21. नीचे पैठना, 22. पानी की चादर, 23. शांति, 24. शरीर, 25. ठंडी, 26. जलन, 27. ठंडी, 28. प्रेम की गर्मी।

नींद आ सकती नहीं इश्क़[1] के बीमारों को
इन दिनों जागते रहने के बहाने हैं बहुत
तैरती रहती हैं दुनिया की सुरीली तानें
गीत शीरीं[2] हैं बहुत, नर्म[3] तराने[4] हैं बहुत
आबे - संदल[5] में डुबोए हुए पंखों की हवा
अपने महके[6] हुए हाथों से थपक देती है
और धड़कते हुए सीनों पे धड़कते हुए हार
हर लड़ी मोती की बस जान ही ले लेती है

आग बरसाती हुई धूप की किरनों का जलाल[7]
तेज़ और तुन्द[8] हो जिस तरह हवन का शोला[9]
दुश्मनी सांप की ताऊस[10] से बस ख़त्म हुई
वो भी ताऊस से देरीना[11] अदावत[12] भूला
इतनी गर्मी है कि खुलती नहीं मिनक़ार[13] उसकी
भूक बाक़ी नहीं, क्या जाये ग़िज़ा[14] के पीछे
धूप की जलती हुई आग से बचने के लिए
सांप आ बैठा है रंगीन परों के नीचे

मेरी जां, अय मिरे नग़मों[15] की जवां[16] शहज़ादी[17]
फ़स्ले - गर्मा[18] सहर - ओ - शाम[19] तुझे रास आये
चांदनी रात सजाये तिरी महकी[20] हुई सेज[21]
जिस्मे-सीमीं[22] के लिए फूलों के तख़्ते लाए
तेरी सुब्हों[23] को रखें सर्द[24] कंवल की झीलें
ठंडे पानी के उछलते हुए फ़व्वारों से
तेरी शामों को तिरे चाहने वाले मिल जायें
जो चुनें फूल तिरे हुस्न[25] के गुलज़ारों[26] से

---

1. प्रेम, 2. मधुर, 3. कोमल, 4. गीत, 5. चन्दन का पानी, 6. सुगन्धित, 7. प्रताप, प्रचंडता, 8. तीव्र, 9. ज्वाला, 10. मोर, 11. पुरानी, 12. शत्रुता, 13. चोंच, 14. ख़ुराक, 15. गीत, 16. जवान, 17. राजकुमारी, 18. ग्रीष्म ऋतु, 19. सुबह-शाम, 20. सुगन्धित, 21. शैया, 22. चांदी का शरीर, 23. प्रभात, 24. ठंडे, 25. सौंदर्य, 26. उपवन।

धूप बेजान[1] हो गीतों की घटा छाई हो
तू हो, अहबाब[2] हों, और गोशः-ए-तन्हाई[3] हो

देखना मेघ का वो शाह - सवार[4] आ पहुंचा
गूंज उठे कोह-ओ-दमन[5], गूंज उठे दश्त-ओ-जबाल[6]
घन गरज वो है मिरी जान, कि शाही डंके
जिस तरह बजते हैं मैदां[7] में बसद-शाने-जलाल[8]
बिजली लहराती है शोलों[9] का सुनहरी परचम[10]
अब्र[11] के फ़ील[12] पे बारिश[13] का शहंशाह सवार
घर से सब उसके स्वागत को निकल आये हैं
ग़ोल[14] उश्शाक़[15] के बदमस्त[16] हसीनों[17] की क़तार[18]
फ़ौजें बादल की चली आती हैं करती हुई कूच[19]
चोट पड़ती है गरजते हुए नक़्क़ारों[20] पर
आग की डोर है रंगों की कड़कती है कमान[21]
बिजलियां बांधी गईं इन्द्रधनुष पर कसकर
छींटा बारिश का है या तीरों की बौछारें हैं
जो किए देती हैं मतवालों[22] के दिल को छलनी
इश्क़[23] तो ज़ख़्म-रसीदा[24] है, सितम दीदा[25] है
आज तो हुस्न[26] पे भी होती है नावकफ़िगनी[27]

ऐसा लगता है कि हंसने लगा जंगल सारा
और नेपा[28] के दरख़्तों[29] में नए फूल खिले
शाख़ें[30] बेताब[31] हवाओं में निरित करने लगीं
जैसे मदहोशी[32] के आलम[33] में कोई रक़्स[34] करे
आई नौरस्ता[35] शगूफ़ों[36] के लबों[37] पर हलकी
दिलनवाज़ाना[38] तबस्सुम[39] की दिलआवेज़[40] लकीर

---

1. निर्जीव, 2. मित्रगण, 3. एकान्त, 4. घुड़सवार, 5. पहाड़ और टीले, 6. जंगल और पहाड़, 7. मैदान, 8. जलाल और शान से, 9. ज्वाला, 10. झंडा, 11. बादल, 12. हाथी, 13. वर्षा, 14. झुंड, 15. प्रेमी (ब.व.), 16. मदोन्मत्त, 17. सुन्दरियां, 18. पंक्ति, 19. मार्च, रवानगी, 20. नगाड़ा, 21. धनुष, 22. मदमस्त, 23. प्रेम, 24. घायल, 25. अन्याय पीड़ित, 26. सौंदर्य, 27. तीरों की बौछार, 28. वृक्ष विशेष, 29. वृक्षों, 30. डालियां, 31. व्याकुल, 32. नशा, 33. दशा, हालत, 34. नृत्य, 35. नव पक्व, 36. कली, 37. होंठ, 38. मोहक, 39. मुस्कुराहट, 40. आकर्षक।

दर्द बाक़ी है तपिश[1] का न निशां[2] गर्मी का
निकली बरसात जो पहने हुए पोशाके - हरीर[3]

तुझको अय नूर[4] की तस्वीर[5], मुबारक[6] हों ये दिन
लेके आये हैं जो घंघोर घटाओं का पयाम[7]
आतिशे - शौक़[8] में जल जाये जवानी तेरी
नौ[9] उरूसी[10] को तिरी ऐश-ओ मसर्रत[11] का सलाम
ज़िंदगी जिससे तर-ओ-ताज़ा[12] है इस बारिश से
सब्ज़[13] बेलों की तरह तू भी तर - ओ - ताज़ा रहे
मेरी महबूबा[14] पे हो रहमते - हक़[15] की बारिश
जगमगाता हुआ रुख़सार[16] रहे ग़ाज़ा[17] रहे

लो वो आती है ख़िज़ां[18], गांव की क्वांरी जैसे
नाज़-ओ-अंदाज़[19] की जां[20], हुस्न[21] की नाज़ुक[22] मूरत
बालियां धान की बालों में सजा रक्खी हैं
दोनों रुख़्सार[23] दमकते[24] हैं कंवल की सूरत[25]
जिस्म[26] पर घास के फूलों का महकता[27] मलबूस[28]
अपनी रफ़्तार[29] से हंसों को भी शरमाती हुई
इसके स्वागत में चहक उठती हैं चिड़ियां जैसे
किसी माशूक़ा[30] की पायल की सदा[31] आती है

रात की मांग में तारों की सुनहरी अफ़शां[32]
ताजे-महताब[33] से कुछ और भी रौशन[34] है जबीं[35]
पैरहन[36], चांद की किरनों का चमकता रेशम
इतना शफ़्फ़ाफ़[37] कि बादल का कहीं नाम नहीं
हंसती है देख के मुंह चांद के आईने में
पड़ती है सांवले मुखड़े पे तबस्सुम[38] की फुहार

---

1. गर्मी, 2. निशान, 3. रेशमी वस्त्र, 4. प्रकाश, 5. चित्र, 6. मंगलकारक, 7. संदेश, 8. अभिलाषा की आग, 9. नवीन, 10. विवाह, शादी, 11. ख़ुशी और ऐश्वर्य, 12. हराभरा, 13. हरी, 14. प्रेमिका, 15. ख़ुदा की रहमत, 16. कपोल, 17. पाउडर, मेक अप, 18. पतझड़, 19. नखरे और हावभाव, 20. प्राण, 21. सौंदर्य, 22. कोमल, 23. कपोल, 24. चमकते हैं, 25. तरह, समान, 26. शरीर, 27. सुगन्धित, 28. वस्त्र, 29. गति, 30. प्रेमिका, 31. आवाज़, 32. चमक, 33. चंद्र मुकुट, 34. प्रकाशमान, 35. ललाट, 36. वस्त्र, 37. स्वच्छ, 38. मुस्कुराहट।

ऐसा लगता है कि नौ उम्र[1] है, दोशीज़ा[2] है
अभी आने को है भरपूर जवानी की बहार[3]

धान[4] के खेत, वो इस्तादा[5] समरबार[6] दरख़्त[7]
झूम उठते हैं जब आते हैं हवा के झोंके
लेके आग़ोश[8] में जब नाचती है बादे - ख़िज़ां[9]
फूल ही फूल बरस जाते हैं पेड़ों के तले[10]
झुरझुरी लेती हैं आहिस्ता[11] कंवल की झीलें
कलियां मुंह चूम के कलियों के झिझक जाती हैं
इश्क़[12] के मारों को आता है मुहब्बत का ख़याल[13]
ख़्वाहिशें[14] दिल के कटोरों[15] से छलक जाती हैं

इस ख़िज़ां[16] में भी मगर तू है बहारों की बहार[17]
नौजवां[18] जिस्म[19] के गुलरंग[20] शगूफ़े[21] फूटें
प्यार के हाथ मुहब्बत से संवारें तुझको
कभी होंटों कभी मुश्ताक़[22] निगाहों से छुयें
मुस्कुराए तिरे पैरों की हिना,[23] और महके
ज़ाफ़रां[24] जिस्म[25] की सीने का सुनहरा संदल[26]
दिल पे उश्शाक़[27] के ज़ुल्फ़ों[28] की घटायें बरसें
ढूंडें ख़ुद भौंरों को हंसती हुई आंखों के कंवल

जा चुकी फ़स्ले - ख़िज़ां[29] फ़सले - ज़स्मिता[30] आई
कोई तनहा[31] सी कली शाख़[32] पे नमदीदा[33] है
अपने दामन[34] में लिये अपने सुनहरे मोती
ख़ोशः - ए - गंदुमे[35] - नौ खेत में बालीदा[36] है

---

1. कम आयु, 2. कुमारी, 3. वसंत, 4. चावल, 5. खड़े, 6. फलों से लदे, 7. वृक्ष, 8. गोद, 9. पतझड़ की हवा, 10. नीचे, 11. धीरे-धीरे, 12. प्रेम, 13. ध्यान, 14. इच्छायें, 15. प्याला, 16. पतझड़, 17. वसंत, 18. नवयुवक, 19. शरीर, 20. लाल, गुलाबी, 21. कलियां, 22. उत्सुक, 23. मेंहदी, 24. केसर, 25. शरीर, 26. चन्दन, 27. प्रेमी (ब.व.), 28. बाल, लटें, 29. पतझड़ का मौसम, हेमन्त ऋतु, 30. सर्दी का मौसम, 31. अकेली, 32. डाली, 33. सजल नेत्र, 34. आंचल, 35. गेहूं का बाली, 36. विकसित।

ग़म न कर जाने-जहां[1] लुट गयी गर दौलतें-गुल[2]
सख़्त जां[3] फूल कोई अब भी नज़र आता है
वर्फ़-ओ-वारां[4] से भी बुझता नहीं शोला उसका
सर्द[5] और तेज़ हवाओं में भी लहराता है

वर्फ़ आलूदा[6] हवाओं में लरज़ती[7] बेलें
याद आती है उन्हें मौसमे-ताबिस्तां[8] की
कुछ तो मिल जाती है यादों से हरारत[9] दिल को
जुस्तुजू[10] दर्द को है खोए हुए दरमां[11] की
ज़िंदगी की वो तड़प है कि अभी ज़िंदा है
फिर भी पीली सी नज़र आती है कुम्हलाई हुई
जिस तरह हिज्र[12] की मारी हो सुहागिन कोई
जैसे दोशीज़ा[13] कोई इश्क़[14] की तरसाई हुई

काश[15] यह फ़स्ले-ज़मिस्तां[16] हो तिरी फ़स्ले-उमीद[17]
हर घड़ी आये मसर्रत[18] के फ़साने[19] लेकर
मुन्तज़िर[20] रहती हैं जिसके लिए दोशीज़ायें[21]
रोज़-ओ-शब[22] आयें वो राहत[23] के ख़ज़ाने लेकर
गांव में शोर[24] है, हंगामा है, आवाज़ें हैं
पक चुके खेत तो खलियान में आता है अनाज
दूर आकाश पे उड़ते हुए बगलों की क़तार[25]
हुस्न[26] को तेरे मिले इश्क़-ओ-मुहब्बत[27] का ख़िराज[28]

अय मेरी जां, मुझे इज़्ने-सुख़न - आराई[29] दे
नौ - बहार[30] आई है, नग़्मों[31] पे बहार आ जाये
नौ - बहाराने - गुल - अन्दाम[32] के दिन हंसने लगें
इनकी बेताब[33] तमन्ना[34] को क़रार[35] आ जाये

---

1. संसार के प्राण, 2. फूलों की दौलत, 3. मज़बूत, 4. बर्फ़ और वर्षा, 5. ठंडी, 6. बर्फ़ में डूबी हुई, ठंडी, 7. कांपती, 8. ग्रीष्म ऋतु, 9. गर्मी, 10. खोज, 11. इलाज, 12. विरह, 13. कुमारी, 14. प्रेम, 15. क्या ही अच्छा हो, 16. शरद् ऋतु, 17. आशाओं का मौसम, 18. खुशी, आनंद, 19. कहानियां, 20. प्रतीक्षा में, 21. कुमारियां, 22. दिन-रात, 23. सुख, चैन, 24. कोलाहल, 25. पंक्ति, 26. सौंदर्य, 27. प्रेम, 28. लगान, राजकर, 29. शाइरी का निमंत्रण, 30. नव वसंत, 31. गीत, 32. फूल जैसे शरीर, 33. व्याकुल, 34. अभिलाषा, 35. चैन।

भर गयी नाज के ढेरों से ज़मीं[1] की गोदी
बढ़ गयी और भी हर सीने की शौक़अंगेज़ी[2]
दूर से आती है सारस के कलेजे की पुकार
ख़्वाबों[3] में होती है, जज़्बात[4] की रंग-आमेज़ी[5]

फ़स्ल[6] यह वो है कि ख़ुश होते हैं सब मिल जुलकर
जमा हो जाते हैं जब जली हुई आग के पास
घर से बाहर जो निकलते हैं तो सूरज के लिए
सर्दि-ए-जिस्म[7] बढ़ा देती है कुछ धूप की प्यास
ज़ेबे-तन[8] अतलस-ओ - पशमीना - ओ - संजाब -ओ-समूर[9]
अब जो चलती हैं चलें सर्द[10] हवायें हरसू[11]
खिड़कियां बन्द हैं और लिपटी हुई है तन से
भीनी भीनी किसी दोशीज़ा[12] बदन की ख़ुशबू

नौबहारों[13] के यह दिन तुझको करें आसूदा[14]
रंगे-आरिज़[15] से तिरे हुस्न[16] की हो गुलपोशी[17]
ख़ुश करे इश्क़[18] की गुस्ताख़[19] निगाही तुझको
तुझको सरशार[20] करे लज़्ज़ते-हमआग़ोशी[21]
नैशकर[22] रस की लताफ़त[23] से दहन[24] को भर दे
लबे-शीरीं[25] में हो चावल के निवालों[26] की मिठास
तेरी हस्ती[27] से रहे दूर बहुत दर्दे-फ़िराक़[28]
तेरी क़िस्मत में नहीं हिज्र[29] की रातों का हिरास[30]

आख़िरश[31] मौसमे-गुल[32] वीर वसंत आ ही गया
अपने हाथों में लिए इश्क़[33] की रंगीन कमान[34]
काले भौंरों की क़तारों[35] की लचकती डोरी
आम के बौर के तीर आते हैं या प्रेम के बान

---

1. धरती, 2. उत्सुकता, 3. स्वप्न, 4. भावनायें, 5. रंग की मिलावट, 6. मौसम, ऋतु, 7. शरीर की ठंडक, 8. शरीर की शोभा, 9. कपड़े के प्रकार, 10. ठंडी, 11. हर तरफ़, 12. कुमारी, 13. नव वसंत, 14. संतुष्ट, तृप्ट, 15. कपोलों का रंग, 16. सौंदर्य, 17. फूलों के ढकना, 18. प्रेम, 19. उद्दंड, 20. तृप्त, 21. आलिंगन का सुख, 22. गन्ना, 23. कोमलता, मृदुलता, 24. मुंह, 25. मधुर होंठ, 26. कौर, ग्रास, 27. अस्तित्व, 28. विरह का दर्द, 29. विरह, 30. निराशा, 31. आख़िर में, 32. वसंत, 33. प्रेम, 34. धनुष, 35. पंक्ति।

छेदते हैं ये मिरे दिल को, तिरे सीने को
हम तो अय चंद्रबदन इश्क़[1] के मतवाले हैं
हमने कब इश्क़ के देवता से किया है इनकार
हमने क्या शौक़[2] के पैग़ाम[3] कभी टाले हैं

जोशे-गुल[4] यह है कि शाख़ों[5] की झुकी है गर्दन
और हवा चलती है महकी हुई इतराई हुई
झीलें हैं सुर्ख़[6] कटोरों से कंवल के रौशन[7]
औरतें इश्क़ की किरनों से हैं गदराई हुई
दिल सुबुक[8], नर्म रवां[9] शाम हसीन-ओ-शादाब[10]
दिन के ले लेने का अंदाज़[11] इन्हें आता है
जो भी इस फ़स्ल में बालीदः-ओ-रोईदा[12] है
बू-ए-गुल[13] रंगे-बहारां[14] में बदल जाता है

बेला फूला है कि जलते हैं बयाबां[15] में चराग़
नूर[16] का कुंज नज़र आता है मधुबन जैसे
जिस तरह इश्क़ में हंसती है हसीना[17] कोई
जगमगा उठते हैं रुख़सारों[18] के गुलशन[19] जैसे
ज़ाहिदे-ख़ुश्क[20] की भी ख़ैर[21] नहीं है कि रवां[22]
हर तरफ़ हुस्न की और इश्क़ की तनवीरें[23] हैं
नौजवां सीनों में जज़्बात[24] हैं या आवेज़ां[25]
वस्ल[26] के ख़्वाबों[27] की हंसती हुई तस्वीरें[28] हैं

फ़स्ले-गुल[29] आई है या फ़स्ले-ख़िज़ां[30] आई है
एक माशूक़ः-ए-ख़ुर्शीदे-जमाल[31] आई है
कितने दिलकश[32] हैं मिरे मुल्क[33] के मौसम,[34] इनमें
हुस्न की बात करें, इश्क़ पर इसरार[35] करें

---

1. प्रेम, 2. आकांक्षा, 3. संदेश, 4. फूलों का जोश, 5. डालियां, 6. लाल, 7. प्रकाशमान, 8. नाज़ुक, 9. प्रवाहित, 10. सुसिक्त और सुंदर, 11. ढंग, 12. विकसित, 13. फूल की सुगंध, 14. बहारों का रंग, 15. जंगल, 16. प्रकाश, 17. सुंदरी, 18. कपोल, 19. उपवन, 20. शुष्कविरक्त, 21. कुशल, 22. गतिशील, 23. आभा, चमक, 24. भावनायें, 25. लटकती हुई, 26. मिलन, 27. स्वप्न, 28. चित्र, 29. वसंत, 30. हेमन्त, 31. सौंदर्य के सूर्य की प्रेमिका, 32. मोहक, 33. देश, 34. ऋतुयें, 35. आग्रह।

नूरे-महबूब[1] से रौशन करें आंखों के चिराग़
फूल की तरह से ज़िक्रे - लब - ओ - रुख़सार[2] करें

मुसहफ़े - हक़[3] की तरह खोलें किताबे - दिल[4] को
जिसमें जंग और जदल[5] का कोई अफ़साना नहीं
फ़स्ले - गुल[6], फ़स्ले - ख़िज़ां[7], फ़स्ले - ज़मिस्तां[8] है मगर
मौसमे - जंग[9] नहीं, मौसमे - वीराना[10] नहीं

(कालिदास की नज़्म 'ऋतुसंहार' से माख़ूज़)

सावन

मुहम्मद अफ़ज़ल 'अफ़ज़ल'

रसीदा[11] बरसरम[12] हंगामे-बरसात[13]
सजन परदेस हैं, हैहात ! हैहात[14]

घटा कारी चहारों ओर छाई
बिरह की फ़ौज ने कीनी चढ़ाई

अरे जब कूक कोयल ने सुनाई
तमामी[15] तन बदन में आग लाई

अंधेरी रात जुगनू जगमगावे
जले तन को मिरे दूना जलावे

सुनी जब मोर की आवाज़ बन सूं
शिकेब[16] अज़ दिल[17] गया, आराम तन सूं

---

1. प्रेमिका की आभा, 2. कपोलों और होंठों का जिक्र, 3. क़ुरान, 4. दिल की किताब, 5. दुश्मनी, 6. वसंत, 7. हेमन्त, 8. जाड़े, 9. युद्ध का मौसम, 10. तबाही व बरबादी का मौसम, 11. आ पहुंचा, 12. सर पर, 13. बरसात का समय, 14. शोक का सम्बोधक–हाय, हाय, 15. सारा, 16. धैर्य, 17. दिल से।

भरे जल थल भया सरसब्ज़[1] आलम[2]
रहा जल वस्ल[3] का सूखा निहालम[4]

हिंडोले चढ़ रहीं सब नार पिऊ संग
हसद[5] की आग ने जारा[6] मिरा रंग

चला सावन मगर साजन न आये
अरी किन दुतियों[7] ने टोने चलाए

भादों

मुहम्मद अफ़ज़ल 'अफ़ज़ल'

सियह[8] बांदर चहारों ओर छाए
लिया मुझ घेर, पिऊ अजहूं न आये

झड़ी पड़ने लगी और रद[9] गरजा
तमामी तन बदन ज्यों जान लरजा[10]

अकेली देख निस[11] कारी डरावे
तमामी रैन दिन बिरहा सतावे

घटा कारी के अन्दर बीज[12] चमके
डरे जिवरा कड़क सुन देह धमके

पिया बिन सेजरी[13] नागिन भई रे
हंसन खेलन की सगरी सुध गयी रे

सभी सखियां पिया संग सुख करत हैं
हमन सी पापियां नित दुख भरत हैं

---

1. हरा-भरा, 2. संसार, 3. मिलन, 4. पौधा, 5. ईर्ष्या, 6. जलाया, 7. लगाने-बुझानेवाली, 8. काली, 9. बादल, 10. कांपा, 11. रात, 12. बिजली, 13. सेज।

पिया परदेश जा हम कूं बिसारा
न जानूं क्या गुनह देखा हमारा

घटा ग़म की उमड़ छाती सूं आई
अरे दो नैन ने बरखा लगाई

कहो पिऊ की ख़बर पूछूं किसे जाय
लिख़ूं पतियां, किसे देऊं, हाय रे हाय

दुहल[1] रेहलत[2] का भादों ने बजाया
अजहूं लग सांवरा परदेस छाया

('बिकट कहानी' से माख़ूज़)

बरसात

मीर तक़ी 'मीर'

रुत है बरसात की बहुत प्यारी
मौजज़न[3] झीलें नद्दियां सारी

खेत धानों के लहलहे शादाब[4]
कर रहे हैं नज़र की दिलदारी[5]

क्या हरी दूब जंगलों में है
सब्ज़[6] मख़मल से है सिवा प्यारी

हर तरफ़ खिल रहे हैं गुल[7] बूटे
जिनसे शर्मिन्दा बाग़ की क्यारी

---

1. ढोल, नक़्क़ारा, 2. मृत्यु, 3. प्रवाहित, मौजें मारती हुई, 4. हरे-भरे, 5. हमदर्दी, 6. हरा, 7. फूल-पत्तियां।

नन्ही-नन्ही बरसती हैं बूंदें
रूह[1] पर होती है ख़ुशी तारी[2]

सोंदी सोंदी ज़मीन की मट्‌टी
भीनी भीनी चमन की बू[3] प्यारी

कोकिला बगला कोयलें ताऊस[4]
अपनी तानें सुनाते हैं प्यारी

क़ाज़ें[5] मुर्ग़ाबियां[6] बते[7] सुर्ख़ाब[8]
झीलों के साथ करती हैं यारी[9]

शफ़क़े - सुर्ख़[10] रंग लाई है
लालागूं[11] है सिपिहरे - ज़ंगारी[12]

बदलियां छा रही हैं गर्दूं[13] पर
ज़र्द[14] ऊदी[15] सुनहरी ज़ंगारी[16]

सैर मछली भवन की चलकर देख
क्या नुमायां[17] है क़ुदरते - बारी[18]

मछलियों की चमक में है छलबल
जैसे रक़्सां[19] बुताने - फ़रख़ारी[20]

---

1. आत्मा, 2. छायी हुई, 3. गन्ध, 4. मोर, 5. जंगली बतख़ें, 6. जलमुर्ग़ी, 7. बतख़ें, 8. चकवा, 9. दोस्ती, 10. लाल, 11. लाला के फूल जैसा, रक्तवर्ण, 12. ज़ंग लगा हुआ आकाश, 13. आकाश, 14. पीली, 15. भूरी, 16. ज़ंग के रंग की, 17. प्रकट, 18. खुदा की कुदरत, 19. नृत्य करते हुए, 20. मूर्तियां।

कसरते-बारिश[1]

मीर तक़ी 'मीर'

क्या कहूं अबके कैसी है बरसात
जोशे-बारां[2] से बह गये हैं पात

बूंद थमती नहीं है अबके साल
चर्ख़[3] गोया[4] है आब - दर - ग़रबाल[5]

जैसे दरिया उबलते देखे हैं
यां सौ परनाले चलते देखे हैं

वही यकसां[6] अंधेरे बरसे हैं
आसमां[7] चश्मे-वा[8] को तरसे हैं

माह-ओ-ख़ुर्शीद[9] अब निकलते हैं
तारे डूबे हुए उछलते हैं

रोज़-ओ-शब[10] यां हमेशा झमका है
इन दिनों रंगे-बर्क़[11] चमका है

अब्रे-रहमत[12] है या कि ज़हमत[13] है
एक आलम[14] ग़रीक़े-रहमत[15] है

न है जलसा[16] न रब्ते-यारां[17] है
शहर में है तों बाद-ओ-बारां[18] है

---

1. वर्षा की अधिकता, 2. वर्षा का ज़ोर, 3. आकाश, 4. अर्थात्, 5. छलनी में पानी, 6. एक-जैसा, 7. आकाश, 8. खुली आंख, 9. चांद-सूरज, 10. रात-दिन, 11. बिजली का रंग, 12. दया के बादल, 13. कष्ट, 14. संसार, 15. रहमत में डूबा हुआ, 16. महफ़िल, 17. दोस्तों से मेल-जोल, 18. हवा और बारिश।

आदमी हैं सो कब निकलते हैं
मर्दुमे-आबी[1] फिरते चलते हैं

हर तरफ़ हैं नज़र में अब्र सियाह[2]
पानी है जिस तरफ़ को करिये निगाह

लिखिये क्या मीर मेंह की तुग़ियानी[3]
हो गयी है सियाही भी पानी

('जश्ने-होली-ओ-कतख़ुदाई' से माख़ूज़)

बरसात की बहारें

'नज़ीर' अकबराबादी

हैं इस हवा में क्या-क्या बरसात की बहारें
सब्ज़ों[4] की लहलहाहट, बाग़ात[5] की बहारें
बूंदों की झमझमाहट, क़तरात[6] की बहारें
बरसात के तमाशे, हर घात की बहारें
क्या क्या मची हैं यारो बरसात की बहारें

बादल हवा के ऊपर हो मस्त छा रहे हैं
झड़ियों की मस्तियों से धूमें मचा रहे हैं
पड़ते हैं पानी हरजा[7], जल-थल बना रहे हैं
गुलज़ार[8] भीगते हैं सब्ज़े[9] नहा रहे हैं
क्या क्या मची हैं यारो बरसात की बहारें

---

1. पानी में रहनेवाले मानव, 2. काले बादल, 3. तूफ़ान, 4. हरियाली, 5. बाग़ (ब.व.), 6. बूंदें, 7. हर जगह, 8. बाग़, उपवन, 9. हरियाली।

मारे हैं मौज डाबर दरिया[1] दुवंड[2] रहे हैं
मोर-ओ-पपीहे कोयल क्या-क्या रुमंड[3] रहे हैं
झड़ कर रही हैं झरियां, नाले उमंड रहे हैं
बरसे हैं मेंह झड़ाझड़ बादल चुमंड रहे हैं
क्या क्या मची हैं यारो बरसात की बहारें

जंगल सब अपने तन पर हरियाली सज रहे हैं
गुल, फूल, झाड़, बूटे कर अपनी धज रहे हैं
बिजली चमक रही है, बादल गरज रहे हैं
अल्लाह के नक़ारे नौबत के बज रहे हैं
क्या क्या मची हैं यारो बरसात की बहारें

सब्ज़ों की लहलहाहट, कुछ अब्र[4] की सियाही[5]
और छा रही घटायें, सुर्ख़[6] और सफ़ेद काही
सब भीगते हैं घर घर ले माह ता ब माही[7]
यह रंग कौन रंगे तेरे सिवा इलाही[8]
क्या क्या मची हैं यारो बरसात की बहारें

क्या क्या रखे है यारब[9] सामान तेरी क़ुदरत[10]
बदले है रंग क्या-क्या हर आन तेरी क़ुदरत
सब मस्त हो रहे हैं पहचान तेरी क़ुदरत
तीतर पुकारते हैं "सुब्हान[11] तेरी क़ुदरत"
क्या-क्या मची हैं यारो बरसात की बहारें

बोलें बये, बटेरें, क़ुमरी[12] पुकारे कू कू
पी पी करे पपीहा, बगले पुकारें तू तू
क्या हुदहुदों[13] की हक़-हक़ क्या फ़ाख़्ता की हू-हू
सब रट रहे हैं तुझको, क्या पंख क्या पखेरू
क्या क्या मची हैं यारो बरसात की बहारें

---

1. नदियां, 2. जोश मारना, 3. शोर मचाना, 4. बादल, 5. अंधकार, 6. लाल, 7. चांद और मछली, अर्थात् ऊपर से नीचे तक, 8. खुदा, 9. या खुदा, 10. लीला, 11. वाह वाह, 12. एक पक्षी, 13. एक पक्षी।

जो ख़ुश हैं वे ख़ुशी में काटे हैं रात सारी
जो ग़म में हैं, उन्हूं पर गुज़रे है रात भारी
सीनों से लग रही हैं जो हैं पिया की प्यारी
छाती फटे है उनकी जो हैं बिरह की मारी
क्या क्या मची हैं यारो बरसात की बहारें

जो वस्ल[1] में हैं उनके जूड़े महक रहे हैं
झूलों में झूलते हैं, गहने झमक रहे हैं
जो दुख में हैं, सो उनके सीने फड़क रहे हैं
आहें निकल रही हैं आंसू टपक रहे हैं
क्या क्या मची हैं यारो बरसात की बहारें

गाती है गीत कोई झूले पे करके फेरा
मारू जी[2] आज कीजो यां रैन का बसेरा
है ख़ुश, किसी को आकर है दर्द-ओ-ग़म[3] ने घेरा
मुंह ज़र्द[4] बाल बिखरे और आंखों में अंधेरा
क्या क्या मची हैं यारो बरसात की बहारें

और जिनको अब मुहैया[5] हुस्नों[6] की ढेरियां हैं
सुर्ख़[7] और सुनहरे कपड़े इशरत[8] की घेरियां हैं
महबूब[9] दिलबरों[10] की ज़ुल्फ़ें[11] बिखेरियां हैं
जुगनू चमक रहे हैं, रातें अंधेरियां हैं
क्या क्या मची हैं यारो बरसात की बहारें

कितनों को महलों अन्दर है ऐश[12] का नज़ारा[13]
या सायबान[14] सुथरा या बांस का ओसारा[15]
करता है सैर कोई कोठे का ले सहारा
मुफ़लिस[16] भी कर रहा है पौले तले गुज़ारा
क्या क्या मची है यारो बरसात की बहारें

1. मिलन, 2. जंगजू, लड़ाका, माशूक़ को इस तरह मुख़ातिब किया जाता है, 3. शोक, 4. पीला, 5. प्राप्त, 6. सुंदरी, 7. लाल, 8. ऐश्वर्य, 9. प्रेमिका, 10. दिल लेनेवाला, 11. बाल, लटें, 12. विलास, 13. दृश्य, दर्शन, 14. छज्जा, 15. बरामदा, 16. ग़रीब, निर्धन।

कोई पुकारता है लो यह मकान[1] टपका
गिरती है छत की भट्टी और सायबान[2] टपका
छलनी हुई अटारी,[3] कोठा निदान टपका
बाक़ी था इक ओसारा सो वह भी आन टपका
क्या क्या मची हैं यारो बरसात की बहारें

सब्ज़ों[4] पे बीर बहूटी[5], टीलों उपर धतूरे
पिस्सू से मच्छरों से रोये कोई बिसूरे
बिच्छू किसी को काटे कीड़ा किसी को घूरे
आंगन में कनसलाई, कोनों में कनखजूरे
क्या क्या मची हैं यारो बरसात की बहारें

जिस गुलबदन[6] के तन में पोशाक[7] सौसनी[8] है
सो वह परी तो ख़ासी काली घटा बनी है
और जिसपे सुर्ख़[9] जोड़ा, या ऊदी[10] ओढ़नी है
उस पर तो सब घुलावट बरसात की छनी है
क्या क्या मची हैं यारो बरसात की बहारें

और जिस सनम[11] के तन में जोड़ा है ज़ाफ़रानी[12]
गुलनार[13] या गुलाबी, या ज़र्द,[14] सुर्ख़[15], धानी[16]
कुछ हुस्न[17] की चढ़ाई और कुछ नई जवानी
झूलों में झूलते हैं, ऊपर पड़े है पानी
क्या क्या मची हैं यारो बरसात की बहारें

कोई तो झूलने में झूले की डोर छोड़े
या साथियों में अपने पांवों से पांव जोड़े
बादल खड़े हैं सर पर बरसे हैं थोड़े-थोड़े
बूंदों से भीगते हैं लाल और गुलाबी जोड़े
क्या क्या मची हैं यारो बरसात की बहारें

---

1. घर, 2. छज्जा, 3. कोठा, 4. हरियाली, 5. लाल मख़मल जैसा कीड़ा, 6. फूल जैसे शरीरवाली, 7. वस्त्र. 8. नीली, 9. लाल, 10. भूरी, नीली, 11. मूर्ति, प्रेमिका, 12. केसरी, 13. लाल, अनार के रंग का, 14. लीला, 15. लाल, 16. हल्का, हरा, 17. सौंदर्य।

कितने शराब पीकर हो मस्त छक रहे हैं
मय[1] की गुलाबी[2] आगे प्याले छलक रहे हैं
होता है नाच घर-घर घुंघरू झनक रहे हैं
पड़ता है मेंह झड़ाझड़ तबले खड़क रहे हैं
क्या क्या मची हैं यारो बरसात की बहारें

हैं जिनके तन मुलाइम[3] मैदे की जैसे लोई
वो इस हवा में ख़ासी ओढ़े फिरे हैं लोई
और जिनकी मुफ़्लिसी[4] ने शर्म-ओ-हया[5] है खोई
है उनके सरपे सिरकी या बोरिये की खोई
क्या क्या मची हैं यारो बरसात की बहारें

जो इस हवा में यारो दौलत[6] में कुछ बड़े हैं
हैं उनके सर पे छत्री हाथी उपर चढ़े हैं
हमसे ग़रीब ग़ुर्बा, कीचड़ में गिर पड़े हैं
हाथों में जूतियां हैं और पायंचे चढ़े हैं
क्या क्या मची हैं यारो बरसात की बहारें

है जिन कने मुहैया[7] पक्का पकाया खाना
उनको पलंग पे बैठे झड़ियों का हज़[8] उठाना
है जिनको अपने घर में पान नोन तेल लाना
है सर पे उनके पंखा या छाज है पुराना
क्या क्या मची हैं यारो बरसात की बहारें

कहता है कोई अपने महबूब-सीमबर[9] से
इस मेंह में तुम न जाओ प्यारे हमारे घर से
कोई कहे है अपने दिलदार[10] खुशनज़र[11] से
हाथों से मेरे जानी खा ले यह दो अंदरसे[12]
क्या क्या मची हैं यारो बरसात की बहारें

1. शराब, 2. शराब, 3. कोमल, 4. दरिद्रता, 5. लज्जा, 6. धन, 7. प्राप्त, 8. आनंद, 9. चांदी जैसे शरीरवाला, 10. प्रेमिका, 11. सुंदर आंखोंवाला, 12. एक मिठाई।

कीचड़ से हो रही है जिस जा[1] ज़मीं[2] फिसलनी
मुश्किल हुई है वां से हर इक को राह चलनी
फिसला जो पांव, पगड़ी मुश्किल है फिर संभलनी
जूती गिरी तो वां से क्या बात फिर निकलनी
क्या क्या मची हैं यारो बरसात की बहारें

गिरकर किसी के कपड़े दलदल में हैं मुअत्तर[3]
फिसला कोई किसी का कीचड़ में मुंह गया भर
इक-दो नहीं फिसलते, कुछ इनमें आन, अकसर[4]
होते हैं सैकड़ों के सर नीचे पांव ऊपर
क्या क्या मची हैं यारो बरसात की बहारें

यह रुत वो है कि जिसमें ख़ुर्द-ओ-कबीर[5] खुश हैं
अदना[6], ग़रीब, मुफ़्लिस[7], शाह-ओ-वज़ीर[8] ख़ुश हैं
माशूक़[9] शाद-ओ-ख़ुर्रम[10], आशिक़[11] असीर[12] ख़ुश हैं
जितने हैं अब जहां[13] में सब अय 'नज़ीर' ख़ुश हैं
क्या क्या मची हैं यारो बरसात की बहारें

बरखा रुत

ख़्वाजा अल्ताफ़ हुसैन 'हाली'

गर्मी की तपिश[14] बुझाने वाली
सर्दी का पयाम[15] लाने वाली
क़ुदरत[16] के अजाइबात[17] की कान[18]
आरिफ़[19] के लिए किताबे-इरफ़ान[20]

---

1. जगह, 2. धरती, 3. भीगे हुए, 4. अधिकांश, 5. छोटे-बड़े, 6. दरिद्र, 7. निर्धन, 8. राजा और मंत्री, 9. प्रेमिका, 10. प्रसन्न, 11. प्रेमी, 12. क़ैदी, 13. संसार, 14. गर्मी, 15. संदेश, 16. प्रकृति, 17. विचित्रतायें, 18. खान, 19. ज्ञानी, 20. ब्रह्मज्ञान की पुस्तक।

वो शाख़-ओ-दरख़्त[1] की जवानी
वो मोर-ओ-मलख़[2] की ज़िंदगानी[3]
वो सारे बरस की जान[4] बरसात
वह कौने-ख़ुदा की शान[5] बरसात
आई है बहुत दुआओं[6] के बाद
और सैकड़ों इल्तिजाओं[7] के बाद
बरसात का बज रहा है डंका
इक शोर[8] है आसमा[9] पे बरपा[10]
है अब्र[11] की फ़ौज आगे आगे
औ पीछे हैं दल के दल हवा के
हैं रंग-बरंग के रिसाले[12]
गोरे हैं कहीं कहीं हैं काले
है चर्ख़[13] पे छावनी-सी छाती
एक आती है फ़ौज[14] एक जाती
मेंह का है ज़मीं[15] पर दड़ेड़ा[16]
गर्मी का डुबो दिया है बेड़ा[17]
बिजली है कभी जो कौंद जाती
आंखों में है रौशनी-सी आती
घंघोर घटायें छा रही हैं
जन्नत[18] की हवायें आ रही हैं
कोसों है जिधर निगाह जाती
क़ुदरत[19] है नज़र ख़ुदा का आती
सूरज ने निक़ाब[20] ली है मुंह पर
और धूप ने तह किया है बिस्तर
बाग़ों ने किया है ग़ुस्ले-सेहत[21]
खेतों को मिला है सब्ज़ ख़िलअत[22]

---

1. डाली और वृक्ष, 2. टीटरी, एक पक्षी, 3. जीवन, 4. प्राण, 5. लीला, 6. प्रार्थना, 7. विनती, 8. कोलाहल, 9. आकाश, 10. छाया हुआ, 11. बादल, 12. सेना की टुकड़ियां, 13. आकाश, 14. सेना, 15. धरती, 16. हमला, 17. नवसेना, 18. स्वर्ग, 19. प्रकृति, लीला, 20. मुख पट, 21. स्वास्थ्य-स्नान, 22. राज पुरस्कार।

सब्ज़े से है कोह-ओ-दश्त[1] मामूर[2]
है चार तरफ़ बरस रहा नूर[3]
फूलों से पटे हुए हैं कोहसार[4]
दूल्हा से बने हुए हैं अशजार[5]
पानी से भरे हुए हैं जल थल
है गूंज रहा तमाम[6] जंगल
करते हैं पपीहे पीहू पीहू
और मोर चिंघाड़ते हैं हर सू[7]
कोयल की है कूक जी लुभाती
गोया कि है दिल में बैठी जाती
मेंडक जो हैं बोलने पे आते
संसार को सर पे हैं उठाते
अब्र[8] आया है घिर के आसमां[9] पर
कलमे[10] हैं ख़ुशी के हर ज़बां[11] पर
जाता है कोई मल्हार[12] गाता
है देस में कोई गुनगुनाता
खम[13] बाग़ों में जा-ब-जा[14] गड़े हैं
झूले हैं कि सू-ब-सू[15] पड़े हैं
कुछ लड़कियां बालियां हैं कमसिन[16]
जिनके हैं ये खेलकूद के दिन
हैं फूल रही ख़ुशी से सारी
और झूल रही हैं बारी-बारी
जब गीत हैं मिल के सारी गाती
जंगल को हैं सर पे वो उठाती
इक सबको खड़ी झुला रही है
इक गिरने से ख़ौफ़[17] खा रही है
है इनमें कोई मलार गाती
और दूसरी पेंग है चढ़ाती

---

1. हरियाली, 2. जंगल और पहाड़, 3. भरा हुआ, 4. प्रकाश, 5. पहाड़ी क्षेत्र, 6. वृक्ष, पेड़, 7. संपूर्ण, 8. हर तरफ़, 9. आकाश, 10. वाक्य, वचन, 11. वाणी, 12. एक राग, 13. खम्भे, 14. जगह-जगह, 15. जगह-जगह, 16. कम उम्र, 17. भय।

गाती है कभी कोई हिंडोला
कहती है कोई बिदेसी ढोला
नद्दी नाले चढ़े हुए हैं
तैराकों के दिल बढ़े हुए हैं
ज़ोरों पे चढ़ा हुआ है पानी
मौजों की हैं सूरतें डरानी[1]
नावें हैं कि डगमगा रही हैं
मौजों के थपेड़े खा रही हैं
मल्लाहों के उड़ रहे हैं औसां[2]
बेड़े का ख़ुदा ही है निगहबां[3]
मंझदार की रौ यह ज़ोर पर है
मछली को भी जान का ख़तर[4] है

फ़ज़ा-ए-बर्शगाल[5]

मुंशी दुर्गा सहाय 'सुरूर' जहानाबादी

उठा वो झूम के साक़ी[6] चमन में अब्रे-बहार[7]
चटक रहे हैं शगूफ़े[8] बरस रही है फुवार

सहीक़दों[9] का है जमघट कनारे-आबे-रवां[10]
कि ब्रज में लबे-जमुना[11] है गोपियों की क़तार[12]

ताराना-रेज़[13] है यूं शाख़े-सर्व[14] पर क़ुमरी[15]
कि जैसे गाती हो मधुबन में कोई सुंदर नार

है मोतियों की लड़ी या क़तार[16] बगलों की
हवा में उड़ते हैं जुगनू कि छूटते हैं अनार

---

1. भयानक, 2. होश, 3. देखभाल करनेवाला, 4. भय, 5. वर्षा का वातावरण, 6. मदिरा वितरक, 7. बहार का बादल, 8. कलियां, 9. सीधे और लम्बे आकार की, सुन्दरियां, 10. प्रवाहित जल, 11. यमुना के किनारे, 12. पंक्ति, 13. गीत छेड़ रही है, 14. सर्व की डाली, 15. कोयल, 16. पंक्ति।

अजब निशात[1] है बादाकशो[2] चलो तो सही
पयामे-ऐश[3] है लाया चमन में अब्रे-बहार

आमदे-अब्र[4]

'बेनज़ीर' शाह

घटा ऊदी ऊदी[5] क्या छा गयी
बहारे-चमन[6] रंग पर आ गयी

परों को इधर मोर तोले हुए
घटायें उधर बाल खोले हुए

वो कोयल ग़ज़ब नै[7] बजाती हुई
पपीहों से तानें लड़ाती हुई

हवा दोश[8] पर शाल डाले हुए
घटाओं के आंचल संभाले हुए

घटायें, वो बगलों की हर सू[9] क़तार[10]
कि जुलमत[11] में आबे-हयात[12] आशकार[13]

सियाही[14] में यह उजली-उजली लकीर[15]
रवां[16] दामने-कोह[17] में जू-ए-शीर[18]

ज़मीं-ओ-फ़लक[19] पर है मस्ती का शोर[20]
गरजते ही बादल के चिल्लाए मोर

कभी अब्र[21] गिरियां[22] कभी ख़न्दाज़न[23]
है दीवाने का स्वांग चर्खे़-कुहन[24]

---

1. आनंद, 2. मदिरा पीनेवालो, 3. ऐश का संदेश, 4. बादल का आगमन, 5. भूरी, 6. चमन की शोभा, 7. बंशी, 8. कंधा, 9. हर तरफ़, 10. पंक्ति, 11. अंधकार, 12. अमृत, 13. अकट, 14. अंधेरा, 15. रेखा, 16. प्रवाहित, 17. पहाड़ का दामन, 18. दूध की नदी, 19. धरती और आकाश, 20. कोलाहल, 21. बादल, 22. रोना, 23. मुस्कान, 24. पुराना, गगन।

फ़लक[1] पर गरजता है अब्रे-मुतीर[2]
ज़मीं पर न क्यों रिन्द[3] गायें कबीर

यह बारीक बूंदें यह गहरी घटा
यह सब्ज़ः-ए-ख़ुनक[4] और ठंडी हवा

दरख़्तों[5] से ताइर[6] उड़े क्या मजाल[7]
फुहारों ने डाला है जाली का जाल

गरज बादलों की सुनाती हुई
बहार आई डंके बजाती हुई

जो करता है शोख़ी[8] कुछ अब्रे-रवां[9]
लगाती हैं कोड़े उसे बिजलियां

घटा रक़्स[10] परवाज़े-मस्ती[11] है आज
कि मोरों पे आवाज़ें कसती है आज

बुलंदी[12] को नज़रों में तोले हुए
ये परियां उड़ीं बाल खोले हुए

हर एक अपनी रफ़अत[13] दिखाने लगी
कि गर्दूं[14] में थिगली लगाने लगी

सियह[15] मस्त बादल जो छाए हैं आज
ये पा-बोसे-साक़ी[16] को आये हैं आज

---

1. आकाश, 2. बरसता हुआ बादल, 3. शराबी, 4. ठंडी हरियाली, 5. वृक्ष, पेड़, 6. पक्षी, 7. साहस, 8. चंचलता, 9. प्रवाहित बाल, 10. नृत्य, 11. मस्ती में, 12. ऊंचाई, 13. ऊंचाई, 14. गगन, 15. काले, 16. साक़ी के पांव चूमने।

बरसात की बहार

मुंशी द्वारका प्रसाद 'उफ़ुक़' लखनवी

रुत आई हुस्न-ओ-इश्क़अंगेज़[1] फ़सले-ख़ुशगवार[2] आई
बहार[3] आई बहार आई बहार आई बहार आई

कभी ऊदी घटा छाई कभी काली घटा उठ्‌टी
जब उठ्‌टी दिल लुभानेवाली मतवाली घटा उठ्‌टी

चमक दिखलाके कौंदा[4] इस तरह ख़ामोश होता है
कोई झलकी दिखाकर जिस तरह रूपोश[5] होता है

गुबारे-दिल[6] ज़मीं[7] का धुल गया बादल के पानी से
जड़ें सींचीं गई सब्ज़े की आबे-ज़िंदगानी[8] से

हरी खेती हुई शादाबिः-ए-किश्ते-ज़राअत[9] से
पड़ा सूखे हुए धानों में पानी आबे-रहमत[10] से

सितम[11] है नाज़[12] से रखना क़दम ज़ुहरा-जबीनों[13] का
क़यामत[14] है उठाकर पायंचे चलना हसीनों[15] का

है चौथी[16] की दुल्हन की सी जवानी मुर्ग़ज़ारों[17] पर
फ़ज़ा[18] गुलज़ार की क़ुर्बान[19] है इनकी बहारों पर

पपीहे ने कहीं पी पी कहा कोयल कहीं कूकी
कहीं धुन बांध दी शमशाद[20] पर क़ुमरी[21] ने कू कू की

---

1. सौंदर्य और प्रेमप्रद, 2. सुहाना मौसम, 3. शोभा, 4. बिजली, 5. छुपना, 6. दिल का मैल, 7. धरती, 8. जीवन-जल, 9. खेत की सेराबी, 10. खुदा की दया का पानी, 11. अत्याचार, 12. अदा, नखरे, 13. आभायुक्त ललाटवाली, 14. प्रलय, 15. सुन्दरियों, 16. विवाह के दूसरे दिन चौथी की रस्म होती है, 17. बाग़, 18. वातावरण, 19. न्योछावर, 20. सरो, 21. कोयल।

कहीं जंगल में उड़कर नाचती कब्के-दरी[1] आई
यह गोया क़ाफ़[2] से बज़्मे-सुलेमां[3] में परी आई

कहीं ताऊस[4] का गुल[5] है कहीं झंकार झींगुर की
कहीं है जांफ़िज़ाई[6] कोकिला के दिलरुबा[7] सुर की

चमकते हैं नई सज-धज अनोखी शान से जुगनू
चमकते हैं गुलू-ए-यार[8] में जिस शाम से जुगनू

तुयूरे-खुशनवा[9] नख़्लों[10] पे रस लेते हैं फूलों का
फली फूली हुई शाख़ें[11] मज़ा देती हैं झूलों का

दरख़्तों[12] पर फटा पड़ता है जोबन सब्ज़ परियों का
हसीनों का छलावा है हवा-ए-सर्द[13] का झोंका

नसीमे-सुब्ह[14] सहने-बाग़[15] में दिन रात चलती है
परिस्तां की परी है छुप के नज़रों से टहलती है

गुलू-ए-कोकिला[16] से लहने-दाऊदी[17] हरी बोला
हुए गुल सुन वो बुलबुल बोलियां जादू-भरी बोला

हुआ शमशाद को सक्ता[18] वो नग़्मे[19] क़ुमरियां गाईं
मलारें मोर ने बुलबुल ने फ़सली ठुमरियां गाईं

कहां तक ज़िक्र हो इस फ़स्ले-ऐशअफ़ज़ा[20] के आलम[21] का
फ़क़त[21] है हिंद में घर इस बहार-अंगेज़[23] मौसम का

---

1. चकोर, 2. एक पर्वत, 3. सुलेमान की महफ़िल, 4.मोर, 5. कोलाहल, 6. आनंद, 7. मधुर, 8. प्रेमिका का गला, 9. मधुर कंठ पक्षी, 10. वृक्ष, पेड़, 11. डालियां, 12. वृक्ष, 13. ठंडी हवा, 14. प्रातःसमीर, 15. बाग़ का आंगन, 16. कोकिला का गला, 17. दाऊद पैग़म्बर के गाने की तान, 18. मूर्च्छारोग, 19. गीत, 20. ऐशदायक मौसम, 21. दशा, 22. केवल, 23. शोभाप्रद।

बरसात की उमंग

सैयद फ़ज़्लुल हसन 'हसरत' मोहानी

घिर के आख़िर आज बरसी है घटा बरसात की
मैकदों[1] में कब से होती थी दुआ[2] बरसात की

मूजिबे-सोज़-ओ-सुरूर[3]-ओ-बाइसे-ऐश-ओ-नशात[4]
ताज़गी बख़्शे[5] दिल-ओ-जां[6] है हवा बरसात की

शामे-सरमा[7] दिलरुबा[8] थी सुब्हे-गर्मा[9] ख़ुशनुमा[10]
दिलरुबातर ख़ुशनुमातर है फ़ज़ा[11] बरसात की

सुर्ख़ पोशिश[12] पर है ज़र्द-ओ-सब्ज़[13] बूटों की बहार
क्यों न हों रंगीनियां तुझ पर फ़िदा[24] बरसात की

देखनेवाले हुए जाते हैं पामाले - हवस[15]
देखकर छब तेरी अय रंगीं अदा बरसात की

लाज़िम-ओ-मलज़ूम[16] है अब्रे-तर-ओ-दामाने-तर[17]
दरख़ुरे-रहमत[18] है 'हसरत' यह ख़ता[19] बरसात की

---

1. मदिरालय, 2. प्रार्थना, 3. नशे और गर्मी का कारण, 4. सुख और आनंद का कारण, 5. प्रदान करे, 6. दिल और जान, 7. सर्दी की शाम, 8. मनोहर, 9. गर्मी का प्रातःकाल, 10. सुहावना, 11. वातावरण, 12. वस्त्र, 13. पीले और हरे, 14. क़ुर्बान, न्योछावर, 15. अत्यधिक लालसा से नष्ट, 16. अनिवार्य और आवश्यक, 17. आर्द्र बादल और आर्द्र दामन, 18. दया की पात्र, 19. अपराध, ग़लती।

बरसात की पहली घटा

'जोश' मलीहाबादी

क्या जवानी है फ़ज़ा[1] में, मरहबा[2] सद[3] मरहबा
चल रही है रूह[4] को छूती हुई ठंडी हवा
आ रही है दूर से काफ़िर[5] पपीहे की सदा
हुस्न[6] उठा है ख़ाक[7] से अंगड़ाइयां लेता हुआ

झूमकर बरसी है क्या बरसात की पहली घटा

आर्ज़ू[8] में हैं तलातुम[9], जोश अर्मानों[10] में है
हसरतों[11] में वलवले[12] हैं, ताज़गी जानों में है
नौजवानी का तबस्सुम[13] सर्द[14] मैदानों में है
रौशनी है दश्त[15] में ख़ुशबू बयाबानों[16] में है

झूमकर बरसी है क्या बरसात की पहली घटा

मुतरिबों[17] ने साहिलों[18] पर जाके छेड़े हैं सितार
हल धरे कांधों पे हंसते जा रहे हैं काश्तकार[19]
मस्त है जंगल में चरवाहा चमन में जू-ए-बार[20]
गा रहा है नाख़ुदा[21] दरिया[22] के सीने पर मलार

झूमकर बरसी है क्या बरसात की पहली घटा

बस्तियों में नै[23] है गर्मे-ज़मज़मा[24], जंगल में बांस
जी उठी है धूप के मारे हुए मैदां[25] में घास
ले रहे हैं फूल इत्मीनान[26] से बाग़ों में सांस
अब्र[27] के नाख़ुन ने दिल से खींच ली गर्मी की फांस

झूमकर बरसी है क्या बरसात की पहली घटा

---

1. वातावरण, 2. वाह-वाह, 3. सौ, 4. आत्मा, 5. विधर्मी, ज़ालिम, 6. सौंदर्य, 7. धूल, 8. अभिलाषा, 9. जोश, 10. आकांक्षा, 11. अपूर्ण इच्छा, 12. जोश, 13. मुस्कान, 14. ठंडे, 15. जंगल, 16. निर्जन स्थान, 17. गायक, 18. किनारा, 19. किसान, 20. बहती हुई नदी, 21. नाविक, मल्लाह, 22. नदी, 23. बंसी, 24. गीत, 25. मैदान, 26. संतोष, 27. बादल।

माहपैकर[1] लड़कियां रंगीनियों पर तुल गईं
रंग की पुड़ियां हज़ारों एक दिन में खुल गईं
ली जो गहरी सांस दिल की कुलफ़तें[2] सब घुल गईं
गर्द[3] कुछ इस तरह से बैठी कि आंखें खुल गईं

झूमकर बरसी है क्या बरसात की पहली घटा

भर दिए पानी ने जल थल, नद्दियां बहने लगीं
छोड़कर शानों[4] पे ज़ुल्फ़ें[5] मुस्कुराए नाज़नीं[6]
आज है ग़र्क़े-सफ़ेदी[7], सुर्ख़[8] थी कल जो ज़मीं[9]
सर्द[10] पानी चूसकर ज़र्रों[11] ने आंखें बन्द कीं

झूमकर बरसी है क्या बरसात की पहली घटा

छा गयी लो दफ़अतन[12] आमों के बाग़ों पर बहार[13]
उठ रही है सोंधी-सोंधी सी शमीमे-ख़ुशगवार[14]
शाख़[15] पर कोयल ग़ज़लख़्वां[16] है लबे-जू[16] मैगुसार[18]
गा रहे हैं, रख के डोली नीम के नीचे कहार

झूमकर बरसी है क्या बरसात की पहली घटा

पड़ रहा है तेज़ पानी, पक रही हैं पूरियां
रक़्स[19] करता जा रहा है मौजे-बारां[20] में धुआं
महवशों[21] की ज़ेब-ओ-ज़ीनत[22] अलहफ़ीज़-ओ-अलअमां[23]
हर कलाई में नज़र आती हैं धानी चूड़ियां

झूमकर बरसी है क्या बरसात की पहली घटा

---

1. चांद जैसे सुन्दर डीलडौल वाली, 2. तकलीफ़ें, 3. धूल, 4. कंधों, 5. लटें, बाल, 6. सुन्दरियां, 7. सफेदी में डूबी हुई, 8. लाल, 9. धरती, 10. ठंडा, 11. कण, 12. सहसा, 13. शोभा, फ़सल, 14. सुहानी हवा, 15. डाली, 16. ग़ज़ल गाने में लीन, 17. नदी के किनारे, 18. मदिरा पीनेवाले, 19. नृत्य, 20. बरसात की मौज, 21. चांद जैसी आभा वाली सुन्दरियां, 22. शोभा और शृंगार, 23. खुदा सुरक्षित रखे।

अब्र[1] के सैलाब[2] में डूबा हुआ है जुज़्व-ओ-कुल[3]
ख़ार[4] की नब्ज़ों[5] में भी दौड़ा हुआ है ख़ूने-गुल[6]
सहन में पानी है और पानी में है बच्चों का ग़ुल[7]
इक तरफ़ लकड़ी की कश्ती[8] इक तरफ़ मट्टी का पुल

झूमकर बरसी है क्या बरसात की पहली घटा

बाहमी[9] आवेज़िशें[10] ग़मख़्वारियां[11] सी बन गईं
बेज़री[12] की कुलफ़तें[13] ज़रदारियां[14] सी बन गईं
भर गया पानी, ज़मीं पर धारियां सी बन गईं
जा ब जा मट्टी जो सिमटी क्यारियां सी बन गईं

झूमकर बरसी है क्या बरसात की पहली घटा

ज़िंदगी की सर्द[15] नब्ज़ों[16] में हरारत[17] आ गयी
मुनइमों[18] में .ख़ुल्क़[19] कांटों में नज़ाक़त[20] आ गयी
हिज्र[21] के अफ़सुर्दा[22] चेहरों पर बशाशत[23] आ गयी
हद है .ख़ुशचश्मों[24] की आंखों में मुरव्वत[25] आ गयी

झूमकर बरसी है क्या बरसात की पहली घटा

---

1. बादल, 2. बाढ़, 3. अंश और संपूर्ण, 4. कांटा, 5. धमनियों में, 6. फूल का रक्त, 7. शोर, कोलाहल, 8. नाव, 9. परस्पर, 10. मेल-जोल, 11. सहानुभूति, 12. निर्धनता, 13. कष्ट, 14. धनाढ्यता, 15. ठंडी, 16. नाड़ी, 17. गर्मी, 18. धनी लोग, 19. शिष्टाचार, 20. कोमलता, 21. विरह, 22. उदास, 23. प्रसन्नता, 24. बेमुरव्वत, 25. लिहाज़।

बरसात

(आसाढ़, सावन और भादों)

अब्दुल मजीद 'शम्स'

आसाढ़ आया, बारिश[1] न आई मगर
हर इक की सू-ए-आसमां[2] है नज़र

है शिद्दत[3] से बरसात का इन्तिज़ार[4]
परेशां[5] बहुत है दिले-काश्तकार[6]

कि अब निकले जाते हैं खेती के दिन
न देखें कहीं .खुश्कसाली[7] के दिन

मकई और कितारी[8] हैं अफ़सुर्दाहाल[9]
झुकाए हुए सर है हर नौनिहाल[10]

हर इक दिन क़यामत[11] हर इक शब[12] बला[13]
अज़ीयत[14] में मख़लूक़[15] है मुब्तिला[16]

यकायक[17] घटा आसमां पर उठी
हर इक सिम्त[18] तेज़ी से बढ़ने लगी

हवा थी जो साकित[19] हुई तेज़-पा[20]
चली दोश[21] पर लेके काली घटा

बरसने लगा अब्रे-तर[22] टूटकर
हुई किरनें .खुर्शीद[23] की बेअसर[24]

---

1. वर्षा, 2. आकाश की ओर, 3. तीव्रता, 4. प्रतीक्षा, 5. व्याकुल, 6. किसान का दिल, 7. सूखा, अकाल, 8. गन्ना, 9. उदास, 10. पौधा, 11. प्रलय, 12. रात, 13. बिपत्ति, 14. कष्ट, 15. जनसाधारण, 16. ग्रस्त, 17. सहसा, 18. ओर, तरफ़, 19. स्थिर, 20. तीव्र गति, 21. कंधों, 22. आर्द्र बादल, 23. सूर्य, 24. निर्जीव, निष्प्रभ।

नमी[1] फ़त्ह[2] ख़ुश्की[3] पे पाने लगी
नई ज़िंदगी मुस्कुराने लगी

जो कुछ देर के बाद बारिश रुकी
घरों से निकलने लगे आदमी

जो पानी का बच्चों ने देखा बहाव
चलाने लगे अपनी काग़ज़ की नाव

जो बदला समां[4] आन की आन में
मवेशी[5] निकल आये मैदान में

धुली गर्द[6] पत्ते चमकने लगे
दरख़्तों[7] पे ताइर[8] चहकने लगे

उमंगें किसानों की ताज़ा हुईं
उमीदें[9] नई दिल में पैदा हुईं

जो बारिश से मट्टी में आई तरी[10]
जली घास होने लगी फिर हरी

नहाकर तर-ओ-ताज़ा[11] थीं झाड़ियां
पहनने लगीं फिर नई साड़ियां

ख़ुशी से लगीं झूमने डालियां
बजाने लगीं पत्तियां तालियां

---

1. आर्द्रता, 2. विजय, 3. सूखा, 4. वातावरण, 5. पशु, 6. धूल, 7. वृक्ष, पेड़, 8. पक्षी, 9. आशायें, 10. गीलापन, आर्द्रता, 11. गीली और ताज़ी।

(2)

जो बादल की आमद[1] है अब पै-ब-पै[2]
शब-ओ-रोज़[3] मेंह मूसलाधार है

झड़ी है यह सावन की बादल हैं मस्त
सभी बादाख़्वारों[4] के जागे हैं बख़्त[5]

घने बादलों का लटकना कभी
सिमटना कभी और भटकना कभी

है कजरी का मौसम, हैं झूलों के दिन
"उमंगों की रातें मुरादों[6] के दिन"

जिधर देखिए है ज़मीं[7] सब्ज़पोश[8]
नई दूब हर जा[9] ज़ुमुर्रुद-फ़रोश[10]

जिधर देखिए खेत हैं धान के
जो यकसर[11] हैं पानी में डूबे हुए

हो आहर कि पोखर हो नाला कि टाल
फ़रावानि-ए-आब[12] से हैं निहाल[13]

झलकती है पानी की लहरों पे धूप
निराला है बारिश से फ़ितरत[14] का रूप

है दिलकश[15] बहुत धान की रोपनी
ज़रा गांव में जाके देखे कोई

---

1. आगमन, 2. बार-बार, 3. दिन-रात, 4. शराब, 5. भाग्य, 6. अभिलाषा, 7. धरती, 8. हरी-भरी, 9. हर जगह, 10. पन्ना विक्रेता, हरी-भरी, 11. बिल्कुल, 12. पानी की अधिकता, 13. पौधे, 14. प्रकृति, 15. आकर्षक।

हैं इक झुंड में गांव की लड़कियां
लिए हाथ में धान की मोरियां

वो झुक-झुक के मोरी को हैं रोपतीं
मिलाकर गला गीत गाती हुईं

(3)

महीना है भादों का बादल हैं मस्त
फ़ज़ा में यह रक़्सां[1] हैं बाला-ओ-पस्त[2]

चली आ रही है घटा पर घटा
नमी[3] से है बोझल क़बा-ए-फ़ज़ा[4]

बंधा है कई दिन से बारिश का ज़ोर
है हर सिम्त[5] सैलाब[6] का ज़ोर-ओ-शोर

हो नद्दी कि नाला हो आहर कि डाब
छुपे हैं सभी आजकल ज़ेरे-आब[7]

वो पानी चला बांध को तोड़कर
वो नद्दी बढ़ी अपना रुख़[8] मोड़कर

लबालब[9] है हर खेत अब आब[10] से
ख़ज़ाने हैं पानी के हर जा भरे

नई मट्टी अब आ गयी खेत में
बड़ी ताज़गी आ गयी खेत में

---

1. नृत्य करती हुई, 2. ऊंचे और नीचे, 3. आर्द्रता, 4. माहौल की क़बा, 5. ओर, 6. बाढ़, 7. पानी के नीचे, 8. मुंह, 9. परिपूर्ण, 10. पानी।

मरेगा न अब धान है यह यक़ीं[1]
है उम्मीद उगलेगी सोना ज़मीं[2]

रबी की जो उम्मीद अब बंध गयी
न पूछो किसानों के दिल की ख़ुशी

ओ देस से आने वाले बता

'अख़्तर' शीरानी

ओ देस से आने वाले बता

ओ देस से आने वाले बता
किस हाल[3] में हैं याराने - वतन[4]
आवारः - ए - गुर्बत[5] को भी सुना
किस रंग[6] में हैं कनआने - वतन[7]
वो बाग़े-वतन[8] फ़िर्दौसे - वतन[9]
वो सर्वे - वतन,[10] रेहाने - वतन[11]

ओ देस से आने वाले बता

ओ देस से आने वाले बता

क्या अब भी वहां के बाग़ों में
मस्ताना हवायें आती हैं ?
क्या अब भी वहां के पर्वत पर
घनघोर घटायें छाती हैं ?
क्या अब भी वहां की बरखायें
वैसे ही दिलों को भाती हैं ?

ओ देस से आने वाले बता

1. विश्वास, 2. धरती, 3. दशा, 4. मित्रगण, 5. परदेश में भटकने वाला, 6. दशा, हाल, 7. देश की सुंदरियां, 8. देश के उपवन, 9. देश का स्वर्ग, 10. देश के सरौ, 11. देश की घास।

ओ देस से आनेवाले बता

क्या अब भी वतन में वैसे ही
सरमस्त[1] नज़ारे[2] होते हैं ?
क्या अब भी सुहानी रातों को
वो चांद सितारे होते हैं ?
हम खेल जो खेला करते थे, क्या
अब भी वो सारे होते हैं ?

ओ देस से आने वाले बता

ओ देस से आने वाले बता

क्या अब भी शफ़क़[3] के सायों में
दिन रात के दामन मिलते हैं ?
क्या अब भी चमन[4] में वैसे ही
ख़ुशरंग[5] शिगूफ़े[6] खिलते हैं ?
बरसाती हवा की लहरों से
भीगे हुए पौदे हिलते हैं

ओ देस से आने वाले बता

ओ देस से आने वाले बता

शादाब-ओ-शिगुफ़्ता[7] फूलों से
मामूर[8] हैं गुलज़ार[9] अब कि नहीं ?
बाज़ार में मालन लाती है
फूलों के गुंधे हार अब कि नहीं ?

---

1. नशीले, मस्त, 2. दृश्य, 3. लाली, 4. उपवन, 5. सुंदर, 6. कलियां, 7. ताज़े और सुसिक्त, 8. परिपूर्ण, 9. उपवन।

और शौक़[1] से टूटे पड़ते हैं
नौ उम्र[2] ख़रीदार अब कि नहीं ?

ओ देस से आने वाले बता

ओ देस से आने वाले बता

क्या शाम पड़े गलियों में वही
दिलचस्प[3] अंधेरा होता है ?
और सड़कों की धुंधली शम्ओं[4] पर
सायों का बसेरा होता है ?
बाग़ों की घनेरी शाख़ों[5] में
जिस तरह सवेरा होता है ?

ओ देस से आने वाले बता

ओ देस से आने वाले बता

क्या अब भी वहां वैसी ही जवां[6]
और मध भरी रातें होती हैं ?
क्या रात भर अब भी गीतों की
और प्यार की बातें होती हैं ?
वो हुस्न[7] के जादू चलते हैं
वो इश्क़[8] की घातें होती हैं ?

ओ देस से आने वाले बता

ओ देस से आने वाले बता

क्या अब भी महकते[9] मंदिर से
नाक़ूस[10] की आवाज़ आती है ?
क्या अब भी मुक़द्दस[11] मस्जिद पर
मस्ताना अज़ां[12] थर्राती है ?

---

1. अभिरुचि, 2. कमउम्र, 3. मनोरंजक, 4. बत्तियों, 5. डालियों, 6. जवान, 7. सौंदर्य, 8. प्रेम, 9. सुगन्धित, 10. शंख, 11. पवित्र, 12. बांग।

और शाम के रंगीं[1] सायों पर
अज़्मत[2] की झलक छा जाती है ?

ओ देस से आने वाले बता

ओ देस से आने वाले बता

क्या अब भी वहां के पनघट पर
पनहारियां पानी भरती हैं ?
अंगड़ाई का नक़्शा बन बनकर
सब माथे पे गागर धरती हैं ?
और अपने घरों को जाते हुए
हंसती हुई चुहुलें[3] करती हैं ?

ओ देस से आने वाले बता

ओ देस से आने वाले बता

बरसात के मौसम अब भी वहां
वैसे ही सुहाने होते हैं ?
क्या अब भी वहां के बाग़ों में
झूले और गाने होते हैं ?
और दूर कहीं कुछ देखते ही
नौ उम्र दिवाने होते हैं ?

ओ देस से आने वाले बता

ओ देस से आने वाले बता

क्या अब भी पहाड़ी घाटियों में
घनघोर घटायें गूंजती हैं ?
साहिल[4] के घनेरे पेड़ों में
बरखा की हवायें गूंजती हैं ?

---

1. रंगीन, 2. महानता, 30. छेड़छाड़, 4. किनारा।

झींगुर के तराने जागते हैं ?
मोरों की सदायें[1] गूंजती हैं ?

ओ देस से आने वाले बता

ओ देस से आने वाले बता

क्या आम के ऊंचे पेड़ों पर
अब भी वो पपीहे बोलते हैं ?
शाख़ों[2] के हरीरी[3] पर्दों में
नग़्मों[4] के ख़ज़ाने खोलते हैं ?
सावन के रसीले गीतों से
तालाब में अमरस घोलते हैं ?

ओ देश से आने वाले बता

ओ देश से आने वाले बता

क्या अब भी किसी के सीने में
बाक़ी है हमारी चाह[5] बता ?
क्या याद हमें भी करता है अब
यारों में कोई आह बता ?
ओ देस से आने वाले बता
लिल्लाह[6] बता, लिल्लाह बता

ओ देस से आने वाले बता

ओ देस से आने वाले बता

क्या गांव में अब भी वैसी ही
मस्ती भरी रातें होती हैं ?
देहात की कमसिन[7] माहवशें[8]
तालाब की जानिब[9] जाती हैं ?

---

1. आवाज़ें, 2. डालियों, 3. रेशमी, 4. गीतों, 5. मुहब्बत, 6. खुदा के लिए, 7. कमउम्र, 8. चंद्रमुखी, 9. ओर।

और चांद की सादा रौशनी में
रंगीन तराने गाती हैं ?

ओ देस से आने वाले बता

ओ देस से आने वाले बता

क्या अब भी गजरदम[1] चरवाहे
रेवड़ को चराने जाते हैं ?
और शाम के धुंधले सायों के
हमराह[2] घरों को आते हैं ?
और अपनी रसीली बांसरियों में
इश्क़[3] के नग़मे[4] गाते हैं ?

ओ देस से आने वाले बता

ओ देस से आने वाले बता

क्या गांव पे अब भी सावन
में बरखा की बहारें छाती हैं ?
मासूम[5] घरों से भोर भए
चक्की की सदायें[6] आती हैं ?
और याद में अपने मैके की
बिछड़ी हुई सखियां गाती हैं ?

ओ देस से आने वाले बता

ओ देस से आने वाले बता

दरिया[7] का वो ख़्वाब-आलूदा[8] सा घाट
और उसकी फ़ज़ायें[9] कैसी हैं ?
वो गांव, वो मंज़र[10] वो तालाब
और उसकी हवायें कैसी हैं ?

---

1. तड़के सवेरे, 2. साथ, 3. प्रेम, 4. गीत, 5. निष्पाप, 6. आवाज़ें, 7. नदी, 8. स्वप्निल, 9. वातावरण, 10. दृश्य।

वो खेत, वो जंगल, वो चिड़ियां
और उनकी सदायें[1] कैसी हैं ?

ओ देस से आने वाले बता

ओ देस से आने वाले बता

आख़िर[2] में यह हसरत[3] है कि बता
वो ग़ारते-ईमां[4] कैसी है ?
बचपन में जो आफ़त[5] ढाती थी
वो आफ़ते-दौरां[6] कैसी है ?
हम दोनों थे जिसके परवाने
वो शम्-ए-शबिस्तां[7] कैसी है ?

ओ देस से आने वाले बता

जाड़े की बहारें

'नज़ीर' अकबराबादी

जब माह अगन का ढलता हो, तब देख बहारें जाड़े की
और हंस-हंस पूस संभलता हो, तब देख बहारें जाड़े की
दिन जल्दी-जल्दी चलता हो, तब देख बहारें जाड़े की
पाला भी बर्फ़ पिघलता हो, तब देख बहारें जाड़े की
चिल्ला ख़म ठोंक उछलता हो, तब देख बहारें जाड़े की

दिल ठोकर मार पछाड़ा हो, और दिल से होती हो कुश्ती सी
थर-थर का ज़ोर अखाड़ा हो, बजती हो सबकी बत्तीसी
हो शोर फफू हू हू हू का, और धूम हो सी सी सी की
कल्ले पर कल्ला लग लगकर चलती हो मुंह में चक्की सी
हर दांत चने से दलता हो, तब देख बहारें जाड़े की

---

1. आवाज़ें, 2. अन्त में, 3. अभिलाषा, 4. ईमान को नष्ट करनेवाली–प्रेमिका, 5. मुसीबत, 6. समय की विपत्ति, 7. शयनागार की शम्अ।

हर एक मकां में सर्दी ने आ बांध दिया हो यह चक्कर
जो हर दम कप कप होती हो, हर आन कड़ाकड़ और थरथर
बैठी हो सर्दी रग-रग[1] में और बर्फ़ पिघलता हो पत्थर
झड़ बांध महावट पड़ती है और तिस पर लहरें ले-लेकर
सन्नाटा बाव का चलता हो, तब देख बहारें जाड़े की

हर चार तरफ़ से सर्दी हो, और सहन[2] खुला हो कोठे का
और तन में नीमा[3] शबनम[4] का हो जिसमें हुस्न[5] का इत्र लगा
छिड़काव हुआ हो पानी का और ख़ूब पलंग भी हो भीगा
हाथों में प्याला शर्बत का हो आगे इक फ़र्राश[6] खड़ा
फ़र्राश भी पंखा झलता हो, तब देख बहारें जाड़े की

हो फ़र्श बिछा ग़ालीचों का और पर्दे छूटे हों आकर
इक गर्म अंगीठी जलती हो, और शमूअ[7] हो रौशन, और तिस पर
वो दिलबर[8], शोख़[9], परी चंचल, है धूम मची जिसकी घर-घर
रेशम की नर्म निहाली[10] पर, सौ नाज़-ओ-अदा[11] से हंस-हंसकर
पहलू के बीच मचलता हो, तब देख बहारें जाड़े की

तर्कीब बनी हो मजलिस[12] की और काफ़िर नाचने वाले हों
मुंह उनके चांद के टुकड़ें हों, तन उनके रुई के गाले हों
पोशाकें[13] नाजुक रंगों की और ओढ़े शाल दुशाले हों
कुछ नाच और रंग की धूमें हों, कुछ ऐश[14] में हम मतवाले हों
प्याले पर प्याला चलता हो, तब देख बहारें जाड़े की

हर एक मकां हो ख़िलवत[15] का और ऐश[16] की सब तैयारी हो
वो जान कि जिससे जी ख़ुश हो सौ नाज़[17] से आ झनकारी हो
दिल देख 'नज़ीर' उसकी छब को हर आन[18] अदा पर वारी[19] हो
सब ऐश मुहैया[20] हो आकर जिस जिस अरमां[21] की बारी हो
जब सब अरमान निकलता हो तब देख बहारें जाड़े की

1. नस-नस, 2. आंगन, 3. एक वस्त्र, 4. ओस, 5. सौंदर्य, 6. फर्श बिछाने वाला, 7. चिराग़, 8. प्रेमिका, 9. चंचल, 10. बिस्तर, 11. नखरे और अदा, 12. गोष्ठी, 13. वस्त्र, 14. विलास, 15. एकान्त, 16. विलास, 17. नख़रे, गर्व, 18. हर समय, 19. न्योछावर, 20. प्राप्त, 21. अभिलाषा।

शिद्दते-सर्मा[1]

मिर्ज़ा मुहम्मद रफ़ी 'सौदा'

सर्दी अबके बरस है इतनी शदीद[2]
सुब्ह निकले है कांपता ख़ुर्शीद[3]

जितना आलम[4] था काश्मीर हुआ
बल्कि कहिए कि ज़महरीर[5] हुआ

इन दिनों चर्ख़[6] पर नहीं है मिहर[7]
गोद में कांगड़ी[8] रखे है पिहर[9]

कुहर पड़ने को कहते हैं सब यार
ठंड से है जहां के दिल में ग़ुबार[10]

लेक[11] देखा जो ग़ौर करके मैं आप
निकले है मुंह से आसमां[12] के भाप

पानी पर जिस जगह कि काई है
सब्ज़[13] वो शाल की रज़ाई है

अक्स[14] पानी में यूं है शक्लपिज़ीर[15]
रहती है ज़ेरे-शीशा[16] जूं तस्वीर[17]

देख गुल[18] पर सबा[19] नहीबे-नबर्द[20]
भरती फिरती है हर तरफ़ दमे-सर्द[21]

सरसरे-सुब्ह[22] जान खोती है
तीर सी दिल के पार होती है

---

1. सर्दी की तीव्रता, 2. तीव्र, प्रचंड, 3. सूर्य, 4. संसार, 5. बेहद ठंडा, 6. आकाश, 7. सूर्य, 8. छोटी-सी मिट्टी की अंगीठी, 9. आकाश, 10. धूल, 11. लेकिन, 12. गगन, 13 हरी, 14. प्रतिबिम्ब, 15. सूरत पकड़ने वाला, 16. शीशे के नीचे, 17. चित्र, 18. फूल, 19. हवा, 20. युद्ध का डर, 21. ठंडी आह, 22. प्रातः समीर।

जिस तरफ़ अब निगाह जावे है
जूही जूं बेद थरथरावे है

दिन की कटती है धूप में औक़ात[1]
काले कम्बल में रात काटे है रात

राद[2] सर्दी के हाथ गर्म फ़रोश[3]
अब्र[4] दोशे-हवा[5] पे बाला पोश[6]

बर्फ़ पड़ती नहीं फ़लक नद्दाफ़[7]
फेंके हैं वास्ते ज़मीं के लिहाफ़[8]

शब[9] जो रख़्शिन्दगी[10] पे बर्क़[11] आये
अब्र[12] में यूं ठिठुर के रह जाये

मुनइमों[13] के घरों में आज और कल
हैं पड़े पर्दे, दहके है मनक़ल[14]

इस पे जाड़े से है यह उनका हाल
नाक से छूटता नहीं रूमाल

कोई अब जा से हिल नहीं सकता
घर से बाहर निकल नहीं सकता

फिर जो कोई निदान[15] निकले है
ठंड के मारे जान निकले है

लिपटे रहते हैं रूई में मजबूर
जिस तरह नाशपाती-ओ-अंगूर

अहले-हिर्फ़ा पे कीजिए जो निगाह
कारोबार[16] उनका हो गया है तबाह[17]

पीटकर सर कहे है भटियारा
हाय अब क्या करूं मैं बेचारा

---

1. प्रतिष्ठा, 2. मेघनाद, 3. विक्रेता, 4. बादल, 5. हवा के कंधे, 6. ढका हुआ, 7. धुनिया, 8. मोटी रज़ाई, 9. रात, 10. चमक, 11. बिजली, 12. बादल, 13. धनी, 14. अंगीठियां, 15. आख़िरकार, 16. कामकाज, 17. नष्ट।

सक़्क़ा[1] बोले है भर के आंख में अश्क[2]
यारो पानी निकालो चीर के मश्क[3]

ग़रज़[4] ऐसी ही कुछ पड़ी है ठंड
मिट गया ज़महरीर[5] का भी घमंड

'सौदा' आख़िर है सर्दी का मज़्कूर[6]
शेर भी गर .ख़ुनुक[7] हों रख माज़ूर[8]

आगे जाता नहीं है अब बोला
हो गयी है ज़बान भी ओला

शबे-सर्मा[9]

मौलवी मुहम्मद हुसैन 'आज़ाद'

अय ज़मिस्तां[10] कहूं किस तरह तेरी रात का लुत्फ़[11]
तेरी शबहा-ए-दराज़[12] और यह बरसात का लुत्फ़

है कोई छींट का ओढ़े हुए फ़र्गुल[13] बैठा
पर फुलाए हुए जैसे कोई बुलबुल बैठा

ओढ़ बैठा कोई सर्दी से लिहाफ़ अपना है
कोई कर बैठा बिछौने को ग़िलाफ़[14] अपना है

कुछ लिहाफ़ों से अभी मुंह को निकाले हैं पड़े
लेकिन अंगीठी को पहलू में संभाले हैं पड़े

---

1. भिश्ती, पानी भरनेवाला, 2. आंसू, 3. परवाल, 4. अर्थात्, 5. बड़ी सर्दी, 6. जिक्र, बगान, 7. ठंडा, 8. मजबूर 9. सर्दी की रात, 10. शीतकाल, 11. आनंद, 12. लंबी रातें, 13. लबादा, 14. ख़ोल।

मारे सर्दी के जिगर सीनों में थर्राते हैं
बच्चे मां बाप की बग़लों में घुसे जाते हैं

कहीं सू-सू कहीं सी-सी कहीं सीटी है
गिर्द[1] सब बैठे हैं और बीच में अंगीठी है

बज़्मे-अहबाब[2] की सुहबत[3] का मज़ा है तुझ से
साज़े-इशरत[4] के लिए बर्ग-ओ-नवा[5] है तुझ से

शबे-सर्मा[6] ही में है गाने बजाने का मज़ा[7]
पान खाने का, गिलौरी के चबाने का मज़ा

सूफ़ी-ओ-रिन्द[8] के जल्से[9] की तू ही साक़ी[10] है
मायः-ए-ऐश-ओ-तरब[11] दम से तिरे बाक़ी है

बस कर अय दिल कि नहीं लिखने की ताक़त बाक़ी
मारे सर्दी के नहीं हाथ में हालत बाक़ी

मेरे अल्लाह तू ही अब है बचाने वाला
तेरे 'आज़ाद' को पाले[12] से पड़ा है पाला[13]

फ़स्ले-सर्मा[14]

'बेनज़ीर' शाह

ढकीं चोटियां बर्फ़ से सर बसर[15]
कि चांदी चढ़ाई है कुहसार[16] पर

खिले फूल गेंदे के वो ज़र्द - ज़र्द[17]
चली आती है क्या हवा सर्द - सर्द[18]

---

1. आस-पास, 2. दोस्तों की महफ़िल, 3. संगति, 4. ऐश का वाद्य, 5. खाने-पीने का सामान, 6. सर्दी की रात, 7. आनंद, 8. सूफ़ी और शराबी, 9. महफ़िल, 10. मदिरा विक्रेता, 11. ऐश और ख़ुशी का सरमाया, 12. सर्दी, 13. सामना, 14. शीतकाल, 15. बिलकुल, 16. पहाड़, 17. पीले, 18. ठंडी।

वो गुलमेंहदी फूली खिले गुलफ़िरंग[1]
चमकता हुआ वो हज़ारे[2] का रंग

वो नीलम के साग़र[3] लिये कासनी
वो सूरज की हम-शक्ल[4] सूरजमुखी

अनारों में कलियां भी लो आ गईं
वो केलों की फलियां भी गदरा गईं

बिही, सेब, अमरूद पकने लगे
वो शाख़ों[5] में कोले चमकने लगे

लदी हैं दरख़्तों[6] में नारंगियां
झुकी पड़ती हैं बोझ से डालियां

ग़ज़ब इश्क़ पेचां की शाख़ों का मेल
वो नाज़ुक[7] वो बारीक पत्ती की बेल

तराशे[8] हैं क़ुदरत[9] ने क्या बेमिसाल[10]
करन फूल याक़ूत[11] के लाल - लाल

वो कुछ फूल सरसों में आने लगे
ज़रा खेत जोबन दिखाने लगे

कहीं छोटे - छोटे वो चेरी के फूल
कहीं ऊदे - ऊदे वो अलसी के फूल

हवा जब उड़ाती है जंगल की रेत
तो क्या लहलहाते हैं गेहूं के खेत

---

1. अंग्रेज़ी फूल, 2. एक फूल, 3. प्याले, 4. एक जैसी, 5. डालियां, 6. वृक्ष, 7. कोमल, 8. काटे हैं, 9. प्रकृति, 10. अद्वितीय, 11. एक रत्न।

जाड़ा और अंगीठी

'जोश' मलीहाबादी

बचपन की अय उदास अंगीठी ख़ुदा गवाह
क्या कहिए तुझ पर आज पड़ी किस तरह निगाह

तू और ख़ाके - सर्द[1] पे यूं मिस्ले - सोगवार[2]
अफ़सोस अय ज़मानः-ए-तिफ़्ली[3] की यादगार

मेरी ही तरह क्या तिरा पहलू भी सर्द[4] है
क्या तेरे आईने पे भी माज़ी[5] की गर्द[6] है

अफ़सोस वो नशात[7] के मौसम, वो ज़मज़मे[8]
जाड़ों की दिलफ़रेब[9] वो रातें, वो चहचहे

शोलों[10] से तेरे हाथ वो उठता हुआ धुआं
वो क़हक़हों की गूंज, वो शीरीं[11] पहेलियां

ख़ुशबू[12] वो तेरी आंच[13] की जांबख़्श-ओ-दिलनवाज़[14]
वो तीरगी[15] में रंग तिरा जैसे दिल में राज़[16]

शोले[17] वो सुर्ख़[18] - सुर्ख़ दिलों में तुले हुए
वो सुर्ख़ियों[19] में नर्म[20] तबस्सुम[21] घुले हुए

शोलों के बार - बार वो अंदाज़े[22] - दिलनशीं[23]
दम[24] भर में ज़रनिगार[25] तो दम भर में सुर्मगीं[26]

---

1. ठंडी धूल, 2. शोकातुर की तरह, 3. बचपन के दिन, 4. ठंडा, 5. भूतकाल, 6. धूल, 7. आनंद, 8. गीत, 9. सुहानी, 10. ज्वाला, 11. मधुर, 12. सुगंध, 13. गर्मी, 14. मोहक और जीवनप्रद, 15. अंधकार, 16. रहस्य, भेद, 17. ज्वाला, 18. लाल, 19. लाली, लिपस्टिक, 20. कोमल, 21. मुस्कान, 22. ढंग, 23. आकर्षक, 24. क्षण-भर, 25. सुनहरी, 26. सुर्मे के रंग के।

डूबी हुई हयात[1] में तेरी वो गर्मियां
वो गर्मियों में लुत्फ़[2] के क़िस्सों[3] की नर्मियां[4]

वो सादगी की बज़्म[5] में बजते हुए सितार
कलियों का कोयलों की चटकना वो बार बार

वो गुंचगी[6] का अहद[7] वो गुलबारियां[8] तिरी
उड़ती हुई हवा में वो चिंगारियां तिरी

वो नर्म[9] - नर्म जिस्म[10], वो तेरी हरारतें[11]
वो ज़िम्मेदारियों से मुअर्रा[12] शरारतें[13]

वो छोकरे अदब[14] से दरों में खड़े हुए
दायाओं के सरों पे वो आंचल पड़े हुए

मामाओं की सफ़ों[15] में वो मुग़लानियों[16] की शान[17]
रखा हुआ वो तख़्त पे चांदी का पानदान

वो तेरे गिर्द-ओ-पेश[18] बसद[19] शाने-इफ़्तिख़ार[20]
आवाज़ पानदान के खुलने की बार - बार

शायाने-आफ़रीं[21] वो ख़्वातीन[22] का शिआर[23]
शोख़ी[24] के रंग में भी वो इक नौअ[25] का वक़ार[26]

वो हैकलें[27] गलों में लबों[28] पर वो लालियां
हिलती हुई वो कानों में सोने की बालियां

वो लौंडियों[29] के रुख़[30] पे निशां[31] ख़ाक धूल के
जूड़े वो ऊंचे - ऊंचे वो मूबाफ़[32] टूल[33] के

---

1. जीवन, 2. आनंद, 3. कहानियां, 4. कोमलता, 5. महफ़िल, 6. कली होने का भाव, 7. युग, 8. फूलों की वर्षा, 9. कोमल, 10. शरीर, 11. गर्मियां, 12. ऊपर, 13. छेड़छाड़, 14. शिष्टता, 15. पंक्तियों, 16. मुग़ल स्त्रियां, 17. वैभव, 18. आसपास, 19. सैकड़ों, 20. गर्व की शान, 21. शाबासी के योग्य, 22. महिलायें, 23. आचरण, 24. चंचलता, 25. प्रकार, 26. गरिमा, 27. हार, 28. होंठ, 29. दासियां, 30. चेहरा, 31. चिह्न, 32. चोटी में बांधने का कपड़ा, 33. टूल, लाल कपड़ा।

वो मर्द-ओ-ज़न[1] लिहाफ़ों के अन्दर घुटे हुए
रोब - आफ़रीं[2] दरों में वो पर्दे छुटे हुए

निचले[3] बैठने से तबीअत का इंतिशार[4]
पहलू रज़ाइयों में बदलना वो बार - बार

हलकी रज़ाइयों की वो अफ़साना - बारियां[5]
अतलस[6] की सुर्ख़ गोट पे वो सुर्ख़[7] धारियां

वो एक बादशाह की बेटी का ज़िक्रे - ख़ैर[8]
वो वलवले जुनूं[9] के वो परियों का शौक़े - सैर[10]

वो मरहमत[11] में ग़र्क़[12] बड़ी बूढ़ियों की ज़ात
वो काटना डली[13] का कहानी के साथ - सात

वो इक अजीब शाने-तरब[14] से मिली हुई
शीरीं[15] हिकायतों[16] में सरौतों की रागनी

क्यों, अब भी याद हैं वो लड़कपन के ज़मज़मे[17]
अय शम्अे - ख़्वाबगाहे - फ़राग़त[18] जवाब दे

जिनको भुला रही हैं हमारी जवानियां
अब उनमें तुझको याद हैं कितनी कहानियां

---

1. स्त्री-पुरूष, 2. रोबीले, 3. शान्त, 4. बेचैनी, 5. कहानियां बनाना, 6. रेशमी कपड़ा, 7. लाल, 8. बयान, 9. उन्माद, 10. सैर का शौक़, 11. दया, 12. डूबी हुई, 13. सुपारी, 14. खुशी की शान, 15. मीठी, 16. वृत्तान्त, 17. गीत, 18. अवकाश।

जाड़ा

अब्दुल मजीद 'शम्स' अज़ीमाबादी

गुलाबी है जाड़ा, सुहानी फ़ज़ा[1]
खुला आसमां और ठंडी हवा
हर इक घर है आसूदा,[2] ग़म[3] है किसे
मकई और मड़बा से मटके भरे
है खेतों में अब धान पककर खड़ा
कहीं बोझ से उसका ख़ोशा[4] झुका
हैं कटनी में मसरूफ़[5] कुछ लड़कियां
झुकी धान पर हैं वो मिस्ले-कमां[6]
कमर में हैं आंचल के पट्टे बंधे
अदा से हैं हाथों में हंसुआ लिये
हैं हाथों में बिजली की जौलानियां[7]
मसर्रत[8] की आंखों में ताबानियां[9]
कोई धान के काटने में लगी
कोई उनके गट्ठों को लेकर चली
है अब जम्अ[10] कुछ धान खलियान में
दमाही[11] के सामान खलियान में
हैं खेतों में गन्ने भी पककर खड़े
सजीले हरे और रस से भरे
हुआ गर किसी का इधर से गुज़र
लगा चूसने एक दो तोड़कर

---

1. वातावरण, 2. समृद्ध, 3. शोक, दुख, 4. बाली, 5. व्यस्त, 6. धनुष के समान, 7. स्फूर्ति, 8. ख़ुशी, 9 चमक, आभा, 10. एकत्र, 11. धान के काटने के बाद खलियान में जमा करते हैं और उसके तनों को ज़मीन पर फैलाकर बैलों से रौन्दवाते हैं जिससे धान के दाने तने से अलग हो जाते हैं।

(2)

बढ़ी और सर्दी जो पूस आ गया
ठिठुरते हैं सर्दी से अब दस्त-ओ-पा[1]
मुसीबत बढ़ी और आया जो माघ
मसल है कि माघ का है बाघ
जो पछवा हवा तेज़ चलने लगी
तो होने लगी जिस्म[2] में कपकपी
सरे-शाम[3] सर्दी से जाती है जां[4]
किसानों को घर में भी कब है अमां[5]
है सर्दी से इस तरह इनका बचाव
जो घर में है बुरसी[6] तो बाहर अलाव
ज़मीं[7] पर बिछाया गया है पयाल
न तोशक[8] न तकिए का कुछ है सवाल
कहीं खेत के पास कुलसार[9] है
जहां सब्ज़ गन्नों का अम्बार[10] है
जो चलती है चक्की निकलता है रस
लगातार मटकों में ढलता है रस
किसान इसको पी पी के होते हैं मस्त
है कुलसार अब उनकी जा-ए-निशस्त[11]
है जाड़े के फूलों की हर सू[12] बहार[13]
नहीं जिनकी क़िस्मों[14] का कोई शुमार[15]
है फूलों पे शबनम[16] की वो आब-ओ-ताब[17]
हो शोलों[18] की मौजों पे जैसे हुबाब[19]
ख़ज़ाने हैं फ़ितरत[20] के हर जा खुले
जिसे ज़ौक़[21] हो सैर इनकी करे
अजब शान से खिल रहे हैं गुलाब
उमंडता है जाड़ों में इनका शबाब[22]

---

1. हाथ-पांव, 2. शरीर, 3. संध्याकाल, 4. प्राण, 5. सुरक्षा, शांति, 6. मिट्टी की अंगीठी, 7. धरती, 8. गदेला, 9. चर्ख़ी, 10. ढेर, 11.बैठक, 12. हर तरफ़, 13. शोभा, 14. प्रकार, 15. गिनती, हिसाब, 16. ओस, 17. चमक, 18. ज्वाला, 19. बुलबुला, 20. प्रकृति, 21. रुचि, शौक़, 22. यौवन।

अलग सबकी ख़ूबी[1] अलग सबकी ख़ू[2]
किसी में है रंगत किसी में है बू[3]
कोई सुर्ख़[4] है और गुलाबी कोई
कोई है सफ़ेद और बसंती कोई
किसी में है रंगे - शफ़क़[5] शोलाबार[6]
किसी में है नूरे-सहर[7] का निखार
नज़ाकत[8], लताफ़त[9], मलाहत[10], चमक
लगावट, सजावट, तरावट, महक[11]
हर इक हुस्न-ओ-ख़ूबी[12] का पैकर[13] गुलाब
फ़रोग़े - नज़र[14] रूह - परवर[15] गुलाब

गर्मी की शिद्दत[16]

'अनीस'

कोसों किसी शजर[17] में न गुल[18] थे न बर्ग - ओ - बार[19]
एक-एक नख़्ल[20] जल रहा था सूरते - चिनार[21]
हंसता था कोई गुल न लहकता था सब्ज़ाज़ार[22]
कांटा हुई थी सूख के हर शाख़[23] बारदार[24]

गर्मी न थी कि ज़ीस्त[25] से दिल सबके सर्द[26] थे
पत्ते भी मिस्ले-चेहरः-ए-[27]मदक़ूक़[28] ज़र्द[29] थे

शेर उठते थे न धूप के मारे कछार से
आहू न[30] मुंह निकालते थे सब्ज़ाज़ार[31] से

---

1. गुण, 2. आदत, 3. गंध, 4. लाल, 5. शफ़क़ का रंग, 6. आग बरसाने वाला, 7. प्रभात का प्रकाश, 8. कोमलता, 9. मृदुलता, 10. सलोनापन, 11. सुगंध, 12. सौंदर्य और गुण, 13. आकार, 14. नज़र की चमक, 15. प्राणवर्धक, 16. तीव्रता, 17. पेड़, वृक्ष, 18. फूल, 19. पत्ते और फल, 20. पेड़, 21. चिनार की तरह, 22. हरियाली, 23. डाली, 24. फलदार, 25. ज़िंदगी, 26. ठंडे, 27. चेहरे की तरह, 28. क्षयग्रस्त, 29 पीले, 30. हिरन, 31. चारागाह।

आईना मिहर[1] का मुक़द्दर[2] ग़ुबार[3] से
गर्दूं[4] को तप चढ़ी थी ज़मीं के बुख़ार से

गर्मी से मुज़तरिब[5] था ज़माना[6] ज़मीन पर
भुन जाता था जो गिरता था दाना ज़मीन पर

गर्मी का मौसम

ख़्वाजा अल्ताफ़ हुसैन 'हाली'

गर्मी से तड़प रहे थे जानदार
और धूप में तप रहे थे कुसहार[7]
भूबल से सिवा था रेगे-सेहरा[8]
और खौल रहा था आबे-दरिया[9]
थी लूट सी पड़ रही चमन में
और आग सी लग रही थी बन में
आरे थे बदन पे लू के चलते
शोले[10] थे ज़मीन से निकलते
थी सब की निगाह सू-ए-अफ़लाक[11]
पानी की जगह बरसती थी ख़ाक[12]
पंखे से निकली जो हवा थी
वो बादे-समूम[13] से सिवा[14] थी
सात आठ बजे से दिन छुपे तक
जानदारों पे धूप की थी दस्तक
बाज़ार पड़े थे सारे सुनसान
आती थी नज़र न शक्ले-इंसान[15]
चलती थी दुकान जिनकी दिन रात
बैठे थे वो हाथ पर धरे हात
ख़िलक़त[16] का हुजूम[17] कुछ अगर था

1. सूरज, 2. मलिन, 3. धूल, 4. आकाश, 5. बेचैन, 6. संसार, 7. पहाड़ी क्षेत्र, 8. रेगिस्तान की रेत, 9. नदी का पानी, 10. ज्वाला, 11. आकाश की ओर, 12. धूल, 13. लू, 14. अधिक, 15. मानव, 16. जनसाधारण, 17. जमघट।

था पियाऊ पे या सबील[1] पर था
पानी से थी सबकी ज़िंदगानी[2]
मेला था वहां जहां था पानी
थीं बर्फ़ पर नीयतें लपकती
फ़ालूदे पे राल थी टपकती
बच्चों का हुआ था हाल बेहाल
कुमलाए हुए थे फूल से गाल[3]
आंखों में था उनके प्यास से दम
थे पानी को देख करते मम - मम
पानी दिया गर किसी ने लाकर
फिर छोड़ते थे न मुंह लगाकर
तख़सीस[4] थी कुछ न मेरी तेरी
पानी से न थी किसी को सेरी[5]
कल शाम तलक तो थे यही तौर
पर रात से है समां[6] ही कुछ और
पुरवा की दुहाई फिर रही है
पछवा से .ख़ुदाई[7] फिर रही है
बरसात का बज रहा है डंका
इक शोर[8] है आसमां[9] पर बरपा[10]

गर्मी का मौसम

मौलवी मुहम्मद इस्माईल 'इस्माईल'

मई का आन पहुंचा है महीना
बहा चोटी से एड़ी तक पसीना
बजे बारह तो सूरज सर पे आया
हुआ पैरों तले पोशीदा[11] साया

---

1. पियाऊ, 2. जीवन, 3. कपोल, 4. विशेषता, 5. तृप्ति, 6. वातावरण, 7. संसार, 8. कोलाहल, 9. आकाश, 10. फैला, 11. छुपा हुआ।

चली लू और तड़ाके की पड़ी धूप
लपट है आग की गोया कड़ी धूप
ज़मीं[1] है या कोई जलता तवा है
कोई शोला[2] है या पछवा हवा है
दर-ओ-दीवार[3] हैं गर्मी से तपते
बनी - आदम[4] हैं मछली से तड़पते
न पूछो कुछ ग़रीबों के मकां[5] की
ज़मीं का फ़र्श है छत आसमां[6] की
न पंखा है न टट्टी है न कमरा
ज़रा सी झोंपड़ी मेहनत का समरा[7]
अमीरों को मुबारक हो हवेली
ग़रीबों का भी है अल्लाह बेली[8]

गर्मी और देहाती बाज़ार

'जोश' मलीहाबादी

दोपहर, 'बाज़ार'[9] का दिन, गांव की ख़िलक़त[10] का शोर[11]
ख़ून की प्यासी शुआयें[12] रूहफ़र्सा[13] लू का ज़ोर

आग की रौ, कारोबारे - ज़िंदगी[14] का पेच - ओ - ताब[15]
तुन्द[16] शोले, सुर्ख़[17] ज़र्रे, गर्म झोंके, आफ़ताब[18]

शोर, हलचल, ग़लग़ला, हैजान[19], लू, गर्मी, ग़ुबार[20]
बैल, घोड़े, बकरियां, भेड़ें, क़तार अन्दर क़तार[21]

---

1. धरती, 2. ज्वाला, 3. दरवाज़े और दीवारें, 4. इंसान, मानव, 5. घर, 6. आकाश, 7. फल, 8. सहायक, मददगार, 9. हाट, 10. जनसाधारण, 11. क़ोलाहल, 12. किरणें, 13. रूह को घटानेवाला, 14. जीवन का कामकाज़, 15. मोड़, 16. प्रचंड, 17. लालकण, 18. सूर्य, 19. कम्पन, 20. धूल, 21. पंक्ति।

धूप की शिद्दत[1], हवा की यूरिशें[2], गर्मी की रौ[3]
कमलियों पर सुर्ख़[4] चावल, टाट के टुकड़ों पे जौ

गर्म ज़र्रों के शदाइद[5], झक्कड़ों[6] की सख़्तियां[7]
झक्कड़ो में खांसते बूढ़ों की चिल्मों का धुआं

मांओं के कांधों पे बच्चे गर्दनें डाले हुए
भूक की आंखों के तारे, प्यास के पाले हुए

बाम-ओ-दर[8] लरज़े[9] हुए ख़ुर्शीद[10] के आफ़ात[11] से
हर नफ़स[12] इक आंच सी उठती हुई ज़र्रात[13] से

मर्द-ओ-ज़न[14] गर्दिश[15] में चीलों की सदा[16] सुनते हुए
चिलचिलाती धूप की रौ में चने भुनते हुए

म्यान से मौसम की तेग़े[17] - बे - अमां[18] निकली हुई
प्यास से इंसान - ओ - हैवां[19] की ज़बां निकली हुई

लू के मारे बाम - ओ - दर[20] की रूह[21] घबराई हुई
दोस्तों की शक्ल[22] पर बेगानगी[23] छाई हुई

यूं शुआयें[24] सायः - ए - अशजार[25] से छनती हुई
बेमुरव्वत[26] की सपाट आंखों की जैसे रौशनी

आसमां पर अब्र[27] के भटके हुए टुकड़ों का रम[28]
नशे में मुमसिक[29] का जैसे वादः - ए - जौद - ओ - करम[30]

---

1. प्रचंडता, 2. वर्षा, हमले, 3. वर्षा, 4. लाल, 5. तीव्रता, 6. तेज़ हवा, 7. कष्ट, 8. छत और दरवाज़े, 9. कम्पायमान, 10. सूर्य, 11. विपत्ति, 12. सांस, 13. कण, 14. नर-नारी, 15. चक्र, 16. आवाज़, 17. तलवारें, 18. बिना सुरक्षा के, 19. मनुष्य और पशु, 20. छत और द्वार, 21. आत्म, प्राण, 22. सूरत, 23. अनजानपन, अनभिज्ञता, 24. किरणें, 25. वृक्षों की छांव, 26. जिनमें लिहाज़ न हो, 27. बादल, 28. भागना, 29. कंजूस, 30. अत्याचार और दया का वचन।

हर रविश[1] पर चिड़चिड़ापन, हर सदा[2] में बेरुख़ी[3]
हर जिगर भुनता हुआ, हर झोपड़ी पकती हुई

सर पे काफ़िर[4] धूप जैसे रूह[5] पर अक्से - गुनाह[6]
तेज़ किरनें, जैसे बूढ़े सूदख़्वारों[7] की निगाह

गर्मी

(बैसाख और जेठ)

'शम्स' अज़ीमाबादी

परेशान[8] है इस वक़्त हर आदमी
कि गर्मी है यह जेठ बैसाख की

ग़ज़ब की है लू और कड़ी धूप है
बला जेठ बैसाख की धूप है

दहकती ज़मीं, आसमां शोला बार[9]
हैं सूखे हुए सरबसर[10] किश्तज़ार[11]

हैं झुलसी हुई हर तरफ़ झाड़ियां
नहीं घास तक का ज़मीं पर निशां

सिमट आये हैं बाग़ में सब चरिन्द[12]
छुपे बैठे हैं पत्तियों में परिंद[13]

हैं खेत इन दिनों सारे सूखे पड़े
भरे इनमें कांटे हैं छोटे बड़े

1. पुश्ता, 2. आवाज़, 3. रूखापन, 4. विधर्मी, अत्याचारी, 5. प्राण, 6. पापों का प्रतिबिम्ब, 7. ब्याज खानेवाले, 8. व्याकुल, 9. ज्वाला बरसाता हुआ, 10. बिल्कुल 11. खेत, 12. पशु, 13. पक्षी।

मगर खेत गन्नों के हैं जा ब जा[1]
तर-ओ-ताज़गी जिनकी है दिलकशा[2]

अलग सब से अंदाज़[3] है बाग़ का
हरी पत्तियों और फलों से भरा

ख़ज़ाने हैं पानी के ज़ेरे-ज़मीं[4]
कहीं दूर पर, पास ही में कहीं

इन्हीं से हैं शादाब[5] सारे शजर[6]
इन्हीं से हैं बालीदा[7] बर्ग-ओ-समर[8]

फ़रेबे - नज़र[9] रंग - आराइयां[10]
हैं फ़ितरत[11] की हर सम्त[12] गुलकारियां[13]

कहीं लीचियों के गुलाबी समर[14]
बहार[15] इनसे है बाग़ में रंग पर

कहीं फ़ालसा है कहीं मुलसिरी
कहीं जामुनों से हैं शाख़ें झुकी

कहीं कटहलों से तने हैं लदे
कहीं पेड़ हैं बड़हलों से झुके

है आमों से हर बाग़, बाग़े-जिनां[16]
है नज़्ज़ारे[17] से जिनके दिल शादमां[18]

जो ज़र्द[19] आलुओं से हैं ज़र्री[20] शजर[21]
तो हैं लाल परियों[22] से लालीं शजर

---

1. जगह-जगह, कहीं-कहीं, 2. आनंददायक, 3. अदा, हाव-भाव, 4. धरती के नीचे, 5. हरे-भरे, 6. वृक्ष, 7. विकसित, 8. पत्ते और फल, 9. नज़र का धोखा, 10. सजावटें, 11. प्रकृति, 12. दिशा, 13. फूल बाज़ियां, 14. फल, 15. वसंत, शोभा, 16. स्वर्ग का बाग़, 17. दृश्य, देखना, 18. प्रसन्न, 19. पीले, 20. सुनहरी, 21. वृक्ष, 22. एक आम।

कहीं तोतापरियों[1] से रंगीं है बाग़
कहीं है सफ़ेदों[2] से रौशन चिराग़

चमकते हैं इस तरह रौशन तबाक़[3]
कि हैं क़ुमक़ुमे ज़ेरे-नीली-रवाक़[4]

जो जाती है चौसों[5] की जानिब नज़र
तो कहता है दिल है 'बहिश्ती समर'[6]

कोई आम हैं शक्ल[7] में लाजवाब[8]
ग़रज़[9] जितने हैं आम उतने सिफ़ात[10]

हुई जेठ की सहपहर[11] अब तमाम[12]
गये लू के झोंके, सुहानी है शाम

हवा की हरारत[13] में आई कमी
दरख़्तों[14] पे आने लगी ताज़गी

घरों से निकल आये इंसान भी
थे गर्मी के मारे परेशां[15] सभी

हवा चलते चलते रुकी यक-बयक[16]
फ़ज़ा[17] पुरसुकूं[18] हो गयी यक-बयक

थी साकित[19] हवा और ज़मीं पुरसुकूं
ख़ामोशी[20] दरख़्तों की थी पुरफ़ुसूं[21]

गरजने की बादल के आई सदा[22]
चमकने लगी बिजलियों से फ़ज़ा

---

1. आम की एक प्रकार, 2. एक आम, 3. एक आम, 4. नीले बादलों के नीचे, 5. एक आम, 6. एक प्रकार का आम, 7. देखने में, रूप, 8. बेमिस्ल, अद्वितीय, 9. अर्थात्, 10. गुण, 11. तीसरा पहर, 12. समाप्त, 13. गर्मी, 14. वृक्षों, 15. व्याकुल, 16. सहसा, 17. वातावरण, 18. शान्त, 19. स्थिर, 20. मौन, 21. रहस्यमयी, 22. आवाज़।

हवा थी जो साकित हुई तेज़गाम[1]
कि अब रख़्शे-फ़ितरत[2] हुआ बेलगाम

ज़मीं से उठी गर्द[3] सू-ए-फ़लक[4]
लगे आंख मलने फ़लक पर मलक[5]

हवा हर तरफ़ ख़ाक उड़ाने लगी
दरख़्तों को झूला झुलाने लगी

गिरीं शाख़ें[6] और पत्तियां टूट कर
गिरे डालियों से समर[7] छूट कर

अजब नश्शे में झूमते थे दरख़्त
ख़ुद अपने क़दम चूमते थे दरख़्त

था अब मूसलाधार पानी का ज़ोर
गरज बादलों की हवाओं का शोर[8]

न ठहरा पै[9] पानी बहुत देर तक
फ़ज़ा साफ़ होने लगी यकबयक

हुआ अब्र[10] दोशे-हवा[11] पर रवां[12]
बदलने लगा रंग फिर आसमां[13]

फिर अंदाज़े-मौसम[14] बदलने लगे
वही झोंके पछवा के चलने लगे

जलाने लगी जेठ की धूप तेज़
हुआ मिहरे-ताबिन्दा[15] फिर शोलारेज़[16]

ज़मीं तप के आतिश[17] उगलने लगी
जो सुलगी हवा, दूब जलने लगी

(मसनवी 'जलव-ए-सद-रंग' से माख़ज़)

---

1. तीव्र गति, 2. प्रकृति का घोड़ा, 3. धूल, 4. गगन की ओर, 5. फ़रिश्ते, 6. डालियां, 7. फल, 8. कोलाहल, 9. मगर, 10. बादल, 11. हवा के कंधे, 12. रवाना, 13. आकाश, 14. मौसम का रंग-ढंग, 15. प्रकाशवान सूर्य, 16. आग बरसानेवाला, 17. आग।

मौसमे-बहार

मिर्ज़ा मुहम्मद रफ़ी 'सौदा'

सजदः-ए-शुक्र[1] में है शाख़े - समरदार[2] हर एक
देखकर बाग़े-जहां[3] में करमे-इज़्ज़-ओ-जल[4]

वास्ते ख़िलअते-नौरोज़[5] के हर बाग़ के बीच
आबजू[6] क़तुअ[7] लगी करने रविश[8] पर मख़मल

बख़्शती[9] है गुले - नौरस्ता[10] की रंग - आमेज़ी[11]
पोशिशे-छींट[12] क़लमकार[13] बहरे-दश्त-ओ-जबल[14]

अक्से-गुलबन[15] पे ज़मीं है कि जिसके आगे
कारे-नक़्क़ाशि-ए-मानी[16] है दोयम[17] वो अव्वल[18]

साय-ए-बर्ग[19] है इस लुत्फ़[20] से हर इक गुल[21] पर
साग़रे-लाल[22] में जूं कीजिए ज़मुर्रुद[23] को हल

बार[24] से आबे - रवां[25] अक्से - हुजूमे - गुल[26] के
लोटे है सब्ज़े पे अज़बस[27] कि हवा है बेकल[28]

आबजू[29] गिर्दे-चमन[30] लमअए-ख़ुर्शीद[31] से है
ख़त्ते-गुलज़ार[32] के सफ़हे[33] पे तिलाई[34] जदवल[35]

चश्मे-नर्गिस[36] की बसारत[37] के ज़िबस[38] है दरपै[39]
गुंचः-ए-लाला[40] ने सुरमे से भरी है मिकजल[41]

---

1. आभार मानने का सिज्दा, 2. फलों से लदी डाली, 3. संसार का उद्यान, 4. भगवान की दया, 5. नौरोज़ का पुरस्कार, 6. नदी, नहर, 7. काटना, 8. पुश्ता, क्यारियों के बीच की जगह, 9. प्रदान करती, 10. नया फूल, 11. रंग भरना, 12. छींट का वस्त्र, 13. एक फूलदार नक़्शीं कपड़ा, 14. जंगल और पहाड़ के लिए, 15. सुर्ख़ गुलाब का प्रतिबिम्ब, 16. मानी (एक प्रसिद्ध चित्रकार, 831-881 ई. की चित्रकारी) की कला, 17. दूसरा, 18. प्रथम, 19. पत्तों की छांव, 20. कृपा, 21. फूल, 22. शराब का प्याला, 23. पन्ना, 24. बोझ, 25. बहता पानी, 26. फूलों के जमघट का प्रतिबिम्ब, 27. बहुत, 28. व्याकुल, 29. नदी, 30. उपवन के आसपास, 31. सूरज का प्रकाश, 32. क्यारी, 33. पृष्ठ, 34. सुनहरी, 35. लकीर, रेखा, 36. नर्गिस की आंख, 37. ज्योति, 38. बहुत, 39. पीछे पड़ी हुई, 40. लाले की कली, 41. सुर्मे की सलाई।

लड़खड़ाती हुई फिरती है ख़याबां[1] में नसीम[2]
पांव रखती है सबा[3] सहन में गुलशन[4] के संभल

(माख़ूज़)

आमदे-बहार

'ग़ालिब'

फिर इस अंदाज़ से बहार आई
हो गये मिहर - ओ - मह[5] तमाशाई[6]

देखो ऐ साकिनाने - ख़ित्तः - ए - ख़ाक[7]
इसको कहते हैं आलम - आराई[8]

कि ज़र्मी हो गयी है सर ता सर[9]
रूकशे - सतहे - चर्खे़ - मीनाई[10]

सब्ज़े को जब कहीं जगह न मिली
बन गया रू - ए - आब[11] पर काई

सब्ज़ः - ओ - गुल[12] के देखने के लिए
चश्मे - नर्गिस[13] को दी है बीनाई[14]

है हवा में शराब की तासीर[15]
बादा - नोशी[16] है बादा - पैमाई[17]

क्यों न दुनिया को हो .ख़ुशी 'गालिब'
शाहे - दीदार[18] ने शिफ़ा[19] पाई

1. क्यारी, 2. हवा, 3. हवा, 4. उपवन, 5. चांद और सूरज, 6. तमाशा देखनेवाले, 7. मिट्टी के क्षेत्र के वासियो, 8. संसार की सजावट, 9. नितान्त, 10. नीले आकाश की तरह, 11. पानी की सतह, 12. फूल और हरियाली, 13. नर्गिस की आंख, 14. ज्योति, 15. असर, 16. मदिरापान, 17. शराबख़ोरी, 18. धर्मात्मा बादशाह, 19. रोग मुक्ति।

बहार आई

'अकबर' इलाहाबादी

बहार आई खिले गुल[1] ज़ेबे-सहने-बोस्तां[2] होकर
अनादिल[3] ने मचाई धूम सरगर्मे - फ़ुग़ां[4] होकर

बिछा फ़र्शे - ज़ुमुर्रुद[5] एहतिमामे-सब्ज़ः-ए-तर[6] में
चली मस्तानावश[7] बादे - सबा[8] अम्बरफ़िशां[9] होकर

उरूजे - नश्शः - ए - नश्व - ओ - नमा[10] से डालियां झूमीं
तराने[11] गाए मुर्ग़ानि - चमन[12] ने शादमां[13] होकर

बलायें शाख़े - गुल[14] की लीं नसीमे - सुब्हगाही[15] ने
हुई कलियां शिगुफ़्ता[16] रू-ए-रंगीने-बुतां[17] होकर

जवानाने - चमन[18] ने अपना अपना रंग दिखलाया
किसी ने यासमन[19] होकर किसी ने अर्ग़ुवां[20] होकर

किया फूलों ने शबनम[21] से वुज़ू[22] सहने-गुलिस्तां[23] में
सदा-ए-नग़्मः-ए-बुलबुल[24] उठी बांगे - अज़ां[25] होकर

हवा-ए-शौक़[26] में शाख़ें[27] झुकीं ख़ालिक़[28] के सजदे[29] को
हुई तस्बीह[30] में मसरूफ़[31] हर पत्ती ज़बां[32] होकर

ज़बाने - बर्गे - गुल[33] ने की दुआ रंगीं इबारत[34] की
ख़ुदा सरसब्ज़ रक्खे इस चमन को महरबां[35] होकर

---

1. फूल. 2. उपवन की शोभा, 3. बुलबुल, 4. आर्तनाद में लीन, 5. पन्ने का फ़र्श, 6. हरियाली के तत्वावधान में, 7. मस्तों की तरह, 8. प्रातः समीर, 9. सुगंध बिखेरती हुई, 10. विकास के नशे का उत्थान, 11. गीत, 12. उपवन के पक्षी, 13. ख़ुश, 14. फूल की डाली, 15. प्रातः समीर, 16. ताज़ी, 17. सुन्दरियों के चेहरे, 18. उपवन के जवान, 19. चमेली, 20. लाल, 21. ओस, 22. नमाज़ से पहले हाथ-मुंह धोना, 23. उपवन, 24. बुलबुल के गीत की आवाज़, 25. अज़ान की आवाज़, 26. अभिरुचि, 27. डालियां, 28. सृष्टा, 29. नतमस्तक, 30. माला, 31. व्यस्त, 32. ज़बान, जिह्वा, 33. फूल की पत्ती की ज़बान, 34. हरा-भरा, 35. मेहरबान, दयालु।

बहार

'बेनज़ीर' शाह

बहार आई निखरे निहाले[1]-चमन
बदलने लगे नख़्ल[2] रख़्ते-कुहन[3]

वो बूटों में कल्ले[4] लगे फूटने
अनादिल[5] के चुहले लगे छूटने

दरख़्तों[6] ने पहना वो धानी लिबास
लबे-नहर[7] सब्ज़ा[8] ज़ुमुर्रुद असास[9]

नई पत्तियां वो चमकने लगीं
वो खिलखिल के कलियां महकने लगीं

बनफ़शा[10] कहीं सुम्बुले-तर[11] कहीं
कहीं सौसन - ओ - गुल[12] बहार - आफ़रीं[13]

खिले फूल बेले के वो लाजवाब[14]
वो फूले हज़ारों तरह के गुलाब

वो फूली चम्बेली खिला मोगरा
खिली चांदनी बाग़ में जा - ब - जा[15]

वो फूलों पे उड़ती हुई तितलियां
वो छत्तों से झुकने लगीं टहनियां

भरी गोद शाख़ों की असमार[16] से
टपकने लगा शहद अशजार[17] से

वो गदराए फल रंग लाने लगे
अनार अपना जोबन दिखाने लगे

---

1. पौधे, 2. वृक्ष, 3. पुराने कपड़े, 4. अंकुर, 5. बुलबुल, 6. वृक्ष, 7. नहर के किनारे, 8. हरियाली, 9. बुनियाद, 10. एक फूल, 11. ताज़ी बालछड़, 12. सेवती और गुलाब, 13. बहार दिखानेवाला, 14. अद्वितीय, 15. जगह-जगह, 16. फल, 17. वृक्ष।

वो अंगूर वो रसभरी लीचियां
लटकती हैं आमों में वो कैरियां

वो सह्‌रा[1] की देखे कोई अब बहार[2]
कि फूलों से हर शाख़[3] है शोलाज़ार[4]

वो फूला हुआ ढाक भी हर तरफ़
लगाए है इक आग सी हर तरफ़

वो सरसों के फूलों की बू तेज़-ओ-तुन्द[5]
जिसे सूंघते ही खुले ज़हने-कुन्द[6]

दिखांते हैं इस वक़्त क्या क्या फबन[7]
चमकती हो चांदी की जैसे किरन

किधर से यह आई हवा या - अजीब[8]
मगर है करौंदे का जंगल क़रीब[9]

करनफूल अकोबर[10] लिये बेशुमार[11]
दिखाता है चांदी के घुंगरू मदार[12]

वो सहजन के वो सुर्ख़[13] घुंगची के फूल
अमलतास और मालकंगी के फूल

वो सह्‌रा का हर नख़्ल[14] फूला हुआ
ग़मे-बादे-सरसर[15] को भूला हुआ

नहीं होता यह ज़ोरे-मस्ती[16] कभी
कि हर शै[17] पे छाई है इक बेख़ुदी[18]

मैं इस शाने - क़ुदरत[19] पे हरदम निसार[20]
दिखाई हमें जिसने क्या - क्या बहार

---

1. जंगल, 2. शोभा, 3. डाल, 4. लाल, 5. तीव्र, प्रचंड, 6. बन्द मस्तिष्क, 7. शोभा, 8. विचित्र, 9. निकट, 10. एक वृक्ष, 11. अनगिनत, 12. एक वृक्ष, 13. लाल, 14. वृक्ष, 15. गरम हवा का ग़म, 16. मस्ती का ज़ोर, 17. वस्तु, 18. नशा, बेहोशी, 19. प्रकृति की शान, 20. न्योछावर।

आमदे-बहार[1]

मौलवी अहमद अली साहब 'शौक़' क़िदवाई

हवा चारों तरफ़ अक़्सा-ए-आलम[2] में पुकार आई
बहार आई बहार आई बहार आई बहार आई

बहार आई दिखाई क़ादिरे-मुतलक़[3] की शान उसने
ज़मीं की तह[4] में जो मुर्दे थे, डाली उसमें जान[5] उसने

बहार आई है नेचर अपनी नक़्क़ाशी[6] दिखाता है
बहुत रंगीन नक़्शे सामने आंखों के लाता है

जहां[7] से मिट गया बर्गे-ख़िज़ां[8] का बदनुमा[9] सिक्का
बहार अब ढालती है अशरफ़ी के फूल का सिक्का

हवा-ए-सुब्ह[10] इसके साथ पंखा झलती आती है
हंसी पड़ती हैं कलियां जब यह उनको मुंह लगाती है

पहाड़ों से बहाया उसने बर्फ़े-साफ़ पिघलाकर
रवां[11] होकर वही पानी समुन्दर में मिला जाकर

शमीमे-बाग़[12] ने सीखा चलन इतरा के[13] चलने का
ज़माना आ गया पर्दे से सब्ज़े[14] के निकलने का

दुल्हन की शक्ल[15] हर गुल ने लिबासे-सुर्ख़[16] पहना है
शजर[17] के जिस्म[18] पर क्या ख़ुशनुमा[19] फूलों का गहना है

---

1. वसंत का आगमन, 2. ब्राह्मांड, 3. खुदा, 4. धरती के नीचे, 5. प्राण, 6. चित्रकला, 7. संसार, 8. हेमन्त के सूखे पत्ते, 9. कुरूप, 10. प्रातः समीर, 11. प्रवाहित, 12. बाग की सुगंध, 13. इठला के, नखरे से, 14. हरियाली, 15. रूप, तरह, 16. लाल वस्त्र, 17. वृक्ष, 18. शरीर, 19. सुंदर।

हुआ मश्शातगी[1] पर नैयरे-आज़म[2] जो आमादा[3]
संवारा मुख़्तलिफ़[4] रंगों से दुनिया का रुख़े-सादा[5]

तअज्जुब[6] क्या जो हैबत[7] से ख़िज़ां[8] के रुख़[9] पे ज़र्दी[10] है
कि वो फ़ौज उस पे ग़ालिब[11] आई जिसकी सुर्ख़ वर्दी[12] है

निकल आये हिजाबे-अर्ज़[13] से गुल पैरहन[14] लाखों
कहीं हैं सर्व - क़द[15] लाखों कहीं गुंचा-दहन[16] लाखों

पिलाती है शजर[17] को ओस अपना दूध ला - लाकर
मुहब्बत से हवा मुंह चूमती है बार बार आकर

जड़ें अन्दर ही अन्दर फैलकर क़ूवत[18] पकड़ती हैं
ज़मीं इनको जकड़ती है ज़मीं को वो जकड़ती हैं

चमन और दश्त[19] में है हर तरफ़ अम्बार[20] फूलों का
जिधर देखो ज़मीं[21] पहने हुए है हार फूलों का

अयां[22] सब्ज़े[23] पे उलफ़त[24] की अदायें[25] की हैं सूरज ने
बढ़ाकर हाथ किरनों के बलायें ली हैं सूरज ने

हैं रौशन चांदनी के फूल या तारे चमकते हैं
खिले हैं फूल लाला के कि अंगारे दहकते हैं

हज़ारों रंग की चिड़ियां हैं शक्लें[26] ख़ुशनुमा[27] जिनकी
अदायें दिलरुबा[28] जिनकी, सदायें[29] नग़्मा - ज़ा[30] जिनकी

बहार आने से ख़ुश हैं हर तरफ़ इतराती फिरती हैं
हवा तो नाचती फिरती है चिड़ियां गाती फिरती हैं

---

1. सिंगार, 2. सूर्य, 3. तैयार, 4. विभिन्न, 5. सादा चेहरा, 6. आश्चर्य, 7. भय, 8. हेमन्त, 9. चेहरा, 10. पीलापन, 11. छा गयी, 12. लाल वर्दी, 13. धरती की शर्म, 14. वस्त्र, 15. सरो जैसे क़द के, 16. कली जैसे मुंहवाले, 17. वृक्ष, 18. शक्ति, 19. जंगल, 20. ढेर, 21. धरती, 22. प्रकट, 23. हरियाली, 24. प्रेम, 25. हाव-भाव, 26. रूप, 27. सुंदर, 28. मोहक, 29. आवाज़ें, 30. संगीतमय।

दिया है तितलियों को रिज़्क़[1] का सामान फूलों ने
किया भौंरों को जोशे-फ़ैज़[2] से मेहमान फूलों ने

हवा ही ने खिलाए गुल हवा ही फिर गिराती है
ज़मीं जिसने किया पैदा वही फिर उनको खाती है

ग़रज़ अय 'शौक़' इतराना अबस[3] है हुस्ने-फ़ानी[4] पर
घमंड इन्सां[5] को नाज़ेबा[6] है दो दिन की जवानी पर

बहार की एक दोपहर

'जोश' मलीहाबादी

बेचैन हैं हवायें बादल है हल्का-हल्का
भेड़ें चरा रही हैं दोशीज़गाने-सहरा[7]

कुछ लड़कियां चने के खेतों में गा रही हैं
कुछ फूल चुन रही हैं कुछ साग खा रही हैं

बूढ़ा किसान अपनी गाड़ी पे जा रहा है
खेतों को देखता है और सर हिला रहा है

ज़ेरे-क़दम[8] जो बर्गे-पज़मुर्दा[9] आ रहे हैं
हर गाम पर कुचलकर नग़्मे[10] सुना रहे हैं

ख़ुर्शीद[11] बादलों में कश्ती[12] जो खे रहा है
कौवों का बोलना तक इक लुत्फ़[13] दे रहा है

खेतों में धुंदली-धुंदली किरनें चमक रही हैं
सरसब्ज़[14] झाड़ियों में चिड़ियां फुदक रही हैं

---

1. भोजन, अन्न, 2. दया का जोश, 3. बेकार, 4. नश्वर सौंदर्य, 5. मानव, 6. अनुचित, अशोभनीय, 7. जंगल की कुमारियां, 8. पांव के नीचे, 9. उदास पत्ते, 10. गीत, 11. सूर्य, 12. नाव, 13. आनंद, 14. हरी-भरी।

सूरज है सर पे, बादल साया किए हुए हैं
ठंडी हवा के झोंके गर्मी लिये हुए हैं

गुंचे[1] चटक रहे हैं गुलज़ारे-ज़िंदगी[2] के
दर खुल रहे हैं दिल पर असरारे-ज़िंदगी[3] के

ख़ुद अपने हाफ़िज़े[4] में जलवे दिखा रहा हूं
खोया गया हूं ऐसा अपने को पा रहा हूं

फागुन

अब्दुल मजीद 'शम्स'

फ़ज़ा[5] में है फागुन की रानाइयां[6]
हवा में बहारों की सरमस्तियां[7]

हर इक सू फ़रावानि-ए-रंग-ओ-बू[8]
है फ़ितरत[9] में हर सिम्त[10] जोशे-नुमू[11]

दिलों में मसर्रत,[12] सरों में सुरूर[13]
मिज़ाजों[14] में बालीदगी[15] का वफ़ूर[16]

न गर्मी, न सर्दी की शिद्दत[17] है अब
दिलों में उमंग और मसर्रत[18] है अब

है दुनिया पे सूरज की तिरछी नज़र
कि फ़स्ले-बहारां[19] की है सहपहर[20]

1. कलियां, 2. जीवन-वाटिका, 3. जीवन के रहस्य, 4. याददाश्त, 5. वातावरण, 6. सुंदरता, 7. नशा, 8. रंग और सुगंध की अधिकता, 9. प्रकृति, 10. हर तरफ़, 11. विकास का जोश, 12. ख़ुशी, 13. नशा, 14. स्वभाव, 15. बढ़वार, 16. अधिकता, 17. तीव्रता, 18. ख़ुशी, 19. वसंत, 20. तीसरा पहर।

बढ़ी कुछ हरारत[1] तो अब्र[2] आ गया
फ़लक[3] पर रिदा[4] की तरह छा गया

तमाज़त[5] में सूरज की आई कमी
हवा में तर-ओ-ताज़गी[6] आ गयी

बरसकर खुला है जो अब्रे-बहार[7]
नहीं नाम को अब फ़ज़ा[8] में गुबार[9]

हवा में है इतना नमी[10] का असर
हैं गौहर - बदामां[11] गियाह-ओ-शजर[12]

सुहाना है मंज़र[13] सुनहरी है धूप
कि धुलकर निखर आया फ़ितरत[14] का रूप

ज़मीं पर है बारिश की ताबिन्दगी[15]
उभरने को बेताब[16] है ज़िंदगी

जो ओझल हुआ आंख से आफ़ताब[17]
घटी बामे-गर्दूं[18] की वो आब-ओ-ताब[19]

हजर[20] हो, शजर[21] हो कि बर्ग-ओ-गियाह[22]
सभी पर पड़ी इक रिदा-ए-सियाह[23]

चमकने लगा अब रुख़े-माहताब[24]
फ़रोज़ां[25] हैं अंजुम[26] बसद-आब-ओ-ताब[27]

है छिटकी हुई चांदनी हर तरफ़
है चांदी की चादर बिछी हर तरफ़

---

1. गर्मी, 2. बादल, 3. आकाश, 4. चादर, 5. गर्मी, 6. जीवन, सुहानापन, 7. वसंत का बादल, 8. वातावरण, 9. धूल, 10. आर्द्रता, 11. दामन में मोती लिए हुए, 12. घास और पेड़, 13. दृश्य, 14. प्रकृति, 15. चमक, 16. व्याकुल, 17. सूर्य, 18. आकाश की छत, 19. आभा, 20. पत्थर, 21. पेड़, 22. पत्ते और घास, 23. काली चादर, 24. चांद का मुंह, 25. प्रकाशमान, 26. तारे, 27. बड़ी चमक-दमक के साथ।

करौंदे से फूलों की झाड़ी भरी
बबूल और बेरी की शाख़ें[1] हरी

मुअत्तर[2] है फूलों की ख़ुशबू[3] से बन
हर इक पेड़ पर है नई इक फबन[4]

हवा मस्त है झूमते हैं दरख़्त[5]
हर इक शाख़, साक़ि-ए-साग़र-बदस्त[6]

जो रौशन हुआ चर्ख़े-गर्दू[7] का फ़र्क़[8]
छलकने लगा जामे-ज़र्री[9] से शर्क़[10]

चमकने लगी सुब्हे-नौ की[11] किरन
हर इक शै[12] में आने लगा बांकपन

ख़ुशी से फ़ज़ा मुस्कुराने लगी
नसीमे-सहर[13] गुनगुनाने लगी

कहीं शाख़ पर फ़ाख़्ता[14] ख़ुशगुलू[15]
बसद[16] वज्द[17] कहती है 'या पाक तू'

पपीहों ने रट 'पी कहां' की लगाई
कहीं मस्त कोयल ने कू-कू सुनाई

कहीं से सदायें[18] महुकल की आई
कहीं सीटियां हारियल[19] ने बजाई

वो तीतर कहीं फड़फड़ाकर उड़े
कहीं मोर झाड़ी में छुपने लगे

हिरन चौकड़ी भर के भागे उधर
गये दूर इतने न आये नज़र

---

1. डालियां, 2. सुगन्धित, 3. सुगंध, 4. शोभा, 5. वृक्ष, पेड़, 6. हाथ में प्याला लिए हुए साक़ी, 7. आकाश, 8. ललाट, 9. सुनहरी प्याले, 10. पूर्व, 11. नई सुबह, 12. वस्तु, 13. प्रातः समीर, 14. पंडुक, 15. मधुर स्वर, 16. सैकड़ों, 17. झूमना, 18. आवाज़ें, 19. एक पक्षी।

नई कोंपलों से सजी झाड़ियां
हरी, सुर्ख़[1] और चम्पई पत्तियां

हो शीशम कि बड़, ताड़ हो या खजूर
सभी हैं बहारों के नश्शे में चूर

निकल आये पीपल से पत्ते नए
चमकदार, चिकने सजीले बड़े

है पाकड़[2] भी इस वक़्त दूल्हा बना
है पहने हुए इक गुलाबी क़बा[3]

सरस के भी हैं फूल क्या ख़ुशनुमा
सफ़ेद और हरे रंग में जलवा-ज़ा[4]

है आमों के बाग़ों में मंज़र[5] की बास
हवा में है नश्शा दरख़्तों[6] के पास

हसीं[7] शाख़ें[8] कचनार की हैं झुकी
है कलियों में इनकी अजब[9] दिलकशी[10]

है ख़ुशरंग[11] फूलों में चम्पा सजा
कोई बन्द है और कोई अधखिला

करौंदे के कांटों पे फूलों का जाल
दिलों को भुलाता है रंज-ओ-मलाल[12]

हैं बेले की कलियों से शाख़ें[13] लदी
हर इक शाख़ है मोतियों की लड़ी

---

1. लाल, 2. यह दरख़्त पीपल से मिलता-जुलता होता है, इसको पाखर भी कहते हैं। इसमें जब नई पत्तियां निकलती हैं तो गुलाबी रंग की होती हैं, 3. वस्त्र, 4. दर्शन देता हुआ, 5. बौर, 6. वृक्ष, 7. सुंदर, 8. डालियां, 9. विचित्र, 10. मोहकता, 11. सुंदर, 12. शोक और दुख, 13. डालियां।

अजब शान से मोगरा है खिला
दिल अफ़रोज़[1] बू, दिलकश-ओ-दिलरुबा[2]

है जकंडा या कोई नीलम परी
फ़रोज़ां[3] चमन में बसद दिलबरी[4]

अमलतास के ज़र्द[5] चमकीले फूल
हों जिस तरह आवेज़ां[6] सेहरे के फूल

कहीं गुलमुहर की क़तारें[7] खड़ी
हसीं सुर्ख़[8] फूलों से शाख़ें[9] लदी

ग़रज़[10] हर शजर[11] पर है हुस्ने-बहार[12]
छुपी दामने गुल[13] से है नोके-ख़ार[14]

हैं कटनी में मसरूफ़[15] पीर-ओ-जवां[16]
मसर्रत[17] है चेहरों पे सब के अयां[18]

हैं मेड़ों पे ग़ल्लों[19] के बोझे धरे
है रक्खा जिन्हें खेत से काट के

इन्हें लड़कियां सर पे रक्खे चलीं
है चाल इनकी दिलकश,[20] अदा दिलनशीं[21]

उठाती हैं अपने क़दम तेज़ - तेज़[22]
जवानी की रानाइयां[23] हश्रख़ेज़[24]

कमर में लचक बाज़ुओं में तनाव
जबीं[25] पर शिकन[26], अबरुओं[27] में झुकाव

---

1. मोहक, 2. आकर्षक, 3. प्रकाशमान, 4. सैकड़ों आकर्षण लेकर, 5. पीले, 6. लटकते हुए, 7. पंक्तियां, 8. लाल, 9. डालियां, 10. अर्थात्, 11. वृक्ष, 12. बहार का सौंदर्य, 13. फूल का दामन, 14. कांटे की नोक, 15. व्यस्त, 16. बूढ़े और जवान, 17. ख़ुशी, 18. प्रकट, 19. अनाज, 20. आकर्पक, 21. दिल में बैठ जानेवाली, 22. जल्दी-जल्दी, 23. शृंगार, 24. प्रलय मचानेवाली, 25. ललाट, 26. बल, 27. भवें।

है सीनों की जुम्बिश[1] से लरज़ां[2] ज़मीं[3]
न हो जाये बरपा[4] क़यामत[5] कहीं

निगाहों में इस्मत[6] की बेबाकियां[7]
मशक़्क़त[8] की चेहरे पे शादाबियां[9]

कोई घूर के देख ले क्या मजाल[10]
है ग़ुर्बत[11] की आंखों में जाह-ओ-जलाल[12]

चलें शहर की सैर को साक़िया[13]
तिरे साथ होली का लूटें मज़ा[14]

हर इक सिम्त[15] होली की है धूमधाम
मसर्रत[16] से सरशार[17] हर ख़ास-ओ-आम[18]

कई रंग की दीदनी[19] है बहार[20]
ज़मीं पर हैं क़ौसे-क़ज़ह[21] बेशुमार[22]

पिलाई है मौसम ने इतनी शराब
कि गालों पे सबके खिले हैं गुलाब

पिये बेपिये सब हैं नश्शे में चूर
ख़ुशी का है सबके दिलों में सुरूर[23]

(मनसवी 'जलवः-ए-सदरंग' से उद्धृत)

---

1. हिलना, 2. कम्पायमान, 3. धरती, 4. उपस्थित, 5. प्रलय, 6. सतीत्व, 7. निर्भयता, 8. श्रम, मेहनत, 9. ताज़गी, 10. साहस, हिम्मत, 11. दरिद्रता, 12. प्रताप, 13. मदिरा विक्रेता, मदिरा पिलानेवाली, 14. आनंद, 15. दिशा, ओर, 16. ख़ुशी, 17. परिपूर्ण, 18. जनसाधारण, 19. दर्शनीय, 20. शोभा, 21. इन्द्रधनुष, 22. अनगिनत. 23. नशा।

पांचवां अध्याय

हमारे त्योहार

होली

'फ़ाइज़' देहलवी

आज है रोज़े-वसंत अय दोस्तां[1]
सर्व क़द[2] हैं, बोस्तां[3] के दरमियां[4]

बाग़ में है ऐश-ओ-इशरत[5] रात दिन
गुलरुख़ां[6] बिन नईं[7] गुज़रती एक दिन

सबके तन में है लिबारो केशरी[8]
करते हैं सद बर्ग[9] सूं लब[10] हमसरी[11]

ख़ूबरू[12] सब बन रहे हैं लाल ज़र्द[13]
बाग़ का बाज़ार है इस वक़्त सर्द[14]

चांद जैसा है शफ़क़[15] भीतर अयां[16]
चेहरा सब का अज़-गुलाल[17] आतिशफ़िशां[18]

हर छबीली अज़ - लिबासे - केसरी[19]
ताज़ा करती है बहारे - जाफ़री[20]

नाचती गा-गा के होली दम - बदम[21]
ज्यों सभा इन्दर की दर बाग़े-इरम[22]

---

1. मित्रो, 2. सरो जैसी ऊंचाईवाले, 3. उपवन, 4. बीच, 5. भोग-विलास, 6. सुन्दरियां, 7. नहीं, 8. केसरी बाना, 9. सैकड़ों पत्ते, 10. होंठ, 11. बराबरी, 12. सुंदर, 13. पीले, 14. ठंडा 15. अरुणिमा, 16. प्रकट, 17. गुलाल से, 18. ज्वालामुखी, 19. केसरी वस्त्रों में, 20. एक फूल का नाम, 21. क्षण-प्रतिक्षण, 22. स्वर्ण का उपवन।

अज अबीर-ओ-रंगे-केशर और गुलाल[1]
अब्र[2] छाया है सफ़ेद-ओ-ज़र्द-ओ-लाल[3]

ज्यों झड़ी हर सू[4] है पिचकारी की धार
दौड़ती हैं नारियां बिजली के सार[5]

जोशे-इशरत[6] घर-ब-घर है हर तरफ़
नाचती हैं सब तकल्लुफ़ - बर - तरफ़[7]

बयाने-होली

मीर तक़ी 'मीर'

होली खेला आसिफ़ुद्दौला वज़ीर[8]
रंगे-सुहबत[9] से अजब हैं ख़ुर्द-ओ-पीर[10]

जश्ने - नौरोज़ि - ए - अहले - हिंद[11] सब
है यही, तब महवे-इशरत[12] हैंगे अब

शीशा - शीशा रंग सर्फ़े-दोस्तां[13]
सहने - दौलतख़ाना[14] रश्के-बोस्तां[15]

दस्ता दस्ता रंग में भीगे जवां[16]
जैसे गुलदस्ते थे जूओं पर रवां[17]

रंग-अफ़शानी[18] सी पड़ती थी फुआर
रंगे-बारां[19] था मगर अब्रे - बहार[20]

1. अबीर गुलाल और केसर का रंग, 2. बादल, 3. सफ़ेद, पीला और लाल, 4. हर तरफ़, 5. तरह, 6. विलास का जोश, 7. लज्जा को छोड़कर, 8. मंत्री, 9. संगीत का आनंद, 10. बच्चे-बूढ़े, 11. हिंदुस्तानियों के नए साल का समारोह, 12. ऐश में लीन, 13. भारत पर न्योछावर, 14. घर का आंगन, 15. जिससे उपवन ईर्ष्या करें, 16. युवक, 17. प्रवाहित, 18. रंग उड़ाना, 19. बरसात का रंग, 20. बहार का बादल।

क़ुमक़ुमे[1] जो मारते भरकर गुलाल
जिसके लगता आनकर फिर मुंह है लाल

बर्गे-गुल[2] मिलवां[3] उड़ाते थे अबीर
थी हवा में गर्द[4] ता चर्खे़-असीर[5]

रौशनुद्दौला की थी यह रौशनी[6]
कब हुई थी लेकिन ऐसी रौशनी

वो चराग़ां[7] गर्चे[8] थे दरगाह तक
थे तमाशाई गदा-ओ-शाह[9] तक

राह में तिर्पोलिये[10] मीनार थे
रौशनी के कूचः-ओ-बाज़ार[11] थे

था जहां तक आब-ओ-दरिया[12] का बहाव
वां तलक[13] था इस चराग़ां का दिखाव

एक आलम[14] देखता था दूर से
रात, दिन थी रौशनी के नूर[15] से

इन दिनों के अक्स[16] से दरिया[17] का आब[18]
आईने की सत्ह की रखता था ताब[19]

मुनअकिस[20] जो थे चराग़ां तह तलक[21]
आब[22] की वुसअत[23] थी बर नज़्मे-फ़लक[24]

हर दो जानिब[25] चुन गये नारी अनार[26]
ग़ुलफ़िशानी[27] से उन्हूं की थी, बहार

---

1. बल्ब, 2. फूल की पत्ती, 3. मिलकर, 4. धूल, 5. बन्दी आकाश तक, 6. प्रकाश, 7. दीपोत्सव, 8. यद्यपि, 9. राजा और रंक, 10. तीन दरवाज़ेवाले, 11. बाज़ार और गलियां, 12. पानी और नदी, 13. तक, 14. संसार, 15. प्रकाश, 16. प्रतिबिम्ब, 17. नदी, 18. पानी, 19. चमक, 20. प्रतिबिम्बित, 21. तक, 22. पानी, चमक, 23. विस्तार, फैलाव, 24. आकाश के तारे, 25. दोनों ओर, 26. आतिशबाज़ी का अनार, 27. फूल बरसाना।

इस रविश से थे सितारे छूटते
नागहां[1] जूं होवें तारे टूटते

माहताबी इक तरफ़ से जो दबी
चांद सा निकला, हुए हैरां[2] सभी

आफ़रीं[3] सन्नाअ[4] लोगो आफ़रीं
क्या लगाया बाग़ आकर काग़ज़ीं[5]

गुल[6] कतरकर फूल गुल ही कर दिए
रंग ताज़े, काग़ज़ों में भर दिए

मुत्तसिल[7] तोपें सितारों की दगीं
लोगों की आंखें, फ़लक[8] से जा लगीं

देखियां क्या क्या न शोलाख़ेज़ियां[9]
थीं हवा में से सितारारेज़ियां[10]

नज़्र[11] को नव्वाब की अहले-फ़िरंग[12]
लेके आतिशबाज़ी आये रंग - रंग[13]

अर्सा[14] गुलरेज़ी[15] से गुलशन हो गया
चर्ख़[16] इन तारों से रौशन हो गया

दाग़ियां तोपें हवाई एक बार
फैले तारे आसमां[17] में बेशुमार[18]

क्या ही आतिश दस्तियां[19] देकर गये
शोलों[20] से पानी की लहरें भर गये

रहमत[21] अय आतिश-ज़नां[22] क्या लाग है
कि बिसाते-आबे-दरिया[23] आग है

(माख़ूज़ अज़ 'कुल्लियाते-मीर')

---

1. अचानक, 2. आश्चर्यचकित, 3. धन्य, 4. कारीगर, 5. कागज़ का, 6. फूल, 7. निकट, 8. गगन, आकाश, 9. शोले बरसाना, 10. कण-कण होना, 11. भेंट करने, 12. अंग्रेज़, 13. भांति-भांति की, 14. मैदान, 15. फूलझड़ी, 16. आकाश, 17. गगन, 18. अनगिनत, 19. हस्तकौशल, 20. ज्वाला, 21. दया, 22. आग लगानेवालो, 23. दरिया के पानी की बिसात।

होली

मीर तक़ी 'मीर'

आओ साक़ी[1] बहार घिर आई
होली में कितनी शादियां[2] लाई

जिस तरफ़ देखो मारिका[3] सा है
शुहरा है या कोई तमाशा है

आईन-बस्ता[4] हुआ है सारा शहर
काग़ज़ीं गुल[5] से गुलिस्तां[6] है दहर[7]

ऐसे गुल[8] फूल हैं जो सर्फ़े-कार[9]
राह रस्ते हुए हैं बाग़-ओ-बहार[10]

और बाज़ार रंग लाए हैं
सारे रंगीं सुतूं[11] लगाए हैं

बस्ता - आईं[12] दुकानें हैं अकसर[13]
जिसमें सस्ती मताअ[14] लाल-ओ-गुहर[15]

मेवा नौरस - ओ - रसीदा[16] बहुत
गुले-ख़ुशरंग-ओ-बू-ए-चीदा[17] बहुत

फिर लबालब[18] हैं आबगीरे-रंग[19]
और उड़े है गुलाब किस किस ढंग

---

1. मदिरा पिलानेवाला, 2. ख़ुशियां, 3. मोर्चा, 4. विधानबद्ध, 5. काग़ज़ के फूल, 6. उपवन, 7. संसार, 8. गुलाब, 9. काम के, 10. सुसज्जित, 11. खम्भे, 12. शीशों से सजी हुई, 13. अधिकांश, 14. वस्तुयें, 15. लाल और मोती, 16. ताज़ा और सूखा हुआ, 17. चुनी हुई सुगंध और रंगवाले फूल, 18. पूर्ण, भरे हुए, 19. रंग के पोखर।

पगड़ियां जामे[1] भीगी सौ सौ हैं
उनको गुलहा-ए-तर[2] कहें तो हैं

छड़ियां फूलों की दिलबरों[3] के हाथ
सैकड़ों फूलों की छड़ी है हाथ

क़ुमक़ुमे भर गुलाल जो मारे
महवशां[4] लाला रुख़[5] हुए सारे

ख़्वान[6] भर भर अबीर लाते हैं
गुल की पत्ती मिला उड़ाते हैं

जश्ने-नौरोज़े-हिंद[7] होली है
राग-ओ-रंग और बोली - ठोली है

होली

शाह 'हातिम'

मुहैया[8] सब है अब अस्बाबे-होली[9]
उठो यारो भरो रंगों से झोली

इधर यार और उधर ख़ूबां[10] सफ़आरा[11]
तमाशा है तमाशा है तमाशा

चमन में धूम-ओ-गुल[12] चारों तरफ़ है
इधर ढोलक उधर आवाज़े-दफ़ है

इधर आशिक़[13] उधर माशूक़[14] की सफ़[15]
नशे में मस्त-ओ-हरयक जाम-बर-कफ़[16]

---

1. जिसमें, 2. ताज़ा फूल, 3. प्रेमिका, 4. चंद्रमुखी (ब.व.) 5. लाले के सामने चेहरेवाले, 6. बड़ी थालियां, 7. नए साल का समारोह, 8. प्राप्त, उपलब्ध, 9. होली की सामग्री, 10. सुन्दरियां, 11. पंक्तिबद्ध, 12. धूम और कोलाहल, 13. प्रेमी, 14. प्रेमिका, 15. पंक्ति, 16. शराब का प्याला हाथ में लिये हुए।

गुलाल अबरक से सब भर भर के झोली
पुकारे यकबयक[1] होली है होली

लगी पिचकारियों की मार होने
हर एक सू[2] रंग की बौछार होने

कोई है सांवरी कोई है गोरी
कोई चम्पा बरन उम्रों में थोड़ी

(माखूज़ अज़ मसनवी 'बज़्मे-इशरत')

होली की बहारें

'नज़ीर' अकबराबादी

जब फागुन रंग झमकते हों, तब देख बहारें होली की
और दफ़ के शोर खड़कते हों, तब देख बहारें होली की
परियों के रंग दमकते हों, तब देख बहारें होली की
ख़ुम[3] शीशे[4], जाम[5] झलकते हों, तब देख बहारें होली की
महबूब[6] नशे में छकते हों, तब देख बहारें होली की

हो नाच रंगीली परियों का, बैठे हों गुलरू[7] रंग भरे
कुछ भीगी तानें होली की, कुछ नाज़-ओ-अदा[8] के ढंग भरे
दिल भूले देख बहारों को और कानों में आहंग[9] भरे
कुछ तबले खड़कें रंग भरे, कुछ ऐश[10] के दम मुंह चंग भरे
कुछ घुंगरू ताल छनकते हों, तब देख बहारें होली की

सामान जहां तक होता है इस इशरत[11] के मतलूबों[12] का
वो सब सामान मुहैया[13] हो, और बाग़ खुला हो ख़ूबों[14] का
हर आन शराबें ढलती हों, और ठठ हो रंग के डूबों का

1. सहसा, 2. हर तरफ, 3. घड़ा, 4. बोतल, 5. प्याला, 6. प्रेमिका, 7. फूल जैसे मुंह वाले, 8. नख़रे और हाव-भाव, 9. आवाज़, 10. विलास, 11. भोग-विलास, 12. इच्छुक, 13. उपलब्ध, 14. सुन्दरियां।

हर ऐश[1] मज़े के आलम[2] में इक ग़ोल खड़ा महबूबों[3] का
कपड़ों पर रंग छिड़कते हों, तब देख बहारें होली की

गुलज़ार[4] खिले हों परियों के, और मजलिस[5] की तैयारी हो
कपड़ों पर रंग के छींटों से ख़ुशरंग अजब[6] गुलकारी[7] हो
मुंह लाल, गुलाबी आंखें हों और हाथों में पिचकारी हो
उस रंग भरी पिचकारी को अंगिया पर तककर मारी हो
सीनों से रंग ढलकते हों, तब देख बहारें होली की

उस रंग रंगीली मजलिस[8] में वो रंडी नाचनेवाली हो
मुंह जिसका चांद का टुकड़ा हो और आंख भी मय[9] की प्याली हो
बदमस्त[10] बड़ी मतवाली हो, हर आन बजाती थाली हो
मयनौशी[11] हो, बेहोशी[12] हो, 'भड़वे' की मुंह में गाली हो
भड़वे भी भड़वा बकते हों, तब देख बहारें होली की

और एक तरफ़ दिल लेने को महबूब[13] भवैयों के लड़के
हर आन घड़ी गत भरते हों, कुछ घट घट के कुछ बढ़ बढ़ के
कुछ नाज़[14] जतावें लड़ लड़ के, कुछ होली गावें अड़ अड़ के
कुछ लचके शोख़[15] कमर पतली, कुछ हाथ चलें, कुछ तन फड़के
कुछ काफ़िर नैन मटकते हों, तब देख बहारें होली की

यह धूम मची हो होली की और ऐश[16] मज़े का झक्कड़[17] हो
उस खींचा खींच घसीटी उपर भड़वे ख़न्दी का फक्कड़ हो
माजून[18], शराबें, नाच, मज़ा और टिकिया[19], सुलफ़ा[20] कक्कड़ हो
लड़भिड़ के 'नज़ीर' भी निकला हो, कीचड़ में लत्थड़ पत्थड़ हो
जब ऐसे ऐश महकते हों, तब देख बहारें होली की

1. विलास, 2. दशा, 3. प्रेमिकाओं, 4. उपवन, 5. महफ़िल, 6. विचित्र, 7. बेलबूटे, 8. महफ़िल, 9. मदिरा, 10. मदोन्मत्त, 11. मदिरापान, 12. मत्तता, 13. प्रिय, 14. नख़रे, 15. चंचल, 16. विलास, 17. तेज़ हवायें, 18. पाक, ताक़त की दवा, 19. नशे की गोली, 20. नहारी, नाश्ता।

होली

सआदत यार ख़ां 'रंगीं'

भर के पिचकारियों में रंगीं[1] रंग
नाज़नीं[2] को खिलाई होली संग

चलती है दो तरफ़ से पिचकारी
मेंह बरसता है रंग का भारी

बादल आये हैं घिर गुलाल के लाल
कुछ किसी का नहीं किसी को ख़याल[3]

हाथ में जिसके वां हज़ारा है
एक आलम[4] को उसने मारा है

हैं जो मसरूफ़[5] सब सग़ीर-ओ-कबीर[6]
उड़ रहा है गुलाल और अबीर

बन गये हैं हवा में वो बादल
और ज़मीं[7] में पड़े हैं थल के थल

सर के बालों का है किसी को ग़म[8]
कोई मलती है आंख ही हरदम

है खड़ी कोई भर के पिचकारी
और किसी ने किसी को जा मारी

कोई जाती है इस तरफ़ से उधर
कोई आती है उस तरफ़ से इधर

---

1. रंग-बिरंगे, 2. प्रेमिका, सुंदरी, 3. ध्यान, 4. संसार, 5. व्यस्त, 6. छोटे-बड़े, 7. धरती, 8. चिंता, शोक।

भर के पिचकारी वो जो है चालाक
मारती है किसी को दूर से ताक

किसी ने भर के रंग का तसला[1]
हाथ से है किसी का मुंह मसला

और मुट्ठी में अपनी भर के गुलाल
डालकर रंग मुंह किया है लाल

जिसके बालों में पड़ गया है अबीर
बड़बड़ाती है यह, वह हो दिलगीर[2]

ऐसी होली का खोजड़ा[3] जावे
कोई नौज[4] ऐसे खेल में आवे

जिसकी आंखों में पड़ गया है गुलाल
वो यह कहती है ठिनक के है, फ़िलहाल[5]

चल गयी मुझ पे आह फ़ौज की फ़ौज[6]
घर से मैं अपने आज आई नौज

जिसने डाला है हौज़[7] में जिसको
वो यह कहती है कोसकर उसको

यह हंसी तेरी भाड़ में जाये
तुझको होली न दूसरी आये

---

1. ताशला, थाली, 2. दुखी, 3. नाम-निशान, 4. ख़ुदा न करे, 5. अभी, 6. सेना, 7. छोटा तालाब।

मेरी होली

'सीमाब' अकबराबादी

काश[1] हासिल[2] हो हक़ीक़ी[3] ज़िंदगी का एक दिन
सरख़ुशी[4] का एक लमहा[5], या ख़ुशी का एक दिन
कर दिया है शोरिशे-आलम[6] ने दीवाना[7] मुझे
है बिसाते-दहर[8], वहशतनाक[9] वीराना[10] मुझे[11]

इक नई दुनिया की ख़िलक़त[12] है मेरी तख़ईल[13] में
जो मुआविन[14] हो सके इंसान[15] की तकमील[16] में
एहतिमामे-ज़िंदगी[17] जिसमें बतौरे-ख़ास[18] हो
आसमां[19] जिसका मुहब्बत हो, ज़मीं[20] इख़लास[21] हो

कृष्ण की अज़ यादे-रफ़्ता[22] महफ़िलें[23] ज़िंदा करो
ब्रज-ओ-गोकुल की बुझी शमओं[24] को ताबिन्दा[25] करो
ख़ुशकि-ए[26]-गंग-ओ-जमन[27] को आबयारी[28] के लिए
दावतें[29] दो गोपियों को रंगबारी[30] के लिए

अज़-सरे-नौ[31], फिर मुरत्तब[32] हो जहाने-रंग-ओ-बू[33]
ख़ार-ओ-ख़स[34] से फिर हो पैदा कारख़ाने-रंग-ओ-बू[35]
प्रेम रस से लाओ भर कर ख़ुशनुमा[36] पिचकारियां
हों नई दामाने-हस्ती[37] पर लताफ़त-बारियां[38]

रूह[39] की आवाज़ हमआहंगे-साज़-ओ-चंग[40] हो
जो पड़े इंसां[41] पे वो इन्सानियत[42] का रंग हो

---

1. क्या ही अच्छा हो, 2. प्राप्त, 3. वास्तविक, 4. मस्ती, 5. क्षण, 6. संसार की बग़ावत, 7. पागल, 8. दुनिया रूपी बिसात, 9. भयानक, 10. निर्जन स्थान, 11. मेरे लिए, 12. सृष्टि, 13. कल्पना, 14. सहयोगी, 15. मानव, 16 पूर्णता, 17. जीवन-व्यवस्था, 18. विशेष रूप से, 19. आकाश, 20. धरती, 21. निष्ठा, 22. बीती याद, 23. गोष्ठियां, 24. चराग़, 25. रौशन, 26. सूखापन, 27. गंगा और यमुना, 28. सिंचाई, 29. निमंत्रण, 30. रंग बरसाना, 31. फिर से, 32. सम्पादित, 33. रंग और सुगंध का संसार, 34. कांटे और घास, 35. रंग और सुगंध, 36. सुंदर, 37. अस्तित्व का आंचल, 38. मृदुलता की वर्षा, 39. आत्मा, 40. आत्मा, 41. साज़ और चंग की आवाज़ के समान, 42. मानव।

चाहता हूं यूं हों रंगीं पैरहन और सारियां
शुस्त-ओ-शू[1] से भी न ज़ाइल[2] हो सकें गुलकारियां[3]

जिस्म[4] की सूरत[5] रहे दिल भी मसर्रत[6] में शरीक[7]
रूहे-आज़ादी[8] भी हो जाये हक़ीक़त[9] में शरीक
चाहता हूं गुलशने-कुहना[10] पर आ जाये शबाब[11]
तिनका-तिनका फूल हो और पत्ता-पत्ता आफ़ताब[12]

ताज़गी वजहे - शिगुफ़्ते - ख़ातिरे - आलम[13] रहे
मेरी दुनिया में हमेशा एक ही मौसम रहे
शाइर-ओ-सन्नाअ[14] हों फ़िक्र-ओ-ख़लिश[15] से बेनियाज़[16]
ख़्वाजः-ओ-मज़दूर[17] में बाक़ी न हो कुछ इम्तियाज़[18]

इर्तिक़ा[19] के रंग से लबरेज़[20] झोली हो मेरी
इंक़िलाब[21] ऐसा कोई हो ले[22] तो होली हो मेरी

बसंत और होली की बहार

मुंशी द्वारका प्रसाद 'उफ़ुक़' लखनवी

साक़ी[23] कुछ आज तुझको ख़बर है बसंत की
हर सू[24] बहार[25] पेशे-नज़र[26] है बसंत की

सरसों जो फूल उट्ठी है चश्मे-क़ियास[27] में
फूले-फले शजर[28] हैं बसंती लिबास[29] में

पत्ते जो ज़र्द-ज़र्द[30] हैं सोने के पात हैं
सदबर्ग[31] से तिलाई[32] करनफूल मात[33] हैं

1. धुलाई, 2. नष्ट, 3. बेलबूटे, चित्र, 4. शरीर, 5. सम्मान, 6. खुशी, आनंद, 7. सम्मिलित, 8. आज़ादी की रूह, 9. सचमुच, 10. प्राचीन उपवन, 11. जवानी, यौवन, 12. सूर्य, 13. संसार के लिए ताज़गी का कारण, 14. कारीगर, 15. चिंता और दुख, 16. निस्पृह, 17. मज़दूर और मालिक, 18. फ़र्क़, अंतर, 19. विकास, 20. परिपूर्ण, भरी हुई, 21. क्रांति, परिवर्तन, 22. हो जाये, 23. मदिरा पिलानेवाली, 24. तरफ़, 25. वसंत, 26. नज़र के सामने, 27. कल्पना की आंख, 28. वृक्ष, 29. वस्त्र, 30. पीले, 31. गेंदे का फूल, 32. सोने की, 33. हेच, तुच्छ।

हैं चूड़ियों की जोड़ बसंती कलाई में
बांकें बहारदार[1] हैं दस्ते-निहाई[2] में

मस्ती भरे दिलों की उमंगें न पूछिए
क्या मंतिक़ें[3] हैं क्या हैं तरंगें न पूछिए

माथे पे हुस्नखे़ज़[4] है जलवा[5] गुलाल का
बिन्दी से औज[6] पर है सितारा जमाल[7] का

गेंदों से माइले-गुलबाज़ी[8] हसीन[9] हैं
सर के उभार पर से दुपट्टे महीन हैं

अक्से-निक़ाब[10] ज़ीनते-रुख़सार[11] हो गया
ज़ेवर जो सीम[12] का था तिलाकार[13] हो गया

सरसों के लहलहाते खेत इस बहार में
नर्गिस के फूल फूल उठे[14] लालाज़ार[15] में

आवाज़ है पपीहों की मस्ती भरी हुई
तूती[16] के बोल सुन के तबीअत[17] हरी हुई

कोयल के जोड़े करते हैं चुहलें[18] सुरूर[19] से
आते हैं तान उड़ाते हुए दूर दूर से

बौर आम के हैं यूं चमने-कायनात[20] में
मोती के जैसे गुच्छे हों ज़रकार[21] पात में

---

1. सजे हुए, 2. मेंहदी-लगा हाथ, 3. तर्क, 4. सौंदर्य बढ़ानेवाला, 5. दर्शन, 6. पराकाष्ठा, 7. सौंदर्य, 8. फूल फेंकने को लालायित, 9. सुन्दरियां, 10. निक़ाब का प्रतिबिम्ब, 11. गालों की शोभा, 12. चांदी, 13. सुनहरी, 14. खिल उठे, 15. लाले का उपवन, 16. मैना—एक पक्षी, 17. खुश, प्रसन्न, 18. छेड़छाड़, 19. मस्त होकर, 20 संसार का बाग़, 21. सुनहरी।

भौंरों की गूंज मस्त है हर किश्तज़ार[1] में
बंसी बजाते किशन हैं गोया[2] बहार में

केसर कुसुम की ख़ूब दिलअफ़ज़ा[3] बहार है
गेंदों की हर चमन में दो रूया[4] क़तार[5] है

इक आग सी लगाई है टेसू ने फूल[6] के
क्या ज़र्द - ज़र्द फूल खिले हैं बबूल के

हैं इष्ट देवताओं के मंदिर सजे हुए
हैं जर्द़ - ज़र्द फूलों से कुल दर[7] सजे हुए

बसुदेवजी के लाल[8] की झांकी अजीब[9] है
आनंद बेहिसाब दिलों को नसीब[10] है

बंसी जड़ाऊ सोने की लब[11] से मिली हुई
दिल की कली-कली है नज़र में खिली हुई

पीताम्बर नफ़ीस[12] कमर में कसा हुआ
ख़ुशबू[13] से हार फूल की मंदिर बसा हुआ

शानों[14] पे बल पड़े हुए ज़ुल्फ़े-सियाह[15] के
राधा से बार बार इशारे निगाह के

बांकी अदायें[16] देख के दिल लोट पोट है
रुतकाम स्त्री के कलेजे पे चोट है

कानों में कुंडलों की चमक है जड़ाव से
राधा लजाई जाती हैं चंचल सुभाव से

---

1. खेत, 2. मानो, 3. दिल लुभानेवाली, 4. दोनों ओर, 5. पंक्तियां, 6. खिलकर, 7. दरवाज़े, 8. श्रीकृष्ण, 9. विचित्र, अनोखी, 10. प्राप्त, 11. होंठ, 12. सुंदर, 13. सुगंध, 14. कंधे, 15. काली लटें, 16. हाव-भाव।

प्यारी का हाथ अपनी बग़ल में लिये हुए
आंखें शराबे-हुस्न-जवानी[1] पिये हुए

दिल राधिका का बादः-ए-उलफ़त[2] से चूर है
कुहनी से ठेलने की अदा का ज़हूर[3] है

चुपकी खड़ी हैं किशन के रुख़[4] पर निगाह है
है पहलु-ए-जिगर में जगह दिल में राह है

उलफ़त[5] भरी जो बंसी की जानिब[6] नज़र गयी
गोया[7] बसंत की राग की धुन मस्त कर गयी

इस छब पे, इस सिंगार पे दिल से निसार[8] 'उफ़ुक़'
क़ुर्बान[9] एक बार नहीं लाख बार 'उफ़ुक़'

अय किशन नाज़िरीन[10] को मुबारक बसंत हो
खेला जो आपने वो अबद[11] तक बसंत हो

बसंत

'नज़ीर' अकबराबादी

मिलकर सनम[12] से अपने हंगामे-दिलकुशाई[13]
हंस कर कहा यह अपने अय जां[14] बसंत आई

जब रंग के आई उसकी पोशाक[15] पर नज़ाकत[16]
सरसों की शाख़े-पुरगुल[17] फिर जल्द इक मंगाई

---

1. यौवन-सौंदर्य की मदिरा, 2. प्रेम-मदिरा, 3. प्रकटीकरण, 4. चेहरा, 5. प्रेम, 6. ओर, 7. मानो, 8. न्योछावर, 9. न्योछावर, 10. दर्शक, 11. अनादिकाल, 12. प्रेमिका, मूर्ति, 13. दिल खोलने के समय, 14. अय जान, 15. वस्त्र, 16. मृदुलता, 17. फूलों से लदी डाली।

इक पंखड़ी उठाकर नाज़ुक[1] सी उंगलियों
रंगत फिर उसकी अपनी पोशाक[2] से मिलाई

फिर तो बसद - मसर्रत[3] और सौ नज़ाकतों[4] से
नाज़ुक बदन[5] पर अपने पोशाक वो खपाई

चम्पे का इत्र मलकर मोती से फिर ख़ुशी हो
सीमीं[6] कलाइयों में डाले कड़े तिलाई[7]

क्या क्या बयां हो जैसे चमकी चमन - चमन[8] में
वो ज़र्दपोशी[9] उसकी, वो तर्ज़े-दिलरुबाई[10]

बसंत

इंशाअल्ला ख़ां 'इंशा'

•

सदबर्ग[11] गह[12] दिखाए है, गह अर्ग़ूवां[13] बसंत
लावे है एक ताज़ा शिगूफ़ा[14] यहां बसंत

आते नज़र हैं दश्त-ओ-जबल[15] ज़र्द[16] हर तरफ़
है अबके साल ऐसी ही अय दोस्तां[17] बसंत

शादाबि-ए-नसीम[18] से बहरे-सुरूर[19] को
करती है जोश मारके अब बेकरां[20] बसंत

गर शाख़े-ज़ाफ़रां[21] इसे कहिए तो है रवा[22]
है फ़रहबख़्श[23] वाक़ई[24] इस हद को हां बसंत

'इंशा' से शेख़ पूछता है क्या सलाह[25] है
तर्ग़ीबे-बादा[26] दे है मुझे अय जवां[27] बसंत

---

1. कोमल, 2. वस्त्र, 3. बहुत ख़ुशी से, 4. कोमलताओं, 5. शरीर, 6. चांदी की, चांदी जैसी, 7. सीने के, 8. उपवन, वाटिका, 9. पीले पकड़े पहनना, 10. आकर्षक ढंग, 11. गेंदे का फूल, 12. गाह का लघु., कभी, 13. लाल, 14. अचंभे की बात, 15. जंगल और पहाड़, 16. पीले, 17. दोस्तों, 18. मृदु समीर की सुसिक्ति, 19. नशे का सागर, 20. असीम, 21. केसर की डाली, 22. उचित, 23. आनंददायक, 24. सचमुच, 25. इरादा, 26. मदिरापान के लिए उकसाना, 27. जवान।

बसंत

'अमानत' लखनवी

है जलवः-ए-तन[1] से दर-ओ-दीवार[2] बसंती
पोशाक[3] जो पहने है मिरा यार बसंती

क्या फ़स्ले-बहारी[4] ने शिगूफ़े[5] हैं खिलाए
माशूक़[6] हैं फिरते सरे-बाज़ार बसंती

गेंदा है खिला बाग़ में, मैदान में सरसों
सहरा वो बसंती है, यह गुलज़ार[7] बसंती

गेंदों के दरख़्तों[8] में नुमायां[9] नहीं गेंदे
हर शाख़ के सर पर है यह दस्तार[10] बसंती

मुंह ज़र्द[11] दुपट्टे के न आंचल में छुपाओ
हो जाये न रंगे-गुले-रुख़सार[12] बसंती

खिलती है मिरे शोख़[13] पे हर रंग की पोशाक[14]
ऊदी,[15] अगरी, चम्पई, गुलनार[16], बसंती

है लुत्फ़[17] हसीनों[18] की दोरंगी का 'अमानत'
दो चार गुलाबी हों तो दो चार बसंती

1. शरीर का दर्शन, 2. दरवाज़े और दीवारें, 3. वस्त्र, 4. बसंत, 5. कलियां, 6. प्रेमिकायें, 7. उपवन, 8. पौधों, 9. प्रकट, 10. पगड़ी, 11. पीला, 12. कपोल के फूल का रंग, 13. चंचल, 14. वस्त्र, 15. हरी, 16. लाल, 17. मज़ा, 18. सुंदरियां।

बसंती रंग की बहार

'बेनज़ीर' शाह

चले साक़िया[1] दौर[2] गुम हों हवास[3]
कि जोबन दिखाए बसंती लिबास[4]
उठा जामे-ज़र्री[5] पिला बेद रंग
कि आशिक़[6] के हिस्से में है[7] ज़र्द रंग
वो बौर आये आमों पे, है क्या समां[8]
चमकती हैं पुखराज[9] की कलग़ियां[10]
दिखाते हैं दो चार फूल अब बबूल
हैं पर दूर तक फूले[11] सरसों के फूल
दिया किसने यह आबे-ज़र[12] बेक़ियास[13]
कि हर खेत का है बसंती लिबास
यह ज़र-बफ़्त[14] और कामदानी[15] का काम
किया किसने मख़मल पे यकसां[16] तमाम[17]
यह मस्ती दिखाई है हर फूल ने
कि आंखों में सरसों लगी फूलने
नज़र तुर्फ़ातर[18] रंग लाने लगी
हथेली पे सरसों जमाने लगी
सुनहरी हुई सन की पक्की फली
छड़े और छागल बजाने लगी
गले में खजूरों की लौ चम्पई
पिन्हाई है मौसम ने चम्पाकली
वो फूला कुसुम ग़ैरते-ज़ाफ़रां[19]
बना रश्के-कश्मीर[20] हिन्दोस्तां
चमकती है वो गोंदनी दूर से
कि यह क़ुदरती[21] ज़र्द मोती फले

---

1. मदिरा पिलानेवाला, 2. शराब का दौर, 3. होश, 4. वस्त्र, 5. सुनहरी प्याला, 6. प्रेमी, 7. पीला, 8. वातावरण, 9. पीला रत्न, 10. तुर्रे, 11. खिले, 12. सोने का पानी, 13. बेहिसाब, 14. चमकदार कपड़ा, 15. तारकशी, 16. एक जैसा, 17. पूरा, 18. नवीन, अद्‌भुत, 19. केसर को शरमानेवाले, 20. कश्मीर भी जिससे ईर्ष्या करे, 21. प्राकृतिक, स्वाभाविक।

चमक में वो सींकों की है क्या बहार
कि क़ुदरत ने खींचे हैं सोने के तार
वो हिलती है सरसे की सूखी फली
लटकती है सोने की या पचलड़ी
जो बुन्दे हैं पुखराज के ज़र्द बेर
दिखाते हैं सोने के जुगनू कनेर
मटर की वो फलियां जो कच्ची थीं सब
दिये ज़र[1] के जौशन[2] इन्हें किसने अब
वो क्या-क्या चमकती है कमरख़ की फांक
बिठाई है क़ुदरत ने कुन्दन की डांक
वो लीमूं जो थे काग़ज़ी सब्ज़तर[3]
लटकते हैं अब बनके तवीजे-ज़र[4]
पहाड़ी कसौंजी जो है सामने
बुलाक़ उसको सोने के किसने दिए
वो गेंदे की शाख़ें जो हैं सब्ज़फ़ाम[5]
हैं लटकाए कुन्दन के झुमके तमाम
हुई ज़र्द पककर फली सेम की
चमकती हैं क्या बिजलियां चम्पई
वो चम्पा की ख़िजलत[6] दहे-लाजवर्द[7]
मिला क्या ही झूमर उसे ज़र्द ज़र्द[8]
उठाए हुए हाथ सूरजमुखी
दिखाती है सोने की वो आरसी
जो दाऊदी के ज़र्द गुंचे खिले
करनफूल इनको कहां से मिले
हरी गोद केले की थी जो उधर
बनी झाड़ पुखराज का सर - बसर[9]
लिये जामे-ज़री[10] बसद-आब-ओ-ताब[11]
वो क्या ज़र्द-ज़र्द आज फूला गुलाब
सुनहरी जो गोभी में फूल आये हैं
कटोरे यह सोने के औंधाए हैं[12]

---

1. सोना, 2. बाजू का गहना, 3. हरे-हरे, 4. सोने के तावीज़, 5. हरी, 6. लज्जा, 7. एक नीला रत्न, 8. पीला, 9. बिल्कुल, 10. सोने का प्याला, 11. बड़ी चमक-दमक के साथ, 12. उलटे हैं।

वो फूलों पे हर सिम्त[1] छाया बसंत
वो बुलबुल भी गाते हैं क्या-क्या बसंत
दरख़्तों[2] से वो उतरी आती है धूप
ज़मीं[3] पर भी सोना चढ़ाती है धूप
पड़ा ज़र्द किरनों का अक्स[4] आब[5] में
हुआ ज़र्द पानी भी तालाब में
बसंती है यह जामः-ए-हर-बशर[6]
कि हलदी भी शर्माती है देखकर
है माशूक़[7] या साहबे-दर्द[8] है
जिसे देखिए ज़र्द ही ज़र्द है
न क्यों इतनी ज़र्दी पे हो अक़्ल[9] दंग[10]
यह छाया है उड़-जड़ के आशिक़[11] का रंग

(माख़ूज़)

बसंत बहार

'मुनव्वर' लखनवी

लौंग की बेल को छूती-छूती मलियागिर की मस्त पवन है
कितनी इसमें चतुराई है कितना इसमें अल्हड़पन है

दल के दल मतवाले भौंरे काट रहे हैं चक्कर क्या-क्या
लेती हैं इनकी झनकारें दिल से हर दम टक्कर क्या-क्या

दूर लता कुंजों के अन्दर कोयल क्या क्या कूक उठती है
टीस सी पैदा हो जाती है दिल में हूक सी हूक उठती है

हिज्र[12] के मारे ग़मकोशों[13] का जिससे और भी ग़म[14] बढ़ता है
दर्द की अफ़ज़ाइश[15] होती है दिल का पेच-ओ-ख़म[16] बढ़ता है

---

1. ओर, 2. वृक्षों, 3. धरती, 4. प्रतिबिम्ब, 5. पानी, 6. हर व्यक्ति के वस्त्र, 7. प्रेमिका, 8. दर्द की मूर्ति, 9. वृद्धि, 10. चकित, 11. प्रेमी, 12. विरह, 13. दुखी, शोकातुर, 14. शोक, 15. वृद्धि, 16. जटिलता, टेढ़-मेढ़।

जब यह आलम[1] दुनिया का है जब गुलरेज़[2] बसंत आया है
जब हैजान बपा करने को वहशतखेज़[3] बसंत आया है

गोपियों को पहलू में लेकर कृष्ण कन्हैया नाच रहे हैं
झूम रही है सारी दुनिया मौज में क्या क्या नाच रहे हैं

राग यह ज़ुहरा-जमालों[4] में है, रंग यह माहजबीनों[5] में है
इक तफ़रीह[6] का आलम[7] जारी[8] इन नौख़ेज़ हसीनों[9] में है

जिनके पति हैं दूर सफ़र में ललनायें वो हिज्र[10] की मारी
दिल के तक़ाज़ों[11] से अफ़सुर्दा[12] महवे-फ़ुग़ां[13] है माइले-ज़ारी[14]

मौसमे-गुल[15] में इनकी हालत ग़ैर[16] नज़र आती है ग़म[17] से
ऐसी रुत में इनकी जुदाई अपने परदेसी प्रीतम से

मौलसिरी में फूल खिले हैं उन पर भौंरे मंडलाते हैं
फूलों के रस की ख़ुशबू गें खोकर मस्त हुए जाते हैं

ऐसी रुत में नाच रहे हैं बालाओं में कृष्ण कन्हैया
दिल बहलाते हैं जा - जाकर ललनाओं में कृष्ण कन्हैया

नख़्ले-तमाल[18] के बर्गे-नौ[19] की ख़ुशबू[20] से हैं नाफ़ः-ए-मुश्कीं[21]
फूल पलास के हैं मेहराबी[22] काम के नाख़ुन रंगीं-रंगीं

नौख़ेज़ों[23] के दिल के पर्दे जिससे चाक[24] हुए जाते हैं
सहमे - सहमे जो जज़्बे[25] थे वो बेबाक[26] हुए जाते हैं

काम के चित्र नूरानी[27] हैं फूल नहीं यह नागफनी के
तर्कशे-इश्क़[28] में तीर हैं गोया पर्दः-ए-गुल[29] के अन्दर भौंरे

---

1. दशा, स्थिति, 2. फूल बरसानेवाला, 3. घबराहट पैदा करनेवाला, 4. सुन्दरियां, 5. चंद्रमुखी, 6. मनोरंजन, 7. दशा, 8. चालू, 9. कमउम्र सुन्दरियां, 10. विरह, 11. मांग, 12. दुखी, उदास, 13. आर्तनाद में लीन, 14. रोने पर तत्पर, 15. बसंत, 16. बुरी हालत, 17. शोक, दुख, 18. सफ़ेद फूलवाला एक वृक्ष, 19. नए पत्ते, 20. सुगंध, 21. कस्तूरी-युक्त नाभि, 22. मेहराब के आकार के, 23. नवपक्व, 24. विदीर्ण, 25. भाव, 26. निडर, 27. प्रकाशमान, 28. इश्क़ का तरकश, 29. फूल के पर्दे।

ऐसी रुत में नाच रहे हैं बालाओं में कृष्ण कन्हैया
दिल बहलाते हैं जा जाकर ललनाओं में कृष्ण कन्हैया

पर्दादरी[1] का ज़िक्र[2] करें क्या उरियानी[3] सी उरियानी है
देख के सरमस्ती[4] का आलम[5] हैरानी[6] सी हैरानी है

बन्दे-क़बा[7] की सूरत क्या - क्या गुलशने-हुस्न[8] के दर[9] खुलते हैं
ख़न्दाज़नी[10] पर माइल[11] पैहम[12] फूलों के जौहर खुलते हैं

माधवी बेल की ख़ुशबू क्या क्या हर सू इत्रफ़िशां[13] होती है
मालती और चम्बेली से जब बू-ए-कैफ़[14] रवां[15] होती है

मुनियों का भी हाल बुरा है उनके दिलों को राम किए है
सारे नौउम्रों[16] को अपना बन्दा इक बेदाम[17] किए है

बेल कोई जब आम के पेड़ को बढ़-बढ़कर चिमटा लेती है
रोयें रोयें को मस्ती से इस्तादा[18] सा कर देती है

बृन्दाबन की क़ुर्बत[19] में यह सुंदर - सुंदर जो धरती है
जमुना अपने जल से उसको मनसब[20] पाक[21] अता[22] करती है

फूल चमेली के ये सीमीं[23] चश्मे-नीम-कुशादा[24] से हैं
उनके ज़ीरे की लपटों से सहरा-दर-सहरा[25] महके हैं

केतकी की ख़ुशबू के साथी पैके-सबा[26] का जौर[27] तो देखो
काम[28] के रंगीं नावक हैं वह देखो इनके तौर[29] तो देखो

मौसमे-गुल[30] में इक-इक झोंका आग की बारिश[31] करता है
फ़ुर्क़त[32] की मारी रूहों[33] को वक़्फ़े-बेताबी[34] करता है

---

1. पर्दा उठाना, 2. बयान, 3. नग्नता, 4. नशा, 5. दशा, 6. व्याकुलता, 7. चोंगे के बन्द, 8. सौंदर्य, 9. दरवाज़े, 10. हंसी बिखेरना, 11. प्रकृति, 12. निरन्तर, 13. इत्र बिखेरना, 14. नशे की गंध, 15. प्रवाहित, 16. छोटी आयुवाले, 17. बिना मूल्य का, 18. खड़ा, 19. निकट, 20. दर्जा, स्थान, 21. पवित्र, 22. प्रदान, 23. चांदी जैसे, 24. अधखुली आंखें, 25. जंगल, 26. समीर का संदेशवाहक, 27. ज़ुल्म, 28. कामदेव, 29. ढंग, तरीके, 30. बसंत, 31. वर्षा, 32. विरह, 33. आत्मा, 34. व्याकुलता में लीन।

महजूरों[1] के ग़ममीं[2] दिल में आतिशे-फ़ुर्क़त[3] शोलाज़न[4] है
आतिशे-फ़ुर्क़त शोलाज़न है नारे-महब्बत[5] शोलाज़न है

आम के गुच्छों का शीरीं[6] रस भौंरे चूसने को आते हैं
चक्कर सौ - सौ काट रहे हैं चारों जानिब[7] मंडलाते हैं

इन गुच्छों में हलकी-हलकी लरज़िश[8] सी कुछ आ जाती है
इन गुच्छों से भारी डाली हिलती है झोंके खाती है

डाली-डाली पर मतवाली कोयल क्या क्या कूक रही है
मन की मीठी तन की काली कोयल क्या क्या कूक रही है

कोयल की हर कूक में पिन्हां[9] कितने बरछे हैं भाले हैं
इन हथियारों ने महजूरों[10] के दिल ज़ख़्मी[11] कर डाले हैं

मौसमे-गुल के[12] इस आलम[13] में शग़्ले-यादे-गुलरूयां[14] है
मौजे-हवा की इक इक जुम्बिश[15] दफ़्तरे-हश्र[16] का इक उनवां[17] है

महजूरों को महबूबों[18] के ध्यान से राहत[19] मिल जाती है
लम्हे[20] गो ये फ़ुर्क़त[21] के हैं वस्ल[22] की लज़्ज़त[23] मिल जाती है

(जयदेवकृत 'गीत गोविन्द' का उर्दू अनुवाद)

बसंत

'नज़ीर' लुधियानवी

देखो बसंत लाई है गंगा पे क्या बहार[24]
सरसों के फूल हो गये हर सिम्त[25] आशकार[26]

---

1. वियोगी, 2. शोकातुर, 3. विरह की आग, 4. भड़की हुई, प्रज्वलित, 5. प्रेम की आग, 6. मधुर, मीठा, 7. चारों ओर, 8. कम्पन, 9. छिपा हुआ, 10. वियोगी, 11. घायल, 12. बसंत, 13. दशा, 14. सुन्दरियों की याद में लीन, 15. हिलना, 16. हश्र का दफ़्तर, 17. शीर्षक, 18. प्रेमिका, 19. सुख, शांति, 20. क्षण, 21. विरह, 22. मिलन, 23. आनंद, सुख, 24. शोभा, 25. हर तरफ़, 26. प्रकट।

है कितनी ख़ुशगवार[1] हवा कोहसार[2] की
हिन्दोस्तां में है यही इक रुत बहार[3] की

हर कोई कह रहा है कि जाड़ा[4] निकल गया
मौसम बदल गया कि ज़माना बदल गया

आमद[5] बहार[6] की है रहें क्यों उदास हम
पहनेंगे शाद[7] होके बसंती लिबास[8] हम

हिंदोस्तान का यह पुराना शिआर[9] है
सदियों से अपने देस की यह यादगार है

आओ वतन का हक़्क़े-मुहब्बत[10] अदा करें
हम आंसुओं से प्रेम का बूटा हरा करें

बसंत

'नुशूर' वाहिदी

फागुन के गुलाबी छींटों से, हर सू[11] सब्ज़े[12] उग आये हैं
सरसों फूली, कल्ले फूटे, छिटके हुए बादल छाए हैं

खेतों में हवा के चलने से, लहराती है जौ की हरियाली
हलके हलके बादल में छिपी चलती हुई सूरज की थाली
फागुन की हवा-ए-दिलकश[13] से, शादाब[14] है जामुन की डाली

महके हैं मटर के फूल कहीं, आमों में कहीं बौर आये हैं
सरसों फूली, कल्ले फूटे, छिटके हुए बादल छाए हैं

---

1. आनंदप्रद, 2. पर्वत, 3. बसंत, 4. सर्दी, 5. आगमन, 6. बसंत, 7. खुश, प्रसन्न, 8. वस्त्र, 9. तौर-तरीक़ा, 10. प्रेम का हक़, 11. हर तरफ़, 12. हरियाली, 13. मोहक हवा, 14. हरी-भरी।

जलवों[1] का वो झुर्मुट होता है, फागुन के बसंती मेलों में
जैसे कभी जमघट होता है आईना-रुख़ों[2] के रेलों[3] में
दिल हार गये हैं अहले-नज़र[4] इन ज़ौक़े-नज़र[5] के खेलों में

हर गाम[6] पे ऐसे मेलों में, इक पारः-ए-दिल[7] छोड़ आये हैं
सरसों फूली, कल्ले फूटे, छिटके हुए बादल छाए हैं

शफ़्फ़ाफ़[8] जबीनों[9] ने जैसे अफ़लाक[10] से बादल तोड़े हैं
उस शोख़[11] ने आंचल डाला है, इस शोख़ ने बाज़ू तोड़े हैं
चेहरों पे बसंती आलम[12] है, जिस्मों[13] पे बसंती[14] जोड़े हैं

इस रंग ने जाने कितनों के एहसास[15] पे महशर[16] ढाए हैं
सरसों फूली, कल्ले फूटे, छिटके हुए बादल छाए हैं

बसंत

फ़ैयाज़ुद्दीन अहमद ख़ां 'फ़ैयाज़'

हुई पहली किरन, सूरज की यूं रक़्सां[17] हिमाले[18] में
पुजारन जैसे कोई सुब्ह दम[19] आये शिवाले[20] में

गुलाबी सर्दियां आईं, हवा में नर्मियां आईं
सुनहरी साअतें[21] लेकर बसंती गर्मियां आईं

बहुत ख़ामोश[22] और पुरकैफ़[23] तबदीली[24] है नेचर[25] में
कोई जिस तरह कश्ती[26] खे रहा हो प्रेमसागर में

इधर सरसों का सोना, कासनी[27] फूलों में अलसी के
उधर शबनम[28] का झूले झूलना झूलों में अलसी के

---

1. दर्शन, 2. दर्पण के समान चेहरेवाले, 3. जमघट, बहाव, 4. नज़रवाले, 5. अभिरुचि, 6. क़दम, 7. दिल का टुकड़ा, 8. स्वच्छ, 9. ललाट, 10. गगन, 11. चंचल, 12. दशा, 13. शरीर, 14. वस्त्र, 15. भावना, 16. प्रलय, 17. नाची, 18. हिमालय, 19. प्रभात में, 20. मंदिर, 21. क्षण, 22. मौन, 23. नशीली, 24. परिवर्तन, 25. प्रकृति, 26. नाव, 27. जामनी, बैंगनी, 28. ओस।

हवा के साथ जौ की ख़ुशनुमा[1] बालों का लहराना
हरी चादर में लाखों गेसुओं[2] वालों का लहराना

चने के सब्ज़ काही[3] खेत से उठते हुए गेहूं
किनारे पर नदी के रेत से उठते हुए गेहूं

सुनहरी रंग छाता जा रहा है कोने-कोने में
ज़ुमुर्रुद[4] जिस तरह हल[5] कर रहा हो कोई सोने में

राखी

'नज़ीर' अकबराबादी

चली आती है अब तो हर कहीं बाज़ार की राखी
सुनहरी सब्ज़[6] रेशम ज़र्द[7] और गुलनार[8] की राखी
बनी है गोकि[9] नादिर[10] ख़ूब हर सरदार की राखी
सलोनों में अजब रंगीं है उस दिलदार[11] की राखी
न पहुंचे एक गुल को यार जिस गुलज़ार[12] की राखी

अयां[13] है अब तो राखी भी, चमन भी, गुल भी, शबनम[14] भी
झलक[15] जाता है मोती और झलक जाता है रेशम भी
तमाशा है अहाहाहा ! ग़नीमत[16] है यह आलम[17] भी
उठाना हाथ प्यारे वाह वा टुक देख लें हम भी
तुम्हारी मोतियों की और ज़री[18] के तार की राखी

अदा से हाथ उठते हैं गुले-राखी[19] जो हिलते हैं
कलेजे देखनेवालों के क्या-क्या आह ! छिलते हैं

---

1. सुंदर, 2. बाल, लटें, 3. गहरा हरा, 4. पन्ना, 5. घोलना, मिलाना, 6. हरी, 7. पीली, 8. लाल फूल, 9. यद्यपि, 10. अद्भुत, 11. प्रेमिका, 12. उपवन, वाटिका, 13. प्रकट, 14. ओस, 15. चमक, 16. सराहनीय, 17. दशा, 18. सोने का तार, 19. राखी के फूल।

कहां नाज़ुक[1] यह पहुंचे और कहां यह रंग मिलते हैं
चमन[2] में शाख़[3] पर कब इस तरह के फूल खिलते हैं
जो कुछ ख़ूबी[4] में है उस शोख़े-गुलरुख़सार[5] की राखी

फिरे हैं राखियां बांधे जो हरदम हुस्न[6] के तारे
तो उनकी राखियों को देख अय जां चाव के मारे
पहन ज़ुन्नार[7] और क़श्क़ा[8] लगा माथे उपर बारे
'नज़ीर' आया है ब्राह्मन बन के राखी बांधने प्यारे
बंधा लो उससे तुम हंसकर अब इस त्योहार की राखी

दिवाली का सामान

'नज़ीर' अकबराबादी

हर इक मकां[9] में जला फिर दिया दीवाली का
हर इक तरफ़ को उजाला हुआ दिवाली का
सभी के दिल में समां[10] भा गया दिवाली का
किसी के दिल को मज़ा[11] ख़ुश[12] लगा दिवाली का
अजब बहार[13] का है दिन बना दिवाली का

जहां में यारो अजब तरह[14] का है यह त्योहार
किसी ने नक़्द लिया और कोई करे है उधार
खिलौने खीलों बतासों का गर्म है बाज़ार
हर इक दुकां[15] में चिरागों की हो रही है बहार[16]
सभों को फ़िक्र है अब जा - बजा दिवाली का

---

1. कोमल, 2. उपवन, 3. डाली, 4. सुंदरता, 5. फूलों जैसे कपोलवाला चंचल, 6. सौंदर्य, 7. जनेऊ, 8. तिलक, 9. घर, 10. वातावरण, 11. आनंद, 12. अच्छा, 13. शोभा, 14. विचित्र प्रकार, 15. दुकान, 16. शोभा।

मिठाइयों की दुकानें लगा के हलवाई
पुकारते हैं कि लाला दिवाली है आई
बतासे ले कोई, बर्फ़ी किसी ने तुलवाई
खिलौने वालों की उनसे ज़ियादा बन आई

गोया उन्हों के वां[1] राज आ गया दिवाली का

सर्राफ़[2] हराम की कौड़ी का जिनका है ब्योपार
उन्होंने खाया है इस दिन के वास्ते ही उधार
कहे हैं हंसके क़र्ज़ख़्वाह[3] से हर इक इक बार
दिवाली आई है सब दे चुकायेंगे अय यार

ख़ुदा के फ़ज़्ल[4] से है आसरा[5] दिवाली का

मकान लीप के ठिलिया जो कोरी रखवाई
जला चिराग़ को कौड़ी वो जल्द झनकाई
असल जुआरी थे उनमें तो जान सी आई
ख़ुशी से कूद उछलकर पुकारे ओ भाई

शगून पहले करो तुम ज़रा दिवाली का

किसी ने घर की हवेली गिरौ[6] रखा हारी
जो कुछ थी जिन्स[7] मुयस्सर[8] ज़रा ज़रा हारी
किसी ने चीज़ किसी की चुरा छुपा हारी
किसी ने गठरी पड़ोसन की अपनी ला हारी

यह हार जीत का चर्चा पड़ा दिवाली का

ये बातें सच हैं न झूठ इनको जानियो यारो
नसीहतें[9] हैं इन्हें दिल में ठानियो यारो
जहां को जाओ यह क़िस्सा बखानियो यारो
जो जुआरी हो न बुरा उसका मानियो यारो

'नज़ीर' आप भी है ज्वारिया दिवाली का

---

1. उन्हीं के यहां, 2. सुनार, 3. उधार मांगनेवाला, 4. दया, 5. सहारा, 6. गिरवी, बंधक, 7. अनाज, वस्तु, 8. प्राप्त, 9. उपदेश।

दिवाली

आले अहमद 'सुरूर'

यह बाम-ओ-दर[1] यह चरागां[2] यह क़ुमक़ुमों की क़तार[3]
सिपाहे - नूर[4] सियाही[5] से बरसरे - पैकार[6]

यह ज़र्द[7] चेहरों पे सुर्ख़ी[8], फ़सुर्दा[9] नज़रों में रंग
बुझे - बुझे से दिलों को उजालती है उमंग

यह इम्बिसात[10] का ग़ाज़ा[11], परी-जमालों[12] पर
सुनहरे ख़्वाबों[13] का साया, हसीं ख़यालों[14] पर

यह लहर लहर, यह रौनक़[15], यह हमहमा[16], यह हयात[17]
जगाए जैसे चमन[18] को नसीमे-सुब्ह[19] की बात

हर एक शम्अ[20] पे दिल दे रहे हैं परवाने
नज़र नज़र से बरसते हैं कितने अफ़साने[21]

ग़ज़ब[22] है लैलए-शब[23] का सिंघार आज की रात
निखर रही है उरूसे-बहार[24] आज की रात

हज़ार जंग[25] के साए, हज़ार क़हत[26] के भूत
हज़ार शर[27] के दलाइल[28], हज़ार ग़म[29] के सुबूत[30]

हज़ार ख़तरः-ए-रहज़न[31], हज़ार फ़ितनः-ए-ज़र[32]
हज़ार ज़ीस्त[33] के सदमे[34], हज़ार मौत के डर

---

1. छत और दरवाज़े, 2. दीपोत्सव, 3. पंक्ति, 4. प्रकाश की सेना, 5. अंधकार, 6. युद्ध में रत, 7. पीले, 8. लाली, 9. उदास, 10. हर्ष, 11. पाउडर, 12. सुन्दरियों, 13. स्वप्न, 14. सुंदर विचार, 15. शोभा, 16. हंगामा, 17. जीवन, 18. उपवन, 19. प्रातःसमीर, 20.चराग़, 21. कहानियां, 22. विलक्षण, 23. रात की दुल्हन, 24. बहार की दुल्हन, 25. युद्ध, 26. अकाल, 27. बदी, 28. तर्क, 29. शोक, 30. पुरावा, 31. चोर का भय, 32. धन-दौलत का उपद्रव, 33. जीवन, 34. ग़म, शोक।

हज़ार तलख़ि - ए - दौरां[1], हज़ार जौरे-बुतां[2]
हज़ार मरहलाहा - ए - तिलिस्मे - सूद - ओ - ज़ियां[3]

हज़ार ज़ख़्मों की टीसें, हज़ार दाग़ों के दर्द
हज़ार ख़ुश्क[4] लबों[5] पर, हज़ार नालः-ए-सर्द[6]

हज़ार ख़्वाब-ओ-हक़ीक़त[7] की कशमकश[8] का अलम[9]
हज़ार ख़ूने - तमन्ना[10] की महफ़िले - मातम[11]

हज़ारों साल के दुख दर्द में नहाए हुए
हज़ारों आरज़ुओं[12] की चिता जलाए हुए

ख़िज़ां - नसीब[13] बहारों के नाज़ उठाए हुए
शिकस्त-ओ-फ़त्ह[14] के कितने फ़रेब[15] खाए हुए

इन आंधियों में बशर[16] मुस्कुरा तो सकते हैं
सियाह[17] रात में शम्अें[18] जला तो सकते हैं

लवों की रेखा

हुरमतुल इकराम

दूर अशजार[19] के पीछे कहीं सूरज डूबा
शाम की पालकी धरती के क़रीब[20] आके रुकी
उतरी इक शोख़[21] अदा चेहरे पे घूंघट डाले
बिखरी जुल्फ़ें[22] तो महक उट्ठा शबिस्ताने-उफ़ुक़[23]

---

1. ज़माने की कटुता, 2. प्रेमिकाओं के अत्याचार, 3. लाभ-हानि के जादू की समस्यायें, 4. शुष्क, 5. होंठ, 6. ठंडे आर्तनाद, 7. वास्तविकता, 8. संघर्ष, 9. दुख, 10. अरमानों का ख़ून, 11. शोक-गोष्ठी, 12. आकांक्षा, 13. पतझड़, 14. जय-पराजय, 15. धोखा, 16. मानव, 17. अंधेरी, 18. चराग़, 19. वृक्ष (ब.व.), 20. निकट, 21. चंचल, 22. लटें, बाल, 23. क्षितिज का शयनागार।

दिन की एक-एक किरन कह गयी जाते-जाते
रौशनी[1] डूबने वाली नहीं, सूरज डूबे
इतना काफ़ी है कि ऊंची रहें ता-सुब्ह[2] लवें
राख हो जायेगा लंका का ख़याबाने-जलाल[3]

रौशनी आग भी है रौशनी हनुमान भी है
रात रावण है, खिंची रहने दो लमहों[4] की कमां[5]
बान[6] पर बान चलाते रहें मिट्टी के दिये
झिलमिलाता रहे आईने - सदाक़ततलबी[7]

मुस्कुराती रहे किरदार[8] की तनकीं नसबी[9]
यह मुंडेरों के तबस्सुम[10] का दिलआवेज़[11] ग़ुरूर[12]
ख़ीरा सर वक़्त[13] को देता है उजाले का शुऊर[14]
रौशनी पुल है अंधेरों के समंदर के लिए

रौशनी फ़तहे-निशां[15], रौशनी उनवाने-मुराद[16]
जाने-अफ़साना[17] है क़न्दीलों की परतौफ़िगनी[18]
कैकयी जीत के हारी है, अमावस है यही
राम की हार में थी जीत, यह दिवाली है

नाम तुलसी का है, लिखते हैं दीये रामायण
रूह[19] बनवास के शोलों[20] में नुमू[21] पाती है
खेंच दो ख़ाके-बियाबां[22] पे लबों की रेखा
अश्के-यकदाना[23] सी लरज़ां[24] है अकेली सीता

आये किस भेस में रावण, यह किसे है मालूम
क्या हो अंदाज़े-कलाम,[25] इसकी ख़बर है किसको

---

1. प्रकाश, 2. प्रातःकाल तक, 3. प्रताप का बाग़, 4. क्षण, 5. धनुष, 6. बाण, 7. सच्चाई की मांग का विधान, 8. चरित्र, 9. सहनशीलता की विजय, 10. मुस्कान, 11. मोहक, 12. अभिमान, 13. काले दिलवाला समय, 14. चेतना, 15. विजय का निशान, 16. अभिप्राय का शीर्षक, 17. कहानी के प्राण, 18. प्रतिबिम्ब डालना, 19. आत्म, प्राण, 20. ज्वाला, 21. विकास, बढ़वार, 22. जंगल की धूल, 23. अश्रु की बूंद, 24. कम्पायमान, 25. बातचीत का ढंग।

अजब[1] आलम[2] है कि गहनों से भी आरी[3] है बदन
कौन जायेगा तआक़ुब[4] में, किधर जायेगा

गूंगे रस्तों ने दिया है किसे मंज़िल[5] का सुराग़[6]
रौशनी के सिवा रहबर[7] है, न कोई ग़मख़्वार[8]
तोशः-ए-जां[9] है इक-इक लौ, इसे कर लो महफ़ूज़[10]
जैसे-तैसे कटे इक साल तो आती है यह रात

रौशनी इसकी तलब[11], रौशनी इसकी सौग़ात[12]
रौशनी मांगती है, रौशनी दे जाती है
(कितनी तन्नाज़[13] है, किस किस तरह इतराती[14] है !)
ज़रफ़िशां[15], नूर चकां[16], सर से क़दम[17] तक ख़न्दां[18]

(रूप ऐसा कि निगाहों से न ठहरा जाये)
खेलती अपने ही पिन्दारे - ख़ुद - आराई[19] से
लक्ष्मी रहगुज़रे - शब[20] पे है मसरूफ़े - ख़िराम[21]
खोल दो दिल के भी पट, घर के किवाड़ों की तरह
रात दीवाली की आई है उजालो इसको
नींद में कब से यह नगरी है जगा लो इसको

तक़वीमे-नूर[22]

'शमीम' करहानी

दिये जलाओ, मुसलसल[23] जलाओ आज की रात
तमाम[24] साल फ़ज़ा[25] से यही सवाल रहा
कि तेरे चेहरे पे शानों[26] पे आस्तीनों पर
यह नागवार[27] सियाही[28] के हाशिए[29] क्यों हैं

---

1. विचित्र, 2. दशा, 3. विहीन, 4. पीछा करने, 5. गंतव्य स्थान, 6. पता, 7. मार्गदर्शक, 8. हमदर्द, 9. जान का तोशा (मार्ग का भोजन), 10. सुरक्षित, 11. इच्छित, 12. भेंट, 13. शोख़, 14. इतराती, नख़रे करती, 15. सोना बरसानेवाली, 16. प्रकाश फैलाना 17. पांव, 18. प्रसन्न, 19. स्वयं को सजाने का घमंड, 20. रात का मार्ग, 21. चलने में व्यस्त, 22. प्रकाश का पंचांग, 23. लगातार, 24. सब, 25. वातावरण, 26. कंधे, 27. दुखदाई, 28. अंधकार, 29. पट्टियां।

ज़मीं[1] की कोख, अंधेरों का मस्कने-मग़मूम[2]
कभी तो जश्ने-चराग़ां[3] का गाहवारा[4] बने

नसीबे - लमूहः - ओ - अय्यामे - ज़िंदगी[5] क्यों हो
नज़र का दर्द, जबीनों[6] की गर्द[7], दिल का ग़ुबार[8]

कोई बताओ कि धरती से क्या क़ुसूर[9] हुआ
क़ुसूर यह कि मुक़द्दस[10] है पाक[11] दामन है
निखर के आई है, शोलों[12] के आबशारों[13] से
यह अपनी फ़त्ह[14] की तारीख़[15] नूर[16] की तक़वीम[17]
कहीं न वक़्त[18] की तारीकियों[19] में खो जाये
बढ़े जो ज़ुल्मते-दौरां[20] तो मुस्कुराते रहो
हवा-ए-तुन्द[21] में दिल का दिया जलाते रहो
दिये जलाओ, मुसलसल[22] जलाओ आज की रात

यह रात

'मख़मूर' सईदी

फिर एक साल की तारीक[23] राह[24] तै[25] करके
मता - ए - नूर[26] लुटाती यह रात लाई है
उफ़ुक़ से ता-ब-उफ़ुक़[27] रौशनी की अर्ज़ानी[28]
यह रात कितने उजालों को साथ लाई है

फिर एक साल की तारीक राह तै करके
मता - ए - नूर लुटाती यह रात आयेगी
मगर मैं सोच रहा हूं जब आयेगी तो हमें
घिरा हुआ फिर इन्हीं ज़ुल्मतों[29] में पाएगी

---

1. धरती, 2. दुखी निवास-स्थान, 3. दीपोत्सव, 4. पालना, 5. जीवन के दिन और क्षणों का नसीब, 6. ललाट, 7. धूल, 8. मैल, 9. अपराध, 10. पवित्र, 11. पूजनीय, 12. ज्वाला, 13. जलप्रपात, 14. विजय, 15. इतिहास, 16. प्रकाश, 17. पंचांग, 18. समय, 19. अंधकार, 20. समय का अंधकार, 21. प्रचंड हवा, 22. निरन्तर, 23. अंधेरा, 24. मार्ग, 25. चलकर, 26. प्रकाश की दौलत, 27. क्षितिज से क्षितिज तक, 28. बाहुल्य, 29. अंधकार।

ये ज़ुल्मतें जो मुसल्लत[1] हैं हम पे सदियों से
ये एक रात में तो दूर हो नहीं सकतीं
सियाहपोश[2] फ़ज़ायें[3] यह दीदः-ओ-दिल[4] की
निशात-ओ-नूर[5] से मामूर[6] हो नहीं सकतीं

मगर यह रात जो मेहमां[7] है चंद लम्हों[8] की
इस एक रात को हम क्यों न जाविदां[9] कर लें
यह रात लाई है साथ अपने जिन उजालों को
न किसलिए इन्हें महफ़ूज़े-क़ल्ब-ओ-जां[10] कर लें

क़दम क़दम पे जो रौशन[11] हैं ये दिये इनसे
फ़क़त[12] निगाह ही क्यों इकतिसाबे-नूर[13] करे
जो कर सकें तो इन्हें क्यों न हम अता[14] कर दें
वो रौशनी जो तकद्दुर[15] दिलों का दूर करे

फिर एक साल की तारीक राह तै करके
मता-ए-नूर लुटाती यह रात आई है
उफ़ुक़ से ता-ब उफ़ुक़ रौशनी की अर्ज़ानी
यह रात कितने उजालों को साथ लाई है

ईदे-मीलादुन्नबी[16]

'हफ़ीज़' जालन्धरी

यह किसकी जुस्तजू[17] में मिहरे-आलमताब[18] फिरता था
अज़ल[19] के रोज़ से बेताब[20] था बेख़्वाब[21] फिरता था

यह किसकी आरज़ू[22] में चांद ने सख़्ती[23] सही बरसों
ज़मीं पर चांदनी बरबाद-ओ-आवारा[24] रही बरसों

---

1. थोपी हुई, 2. अंधकारपूर्ण, 3. वातावरण, 4. दिल और आंखें, 5. प्रकाश और आनंद, 6. परिपूर्ण, 7. अतिथि, 8. क्षणों, 9. अमर, 10. हृदय और प्राणों में सुरक्षित, 11. जल रहे हैं, 12. केवल, 13. प्रकाश का उपार्जन, 14. प्रदान, 15. मलिनता, 16. हज़रत मुहम्मद साहिब के जन्मदिन की .ख़ुशी, 17खोज, 18. संसार को प्रकाश देनेवाला सूर्य, 19. अनादिकाल, 20. व्याकुल, 21. जिसे नींद न आये, 22. अभिलाषा, 23. कठिनाइयां, 24. व्यर्थभ्रमी।

यह किसके शौक़[1] में पथरा गईं आंखें सितारों की
ज़मीं को तकते - तकते आ गईं आंखें सितारों की

करोड़ों रंगतें किसके लिए अय्याम[2] ने बदलीं
पयापय करवटें किस धुन में सुब्ह-ओ-शाम[3] ने बदलीं

यह सब कुछ हो रहा था एक ही उम्मीद की ख़ातिर[4]
ये सारी काहिशें[5] थीं एक सुब्हे-ईद[6] की ख़ातिर

मशीयत[7] थी कि यह सब कुछ तहे-अफ़लाक[8] होना था
कि सब कुछ एक दिन नज़रे-शहे-लौलाक[9] होना था

मुरादें[10] भरके दामन में मुनाजाते-ज़ुबूर[11] आई
उमीदों की सहर[12] पढ़ती हुई आयाते-नूर[13] आई

नज़र आई बिलआख़िर[14] मानी-ए-इंजील[15] की सूरत[16]
वदीअत[17] हो गयी इंसान को तकमील[18] की सूरत

हवायें पै-बे-पै इक सरमदी[19] पैग़ाम[20] लाती थीं
कोई मुज़्दा[21] था जो हर गोशे-गुल[22] में कह सुनाती थीं

तबस्सुम[23] ही तबस्सुम थे नज़ारे[24] लालाज़ारों[25] के
तरन्नुम[26] ही तरन्नुम थे किनारे जू-ए-बारों[27] के

यकायक[28] हो गयी सारी फ़ज़ा[29] तिमसाले-आईना[30]
नज़र आया मुअल्लक़[31] अर्श[32] तक इक नूर[33] का ज़ीना

ख़ुदा की शान रहमत[34] के फ़रिश्ते सफ़-ब-सफ़[35] उतरे
परे बांधे हुए सब दीन-ओ-दुनिया के शरफ़[36] उतरे

---

1. अभिलाषा, 2. समय, 3. प्रातः और सायं, 4. के लिए, 5. कष्ट, दुर्बलता, 6. ईद का प्रभात, 7. ईश्वरेच्छा, 8. आकाश के नीचे, 9. रसूलअल्लाह की उपाधि, 10. अभिलाषायें, 11. ज़ुबूर की ईश-स्तुति, 12. प्रातःकाल, 13. प्रकाश की आयतें, 14. अन्ततः, 15. बाइबिल के अर्थ, 16. रूप में, 17. धरोहर, 18. पूर्णता, 19. अनश्वर, 20. संदेश, 21. शुभ सूचना, 22. फूल के कान, 23. गुरकान, 24. दृश्य, 25. लाले के बाग़, 26. लय, सुर, 27. बहता पानी, 28. सहसा, 29. वातावरण, 30. दर्पण की मूर्ति, 31. अधर में, 32. गगन, 33. प्रकाश, 34. दया, कृपा, 35. पंक्तियों में, 36. प्रतिष्ठा।

सहाबे-नूर[1] आकर छा गया मक्के की बस्ती पर
हुई फूलों की बारिश हर बलन्दी[2] और पस्ती[3] पर

हुआ अर्शे-मुअल्ला[4] से नुज़ूले-रहमते-बारी[5]
तो इस्तक़बाल[6] को उट्ठी हरम[7] की चारदीवारी

मुबारकबाद[8] है उनके लिए जो ज़ुल्म[9] सहते हैं
कहीं जिनको अमां[10] मिलती नहीं, बरबाद रहते हैं

मुबारकबाद बेवाओं[11] की हसरत-ज़ा[12] निगाहों को
असर बख़्शा[13] गया नालों[14] को फ़रियादों को आहों को

ज़ईफ़ों[15] बेकसों[16] आफ़त - नसीबों[17] को मुबारक हो
यतीमों[18] को ग़ुलामों[19] को ग़रीबों को मुबारक हो

मुबारक ठोकरें खा-खा के पैहम[20] गिरनेवालों को
मुबारक दश्ते-गुर्बत[21] में भटकते फिरनेवालों को

मुऐयन[22] वक़्त आया, ज़ोरे-बातिल[23] घट गया आख़िर
अंधेरा मिट गया, ज़ुल्मत[24] का बादल छट गया आख़िर

मुबारक हो कि दौरे-राहत-ओ-आराम[25] आ पहुंचा
निजाते-दाईमी[26] की शक्ल[27] में इस्लाम आ पहुंचा

निदा[28] हातिफ़[29] की गूंज उट्ठी ज़मीनों आसमानों में
ख़मोशी[30] दब गयी अल्लाहो-अकबर की अज़ानों में

हरीमे-क़ुद्स[31] से मीठे तरानों[32] की सदा[33] गूंजी
मुबारकबाद बनकर शादियानों की सदा गूंजी

---

1. प्रकाश का बादल, 2. ऊंचाई, 3. नीचाई, 4. सातवां आसमान, 5. ख़ुदा की रहमत का उतरना, 6. स्वागत, 7. काबा, 8. बधाई, 9. अत्याचार, 10. शांति, 11. विधवा, 12. हसरत भरी, 13. प्रदान किया, 14. आर्तनाद, 15. वृद्ध, 16. निर्बल, 17. क़िस्मत के मारे, 18. अनाथ, 19. दास, 20. लगातार, 21. विदेश का जंगल, 22. निश्चित, 23. झूठ का बल, 24. अंधकार, 25. सुख और शांति का दौर, 26. अमर मुक्ति, 27. रूप, 28. आवाज़, 29. फ़रिश्ता, 30. मौन, 31. काबे की पवित्र चारदीवारी, 32. गीत, 33. आवाज़।

बहरसू[1] नग़मः-ए-सल्ले-अला[2] गूंजा फ़ज़ाओं[3] में
ख़ुशी ने ज़िंदगी की रूह[4] दौड़ा दी हवाओं में

सलाम अय आमना के लाल,[5] अय महबूबे-सुब्हानी[6]
सलाम अय फ़ख़्रे-मौजूदात,[7] फ़ख़्रे-नौ-ए-इंसानी[8]

सलाम अय सिर्रे-वहदत[9] अय सिराजे-बज़्मे-ईमानी[10]
ज़िहे[11] यह इज़्ज़त-अफ़ज़ाई[12] ज़िहे तशरीफ़े-अर्ज़ानी[13]

तिरे आने से रौनक़[14] आ गयी गुलज़ारे-हस्ती[15] में
शरीके-हाले-क़िस्मत[16] हो गया फिर फ़ज़्ले-रब्बानी[17]

तिरी सूरत, तिरी सीरत[18], तिरा नक़्शा, तिरा जलवा[19]
तबस्सुम[20], गुफ़्तुगू[21], बन्दानवाज़ी[22], ख़न्दा पेशानी[23]

ज़माना मुन्तज़िर[24] है अब नई शीराज़ाबन्दी[25] का
बहुत कुछ हो चुकी अज्ज़ा-ए-हस्ती[26] की परेशानी[27]

'हफ़ीज़े'-बेनवा[28] भी है गदा-ए-कूचः-ए-उलफ़त[29]
अक़ीदत[30] की जबीं[31] तेरी मुरव्वत से है नूरानी[32]

सलाम अय आतिशीं ज़ंजीरे-बातिल[33] तोड़नेवाले
सलाम अय ख़ाक[34] के टूटे हुए दिल जोड़नेवाले

---

1. हर तरफ़, 2. सल्ले अला (उस पर रहमत हो) का गीत, 3. वातावरण, 4. आत्मा, 5. पुत्र, 6. .ख़ुदा के प्रिय, 7. संसार का गर्व, 8. मानवता का गर्व, 9. अद्वैत का रहस्य, 10. ईमान की बज़्म का चराग़, 11. अहो, 12. मान बढ़ाना, 13. सबको मान देनेवाले, 14. शोभा, 15. अस्तित्व का उपवन, 16. क़िस्मत के हाल में शरीक, 17. .ख़ुदा का फ़ज़्ल, 18. चरित्र, स्वभाव, 19. दर्शन, 20. मुस्कुराहट, 21. बातचीत, 22. बन्दों पर मेहरबानी, 23. विनम्रता, 24. प्रतीक्षा में, 25. तरतीब, 26. अस्तित्व के तत्त्व, 27. अस्तव्यस्तता, 28. बेआवाज़, मूक, 29. प्रेम-गली का भिक्षुक, 30. श्रद्धा, 31. ललाट, 32. प्रकाशमान, 33. झूठ की आग की ज़ंजीर, 34. धूल।

शब बरात

'नज़ीर' अकबराबादी

क्योंकर करे न अपनी नमूदारी[1] शब बरात
चलपक चपाती हल्वे से है भारी शब बरात
ज़िंदों[2] की हैं ज़र्बां[3] की मज़ेदारी[4] शब बरात
मुर्दों की रूह[5] की है मददगारी[6] शब बरात
लगती है सबके दिल को ग़रज़[7] प्यारी शब बरात

शक्कर का जिनके हल्वा हुआ वो तो पूरे हैं
गुड़ का हुआ है जिनके वो उनसे अधूरे हैं
शक्कर न गुड़ का जिनके वो परकट लंडूरे हैं
औरों के मीठे हल्वे चपाती को घूरे हैं
उनकी न आधी पाव न कुछ सारी शब बरात

मुल्ला जो देने फ़ातिहा घर घर को जाते हैं
हल्वा कहीं कहीं वो चपाती उड़ाते हैं
मुफ़लिस[8] कोई बुलावे तो मुंह को छिपाते हैं
शक्कर का हल्वा सुनते ही बस दौड़े आते हैं
कहते हुए यह दिल में अहा हा री शब बरात

आकर किसी के सर पे छछून्दर लगी कड़ी
ऊपर से और हवाई की आकर पड़ी छड़ी
हो गयी गले का हार पटाख़े की हर लड़ी
पाओं से लिपटी शोर[9] मचाकर क़लमतड़ी[10]
करती है फिर तो ऐसी सितमगारी[11] शब बरात

1. प्रकट होना, 2. जीवित, 3. ज़बान, 4. स्वादिष्टता, 5. आत्मा, 6. सहायता, 7. अर्थात्, 8. ग़रीब, 9. कोलाहल, 10. एक प्रकार की आतशबाज़ी, 11. अन्याय।

चेहरा किसी का जल गया आंखें भुलस गईं
छाती किसी की जल गयी बांहें भुलस गईं
टांगें बचीं किसी की तो रानें भुलस गईं
मूंछें किसी की फुंक गईं पलकें भुलस गईं
रक्खे किसी की दाढ़ी पे चिंगारी शब बरात

कोई दोस्तों को दिल में समझता है अपने ग़ैर[1]
कोई दुश्मनों से दिल का निकाले है अपना बैर[2]
कहता है वां 'नज़ीर' भी आतिश[3] की देख सैर
यारब[4] तू सबकी कीजिओ बरसा बरस की ख़ैर[5]
बेतरह[6] कर रही है नुमूदारी शब बरात

ईदुलफ़ित्र

'नज़ीर' अकबराबादी

है आबिदों[7] को ताअत-ओ-तजरीद[8] की ख़ुशी
और ज़ाहिदों[9] को जुहद[10] की तमहीद[11] की ख़ुशी
रिन्द[12] आशिक़ों[13] को है कई उम्मीद[14] की ख़ुशी
कुछ दिलबरों[15] के वस्ल[16] की, कुछ दीद[17] की ख़ुशी
ऐसी न शब बरात, न बक़रीद की ख़ुशी
जैसी हर एक दिल में है इस ईद की ख़ुशी

रोज़े की खुश्कियों[18] से जो हैं ज़र्द-ज़र्द[19] गाल
ख़ुश हो गये वो देखते ही ईद का हिलाल[20]
पोशाकें[21] तन में ज़र्द, सुनहरी, सफ़ेद, लाल
दिल क्या कि हंस रहा है पड़ा तन का बाल-बाल
ऐसी न शब बरात, न बक़रीद की ख़ुशी
जैसी हर एक दिल में है इस ईद की ख़ुशी

---

1. दुश्मन, 2. दुश्मनी, 3. आग, 4. या खुदा, 5. कुशल, 6. बुरी तरह, 7. इबादत करनेवाला, 8. इबादत और संयम, 9. विरक्त, पारसा, 10. संयम, 11. भूमिका, 12. शराबी, 13. प्रेमी, 14. आशा, 15. प्रेमिका, 16. मिलन, 17. दर्शन, 18. शुष्कता, 19. पीले, 20. चांद, 21. वस्त्र।

पिछले पहर से उठके नहाने की धूम है
शीर-ओ-शकर[1], सिवैयां पकाने की धूम है
पीर-ओ-जवां[2] को नेमतें[3] खाने की धूम है
लड़कों को ईदगाह[4] के जाने की धूम है
ऐसी न शब बरात, न बक़रीद की ख़ुशी
जैसी हर एक दिल में है इस ईद की ख़ुशी

क्या ही मुआनक़े[5] की मची है उलट पलट
मिलते हैं दौड़ दौड़ के बाहम[6] झपट झपट
फिरते हैं दिलबरों[7] के भी गलियों में ग़ट के ग़ट[8]
आशिक़[9] मज़े उड़ाते हैं हर दम लिपट लिपट
ऐसी न शब बरात, न बक़रीद की ख़ुशी
जैसी हर एक दिल में है इस ईद की ख़ुशी

जो जो कि उनके हुस्न[10] की रखते हैं दिल में चाह[11]
जाते हैं उनके साथ लगे ता-ब-ईदगाह
तोपों के शोर और दोगानों[12] की रस्म-ओ-राह[13]
म्याने, खिलौने, सैर, मज़े, ऐश[14] वाह वाह
ऐसी न शब बरात, न बक़रीद की ख़ुशी
जैसी हर एक दिल में है इस ईद की ख़ुशी

रोज़ों की सख़्तियों[15] में न होते अगर असीर[16]
तो ऐसी ईद की न ख़ुशी होती दिलपिज़ीर[17]
सब शाद[18] हैं गदा[19] से लगा शाह[20] ता वज़ीर[21]
देखा जो हमने ख़ूब, तो सच है मियां 'नज़ीर'
ऐसी न शब बरात, न बक़रीद की ख़ुशी
जैसी हर एक दिल में है इस ईद की ख़ुशी

---

1. दूध और शकर, 2. बूढ़े और जवान, 3. स्वादिष्ट पदार्थ, 4. ईद की नमाज़ पढ़ने का स्थान, 5. आलिंगन, 6. परस्पर, 7. सुन्दरियां, 8. झुंड, 9. प्रेमी, 10. सौंदर्य, 11. मुहब्बत, 12. नमाज़, 13. रीति-रिवाज, 14. विलासिता, 15. कठिनाइयों, तकलीफ़ों, 16. गिरफ़्तार, 17. मोहक, 18. खुश, 19. रंक, 20. राजा, 21. मंत्री।

ईद की धूम

'बेनज़ीर' शाह

शफ़क़[1] में सरे-बाम[2] चर्खे़-कुहन[3]
अभी जगमगाती है कुछ कुछ किरन

बसेरों को जाने लगे वो तुयूर[4]
अंधेरा भी छाने लगा दूर दूर

उफ़ुक़[5] की तरफ़ ग़ौर से बार बार
नज़र कर रहा है हर इक रोज़ादार[6]

चढ़े थे फ़सीलों[7] पे जो अहले-सौम[8]
पुकारे ख़लाइक़[9] को वो फ़ख्रे-क़ौम[10]

मुबारक[11] हो अय तालिबाने-विसाल[12]
दिखाता है वो तेग़े-अबरू[13] हिलाल[14]

यह सुनकर हुए शाद पीर[15]-ओ-जवां[16]
मसर्रत[17] का हर सिम्त[18] छाया समां[19]

मिहर[20] तो हुआ जलवागर[21] दहर[22] में
वो बजने लगीं नौबतें[23] शहर में

सलामी की आवाज़ आने लगी
शहाने की धुन क्या रिझाने लगी

---

1. लाली, 2. छत पर, 3. बूढ़ा आकाश, 4. पक्षी, 5. क्षितिज, 6. रोज़े रखनेवाला, 7. प्राचीर, 8. रोजे रखनेवाले, 9. जनसाधारण, 10. जिस पर क़ौम को गर्व हो, 11. बधाई हो, 12. मिलन के इच्छुक, 13. भौंओं की तलवार, 14. चंद्रमा, 15. ख़ुश, प्रसन्न, 16. जवान और बूढ़े, 17. ख़ुशी, 18. हर तरफ़, 19. वातावरण, 20. सूर्य, 21. प्रकट, 22. संसार, 23. नक़्क़ारा।

है अफ़तार[1] की हर तरफ़ धूमधाम
अज़ानों[2] से गूंज उट्ठी बस्ती तमाम

महे-नौ[3] की ख़ातिर[4] बहुत देर तक
बिछाए रहा सुर्ख़[5] अतलस[6] फ़लक[7]

महे-नौ[8] की कश्ती[9] पे होकर सवार
उतरने लगी शाम क़ुलज़ुम के पार

फ़रीज़े[10] से फ़ारिग़[11] हुए पाकबाज़[12]
उठाने लगा चर्ख़[13] भी जानमाज़[14]

अलाक़द्र हैसीयत[15] अहले-दुवल[16]
सजाने लगे अपने अपने महल

ईद का चांद देखकर

'अख़्तर' शीरानी

उफ़ुक़[17] पे मस्जिद[18] के पास है चांद ईद का महवे-जलवाबारी[19]
कि बहरे-नीली[20] पे तैरती फिर रही है ज़र्री[21] एक अम्मारी[22]
शफ़क़[23] की सुर्ख़ी[24] से मस्त-ओ-मदहोश[25] हो रही हैं फ़ज़ायें[26] सारी
ज़मीं[27] का एक-एक ज़र्रा[28] है मह्वे-शाने-जमाले-बारी[29]
जहाने-हस्ती[30] का चप्पा चप्पा[31] फ़ज़ा-ए-दामाने-रंग-ओ-बू[32] है
ज़मीं से ता चर्ख़[33] आज हर सिम्त[34] साज़-ओ-सामाने-रंग-ओ-बू[35] है

---

1. रोज़ा खोलना, 2. बांग, 3. नया चांद, 4. के लिए, 5. लाल, 6. रेशमी कपड़ा, 7. आकाश, 8. नवचंद्र, 9. दरिया, 10. धर्म, 11. निवृत्त, 12. पवित्र, 13. आकाश, 14. वह कपड़ा जिस पर खड़े होकर नमाज पढ़ी जाती है, 15. पात्रता के अनुसार, प्रतिष्ठा, 16. धनवान, 17. क्षितिज, 18. मस्जिद, 19. दर्शन देने में लीन, 20. नीला समुद्र, 21. सुनहरी, 22. मुकुट, हौदा, 23. अरुणिमा, 24. लाली, 25. मदोन्मत्त, 26. वातावरण, 27. धरती, 28. कण, 29. खुदा के जमाल की शान में लीन, 30. अस्तित्व का संसार, 31. कोना-कोना, 32. रंग और सुगंध के दामन का वातावरण, 33. धरती से आकाश तक, 34. ओर, 35. रंग और सुगंध का उपकरण।

ख़ुशी के जलवे[1] हैं मुन्तशिर[2] चार सू[3] तरबज़ारे-गुलिस्तां[4] हैं
जहां तहां मौजहा-ए-ख़ुशबू-ए-लाला-ओ-गुल[5] रवां दवां[6] हैं
घनेरी शाख़ों[7] पे जिस तरफ़ देखो बुलबुलें मस्त-ओ-नग़्माख़्वां[8] हैं
हसीन[9] कलियां ख़ुशी से फूली नहीं समाती हैं शादमां[10]
चमन[11] का एक एक गुंचः-ओ-गुल[12] बहार[13] के गीत गा रहा है
हिलाल[14] है महवे-जलवाकारी[15], ज़माना[16] खुशियां लुटा रहा है

इलाही[17] तेरा हज़ार शुक्र[18] आज फिर ख़ुशी का ज़माना[19] आया
हिलाले-ईद[20] एक बरस के बाद आज तूने फिर आंख से दिखाया
हर एक ज़र्रे[21] पे हो रहा है मुहीत[22] तेरे करम[23] का साया[24]
ख़ुशी से है महवे-हम्द[25] दुनिया में आज हर अपना पराया
ज़माने भर को ख़ुशी मुबारक यह दौरः-ए-फ़र्रुख़ी[26] मुबारक
जो दिल शिकस्ता[27] हैं ग़म से उनको यह आलमे-ख़ुशदिली[28] मुबारक

हर एक को क़ैदे-रंज-ओ-दर्द-ओ-अलम[29] से आज़ाद कर इलाही[30]
ग़रीब नाशाद[31] हस्तियों को करम[32] से फिर शाद[33] कर इलाही
सितमगरों[34] की सितमगरी को ख़राब-ओ-बरबाद[35] कर इलाही
जहां के उजड़े हुए दिलों के घरों को आबाद कर इलाही
दिलों की बस्ती में हो फ़रोज़ां[36] ख़ुशी की यह रौशनी हमेशा
जहां के एक-एक ज़र्रे के लब[37] पे हो इलाही हंसी हमेशा

---

1. दृश्य, 2. बिखरे हुए, 3. चारों ओर, 4. आनंद का उपवन, 5. लाले और गुलाब के फूलों की सुगंध की लहरें, 6. प्रवाहित, 7. डालियां, 8. गीत गाती हुई, 9. सुंदर, 10. प्रसन्नता, 11. उपवन, 12. कलियां और फूल, 13. बसंत, 14. चंद्रमा, 15. दर्शन देने में तल्लीन, 16. संसार, 17. भगवान, ख़ुदा, 18. धन्यवाद, 19. समय, 20. ईद का चांद, 21. कण, 22. छाया हुआ, 23. दया, 24. छांव, 25. स्तुति में लीन, 26. खुशी का दौर, 27. टूटे हुए दिलवाले, 28. खुशी का अवसर, 29. शोक और कष्ट की कैद, 30. भगवान, खुदा, 31. दुखी और दरिद्र, 32. दया, 33. प्रसन्न, 34. अत्याचारी, 35. नष्ट, 36. प्रज्वलित, 37. होंठ।

छमावनी[1]

'नज़ीर' बनारसी

दिल में नए अरमान[2] बसाने का दिन आया
गुंचे[3] की तरह दिल को खिलाने का दिन आया
फूलों की तरह हंसने हंसाने का दिन आया

आपस में गले मिलने मिलाने का दिन आया
इक साल के बाद आज ठिकाने[4] का दिन आया

यह चम्पा, वो बेला है, यह जूही, वो चमेली
हंस हंस के सब आपस में बुझाती हैं पहेली
हैं एक जगह आज सखी और सहेली

बादल की तरह झूम के छाने का दिन आया
मुस्कान की बरखा में नहाने का दिन आया

कलियों से हर इक आंख हया[5] मांग रही है
गुंचों[6] से ख़मोशी[7] की अदा मांग रही है
हर चूक[8] मुहब्बत से छमा[9] मांग रही है

मुंह अपना सफ़ाई से दिखाने का दिन आया
हर परदे को आईना[10] बनाने का दिन आया

पाकीज़ा[11] तसव्वुर[12] पे है तस्वीर[13] की कृपा
तक़दीर पे है मालिके-तक़दीर[14] की कृपा
फिर क्यों न हो भगवान महावीर की कृपा

आंखों की तरह सर को झुकाने का दिन आया
आदाबे-वफ़ा[15] सबको सिखाने का दिन आया

1. जैन सम्प्रदाय के लोग साल में एक दिन एकत्र होकर एक-दूसरे से सालभर की कहा-सुनी के लिए क्षमा मांगते हैं और गले मिलते हैं। इसलिए इसका नाम छमावानी (क्षमावाणी) रखा गया है, 2. अभिलाषायें, 3. कली, 4. उचित ढंग का, 5. लज्जा, 6. कलियां, 7. मौन, 8. ग़लती, 9. क्षमा, 10. दर्पण, 11. पवित्र, 12. कल्पना, 13. चित्र, 14. भाग्य का मालिक, 15. प्रेम-निर्वाह का शिष्टाचार।

हिरदय से हर आकार के झांके है निराकार
हर एक कला में नज़र आता है कलाकार
इस वर्ष की आशाओं के सपने हुए साकार

जो सब में है उसके नज़र आने का दिन आया
भगवान के भी दर्शन दिखाने का दिन आया

फूलवालों की सैर

गोपीनाथ 'अम्न' लखनवी

दिलफ़िज़ा[1] बरसात का मौसम है और फूलों की सैर
हैं कहीं मुतरिब[2] की तानें और कहीं झूलों की सैर

है कभी धूप और कभी ठंडी हवा, बरसात है
वाह क्या मौसम है, कैसा दिन है कैसी रात है

योग माया का है मंदिर, क़ुतब की दरगाह है
दोनों फ़िरक़ों[3] की यहां देरीना[4] रस्म-ओ-राह[5] है

यह वो दिल्ली है कि है मशहूर[6] जिसकी सरज़मीन[7]
यह वो दिल्ली है कि दिलवालों के दिल लेती है छीन

यह वो दिल्ली है हज़ारों ज़ख़्म[8] जिसमें सिल गये
यह वो दिल्ली है जहां पंजाब यूपी मिल गये

सब ज़माने[9] भरके दुखड़े[10] आज के दिन भूलिए
फ़लसफ़ा[11] बाला-ए-ताक़[12], अब गाइए और झूलिए

---

1. आकर्षक, 2. गायक, 3. सम्प्रदाय, 4. पुरानी, 5. जान-पहचान, 6. प्रसिद्ध, 7. धरती, 8. घाव, 9. संसार, 10. दुख-दर्द, 11. दर्शन शास्त्र, 12. ताक़ पर।

वाज़[1] के दिन और भी आयेंगे हज़रत[2] आइए
झूलिए पेंगें बढ़ाकर, बारहमासे गाइए

क़हक़हों से ही इलाजे-दर्द-ओ-ग़म[3] पैदा करें
कड़वे पानी के बग़ैर इक नश्शा हम पैदा करें

1. धर्मोपदेश, 2. महाशय, 3. कष्ट और शोक का उपचार।

छठा अध्याय

हमारे शहर और इलाक़े

कलकत्ता

मिर्ज़ा ग़ालिब

कलकत्ते का जो ज़िक्र[1] किया तूने हमनशीं[2]
इक तीर मेरे सीने में मारा कि हाय हाय

वो सब्ज़ाज़ारहा[3] - ए - मुतर्रा[4] कि है ग़ज़ब[5]
वो नाज़नीं[6] बुताने - ख़ुदआरा[7] कि हाय हाय

सब्र-आज़मा[8] तो उनकी निगाहें कि हफ़ नज़र[9]
ताक़त-रुबा[10] वो उनका इशारा कि हाय हाय

वो मेवाहा-ए-[11]-ताज़ा-ओ-शीरीं[12] कि वाह वा
वो बादाहा-ए-नाब-ओ-गवारा[13] कि हाय हाय

कलकत्ता

हुरमतुल इकराम

लैलाओं के जज़ीरे[14], दिलआराओं[15] के दयार[16]
हर हर क़दम पे फ़िक्र-ओ-नज़र[17] के तिलिस्मज़ार[18]

1. चर्चा, वर्णन, 2. मित्र, 3. हरा-भरा मैदान, 4. ताज़ा, 5. प्रकोप, 6. सुंदरी, 7. खुद को सजानेवाली, 8. धैर्य को आजमानेवाली, 9. व्याकुल कर देनेवाली, 10. निःशक्त करनेवाली, 11. सूखे फल, 12. ताज़े और मीठे, 13. बढ़िया और रुचिकर मदिरा, 14. द्वीप टापू, 15. मन-मोहिनी, 16. घर, 17. ख़याल और दृष्टि, 18. इंद्रजाल।

हल्क़े[1] तजल्लियात[2] के, ज़ुल्मात[3] के हिसार[4]
लेकर कहां कहां न फिरी रूहे - बेक़रार[5]
दिल को मज़ाक़े-ख़ाम[6] का इनआम[7] मिल गया
कांटे चुभे जो पांव में आराम मिल गया

थी रहगुज़र[8] तवील[9] मगर छांव वो मिली
दिल ने कहा, गुज़ार लूं[10] यां भी दो इक घड़ी
गुज़रीं जो चन्द[11] घड़ियां तो दुनिया ही और थी
जैसे उफ़ुक़[12] पे एक किरन जमगमा उठी
कलकत्ता एक मोड़ इसी रहगुज़र[13] का है
इक संगे-मील[14] रहरवे-जां[15] के सफ़र[16] का है

इस मोड़ पर हयात[17] बरंगे - दिगर[18] मिली
दिलदार[19] साअतों[20] की नज़र से नज़र मिली
सौ निकहतें[21] लुटाती नसीमे - सहर[22] मिली
फ़र्दा नवाज़[23] ख़्वाबों[24] की दिल को ख़बर मिली
चेहरों पे बाम-ओ-दर[25] के तबस्सुम[26] बिखर गया
जैसे फ़ज़ा[27] में कोई तरन्नुम[28] बिखर गया

'हुगली' की मौज मौज[29] थी पैमाना - ए - सुरूर[30]
विक्टोरिया की छांव में लौ[31] दे उठा शऊर[32]
आग़ोश[33] थी ईडन की शबिस्ताने - रंग - ओ - नूर[34]
कहता था सर झुका के यह नज़्ज़ारों[35] का ग़ुरूर[36]
हमको वफ़ा-ओ-मिहर[37] से क़ासिर[38] न जानिए
इस सरज़मीं[39] पे ख़ुद को मुसाफ़िर[40] न जानिए

---

1. परिधियां, 2. प्रकाश, 3. अंधकार, 4. चारदीवारी, 5. व्याकुल आत्मा, 6. अपक्व अभिरुचि, 7. पुरस्कार, 8. मार्ग, 9. लंबा, 10. व्यतीत कर लूं, 11. कुछ पल, 12. क्षितिज, 13. सड़क रास्ता, 14. मील का पत्थर, 15. पथिक, 16. यात्रा, 17. जीवन, 18. किसी और ही रंग में, 19. मनमोहक, 20. क्षण, पल, 21. सुगंध, खुशबूयें, 22. प्रातः समीर, 23. आनेवाले कल को नवाज़नेवाले, 24. स्वप्नों, 25. छत और दरवाज़े, 26. मुस्कुराहट, 27. वातावरण, 28. स्वर-माधुर्य, 29. लहर, 30. मस्ती का जाम, 31. ज्योति, 32. चेतना, 33. गोद, 34. रंग और प्रकाश का शयनागार, 35. दृश्य, 36. घमंड, 37. प्रेम-निर्वाह और दया, 38. विवश, 39. धरती, 40. यात्री।

चौरंगी पेशलफ़्ज़[1] है कलकत्ता इक किताब
चौरंगी एक नग़्मा[2] है, कलकत्ता इक रबाब[3]
कलकत्ता मुद्द-ओ-जज़्रे[4]-हक़ाइक़[5] का एक ख़्वाब[6]
कलकत्ता ख़ुद सवाल है, कलकत्ता ख़ुद जवाब
यह एक शहर सारे जहां की कमाई है
यह इक ग़ज़ल है जिसका हर इक शे'र इकाई है

टैगोर का दयार यह वहशत[7] की सरज़मीं[8]
यह नज़रुल और सुभाष की अज़्मत[9] की सरज़मीं
यह इल्म-ओ-फ़न[10] की, दानिश-ओ-हिकमत[11] की सरज़मीं
यह गेसुओं[12] का शहर, मलाहत[13] की सरज़मीं
वो शहर जिसने शाहे-अवध[14] को पनाह[15] दी
अपना बना के वज़्ए-मुरव्वत[16] निबाह दी

बिरलाओं का यह शहर, यह मेहनतकशों[17] का शहर
कारों का शहर, रिक्शों, टिरामों, बसों का शहर
यह शाइरों, सहाफ़ियों[18] दानिशवरों[19] का शहर
यह शहर दिलरुबाओं[20] का यह कसबियों[21] का शहर
इक यादगार, हिकमते - अफ़रंग[22] की लिये
यह शहर जलता रहता है रुख़[23] पर हंसी लिये

इक ख़ुशगवार[24] कर्ब[25] में खोया हुआ यह शहर
जागा हुआ कभी, कभी सोया हुआ यह शहर
क़ातिल[26] लताफ़तों[27] में डुबोया हुआ यह शहर
हंगामों[28] की लड़ी में पिरोया हुआ यह शहर
यह शहर एक आईनाख़ाना[29] हयात[30] का
कहता है रोज़ ताज़ा फ़साना[31] हयात का

---

1. भूमिका, प्राक्कथन, 2. संगीत, 3. वीणा, सितार, 4. ज्वार-भाटा, उतार-चढ़ाव, 5. वास्तविकता, यथार्थ, 6. स्वप्न, 7. उर्दू शाइर 'वहशत' कलकतवी, 8. धरती, 9. महानता, 10. ज्ञान और कला, 11. ज्ञान और विज्ञान, 12. केश, लटें, 13. लावण्य, सलोनापन, 14. अवध का बादशाह (वाजिदअली शाह), 15. शरण, 16. शील संकोच का ढंग, 17. मज़दूर, श्रमिक, 18. पत्रकार, 19. बुद्धिजीवी, 20. सुन्दरियों, 21. वेश्या, 22. अंग्रेज़ों की कूटनीति, 23. चेहरा, 24. आनंदप्रद, 25. वेदना, 26. क़त्ल करनेवाली, 27. कोमलता, 28. उपद्रव, 29. शीशे का घर, 30. जीवन, 31. कहानी।

हौड़ा ब्रिज की क़ामते - बाला[1] का बांकपन[2]
जैसे कोई बुज़ुर्ग[3] ऋषि जाप में मगन
सकते[4] में जैसे दफ़अतन[5] आ जाये अहरमन[6]
या नागदेव ख़ुद को समेटे, उठाये फन
फ़ौलाद का यह मोजिज़ा[7] हिकमत[8] की सान[9] पर
अर्जुन हो जैसे तीर चढ़ाए कमान पर

कलकत्ता, अर्ज़े - मग़रिबी[10] बंगाल का सिंगार
ऊंची अटारियों की तब-ओ-ताब[11] का दयार[12]
क्लबों, सिनेमा हाउसों, बारों[13] का हश्रज़ार[14]
इस शहर में कि हिंद के माथे का है वक़ार[15]
शाम आती है तो ज़िंदगी बेदार[16] होती है
रात अपने गेसुओं[17] में उजाले पिरोती है

कलकत्ता, मेरी आर्ज़ुओं[18] का नशातज़ार[19]
कलकत्ता, मेरे ख़्वाबों[20] का कनआने - नौबहार[21]
कलकत्ता, मेरे हुस्ने - तमन्ना[22] का शालामार[23]
कलकत्ता, मेरे प्यार की फ़िर्दौसे - गीर - ओ - दार[24]
बुझते हुए शरारों[25] को जिसने जगा दिया
फिर एक बार दिल को धड़कना सिखा दिया

अय जादुओं के शहरे - दिल - आरा[26] तिरी क़सम
हिम्मत-शिकन[27] हैं लाख ज़माने के पेच - ओ - ख़म[28]
लेकिन सजा सजा के तेरी याद के सनम[29]
रक्खा है दिल ने रिश्तः - ए - इख़लास[30] का भरम[31]
माना कि तुझ से दूर, मैं अपने वतन में हूं
हर रंग से शरीक[32] तिरी अंजुमन[33] में हूं

---

1. ऊंचाई, 2. अकड़, 3. वयोवृद्ध, 4. स्तब्धता, 5. सहसा, 6. शैतान, 7. चमत्कार, 8. विज्ञान, 9. धार निकालने का पत्थर, 10. पश्चिम बंगाल की धरती, 11. वैभव, 12. घर, 13. शराबख़ाना, 14. हश्र का मैदान, 15. महिमा, प्रतिष्ठा, 16. जागना, 17. जुल्फ़ें, बाल, 18. आकांक्षाओं, 19. आनंदघर, 20. स्वप्नों, 21. नई बहार का वतन, 22. आकांक्षा का सौंदर्य, 23. कश्मीर का एक बाग़, 24. जन्नत, 25. चिंगारी, 26. मोहक शहर, 27. साहस तोड़नेवाला, 28. मोड़, 29. मूर्ति, बुत, 30. निष्ठा का संबंध, 31. इज़्ज़त, 32. शामिल, सम्मिलित, 33. महफ़िल।

जौनपुर

'सफ़ी' लखनवी

जौनपुर अय मौलिदे[1]-ए-सुल्तान आदिल[2] शेरशाह
तेरे आसारे - क़दीमा[3] तिरी अज़्मत[4] के गवाह
कह रहा है क़िल्अ - ए - शाही[5] यह बाहाले - तबाह[6]
मुद्दतों[7] तक हिंद की हम भी रहे हैं तख़्तगाह[8]
एक ग़ाफ़िल[9] क़ौम[10] की खोई हुई अज़्मत[11] हैं हम
हमसे इबरत[12] का सबक़ लो, मंज़रे-इबरत[13] हैं हम

जौनपुर ! अरबाबे-इल्म-ओ-फ़ज़्ल के[14] दारुस्सुरूर[15]
कहते थे शीराज़े-हिंद[16] अक्सर तुझे अहले-शुऊर[17]
तुझ में थे शाहाने-शर्क़ी[18] के इमारात-ओ-क़ुसूर[19].
.ख़ुद तिरी तारीख़े-आबादी[20] है 'शहरे-जौनपूर'[21]
अब कहां वो बाम-ओ-दर[22] सब हो गये ज़ेर-ओ-ज़बर[23]
नाम तक में है तिरे रंगे-तग़ैयुर[24] का असर[25]

अय महम्मद शाह जौनां की मुकम्मल[26] यादगार[27]
क्या हुए वो फूल जिनसे इस चमन[28] की थी बहार[29]
आह वो तेरे मुशाहिर[30] इंतिख़ाबे - रोज़गार[31]
तेरी बस्ती जिनके ग़म[32] में आज तक है सोगवार[33]
चल बसे यूं मदफ़नों[34] का भी निशा[35] मिलता नहीं
एक यूसुफ़[36] ! कारवां का कारवां मिलता नहीं

---

1. जन्मभूमि, 2. न्यायी, 3. प्राचीन खंडहर, 4. महानता, 5. शाही क़िला, 6. नष्ट-भ्रष्ट दशा में, 7. लंबे समय तक, 8. राजधानी, 9. बेख़बर, 10. राष्ट्र, 11. प्रतिष्ठा, 12. शिक्षा, नसीहत, 13. इबरत के द्योतक, दृश्य, 14. ज्ञानियों-विज्ञानियों, 15. मदिरालय, 16. हिंद का शीराज़, 17. ज्ञानी, 18. पूर्वी बादशाह, 19. इमारतें और महल, 20. बसने की तारीख़, 21. इन शब्दों के अंकों का जोड़, 22. छतें और दरवाज़ें, 23. ऊपर-नीचे, नष्ट-भ्रष्ट, 24. परिवर्तन का रंग, 25. प्रभाव, 26. संपूर्ण, 27. स्मृति, 28. उपवन, 29. बसंत, 30. प्रसिद्ध लोग, 31. ज़माने के चुने हुए, 32. शोक, 33. शोकातुर, 34. क़ब्र, 35. चिह्न, 36. एक पैगम्बर जो अपने क़ाफ़िले से बिछुड़ गये थे।

क़िलअ - ए - संगी[1] बना दिखला रहा है शाने - तूर[2]
हर जगह है क़ुदरते - हक़[3] के करिश्मों[4] का ज़ुहूर[5]
जब निगाहे - शौक़[6] कर जाती है ख़न्दक़[7] से उबूर[8]
बन रही है गोमती दक्खन की जानिब थोड़ी दूर
आज तक जब इक ज़रा चढ़ता है आबे - गोमती[9]
क़िलए के पाबोस[10] को बढ़ता है आबे - गोमती

वो यहीं के फूल थे उनका यहीं था ख़ाना बाग़[11]
समझे जाते थे जो मुल्के-हिंद[12] में रौशन-दिमाग़[13]
क़द्रदां[14] भी पाए थे वैसे ही हासिल[15] था फ़राग़[16]
इन चराग़ों से जला करते थे और अकसर चराग़
क्या हुए वो सूफ़ियाने[17] - पाक[18] तीनत[19] क्या हुए
क्या हुए वो ख़ादिमाने-इल्म-ओ-हिकमत[20] क्या हुए

यह असर[21] खुश-खुल्क़ियों[22] का है इन्हीं की हमनशीं[23]
इत्र[24] ऐसा फूल ऐसे जो नहीं होते कहीं
सैकड़ों ही दफ़्न[25] इस ख़ित्ते[26] में हैं ज़ेरे - ज़मीं[27]
ख़न्दा[28] रू-ओ-दिल[29] शिगुफ़्ता[30], नाज़ुकअन्दाम[31]-ओ-हसीं[32]
'सब कहां कुछ लालः-ओ-गुल[33] में नुमायां[34] हो गईं
ख़ाक में क्या सूरतें होंगी कि पिन्हा[35] हो गईं'

---

1. पत्थर का क़िला, 2. तूर की शान (तूर पहाड़ पर हज़रत मूसा को ख़ुदा का दीदार हुआ था), 3. खुदा की कुदरत, 4. चमत्कार, 5. प्रकटन, 6. लालसा की नज़र, 7. खाई, 8. पार करना, 9. गोमती का पानी, 10. चरण-स्पर्श, 11. घर और बाग़, 12. भारत देश, 13. उज्ज्वल मस्तिष्क, 14. क़द्र करनेवाले, 15. प्राप्त, 16. अवकाश, 17 सूफ़ीगण, 18. पवित्र, 19. प्रकृति, स्वभाव, 20. ज्ञान-विज्ञान के सेवक, 21. प्रभाव, 22. मिलनसारी, शील, 23. मित्र, दोस्त, 24. सुगंध, पुष्पसार, 25. ज़मीन में गड़े हुए, 26. इलाक़ा, क्षेत्र, 27. धरती के नीचे, 28. प्रफुल्ल, 29. मुंह और दिल, 30. ताज़ा, 31. कोमल शरीर, 32. सुंदर, 33. लाले और गुलाब के फूल, 34. प्रकट, 35. विलीन।

इलाहाबाद

'सफ़ी' लखनवी

अय इलाहाबाद अय जौलां-गहे[1]-गंग-ओ-जमन[2]
तेरा दामन[3] तीन त्रिबेनी की है इक अंजुमन[4]
सीखते हैं तुझसे फ़िरक़े[5] मेल मिल्लत[6] का चलन[7]
इत्तिहादे - बाहमी[8] संगम से तेरे मौजज़न[9]
जोशे - हमदर्दी[10] से है लबरेज़[11] पैमाना[12] तिरा
ख़स्ताहालों[13] का शफ़ाख़ाना[14] है मैख़ाना[15] तिरा

अय ज़ियारतगाहे[16]-खुल्क़[17] अय मजम-उल-बहरीने-हिंद[18]
माघ में मेला तिरा मशहूर[19] है माबैने-हिंद[20]
अकबरी क़िल्अ सरफ़राज़ी[21] में नस्बुलऐने-हिंद[22]
और ख़ुसरौ बाग़[23] से दो चन्द[24] ज़ेब-ओ-ज़ीने-हिंद[25]
रंग-ओ-बू[26] और ज़ायक़ा[27] वो तेरे अमरूदों में है
सेबे - कश्मीरी[28] सरे बाज़ार[29] मरदूदों[30] में है

जिसकी ख़ुशबू[31] मंज़िलों[32] फैली है वो गुलशन[33] है तू
ताज़ा रस गुलहा-ए-रंगारंग[34] का ख़िरमन[35] है तू
बज़्लासंजो[36] का जवाहरखेज़[37] एक मादिन[38] है तू
हज़रते-अकबर[39] लस्सानुल-अस्र[40] का मसकन[41] है तू

---

1. दौड़ का मैदान, 2. गंगा और यमुना, 3. आंचल, 4. महफिल, 5. सम्प्रदाय, 6. प्रेम और एकता, 7. रिवाज, 8. परस्पर एकता, 9. मौजें मारती हुई, 10. सहानुभूति का जोश, 11. भरा हुआ, 12. प्याला, जाम, 13. दरिद्र, 14. अस्पताल, 15. मदिरालय, 16. दर्शन-स्थल, 17. शिष्टता, शील, 18. संगम, 19. प्रसिद्ध, 20. भारत-भर में, 21. ऊंचाई, 22. भारत का उद्देश्य, 23. इलाहाबाद में एक मशहूर बाग़, 24. अधिक, दुगना, 25. भारत की शोभा, 26. रंग और सुगंध, 27. स्वाद, 28. कश्मीर के सेब, 29. खुले आम, बाजार में, 30. अस्वीकृत, बहिष्कृत, 31. सुगंध, 32. दूर तक, 33. उपवन, बाग, 34. रंग-बिरंगे रसभरे फूल, 35. खलियान, 36. विनोदप्रियता, 37. हीरों से पूर्ण, 38. खान, 39. अकबर इलाहाबादी (प्रसिद्ध शाइर), 40. ज़माने की ज़बान, 41. निवास-स्थान।

नुत्क़[1] तेरे सिक्कः - ए - राइज[2] से मालामाल[3] है
हिंद में नक़्दे - ज़राफ़त[4] की यहीं टकसाल[5] है

आज तक क़ायल[6] हैं इसके साकिनाने[7] - हर दयार[8]
थी नुमाइशगाह[9] तेरी इंतिख़ाबे - रोज़गार[10]
अहले-दौलत[11] थे हवा-ए-शौक़[12] से बेइख़्तियार[13]
मनचले[14] पहुंचे तमाशा देखने लेकर उधार
गोशा-गोशा[15] मंज़िले[16]-तफ़रीहे[17]-अहले-होश[18] था
क़िलए का दामन[19] ज़ियाफ़तगाहे[20]-चश्म-ओ-गोश था[21]

इस निगारिस्तान[22] का जो नक़्श[23] था वो दिलपज़ीर[24]
सैर करने मंज़िलों[25] से आये थे बरना-ओ-पीर[26]
सीग़ा[27] जाते-मुख़्तलिफ़[28] में थे सनाए[29]-बेनज़ीर[30]
जम्अ[31] हर सू[32] ख़ुशनुमा[33] ख़ेमों[34] में इक जम्मेग़फ़ीर[35]
सब तिलिस्मी[36] कारख़ाना था, यहां पर क्या न था
'ख़्वाब[37] था जो कुछ कि देखा जो सुना अफ़साना[38] था'

बनारस

'सफ़ी' लखनवी

अय बनारस हम सवादे[39]-सुरमः-ए-चश्मे-बुतां[40]
देख तेरा बुतकदा[41] है काबः - ए - हिन्दोस्तां[42]

रू-ए-गंगा[43] जिस पे काशी ख़ुशनुमा[44] तामीर[45] है
ख़त्ते-क़ौसी[46] में सरे-जदवल[47] यही तहरीर[48] है

---

1. वाणी, 2. प्रचलित सिक्का, 3. धनी, समृद्ध, 4. हास्य के सिक्के, 5. टंकशाला, 6. सहमत, 7. निवासी, 8. हर जगह, 9. प्रदर्शनी का स्थल, 10. संसार की चुनी हुई, 11. धनवान, 12. अभिलाषा, 13. विवश, 14. दिलफेंक, नवयुवक, 15. कोना-कोना, 16. पड़ाव, 17. मनोरंजन, 18. होशमंद, 19. क़िले का आंगन, 20. दावत की जगह, 21. आंखें और कान, 22. चित्रशाला, 23. बेलबूटा, 24. मनमोहक, 25. दूर-दूर, 26. बच्चे और बूढ़े, 27. क्षेत्र, विभाग, 28. विभिन्न, 29. कारीगर, 30. बेमिसाल, अद्वितीय, 31. एकत्रित, 32. हर तरफ़, 33. सुंदर, 34. तम्बू, 35. जन-समूह, 36. मायाजाल, 37. स्वप्न, 38. कहानी, 39. काला, 40. सुन्दरियों की आंखों का सुर्मा, 41. मंदिर, 42. हिंदुस्तान का काबा, 43. गंगा का किनारा, 44. सुंदर, 45. निर्मित, 46. चंद्राकार, 47. किनारे-किनारे, 48. लेखनी।

पुल हिलाले - ईद[1], गंगा साफ़ जू - ए - शीर[2] है
या बुतों के अबरु - ए - पैवस्ता[3] की तस्वीर[4] है

आसमां[5] था फ़िल्लाबाज़ी[6] में जो मशहूरे - जहां[7]
सरज़मीने - हुस्न[8] ने खेंची है ग़मज़े[9] की कमां[10]
अय हिसारे-आफ़ियत[11] की पुश्तबां[12] इस पुल की नेव[13]
सीना ताने, या है मस्ते-ख़्वाबे-राहत[14] कोई देव

पैकरे-काशी[15] पे है क्या ख़ुशनुमा[16] आड़ा जनेऊ
है कहीं 'हर हर' लबे-साहिल[17] कहीं पर शिव-शिव
है हिलाली ख़त[18] में आबादी बनारस की तमाम[19]
घाट मंदिर सब लबे-दरिया[20] बहुस्ने[21]-इंतिज़ाम[22]

नाव पर चढ़कर उन्हें देखो जो हैं नामी मुक़ाम[23]
माहरूओं[24] का मिलेगा हर जगह पर अज़दहाम[25]
सदक़े[26] इतनी गुलज़मीं[27] पर सौ गुलिस्तां की बहार[28]
आग पानी में लगाती है चराग़ां[29] की बहार

चश्मे-बद्दूर[30] उफ़ बनारस क्या ही बांका शहर है
हर अदा[31] महवश[32] हसीनों[33] की यहां के क़हर[34] है
ग़ैरते - कशमीर[35] में यह इंतिख़ाबे - दहर[36] है
हर गली कूचे में जारी[37] हुस्न[38] की इक नहर है

साफ़ हैं शफ़्फ़ाफ़[39] हैं कितने यहां के बुतकदे[40]
रहते हैं हरदम दुल्हन की तरह फूलों से लदे
वो धुंधलका[41] सुब्ह का, वो दूर तक गंगा के पाट
वो कगारों[42] से नुमायां[43] जा - बजा पानी की काट

---

1. ईद का चांद, 2. दूध की नहर, 3. बैठी हुई भंवें, 4. चित्र, 5. गगन, 6. उपद्रव करना, 7. जग-प्रसिद्ध, 8. सौंदर्य की धरती, 9. कटाक्ष, 10. धनुष, 11. कुशलता की चारदीवारी, 12. पीठ, 13. बुनियाद, 14. चैन की नींद में मस्त, 15. काशी का आकार, 16. सुंदर, 17. किनारे पर, 18. चंद्राकार, 19. सब, 20. नदी के किनारे, 21. सौंदर्य के साथ, 22. व्यवस्था, 23. प्रसिद्ध स्थान, 24. चंद्रमुखी, 25. समूह, 26. न्योछावर, 27. फूलों की धरती, 28. सैकड़ों उपवनों का वसंत, 29. दीपावली, 30. खुदा बुरी नज़र से बचाये, 31. हावभाव, 32. चंद्रमुखी, 33. सुंदरी, 34. प्रलय, प्रकोप, 35. कश्मीर का आत्मसम्मान, 36. दुनिया में श्रेष्ठ, 37. प्रवाहित, 38. सौंदर्य, 39. स्वच्छ, 40. मंदिर, 41. झुटपुटा, 42. किनारा, 43. प्रकट।

वो परीज़ादों[1] के जमघट से परिस्तां[2] राजघाट
दिल बहल जाये तो इंसां[3] की तबीअत हो उचाट
उतरें पानी में गजरदम[4] रोज़ का मामूल[5] है
हर हसीं[6] नाज़ुक बदन[7] गोया कंवल का फूल है

(माख़ूज़)

बनारस

रईस अमरोहवी

काशी के जलवे[8] जलवे नहीं बस
क्या इनको समझें नाफ़हम[9]-ओ-नाकस[10]
क्या गुंचा[11] क्या गुल[12] क्या ख़ार[13] क्या ख़स[14]
शादाब - ओ[15] - रंगीं नौख़ेज़ - ओ - नौरस[16]
सुब्हे - बनारस, सुब्हे - बनारस[17]

वो रोदे - गंगा[18] इक - नज़्मे - मौज़ूं[19]
आसूदा[20] जिससे दिलहा - ए - महज़ूं[21]
साहिल[22] की बंदिश[23] क्या ख़ूब मज़मूं[24]
वो शशजिहत[25] का ख़ामोश[26] अफ़सूं[27]
शाइर का जैसे कोई मुसद्दस[28]

ख़ामोश - ओ - रख़्शां[29] पानी का मंज़र[30]
आबे - रवां[31] की फैली है चादर

1. अप्सराओं की संतान, सुन्दरियां, 2. परियों का देश, 3. इंसान, मानव 4. सुबह के समय, 5. नियम, 6. सुंदरी, 7. कोमलांगिनी, 8. दर्शन, 9. नासमझ, 10. नालायक़, 11. कली, 12. फूल, 13. कांटा, 14. घास, 15. हरा-भरा और रंगीन, 16. नौजवान और नवपक्व, 17. बनारस की सुबह, 18. गंगा नदी, 19. संतुलित कविता, 20. संतुष्ट, 21. उदास, 22. किनारा, 23. बंध, 24. विषय, 25. छः दिशायें, (उत्तर, दक्षिण, पूरब, पश्चिम, आकाश, पाताल), 26. मौन, 27. जादू, 28. नज़्म, 29. मौन और चमकदार, 30. दृश्य, 31. प्रवाहित जल।

सब्ज़े[1] पे शबनम पाकीज़ा[2] गौहर[3]
मख़मल पे जैसे मोती की झालर
बुर्राक़[4] रेती, शफ़्फ़ाश[5] अतलस[6]

सुब्हे - बनारस दिल का सहारा
गंगा का मंज़र[7] वो प्यारा प्यारा
सोने की लहरें, चांदी का धारा
हो गर मुयस्सर[8] फिर वो नज़ारा
उम्रे - गुज़श्ता[9] आ जाये वापस
सुब्हे - बनारस, सुब्हे - बनारस

बनारस

'रविश' बनारसी

अय मिरे अच्छे बनारस, काबः-ए-अहले-हुनूद[10]
एक दुनिया के लिए तेरी ज़मीं[11] जा-ए-सुजूद[12]
तेरी गलियां जन्नते[13]-आदम की वो राहे-हसीं[14]
अप्सरायें रात की जिस जा[15] झुकाती हैं जबीं[16]
ये मनाज़िर[17], ये मसाजिद[18], ये मुसलमां, ये हुनूद[19]
कारगह[20] में जिस तरह होते हैं रंगे-तार-ओ-पौद[21]
ये खुले बाज़ार, ये ऊंचे मकां, ये तेरे घाट
यह फ़ज़ा[22], यह सब्ज़ाज़ार[23], और यह हसीं[24] गंगा का घाट
तेरे क़दमों[25] पर तिरी गंगा की यह मौजे-रवां[26]
माहे-नौ[27] के पास जैसे आ गयी हो कहकशां[28]
यह तुलू - ए - आफ़ताबे - सुब्ह[29], यह माहे - तमाम[30]

---

1. हरियाली, 2. पवित्र, 3. मोती, 4. उज्ज्वल, 5. स्वच्छ, 6. रेशमी कपड़ा, 7. प्राप्त, 8. दृश्य, 9. गुज़री हुई उम्र, 10. हिंदुओं का काबा, 11. धरती, 12. सज्दा करने की जगह, 13. स्वर्ग, 14. सुंदर मार्ग, 15. जगह, 16. ललाट, 17. दृश्य, 18. मस्जिदें, 19. हिंदू, 20. कारख़ाने, 21. ताने-बाने के रंग, 22. वातावरण, 23. हरे-भरे मैदान, 24. सुंदर, 25. चरणों, 26. प्रवाहित लहर, 27. नवचंद्र, 28. आकाशगंगा, 29. सुबह का सूर्योदय, 30. चौदहवीं का चांद, पूरा चांद।

काश मेरे दिल से पूछे कोई लुत्फ़े-सुब्ह-ओ-शाम[1]
है हसीं[2] फूलों से नाजुक़[3] जिनका जिस्मे - मरमरीं[4]
जिनके जल्वों[5] से है रौशन[6] सुब्हे-काशी[7] की जबीं[8]
जिनसे बुतख़ानों[9] की ज़ीनत,[10] जिनसे काशी का सिंघार
दम-क़दम[11] से जिनके क़ायम[12] है बनारस की बहार[13]
यात्री कुल हिंद के इस ज्ञान के रस्ते में हैं
फूल सारे गुलिस्तां[14] के एक गुल - दस्ते में हैं
सादगी इंसान[15] की है देवता के रूप में
हर कंवल खिलता है दिल का मारिफ़त[16] की धूप में
अय वतन[17] तू हुस्ने[18]-ख़ुदआरा[19] से मालामाल[20] है
संगरेज़ा[21] भी तिरे दामन में गोया लाल[22] है

आगरा

'सीमाब' अकबराबादी

यह अर्ज़े - ताज[23] यानी अकबराबाद[24]
अमीने - अज़्मते - हिन्दोस्तां[25] है

इसी के सर पे है वो मरमरीं[26] ताज
जो नाज़िरगाहे - अक़्वामे - जहां[27] है

शबे-महताब-ओ-ताज[28] अल्लाहो-अकबर[29]
यहां रातों को भी दिन का गुमां[30] है

यहां अकबर है मह्वे-ख़्वाबे[31]-नौशीं[32]
यहां ख़िल्वतगहे - शाहेजहां[33] है

1. सुबह-शाम का आनंद, 2. सुंदर, 3. कोमल, 4. संगेमरमर जैसा शरीर, 5. दर्शन, 6. प्रकाशमान, 7. काशी का प्रातःकाल, 8. ललाट, 9. मंदिर, 10. शोभा, 11. जान और चरण, 12. स्थिर, 13. बसंत, 14. उपवन, 15. मानव, 16. ब्रह्मज्ञान, 17. देश, 18. सौंदर्य, 19. खुद को संवारने वाला, 20. सम्पन्न, 21. कण, 22. रत्न, 23. ताज की धरती, 24. आगरा, 25. भारत की महानता का अमानतदार, 26. संगेमरमर का, 27. संसार के राष्ट्रों के लिए वर्ग का स्थान, 28. चांदनी रात और ताज, 29. वाह-वाह (जब किसी चीज़ की प्रशंसा करनी हो तो 'अल्ला हो अकबर' कहते हैं), 30. शक, 31. निद्राग्रस्त, 32. सुंदर, 33. शाहजहां का शयनागार।

ग़यासउद्दीन ईरानी का मदफ़न[1]
क़दीमी[2] सनअतों[3] का तर्जुमां[4] है

यह जामा मस्जिद और यह लाल क़िला
मुग़ल शाहंशही[5] का इक निशां[6] है

यह शाही बाग़, यह चीनी का रौज़ा[7]
बहारे - यादगारे - बास्तां[8] है

यहां शाहे विलायत[9] का है दरबार
जनाबे-बुलअला[10] का आस्तां[11] है

यहां उर्दू बनी भी और पली भी
यह अब तक मरकज़े-अहले-ज़बां[12] है

यह मसकन[13] है मशाहीरे-अदब[14] का
यहां 'मीर' और 'ग़ालिब' का मकां[15] है

यहां बहती है जमना शान्ती से
यहां हम्वारि - ए - आबे - रवां[16] है

हर इक पत्थर यहां है इक फ़साना[17]
यहां हर ईंट में इक दास्तां[18] है

यह है वो यादगारे-अहले-माज़ी[19]
कि दुनिया अब तक इसकी क़द्रदां[20] है

जो इन आसार[21] को नुक़सान पहुंचा
तो यह तारीख़े-आलम[22] का ज़ियां है[23]

(माख़ूज़)

---

1. क़ब्र, 2. प्राचीन, 3. उद्योग, 4. प्रतिनिधि, 5. सल्तनत, 6. प्रतीक, 7. मज़ार, क़ब्र, 8. प्राचीनकाल की यादगार का बसंत, 9. एक औलिया, 10. एक औलिया, 11. चौखट, 12. ज़बान बनानेवालों का केन्द्र, विद्वानों का केन्द्र, 13. निवास-स्थान, 14. प्रसिद्ध साहित्यकार, 15. घर, 16. बहते हुए पानी की सतह, 17. कहानी, 18. कहानी, 19. भूतकाल की यादगार, 20. गुणग्राही, 21. चिह्न, खंडहर, 22. संसार का इतिहास, 23. नुक़सान।

अय सरज़मीने-गुजरात

'अख़्तर' शीरानी

अय सरज़मीने-गुजरात ! अय ख़ुल्दज़ारे[1]-उलफ़त[2]
फूलों में तेरे रक़्सा[3], रूहे-बहारे-उलफ़त[4]
तेरा हर एक ज़र्रा[5] है राज़दारे[6]-उलफ़त
अय यादगारे-उलफ़त[7], अय सरज़मीने-गुजरात

हुस्न-ओ-हिजाब[8] का इक गहवारा[9] कहिए तुझको
शे'र-ओ-शबाब[10] का इक शहबारा[11] कहिए तुझको
फ़ितरत[12] का एक रंगीं[13] नज़्ज़ारा[14] कहिए तुझको
गुलपारा[15] कहिए तुझको, अय सरज़मीने-गुजरात

अय सरज़मीने-गुजरात तू काने-आशिक़ी[16] है
पंजाब के बदन[17] में तू जाने आशिक़ी है
हां, जाने-आशिक़ी है, अर्माने-आशिक़ी[18] है
ईमाने-आशिक़ी[19] है, अय सरज़मीने-गुजरात

वो सोहनी महिवाल, दो इश्क़बाज़[20] तेरे
दो रूहे-आशिक़ी[21] के आवारा राज़[22] तेरे
सोज़-ओ-गुदाज़[23] से दो लबरेज़[24] साज़[25] तेरे
नग़्मा[26] तराज़[27] तेरे, अय सरज़मीने-गुजरात

मातम[28] सरा[29] है जिनके ग़म[30] में चिनाब अब भी
बेताब[31] जिनकी ख़ातिर है माहताब[32] अब भी
और जिनको ढूंडती है हर मौजे-आब[33] अब भी
चश्मे-हबाब[34] अब तक, अय सरज़मीने-गुजरात

---

1. स्वर्ग का बाग़, 2. प्रेम, 3. नृत्य करते हुए, 4. प्रेम के बसंत की आत्मा, 5. कण, 6. प्रेम का राज जाननेवाला, 7. प्रेम की यादगार, 8. सौंदर्य और लज्जा, 9. पालना, 10. शेर ओर यौवन, 11. श्रेष्ठ नमूना, 12. प्राकृतिक, 13. सुंदर, 14. दृश्य, 15. फूल का टुकड़ा, 16. प्रेम की खान, 17. शरीर, 18. प्रेम का अरमान, 19. आशिक़ी का ईमान, 20. प्रेमी, 21. प्रेम की आत्मा, 22. रहस्य, 23. जलन और पिघलाहट, 24. परिपूर्ण, 25. वाद्य, 26. गीत, 27. गायक, 28. शोकालाप, 29. घर, 30. शोक, 31. व्याकुल, 32. चंद्रमा, 33. पानी की लहर, 34. बुलबुला।

मौजों की धीमी-धीमी आवाज़ आ रही है
या रूह सोहनी की दरपर्दा[1] गा रही है
और दर्दे-आशिक़ी[2] के नग़मे[3] सुना रही है
आंसू बहा रही है, अय सरज़मीने - गुजरात

उरियां[4] है हुस्न[5], तेरे सरसब्ज़[6] गुलशनों[7] में
आवारा इश्क़[8], तेरे शादाब[9] दामनों में
फ़ितरत[10] बरहना[11] तेरे पुरनूर[12] ऐमनों[13] में
रंगीन[14] मसकनों[15] में अय सरज़मीने - गुजरात

लखनऊ

'अख़्तर' शीरानी

अर्श सामां[16] क्यों न हो ख़ाके - दयारे - लखनऊ[17]
है बहारे - ख़ुल्द[18] से बढ़कर बहारे - लखनऊ[19]

मशरिक़ी[20] रंगे-तमद्दुन[21] की है ख़ालिस[22] यादगार
क्यों न हो हर मशरिक़ी[23], दिल से निसारे-लखनऊ[24]

यह महल असलाफ़[25] की तहज़ीब[26] का गहवारा[27] है
हिंद में काफ़ी है यह तनहा[28] वक़ारे-लखनऊ[29]

यह फ़लक[30] रुत्बा[31] मकां[32], यह ख़ुल्द सामां[33] गुलिस्तां[34]
रश्के-मिहर-ओ-माह[35] हैं नक़्श-ओ-निगारे[36]-लखनऊ

---

1. पर्दे के पीछे, 2. प्रेम का दुख, 3. गीत, 4. नग्न, 5. सौंदर्य, 6. हरे-भरे, 7. उपवन, 8. प्रेम, 9. हरा-भरा, 10. प्रकृति, 11. नग्न, 12. प्रकाशमान, 13. सुरक्षित स्थान, मान, 14. सुंदर, 15. घर, 16. आकाश का सामान, 17. लखनऊ की धूल, 18. स्वर्ग का बसंत, 19. लखनऊ का बसंत, 20. पूर्व, 21. सभ्यता का रंग, 22. विशुद्ध, 23. पूर्व का रहनेवाला, 24. लखनऊ पर न्योछावर, 25. पुराने बुजुर्ग, 26. संस्कृति, 27. पालना, 28. अकेला, 29. लखनऊ की प्रतिष्ठा, 30. गगन, 31. दरजा, 32. घर, 33. स्वर्ग का सामान, 34. उपवन, 35. जिस पर चांद और सूरज रश्क करें, 36. बेल-बूटे।

माहे - दर - आग़ोश[1] है हर ज़र्रा[2] इसकी ख़ाक[3] का
अय ज़हे हुस्ने[4] - तरबगाहे[5] - दयारे - लखनऊ[6]

चौंककर ख़्वाबे-लहद[7] से अपने वीरानों को देख
जाने - आलम[8] ! आह ओ[9] जाने-बहारे-लखनऊ[10]

अगली[11] अज़मत[12] याद आती है यह रौनक़[13] देखकर
हम तो 'अख़्तर' अब भी हैं मातमगुसारे-लखनऊ[14]

अलीगढ़

इसरारुल हक़ 'मजाज़'

सरशार[15] निगाहे-नर्गिस[16] हूं पाबस्त-ए-गेसू-ए-सुम्बुल[17] हूं
यह मेरा चमन[18] है मेरा चमन, मैं अपने चमन का बुलबुल हूं

हर आन[19] यहां सहबा-ए-कुहन[20] इक साग़रे-नौ[21] में ढलती है
कलियों से हुस्न[22] टपकता है फूलों से जवानी उबलती है

जो ताक़े-हरम[23] में रौशन[24] है वो शम्अ यहां भी जलती है
इस दश्त[25] के गोशे[26] गोशे से इक जू-ए-हयात[27] उबलती है

इस्लाम के इस बुतख़ाने[28] में असनाम[29] भी हैं और आज़र[30] भी
तहज़ीब[31] के इस मैख़ाने में[32] शमशीर[33] भी है और साग़र[34] भी

यां हुस्न[35] की बर्क़[36] चमकती है यां नूर[37] की बारिश होती है
हर आह[38] यहां इक नग़्मा[39] है हर अश्क[40] यहां इक मोती है

---

1. चांद की गोद में, 2. कण, 3. धूल, 4. सौंदर्य, 5. आनंद-स्थल, 6. लखनऊ की धरती, 7. कब्र की नींद, 8. एक बादशाह, 9. हाय, 10. लखनऊ की बहार की जान, 11. प्राचीन, 12. प्रतिष्ठा, 13. शोभा, 14. लखनऊ की बर्बादी पर रोनेवाले, 15. संतुष्ट, 16. नरगिस की दृष्टि, 17. सुम्बुल की लटों से बंधा हुआ, 18. उपवन, 19. घड़ी, 20. पुरानी शराब, 21. नया साग़र, 22. सौंदर्य, 23. हरम का ताक़, 24. प्रकाशमान, 25. जंगल, 26. कोना, 27. जीवन-सरिता, 28. मंदिर, 29. मूर्तियां, 30. मूर्तिकार, 31. सभ्यता, 32. मदिरालय, 33. तलवार, 34. प्याला, 35. सौंदर्य, 36. बिजली, 37. प्रकाश, 38. आर्तनाद, 39. गीत 40. आंसू।

हर शाम है शामे-मिस्र[1] यहां, हर शब[2] है शबे-शीराज़[3] यहां
है सारे जहां का सोज़[4] यहां और सारे जहां का साज़[5] यहां

यह दश्ते-जुनूं[6] दीवानों[7] का, यह बज़्में-वफ़ा[8] परवानों[9] की
यह शहरे-तरब[10] रूमानों का यह ख़ुल्दे-बरीं[11] अर्मानों[12] की

फ़ितरत[13] ने सिखाई है हमको उफ़ताद[14] यहां परवाज़[15] यहां
गाए हैं वफ़ा[16] के गीत यहां छेड़ा है जुनूं[17] का साज़[18] यहां

इस फ़र्श[19] से हमने उड़-उड़कर अफ़लाक[20] के तारे तोड़े हैं
नाहीद[21] से की है सरगोशी,[22] परवीन[23] से रिश्ते[24] जोड़े हैं

इस बज़्म[25] में तेग़ें[26] खेंची हैं इस बज़्म में साग़र[27] तोड़े हैं
इस बज़्म में आंख बिछाई है इस बज़्म में दिल तक[28] जोड़े हैं

इस बज़्म में नेज़े[29] फेंके हैं इस बज़्म में ख़ंजर[30] चूमे हैं
इस बज़्म में गिरकर तड़पे हैं इस बज़्म में पीकर झूमे हैं

आ आ के हज़ारों बार यहां ख़ुद आग भी हमने लगाई है
फिर सारे जहां[31] ने देखा है यह आग हमीं ने बुझाई है

यां हमने कमंदें[32] डाली हैं यां हमने शबख़ूं[33] मारे हैं
यां हमने क़बायें[34] नोची हैं यां हमने ताज[35] उतारे हैं

हर आह[36] है ख़ुद तासीर[37] यहां हर ख़्वाब[38] है ख़ुद ताबीर[39] यहां
तदबीर[40] के पा-ए-संगीं[41] पर झुक जाती है तक़दीर[42] यहां

---

1. मिस्र की शाम, 2. रात, 3. शीराज़ (शहर) की रात, 4. जलन, 5. वाद्य 6. उन्माद का जंगल, 7. पागल, 8. प्रेम-निर्वाह की महफ़िल, 9. पतंगा, 10. आनंद का नगर, 11. स्वर्ग, 12. आकांक्षाओं, 13. प्रकृति, 14. पतन, 15. उठान, 16. प्रेम-निर्वाह, 17. उन्माद, 18. वाद्य, 19. धरती, 20. आसमानों, 21. शुक्र ग्रह, 22. कानाफूसी, 23. कृत्तिका, (छः छोटे-छोटे तारों का गुच्छा), 24. संबंध, 25. महफ़िल, 26. तलवार, 27. प्याला, 28. दिल भी, 29. भाला, 30. कटार, 31. संसार, 32. फंदा, पाश, 33. निशाक्रमण, 34. एक विशेष प्रकार का लंबा चोग़ा, 35. मुकुट, 36. आर्तनाद, 37. असर, 38. स्वप्न, 39. स्वप्न-फल, 40. उपाय 41. मजबूत पैरों पर, 42. भाग्य।

ज़र्रात[1] का बोसा[2] लेने को सौ बार झुका आकाश यहां
ख़ुद आंख से हमने देखी है बातिल[3] की शिकस्ते-फ़ाश[4] यहां

इस गुलकदः - ए - पारीना[5] में फिर आग भड़कनेवाली है
फिर अब्र[6] गरजनेवाले हैं फिर बर्क़[7] कड़कनेवाली है

जो अब्र यहां से उट्ठेगा, वो सारे जहां पर बरसेगा
हर जू-ए-रवां[8] पर बरसेगा, हर कोहे-गरां[9] पर बरसेगा

हर सर्व-ओ-समन[10] पर बरसेगा, हर दश्त-ओ-दमन[11] पर बरसेगा
ख़ुद अपने चमन पर बरसेगा, ग़ैरों के चमन पर बरसेगा

हर शहरे-तरब[12] पर गरजेगा, हर क़स्रे-तरब[13] पर कड़केगा
यह अब्र[14] हमेशा बरसा है, यह अब्र हमेशा बरसेगा

बम्बई

अली सरदार जाफ़री

न जाने क्या कशिश[15] है बम्बई तेरे शबिस्तां[16] में
कि हम शामे-अवध[17], सुब्हे-बनारस[18] छोड़ आये हैं

पपीहे बोलते हैं, कूकती हैं कोयलें जिनमें
हमारे दिल पे उन गाते हुए बाग़ों के साए हैं

हमारे जिस्म[19] कुन्दन हो गये हैं तेरी किरनों से
तिरे चश्मों[20] की चांदी ने हमारे मुंह धुलाए हैं

---

1. कण, 2. चुम्बन, 3. झूठ, 4. शर्मनाक पराजय, 5. फूलों का प्राचीन घर, 6. बादल, 7. बिजली, 8. प्रवाहित नदी, 9. पहाड़, 10. सरौ और चमेली, 11. जंगल और घूरा, 12. आनंदनगर, 13. आनंद-महल, 14. बादल 15. आकर्षण, 16. शयनगार, 17. अवध की शाम, 18. बनारस की सुबह, 19. शरीर, 20. स्रोत।

तिरे ज़िंदां[1] की तारीकी[2] में रातें हमने काटी हैं
तिरी सड़कों पे सोए, तेरी बारिश में नहाए हैं

कभी अश्कों[3] के तारे यास[4] की पलकों से टूटे हैं
कभी उम्मीद[5] के दामन में मोती जगमगाए हैं

कभी निकला है आहें[6] लेके मशअल[7] ज़ुलमते-शब[8] में
कभी नारों ने परचम[9] आसमानों[10] तक उड़ाए हैं

अदा-ए-सरकशी[11] दी है ग़ुरूरे-सरफ़रोशी[12] को
तिरी सफ़्फ़ाकियों[13] ने कितने ख़ंजर[14] आज़माए हैं

मगर फिर भी हमारा आलमे-मिहर-ओ-वफ़ा[15] यह है
कि तुझको लखनऊ की तरह सीने से लगाए हैं

उतारी जा रही है चश्म-ओ-दिल[16] से आरती तेरी
चराग़े-शौक़[17] गीतों की हथेली पर जलाए हैं

मुबारक[18] हमरकाबे[19]-गर्दिशे[20]-शाम-ओ-सहर[21] होना
मुबारक हम से आज़ादों का तुझको हमसफ़र[22] होना

हैदराबाद

सिकन्दर अली 'वज्द'

फ़ज़ा[23] जांफ़िज़ा[24] ज़र्रा ज़र्रा[25] हसीं[26] है
हक़ीक़त[27] में मुल्के-दकन[28] गुल ज़मीं[29] है

---

1. क़ैदख़ाना, 2. अंधकार, 3. आंसू, 4. निराशा, 5. आशा, 6. आर्तनाद, 7. मशाल, 8. रात का अंधकार, 9. झंडा, 10. आकाश, 11. विद्रोह का साहस, 12. सर काटने का गर्व, 13. निर्दयता, 14. कटार, 15. दया और प्रेम-निर्वाह का आलम, 16. आंखें और दिल, 17. शौक का चिराग़, 18. बधाई, 19. पाद-धारिणी, 20. चक्र, 21. सुबह-शाम, 22. सहयात्री, 23. वातावरण, 24. जीवनदायक, 25. कण-कण, 26. सुंदर, 27. सच्चाई, 28. दक्षिण प्रदेश, 29. फूलों की धरती।

हर इक नक़्शे-तहज़ीब[1] जो दिलनशीं[2] है
दिले - हैदराबाद[3] उसका अमीं[4] है

अगर मिहर-ओ उल्फ़त[5] की जन्नत[6] कहीं हैं
तो बेशक यहीं है यहीं है यहीं है

उरूसे - वफ़ा[7], होश आया है जब से
तिरा आस्ताना[8] है मेरी जबीं[9] है

बहिश्ते - नज़र[10], मुर्ग़ज़ारे - ग़ज़ालां[11]
हवा तेरी मौजे - मय - ओ - अंगबीं[12] है

ज़माना[13] दिल आज़ार[14] है भी तो क्या ग़म
मुझे तेरी दिलदारियों[15] का यक़ीं[16] है

तिरे लुत्फ़[17] का मोजिज़ा[18] है कि मेरी
ज़बां गुलफ़िशां[19] है सुख़न[20] आतिशीं[21] है

नफ़ासत[22] बरसती है दीवार-ओ-दर[23] से
तिरी ख़ाक[24] में निकहते-यासमीं[25] है

बहुत ख़ुशनुमा[26] शहर देखे हैं मैंने
मगर तेरा जादू कहीं भी नहीं है

---

1. सभ्यता के निशान, 2. दिल में घर करनेवाली, 3. हैदराबाद का दिल, 4. अमानतदार, 5. दया और प्रेम, 6. स्वर्ग, 7. वफ़ा की दुल्हन, 8. चौखट, 9. ललाट, 10. नज़र का स्वर्ग, 11. हिरनों से भरा जंगल, 12. शराब और शहद की मौज, 13. समय, 14. हृदयविदारक, 15. दिल रखना, 16. विश्वास, 17. मेहरबानी, 18. चमत्कार, 19. फूल बरसाना, 20. कलाम, 21. आग जैसा, 22. पवित्रता, 23. दीवारें और दरवाज़े, 24. धूल, 25. चमेली की सुगंध, 26. सुंदर।

औरंगाबाद दकन

सिकन्दर अली 'वज्द'

तिरी हर सुब्ह[1] पैग़ामे[2]-हयाते-ताज़ा[3] लाती है
तिरी वीरानियों में रूहे-फ़र्दा[4] मुस्कुराती है

नसीमे - जांफ़िज़ा[5] चलती है तेरे सब्ज़ाज़ारों[6] में
शराबे - हुस्न[7] बल खाती है तेरे आबशारों[8] में

दिलों को मस्त करती हैं तिरी बदमस्त[9] बरसातें
हवाओं में लुटाती हैं जवानी, चांदनी रातें

दकन की सरज़मीं[10] पर मौजज़न[11] है जू-ए-ख़ूं[12] तेरी
उगलती है हज़ारों लाल[13] ख़ाके-तीरागूं[14] तेरी

तिरे जुगनू गिरा देते हैं क़िस्मत[15] माहताबों[16] की
तिरी मुट्टी के ज़र्रों[17] में चमक है आफ़ताबों[18] की

तिरी पाइन्दगी[19] यूं हंस रही है इंक़िलाबों[20] पर
समुन्दर जैसे हंसता है हिक़ारत[21] से हबाबों[22] पर

ज़माने[23] में तिरे आसार[24] की तौक़ीर[25] होती है
तिरी आग़ोश[26] में तहज़ीबे-अहले-हिंद[27] सोती है

तिरे कुहसार[28] में है अज़्मे-ख़िलजी[29] बेक़रार[30] अब तक
फ़ज़ा[31] में हिम्मते-तुग़लक़[32] का उड़ता है गुबार[33] अब तक

---

1. प्रातः काल, 2. संदेश, 3. नवजीवन, 4. कल की सुबह आनेवाले, 5. जीवनदायक, 6. हरे-भरे मैदान, 7. सौंदर्य की मदिरा, 8. जलप्रपात, 9. नशीली, 10. धरती, 11. मौजें मार रही है, 12. ख़ून की नदी, 13. रत्न, 14. अंधकार की धूल, 15. भाग्य, 16. चांद 17. कण, 18. सूरज, 19. अनश्वरता, 20. क्रांति, 21. तिरस्कार, 22. बुलबुला, 23. संसार, 24 अवशेष, 25. मान, 26. गोद, 27. हिंदुस्तान के लोगों की सभ्यता, 28. पहाड़ी इलाका, 29. ख़िलजी का साहस, 30. व्याकुल, 31. वातावरण, 32. तुग़लक़ की हिम्मत, 33. धूल।

तिरे ज़रखेज़[1] मैदानों पे क़ब्ज़े[2] के लिए अक्सर[3]
हुआ है, इम्तिहाने[4]-बुर्रिशे-तेग़े-मलक[5] अम्बर[6]

तिरे दामन में 'आलमगीर'[7] मीठी नींद सोता है
जलाले-क़ुतबशाही[8] अपनी बरबादी पे रोता है

हिसारों[9] में तिरी निकला नतीजा[10] सई-ए-पैहम[11] का
तिरे मशरिक़[12] से पहला आफ़ताबे-आसिफ़ी[13] चमका

'वली'[14] के नग़्म-ए-जांसोज़[15] गूंजे तेरी महफ़िल[16] में
'सिराजे'-बज़्मे-इरफ़ां[17] से उजाला है तेरे दिल में

तिरे ही साज़[18] पर मैंने सुने नग़्मे[19] जवानी के
तिरे माहौल[20] में सीखे हैं गुर[21] जादू बयानी[22] के

तख़ैयुल[23] पर मिरे मनक़ूश[24] है तेरी बहार[25] अब तक
मिरे आंसू तिरी उलफ़त[26] के हैं आईनादार[27] अब तक

तिरे दर पर बहारे-नौजवानी[28] छोड़ आया हूं
नियाज़-ओ-नाज़[29] की पहली कहानी छोड़ आया हूं

---

1. उपजाऊ, 2. अधिकार, 3. प्रायः, 4. परीक्षा, 5. फ़रिश्तों की तलवार की धार, 6. आकाश, एक सुगन्धित द्रव्य, 7. औरंगजेब, 8. कुत्बशाही का प्रताप, 9. चारदीवारी, 10. फल, 11. लगातार कोशिश, 12. पूर्व, 13. आसिफ़ ख़ानदान का सूर्य, 14. शाइर (वली दकनी) 15. दर्द-भरे गीत, 16. अंजुमन, 17. ज्ञान की सभा के सिराज (एक शाइर), 18. वाद्य, 19. गीत, 20. वातावरण, 21. रहस्य, 22. वाक्-पटुता, 23. कल्पना, 24. अंकित, 25. बसंत, 26. प्रेम, 27. आईना दिखानेवाले, 28. जवानी की बहार, 29. आकांक्षा और गर्व।

औरंगाबाद

यूसुफ़ 'नाज़िम'

अय शहर ! तेरा नाम है अज़्मत[1] का शाहकार[2]
तेरे जसद[3] में अज़्मते - मशरिक़[4] है बेक़रार[5]

अहले-नज़र[6] के पाक क़दम[7] का निशान[8] है
तू ख़ाक[9] की ज़मीन[10] नहीं आसमान[11] है

आती है तुझको देख के आवाज़े-दो-जहां[12]
'ज़रबख़्श[13] ज़र ज़री' का रहा है तू आस्तां[14]

'बुरहान[15] दीं ग़रीब' की मसनद[16] है यह ज़मीं[17]
'हमोई शाह' नूर[18] की मर्क़द[19] है यह ज़मीं[20]

सीने में तेरे दफ़्न[21] हैं कितने अज़ीम[22] दिल
तू क़ाबिले-हसीं[23] है अय किश्ते-आब-ओ-गिल[24]

ख़िलजी का ख़ून तेरी रगों[25] में रवां दवां[26]
तारीख़े-आसिफ़ी[27] का जिगर[28] तुझसे खूंफ़िशां[29]

इक राबिआ[30] का मक़बरः-ए-दिलनशीं[31] है तू
फ़र्शे - ज़मीं[32] पे चांद है ज़ुहरा[33]-जबीं है तू

अम्बर[34] की रूह तेरी फ़ज़ा[35] में समाई है
इस सरज़मीं[36] पे अहले-हुनर[37] की .ख़ुदाई[38] है

---

1. महानता, 2. अद्वितीय नमूना, 3. शरीर, 4. पूर्व की महिमा, 5. व्याकुल, 6. नज़रवाले, बुद्धिमान, 7. चरण, 8. चिह्न, 9. धूल, 10. धरती, 11. आकाश, 12. दोनों जहान की आवाज़, 13. एक बुजुर्ग, 14. चौखट, 15. एक बुजुर्ग, 16. गद्दी, 17. धरती, 18. एक बुजुर्ग, 19. समाधि, 20. धरती, 21. गढ़े हुए, 22. महान, 23. सुंदर शरीर, 24. मिट्टी और पानी की खेती, 25. धमनियों में, 26. प्रवाहित, 27. आसिफ़ शाह के ख़ानदान का इतिहास, 28. कलेजा, 29. ख़ून में डूबा हुआ, 30. एक तपस्विनी और साध्वी स्त्री, 31. दिल में जगह करनेवाली क़ब्र, 32. धरती, 33. शुक्र तारे जैसा ललाट, 34. एक सुगन्धित बहुमूल्य द्रव्य, आकाश, 35. वातावरण, 36. धरती, 37. कलाकार, 38. दुनिया।

ख़ुल्दाबाद

मीर मुहम्मद अली ख़ां 'मैकश' हैदराबादी

हैं कौसर-ओ-तसनीम[1] की मौजें[2] हवाओं में तिरी
जन्नत[3] की आसूदा[4] फ़ज़ायें[5] हैं फ़ज़ाओं में तिरी

आंखों में जन्नत का तसव्वुर[6] है तिरी तामीर[7] से
रौशन[8] हुआ है तू चराग़े - अर्श[9] की तनवीर[10] से

फूलों से आती है तिरे जन्नत के फूलों की महक[11]
धोती है ज़र्रों[12] को तिरे मासूम[13] तारों की चमक

है क़ल्ब[14] में तेरे तक़द्दुस[15] रूहे-आलमगीर[16] से
फ़िरदौस[17] भी मांगेगी बेदारी[18] तिरी तक़दीर[19] से

अय जन्नते-अर्ज़ी[20] ! है तू ख़ुल्दे-नज़र[21] मेरे लिए
जन्नत के बाम-ओ-दर[22] हैं तेरे बाम-ओ-दर मेरे लिए

दुनिया की दोज़ख़गीर[23] हदबन्दी से दिल आज़ाद है
जब तक है तू आबाद इस दुनिया में ख़ुल्द[24] आबाद है

लाहौर

जगन्नाथ 'आज़ाद'

ख़ित्तः - ए - लाहौर[25] मंज़िलगाहे[26]-तहज़ीब[27]-ओ-अदब[28]
इल्म[29] के अनवार[30] से रौशन[31] हैं जिसके रोज़-ओ-शब[32]

---

1. स्वर्ग की नहर और सरोवर, 2. लहरें, 3. स्वर्ग, 4. तृप्त, 5. हवा, 6. कल्पना, 7. निर्माण, 8. प्रकाशित, 9. आकाश का चिराग़, 10. आभा, 11. सुगंध, 12. कणों, 13. निष्पाप, 14. दिल, 15. पवित्रता, 16. आलमगीर की रूह, 17. स्वर्ग, 18. जागृति, 19. भाग्य, 20. धरती की स्वर्ग, 21. स्वर्ग की दृष्टि, 22. छत और दरवाज़े, 23. नारकीय, 24. स्वर्ग, 25. लाहौर की धरती, 26. पड़ाव, 27. सभ्यता, 28. साहित्य, 29. ज्ञान, 30. प्रकाश, 31. प्रकाशमान, 32. दिन-रात।

सीनः-ए-पंजाब[1] का दिल बल्दः[2]-ए-मीनू-सवाद[3]
ख़ाक[4] जिसकी अहले-दिल[5] के वास्ते अंजुम-नज़ाद[6]

जिसको बख़्शी[7] है तमद्दुन[8] ने निराली ज़िंदगी[9]
जिसके बाम-ओ-दर[10] पे है तहज़ीब[11] की ताबिन्दगी[12]

किशवरे - महबूब तालिब[13], सरज़मीने[14] - बिरहमन
जिनकी मौजे-नुत्क़[15] से महका[16] गुलिस्ताने-सुख़न[17]

मौलिद[18] ओ-मंशा-ए-रूफ़ी[19] मसकने[20]-मसऊद साद[21]
अज़्मतें[22] यह कौन समझेगा अब इस काफ़िर[23] के बाद

जन्नते - दीगर[24] जिसे नूरेजहां कहती रही
जिसकी दुनिया को वो अकसर अपनी जां[25] कहती रही

पीरे-मश्रिक़[26] ने बसर[27] की जिसमें सारी ज़िंदगी[28]
पीरे - मश्रिक़ वो सरापा[29] पैकरे - ताबिन्दगी[30]

जिसकी बादे-सुब्ह[31] में पिन्हां[32] है तासीरे-शराब[33]
जिसके ज़र्रों[34] में निहां[35] है बिजलियों की आब-ओ-ताब[36]

जिसका हर ज़र्रा[37] मिरे जज़्बात[38] की तस्वीर[39] है
जिसके हर ज़र्रे पे मेरे नाम की तहरीर[40] है

---

1. पंजाब का सीना, 2. नगर, 3. स्वर्ग जैसा सुंदर, 4. धुल, 5. दिलवाले, 6. तारों के वंश, 7. प्रदान की, 8. सभ्यता, 9. जीवन, 10. छत और दरवाजे, 11. संस्कृति, 12. आभा, 13. प्रेमिका के देश का इच्छुक, 14. धरती, 15. वाणी की मौज, 16. सुगन्धित हुआ, 17. कलाम का उपवन, 18. जन्मभूमि, 19. फ़ारसी का शाइर, 20. निवास, 21. एक शाइर, 22. महानतायें, 23. विधर्मी, 24. दूसरा स्वर्ग, 25. प्राण, 26. डॉ. इक़बाल, 27. व्यतीत, 28. जीवन, 29. संपूर्ण, 30. साकार प्रकाश, 31. प्रातःसमीर, 32. छुपी हुई, 33. शराब की तासीर, 34. कण, 35. निहित, 36. चमक, 37. कण, 38. भावना, 39. चित्र, 40. लिखावट।

दिल्ली

नरेश कुमार 'शाद'

पूछा गया जब उससे वो है शहर कौन सा
जिसको न इंक़िलाबे-ज़माना[1] मिटा सका
मिट-मिट के और भी जो उभरता चला गया

तारीख़े - रोज़गार[2] ने हंसकर दिया जवाब
'दिल्ली जो एक शहर है आलम[3] में इन्तिख़ाब'[4]

तस्वीरे[5]-हुस्न-ओ-रंग[6] है इसकी गली गली
इसकी रविश रविश[7] में बला[8] की है दिलकशी[9]
इसके जमाल[10] में है ग़ज़ब की शिगुफ़्तगी[11]

इसके जलाल[12] में है क़यामत[13] की आब-ओ-ताब[14]
'दिल्ली जो एक शहर है आलम में इन्तिख़ाब'

जमना सी नेक नाम का फ़र्ज़न्दे-नेक-ख़ू[15]
शाहाने-मुग़लिया[16] के तदब्बुर[17] की आबरू
ग़ालिब की शाइरी का छलकता हुआ सुबू[18]

इल्म-ओ-अदब[19] के बाग़[20] का हंसता हुआ गुलाब
'दिल्ली जो एक शहर है आलम में इन्तिख़ाब'

दिलचस्प[21]-ओ-दिलनवाज़[22] दिलआरा[23]-ओ-दिलपिज़ीर[24]
शाहों[25] का हमसफ़ीर[26] फ़क़ीरों में दस्तगीर[27]
सारे जहां में इसकी नहीं है कोई नज़ीर[28]

---

1. समय की क्रांति, 2. ज़माने का इतिहास, 3. संसार, 4. चुना हुआ, 5. चित्र, 6. सौंदर्य, 7. क्यारियों के बीच का मार्ग, 8. अधिक, 9. आकर्षण, 10. सौंदर्य, 11. ताज़गी, 12. प्रताप, 13. प्रलय, बहुत अधिक, 14. तेज, चमक, 15. आज्ञाकारी पुत्र, 16. मुग़ल बादशाह, 17. दूरदर्शिता, 18. शराब का मटका, 19. ज्ञान और साहित्य, 20. उपवन, 21. रोचक 22. महबूब, 23. दिल को सजानेवाला, 24. दिल को लुभानेवाला, 25. बादशाह, 26. मित्र, 27. हाथ थामनेवाला, 28. उदाहरण।

सारे जहां में इसका नहीं है कोई जवाब
'दिल्ली जो एक शहर है आलम में इन्तिख़ाब'

मिहर-ओ-वफ़ा[1] के फूल की ख़ुशबू[2] कहें जिसे
दश्ते-खुलूस-ओ-ख़ुल्क़[3] का आहू[4] कहें जिसे
रूहे - रवाने - मुस्लिम - ओ - हिंदू[5] कहें जिसे

तहज़ीब[6] के सहपहर[7] का ताबिन्दा[8] आफ़ताब[9]
'दिल्ली जो एक शहर है आलम में इन्तिख़ाब'

माज़ी[10] की सरगुज़श्त[11] का उनवाने[12]-दिलनशीं[13]
सदियों की शानदार रिवायात[14] का अमीं[15]
लेकिन कोई अलामते[16]-बोसीदगी[17] नहीं

दम-ख़म[18] वही, शिकोह[19] वही, और वही शबाब[20]
'दिल्ली जो एक शहर है आलम में इन्तिख़ाब'

जो ज़र्रा[21] है यहां का वो इक कोहे-तूर[22] है
इक जलवागाहे[23]-अहले-निगाह-ओ शुऊर[24] है
मुस्तक़बिले-हयात[25] के चेहरे का नूर[26] है

वाबस्ता[27] इससे हैं नए हिन्दोस्तां के ख़्वाब[28]
'दिल्ली जो एक शहर है आलम में इन्तिख़ाब'

1. दया और प्रेम-निर्वाह, 2. सुगंध, 3. शील और निष्ठा का जंगल, 4. मृग, 5. हिंदू और मुसलमानों का प्राण, 6. संस्कृति, 7. तीसरा पहर, 8. चमकदार, 9. सूरज, 10. भूतकाल, 11. कहानी, 12. शीर्षक, 13. दिल में बैठ जानेवाला, 14. परंपरा, 15. अमानतदार, 16. लक्षण, 17. जीर्णता, 18. साहस, 19. प्रताप, 20. यौवन, 21. कण, 22 तूर पहाड़, जहां हज़रत मूसा को खुदा का जलवा दिखाई दिया था, 23. दर्शन स्थल, 24. निगाह और चेतनावाला, 25. जीवन का भविष्य, 26. प्रकाश, 27. संबंधित, 28. स्वप्न।

जन्नते-रंग-ओ-बू[1]

याहया आज़मी

खुल्दे - बहार[2] दरकनार[3] ख़ाके - हसीने[4] - काशमिर[5]
ख़ित्तः-ए-रंग-ओ-बू[6] तिरा क्यों न हो जन्नते-नज़र[7]
तेरे निहाल-ओ-नख़्ले-तर[8] बर्ग-ओ-शगूफ़ा[9]-ओ-समर[10]
मेवा-तराज़[11]-ओ-गुलफ़िशां[12] तैयब - ओ - ताज़ातर[13]

झूम रही है शाख़ शाख़ रक़्स[14] में है शजर शजर[15]
सब्ज़ः[16]-ओ-गुल[17] से हैं ढके वादि-ओ-कोह-ओ-दश्त-ओ-दर[18]

तेरे हसीन[19] मुर्ग़ज़ार[20] दामने-दश्त[21]-ओ-कोहसार[22]
सब्ज़ः-ओ-गुल[23] की वादियां[24], सर्व-ओ-चिनार[25] की क़तार[26]
ज़मज़मा - संज आबशार[27], आबे-रवाने-जू-ए-बार[28]
हुस्ने-अज़ल[29] के शाहकार मज़हरे-शाने-किर्दगार[30]

ख़ित्तः - ए - रंग[31] - आफ़रीं[32] ख़ुल्दे - हसीं[33] ज़ुमुर्रुदीं[34]
सरखुशे[35]-मौजे-बू-ए-गुल[36], जिसकी फ़ज़ा-ए-अम्बरीं[37]

ख़ाक[38] के चप्पे चप्पे पर जन्नते-हुस्न[39] मुर्तसम[40]
यानी नफ़स नफ़स[41] नसीम[42], यानी क़दम क़दम इरम[43]
निहकते-गुल[44] का कारवां, मस्ते-ख़राम[45] दम ब दम[46]
गुलकदः-ए-श्रीनगर[47] तेरे नशात[48] की क़सम

---

1. रंग और सुगंध का स्वर्ग, 2. बसंत का स्वर्ग, 3. एक तरफ़, 4. सुंदर धूल, 5. कश्मीर, 6. रंग और सुगंध की धरती, 7. स्वर्ग पर न्योछावर, 8. नए पेड़ और पौधे, 9. पत्ते और फूल, 10. फल, 11. बनानेवाला, 12. फूल बरसानेवाला, 13. शुद्ध और ताज़े, 14. नाच, 15. वृक्ष 16. हरियाली, 17. फूल, 18. घाटी, पहाड़ और जंगल, 19. सुंदर, 20. हरा-भरा जंगल, 21. जंगल, 22. पहाड़, 23. हरियाली और फूल, 24. घाटियां, 25. सरो और चिनार, 26. पंक्ति, 27. गाते हुए जल-प्रपात, 28. नदी का बहता हुआ पानी, 29. अनादिकाल का सौंदर्य, 30. खुदा की शान के द्योतक, 31. रंगों का क्षेत्र, 32. शाबाश, 33. सुंदर स्वर्ग, 34. पन्ने का, 35. मत्त, 36. फूल की सुगंध की मौज, 37. अम्बर की गन्ध का वातावरण, 38. धूल, 39. सौंदर्य का स्वर्ग, 40. अंकित, 41. श्वास, 42. समीर, 43. स्वर्ग, 44. फूल की सुगंध, 45.मस्त-मंद गति, 46. हर वक़्त, 47. श्रीनगर के फूलों का उपवन, 48. खुशी, आनंद, श्रीनगर का एक बाग़।

सफ़ह:-ए-अर्ज़[1] पर तिरा नक्शे-हसीं[2] है लाजवाब[3]
वादि-ए-शर्क़-ओ-ग़र्ब[4] में हुस्न[5] तिरा है इंतिख़ाब[6]

बाग़-ओ-बहार[7] राग़ राग़[8] रश्के-चमन[9] दिमन दिमन[10]
जलवः-ए-रंग[11] रंग से क़ौसे-क़ुज़ह[12] चमन चमन[13]
निकहतों[14] से बसी हुई वादि-ए-गुल[15] ख़ुतन ख़ुतन[16]
अर्ज़े-शफ़ीक़[17]-ओ-अर्ग़ुवां[18] बन गयी है दुल्हन दुल्हन

वादि-ए-रंग-ओ-बू[19] तिरी शाने-जमाले[20] मरहबा[21]
सब्ज़:-ए-बर्ग-ओ-बार[22] का हुस्ने-कमाल[23] मरहबा

है जो बिसाते-सब्ज़ा[24] पर अब्रे-बहार[25] ख़ेमाज़न[26]
झूम रहे हैं सब्ज़ाज़ार[27] वज्द[28] में हैं नल-ओ-दमन[29]
आतिशे-गुल[30] से आज कुछ और भड़क उठा चमन[31]
और भी शोख़[32] हो गया रंगे-शक़ीक़-ओ-नस्तरन[33]

नग़्म:-ए-नौ[34] की है उमीद ग़ुंचः-ए-नौदमीदा[35] को
नश:-ए-ताज़ा[36] का पयाम[37] सब्ज़:-ए-आरामीदा[38] को

झील की सतह पर बिछी चादरे-सीम[39] देखिए
शीशः-ए-आब[40] पर रवां[41] क़स्र-ओ-हरीम[42] देखिए
रंगे - निशात[43] देखिए हुस्ने - नसीम[44] देखिए
जन्नते-राह-ओ-रौह-ओ-रूह[45] ख़ुल्दे-नसीम[46] देखिए

---

1. धरती की सतह, 2. सुंदर नक़्श, बेलबूटे, 3. बेमिसाल, 4. पूर्व और पश्चिम की वादियां, 5. सौंदर्य, 6. चुना हुआ, श्रेष्ठ, 7. बसंत और उपवन, 8. हरा-भरा मैदान, 9. जिससे उपवन भी ईर्ष्या करे, 10. घूरा, 11. रंग-रंग का जल्वा, 12. इन्द्रधनुष, 13. हर उपवन में, 14. सुगंध, 15. फूलों की वादी, 16. एक स्थान का नाम (मध्य एशिया का एक क्षेत्र), 17. कृपालु धरती, 18. लाल, 19. रंग और सुगंध की वादी, 20. सौंदर्य की शान, 21. धन्य हो, 22. फल और पत्तियों की हरियाली, 23. कमाल का सौंदर्य, 24. हरियाली, 25. बसंत का बादल, 26. तम्बू लगाए हुए, 27. हरे-भरे मैदान, 28. झूमना, 29. नल-दमयन्ती, 30. फूल की आग, लाल फूल, 31. उपवन, 32. गहरा, 33. सेवती और लाला और गुलाब की बेल का रंग, 34. नया गीत, 35. नवविकसित पुष्प, 36. चढ़ता हुआ नशा, 37. संदेश, 38. आराम करती हुई घास, 39. चांदी की चादर, 40. पानी का शीशा, 41. प्रवाहित, 42. घर और महल, 43. हर्ष का रंग, 44. प्रातःसमीर का सौंदर्य, 45. रंग और सुगंध से परिपूर्ण जीवनदायक स्वर्ग, 46. समीर का स्वर्ग।

उठके फ़राज़े-कोह[1] से डल[2] पे शुआ-ए-आफ़ताब[3]
उफ़ रे फ़रोग़े - इरतिआश[4] उफ़ रे जमाले - इज़्तिराब[5]

सुब्ह तेरी बयाज़े - नूर[6] शाम तिरी है ज़ुल्फ़े-हूर[7]
जिस पे फ़िदा[8] सवादे-ख़ुल्द[9] जिसपे फ़िदा रियाज़े-तूर[10]
रू-ए-उफ़ुक़[11] पे चारसू[12] चादरे-सुर्ख़[13] का ज़हूर[14]
जलवानुमा[15] सहर[16] हुई ओढ़े हुए रिदा-ए-नूर[17]

बर्ग-ओ-शजर[18] है जल्वाबार[19] ग़र्क़े - शफ़क़[20] है कोहसार[21]
छाई हुई है हर तरफ़ यानी बहारे-नूर-ओ-नार[22]

अय मिरी ख़ुल्दे-रंग-ओ-बू[23] अय मिरी जन्नते-वतन[24]
यह तिरा आब-ओ-रंग[25] है बाइसे-ज़ीनते-वतन[26]
तुझ से है इज़्ज़ते-वतन[27] तुझ से है अज़्मते-वतन[28]
है तिरे दम से गुल्शने-दहर[29] में शुहरते-वतन[30]

तेरी रगों में है रवां[31] किसकी बहार[32] का लहू
किसके चमन[33] का फ़ैज़[34] है यह तेरा हुस्ने-रंग-ओ-बू[35]

तेरा जमाल[36] रूकशे - ख़ुल्दे - हसीने - हिंद[37] है
तेरा वुजूद[38] अस्ल[39] में नक़्शे-नगीने-हिंद[40] है
रोज़े-अज़ल[41] से तेरी ख़ाक[42] ताजे-ज़मीने-हिंद[43] है
ज़ेवरे - रंग - ओ - बू-[44] तिरा ज़ेबे-जबीने-हिंद[45] है

---

1. पहाड़ की ऊंचाई, 2. डल झील, 3. सूर्य की किरणें, 4. कम्पन की चमक, 5. व्याकुलता का सौंदर्य, 6. प्रकाश की बयाज़, 7. अप्सरा की लटें, 8. क़ुर्बान, न्योछावर, 9. स्वर्ग की सीमा, 10. तूर की तपस्या, 11. क्षितिज, 12. चारों ओर, 13. लाल चादर, 14. प्रकटन, 15. प्रदर्शन, 16. प्रभात, 17. प्रकाश की चादर 18. पत्ते और पेड़, 19. दर्शन देती हुई, 20. लाली में डूबा हुआ, 21. पहाड़, 22. प्रकाश और आग का बसंत, 23. रंग और सुगंध का स्वर्ग, 24. देश का स्वर्ग, 25. पानी और रंग, 26. देश की शोभा का कारण, 27. देश का मान, 28. देश की महानता, 29. दुनिया का उपवन, 30. देश की प्रसिद्धि, 31. प्रवाहित, 32. बसंत, 33. उपवन, 34. दया, 35. रंग और सुगंध का सौंदर्य, 36. सौंदर्य, 37. भारत की सुन्दरियों के स्वर्ग को लुभानेवाला, 38. अस्तित्व, 39. वास्तव, 40. भारत के रत्नों का चिह्न, 41. अनादिकाल, 42. धूल, 43. भारत की धरती का ताज, 44. रंग और सुगंध का आभूषण, 45. भारत के ललाट की शोभा।

गुलकदः-ए-वतन[1] से है तुझको जो निस्बते-हसीं[2]
गर्दिशे - रोज़गार[3] से होती है ख़त्म वो कहीं

वादि-ए-कश्मीर

'नाज़िश' परतापगढ़ी

सलाम वादि-ए-कश्मीर[4] अय उरूसे-ज़मीं[5]
तिरा दयार[6] है या ज़िंदगी[7] का ख़्वाबे-हसीं[8]
जहां[9] हसीन[10] है लेकिन तिरा जवाब नहीं
बजा[11] कहा तुझे जिसने कहा बहिश्ते-बरीं[12]

तिरे वुजूद[13] से क़ायम[14] है नाज़े-मासूमी[15]
तिरे शुहूद[16] पे खुद रूहे-इर्तिक़ा[17] झूमी

ये आबशार[18] हसीनों[19] के गेसुओं[20] की तरह
ये चाके-कोह[21] हैं खुलते हुए लबों[22] की तरह
ये वादियां[23] किसी गुलरू[24] के आरिज़ों[25] की तरह
वसीअतर[26] हैं जो मांओं के आंचलों की तरह

बरंगे-नग़्मा[27] तिरी नद्दियों का यह बहना
कि बज रहा है किसी नौबहार[28] का गहना

यह गोशे गोशे में बिखरी सी मुश्कबू-ए-ख़ुतन[29]
यह ज़र्रे ज़र्रे में घुलती हुई सी चंद्रकिरन
तिरे कनार[30] में ख़्वाबीदा[31] रंग-ओ-बू की दुल्हन
तिरा जवार[32] है या सांस ले रहा है चमन

---

1. देश का उपवन, 2. सुंदर रिश्ता, 3. समय का चक्र, 4. कश्मीर की घाटी, 5. धरती की दुल्हन, 6. आंगन, घर, 7. जीवन, 8. सुंदर स्वप्न, 9. संसार, 10. सुंदर, 11. सही, ठीक, 12. स्वर्ग, 13. अस्तित्व, 14. स्थिर, 15. मासूमियत का गर्व, 16. ज़ाहिर होना, 17. विकास की आत्मा, 18. जल-प्रपात, 19. सुन्दरियों के, 20. लट, बाल, 21. घाटियां, 22. होंठ, 23. घाटियां 24. फूल जैसे चेहरेवाला, 25. कपोल, 26. विस्तृत, 27. गीत के समान 28. नवयौवना, 29. कस्तूरी की गन्ध, 30. गोद, पहलू, 31. सोयी हुई, 32. पड़ौस।

ये जगमगाते चिकारे यह साफ़ सीनः-ए-डल[1]
यह हुस्ने-वादि-ए-गुलमर्ग[2] है कि जाने-ग़ज़ल[3]

इक एक मोड़ पे यह जू-ए[4]-बारे-मस्ते-ख़राम[5]
कि जैसे कृष्ण की नज़रों में प्रीत का पैग़ाम[6]
कुछ इस निखार से आती है इस दयार[7] में शाम[8]
कि जैसे ज़ुहद[9] के लब[10] पर रूबाई-ए-ख़ैयाम[11]

यह रंग-ओ-नूर[12] यह नग़मा[13] यह ज़िंदगी की तरंग[14]
कि जैसे रक़्से-बहारां[15] में इक हसीं[16] की उमंग[17]

सलाम वादि-ए-कश्मीर रश्के-ख़ित्तः-ए-नूर[18]
तिरा जवार[19] हसीं[20] है जवान तेरे जमहूर[21]
तुझी से ख़ाक[22] की ज़ीनत[23] तू ही ज़मीं[24] का ग़ुरूर[25]
तुझी को कहते हैं धरती की मांग का सिन्दूर

सलाम तुझ पे कि मेरे वतन[26] का ताज़[27] है तू
सलाम तुझ पे कि हिन्दोस्तां की लाज है तू

तुझे ख़िज़ां[28] के हर इक वार[29] से बचा लेंगे
तिरे क़दम[30] पे हम अपना लहू[31] उछालेंगे
बुरी निगाह जो अग़ियार[32] तुझ पे डालेंगे
हम अहले-हिंद[33] दिलों में तुझे बिठा लेंगे

दराज़[34] उम्र[35] हो मैख़ानः - ए - जमाल[36] तिरा
यह मेरी नज़्म है नज़रानः-ए-जमाल[37] तिरा

---

1. डल झील का सीना (सतह), 2. गुलमर्ग की वादी का सौंदर्य, 3. ग़ज़ल की जान, 4. नदी की, 5. मंद, गति, 6. संदेश 7. आंगन, 8. सन्ध्या, 9. संयम, 10. होंठ, 11. ख़ैयाम की रुबाई, 12. प्रकाश और रंग, 13. गीत, 14. उमंग, 15. बसंत का नृत्य, 16. सुंदर, 17. अभिलाषा, 18. प्रकाश के क्षेत्र, 19. पड़ोस, 20. सुंदर, 21. जनता, 22. धूल, 23. शोभा, 24. धरती, 25. गर्व, 26. देश, 27. मुकुट, 28. पतझड़, 29. हमला, 30. चरण, 31. रक्त, 32 दुश्मन, 33. भारतवासी, 34. लंबी, 35. आयु, 36. सौंदर्य का मदिरालय, 37. सौंदर्य का नज़राना।

ब्रज

मुंशी बनवारीलाल 'शोला'

यह वो है ज़मीं[1] जिसको ज़मीं कह नहीं सकते
ऊंचा सही पर अर्शेबरीं[2] कह नहीं सकते
ताबां[3] सही पर मह की जबीं[4] कह नहीं सकते
चुप हैं कि चुनां और चुनीं कह नहीं सकते

रौशन[5] है कि यह सिज्दा-गहे[6]-अहले-यक़ीं[7] है
जो ज़र्रा[8] है यां ख़ातिमे-क़ुदरत[9] का नगीं[10] है

उट्ठा है यहीं आके निक़ाबे - रुख़े - तौहीद[11]
हर वक़्त नज़र आता है यां जलवः - ए - जावीद[12]
छुपता नहीं है शाम को भी बिर्ज[13] का ख़ुर्शीद[14]
इक माह[15] में यां तीस निकलते हैं महे-ईद[16]

आती है हंसी ज़र्रों[17] को तारों की झलक[18] पर
यह वो है ज़मीं[19] पांव न रक्खे जो फ़लक[20] पर

वो साफ़ ज़मीं है कि जो मैली हो नज़र[21] से
जारूबकशी[22] होती है जिबरील[23] के पर[24] से
हर मंदिर मुरस्सा[25] ज़र[26]-ओ-याक़ूत[27]-ओ-गुहर[28] से
ख़ुर्शीद[29] मगसरा[30] है शुआओं[31] की चंवर से

वो भूमि है यह जिस पे फ़लक[32] झूम रहा है
नीलम का है इक छत्र कि जो घूम रहा है

---

1. धरती, 2. आकाश, 3. चमकदार, 4. चंद्र का ललाट, 5. प्रकट, 6. माथा टेकने की जगह, 7. विश्वास रखनेवाले, 8. कण, 9. प्रकृति की अंगूठी, 10. नगीना रत्न, 11. अद्वैतवाद के चेहरे का आवरण, 12. अमर, दर्शन, 13. ब्रज, 14. सूरज, 15. चांद, 16. ईद का चांद, 17. कण, 18. चमक, 19. धरती, 20. आकाश, 21. दृष्टि, 22. झाड़ू देना, 23. एक फरिश्ता, 24. पंख, 25. जटिल, 26. स्वर्ण, 27. लाल रंग का क़ीमती पत्थर, 28. मोती, 29. सूर्य, 30. मक्खी उड़ाना, 31. किरणें, 32. गगन।

अब तक है ज़मीं[1] बिर्ज[2] का गुलज़ारे-हक़ीक़त[3]
हर कुंज में है हुस्ने[4]-पुरआशोब[5] की ख़िलवत[6]
गुंचे[7] में वही बू है वही फूल में रंगत
हर शाख़ है सिजदे[8] में झुकी बहरे - इबादत[9]

सिक्का[10] लबे-शीरीं[11] का है इक एक समर[12] पर
हैं दस्तख़ते[13]-ख़ास हर इक बर्गे-शजर[14] पर

इस हुस्ने-ज़मीं[15] का है मगर आब-ओ-नमक[16] और
ख़ुर्शीद[17] यहां और है मह[18] और फ़लक[19] और
मिट्‌टी की दमक[20] और है ज़र्रे की चमक[21] और
सब्ज़े[22] की लहक[23] और है पानी की झलक और

फीके हैं मह-ओ-मिहर[24] के काशाने[25] के जलवे[26]
हैं आंख में बृन्दावन - ओ - बरसाना के जलवे

अवध की ख़ाके-हसीं[27]

सरदार जाफ़री

गुज़रती बरसात, आते जाड़ों के नर्म लम्हे[28]
हवाओं में तितलियों के मानिन्द[29] उड़ रहे हैं
मैं अपने सीने में दिल की आवाज़ सुन रहा हूं
रगों[30] के अन्दर लहू[31] की बूंदें मचल रही हैं

---

1. धरती, 2. ब्रज, 3. यथार्थ का उपवन, 4. सौन्दर्य, 5. कोलाहलपूर्ण, 6. एकान्त, 7. कली, 8. माथा टेकना, 9. आराधना के लिए, 10. मुहर, 11. मधुर होंठ, 12. फल, 13. हस्ताक्षर विशेष 14. पेड़ का पत्ता, 15. धरती का सौंदर्य, 16. नमक और पानी, 17. सूरज, 18. चांद, 19. आकाश, 20. चमक, 21. आभा, 22. हरियाली, 23. छवि, शोभा, 24. चांद-सूरज, 25. घर, 26. दर्शन, 27. सुंदर धूल, 28. क्षण, 29. तरह, समान, 30. धमनियां, 31. रक्त।

मिरे तसव्वुर[1] के ज़ख़्मख़ुर्दा[2]
उफ़ुक़[3] से यादों के कारवां यूं गुज़र रहे हैं
कि जैसे तारीक[4] शब[5] के तारीक आसमां से
चमकते तारों के मुस्कुराते हुजूम[6] गुज़रें

मैं क़ैदख़ाने में इश्क़पेचां[7] की सब्ज़[8] बेलों को ढूंडता हूं
जो फैल जाती हैं अपने फूलों के नन्हे नन्हे चिराग़ लेकर
कहां हैं वो दिलनवाज़[9] बांहें
वो शाख़े-सन्दल[10]
कि जिस पे अंगड़ाइयों ने अपने हसीं[11] नशेमन[12] बना लिये हैं
मैं अपनी मां के सफ़ेद आंचल की छांव को याद कर रहा हूं
मिरी बहन ने मुझे लिखा है
नदी के पानी में बेद की झाड़ियां अभी तक नहा रही हैं
पपीहे रुख़सत[13] नहीं हुए हैं
अभी वो अपनी सुरीली आवाज़ से दिलों को लुभा रहे हैं
मैं रात के वक़्त अपने ख़्वाबों[14] में चौंक पड़ता हूं
जैसे मुझको
अवध की मिट्टी बुला रही है
हसीन[15] झीलें कंवल के फूलों की चादरों में ढकी हुई हैं
फ़ज़ाओं में मेघदूत परवाज़[16] कर रहे हैं
न जाने कितनी मुहब्बतों के पयाम[17] लेकर
घटाओं की अप्सरायें अपनी
घनेरी ज़ुल्फ़ों[18] में आख़िरी बार मुस्कुराकर
ख़लीजे-बंगाल[19] और बहरे-अरब[20] के मोती पिरो रही हैं
हरे परों और नीले फूलों के मोर ख़ुश होके नाचते हैं
क़दीम[21] गंगा का पाक[22] पानी ज़मीं[23] के दामन को धो रहा है
वो खेतियां धान से भरी हैं
जहां हवायें अज़ल[24] के दिन से सितार अपने बजा रही हैं

1. कल्पना, 2. घायल, 3. क्षितिज, 4. अंधेरी, 5. रात, 6. जमघट, समूह, 7. एक बेल, 8. हरी, 9. मनमोहक, 10. चन्दन की डाल, 11. सुदर, 12. घोंसला, 13. विदा, 14. स्वप्न, 15. सुंदर, 16. उड़ान, 17. संदेश, 18. लटें, बाल, 19. बंगाल की खाड़ी, 20. अरब सागर, 21. प्राचीन, 22. पवित्र, 23. धरती, 24. अनादिकाल।

हिमालिया की बुलन्दियां[1] बर्फ़ से ढकी हैं
उन आसमां-बोस[2] चोटियों को

सहर[3] के सूरज ने सात रंगों की कलग़ियों[4] से सजा दिया है
शफ़क़[5] की सुर्ख़ी में मेरी बहनों की मुस्कुराहट घुली हुई है
मिरे तसव्वुर[6] में साक़ियों का ख़िरामे-रंगीं[7]
न जाम-ओ-मीना[8] की गर्दिशें[9] हैं
न मैकदे[10] हैं न शोरिशें[11] हैं
मैं छोटे छोटे घरों की छोटी-सी ज़िंदगी में घिरा हुआ हूं
अंधेरे क़स्बों को याद करके तड़प रहा हूं
वो जिनकी गलियों में मेरे बचपन की यादें अब तक भटक रही हैं
जहां के बच्चे पुराने कपड़े की मैली गुड़ियों से खेलते हैं
वो गांव जो सैकड़ों बरस से बसे हुए हैं
किसानों के झोंपड़ों पे तरकारियों की बेलें चढ़ी हुई हैं
पुराने पीपल की जड़ में पत्थर के देवता बेख़बर[12] पड़े हैं
क़दीम[13] बरगद के पेड़ अपनी जटायें खोले हुए खड़े हैं

ये सीधे-सादे ग़रीब इंसान[14] नेकियों के मुजस्समे[15] हैं
ये मेहनतों के खुदा, ये तख़लीक़[16] के पयम्बर[17]
जो अपने हाथों के खुरदरेपन से ज़िंदगी को संवारते हैं
लुहार के घन के नीचे लोहे की शक्ल तब्दील[18] हो रही है
कुम्हार का चाक चल रहा है
सुराहियां रक़्स[19] कर रही हैं
सफ़ेद आटा सियाह[20] चक्की से राग बनकर निकल रहा है
सुनहरे चूल्हों में आग के फूल खिल रहे हैं
पतीलियां गुनगुना रही हैं

---

1. ऊंचाइयां, 2. गगनचुम्बी, 3. प्रभात, 4. मुर्गे की केसर, 5. सुबह की लाली, 6. कल्पना, 7. मोहक मंद गति, 8. सुराही और प्याला, 9. चक्र, दौर, 10. मदिरालय, 11. कोलाहल, हंगामा, 12. बेसुध, 13. प्राचीन, 14. मानव, 15. मूर्तियां, 16. सृष्टि, 17. नबी, संदेशवाहक, 18. परिवर्तित, 19. नृत्य 20. काली।

धुएं से काले तवे भी चिंगारियों के होंठों से हंस रहे हैं
दुपट्टे आंगन में डोरियों पर टंगे हुए हैं
और उनके आंचल से धानी बूंदें टपक रही हैं
सुनहरी पगडंडियों के दिल पर
सियाह[1] लहंगों की सुर्ख़ गोटें मचल रही हैं

यह सादगी किस क़दर[2] हसीं[3] है
मैं जेल में बैठे-बैठे अकसर यह सोचता हूं
जो हो सके तो अवध की प्यारी ज़मीं को गोद में उठा लूं
और इसकी शादाब[4] लहलहाती हुई जबीं[5] को
हज़ारों बोसों[6] से जगमगा दूं

(इन्तिख़ाब)

1. काले, 2. कितनी, 3. सुंदर, 4. हरी-भरी, 5. ललाट, 6. चुम्बन।

सातवां अध्याय

हमारी तामीरात

नालन्दा के खंडहर

'नसीम' सहारनपुरी

अजनबी[1] कौन सी बस्ती है तुम्हारा मस्कन[2]
किसलिए आये हो इस माबदे-दानिश[3] की तरफ़
ये खंडहर देख के क्या सोच रहे हो दिल में
क्या कभी ध्यान गया वक़्त[4] की गर्दिश[5] की तरफ़

मैं वही दर्स - गहे - इल्म - ओ - अदब[6] हूं देखो
रूहे - इंसां[7] ने जहां मंज़िले - तस्कीं[8] पाई
मैंने इस बहरे - हक़ीक़त[9] के चुने हैं मोती
फ़लसफ़ा[10] पा न सका जिसकी कभी गहराई

मेरे पेड़ों के तले बैठ के अरबाबे - नज़र[11]
ज़िंदगी[12] को नये उस्लूब[13] दिया करते थे
गेरुवे कपड़े में मलबूस[14] हज़ारों भिक्षु
दर्स[15] अख़लाक़ - ओ - मुहब्बत[16] का लिया करते थे

साक्य वंश के उस राहिबे - मासूम[17] के बोल
आज भी गूंजते रहते हैं मिरे कानों में
आदमी अंजुमे - उलफ़त[18] से हटाकर नज़रें[19]
.ख़ुद को महबूस[20] किया करता है ग़मख़ानों[21] में

---

1. महात्मा बुद्ध, अनजान, 2. निवास स्थान, 3. ज्ञान का आराधनागृह, ज्ञान-मंदिर, 4. समय, 5. चक्र, 6. ज्ञान और साहित्य की पाठशाला, 7. मानव की आत्मा, 8. धैर्य की मंजिल, 9. यथार्थ का समुद्र, 10. दर्शनशास्त्र, 11. ज्ञानी, 12. जीवन, 13. प्रणाली, शैली, 14. सुसज्जित, 15. पाठ, 16. नैतिकता और प्रेम, 17. निष्पाप वैरागी, 18. प्रेम-नक्षत्र, तारे, 19. दृष्टि, 20. बंदी, 21. शोकालय।

मेरे होंटों पे यही अम्न[1] का पैग़ाम[2] रहा
ज़िहने - इंसा[3] में परेशान[4] सवालों के लिए
दुश्मनी[5] सिर्फ़ अंधेरों को जनम देती है
प्यार का दीप है आधार उजालों के लिए

यही पैग़ाम यही प्यार का अमृत था जिसे
दूर देसों से तरसती[6] हुई प्यासी रूहें[7]
मेरे इस दामने - फ़िर्दौसे - निशां[8] तक पहुंचीं
ताकि दो घूंट पियें और तसल्ली[9] कर लें

इन्हीं बेताब[10] तरसती हुई रूहों[11] में कभी
एक सैयाह[12] ग़मे - ज़ीस्त[13] से घबराया हुआ
ज़र्द[14] खेतों से जहां सहम[15] उगा करती है
मेरे आग़ोशे - मुहब्बत[16] में चला आया था

बज़्मे - अफ़कार[17] है पुरनूर[18] ज़िया[19] से जिनकी
फ़हम - ओ - इदराक[20] के वो दीप जलाए मैंने
ज़िंदगी जाग उठी जिनका सहारा लेकर
उसको वो जीस्त[21] के आदाब[22] सिखाए मैंने

अर्ज़े - चीन[23] आज भी मरहूने - करम[24] है मेरी
मेरे सूरज ने उसे नूरे - सहर[25] बख़्शा[26] था
इससे बढ़कर किसी तहज़ीब[27] का एहसां[28] क्या हो
सोज़े - एहसासे - दरूं[29], हुस्ने - नज़र[30] बख़्शा था

---

1. शांति, 2. संदेश, 3. मानव-मस्तिष्क, 4. उद्विग्न, 5. शत्रुता, 6. बेचैन, 7. आत्मायें, 8. स्वर्ग समान दामन, 9. संतोष, 10. व्याकुल, 11. आत्माओं, 12. पर्यटक, 13. ज़िंदगी का ग़म, 14. पीले, 15. भय, 16. प्रेम-पाश, 17. चिंतन-गोष्ठी, 18. प्रकाशमान, 19. चमक, तेज, 20. ज्ञान और विवेक, 21. जीवन, 22. शिष्टाचार, 23. चीन की धरती, 24. दया की बंधक, 25. प्रातःकाल का प्रकाश, 26. प्रदान किया, 27. संस्कृति, सभ्यता, 28. अहसान, 29. छुपे हुए अहसास की जलन, 30. नज़र का सौंदर्य।

अजनबी[1] तुम मिरी बातों से परेशां[2] क्यों हो
ज़र्द[3] माथे पे पसीने के ये क़तरे[4] कैसे
क्या सितम[5] करके सितम से यह पशेमानी[6] है
दोश[7] पर बारे - मलामत[8] के जनाज़े[9] कैसे

अर्ज़े - नालन्दा[10] मिरे दीदः - ओ - दिल[11] की तसकीं[12]
'ज़ांग'[13] अब फिर तिरे क़दमों[14] में चला आया है
दिल में सौ दाग़[15] लिये रूह[16] में नासूर[17] लिये
मुनफ़इल[18] होके गुनहगारे - वफ़ा[19] आया है

मादरे - इल्म[20] मुझे रिफ़अते - गौतम[21] दे दे
मेरे रिसते हुए ज़ख़्मों को तू मरहम दे दे

अजन्ता

सिकन्दर अली 'वज्द'

जहां खूने-जिगर[22] पीते रहे अहले-हुनर[23] बरसों
जहां घुलता रहा रंगों में आहों[24] का असर बरसों
जहां खिंचता रहा पत्थर पे अक्से[25]-ख़ैर-ओ-शर[26] बरसों
जहां क़ायम[27] रहेगी जन्नते-क़ल्ब-ओ-नज़र[28] बरसों

जहां नग़्मे[29] जनम लेते हैं रंगीनी बरसती है
दकन[30] की गोद में आबाद वो ख़्वाबों[31] की बस्ती है

---

1. अनजान, 2. व्याकुल, 3. पीले, 4. बूंदें, 5. अत्याचार, 6. लज्जा, शर्मिन्दगी, 7. कंधे, 8. पश्चात्ताप का बोझ, 9. अरथी, 10. नालन्दा की भूमि, 11. आंखें और हृदय, 12. शांति, 13. चीनी पर्यटक, 14. शरण, 15. ज़ख़्म का निशान, 16. आत्मा, 17. रिसता हुआ ज़ख़्म, 18. लज्जित, 19. प्रेम-निर्वाह न करने का अपराधी, 20. विद्या की मां, 21. गौतम की महानता, 22. ज़िगर का खून, 23. कलाकार, 24. आर्तनाद, 25. प्रतिबिम्बित, 26. नेकी और बदी, 27. स्थापित, 28. दिल और दृष्टि का स्वर्ग, 29. गीत, 30. दक्षिण, 31. स्वप्न।

शराब-ओ-शे'र[1] की तासीर[2] है ठंडी हवाओं में
बहारे-ज़िंदगी[3] ग़लतां[4] है सब्ज़े[5] की अदाओं[6] में
नवा-ए-सरमदी[7] आती है झरनों की सदाओं[8] में
बयां[9] मुम्किन[10] नहीं वो लुत्फ़[11] आता है दुआओं[12] में

यहां सदियों[13] से राइज[14] पुरसुकूं[15] शीरीं[16] मक़ाली[17] है
यहां का ज़र्रा ज़र्रा[18] मज़हरे-शाने-जमाली[19] है

तजल्ली ज़ारे[20]-इरफ़ां[21], शाहकारे-इब्ने-आदम[22] है
सरे-फ़ितरत[23] अमल[24] की बारगाहे-हुस्न[25] में ख़म[26] है
तमद्दुन[27] मुनअकिस[28] हो जिसमें ऐसा साग़रे-जम[29] है
जमाले-ज़िंदगी[30] रहने[31]-जलाले-अज़्मे-गौतम[32] है

उमीदे-जाने-ताज़ा[33] फिर दिले-बिस्मिल[34] में आई थी
तलाशे-अम्न[35] में तहज़ीब[36] इस मंज़िल[37] में आई थी

कहीं पैदा है सारी कैफ़ियत[38] सेह्ने-गुलिस्तां[39] की
कहीं रौनक़[40] नज़र आती है बाज़ार-ओ-शबिस्तां[41] की
कहीं हैरत[42] ज़बाने-हाल[43] है हाले-परीशां[44] की
लकीरें[45] हैं कि शिरियाने[46]-दिले-इंसान-ओ-हैवां[47] की

कहीं ज़ुल्मत[48] के पीछे रौशनी[49] महसूस[50] होती है
कहीं तो मौत में भी ज़िंदगी[51] महसूस होती है

---

1. मदिरा और काव्य, 2. असर, प्रभाव, 3. जीवन का बसंत, 4. लोट रही है, 5. हरियाली, 6. हाव-भाव, 7. अनश्वर आवाज़, 8. आवाज़ों, 9. विवरण, 10. सम्भव, 11. आनंद, 12. प्रार्थना, 13. शताब्दियों, 14. प्रचलित, 15. शान्त, 16. मीठी, 17. बातचीत, 18. कण-कण, 19. सौंदर्य की शान का द्योतक, 20. प्रकाश-घर, 21. ज्ञान, 22. इंसान का शाहकार, 23. प्रकृति का मस्तक, 24. व्यवहार, 25. सौंदर्य का दरबार, 26. झुका हुआ, 27. सभ्यता, 28. प्रतिबिम्बित, 29. एक रिवायती प्याला जिसमें संसार का हाल दिखाई देता है, 30. जीवन का सौंदर्य, 31. बन्धक, आभारी, 32. गौतम के इरादे का तेज़, 33. जीने की आशा, 34. घायल हृदय, 35. शांति की खोज, 36. सभ्यता, 37. स्थान, 38. हालत, 39. उपवन का आंगन, 40. शोभा, 41. बाज़ार और शयनागार, 42. आश्चर्य, 43. वक़्त की ज़बान, 44. परेशान हाल, 45. रेखायें, 46. धमनियां, 47. इंसान और हैवान का दिल, 48. अंधकार, 49. प्रकाश, 50. अनुभव, 51. जीवन।

हरीफ़े[1] - नग़्मः - ए - जांबख़्श[2] यह ख़ामोश[3] गोयाई[4]
कमाले[5]-फ़िक्र-ओ-फ़न[6], हुस्ने-तनासुब[7], शाने-ज़ेबाई[8]
हक़ीक़त[9] बन गयी जज़्बात[10] की सदरंग[11] रानाई[12]
लबों[13] पर ज़ौफ़िगन[14] है नूरे-एजाज़े-मसीहाई[15]

निगाहों में अजब[16] अंदाज़[17] है ख़ारा[18] गुदाज़ी[19] का
दिलों पर नक़्श[20] रह जाता है जिनकी बेनियाज़ी[21] का

करिश्मा[22] है यह अरबाबेहिमम[23] की सई-ए-पैहम[24] का
जिन्हें एहसास[25] भी होता न था कुछ शादि-ओ-ग़म[26] का
दिलों पर अक्स[27] खिंच आया था जिनके, हुस्ने-आलम[28] का
क़लम को नक़्श[29] अज़बर[30] हो गया था इस्मे-आज़म[31] का

चटानों पर शबाब-ओ-हुस्न[32] की मौजें[33] रवां[34] कर दीं
फ़ुसूंकारों[35] ने रंगों में मुक़ैयद[36] बिजलियां कर दीं

हरीमे-काबः[37]-ए-फ़न[38], माबदे[39] - नाज़ुकख़यालां[40] है
जहाने-नूर-ओ-निकहत[41], मस्कने-आशुफ़्ताहालां[42] है
जुनूं-आफ़शां[43] फ़ज़ा[44] में मस्ति-ए-चश्मे ग़ज़ालां[45] है
लबे - जू - ए - कुहिस्तां[46] जल्वागाहे - ख़ुशजमालां[47] है

मिला है ज़िंदगी को बांकपन[48] इन कजकुलाहों[49] से
नज़रवालों पे शमशीरें[50] बरसती हैं निगाहों से

---

1. शत्रु, 2. जीवनदायक गीत, 3. मौन, 4. वाक्शक्ति, 5. पूर्णता, 6. चिंतन और कला, 7. अनुपात का सौंदर्य, 8. सुंदरता की शान, 9. यथार्थ, 10. भावनायें, 11. सौ रंग की, 12. सुंदरता, 13. होंठों पर, 14. प्रकाशमान, 15. मसीहाई के चमत्कार का प्रकाश, 16. विचित्र, 17. ढंग, 18. पत्थर को पिघलानेवाला, 19. मृदुलता, 20. अंकित, चिह्न, 21. निस्पृहता, 22. चमत्कार, 23. साहसी लोग, 24. लगातार प्रयत्न, 25. अनुभव, 26. खुशी और ग़म, 27. प्रतिबिम्ब, 28. संसार का सौंदर्य, 29. चित्र, 30. मुखाग्र, 31. खुदा का नाम, 32. यौवन और सौंदर्य, 33. लहरें, 34. प्रवाहित, 35. जादूगर, 36. क़ैदी, बन्दी, 37. काबे की चारदीवारी, 38. कला का काबा, 39. आराधनाघर, 40. कोमल कल्पनावाले, 41. प्रकाश और सुगंध, 42. ख़स्ताहालों का निवास, 43. बिखरा हुआ, 44. वातावरण, 45. मृगों की आंखों की मस्ती, 46. पहाड़ी के किनारे, 47. सुन्दरियों का दर्शन स्थल, 48. अदा, 49. टेढ़ी टोपीवाले, 50. तलवारें।

जिगर के खून[1] से खींचे गये हैं नक़्श[2] लाफ़ानी[3]
तसद्दुक़[4] जिनके हर ख़त[5] पर तहैयुरख़ानः-ए-मानी'[6]
मुशक्कल[7] है शबाब-ओ-हुस्न[8] में तख़ईले-इंसानी[9]
तक़द्दुस[10] के सहारे जी रहा है ज़ौक़े-उरियानी[11]

हसीनाने-ख़ुदआरा[12] का जुनूं[13] सरताज[14] है गोया
यहां जज़्बात[15] के इज़हार[16] की मेराज[17] है गोया[18]

हुनरमंदों[19] ने तस्वीरों[20] में गोया जान[21] भर दीं है
तराज़ू दिल में हो जाती है वो काफ़िर[22] नज़र दी है
अदाओं[23] से अयां[24] है लज़्ज़ते-दर्दे-जिगर[25] दी है
खुलेंगे राज़[26], इस डर से दहन[27] पर मुहर[28] कर दी है

ये तस्वीरें[29] बज़ाहिर[30] साकित-ओ-ख़ामोश[31] रहती हैं
मगर अहले-नज़र[32] पूछें तो दिल की बात कहती हैं

गुलिस्तां[33] में जो गुज़रा क़ाफ़िला[34] फ़स्ले-बहारी[35] का
बहाना मिल गया अहले-जुनूं[36] को हुस्नकारी[37] का
चटानों पर बनाया नक़्श[38] दिल की बेक़रारी[39] का
सिखाया गुर उसे जज़्बात[40] की आईनादारी[41] का

अमानत[42] सीनः-ए-कुहसार में[43] इक दास्तां[44] रख दी
जिगरदारों[45] ने बुनियादे[46]-जहाने-जाविदां[47] रख दी

---

1. रक्त, 2. चित्र, 3. अनश्वर, 4. न्योछावर, 5. रेखा, 6. 'मानी' नामक चित्रकार की आश्चर्यचकित कर देनेवाली चित्रशाला, 7. साक्षात, 8. यौवन और सौंदर्य, 9. मानव-कल्पना, 10. पवित्रता, 11. नग्नता की अभिरुचि, 12. स्वयं को सजानेवाली सुन्दरियां, 13. उन्माद, 14. मुकुट, 15. भावनायें, 16. प्रकटन, 17. पराकाष्ठा, 18. अर्थात्, 19. कलाकार, 20. चित्र, 21. प्राण, 22. अधर्मी, 23. हाव-भाव, 24. प्रकट, 25. जिगर के दर्द का आनंद, 26. रहस्य, 27. मुंह, 28. छाप, 29. चित्र, 30. प्रत्यक्ष, 31. निश्चल और मौन, 32. नज़रवाले, 33. उपवन, 34. कारवां, 35. बसंत, 36. उन्मत्त 37. सौंदर्यकारी, 38. चिह्न, 39. बेचैनी, व्याकुलता, 40. भावनायें, 41. दर्पणकारी, शीशागरी, 42. धरोहर, 43. पहाड़ का सीना, 44. कहानी, 45. साहसी, 46. नींव का आधार, 47. अनश्वर संसार।

जहां छोड़ा खुशी से जाविदां[1] पैग़ाम की ख़ातिर[2]
सफ़-आरा[3] थे शिकस्ते-गर्दिशे-अयाम[4] की ख़ातिर
झुकाया सर न अपना शुहरत-ओ-इनआम[5] की ख़ातिर
जिये भी काम की ख़ातिर, मरे भी काम की ख़ातिर

ज़माने की जबीं[6] पर अक्स[7] छोड़े हैं निगाहों[8] के
रहेंगे नक़्श[9] इनके, नाम मिट जायेंगे शाहों[10] के

एलौरा

सिकन्दर अली 'वज्द'

मै - ए - ख़याल[11] है संगीन[12] आबगीनों[13] में
दिलों का सोज़[14] निहां[15], पत्थरों के सीनों में
छुपाए नूरे-अज़ल[16] बुत[17] हैं आस्तीनों में
हयात[18] जज़्ब[19] है इन बेशिकन[20] जबीनों[21] में

यहां जो सैर को फ़िक्रे-रसा[22] निकलती है
वुफ़ूरे-शौक़[23] में परबत की सांस चलती है

अयां[24] हैं अर्सः-ए-हस्ती[25] के सब नशेब-ओ-फ़राज़[26]
हुई है रू-ए-हक़ीक़त[27] से दूर गर्दे-मजाज़[28]
मिली जो ज़ौक़े-अमल[29] को ख़याल[30] की परवाज़[31]
नशाते-कार[32] ने कर दी हयाते-कार[33] दराज़[34]

कमंदे[35] - गर्दिशे - ऐयाम[36] के असीर[37] नहीं
नुक़ूशे[38] - दस्ते - अक़ीदत[39] फ़ना[40] पिज़ीर नहीं

---

1. अमर, 2. के लिए, 3. संगठित, 4. समय-चक्र, 5. प्रसिद्धि और पुरस्कार, 6. ललाट, 7. प्रतिबिम्ब, 8. दृष्टि, 9. चित्र, आकार, 10. बादशाह, 11. कल्पना की मदिरा, 12. मज़बूत, दृढ़, 13. प्याले, 14. जलन, 15. छुपा हुआ, 16. अनादिकाल का प्रकाश, 17. मूर्तियां, 18. जीवन, 19. डूबी हुई, 20. साफ़, जिस पर बल न हो, 21. ललाट, 22. दूर तक जानेवाला चिंतन, 23. शौक़ की अधिकता, 24. प्रकट, 25. जीवन का मैदान, 26. उतार-चढ़ाव, 27. सत्य का चेहरा, 28. माया की धूल, 29. कार्य की अभिरुचि, 30. कल्पना, 31. उड़ान, 32. काम का आनंद, 33. काम का जीवन, 34. लंबी, 35. पाश, फन्दा, 36. समय का चक्र, 37. क़ैदी, बंधक, 38. निशान, 39. श्रद्धा के हाथ, 40. नश्वर।

अज़ीम[1] अज़्म[2] थे जांबाज़[3] नक़्शकारों[4] के
ख़िज़ां[5] की फ़िक्र[6] न अरमान[7] थे बहारों[8] के
दिलों में ख़्वाब[9] थे बेदार[10] कोहसारों[11] के
नज़र उक़ाब[12] की, तेशे[13] थे बर्क़पारों[14] के
तसव्वुरात[15] के पैकर[16] तराश[17] डाले हैं
दिए वो दिल जो हमेशा धड़कने वाले हैं

बनाई तेशावरों[18] ने ख़याल[19] की दुनिया
खुली हुई है उरूज-ओ-ज़वाल[20] की दुनिया
जुनूं-नवाज़[21] जलाल-ओ-जमाल[22] की दुनिया
रहीने-मिन्नते-माज़ी[23] है हाल[24] की दुनिया
नुजूम[25] डूब गये जल्वः-ए-सहर[26] के लिए
हुआ है ख़ूने-दिल[27] इस जन्नते-नज़र[28] के लिए

निगारख़ानः-ए-आलम[29] का अक्स[30] यह वादी[31]
हज़ार हश्र-बदामां[32] ख़मोश[33] आबादी[34]
हुनरवरों[35] को थी अर्ज़े-हुनर[36] की आज़ादी
यहां नहीं है कोई नक़्शा[37], नक़्शे-फ़रियादी[38]
गुलामे[39] - मर्ज़ि - ए - हालात[40] हुस्नकार[41] नहीं
कमाले-फ़िक्र[42] के शहकार[43] इश्तिहार[44] नहीं

सुकूने - रूह[45] का आग़ोशे - कोहसार[46] में है
यह ज़िंदा ख़्वाब[47] किसी चश्मे-इन्तिज़ार[48] में है

---

1. महान, 2. इरादे, 3. जान पर खेल जानेवाले, 4. कलाकार, 5. पतझड़, 6. चिंता, 7. अभिलाषा, 8. बसंत, 9. स्वप्न, 10. जाग्रत, 11. पर्वतीय देश, 12. गिद्ध, 13. कुदाल, 14. बिजली के टुकड़े, 15. कल्पना, 16. आकार, 17. काटना, खोदना, 18. तेशा चलानेवाले, 19. कल्पना, 20. उत्थान-पतन, 21. उन्माद को सहारा देनेवाली, 22. प्रताप और सौंदर्य, 23. भूतकाल के परिश्रम की आभारी, 24. वर्तमान, 25. तारे, 26. वर्तमान का दर्शन, 27. दिल का ख़ून, 28. नज़र का स्वर्ग, 29. संसार की चित्रशाला, 30. प्रतिबिम्ब, 31. घाटी, 32. दामन में प्रलय लिए हुए, 33. मौन, 34. बस्ती, 35. गुणी, कलाकार, 36. कला को पेश करना, 37. चित्र, निशान, 38. फ़रियाद करनेवाला चित्र, 39. दास, 40. समय की इच्छा, 41. कलाकार, 42. चिंतन की पराकाष्ठा, 43. श्रेष्ठ नमूने, 44. विज्ञापन, 45. आत्मा की शांति, 46. पर्वतों की गोद, 47. स्वप्न, 48. प्रतीक्षा करती हुई आंखें।

ज़िमामे-शाम-ओ-सहर[1] दिल के इख़्तियार[2] में है
ज़माना महव[3] यहां जुस्तुजू-ए-यार[4] में है
निगाह[5] ढूंड रही है निशां[6] नहीं मिलता
गुबार[7] सामने है कारवां[8] नहीं मिलता

शाहंशाह हुमायूं का मक़बरा*

'जोश' मलीहाबादी

अय शहंशाहे-हुमायूं की मुक़द्दस[9] ख़्वाबगाह[10]
देखती है तुझ में इक दुनिया - ए - ग़म[11] मेरी निगाह

आंसुओं से तेरे सक़फ़-ओ-बाम[12] धोने के लिए
तुझ में आया था कोई पोशीदा[13] होने के लिए

झिलमिलाई थी तिरी मेहराब में क़ंदीले - शाह[14]
मौत के दामन में ली थी ज़िंदगानी[15] ने पनाह[16]

उस तरफ़ अग़ियार[17] की फ़ौजें क़तार अन्दर क़तार[18]
इस तरफ़ गुम्बद में इक बीमार बूढ़ा ताजदार[19]

बार[20] इधर फ़र्क़े - जहांबानी[21] पे ताजे - सरवरी[22]
चुस्त[23] उधर ठोकर लगाने के लिए 'सौदागरी'[24]

आसमां[25] था ज़लज़ले[26] में और तलातुम[27] में ज़मीं[28]
इसके आगे क्या हुआ ? मुझसे कहा जाता नहीं

---

1. सुबह और शाम की लगाम, 2. अधिकार, 3. लीन, डूबा हुआ, 4. प्रेमिका की खोज, 5. दृष्टि, 6. निशान, चिह्न, 7. धूल का भंवर, 8. काफ़िला, 9. पवित्र, 10. शयनागार, 11. शोक-संसार, 12. छत और अट्टालिका, 13. छुपना, 14. शाही चिराग़, 15. जीवन, 16. शरण, 17. दुश्मन, 18. अनेक पंक्तियों में, 19. सम्राट् बहादुरशाह ज़फ़र, 20. बोझ, 21. बादशाहत, 22. राजमुकुट, 23. तैयार, 24. अंग्रेज (जो व्यापारी बनकर आये थे), 25. आकाश, 26. कम्पन, 27. तूफ़ान, 28. धरती।

* देहली के आख़िरी ताजदार की गिरफ़्तारी यहीं अमल में आई थी।

इस तिरे गुम्बद के नीचे अय जहाने-इज़्तिराब[1]
ऐसी दो क़ब्रें हैं, दुनिया में नहीं जिनका जवाब

इक मज़ारे-कजकुलाह[2], इक कजकुलाही[3] का मज़ार[4]
शाह की तुर्बत[5] के पहलू[6] में है शाही[7] का मज़ार

उफ़ भरे आते हैं आंसू चश्मे - अलमनाक[8] में
दफ़्न है तातारियों[9] का ताज[10] तेरी ख़ाक[11] में

सिकन्दरा

'सीमाब' अकबराबादी

है यह किस शाहंशहे ज़ी - मरतबत[12] की ख़्वाबगाह[13]
ले रहा है जिसमें अंगड़ाई जलाले - बेपनाह[14]
ज़र्रे ज़र्रे[15] में है जिसके इर्तिआशे[16]-मिहर-ओ-माह[17]
बारयाबी[18] के तख़ैयुल[19] से लरज़ती[20] है निगाह[21]

सितवत[22]-ओ-अज़मत[23] की इब्रतख़ेज़[24] इक तस्वीर[25] है
हामिले[26]-सद जल्वः-ए-माज़ी[27] यह एक तामीर[28] है

इसकी ख़िल्वत[29] में है ख़्वाबीदा[30] वो बज़्म आरा-ए-हिंद[31]
गूंजते थे जिसकी अज़मत[32] से कभी अक़्सा-ए-हिंद[33]
जिसके फ़ैज़े-मरहमत[34] से तंग था पहना-ए-हिंद[35]
हिंद आज उस फ़ैज[36] से महरूम[37] है, अय वाय हिंद[38]

---

1. व्याकुलता का संसार, 2. टेढ़े मुकुटवाले की कब्र, 3. बादशाहत, 4. कब्र, 5. कब्र, 6. बग़ल में, पास, 7. बादशाहत, 8. शोकातुर आंखें, 9. तातार वंश, 10. राजमुकुट, 11. धूल, 12. प्रतिष्ठित, 13. शयनागार, 14. असीम प्रताप, 15. कण-कण, 16. कम्पन, 17. चांद और सूरज, 18. हुजूरी पाना, 19. कल्पना, 20. कांपती है, 21. नज़र, दृष्टि, 22. दबदबा, 23. महानता, 24. शिक्षा देनेवाले, 25. चित्र, 26. वाहक, 27. भूतकाल के सैकड़ों जल्वे, 28. निर्माण, 29. एकान्त, 30. सोया हुआ, 31. हिंद की महफ़िल सजानेवाला, 32. महानता, 33. हिंद की दिशायें, 34. दया की दानशीलता, 35. हिंद का विस्तार, 36. दया, 37. वंचित, 38. हाय हिंदुस्तान।

गोशे गोशे[1] से है पैदा अहदे - अनवर[2] की सदा[3]
आ रही है आज तक अल्लाहो अकबर[4] की सदा

गो[5] किया गर्दिश[6] ने इस रौज़े[7] को वीरां[8] बार बार
सनअतें[9] इसकी मगर अब भी हैं फ़ख्रे-रोज़गार[10]
रोज़ करती है तवाफ़[11] ईरान-ओ-काबुल की बहार
हर गुले-नौ[12], अहदे-अकबर[13] का है इक आईनादार[14]

इसके पाईं बाग़[15] से नुज़हत[16] टपकती है हनोज़[17]
नाम लेकर अन्दलीब[18] इसका चहकती है हनोज़

सबसे पहली आगरा की यह वही तामीर है
हर इमारत जिसकी इक उतरी हुई तस्वीर है
इसके मीनारों पे फ़ितरत[19] माइले - तकबीर[20] है
इसकी दीवारों पे इक हंगामः - ए - तनवीर[21] है

इसका अक्से-मरमरी[22] बढ़कर जो नूरअफ़शां[23] न हो
आफ़ताबे - सुब्ह[24] ऐसी शान से ताबां[25] न हो

सितवते - हिन्दोस्तां[26], अय अकबरे-आली-वक़ार[27]
मर्ज[28]-ए-इंस[29]-ओ-मलायक[30] आज है तेरा मज़ार[31]
फूल रहमत[32] के हुआ करते हैं रोज़ इस पर निसार
तू है ज़िंदा, अज़मत[33] बाक़ी है तेरी ज़िंदादार[34]

जब तिरे रौज़े की जानिब रुख़[35] किया करते हैं हम
इक 'सलामे-इज्ज़'[36] तुझको कर लिया करते हैं हम

---

1. कोना-कोना, 2. अति प्रकाशमान युग, 3. आवाज, 4. अल्लाह महान् है, 5. यद्यपि, 6. चक्र, 7. कब्र, 8. वीरान, 9. कला, उद्योग, 10. जिस पर ज़माना गर्व करे, 11. परिक्रमा, 12. ताज़ा फूल, 13. सम्राट अकबर का युग, 14. आईना दिखानेवाला, 15. गृहोद्यान, 16. ताज़गी, 17. अभी तक, 18. बुलबुल, 19. प्रकृति, 20. अल्लाह अकबर कहने के लिए प्रवृत्त, 21. प्रकाश का कोलाहल, 22. मरमर का प्रतिबिम्ब, 23. प्रकाश फैलानेवाला, 24. प्रभात का सूर्य, 25. प्रकाशमान, 26. भारत का प्रताप, 27. प्रतिष्ठित अकबर, 28. शरणस्थल, 29. मानव, 30. फ़रिश्ते, 31. क़ब्र, 32. दया, 33. महानता, 34. बहुत जागनेवाला, 35. मुंह, 36. विनम्र सलाम।

एतमादुद्दौला

'सीमाब' अकबराबादी

देख इस तामीरे-रौशन[1] की दरख़्शानी[2] भी देख
इस तजल्लीगाह[3] के आसारे-केवानी[4] भी देख
अब भी मुत्लक़[5] शाइरी[6] हैं इसके लाफ़ानी[7] नुक़ूश[8]
इनमें संगीनी[9]-ओ-रंगीनी[10] की अर्ज़ानी[11] भी देख
इक फ़रिश्ता है खड़ा ओढ़े हुए रंगीं रिदा[12]
ख़ामुशी[13] भी देख इसकी और हैरानी[14] भी देख
वज्द[15] में आता है दिल यह नक़्शे-अज़मत[16] देखकर
माद्दी तरकीब[17] का यह क़स्ने - रूहानी[18] भी देख
तूने तस्वीरें बहुत बरबाद देखी हैं मगर
इक मुरक़्क़ा[19] यादगारे - महफ़िले - फ़ानी[20] भी देख

शाम को जिस वक़्त रुख़्सत[21] हो रहा हो आफ़ताब[22]
और हो हर मौज[23] में दरिया[24] की पैदा इंक़िलाब[25]
दस्तबरदिल[26] बैठ जा इस ख़्वाबगह[27] के सामने
ग़ौर से फिर देख इसकी हर अदा-ए-कामयाब[28]
यह दर-ओ-दीवार[29] पर रंगीं सितारों का हुजूम[30]
यह जमाले-मरमरीं[31], जैसे फ़रिश्तों का शबाब[32]
ज़ेरे - साहिल[33] थरथराता है चराग़ाने - बहार[34]
अक्स[35] इसका जब कभी करता है अज़्मे - पा - तराब[36]
इसके जल्वों[37] से मिला करता है मौजों[38] को क़रार[39]
देखने इसको ठहर जाते हैं दरिया में हबाब[40]

---

1. प्रकाशमान निर्माण, 2. आभा, 3. शुभ दर्शन स्थल, 4. शाही चिह्न, 5. स्वच्छन्द, 6. कविता, 7. अनश्वर, 8. चित्र, 9. दृढ़ता, 10. सुंदरता, 11. अधिकता, 12. चादर, 13. मौन, 14. व्याकुलता, 15. झूमना, 16. महानता के चित्र, 17. भौतिक विधि, 18. आध्यात्मिक भवन, 19. चित्र, 20. नश्वर महफ़िल की यादगार, 21. बिदा, 22. सूर्य, 23. लहर, 24. नदी, 25. विद्रोह, क्रांति, 26. दिल पर हाथ रखकर, 27. शयनागार, 28. सफल अदा, 29. दीवार और दरवाज़े, 30. जमघट, 31. संगेमरमर का सौंदर्य, 32. यौवन, 33. साहिल के नीचे, 34. बसंत की दीपावली, 35. प्रतिबिम्ब, 36. शगुन के लिए किसी चीज़ को अलग करने का इरादा, 37. दर्शन, 38. लहरें, 39. संतोष, 40. बुलबुला।

इत्र सा बरसा हुआ है इसकी लौहे - नूर[1] पर
गुलकदा[2] जैसे बनाया हो किसी ने तूर[3] पर
इक सितारा सा है लरज़ां[4] तश्ते - रंगारंग[5] में
शम्अ सी रक्खी हुई है दस्ते - नाज़े - हूर[6] पर
हो गया है मुरतसिम[7] औराक़े - गुल[8] पर रंगे - सुब्ह[9]
मौजे-मय[10] गोया है रक़्सां[11] साग़रे-बिल्लौर[12] पर
संगे - अबयज़[13] पर बने हैं इस अदा से सुर्ख़[14] फूल
लाल[15] गोया[16] जड़ दिए हैं तख़्तः-ए-काफ़ूर[17] पर
इसके रंग-ओ-आब[18] में मख़रूज[19] हैं ताबानियां[20]
चांदनी छिटकी है या अफ़शुर्दा - ए - अंगूर पर[21]
फ़ितरतन[22] तर्जीह[23] है तख़ईले-मानी[24] पर इसे
नाज़[25] है अपनी हयाते-जाविदानी पर[26] इसे

ताजगंज का रौज़ा

'नज़ीर' अकबराबादी

यारों जो ताजगंज यहां का आशकार[27] है
मशहूर इसका नाम ब-शहर-ओ-दयार[28] है
ख़ूबी[29] में सब तरह का इसे एतबार[30] है
रौज़ा जो इस मकान में दरिया[31] किनार है

नक़्शे में अपने यह भी अजब ख़ुशनिगार[32] है

1. प्रकाश का पट्ट, 2. फूलों का घर, 3. एक पहाड़ (जहां हज़रत मूसा को खुदा का जल्वा दिखाई दिया था), 4. कम्पायमान, 5. रंग-बिरंगी थाली, 6. अप्सरा के कोमल हाथ पर, 7. लिखते हुए, 8. फूल के पन्नों पर, 9. प्रभात का रंग, 10. शराब की मौज, 11. नृत्य करती हुई, 12. स्फटिक का प्याला, 13. सफ़ेद पत्थर, 14. लाल, 15. रत्न, 16. मानो, 17. काफ़ूर का तख़्त, 18. पानी, 19. निकलती हुई, 20. चमक, 21. अंगूर के रस पर, 22. क़ुदरती तौर पर, 23. श्रेष्ठता, 24. 'मानी' नामक चित्रकार की कल्पना, 25. गर्व, 26. अनश्वर जीवन, 17. प्रकट, 28. शहरों और मुल्कों में, 29. गुण, विशेषता, 30. विश्वास, 31. नदी 32. सुंदर।

रू-ए-ज़मीं[1] पे यूं तो मकां[2] ख़ूब[3] हैं यहां
पर इस मकां की ख़ूबियां[4] क्या-क्या करूं बयां[5]
संगे-सफ़ेद[6] से जो बना है क़मर-निशां[7]
ऐसा चमक रहा है तजल्ली[8] से यह मकां

जिससे बिल्लौर[9] की भी चमक शर्मसार[10] है

गुम्बद है इसका ज़ोरे-बलन्दी[11] से बहरामंद[12]
गिर्द[13] इसके गुमजियां[14] भी चमकती हुई हैं चन्द
और वो कलस जो है सरे-गुम्बद[15] से सर बलन्द[16]
ऐसा हिलाल[17] उसमें सुनहरा है दिलपसन्द

हर माह जिसके ख़म[18] पे महे-नौ[19] निसार[20] है

जो सहन[21] बाग़ का है वह ऐसा है दिलकुशा[22]
आती है जिसमें गुलशने-फ़िर्दौस[23] की हवा
हर सू नसीम[24] चलती है और हर तरफ़ हवा
हिलती हैं डालियां सभी हर गुल[25] है झूमता

क्या क्या रविश रविश[26] पे हुजूमे-बहार[27] है

सर्वे[28]-सही खड़े हैं क़रीने[29] से नस्तरन[30]
कू कू करे हैं क़ुमरियां[31] होकर शकर शिकन[32]
राबेल[33] सेवती से भरे हैं चमन चमन
गुलनार[34] लालः-ओ-गुल-ओ-नसरीनो-नस्तरन[35]

फ़व्वारे छुट रहे हैं रवां[36] जू-ए-बार[37] है

---

1. धरती, 2. घर, 3. बहुतेरे, सुंदर, 4. गुण, 5. बयान, 6. सफ़ेद पत्थर, 7. चांद की तरह, 8. प्रकाश, 9. स्फटिक, 10. लज्जित, 11. ऊंचाई का बल, 12. लाभ उठानेवाला, 13. आसपास 14. छोटी बुर्जियां, 15. गुम्बद की चोटी, 16. ऊंचा, 17. अर्धचंद्र, 18. मोड़, गोलाई, 19. नवचंद्र, 20. न्योछावर, क़ुर्बान, 21. आंगन 22. आनंददायक, 23. स्वर्ग का बाग़, 24. प्रातःसमीर, 25. फूल, 26. पुश्ते-पुश्ते पर, 27. बसंत का जमघट, 28. सरो, 29. ढंग से, 30. सेवती, सफेद गुलाब, 31. फ़ाख़्ता की एक क़िस्म, 32. शकर खानेवाली, 33. मोगरा, बेला, 34. सुर्ख़, फुलवारी, 35. आहे पुष्प और सेवती, 36. प्रवाहित, 37. झरना।

वो ताजदार[1] शाहजहां साहिबे - सरीर[2]
बनवाया है उन्होंने लगा सीम-ओ-ज़र[3] कसीर[4]
जो देखता है उसके यह होता है दिलपिज़ीर[5]
तारीफ़[6] इस मकां[7] की मैं क्या-क्या करूं 'नज़ीर'

इसकी सिफ़त[8] तो मुश्तहरे - रोज़गार[9] है

ताजमहल

'सीमाब' अकबराबादी

आ तुझे मैं अपने फ़िर्दौसे-वतन[10] में ले चलूं
जिसमें हूरें[11] बाग़बां[12] हैं उस चमन में ले चलूं

इक मुकम्मल[13] आईनाख़ाना[14] दिखाऊं मैं तुझे
इक मुजस्सम[15] रंग-ओ-बू[16] की अंजुमन[17] में ले चलूं

जल्वागाहे[18]-लालः-ओ-गुल[19] की मैं दावत[20] दूं तुझे
सुब्ह - ज़ारे - नस्तरीनो - नस्तरन[21] में ले चलूं

ज़िंदगी की जिसके गोशों[22] से उबलती है शराब
जो नई अब भी है उस बज़्मे - कुहन[23] में ले चलूं

ले यह नक्शे-सादः[24]-ख़ाकस्तरे[25]-बरबाद[26] देख
आंख बनकर दुर्रतुत्ताजे[27] - ख़राबआबाद[28] देख

पुरसकूं[29] हुस्न-ओ-मुहब्बत[30] का यह इक तूफ़ान[31] देख
जिसके हुस्न-ओ-इश्क़[32] दो उनवां[33] हैं वो अरमान[34] देख

---

1. सम्राट, 2. सिंहासन, 3. सोना-चांदी, 4. बहुत अधिक, 5. दिलपसन्द, मोहक, 6. प्रशंसा, 7. घर, मकान, 8. गुण, 9, जग-प्रसिद्ध, 10. देश की जन्नत, 11. अप्सरायें, 12. माली, 13. पूर्ण, 14. शीशे का घर, 15. साकार, 16. रंग और सुगंध, 17. महफ़िल, गोष्ठी, 18. दर्शन स्थल, 19. लाल और गुलाब के फूल, 20. निमंत्रण, 21. फूलों से भरी सुबह, 22. कोना, 23. पुरानी महफ़िल 24. सादा तस्वीर, 25. राख से बनी हुई, 26. जो मिट चुकी है, 27. ताज का मोती, 28. मिटी हुई सल्तनत, 29. शांत, 30. सौंदर्य और प्रेम, 31. बाढ़, 32. सौंदर्य और प्रेम, 33. शीर्षक, 31. अभिलाषा।

यह मुसव्विर[1] का तख़ैयुल[2] और ख़्वाबे-मरमरीं[3]
रूह[4] में होता है जिसको देखकर हैजान[5] देख

देख इसके फ़र्श[6] पर हैं अर्श[7] कितने जल्वागर[8]
देख इक अफ़सानः-ए-मुमताज़[9] का उन्वान[10] देख

सब्ज़ा दर सब्ज़ा[11] गुल अन्दर गुल[12] बहार अन्दर बहार[13]
कर नज़र माहौल[14] पर इसके, फिर इसकी शान[15] देख

तकमिला[16] सनअत[17] का है इसका हर इक नक़्श-ओ-निगार[18]
आ गया है खिंच के इक नुक़्ते[19] में हिंदुस्तान देख

क्या मता-ए-दोजहां[20] से यह गिरां-क़ीमत[21] नहीं ?
पूछता हूं कि यह क्या है अगर जन्नत[22] नहीं ?

काश[23] दुनिया और इक शाहेजहां पैदा करे
काश फिर हो ख़ाक से जिस्मे-मुहब्बत[24] जल्वःगर[25]

दीदः-ए-सैयाह[26] में गर हो बसीरत[27] की चमक[28]
अब भी सूरज देख ले, ज़र्रों[29] के सीने चीरकर

यह बहारे-ज़ाहिरी[30] यह इक नशाते[31]-आशकार[32]
जो बहर उन्वान[33] है हैरतफ़िज़ा[34]-ए-हर-नज़र[35]

इसका बातिन[36] है कुछ इससे भी ज़ियादा रूहकश[37]
किसने देखे हैं अभी वो जल्वःहा - ए - मुस्ततिर[38]

---

1. चित्रकार, 2. कल्पना, 3. संगेमरमर का स्वप्न, 4. आत्मा, 5. हलचल, 6. धरती, 7. आकाश, 8. दर्शन देते हुए, 9. मुमताज़ की कहानी, 10. शीर्षक, 11. हरियाली ही हरियाली, 12. फूल ही फूल, 13. बहार ही बहार, 14. वातावरण, 15. वैभव, 16. पूर्ति, 17. कला, 18. निशान, बेलबूटे, चित्र, 19. बिन्दु, 20. दोनों जहान की धन-दौलत, 21. महंगी, 22. स्वर्ग, 23. क्या ही अच्छा होता, 24. प्रेम का शरीर, 25. प्रकट, 26. पर्यटक की आंख, 27. दानाई, 28. आभा, 29. कणों, 30. ऊपरी बहार, 31. हर्ष, आनंद, 32. प्रकट, 33. शीर्षक, 34. आश्चर्य बढ़ानेवाला, 35. दृष्टि, 36. अन्तःकरण, 37. आकर्षण, 38. गुप्त, पोशीदा।

जब मुहब्बत ग़ौर से इस पर करेगी तब्सिरा[1]
रूह[2] के पर्दे नज़र आयेंगे यह बाम और दर[3]

इश्क़[4] उस महफ़िल[5] में है सद नाला[6], सद काविश[7] हनोज़[8]
हुस्न[9] है इन चिलमनों[10] में महूवे - आराइश[11] हनोज़

ताजमहल

'उन्वान' चिश्ती

यह दिलआवेज़[12] फ़ज़ा[13] और यह दिलकश[14] मंज़र[15]
जैसे आईनः - ए - फ़ितरत[16] में संवरता[17] हो कोई
यह हसीं[18] नहर, यह सब्ज़ा[19], यह चमन[20] का मंज़र
रंग जैसे किसी तस्वीर[21] में भरता हो कोई

बुततराशी[22] हो कि नक्क़ाशी[23] - ओ - आईनागरी[24]
या वो रंगों से बनाई हुई तस्वीरें हों
साज़[25] की मधभरी[26] आवाज़ हो या प्यार की लै
शोख़[27] ग़ज़लें हों कि संजीदा[28] तहरीरें[29] हों

ज़िंदगी झूम के जब साज़ उठा लेती है
कैफ़[30] ही कैफ़ बरसता है ग़ज़ल की सूरत[31]
ख़ूने-दिल[32] इसमें तास्सुर[33] को बढ़ा देता है
बोलने लगता है फ़न[34] ताजमहल की सूरत
दस्ते - जमना[35] में मुहब्बत के कंवल की सूरत

---

1. आलोचना, 2. आत्मा, 3. छत और दरवाज़े, 4. प्रेम, 5. बज़्म, गोष्ठी, 6. सैकड़ों आर्तनाद, 7. सैकड़ों चिंतायें, 8. अभी तक, 9. सौंदर्य, 10. पर्दे, 11. शृंगार में लीन, 12. आकर्षक, 13. वातावरण, माहौल, 14. मनमोहक, 15. दृश्य, 16. प्रकृति का दर्पण, 17. सजता, शृंगार करता, 18. सुंदर, 19. हरियाली, 20. उपवन, 21. चित्र, 22. मूर्तिकला, 23. चित्रकारी, 24. शीशागरी, 25. वाद्य, 26. मधुर, 27. चंचल, 28. गम्भीर, 29. लेख, 30. नशा, 31. रूप में, 32. दिल का ख़ून, 33. असर लेना, 34. कला, 35. जमुना का हाथ।

ख़्वाबे - मुमताज़[1] की ताबीरे - मुजस्सम[2] की क़सम
हिंद - ओ - ईरान की तहज़ीब[3] का संगम है यह
कितना बेदार[4] नज़र आता है एहसासे - जमाल[5]
इश्क़[6] का राज़[7] है यह हुस्न[8] का महरम[9] है यह

अय मिरी मूनिस-ओ-दमसाज़[10] इसे शौक़ से देख
इक शहंशाह के ख़्वाबों[11] का जज़ीरा[12] है यह
फ़न[13] की मेराज[14] है यह, प्यार की मेराज के साथ
हुस्ने - दिल[15], हुस्ने - नज़र[16], हुस्ने - तमन्ना[17] है यह
इश्क़[18] का बारगहे - हुस्न[19] में सजदा[20] है यह

(माखूज़)

जामा मस्जिद देहली

जगन्नाथ 'आज़ाद'

अय जज़्बे[21]-तहारत[22] की अमीं[23] मस्जिदे जामे'[24]
रौशन दिल[25]-ओ-ताबिन्दा जबीं[26] मस्जिदे जामे'
अय जल्वः - ए - अनवारे - यक़ीं[27] मस्जिदे जामे'
अय ख़ातिमे - देहली[28] की नगीं[29] मस्जिदे जामे'

है आज भी तस्कीने - नज़र[30] तेरा नज़ारा[31]
तू आज भी है रूह[32] की दुनिया का सहारा

---

1. मुमताज़ का स्वप्न, 2. साकार स्वप्न-फल, 3. संस्कृति, 4. जाग्रत, 5. सौंदर्य की अनुभूति, 6. प्रेम, 7. रहस्य, 8. सौंदर्य, 9. राज़दार, परिचित, 10. साथी, 11. स्वप्न, 12. द्वीप, 13. कला, 14. पराकाष्ठा, 15. दिल की सुंदरता, 16. नज़र की सुंदरता, 17. अभिलाषा की सुंदरता, 18. प्रेम, 19. सौंदर्य के दरबार में, 20. माथा टेकना, 21. भावना, 22. पवित्रता, 23. अमानतदार, 24. जामा मस्जिद, 25. प्रकाशमान दिल, 26. सतेज ललाट, 27. विश्वास के प्रकाश का दर्शन, 28. दिल्ली की अंगूठी, 29. रत्न, 30. दृष्टि को तृप्त करनेवाली, 31. दृश्य, 32. प्राण, आत्मा।

दामन में संभाले हुए सदियों[1] की अमानत[2]
पाकीज़गि - ए - क़ल्ब - ओ - नज़र[3] रूह की इफ़्फ़त[4]
शाही में फ़क़ीरी की दरख़्शिन्दा[5] रिवायत[6]
एहसास[7] का इक जज़्बः - ए - सरशारे - हक़ीक़त[8]

इस दौर में तू मम्बः - ए - अनवार[9] है अब भी
तारीकि - ए - आलम[10] में ज़ियाबार[11] है अब भी

इक नक्शे-दिलआवेज़[12] है तू ख़ूने-जिगर[13] का
जल्वा[14] तिरा नज़्ज़ारा[15] है अनवारे-सहर[16] का
तू फ़न[17] की है तस्वीर नमूना है हुनर[18] का
शहपारः - ए - जावेद[19] है तू ज़ौक़े - नज़र[20] का

रक़्सा[21] तिरी दुनिया में है आयाते - तजल्ली[22]
अल्लाह रे तेरे ये मक़ामाते - तजल्ली[23]

तू फ़क्र[24] की तस्वीर है वो ज़ेरे-समावात[25]
हैं जिससे अयां[26] सीनः-ए-आदम[27] के कमालात[28]
दुनिया को दिखा आज कोई हुस्ने - करामात[29]
तू चश्मः - ए - हैवां[30] है जहां[31] आलमे - ज़ुल्मात[32]

तू आज है इक सोज़े - मुहब्बत[33] का नमूना
अय आदमे - ख़ाकी[34] की करामत[35] का नमूना

---

1. सैकड़ों वर्षों, 2. धरोहर, 3. नज़ीर और दिल की पवित्रता, 4. इज़्ज़त, 5. प्रकाशमान, 6. परंपरा, 7. अनुभूति, 8. सच्चाई से परिपूर्ण भावना, 9. प्रकाश का स्रोत, 10. संसार का अंधकार, 11. प्रकाश बरसानेवाली, 12. मनमोहक नक्श, 13. जिगर का खून, 14. शुभ दर्शन, 15. दृश्य, 16. प्रभात का प्रकाश, 17. कला, 18. गुण, 19. अमर कृति, 20. दृष्टि की अभिरुचि, 21. नृत्य करती हुई, 22. प्रकाश की आयतें, 23. शुभ दर्शन स्थल, 24. फ़क़ीरी, 25. बराबरी के अन्तर्गत, 26. प्रकट, 27. मानव का सीना, 28. चमत्कार, करतब, 29. चमत्कार का सौंदर्य, 30. अमृत-कुंड, 31. संसार, 32. अंधकार की दुनिया, 33. प्रेम की जलन, 34. मिट्टी का पुतला, 35. चमत्कार।

अय माबदे - अनवारे - यक़ीं[1] ! हासिले - इदराक[2]
अय मंज़िले - अनवारे - कुहन[3] जलवागहे - पाक[4]
हस्ती - ए - दवामी[5] से इबारत[6] है तिरी ख़ाक[7]
क्या गर्दिशे - अय्याम[8] है क्या गर्दिशे - अफ़लाक[9]

दुनिया है तेरी नूरफ़िज़ा[10] रोज़े-अबद[11] तक
है साज़[12] तिरा नग़्मा-सरा[13] रोज़े - अबद तक

जामा मस्जिद आगरा

'सीमाब' अकबराबादी

देख यह असलाफ़े[14]-मुस्लिम[15] का इबादतख़ाना[16] है
फ़र्क़े-शाही[17] जिस पे झुकता था, यह वो काशाना[18] है

रिफ़अते-इस्लाम[19] थी रिफ़अत से इसकी आशकार[20]
आह, वो रिफ़अत जो इक भूला हुआ अफ़साना[21] है

वक़्ते - मग़रिब[22] सैकड़ों फ़ानूस जलते थे जहां
अब वहां इक शमूअ, तस्कीने - दिल - परवाना[23] है

आह यह मीनार-ओ-गुम्बद[24] की नुमूद[25] इस दौर में
गर्दिशे - अय्याम[26] की तसबीह[27] का इक दाना है

मिल्लते - मरहूम[28] की तस्वीरे - रूहानी[29] है यह
अज़्मते - इस्लाम[30] का इक नक़्शे - लाफ़ानी[31] है यह

---

1. विश्वास के प्रकाश का आराधनाघर, 2. ज्ञान का प्रतिफल, 3. पुराने प्रकाश की मंजिल, 4. पवित्र दर्शन स्थल, 5. अमर अस्तित्व, 6. समान, 7. धूल, 8. समय का चक्र, 9. गगन का चक्र, 10. प्रकाश बढ़ानेवाली, 11. अनंतकाल, 12. वाद्य, 13. अच्छी आवाज़ से गानेवाला, 14. पूर्वज, 15. मुसलमान, 16. आराधनाघर, 17. बादशाहों के सर, 18. चौखट, 19. इस्लाम की ऊंचाई, 20. परिचित, 21. कहानी, 22. शाम के समय, 23. परवाने के दिल की शांति, 24. मीनार और गुम्बद, 25. बढ़वार, 26. समय का चक्र, 27. माला, 28. स्वर्गीय राष्ट्र, 29. अध्यात्म का चित्र, 30. इस्लाम की महानता, 31. अनश्वर चित्र, निशाना।

जोधाबाई का मंदिर

'सीमाब' अकबराबादी

बुतशिकन[1] भी हिम्मते-इस्लाम[2] है, बुतगर[3] भी है
क़िलअ-ए-शाही[4] में मस्जिद है जहां, मंदर भी है

फ़िक्र[5] की यकसूई[6] है बहरे-इताअत[7] लाज़मी[8]
अक़्ल में गुंजाइश[9] तअय्युने[10]-बाम-ओ-दर[11] भी है

मावरा[12] क़ैदे-तअय्यु[13] से है नैरंगे[14]-जमाल[15]
मज़हर[16] इसका आग भी है, ख़ाक भी, पत्थर भी है

अय अबूदीयत[17], नज़र[18] में वुसअतें[19] दरकार हैं
बुतकदा[20] कहते हैं जिसको वो ख़ुदा का घर भी है

बिरहमन और शैख़ है पाबन्दे-औहाम-ओ-रुसूम[21]
इक परस्तिश[22] का तरीक़ा[23] इससे बालातर[24] भी है

होती है आग़ोशे-बातिल[25] से हक़ीक़त[26] की नुमूद[27]
जो ख़लीलुल्लाह है, परवर्दः-ए-आज़र[28] भी है

क्यों मसावात[29] अब नहीं पैरायः-ए-इस्लाम[30] में
कुफ़्र[31] बरसों पल चुका है सायः-ए-इस्लाम[32] में

---

1. मूर्तिभंजक, 2. इस्लाम का साहस, 3. मूर्तिकार, 4. शाही क़िला, 5. चिंतन, 6. एकाग्रता, 7. आज्ञापालन के लिए, 8. अनिवार्य, 9. स्थान, 10. निश्चय, 11, छत और दरवाजे, 12. परे, 13. जीवन-सीमा, 14. मायाजाल, 15. सौंदर्य, 16. प्रकट करनेवाला, 17. खुदा की बन्दगी, 18. दृष्टि, 19. विस्तार, फैलाव, 20. मंदिर, 21. रीति-रिवाज़ों के पाबंद, 22. आराधना, 23. ढंग, 24. ऊंचा, 25. झूठ की गोद, 26. सत्य, 27. बढ़वार, 28. मूर्तिभंजक का पालनहार, 29. बराबरी, 30. इस्लाम का ढंग, 31. विधर्म, 32. इस्लाम की छत्रछाया।

भाकड़ा नंगल

जगन्नाथ 'आज़ाद'

आज़ाद निगाहों में जो है ख़ित्तः-ए-नंगल[1]
कल तक था यह ख़ित्ता कहीं सहरा[2] कहीं जंगल
हिम्मत[3] के तुफ़ैल[4] आज इसी जंगल में है मंगल

सहरा कि जो थे कुश्तः-ए-अन्दोहे-निहानी[5]
मचली हुई अब उनमें है खेतों की जवानी
यूं इल्म[6] के हाथों में है दरिया की रवानी[7]

कब का था यह अरमान[8] कि इंसा[9] ने निकाला
इस तरह चटानों को फ़ज़ाओं[10] में उछाला
लरज़े[11] में है बुनियादे - दुहिस्ताने - हिमाला[12]

मट्टी की चटानें थीं कि पत्थर की चटानें
जब इन पे तराज़[13] हुईं हिम्मत की सनानें[14]
कुछ और ही नक़्शा था यह मानें कि न मानें

पहले तो किया सीनः-ए-दरिया[15] को दोपारा[16]
दोनों को फिर इस तरह सुरंगों से गुज़ारा
हर दीदः - ए - मुश्ताक़[17] था क़ुर्बाने - नज़ारा[18]

दरिया का जिगर[19] चीर गयी अक़्ल बशर[20] की
तफ़्सील[21] कहे कौन अब इस राहगुज़र[22] की
ज़ुल्मत[23] पे मुसल्लत[24] हुई तनवीर[25] सहर[26] की

---

1. नंगल की धरती, 2. कानन, 3. साहस, 4. फलस्वरूप, 5. छुपा हुआ दुख, 6. विद्या, ज्ञान, 7. नदी का प्रवाह, 8. आकांक्षा, 9. मानव, 10. वातावरण, 11. कम्पन, 12. हिमालय का पहाड़ी क्षेत्र, 13. तन गईं, 14. भाले, 15. नदी का सीना, 16. दो टुकड़े, 17. इच्छुक आंखें, 18. दृश्य पर न्योछावर, 19. नदी का कलेजा, 20. मानव, 21. विवरण, 22. मार्ग, 23. अंधकार, 24. छा गयी, 25. आभा, चमक, 26. प्रभात।

सब्ज़ा[1] तिरे माहौल[2] का है मख़मल-ओ-बानात[3]
हीरों से फ़ुज़ूंतर[4] तिरे पहलू के हैं ज़र्रात[5]

क़तरे[6] तिरे दामन के दरख़्शिंदा[7] फ़िलिज़्ज़ात[8]

तामीर[9] तिरी काबः - ए - अरबाबे - नज़र[10] है
तस्वीर तिरी जलवः - ए - अनवारे - सहर[11] है

तू शब[12] के अंधेरे में तजल्ली-ए-क़मर[13] है

क़ायम[14] है तिरी जज़्बः-ए-इख़लास[15] पे बुनियाद
सरगर्मे-अमल[16] तुझपे हैं इस दौर के फ़रहाद[17]

तेरे लिए उट्ठी है दुआ-ए-दिले-'आज़ाद'[18]

पैदा हो तिरी ख़ाक[19] में ख़ासीयते-इकसीर[20]
किरदार[21] तिरा मिहरे-मुनव्वर[22] की हो तनवीर[23]

दुनिया में हो इकमायः-ए-रहमत[24] तिरी तामीर[25]

इदराक[26] के अनवार[27] से ताबां[28] है यही ख़ाक[29]
तनवीर[30] अज़ाइम[31] से फ़रोज़ां[32] है यही खाक

अय दर्दे-वतन[33] हासिले-अरमां[34] है यही ख़ाक

दी इसको हयात[35] अपनी अज़ीज़ाने-वतन[36] ने
जां इस पे फ़िदा[37] की है मुहिब्बाने-वतन[38] ने

सींचा है इसे ख़ूं से शहीदाने-वतन[39] ने

---

1. हरियाली, 2. वातावरण, 3. एक नर्म कपड़ा, 4. बढ़े हुए, 5. कण, 6. बूंदें, 7. चमकते हुए, 8. ऐटम, 9. निर्माण, 10. नज़रवालों का काबा, 11. प्रभात के प्रकाश का दर्शन, 12. रात, 13. चंद्रमा का प्रकाश, 14. स्थिर, 15. निष्ठा की भावना 16. काम में रत, 17. एक प्रसिद्ध प्रेमी, जिसने अपनी प्रेमिका के लिए पहाड़ खोदकर दूध की नहर निकाली थी, 18. आज़ाद (शायर) के दिल की दुआ, 19. धूल, 20. रामबाण की विशेषता, 21. चरित्र, 22. प्रकाशमान चांद, 23. आभा, चमक, 24. दया की सम्पत्ति, 25. निर्माण, 26. ज्ञान, 27. प्रकाश, 28. चमकदार, 29. धूल, 30. चमक, 31. हौसला, साहस, 32. प्रकाशमान, 33. देश का दुख, 34. अभिलाषा का फल, 35. जीवन, 36. देशवासी, 37. न्योछावर, 38. देशभक्त, 39. देश पर शहीद होनेवाले।

आठवां अध्याय

हमारे फ़ुनूने-लतीफ़ा

(ललित कवितायें)

सरस्वती

जगन्नाथ 'ख़ुश्तर'

अजब[1] है नाज़नीनो[2] - नाजुक-अन्दाम[3]
नज़ाकत[4] में गुले - तर[5] और दिल आराम[6]

रुखे - पुरनूर[7] मिस्ले - बर्क़े - ताबां[8]
गुले - सुम्बुल[9] निसारे - जुल्फ़े - पेचां[10]

ख़जिल[11] नूरे - जहां[12] नूरे - जबीं से[13]
बनी क़ौसेक़ुज़ह[14] अबरू[15] की चीं[16] से

(जगन्नाथ .खुश्तर द्वारा अनूदित 'रामायण' से लिया गया)

मुजरा

मीर हसन

लगे बजने क़ानून[17]-ओ-बीन[18]-ओ-रबाब[19]
बहा हर तरफ़ जू-ए-इशरत[20] का आब[21]

---

1. अद्‌भुत, 2. सुंदरी, 3. कोमल शरीरवाली, 4. कोमलता, 5. ताज़ा फूल, 6. दिल का चैन, 7. प्रकाशमान चेहरा, 8. चमकदार बिजली की तरह, 9. सुम्बुल का फूल, 10. घुंघराली जुल्फ़ों पर न्यौछावर, 11. शर्मिन्दा, 12. संसार का प्रकाश, 13. ललाट का प्रकाश, 14. इन्द्रधनुष, 15. भौं, 16. बल, सिलवट, 17. एक बाजा, 18. वीणा, 19. सितार, 20. आनंद की लहर, 21. पानी।

लगी थाप तबलों की मृदंग की
सदा[1] ऊंची होने लगी चंग[2] की

लगा मोम तारों पे मोचंग के
मिला सुर तंबूरों के मृदंग के

सितारों के पर्दे बनाकर दुरुस्त[3]
बजाने लगे सब वो चालाक-ओ-सुस्त[4]

गयी बायें की आसमां[5] तक गमक[6]
उठा गुम्बदे - चर्ख़[7] सारा धमक

खुशी की ज़िबस[8] हर तरफ़ थी बिसात[9]
लगे नाचने इस पे अहले - नशात[10]

किनारी के जोड़े[11] चमकते हुए
वह पांवों के घुंघरू झनकते हुए

वो बाले चमकते हुए कान में
फड़कना वो नयनों का हर आन[12] में

वो घटना वो बढ़ना अदाओं[13] के साथ
दिखाना वो रख रख के छाती पे हाथ

कभी दिल को पांव में मल डालना
अदा से कभी देखना भालना

दिखाना कभी अपनी छब मुस्कुरा
कभी अपनी अंगिया को लेना छुपा

किसी पे चमकते हुए नौ रतन
किसी के वो मुखड़े पे नथ की फबन

---

1. आवाज़, 2. सितार के आकार का एक बाजा, 3. ठीक, 4. चालाक और आलसी, 5. गगन, 6. गूंज, 7. आकाश का गुम्बद, 8. बहुत, 9. बैठक, 10. आनंदमग्न, 11. कपड़े, 12. पल, 13. हावभाव।

चमकना गुलों[1] का सफ़ा[2] के सबब[3]
वो गर्दन के डोरे, क़यामत[4], ग़ज़ब[5]

कभी मुंह के तईं फेर लेना उधर
कभी चोरी चोरी से करना नज़र

दुपट्टे को करना कभी मुंह की ओट,
कि पर्दे में हो जाय दिल लोट पोट

कोई फ़न[6] में संगीत के शोला-रू[7]
बरम जोग लछमी लिये पुरमिलू[8]

कोई ढीट गत ही में पांव तले
खड़ी आशिक़ो[10] के दिलों को मले

(माख़ूज़ अज़ मसनवी 'सहरुलबयान')

राग रंग

मीर हसन

करूं राग और नाच का क्या बयां
क़दीमी[10] किसी वक़्त का सा समां[11]

वो एमन की तानें इधर और उधर
मिले सुर तम्बूरों के बा-यक-दिगर[12]

और इस सफ़[13] से इक छोकरी का निकल
जताना[14] हुनर[15] अपना पहले पहल

1. फूल, 2. पवित्रता, 3. कारण, 4. प्रलय, 5. आफ़त, 6. कला, 7. दहकता हुआ मुख, 8. एक प्रकार का नृत्य, 9. प्रेमियों, 10. प्राचीन, 11. वातावरण, 12. एक-दूसरे से, 13. पंक्ति, 14. दिखाना, 15. गुण।

उलटना वो ठोकर को दे देके चाल
वो बूटा[1] सा क़द[2] और कहरवे[3] की चाल

कभी पुरमिलू[4] की दिखाती अदा[5]
कि जूं टूटकर होवे बिजली जुदा[6]

कभी खटसरी[7] नाचना ज़ौक़[8] से
कि त्योरा[9] के आशिक़[10] गिरे शौक़[11] से

(माखूज़ अज़ 'सहरुलबयान')

रक़्स

'जोश' मलीहाबादी

हां उठा ले रूहे - मूसीक़ी[12] रबाबे[13] - ज़रफ़िशां[14]
रक़्स[15] की तशरीह[16] पर माइल[17] है शाइर की ज़बां[18]

रक़्स क्या है ? ख़ाक[19] के दिल में ख़रोशे[20]-कायनात[21]
पैकरे - फ़ानी[22] में गर्मे - नाज़[23], लाफ़ानी[24] हयात[25]

जल्वः - ए - महदूद[26] के दिल में बईमा - ए - शबाब[27]
हुस्ने - लामहदूद[28] बन जाने का शीरीं[29] पेच - ओ - ताब[30]

चांदनी में जू-ए-शीरीं[31] जैसे थम - थमकर[32] बहे
अंखड़ियों की शे'रगोई[33], साइदों[34] के ज़मज़मे[35]

---

1. छोटा-सा, 2. लंबाई, 3. तबले का एक स्टाइल, 4. एक नृत्य, 5. हावभाव 6. अलग, 7. एक नृत्य, 8. शौक़ से, 9. चकराकर, 10. प्रेमी, 11. प्रेम से, 12. संगीत की आत्मा, 13. सितार, वीणा, 14. जिससे सोना झड़े, 15. नृत्य, 16. व्याख्या, 17. उद्यत, तैयार, 18. वाणी, 19. धूल, 20. कोलाहल, 21. दुनिया, 22. नश्वर शरीर, 23. गर्व से उठी हुई, 24. अविनाशी, 25. जीवन, 26. सीमित दर्शन, 27. यौवन के इशारे पर, 28. असीम सौंदर्य, 29. मधुर, 30. आवेग, उलझाव, 31. मीठी नहर, 32. रुक-रुककर, 33. शे'र कहना, 34. बाहु, कलाई, 35. गाना, राग।

महफ़िले - सूरत[1] में लैला - ए - मआनी[2] का बहाव
चश्मके - बेबाक[3] में सय्याल[4] नग़्मों का बहाव

ख़ून में लहरों पे लहरें लहने[5]-बेआवाज़ की
लग़ज़िशों पर लग़ज़िशें[6] मश्क़े - ख़िरामे - नाज़[7] की

ख़ैर समझा दूं ज़रा लाला तो मीना - ए - शराब[8]
रक़्स[9] किस मौक़े[10] पे चेहरे से उलटता है निक़ाब[11]

जब सबा[12] की सनसनाहट और साग़र[13] की खनक
क़ामते-मौज़ूं[14] में बन जाती है, हल्की सी लचक

रक़्स है दरअस्ल[15] बर्नाई[16] का लहने-बेख़रोश[17]
क़ल्बे-नाज़ुक[18] में तमन्ना-ए-हमआग़ोशी[19] का जोश[20]

जुम्बिशे-मिज़गां[21] की रंगीं,[22] मस्त, शीरीं[23] दास्तां[24]
अशवः - ए - तुर्काना[25] की सहरआफ़रीं[26] अंगड़ाइयां

ख़ून की गर्दिश[27] में रह रहकर बरंगे[28]-ज़ीर-ओ-बम[29]
हौसलों[30] की बेक़रारी,[31] वलवलों[32] का पेच-ओ-ख़म[33]

जू-ए-तूफ़ांख़ेज़[34] के सांचे में ढलने की उमंग
भिच के आग़ोशे - तमन्ना[35] में मचलने की उमंग

ख़ाल[36]-ओ-ख़द[37] की नग़्मारेज़ी,[38] अबरूओं[39] की गुफ़्तगू[40]
नर्गिसे - मख़्मूर[41] में तुग़ियाने - शर्ह[42] की आरज़ू[43]

---

1. रूप की महफ़िल, 2. अर्थ की प्रेमिका, 3. नज़र के बेबाक इशारे, 4. तरल, द्रव, 5. ध्वनि, 6. डगमगाहट, 7. गर्व की मंदगति का अभ्यास, 8. शराब की सुराही, 9. नृत्य, 10. अवसर, 11. मुखपट, 12. समीर, हवा, 13. प्याला, जाम, 14. मुनासिब क़द, 15. वास्तव में, 16. जवानी, 17. बिना कोलाहल की ध्वनि, 18. कोमल दिल, 19. आलिंगन की अभिलाषा, 20. आवेग, 21. पलकों का हिलना, 22. रंगीन, 23. मधुर, 24. कहानी, 25. तीखी अदा, 26. जादू जगाने वाली, 27. रक्त का चक्कर, 28. की तरह, 29. स्वर का उतार-चढ़ाव, 30. साहस, हिम्मत, 31. व्याकुलता, 32. जोशोख़रोश, 33. मोड़, घुमाव, 34. तूफ़ानी नदी, 35. अभिलाषा का आलिंगन, 36. तिल, 37. कपोल, गाल, 38. गीत छेड़ना, 39. भौं, 40. बातचीत, 41. मस्त आंखें, 42. तूफ़ान की व्याख्या, 43. आकांक्षा।

जज़्बः - ए - बेदार[1] का पाला हुआ ख़्वाबे - गिरां[2]
जुम्बिशे - मिज़गां[3] की गोयाई[4], इशारों की ज़बां[5]

एक ऐसा साज़,[6] माबैने[7] - यक़ीन - ओ-इश्तिबाह[8]
पा सके जिसको न कान और सुन सके जिसको निगाह[9]

'जोश' ! बस ख़ामोश[10] हो पैमाना[11] भरने दे मुझे
झूमकर बरबत[12] उठा और रक़्स[13] करने दे मुझे

रक़्क़ासा[14]

सिकन्दर अली 'वज्द'

बदन[15] ज़िंदगी का छलकता पियाला
चमन की बहारों ने फूलों में पाला
जुनूं[16] को नज़ाक़त[17] के क़ालिब[18] में ढाला
उमंगों की लहरों पे बाहर निकाला
निगाहों की जन्नत,[19] दिलों का उजाला
जमाले - अजन्ता[20] जलाले - हिमाला[21]
उठी मौजे-मै[22] की तरह अंजुमन[23] में
तड़पने लगीं बिजलियां जाने-ओ-तन[24] में

क़दे - दिलरुबा[25], हुस्न - बेबाक[26], चंचल
हिलाली भवें[27] रू - ए - रौशन[28] पे बेकल[29]
मदिरा भरे नैन मस्ती[30] से बोझल[31]
लताफ़त[32] मुजस्सम[33], जवानी मुकम्मल[34]
नज़र[35] शेर रफ़्तार[36], नग़्मा मुसलसल[37]

---

1. जाग्रत भावना, 2. बेहोशी की नींद, 3. पलकों का इशारा, 4. वाणी, 5. इशारों की ज़बान, 6. बाजा, वाद्य, 7. बीच में, 8. विश्वास और सन्देह, 9. दृष्टि, 10. चुप, मौन, 11. प्याला, जाम, 12. वाद्य का नाम, 13. नृत्य, 14. नर्तकी, 15. शरीर, 16. उन्माद, 17. कोमलता, 18. गोलंबर, 19. स्वर्ग, 20. अजन्ता का सौंदर्य, 21. हिमालय का तेज़, 22. शराब की लहर, 23. महफ़िल, 24. प्राण और शरीर, 25. आकर्षक क़द, 26. निडर सौंदर्य, 27. चंद्राकार भवें, 28. प्रकाशमान चेहरा, 29. व्याकुल, 30. नशा, 31. झुकी हुई, 32. कोमलता, 33. साकार, 34. पूर्ण, 35. दृष्टि, 36. गति, 37. निरंतर गीत।

छनकते हैं घुंघरू, झनकती है पायल
अजब रंग से रूठकर मन रही है
सरे - बज़्म[1] क़ौसे - क़ुज़ह[2] बन रही है

कभी जोशे - मस्ती[3] में ताऊसे - रक़्सां[4]
कभी चश्मे - नर्गिस[5] के मानिन्द[6] हैरां[7]
कभी सूरते - गुल[8] सरासर[9] परेशां[10]
कभी दुर्रे - ग़लतां[11], कभी मौजे - तूफ़ां[12]
कभी मस्त[13] बादल, कभी बर्क़े - जौलां[14]
कभी सर्वे - सरकश,[15] कभी तेग़े - उरियां[16]
हर इक जल्वा[17] कुछ इस क़दर[18] मुख़्तसर[19] है
तआक़ुब[20] से आजिज़[21] उक़ाबे-नज़र[22] है

अंधेरे में शबताब[23] मशअल[24] जली है
मुख़ालिफ़[25] हवाओं की ज़द[26] पर पली है
अभी खिलनेवाली महकती कली है
जवानी के सांचे में बिजली ढली है
शफ़क़[27] रंग चेहरे पे अफ़शां[28] मली है
दमे - साज़[29] पर जगमगाती चली है
यह भटकी हुई लहर है चांदनी की
तजल्ली[30] में है दिलकशी[31] राज़[32] की सी

ख़याल - आफ़रीं[33] शाहकारे - जवानी[34]
सरापा खुमारे[35] - मए - अर्ग़ुवानी[36]
अदाओं से जज़्बात[37] की तर्जुमानी[38]
निगाहों में गंजीनः[39] हा - ए - मआनी[40]

---

1. महफ़िल में, 2. इन्द्रधनुष, 3. नशे का आवेश, 4. नाचता हुआ मोर, 5. नरगिसी आंख, 6. तरह, प्रकार, 7. आश्चर्यचकित, 8. फूल की तरह, 9. बिल्कुल, 10. व्याकुल, 11. चमकता हुआ मोती, 12. तूफ़ान की मौज, 13. मदोन्मत्त 14. तेज़ बिजली, 15. बाग़ी सरो, 16. नंगी तलवार, 17. दर्शन, 18. इतना, 19. संक्षिप्त, 20. पीछा, 21. विवश, 22. गिद्ध की दृष्टि, 23. चंद्रमा, 24. मशाल, 25. विरुद्ध, 26. लक्ष्य, निशाना, 27. लाल, 28. चमकी, 29. साज़ की लय पर, 30. प्रकाश, 31. आकर्षण, 32. रहस्य, 33. कल्पना जगानेवाली, 34. जवानी का शाहकार, 35. टूटता हुआ नशा, 36. लाल रंग की शराब, 37. भावनायें, 38. प्रतिनिधित्व, 39. ख़ज़ाना, कोष, 40. अर्थ।

हर अंदाज़[1] पर दमबख़ुद[2] नुक़्तादानी[3]
ख़मोशी[4] तकल्लुम[5], तबस्सुम[6] कहानी
छिड़ा राग, धारे[7] मिले हुस्न-ओ-फ़न[8] के
चली नाव संगम पे गंग - ओ - जमन[9] के

कमर ताल के साथ बल खा रही है
नज़र[10] शौक़[11] की आग भड़का रही है
अदा - ए - तबस्सुम[12] ग़ज़ब ढा रही है
सरे - तूरे - दिल[13] बर्क़[14] लहरा रही है
हवा नग़्मः - ए - सरमदी[15] गा रही है
यहां अक़्ल[16] को नींद सी आ रही है
सरापा हक़ीक़त[17] बनी है फ़साना[18]
निशाने - क़दम[19] चूमता है ज़माना[20]

उदय शंकर

'अख़्तर' अंसारी

किसी नग़्मे[21] की लय है तेरा जिस्म[22]
या सितारों की कांपती तस्वीर

किसी सन्नाअ[23] की हसीं[24] सनअत[25] ?
किसी बुतगर[26] के ख़्वाब[27] की ताबीर[28] ?

था मगर इक वुजूदे - रूमानी[29]
जिसकी हो शे'रियात[30] से तामीर[31]

---

1. अदा, 2. स्तब्ध, 3. गुणग्राहकता, 4. मौन, 5. बातचीत, 6. मुस्कुराहट, 7. धारायें, 8. सौंदर्य और कला, 9. गंगा और यमुना, 10. दृष्टि, 11. प्रेम, 12. मुस्कुराहट, 13. दिल के तूर पर, 14. बिजली, 15. शाश्वत गीत, 16. बुद्धि, 17. यथार्थ, 18. कहानी, 19. क़दमों के निशान, पदचिह्न, 20. संसार, 21. गीत, 22. शरीर, 23. शिल्पकार, 24. सुंदर, 25. कलाकृति, 26. मूर्तिकार, 27. स्वप्न, 28. स्वप्न-फल, 29. रूमानी अस्तित्व, 30. काव्यात्मकता, 31. निर्माण।

नर्म[1] आज़ा[2] की जांगुदाज़[3] लचक
दिल पे रह रह के मारती है तीर

हाथ की सहर - आफ़रीं[4] जुम्बिश[5]
खींचती है हवा पे इक तस्वीर[6]

भरते आते हैं आंख में आंसू
हाय रक़्स[7] और इस क़दर[8] दिलगीर[9]

हर अदा - ए - जमील[10] है गोया
दर्द की शरह[11], सोज़[12] की तफ़सीर[13]

फिर भी रक़्क़ास[14] ! जी मलूल[15] नहीं
है तेरे फ़न[16] से रूह[17] लज़्ज़तगीर[18]

सरगम

'मुख़्तार' सिद्दीक़ी

लब[19] पे आ जाते संगीत सहारे साक़ी[20]
वलवले[21] दिल के अगर ग़म[22] से संवरना सीखें
वो ज़बां[23]–जो है शफ़क़[24], फूल सितारे साक़ी
हम भी पा लेते हैं गर ज़िंदगी करना[25] सीखें

बात बन जाती है तरकीब[26] सुरों की साक़ी
हर तास्सुर[27] से नए रूप में ढल जाती है
फिर कोई बात नहीं रहती है बाक़ी साक़ी
और हर बात पे तरकीब बदल जाती है

---

1. कोमल, 2. अंग-प्रत्यंग, 3. कष्टदायक, 4. जादू जगानेवाली, 5. हिलना-डुलना, 6. चित्र, 7. नृत्य, 8. इतना, 9. उदास, 10. सुंदर हाव-भाव, 11. व्याख्या, 12. जलन, 13. टीका, 14. नर्तक, 15. दुखी, उदास, 16. कला, 17. आत्मा, 18. आनंदप्रद, 19. होंठ, 20. शराब पिलानेवाला, 21. जोश, 22. शोक, 23. वाणी, 24. लाली, 25. जीना, 26. क्रम, 27. प्रभावित होना।

ऐसे जज़्बों[1] की उठानें यहीं हैं साक़ी
लफ़्ज़[2]-ओ-मआनी[3] के तिलिस्मात[4] से जो हैं आगे
उन ख़यालों[5] की उड़ानें भी यहीं हैं साक़ी
यूं, कही अनकही हर बात से जो हैं आगे

नाजुक[6] एहसास[7] की रंजूरियां[8] सारी साक़ी
और तन्नाज़[9] तमन्ना[10] के तक़ाज़ों[11] की चुभन
नये अरमानों[12] की वो लाग[13] हटीली साक़ी
और वो सांझ सवेरे की दुआओं[14] का चलन

रोज़-ओ-शब[15] रोते हुए दिल की पुकारें साक़ी
रुत[16] के गहवारों[17] में पलते हुए लाखों फ़ितने[18]
और ये सजती संवरती हुई नारें साक़ी
जिनकी सरमस्ति[19]-ओ-रानाई[20] के पहलू इतने

ये सुरें रखती हैं ऐसे कई आलम[21] साक़ी
वो भी हैं जो किसी तख़लीक़[22] की हद[23] में भी नहीं
है वो पहनाई[24] लचकती हुई सरगम साक़ी
वुसअतें[25] जिसकी अज़ल[26] क्या है अबद[27] में भी नहीं

ख़याल दरबारी

'मुख़्तार' सिद्दीक़ी

उनके गाने में है प्रकाश ज़रा देखो तो
एक इक तान से हैं नूर[28] के सोते[29] जारी[30]
तीन सदियों[31] के शब-ओ-रोज़[32] जिलौ[33] में लेकर
सीकरी[34] लाई है गम्भीर, सजिल दरबारी[35]

---

1. भावना, 2. शब्द, 3. अर्थ, 4. जादू, इन्द्रजाल, 5. कल्पना, 6. कोमल, 7 भावना, 8. उदासियां, 9. उल्लासमय, 10. आकांक्षा, 11. मांग, 12. तमन्ना, 13. लगन, 14. प्रार्थना, 15. दिन-रात, 16. मौसम, 17. पालना, 18. उपद्रव, 19. उन्मत्तता, 20. श्रृंगार, 21. संसार, 22. सृष्टि, 23. सीमा, 24. गहराई, 25. फैलाव, 26. अनादि काल, 27. अनंत काल, 28. प्रकाश, 29. स्रोत, 30. प्रवाहित, 31. शताब्दियों, 32. रात-दिन, 33. दामन, 34. फ़तेहपुर सीकरी, 35. एक राग।

ये दर - ओ - बाम[1] हैं सावंत मुग़ल का परतौ[2]
है सुतूनों[3] की नफ़ासत[4] से अयां[5] संगीनी[6]
ऊंची मेहराबों[7] के घेरे में कुशादा[8] ऐवां[9]
जिसने बेबाक[10] इरादों से बलन्दी[11] छीनी

इसी ऐवान[12] में है अकबरे - आज़म[13] का जुलूस
सोने चांदी के सितारों से छतें हैं आकास
अनगिनत झाड़, दमकती[14] हुई लाखों शम्यें[15]
ख़िलअतें[16] जिनकी हैं बिल्लूर[17] के शफ़्फ़ाफ़[18] लिबास[19]

अहले - दरबार[20] ! ख़बरदार निगाहें नीची !
इन सदाओं[21] में वो हैबत[22] है कि दिल थर्राए
हाथ बांधे हैं हुज़ूरी[23] में अमीराने - कबीर[24]
आई आवाज़ कि तशरीफ़ शहंशाह लाए
हज़रते - गेती - पनाह[25] अकबरे - आज़म आये !
कोई नज़रें न उठाने पाये !
अकबरे-आज़म आये !

स्थायी :

तुर्कमां[26] हजरते-अकबर आयो !
उप बली,[27] तप बली,[28] दुनिया में .ख़ुदा का साया
जिनका दम भरता है इंसा[29], मुल्क[30], चौपाया[31]
उनके हम आप न बलि बलि जइये ?
मरने-जीने का अगर इनसे बन्धनवा[32] बांधो

---

1. दरवाज़े और छतें, 2. अक्स, प्रतिबिम्ब, 3. खम्बा, 4. स्वच्छता, 5. प्रकट, 6. दृढ़ता, 7. दरवाज़ों की गोलाई, 8. लंबे-चौड़े, 9. प्रासाद, महल, 10. निडर, 11. ऊंचाई, 12. महल, 13. महान अकबर, 14. चमकती, 15. चराग़, 16. लिबास, 17. शीशा, 18. स्वच्छ, 19. वस्त्र, 20. दरबारी, 21. आवाज़ों, 22. डर, भय, 23. सेवा, 24. धनी-मानी, श्रीमान, 25. संसार को शरण देनेवाला, 26. तुर्की वंश के, 27. गीत का बोल, 28. गीत का बोल, 29. मानव, 30. देश, 31. पशु, 32. बन्धन।

पार बेड़ा हो कि है पीर[1] हमारा सांचो[2] !
तुर्कमां हजरते-अकबर आयो–हजरते-अकबर आयो !!

अंतरा :

आले-तैमूर[3] के सूरज की तजल्ली[4] फैली
दुख दलिद्दर[5] के घटाटोप[6] अंधेरे भागे
वो उजाला कि जुग जुग के नसीबे[7] जागे
एरी जुग जुग के नसीबे जागे
दो जहां[8] मतलः-ए-अनवार[9] हुए हैं देखो
तुर्कमां हजरते-अकबर आयो–हजरते-अकबर आयो !!

फैलाव :

रौशनी[10] तेज़ हुई
रौशनी तेज़ हुई शम्ओं[11] की
रौशनी तेज़ हुई शम्ओं की, फ़ानूसों[12] की
रौशनी तेज़ हुई शम्ओं की, फ़ानूसों की और शब[13] की दुल्हन
रौशनी तेज़ हुई शम्ओं की फ़ानूसों की और शब की दुल्हन
शरमाई

रौशनी तेज़ हुई, शम्ओं की, फ़ानूसों की और शब
की दुल्हन शरमाई, लजाकर सिमटी
रौशनी तेज़ हुई, शम्ओं की, फ़ानूसों की और शब
की दुल्हन शरमाई, लजाकर सिमटी, सिमटकर बैठी
इन्हीं शम्ओं ने दिया चांद का झूमर उसको
दो जहां मतलः-ए-अनवार हुए, देखो तो
तुर्कमां हजरते-अकबर आयो–हजरते-अकबर आयो !!

1. मुर्शिद, 2. सच्चा, 3. तैमूर की औलाद, 4. प्रकाश, 5. दरिद्रता, 6. गहरे, 7. भाग्य, 8. दोनों जहान, 9. प्रकाशमान, 10. प्रकाश, 11. चराग़, 12. शीशे का बना हुआ चराग़दान, 13. रात।

जोत[1] गानों की बुझी, बीते ज़माने[2] भागे
खेंच लीं तीन सौ बरसों ने तनाबें[3] अपनी
क़स्रे-वीरां[4] में कहीं बूम[5] का नौहा[6] गूंजा
सौंप दी राग ने इस नौहे को ख़्वाबें[7] अपनी

बेकरां[8] रात से मेहराब[9] की रिफ़अत[10] दूनी[11]
और मैं सायः-ए-मेहराब[12] में हूं उफ़्तादा[13]
खुश्क[14] ख़न्दक़[15] से उधर कोहे-गिरां[16] दीवारें
अब कहां जाऊं कि रहबर[17] न निशाने-जादा[18]
किस ख़राबे[19] में मुझे छोड़ गयी दरबारी ?

ख़याल एमन कल्यान

'मुख़्तार' सिद्दीकी

विलंबित :

दौड़ते जाते हैं हर सिम्त[20] धुंदलकों[21] के नक़ीब[22]
सुरमई[23] धूल में हर शै[24] है न पिन्हां[25] न अयां[26]
बेकरां[27] साये धुले जाते हैं सन्नाटे में
कोई तारा भी अभी निकला नहीं—चांद कहां !

उफ़ यह बेपाया[28] सियाही[29] की तहों की तरतीब[30]
किश्ते - मग़रिब[31] के खिले फूल न यूं कुम्हलायें
कोई तारा भी नहीं, चांद नहीं, वो भी नहीं
इन अंधेरों से कहूं, अब तो सजन घर आयें
ग़म की मारी को न यूं तरसायें
अब तो सजन घर आयें

---

1. ज्योति, 2. समय, 3. तम्बू की रस्सी, 4. वीरान महल, 5. उल्लू, 6. शोकालाप, 7. नींदें, 8. असीम, 9. दरवाज़े की गोलाई, 10. ऊंचाई, 11. दोगुनी, 12. मेहराब का साया, 13. पड़ा, 14. सूखी, 15. खाई, 16. भारी पहाड़, 17. मार्ग-दर्शक, 18. रास्ते का निशान, 19. खंडहर, 20. दिशा, 21. हल्का अंधेरा, 22. चोबदार, 23. सुरमे के रंग की, 24. वस्तु, 25. गुप्त, 26. प्रकट, 27. असीम, 28. असीम, 29. कालक, अंधेरा, 30. क्रम, 31. पश्चिम की खेती।

काकुलें[1] खोल के बालों को झटकती हुई शाम
मुझसे कहती है कि मैं हूं तो कहीं रात न दिन
शब[2] की वुसअत[3] मेरे सीने के ख़ला[4] से लिपटी
ए री आली[5] न पड़े चैन मुझे तो पी बिन
बेकली[6] डसती है पल पल, छिन छिन
ए री आली पी बिन !

हल्क़ा दर हल्क़ा[7] सियाही,[8] वो हुई पा-ब रकाब[9]
करवटें लेता है हर सिम्त[10] अंधेरों का सराब[11]
ए री आली यह अंधेरों का सराब
चार आंखें कभी इनसे न करेगा महताब[12]
उफ़ ख़लाओं[13] का यह रक़्से - बेताब[14]
कैसी बेताबी[15] इन्हें डसती है पल पल छिन छिन
एरी आली न पड़े चैन उन्हें भी पी बिन
ए री आली पी बिन

द्रुत :

छट गयी तारों की अफ़शां[16] तो पिया घर आये
मोरे पिया घर आये

अब किसी वादे[17] की उलझन न हमें तड़पाए
मोरे पिया घर आये
आ गये मोरे पिहरवा, मैं गयी बलिहारी
नेक नजर पर वारी
अब किसी वादे की उलझन न हमें तड़पाए
मोरे पी आये, मैं औलादे-अली[18], आले-नबी[19] पर वारी
आले-नबी पर वारी

1. लटें, बाल, 2. रात, 3. विस्तार, फैलाव, 4. शून्य, 5. सखी, 6. व्याकुलता, बेचैनी, 7. घेरे के अन्दर घेरा, 8. अन्धकार, 9. पांव रकाब में, चलने को तैयार, 10. चारों ओर, 11. मरीचिका, 12. चंद्रमा, 13. शून्य, 14. बेचैन नृत्य, 15. बेचैनी, 16. चमक, 17. वचन, 18. हज़रत अली की संतान, 19. नबी की संतान।

केदारा का एक रूप*

'मुख़्तार' सिद्दीक़ी

रात भीगी, ओट से कुहसार[1] की निकला है चांद
चाक दामानों[2] के सीने भी कता[3] होंगे अभी
खिलती रुत[4] के नर्म[5] झोकों को थपकता है सुकूत[6]
मिटते तारे ज़ुगनुओं के अर्मुग़ां[7] होंगे अभी
सोज़े - ग़म[8] में बस चली हैं, सीमबर[9] रानाइयां[10]
दिल के अरमां[11] दास्तां दर दास्तां[12] होंगे अभी

आलाप :

और सीमा - ए - जहां[13] का अब तो दिल है चांदनी
दमबख़ुद[14] पेड़ों को, साकित[15] झील को, बेगाना[16] सब्ज़े[17] को है
मदहोशी[18] का सामां[19] चांदनी
रात की रानी की मतवाली, घनी ख़ुशबू[20] को मख़मूरी[21] का उनवां[22]
चांदनी
शहर - ओ - सहरा[23] में भटककर, मुज़महिल[24] है चांदनी
और - नींदों की गिरांबारी[25] में आसूदा[26] हुई
ख़स्ता[27] सामां चांदनी
इस ख़मोशी[28] के फ़ुसूं,[29] फैले सुकूं[30] की अब है गोया
जाने-जानां[31] चांदनी

स्थाई ** :

आज सब मुब्हम[32] उमंगें, गुंग[33] शिकवों[34] में निहाल[35]
चांद ने छीना है, अरमानों[36] के मुंह से यह सवाल

---

1. पर्वत, 2. जिनके दामन फट चुके, 3. विच्छेद, 4. मौसम, 5. कोमल, 6. निस्तब्धता, 7. उपहार, भेंट, 8. शोक की जलन, 9. चांदनी जैसा शरीर, 10. सुंदरता, 11. अभिलाषा, 12. कहानियों के अन्दर,· 13. संसार, 14. स्तब्ध, 15. स्थिर, 16. अपरिचित, 17. हरियाली, 18. मदोन्मत्तता, 19. सामान, 20. सुगंध, 21. नशा, 22. शीर्षक, 23. जंगल, 24. शिथिल, 25. बोझल, 26. तृप्त, संतुष्ट, 27. घायल, थकित, 28. मौन, 29. जादू, 30. शांति, 31. प्राण, 32. अस्पष्ट, 33. गूंगे, 34. शिकायतें, 35. मालामाल, 36. आकांक्षा।

* नोट : केदारा चांदनी का राग है जिसमें बुनियादी जज़्बा शिकायत है, इसकी पेशकश में हुस्ने-तरकीब (शृंगार रस) का ख़ास ख़याल रखा जाता है।

** इस सारे बन्द में, सा, मा, की सुरों यानी इन आवाज़ों का ख़ास इलतिज़ाम किया गया है।

हम तो महरूमी[1] की राहें तकते तकते मर चले
मुन्तज़िर[2] है कौन ? जानां[3] तुम जो बन-ठनकर चले !
जानां तुम जो बन-ठनकर चले !!

उजड़े उजड़े दिन, अंधेरी कोर[4] रातें भी वबाल[5]
चांदनी के खेत में भी हाल तुझ बिन है यही
कोई रुत[6] हो, हम हैं और यह ख़ुद कलामी[7] का अज़ाब[8]

जैसे इन हालों[9] जिये जाने[10] का ज़ामिन[11] है यही
हम जो हैं मजबूर[12], यह भी ख़ूबि-ए-तक़दीर[13] है
तुम गुरेज़ां[14] हो, गुरेज़ो-नाज़[15] का सिन[16] है यही !!

फैलाव :

और अब पेड़ों की ऊंची कोंपलें भी हो रही हैं ज़र-निगार[17]
चांद औजे-आसमां[18] पर आ चुका, हर शै[19] हुई आईनादार[20]
साए सिमटे, शाख़ों[21] और पत्तों से छनती आ रही है चांदनी
हुस्न[22] की ज़ोहरावशी[23] का रूप, बेमेहरी[24] का रंगे-नाज़[25] बनती
जा रही है चांदनी
हम इसी आलम[26] में महरूमी[27] की राहें तकते-तकते मर चले
मुन्तज़िर[28] है कौन ? जानां[29] तुम जो बन-ठनकर चले
जानां तुम जो बन-ठनकर चले

---

1. दुर्भाग्य, 2. प्रतीक्षा में, 3. प्यारी, 4. ज्योतिहीन, 5. बोझ, कठिन, 6. मौसम, 7. स्वयं से बात करना, 8. यातना, 9. दशा, 10. जीवित रहने, 11. प्रतिभू, 12. असमर्थ, विवश, 13. भाग्य 14. विरक्त, 15. विरक्ति और गर्व, 16. उम्र, 17. स्वर्णजटित, 18. गगन की ऊंचाई, 19. वस्तु, 20. जिससे आईना दिखाने की सेवा ली जाये, 21. डालियां, 22. सौंदर्य, 23. शुक्रग्रह जैसी, 24. बेवफ़ाई, 25. सौंदर्य का रग, 26. दशा, 27. दुर्भाग्य, 28. प्रतीक्षा में, 29. प्यारी।

रसूलन बाई की नज़्र

हसन नईम

रागिनी इस्मत - दरीदा[1], राग ख़ंजर - दर - गुलू[2]
जितने सुर थे ताल का दामन पकड़कर सो गये
कौन इस आलम[3] में सुनता नग़्मः-ए-ख़ूने-रवां[4]
शाम के क़दमों पे कटकर सुब्ह का बाज़ू[5] गिरा

दोपहर का जिस्म[6] झुलसा[7]
वक़्त सहन - ओ - बाम[8] पर नंगा फिरा
कूचः-ओ-बाज़ार[9] से बू-ए-रिफ़ाक़त[10] लौट कर आई नहीं
वो विलंबित हो कि ध्रुपद, सबसे मक़तल[11] की फ़ुग़ां[12]
बेनवा[13] की रूह[14] आवारा हवा से पूछने को चल पड़ी
किस समय का राग गाऊं ?
किन धुनों में ग़म[15] कहूं ?
किस कवि का पांव पकड़ूं ?
किस कथा में जा छुपूं ?
कौन आहों[16] की लपक[17] से, हड्डियों के सोज़[18] से
देखना है अब जलाता है दिये
क़ातिलों का हाथ पकड़े साज़ बैठे हैं अभी

---

1. जिसका सतीत्व लूट लिया गया हो, 2. जिसके गले पर छुरी रखी हो, 3. दशा, दुनिया, 4. बहते हुए रक्त का गीत, 5. बाहु, बांह, 6. शरी, 7. जल गया, 8. आंगन और छत, 9. गलियां और बाज़ार, 10. मैत्री की गन्ध, 11. वधस्थल, 12. आर्तनाद, 13. बेआवाज़, 14. आत्मा, 15. शोक, 16. आर्तनाद, 17. आंच, 18. जलन।

लता मंगेशकर

'अख़्तर' अंसारी

जैसे इक हुजरा[1] कि हो तारीक[2] और ठिठरा हुआ
नाचते रहते हों दिन में जहां रातों के साये
खुल पड़े उसमें दरीचा[3] जानिबे[4]-मश्रिक़[5] कोई
और सूरज बनके रंग-ओ-नूर[6] का तूफ़ां[7] दर आये[8]

जैसे सावन की कोई बेहद अंधेरी रात हो
इक भयानक तीरगी[9] हो हर तरफ़ डेरा जमाए[10]
और इस पुरहौल[11] आलम[12] में फ़राज़े-चर्ख़[13] पर
इक शरारा[14] यानी इक नन्हा सा तारा जगमगाए

जैसे एहसासे-तअल्लुम[15] की फ़रावानी[16] के वक़्त
ज़िह्न[17] में हो यक-ब-यक[18] रंगीं[19] ख़यालों[20] का गुज़र[21]
और दिल में बारिशे - अनवार[22] सी होने लगे
दौड़ जाये इक उजाला सा दर - ओ - दीवार[23] पर

यह हमारे रोज़-ओ-शब[24], यह ख़रख़शे[25], यह जद्दोजिहद[26]
जब यह आलम[27] हो तो क्या कोई हंसे क्या रो सके
फ़न[28] की चाहत[29] के लिए दरकार[30] है ग़म[31] से फ़राग़[32]
सच तो यह है जी[33] ठिकाने हो तो सब कुछ हो सके

फिर भी तेरी ज़ोहरा आहंगी[34] नशाते-गोश[35] है
दरखुरे - तौसीफ़[36] है गाना तेरा हर हाल में
जिसकी धुन पर वज्द[37] करता है मज़ाके-सामिआ[38]
लायक़े-तहसीं[39] है वो नग़्मा[40] तिरा हर हाल में

---

1. कोठरी, 2. अंधेरा, 3. खिड़की, 4. ओर, 5. पूर्व, 6. रंग और प्रकाश, 7. तूफ़ान, 8. घुस आये, 9. अंधकार, 10. छाई हुई, 11. भयानक, 12. दशा, 13. गगन की ऊंचाई, 14. चिंगारी, 15. पीड़ा का अनुभव, 16. अधिकता, 17. बुद्धि, मस्तिष्क, 18. सहसा, 19. सुंदर, 20. विचारों, 21. प्रवेश, 22. प्रकाश (ब. व.), 23. दरवाज़े और दीवार, 24. दिन-रात, 25. विघ्न, परेशानी, 26. संघर्ष, 27. हालत, दशा, 28. कला, 29. प्रेम, 30. आवश्यक, 31. शोक, 32. अवकाश, 33. दिल, 34. वीनस जैसी आवाज, 35. कानों का सुख, 36. प्रशंसा के योग्य, 37. झूमना, 38. सुननेवालों का ज़ौक़, 39. सराहना योग्य, 40. गीत।

एक जादू है वो नग़्मा जो क़तार अन्दर क़तार[1]
इम्बिसात[2]-ओ-कैफ़[3]-ओ-बहजत[4] के दिये रौशन करे[5]
एक अफ़्सूं[6] है वो लय जो कारवां दर कारवां
लज़्ज़ते - फ़न[7] की मुहब्बत[8] के दिए रौशन करे

इक बशारत[9] है वो लहने-दिलफ़रेब[10]-ओ-दिलरुबा[11]
लाखों ज़िह्नों[12] पर जो फेंके सहरे-मूसीक़ी[13] का जाल
लाखों ज़िह्नों को जो बख़्शे[14] एक ख़ुशआयन्द[15] ख़याल[16]
एक पाकीज़ा[17] तहैयुर,[18] एक मासूम[19] इंफ़आल[20]

जिससे लाखों ख़ुफ़्ता[21] रूहें[22] चौंक कर बेदार[23] हों
लाखों ख़्वाबीदा[24] दिमाग़ अंगड़ाइयां लेने लगें
लाखों सीनों में सुलग उट्ठें तमन्नाओं[25] की आंच
लाखों दिल इस तरह जल उठें कि लौ देने लगें

जिसके दम से लाखों इंसानी घरों में रात दिन
बेशुमार[26] इंसान, ग़म[27] से बोझ को हल्का करें
अनगिनत आबादियां[28] इंसान की सुब्ह-ओ-मसा[29]
जिसकी दिलआवेज़[30] गूंजों से पड़ी छलका करें

सहर[31] है वो साज़[32] जिसके पर्दे में यह ज़िंदगी
इक सुहानी दास्तां[33] कहती हुई मालूम हो
वो नवा[34] एजाज़[35] है जिसके असर से कायनात[36]
गीत के तूफ़ान में बहती हुई मालूम हो

---

1. पंक्तियों के अन्दर 2. आनंद, 3. मस्ती, 4. ख़ुशी, आनंद, 5. जलाए, 6. जादू, 7. कला का आनंद, 8. प्रेम, 9. ख़ुशख़बरी, 10. आकर्षक आवाज़, 11. मोहक, 12. मस्तिष्क, 13. संगीत का जादू, 14. प्रदान करे, 15. नेक, अच्छा, 16. कल्पना, 17. पवित्र, 18. विस्मय, आश्चर्य, 19. निष्पाप, 20. लज्जा, शर्म, 21. सुप्त, 22. आत्मायें, 23. जाग्रत, 24. नींद में डूबे हुए, 25. आकांक्षा, 26. अनगिनत, 27. शोक, 28. बस्तियां, 29. सुबह-शाम, 30. मनमोहक, 31. जादू, 32. वाद्य, 33. कहानी, 34. आवाज़, 35. चमत्कार, 36. ब्रह्मांड।

लता मंगेशकर के नाम

'मजरूह' सुल्तानपुरी

मुझसे चलता है सरे - बज़्म[1] सुख़न[2] का जादू
चांद लफ़्ज़ों[3] के निकलते हैं मिरे सीने से
मैं दिखाता हूं ख़यालात[4] के चेहरे सबको
सूरतें[5] आती हैं बाहर मिरे आईने से

हां मगर आज मिरे तर्ज़े - बयां[6] का यह हाल
अजनबी[7] कोई किसी बज़्मे - सुख़न[8] में जैसे
वो ख़यालों के सनम[9] और वो अल्फ़ाज़[10] के चांद
बेवतन हो गये अपने ही वतन[11] में जैसे

फिर भी क्या कम है जहां रंग न ख़ुशबू[12] है कोई
तेरे होंठों से महक[13] जाते हैं अफ़कार[14] मिरे
मेरे लफ़्ज़ों[15] को जो छू लेती है आवाज़ तिरी
सरहदें[16] तोड़ के उड़ जाते हैं अशआर[17] मिरे

तुझको मालूम नहीं या तुझे मालूम भी हो
वो सियहबख़्त[18] जिन्हें ग़म[19] ने सताया बरसों
एक लम्हे[20] को जो सुन लेते हैं नग़्मा[21] तेरा
फिर उन्हें रहती है जीने की तमन्ना[22] बरसों

जिस घड़ी डूब के आहंग[23] में तू गाती है
आयतें[24] पढ़ती है साज़ों[25] की सदा तेरे लिए
दम - ब - दम[26] ख़ैर मनाते हैं तिरी चंग-ओ-रबाब[27]
सीना-ए-नै[28] से निकलती है दुआ तेरे लिए

---

1. महफ़िल में, 2. शाइरी, 3. शब्द 4. विचार, 5. रूप, 6. बयान का ढंग, 7. अपरिचित, 8. कवियों की गोष्ठी, 9. मूर्तियां, बुत, 10. शब्द, 11. देश, 12. सुगंध, 13. सुगंध, 14. विचार, ख़याल, 15. शब्दों, 16. सीमायें, 17. शेर, (ब.व.) 18. अभागे, 19. शोक, दुख, 20. क्षण, 21. गीत, 22. अभिलाषा, 23. आलाप, 24. क़ुरआन का वाक्य, 25. वाद्य, 26. हर वक़्त, 27. चंग और वीणा, 28. बांसुरी का सीना।

नग़्मः - ओ - साज़[1] के ज़ेवर से रहे तेरा सिंगार
हो तिरी मांग में तेरे ही सुरों की अफ़शां[2]
तेरी तानों से तिरी आंख में काजल की लकीर
हाथ में तेरे ही गीतों की हिना[3] हो रख़शां[4]

इकतारे का जादू

'जोश' मलीहाबादी

बर्क़[5] पर्वर[6] ज़िंदगी वाबस्ता-ए-सद पेच-ओ-ताब[7]
अब्र[8] की बारीक चादर, दोपहर का आफ़ताब[9]

हाशिये[10] पर शहर के, इक बाग़, वीरान-ओ-तबाह[11]
बाग़ के दामन में इक उजड़ी हुई सी शाहराह[12]

गामज़न[13] इस रास्ते पर एक पीरे - नातवां[14]
हात में 'इकतारा' लब[15] पर रागिनी की सिसकियां

तुन्दरौ[16] झोंकों के शाने[17] पर हरारत[18] का दबाव
जिनमें इकतारे की आवाज़ों का बे परवा बहाव

लर्ज़िशों[19] से तार की फीकी फ़ज़ा[20] में इक कसक[21]
इब्तिदा-ए-इश्क़[22] में जिस तरह नब्ज़ों[23] की धमक[24]

दे तो दूं तश्बीह[25], लेकिन किसको आयेगा यक़ीं[26]
आंसुओं की रागिनी से अंजुमन[27] वाक़िफ़[28] नहीं

---

1. गीत और वाद्य, 2. चमक, 3. मेंहदी, 4. चमकीला, 5. बिजली, 6. पालनेवाला, 7. सैकड़ों मोड़ों में उलझी हुई, 8. बादल, 9. सूर्य, 10. किनारा, 11. नष्ट-भ्रष्ट, 12. राजमार्ग, 13. गतिशील, 14. दुर्बल वृद्ध, 15. होंठ, 16. तेज़ वेगशील, 17. कंधे, 18. बुख़ार, गर्मी, 19. कम्पन, 20. वातावरण, 21. दर्द, चुभन, 22. प्रेम का आरम्भ, 23. नाड़ी, 24. गति, 25. उपमा, 26. विश्वास, 27. महफ़िल, 28. परिचित।

इस मज़े[1] के साथ जां - अफ़रोज़[2] तानें मुज़्महिल[3]
करवटें सीने में ले जिस कर्ब[4] से शाइर का दिल

यूं लरज़ते[5] साज़[6] के बेचैन शोबे[7] दिलनशीं[8]
पेंग ले जिस तर्ह कोई फ़ितनः[9]-ए-दुनियां-ओ-दीं[10]

अंतरों में झुटपुटे के वक़्त की सी आबेः-जू[11]
ज़ीर - ओ - बम[12] के लोच[13] में रफ़्तारे-नब्ज़े-आरज़ू[14]

रागिनी की नर्म लहरें, जागती सोती हुई
बह रही है पर्दाहा - ए - दिल[15] से मस[16] होती हुई

ज़र्रा ज़र्रा[17] इक नए सांचे में ढलने के क़रीब[18]
आलमे - अस्बाब[19] है गोया पिघलने के क़रीब

ढोलक का गीत

'अख़्तर' अंसारी

यह गीत वो दिलकश[20] सावन है
हो जिससे इबारत[21] दिल की बहार
तख़ईल[22] के ताइर[23] की चहकार
नाज़ुक[24] से हसीं[25] बोलों की फुआर
यह गीत वो दिलकश सावन है

---

1. आनंद, 2. प्रकाशमान करनेवाला, 3. शिथिल, सुस्त, 4. कष्ट, 5. कांपते, 6. वाद्य, 7. विभाग, 8. मनमोहक, 9. उपद्रव, 10. दीन और दुनिया, 11. नदी, 12. उतार-चढ़ाव, 13. लचक, 14. आरज़ू की नाड़ी की गति, 15. दिल के पर्दे, 16. छूना, स्पर्श, 17. कण-कण, 18. निकट, 19. संसार, 20. आकर्षक, 21. वर्णन, 22. कल्पना, 23. पक्षी, 24. कोमल, 25. सुंदर।

यह गीत वो रंगीं दामन है
जिसमें हों भरे रूमान[1] के फूल
अश्कों[2] के गुहर[3], अरमान[4] के फूल
इदराक[5] के गुल,[6] इरफ़ान[7] के फूल
यह गीत वो रंगीं दामन है

यह गीत वो बजता झांझन है
हो जिसमें निहां[8] इक ज़मज़माज़ार[9]
इठलाती जवानी की रफ़्तार[10]
बदमस्त[11] अदाओं[12] की झंकार
यह गीत वो बजता झांझन है

यह गीत वो क़ातिल[13] चिल्मन[14] है
मस्तूर[15] हो जिसमें कोई हीर
नाहीद ख़िसाल[16] - ओ - माहे - मुनीर[17]
इक बांकी छुरी तीखी शमशीर[18]
यह गीत वो क़ातिल चिलमन है

यह गीत वो ताबां[19] गुलशन[20] है
हो जिसमें बहारों की रौनक़[21]
रावी के नज़ारों[22] की रौनक़
झेलम के किनारों की रौनक़
यह गीत वो ताबां गुलशन है

पंजाब के दिल की धड़कन है
यह अहले - ग़िना[23] की जीत नहीं
यह साज़ नहीं, संगीत नहीं
यह गीत नहीं, यह गीत नहीं
पंजाब के दिल की धड़कन है

---

1. मुहब्बत, 2. आंसू, 3. मोती, 4. आकांक्षा, 5. ज्ञान, बुद्धि, 6. फूल, 7. ब्रह्मज्ञान, 8. गुप्त, छुपे हुए, 9. गीतों-भरा उपवन, 10. गति, 11. नशे में मस्त, 12. हाव-भाव, 13. बधिक, क़त्ल करनेवाला, 14. परदा, 15. पोशीदा, छिपी हुई, 16. ज़ोहरा तारे की तरह खूबसूरत, 17. प्रकाशमान चांद, 18. तलवार, 19. उज्ज्वल, चमकदार, 20. उपवन, 21. शोभा, 22. दृश्य, 23. संगीतज्ञ।

हुसैन का आर्ट

सिकन्दर अली 'वज्द'

बेहिजाब[1] तस्वीरें, बेपनाह[2] शम्शीरें[3]
दिलफ़रेब[4] ख़्वाबों[5] की बेलिहाज़[6] ताबीरें[7]

शहरे - शादि - ओ - ग़म[8] के शानदार[9] वीराने
फ़िक्र-ओ-फ़न[10] की महफ़िल[11] के जानदार अफ़साने[12]

आरज़ू[13] का हंगामा[14], पैकरों[15] की बेदारी[16]
परफ़शां[17] अदाओं[18] में सादगी - ओ - पुरकारी[19]

मिस्ले-सुब्ह[20] रौशन[21] हैं रम्ज़-ओ-राज़[22] फ़ितरत[23] के
रंग-ओ-ख़त[24] में लर्ज़ां[25] हैं रूप देखे अनदेखे

नग़्माख़्वां[26] लकीरों से दिलकशी[27] बरसती है
ताबनाक[28] रंगों में रक़्से - रूहे - हस्ती[29] है

फूल का तबस्सुम[30] है, तिफ़्ल[31] का तकल्लुम[32] है
शेर का तरन्नुम[33] है, सैल[34] का तलातुम[35] है

दिलनशीं[36] निगाहों[37] में, दिलफ़िगार[38] आहें[39] हैं
मंज़िले - तमन्ना[40] की दिलनवाज़[41] राहें[42] हैं

नक़्श[43] हैं नए अरमां[44], नौबहार[45] चेहरों पर
लोचदार[46] जिस्मों[47] में जज़्बे[48] - वस्ल[49] का जौहर[50]

---

1. बेपर्दा, 2. अत्यधिक, 3. तलवारें, 4. आकर्षक, 5. स्वप्न, 6. निस्संकोच, 7. स्वप्न-फल, 8. हर्ष और शोक का नगर, 9. भव्य, 10. चिंतन और कला, 11. गोष्ठी, 12. कहानियां, 13. आकांक्षा, 14. कोलाहल, 15. आकार, 16. जागना, 17. पर फैलाए हुए, 18. हावभाव, 19. चालाकी, 20. सुबह की तरह, 21. प्रकाशमान, 22. रहस्य और भेद, 23. कुदरत, प्रकृति, 24. रंग और रेखायें, 25. कम्पायमान, 26. गाती हुई, 27. आकर्षण, 28. आभायुक्त, 29. अस्तित्व की आत्मा का नृत्य, 30. मुस्कुराहट, 31. शिशु, 32. बातचीत, 33. माधुर्य, 34. प्रवाह, बहाव, 35. वेग, बाढ़, 36. दिल में घुस जानेवाली, 37. नज़र, 38. हृदय-विदारक, 39. आर्तनाद, 40. आकांक्षा की मंज़िल, 41. मोहक, आकर्षक, 42. मार्ग, रास्ते, 43. अंकित, 44. आकांक्षायें, 45. नये, ताजा, 46. लचकदार, 47. शरीर, 48. भावना, 49. मिलन, 50. रत्न।

वलवलों[1] की रंगानी[2], हौसलों[3] की बरनाई[4]
इस तिलिस्मे - हैरत[5] में दमबख़ुद[6] है दानाई[7]

ख़ैर - ओ - शर[8] की आवेज़िश[9], दास्तोन-बेपायां[10]
गुलफ़िशां[11] कई मंज़र[12], ख़ूंचकां[13] कई उनवां[14]

दर्द-ओ-ग़म[15] के जादे[16] पर उम्र[17] का सफ़र[18] तनहा[19]
हर क़दम पे हंगामा[20], आदमी मगर तनहा

सैकड़ों मआनी[21] हैं सरसरी[22] इशारों में
हुस्नकार[23] करता है बात इस्तआरों[24] में

ज़िंदगी की नक़्क़ाली, एक शग़्ले-तिफ़लां[25] है
ज़िंदगी की तब्दीली[26] सिर्फ़ कारे-मर्दां[27] है

---

1. जोश, 2. सुंदरता, 3. साहस, 4. जवानी, यौवन, 5. आश्चर्य का जादू, 6. सांस रोके हुए, 7. बुद्धिमत्ता, 8. कल्याण और उपद्रव, 9. लाग-डांट, संघर्ष, 10. असीम कहानी, 11. फूल बरसानेवाले, 12. दृश्य, 13. ख़ून टपकानेवाले, 14. शीर्षक, 15. कष्ट और शोक, 16. राह, मार्ग, 17. आयु, 18. यात्रा, 19. अकेले, 20. कोलाहल, 21. अर्थ, 22. मामूली, आम, 23. सौंदर्य का ज्ञाता, 24. इशारों, 25. बच्चों का खेल, 26. परिवर्तन, 27. मर्दों का काम।

नवां अध्याय

हमारे धार्मिक नेता

शंकर-दर्शन

मुंशी द्वारका प्रसाद 'उफ़ुक़' लखनवी

ओम रुद्राय नमः नोके - ज़ुबां[1] से निकले
बम महादेव लबे-किल्ले-रवां से[2] निकले
जय सतीपत की सदा नुत्क़[3]-ओ-दहां[4] से निकले
शब्द शिव-शिव का हर अंदाज़े-बयां[5] से निकले

जागते सोते लगे कंठ को रट हर हर की
साथ हर सांस के आवाज़ हो जयशंकर की

वाह-वाह वा है किस शान का अरधंक सरूप
जगत् मात एक तरफ़ एक तरफ़ है सर भूप
रात शिव, गौर हैं दिन, छांव हैं शिव, गौर हैं धूप
इनका अंदाज़ निराला है तो सजधज है अनूप

कहूं अफ़ज़ल[6] किसे, हैं हुस्न में ग़ालिब[7] दोनों
एक क़ालिब[8] में हैं यकजान-ओ-दो क़ालिब[9] दोनों

जिस्म[10] का रंग चमकते हुए नीलम की मिसाल
चांद की रुख़[11] में चमक चेहरे पे सूरज का जलाल[12]
चांद पेशानि-ए-रौशन[13] पे ज़ियाबख़्श[14] हिलाल[15]
जा-ए-मलबूसे-बदन[16] बैल हिरन शेर की खाल

नाज़[17] कानों को है आवेज़ा[18]-ए-नूरानी[19] पर
बन्द एजाज़[20] भरी आंख है पेशानी[21] पर

---

1. ज़बान की नोक, 2. गतिशील कलम के होंठ, 3. वाणी, 4. मुख, 5. बयान का अंदाज, 6. श्रेष्ठ, 7. छाए हुए, 8. शरीर, 9. एक प्राण दो शरीर, 10. शरीर, 11. चेहरा, 12. प्रताप, तेज़, 13. प्रकाशमान, ललाट, 14. ज्योतिर्मय, 15. नवचंद्र, 16. वस्त्र, 17. गर्व, 18. बुन्दे, 19. चमकते हुए, 20. चमत्कार, 21. ललाट।

हैं श्री पार्बती ज़ुज़्वे-बदन[1] जान के पास
चांद से मुखड़े की ज़ौ[2] से है मुनव्वर[3] कैलास
नूर[4] बरसाता है ज़रकार[5] उरूसाना लिबास[6]
ज़ेवरों में हैं जड़े नीलम-ओ-लाल-ओ-अल्मास[7]

चांदनी छिटकी हुई चेहरः - ए - पुरनूर[8] से है
शफ़क़े - शाम[9] अयां[10] मांग के सिंदूर से है

क्या कहें मोजिज़ा[11] क्या जिन-ओ-बशर[12] देखते हैं
एक ही वक़्त बहम[13] शाम-ओ-सहर[14] देखते हैं
इस तरफ़ देखते हैं ख़्वाह[15] उधर देखते हैं
क़ुदरते-लैल-ओ-निहार[16] अहले-नज़र[17] देखते हैं

परतवे-रुख़[18] से सफ़ेदी बनीं और आंखों की
अक्स[19] से शिव के सियाही बढ़ी और आंखों की

अब्र[20] शिव पार्वती साइक़ः[21] - ए - नूर - फ़िशां[22]
रुख़[23] यह वो गेसू-ए-शबरंग[24] यह शोला[25] वो धुआं
क़ुदरतें[26] दोनों की, एजाज़[27] हैं दोनों के अयां[28]
महे-शाम[29] इनसे तो मिहरे-सहर[30] उनसे ताबां[31]

क्यों न मालिक हों सफ़ेद और सियह[32] के दोनों
मस्त-ओ-मसरूर[33] हैं कैलास में रह के दोनों

---

1. शरीर का अंग, 2. प्रकाश, 3. प्रकाश, 4. प्रकाश, 5. सुनहरी काम का, 6. शादी का जोड़ा, 7. हीरा, 8. प्रकाश से पूर्ण चेहरा, 9. सायंकाल की लाली, 10. प्रकट, 11. चमत्कार, 12. जिन्न और इंसान, 13. परस्पर, एक साथ, 14. सायं और प्रातःकाल, 15. चाहे, 16. दिन-रात, 17. समझदार, पैनी दृष्टिवाले, 18. चेहरे का प्रतिबिम्ब, 19. प्रतिबिम्ब, 20. बादल, 21. बिजली, 22. प्रकाश देनेवाला, 23. चेहरा, 24. काले बाल, 25. ज्वाला, 26. शक्ति, सामर्थ्य, 27. विलक्षणता, 28. प्रकट, 29. शाम का चंद्रमा, 30. सुबह का सूरज, 31. प्रकाशमान, 32. काला, 33. मदोन्मत्त और प्रफुल्ल।

शिवजी की तारीफ़ में

'मुनव्वर' लखनवी

चांद आधा है नमूदार[1] जबीं[2] पर जिनकी
क़ौसे-ज़र्री[3] है ज़ौबार[4] जबीं पर जिनकी

ज़ात है जिनकी बड़ी नाम बड़ा है जिनका
बात है जिनकी बड़ी काम बड़ा है जिनका

सबसे मुम्ताज़[5] जो हैं जिनसे बड़ा कोई नहीं
जिनसे तौक़ीर[6] में अज़मत[7] में सिवा[8] कोई नहीं

जिनकी अज़मत का ठिकाना नहीं नामी जो हैं
जगत ईश्वर हैं जो, संसार के स्वामी जो हैं

ख़ुर्द[9] से ख़ुर्द हैं बारीक से बारीक जो हैं
दूर से दूर हैं नज़दीक से नज़दीक[10] जो हैं

जामः-ए-ख़ाक[11] में है जल्वातराज़ी[12] जिनकी
है तमाशः - ए - नज़र[13] शोब्दाबाज़ी[14] जिनकी

सूरतें ज़ेब - दहे - आलमे - इमकां[15] हैं कई
एक अफ़साना-ए-तौहीद[16] के उनवां[17] हैं कई

है इसी रब्त[18] का मुहताज[19] क़यामे-दुनिया[20]
मुनहसिर[21] है इन्हीं शक्लों[22] पे निज़ामे-दुनिया[23]

---

1. प्रकट, 2. ललाट, माथा, 3. स्वर्णधनुष, 4. प्रकाशमान, 5. श्रेष्ठ, 6. प्रतिष्ठा, 7. महानता, 8. अधिक, 9. छोटा, 10. निकट, 11. भभूत, 12. दर्शन, 13. नज़र का खेल, 14. चमत्कार, 15. संसार को विभूषित करनेवाली, 16. अद्वैतबाद की कहानी, 17. शीर्षक, 18. संबंध 19. ज़रूरतमंद, 20. दुनिया का अस्तित्व, 21. अवलम्बित, निर्भर, 22. रूप, 23. संसार का विधान।

जिनकी तहरीक[1] से चलता है यह दिलचस्प[2] निज़ाम[3]
जिस तरह हाथ में थामे हुए घोड़ों की लगाम

रथ को अपने कोई रथवान रवां[4] रखता है
उसकी रफ़्तार[5] पे चश्मे - निगरां[6] रखता है

ऐशे - जावेद[7] के अस्बाब[8] हैं पैदा जिनसे
इशरताबाद[9] है दिल अहले - सफ़ा[10] का जिनसे

जिनके दीदार[11] की रखते हैं तमन्ना[12] जोगी
ध्यान करते हैं बड़े शौक़ से जिनका जोगी

जल्वा-अफ़रोज़[13] पसे-परदा-ए-बातिन[14] जो हैं
हर नफ़स[15] आलमे-असरार[16] में साकिन[17] जो हैं

मोक्ष जो मोक्ष के तालिब[18] को अता[19] करते हैं
रूह को क़ैदे-तनासुख़[20] से रिहा[21] करते हैं

हमातन लुत्फ़[22] हैं मसरूफ़े-करम[23] रहते हैं
मग़्फ़िरतबख़्श[24] जिन्हें अहले-नज़र[25] कहते हैं

(कालिदासकृत 'कुमारसंभव' का अनुवाद)

1. प्रेरणा, 2. रोचक, 3. विधान, 4. गतिशील, 5. गति, 6. निरीक्षक की आंख, 7. शाश्वत सुख, 8. सामान, 9. रतिगृह, 10. पवित्र आत्मा, 11. दर्शन, 12. अभिलाषा, 13. दर्शन दे रहे हैं, 14. अंतरात्मा के पर्दे के पीछे, 15. सांस, 16. रहस्यमय संसार, 17. निवासी, 18. इच्छुक, 19. प्रदान, 20. आवागमन, 21. छुटकारा, 22. साकार प्रेम, 23. दयादान में व्यस्त, 24. मुक्ति दिलानेवाला, 25. समझदार।

राम

डॉक्टर मुहम्मद इक़बाल

लबरेज़[1] है शराबे - हक़ीक़त[2] से जामे - हिंद[3]
सब फ़लसफ़ी[4] हैं ख़ित्तः-ए-मग़रिब[5] के रामे-हिंद[6]

यह हिन्दियों की फ़िक्रे-फ़लकरस[7] का है असर[8]
रिफ़अत[9] में आसमां से भी ऊंचा है बामे - हिंद[10]

इस देस में हुए हैं हज़ारों मलक[11] सिरिश्त[12]
मशहूर जिनके दम से है दुनिया में नामे-हिंद

है राम के वुजूद[13] पे हिन्दोस्तां को नाज़[14]
अहले-नज़र[15] समझते हैं उसको इमामे-हिंद[16]

एजाज़[17] इस चिराग़े - हिदायत[18] से है यही
रौशनतर[19] अज़ सहर[20] है ज़माने में शामे - हिंद[21]

तलवार का धनी था शुजाअत[22] में फ़र्द[23] था
पाकीज़गी[24] में, जोशे - मुहब्बत[25] में फ़र्द था

---

1. भरा हुआ, 2. सत्य की मदिरा, 3. भारत का प्याला, 4. दार्शनिक, 5. पश्चिमी क्षेत्र, 6. हिंद के राम, 7. गगनचुम्बी चिंतन, 8. प्रभाव, 9. ऊंचाई, 10. अट्टालिका, 11. देवता, 12. पैदा, 13. अस्तित्व, 14. गर्व, 15. नज़रवाले, 16. भारत का नेता, 17. चमत्कार, 18. उपदेश, 19. प्रकाशमान, 20. प्रातःकाल से भी अधिक, 21. भारत की शाम, 22. बहादुरी, साहस, 23. अद्वितीय, 24. पवित्रता, 25. प्रेम-उत्साह।

श्रीरामचंद्र

ज़फ़र अली ख़ां

न तो नाक़ूस[1] से है और न असनाम[2] से है
हिंद की गर्मि - ए - हंगामा[3] तिरे नाम से है

मैं तिरे शेवः - ए - तसलीम[4] पे सर धुनता हूं
कि यह इक दूर की निसबत[5] तुझे इस्लाम से है

हो वो छोटों की इताअत[6] कि बड़ों की शफ़क़त[7]
ज़िंदा दोनों की हक़ीक़त[8] तिरे पैग़ाम[9] से है

तेरी तालीम[10] हुई नज़्रे - ख़ुराफ़ाते - फ़िरंग[11]
बिरहमन को यह गिला[12] गर्दिशे-अय्याम[13] से है

नक़्शे - तहज़ीबे - हुनूद[14] अब भी नुमायां[15] है अगर
तो वो सीता से है, लक्ष्मण से है और राम से है

राम

'साग़र' निज़ामी

जिसका दिल था एक शम्ए - ताक़े - ऐवाने - हयात[16]
रूह[17] जिसकी आफ़ताबे - सुब्हे - इरफ़ाने - हयात[18]

ज़िंदगी की रिफ़अतों[19] से मंज़िलों[20] ऊंचा था वो
आस्माने-मारिफ़त[21] का एक सय्यारा[22] था वो

---

1. शंख, 2. मूर्तियां, 3. समय का जोश, धूमधाम, 4. आज्ञाकारिता, 5. संबंध, रिश्ता, 6. आज्ञापालन, 7. वात्सल्य, दया, 8. वास्तविकता, 9. सन्देश, 10. शिक्षा, 11. अंग्रेज़ के झूठ की भेंट, 12. शिकायत, 13. समय का चक्र, 14. हिंदू सभ्यता के निशान, 15. प्रत्यक्ष, ज़ाहिर, 16. जीवन-भवन के ताक़ का चिराग़, 17. आत्मा, 18. जीवन-ज्ञान के प्रातः का सूर्य, 19. ऊंचाइयों, 20. अत्यधिक, 21. अध्यात्म का आकाश, 22. नक्षत्र।

सामने जिसके लरज़ उट्ठा शिकोहे - सरवरी[1]
वो बहादुर जिसने बातिल[2] को शिकस्ते - फ़ाश दी[3]

जिसका हर जल्वा शुआ-ए-हक़[4] का मज़हर[5] हो गया
ज़र्रा ज़र्रा जिसके परतव[6] से मुनव्वर[7] हो गया

हिन्दियों के दिल में बाक़ी है मुहब्बत राम की
मिट नहीं सकती क़यामत तक हुकूमत राम की

ज़िंदगी की रूह था, रूहानियत की शान था
वो मुजस्सम[8] रूप में इंसान के, इरफ़ान[9] था

श्रीकृष्ण

मुंशी बनवारीलाल 'शोला'

श्री जगदीश वृन्दाबन बिहारी
श्री राधारमन माधव मुरारी

श्री गोबिन्द राधा कृष्ण गोपाल
मदनमोहन श्री घनश्याम नन्दलाल

श्री मुरली मनोहर श्यामसुंदर
श्री भगवान गोपीनाथ गिरिधर

मुकुटधारी मदनगोपाल मोहन
नवल सुंदर छबीले लाल मोहन

तु ही है हुस्ने - रुख़सारे - हक़ीक़त[10]
तु ही है परदा बरदारे - हक़ीक़त[11]

---

1. अधिपति का प्रताप, 2. झूठ, 3. पराजय, 4. सत्य की किरणें, 5. द्योतक, 6. अबरा, प्रतिबिम्ब, 7. प्रकाशमान, 8. साकार, 9. ब्रह्मज्ञान, 10. सत्य के कपोलों का सौंदर्य, 11. सत्य का झंडा ऊंचा करनेवाला।

तु ही है काशिफ़े - असरारे - अज़ली[1]
तु ही है रूनुमा - ए - हुस्ने - अबदी[2]

तु ही है जल्वाफ़रमा - ए - दो आलम[3]
तु ही है ख़ुद तमाशा - ए - दो आलम[4]

तु ही लौहे - तिलिस्मे - जान - ओ - तन है[5]
तु ही बख़्शिन्दा - ए - रूह - ओ - बदन है[6]

तु ही वहशत[7] फ़िज़ा - ए - इश्क़े - रुसवा[8]
तु ही नक़्शो - निगारे - हुस्ने - ज़ेबा[9]

तु ही है मूजिदे - ईजादे - कौनैन[10]
तु ही है बानि - ए - बुनियादे - कौनैन[11]

तु ही है रौनक़े - गर्मि - ए - बाज़ार[12]
तु ही ख़ुद जिंस[13] तू ही ख़ुद ख़रीदार

तु ही है नग़्मः-ए-बुलबुल[14] चमन में
तु ही है गुंचा[15] तू ही गुल[16] चमन[17] में

तु ही परवाना[18] तू ही शम्ए - महफ़िल[19]
तु ही गुलबन[20] तु ही शोरे - अनादिल[21]

तु ही लक्ष्मण तु ही सीता तु ही राम
तु ही गोपी तु ही राधा तु ही श्याम

---

1. अनादिकाल के रहस्य खोलनेवाला, 2. शाश्वत सौंदर्य को प्रकट करेनवाला, 3. दोनों आलम में जल्वा दिखानेवाला, 4. दोनों लोकों का तमाशा, 5. शरीर और प्राण का जादू, 6. आत्मा और शरीर प्रदान करनेवाला, 7. घबराहट, 8. बदनाम इश्क़ का वातावरण, 9. सुशोभित सौंदर्य के बेलबूटे, 10. संसार की सृष्टि का आविष्कारक, 11. संसार की बुनियाद रखनेवाला, 12. बाज़ार की गर्मी की रौनक़, 13. वस्तु, पदार्थ, 14. बुलबुल का संगीत, 15. कली, 16. फूल, 17. उपवन, 18. पतंगा, 19. महफ़िल की शाम, 20. सुर्ख़ गुलाब, 21. बुलबुल का शोर।

ज़मीन[1]-ओ-चर्ख़[2]-ओ-मिहर[3]-ओ-माह[4] तेरे
दो आलम[5] हैं तमाशागाह[6] तेरे

फ़ना[7] तर्ज़े - ख़रामे - नाज़[8] की आन[9]
बक़ा[10] है एक लब[11] की तेरे मुस्कान[12]

बुते[13] - चितचोर माख़न के लुटेरे
हयात - ओ - मौत[14] दोनों खेल तेरे

नुमूदे - आफ़रीनश[15] है तुझी से
वुजूदे - आफ़रीनश[16] है तुझी से

तू ही ख़ल्लाक़[17] है कौन-ओ-मकां[18] का
तू ही रज़्ज़ाक़[19] है हर इंस-ओ-जां[20] का

अलग कब तुझसे तेरी गुफ़्तुगू[21] है
ग़रज़[22] इक तू ही तू है, तू ही तू है

कृष्ण

'हसरत' मोहानी

मथुरा कि नगर है आशिक़ी[23] का
दम भरती है आरज़ू[24] इसी का

हर ज़र्रः - ए - सरज़मीने - गोकुल[25]
दारा[26] है जमाले - दिलबरी[27] का

---

1. धरती, 2. आकाश, 3. सूरज, 4. चांद, 5. दोनों लोक, 6. क्रीड़ास्थल, 7. मृत्यु, 8. सौंदर्य की मंद गति, 9. इज़्ज़त, 10. अस्तित्व, 11. होंठ, 12. मुस्कुराहट, 13. मूर्ति, 14. जीवन-मृत्यु, 15. सृष्टि को बढ़ानेवाला, 16. सृष्टि का अस्तित्व, 17. स्रष्टा, 18. संसार, 19. अन्नदाता, 20. मानव जाति, 21. वार्तालाप, बातचीत, 22. अर्थात्, यानी, 23. प्रेम, 24. अभिलाषा, 25. गोकुल की धरती का हर कण, 26. बादशाह, 27. मोहक सौंदर्य।

बरसाना - ओ - नन्दगांव में भी
देख आये हैं जल्वा[1] हम किसी का

पैग़ामे - हयाते - जाविदां[3] था
हर नग़्मा[4] कृष्ण बांसुरी का

वो नूरे - सियाह[5] या कि 'हसरत'
सरचश्मा[6] फ़रोग़े - आगही[7] का

श्रीकृष्ण

'सीमाब' अकबराबादी

हुआ तुलूअ[7] सितारों की दिलकशी[8] लेकर
सुरूर[9] आंख में नज़रों में ज़िंदगी[10] लेकर
ख़ुदी[11] के होश उड़ाने बसद-नियाज़[12] आया
नये पियालों में सहबा - ए - बेख़ुदी[13] लेकर
फ़ज़ा-ए-दहर[14] में गाता फिरा वो प्रीत के गीत
नशातख़ेज़[15] - ओ - सुकूरेज़[16] बांसुरी लेकर
जहाने-क़ल्ब[17] सरापा[18] गुदाज़[19] बन ही गया
हर एक ज़र्रा[20] मुहब्बत का साज़[21] बन ही गया

जमाल-ओ-हुस्न[22] के काफ़िर[23] निखार से खेला
रियाज़े - इश्क़[24] की रंगीं[25] बहार से खेला
पयमबरों[26] की कभी रस्म की अदा उसने
ग्वाला बनके कभी सब्ज़ाज़ार[27] से खेला
बहा दिए कभी ठोकर से प्रेम के चश्मे[28]
कभी जमन, कभी गंगा की धार से खेला

1. दर्शन, 2. शाश्वत जीवन का संदेश, 3. संगीत, 4. सांवला प्रकाश, 5. स्रोत, 6. चेतना का प्रकाश, 7. उदय, 8. मोहकता, 9. नशा, मस्ती, 10. जीवन, 11. अहं, 12. सैकड़ों विनम्रतायें लेकर, 13. बेख़ुदी की शराब, 14. संसार का वातावरण, 15. आनंदायक, 16. शांतिप्रद, 17. दुनिया का हृदय, 18. सर से पांव तक, 19. मृदुल, 20. कण, 21. बाजा, 22. सौंदर्य, 23. ज़ालिम, निर्दयी, 24. प्रेम तपस्या, 25. रंगीन, सुंदर, 26. ईश्वर-अवतार, संदेशवाहक, 27. हरे-भरे मैदान, 28. स्रोत।

हंसी हंसी में वो ख़ुद दर्द झेलता ही रहा
करिश्माबाज़[1], ज़माने से खेलता ही रहा

किया ज़माने को मामूर[2] अपने नग़्मों[3] से
सिखाए इश्क़[4] के दस्तूर[5] अपने नग़्मों से
सदाक़त[6] और मुहब्बत की उसने दी तालीम[7]
अंधेरियों में भरा नूर[8] अपने नग़्मों से
लताफ़तों[9] से किया अर्ज़े-हिंद[10] को लबरेज़[11]
कसाफ़तों[12] को किया दूर अपने नग़्मों से
फ़लक[13] को याद हैं उस अहदे-पाक[14] की बातें
वो बांसुरी, वो मुहब्बत की सांवली रातें

दिलों में रंगे-मुहब्बत[15] को उस्तुवार[16] किया
सवादे-हिंद[17] को गीता से नग़्माबार[18] किया
जो राज़[19] कोशिशे-नुत्क़-ओ-ज़बां[20] से खुल न सका
ओ राज़ अपनी निगाहों से आश्कार[21] किया
उदासियों को नई ज़िंदगी अता[22] कर दी
हर एक ज़र्रे[23] को दिल देके बेक़रार[24] किया
जो मशरब[25] उसका न इस तरह आम हो जाता
जहां से महव[26] मुहब्बत का नाम हो जाता

---

1. चमत्कार दिखानेवाला, 2. परिपूर्ण, 3. गीत, 4. प्रेम, 5. रीति-रिवाज, 6. सच्चाई, 7. शिक्षा, 8. प्रकाश, 9. पवित्रता, 10. भारत की धरती, 11. परिपूर्ण, 12. अपवित्रता, 13. आकाश, 14. पवित्र युग, 15. प्रेम का रंग, 16. दृढ़, मज़बूत, 17. भारत की बस्ती, 18. संगीतमय, 19. रहस्य, 20. ज़बान और वाणी का प्रयत्न, 21. प्रकट, जाहिर, 22. प्रदान, 23. कण, 24. बेचैन, 25. धर्म, 26. लुप्त।

श्रीकृष्ण

'निहाल' स्योहारवी

इंतिज़ारे-जल्वः-ए-हक़[1] में था तूरे-ज़िंदगी[2]
दीने-आदम[3] भूल बैठा था शुऊरे-ज़िंदगी[4]

आगही[5] से हल न होता था मुअम्मा-ए-हयात[6]
तिश्नः-ए-अब्रे-करम[7] था यानी सहरा-ए-हयात[8]

क़तरगी[9] को दावा-ए-पहनाइ-ए-दरिया[10] न था
ज़हने-इंसा[11] मानि-ए-तौहीद[12] से बेगाना[13] था

पैकरे-बेरूह[14] सा यह आलमे-अस्बाब[15] था
दीदावर[16] के वास्ते हुस्ने-जहां[17] बेताब[18] था

आ गया फिर हुस्न[19] दुनिया-ए-अजल-आबाद[20] पर
ज़िंदगी मथुरा से बरसी आलमे-ईजाद[21] पर

कायनाते-जुज़्व-ओ-कुल[22] का राज़दां[23] पैदा हुआ
मुख़्तसर[24] यह है कि आक़ा-ए-जहां[25] पैदा हुआ

नूर[26] से मामूर[27] जुल्मतख़ानः-ए-आदम[28] हुआ
किस तजम्मुल[29] से तुलू-ए-नय्यरे-आज़म[30] हुआ

---

1. भगवान के दर्शन की प्रतीक्षा, 2. ज़िंदगी का तूर (पर्वत), 3. संसार का धर्म, 4. जीवन की चेतना, 5. बुद्धि, 6. जीवन की पहेली, 7. दया के बादलों का प्यासा, 8. जीवन का जंगल, 9. बूंद, 10. दरिया की गहराई का दावा, 11. मानव-मस्तिष्क, 12. अद्वैतवाद का अर्थ, 13. अनभिज्ञ, 14. निष्प्राण आकार, 15. संसार, 16. आंखवाला, पारखी, 17. संसार का सौंदर्य, 18. व्याकुल, 19. सौंदर्य, 20. मौत से भरी हुई दुनिया, 21. दुनिया-संसार, 22. संपूर्ण ब्रह्मांड, 23. रहस्य जाननेवाला, 24. संक्षिप्त, 25. संसार का मालिक, 26. प्रकाश, 27. परिपूर्ण, 28. मानव का अंधकारपूर्ण घर, 29. वैभव, शानो-शौक़त, 30. महान सूर्य का उदय।

जिस क़दर[1] परदे जहालत[2] के थे सारे हट गये
ज़ुल्म-ओ-इस्तब्दाद[3] के तारीक[4] बादल छट गये

क़तरा[5] उसकी बारिशे-अल्ताफ़[6] से तूफ़ां[7] हुआ
फ़ाश[8] इंसानों पे राज़े - हस्ति - ए - इंसां[9] हुआ

उसने समझा था कि बहरे-बेकरां[10] है ज़िंदगी
आरज़ी[11] इसको न कहना, जाविदां[12] है ज़िंदगी

रिश्तः - ए - अनफ़ासे - हस्ती[13] टूटनेवाला नहीं
जिसके दाने हों परागन्दा[14] यह वो माला नहीं

वहमे-बातिल[15] नक़्शबन्दे-हल्कः-ए-सैयाद[16] है
ज़िंदगी वर्ना[17] फ़ना[18] से मुत्लक़न[19] आज़ाद है

रहनुमा-ए-ज़ुल्मते-आफ़ाक़[20] है क़न्दीले-फ़र्ज[21]
ज़िंदगी की ग़ायत-ओ-मक़सूद[22] है तकमीले-फ़र्ज़[23]

है बक़ा-ए-आलमे-इम्कां[24] बक़ा-ए-फ़र्ज़[25] से
ज़िंदगी की शान खिलती है अदा-ए-फ़र्ज़[26] से

मौत के ख़तराते-बातिल[27] में न आना चाहिए
मौत से आंखें मिलाकर मुस्कुराना चाहिए

क्यों हिरासां[28] है फ़ना[29] से तू, फ़ना कुछ भी नहीं
मौत इक नक़्ले-मकानी[30] के सिवा कुछ भी नहीं

---

1. जितने, 2. अज्ञान, 3. अत्याचार, 4. काले, अंधेरे, 5. बूंद, 6. दया की वर्षा, 7. तूफ़ान, 8. प्रकट, 9. इंसान की हस्ती का रहस्य 10. अथाह समुद्र, 11. अस्थायी, 12. शाश्वत, 13. सांसों का रिश्ता, 14. अस्त-व्यस्त, 15. झूठ का वहम, 16. बहेलिया के जाल के फंदे, 17. अन्यथा, 18. मृत्यु, 19. बिलकुल, 20. आकाश के अंधेरे में मार्गदर्शक, 21. कर्तव्य का चराग़, 22. अभिप्राय और उद्देश्य, 23. कर्तव्य-पालन, 24. संसार का अस्तित्व, 25. कर्तव्य की नित्यता, 26. कर्तव्य पालन, 27. झूठे ख़तरे, 28. निराश, 29. मौत, 30. गृह-परिवर्तन।

कौन कहता है रहीने - खतरः - ए - सय्याद[1] रह
कारगाहे - दहर[2] में आज़ाद रह, आज़ाद रह

इश्क़ है आफ़तगहे - दौरां[3] से सामाने - नजात[4]
इश्क़ वालों ही को कुछ हासिल है इरफ़ाने-नजात[5]

चश्मे-बीना[6] हो तो इस आफ़ाक़[7] में उरियां[8] है हुस्न[9]
इन्तिहा-ए-हुस्न[10] है यह, जल्वः-ए-यज़दां[11] है हुस्न

छोड़कर ज़र्रों[12] को मोती रोल अय हिन्दोस्तां
सोएगा ताचंद[13], आंखें खोल अय हिन्दोस्तां

बेकरां[14] हो अपनी ही मौजों में बहना सीख ले
सीख ले क़ुलज़ुमसिफ़त[15] आज़ाद रहना सीख ले

गौतम बुद्ध

'सीमाब' अकबराबादी

हुस्न[16] जब अफ़्सुर्दा[17] फूलों की तरह पामाल[18] था
जब मुहब्बत का ग़लत दुनिया में इस्तेमाल[19] था

बेख़ुदी[20] के नाम पर जब दौरे - जामे - बादा[21] था
तब तजल्ली-ए-हक़ीक़त[22] से हर इक दिल सादा[23] था

ज़ीस्त[24] का और मौत का इदराक[25] दुनिया को न था
ज़ुल्म[26] का एहसास[27] जब बेबाक[28] दुनिया को न था

---

1. बहेलिया के ख़तरे से भयभीत, 2. दुनिया, 3. ज़माने की विपत्तियां, 4. मुक्ति का सामान, 5. मोक्ष का ज्ञान, 6. पारखी आंख, 7. क्षितिज, (ब.व.), 8. नग्न, 9. सौंदर्य, 10. सौंदर्य की अधिकता, 11. ख़ुदा का जल्वा, 12. धूल के कण, 13. कब तक, 14. असीम, 15. दरिया की तरह, 16. सौन्दय, 17. उदास, 18. नष्ट, 19. उपयोग, 20. मस्ती, 21. शराब के प्याले का दौर, 22. सत्य का प्रकाश, 23. साफ़, 24. जीवन, 25. ज्ञान, 26. अत्याचार, 27. अनुभव, 28. निडर।

बन्द आंखें करके इस दुनिया के मकरूहात[1] से
तू ने हासिल[2] की ज़िया-ए-दिल[3], तजल्लीयात[4] से

बर्फ़ज़ारों[5] को तिरे अनफ़ास[6] ने गरमा दिया
तेरे इस्तग़ना[7] ने तख़्ते-सल्तनत[8] ठुकरा दिया

याद तेरी आज भी हिन्दोस्तां में ताज़ा है
चीन, जापान और तिब्बत तक तिरा आवाज़ा[9] है

रौशनी[10] जिसकी न होगी मांद[11], वो मशअल है तू
सरज़मीने-हिंद[12] का इरफ़ानि-ए-अव्वल[13] है तू

गौतम बुद्ध

'साग़र' निज़ामी

अय मुहब्बत के पयामी[14], रहम के पैग़ाम्बर[15]
तूने पहुंचाई ज़माने[16] को हक़ीक़त[17] की ख़बर

ज़िंदगी का राज़े-अस्ली[18] तुझ पे उरियां[19] हो गया
शांति और हक़[20] का हासिल[21] तुझको इरफ़ां[22] हो गया

तेरी ताक़त[23] से हुआ कम इक़्तिदारे[24]-बरहमन
टुकड़े टुकड़े हो गया हिस्ने - वक़ारे[25] - बरहमन[26]

सल्तनत[27] तेरे लिए इक तोदः - ए - ख़ाशाक[28] थी
माद्दीयत[29] तेरे नूरानी क़दम[30] की ख़ाक[31] थी

---

1. घृणित काम, 2. प्राप्त, 3. दिल की ज्योति, 4. प्रकाश, 5. बर्फ़ से ढके मैदान, 6. सांस (ब. व.), 7. निस्पृहता, 8. राजसिंहासन, 9. आवाज़, उपदेश, 10. प्रकाश, 11. मद्धम, धीमी, 12. भारत की धरती, 13. प्रथम ब्रह्मज्ञानी, 14. संदेशवाहक, 15. पैग़ाम देनेवाला, 16. संसार, 17. सच्चाई, 18. असली रहस्य, 19. प्रकट, नग्न, 20. सत्य, 21. प्राप्त, 22. ज्ञान, 23. शक्ति, 24. हुकूमत, 25. प्रतिष्ठा, 26. ब्राह्मण, 27. राजपाट, हुकूमत, 28. कूड़े-करकट का ढेर, 29. भौतिकता, 31. प्रकाशमान चरण, 31. धूल।

जुज़्वे-आला[1] तेरे दीने - आशिक़ी[2] अफ़रोज़[3] का
एतिक़ादे[4] - नेक-ओ-फ़ेले[5] - नेक-ओ-क़ौले[6]-नेक था

तेरे साग़र[7] में शराबे - इश्क़े[8] - आलमगीर[9] थी
तेरे मैख़ाने[10] की अदना[11] ख़ाक[12] भी अकसीर[13] थी

सर - ब - सज्दा[14] हो गयी दुनिया हुज़ूरे - एशिया[15]
छा गया तारीकि - ए - आलम[16] पे नूरे - एशिया[17]

अय मिरे प्यारे वतन[18] के राहिबे - आली मुक़ाम[19]
आज भी कलमा[20] तिरा पढ़ती है दुनिया सुब्हो-शाम[21]

अम्न[22], सरनामा[23] तिरे क़ानूने-अख़्लाक़ी[24] का है
रहम[25] इक उन्वां[26] तिरी तालीमे-रूहानी[27] का है

तेरी तालीमात[28] पर हिन्दोस्तां को नाज़[29] है
हिंद को क्या नाज़ है, सारे जहां[30] को नाज़ है

तिफ़्ले-मग़रिब[31] जेहल[32] ओ-मदहोशी में जब आलूदा[33] था
सारा मशरिक़[34] तेरी तालीमात[35] से आसूदा[36] था

जाग ख़्वाबे-नाज़[37] से और अम्न[38] का इक गीत गा
फिर तिरा मस्कन[39] निशाना है सितम और ज़ुल्म[40] का

जिस ज़मीं[41] से तूने आवाज़े-विला[42] की थी बलन्द[43]
जिस ज़मीं से तूने इक बांगे-दरा[44] की थी बलन्द

1. श्रेष्ठ अंग, 2. प्रेम-धर्म, 3. प्रकाश फैलानेवाला, 4. विश्वास, श्रद्धा, 5. कर्म, 6. वचन, 7. प्याला, 8. प्रेम-मदिरा, 9. विश्वव्यापी, 10. शराबख़ाना, 11. तुच्छ, 12. धूल, 13. रामबाण, 14. नतमस्तक, 15. एशिया के कदमों में, 16. दुनिया का अंधकार, 17. एशिया का प्रकाश, 18. देश, 19. श्रेष्ठ वैरागी, 20. तेरे नाम की माला जपती है, 21. सांझ-सवेरे, 22. शांति, 23. शीर्षक, 24. सदाचार का क़ानून, 25. दया, 26. शीर्षक, 27. आध्यात्मिक शिक्षा, 28. शिक्षा (ब.व.), 29. गर्व, 30. संसार, 31. पश्चिम का बचपन, 32. अज्ञान, 33. डूबा हुआ, 34. पूर्व, 35. शिक्षा, 36. सम्पन्न, 37. घमंड की नींद, 38. शांति, 39. आवास, 40. अत्याचार, 41. धरती, 42. प्रेम की आवाज़, 43. ऊंची, 44. घंटे की आवाज।

वो ज़मीं अग़ियार[1] के हाथों से फिर बरबाद है
ज़ुल्म-ओ-बातिल[2] और निफ़ाक़-ओ-किज़्ब[3] से आबाद है

कोना कोना, गोशा गोशा[4] ज़र्रा ज़र्रा[5] है ग़ुलाम
अय मिरे गौतम ! तिरी आज़ाद दुनिया है ग़ुलाम

कर ग़ुलामी से रिहा[6] हमको फिर अरमां[7] है यही
आज हिंदुस्तान में मफ़्हूमे - निर्वां[8] है यही

तस्वीरे-हक़ीकत

'मुनव्वर' लखनवी

यह किसका पैकरे-ज़ुल्मत-रुबा[9] एजाज़[10] फ़रमा है
समाया जा रहा है कौन यह चश्मे - मुनव्वर[11] में

तसव्वुर[12] किसकी बन्द आंखों को रंगे-ख़ास[13] देता है
निहां[14] हैं जन्नतें[15] किसके सुकूने[16]-रूहपरवर[17] में

गुलिस्तां[18] देखकर किसको हुए जाते हैं शर्मिन्दा[19]
हुवैदा[20] यह लताफ़त[21] हो नहीं सकती गुले-तर[22] में

मशामे-जां[23] मुअत्तर[24] है हवा से किसके दामन की
शिगुफ़्ता[25] फूल है गोया कंवल का हौज़े-कौसर[26] में

जुज़-ओ-कुल[27] का तअल्लुक़[28] आईना है ज़ात से किसकी
ये क़तरे[29] मिल रहे हैं किसकी काविश[30] से समंदर में

---

1. दुश्मन, ग़ैर, (ब.व.), 2. झूठ और अत्याचार, 3. झूठ और वैमनस्य, 4. कोना-कोना, 5. कण-कण, 6. छुटकारा, 7. तमन्ना 8. निर्वाण का मतलब, 9. अंधकार को भगानेवाला, 10. चमत्कार करनेवाला, 11. प्रकाशमान आंखें, 12. कल्पना, 13. विशेष रंग, 14. गुप्त, छिपा हुआ, 15. स्वर्ग, 16. शांति, 17. प्राणदायक, 18. उपवन, 19. लज्जित, 20. प्रकट, 21. कोमलता, 22. ताज़ा फूल, 23. रोम-रोम, 24. सुगंधित, 25. ताज़ा, 26. स्वर्ग की एक नहर, 27. अंग और पूर्ण, 28. संबंध, 29. बूंद, 30. प्रयत्न।

बदल देता है फ़ितरत[1] आदमी की यह फ़ुसूं[2] किसका
यह किसके सहर[3] से राशा[4] सा है दस्ते - सितमगर[5] में

यह किसके जल्वः[6] - ए - बेदार से पैदा है कैफ़ीयत[7]
जलाले - मिहरे - ताबां[8] में जमाले - माहे - अनवर[9] में

ख़ुदा लाखों का है यह देवता है गो[10] हज़ारों का
न मस्जिद में मुक़ैयद[11] है न है महबूस[12] मंदिर में

यह किसकी जुंबिशे-लब[13] माने-ए-पैकारे-बाहम[14] है
यह सन्नाटा सा क्यों छाया है जांबाज़ों[15] के लश्कर[16] में

उड़ाई हैं यह किसने धज्जियां मलबूसे-शाही[17] की
मिला किसको निशाने-ख़ाक-ओ-ख़ूं[18] दैहीमो[19]-अफ़सर में

तनआसानी[20] हुई किसके लिए वजहे[21] - गिरांजानी[22]
नज़र आये निहां[23] कांटे किसे फूलों के बिस्तर में

न कर पाया किसे काशी का इल्म-ओ-फ़ज़्ल[24] आसूदा[25]
किसे उलझन हुई वेदों की तफ़सीरों[26] के चक्कर में

रुलाया एक मर्दे - ज़ार[27] ने बरसों लहू किसको
अजब[28] तासीर[29] थी बेकस[30] की बीमारी के मंज़र[31] में

तड़प उट्ठा मुसीबत देखकर यह कौन पीरी[32] की
भरी थी मिस्ले-शोला[33] आग किसके क़ल्बे[34]-मुज़्तर[35] में

जनाज़ा देखना किसके लिए इक दर्से-इबरत[36] था
मआले - ज़िंदगी[37] से दर्द पैदा हो गया सर में

---

1. मनुष्य का स्वभाव, 2. अभिचार, 3. जादू, 4. कम्पन, 5. ज़ालिम के हाथ, 6. दर्शन, 7. मस्ती, 8. चमकदार सूर्य का तेज, 9. चंद्रमा के प्रकाश का सौंदर्य, 10. यद्यपि, 11. क़ैद, 12. बंदी, 13. होंठों का कम्पन, 14. परस्पर युद्ध में बाधक, 15. जान न्योछावर करनेवाले, 16. सेना, फ़ौज़, 17. राजकीय लिबास, 18. धूल और रक्त का निशान, 19. राजमुकुट, 20. राहत, आराम, 21. कारण, 22. सख़्ती, 23. छुपे हुए, 24. ज्ञान, 25. तृप्त, संतुष्ट, 26. व्याख्या, टीका, 27. दुःखी व्यक्ति, 28. विचित्र, 29. प्रभाव, असर, 30. बेचारा, 31. दृश्य, 32. बुढ़ापा, 33. अंगारों की तरह, 34. दिल, 35. बेचैन, 36. शिक्षा, 37. जीवन का परिणाम।

फ़रिश्ते दस्त - बस्ता[1] किसके गिर्दो-पेश[2] फिरते हैं
यह हस्ती क्या है वो, सब जिसको गौतम बुद्ध कहते हैं

(माख़ूज़ अज़ 'कायनाते-दिल')

रूहे-गौतम

राजनारायण 'राज़'

मैं समझा था बन्धन टूटे
जनम मरन से मैं छूटा हूं
लेकिन आज मिरी ख़्वाहिश[3] है
इन्सां के क़ालिब[4] में ढलकर
मैं उनके हमराह[5] चलूं फिर
जिनकी रूह[6] दुखी बेहद[7] है
लेकिन यह इन्सां[8] कैसे हैं ?
अपने आप में गुम रहते हैं !
इनको पता कब इसका है कुछ
जिस जा हैं मेरी तस्वीरें[9]

सजे सजाये हैं बुत[10] मेरे
और किताबें जिनमें लिखी हैं
बातें मेरी मेरी गाथा
मेरी ज़ात[11] की एक किरन भी
इनमें नहीं है, इनमें नहीं है

मै हूं वहां जिस जा[12] होती है
इंसानी[13] अनवार[14] की बारिश[15]
जिससे कसाफ़त[16] धुल जाती है

1. हाथ जोड़े हुए, 2. आसपास, 3. इच्छा, 4. रूप, खोल, 5. साथ, 6. आत्मा, 7. अत्यधिक, 8. मनुष्य, 9. चित्र, 10. मूर्तियां, 11. अस्तित्व, 12. जगह, स्थान, 13. मानवीय 14. प्रकाश, 15. वर्षा, 16. मैल।

मिलती है राहत[1] इन्सां को
जिसमें परेशां[2] कर नहीं पाते
देव लड़ाई के झगड़े के
मैं हूं वहां, जिस जा[3] सदमें[4] से
आंखें हो जाती हैं पुरनम[5]
उजड़े जब सिंदूर किसी का
मैं हूं वहां जिस जा पिघले है
बर्फ़ हज़ारों साल की जब जब
गर्म लहू[6] इन्सां[7] का गिरे है

मैं हूं वहां, जिस जा समझे है
आदम[8] अपने आप को इन्सां
अपना मसलक[9] प्यार मुहब्बत

श्रद्धा के फूल भगवान महावीर के चरणों में

दर्शनसिंह दुग्गल

अय मुहब्बत के पयामी[10], शान्ती के देवता
मंज़िले[11] - इरफ़ां के हादी,[12] रास्ती[13] के रहनुमा[14]

दिल चमक उट्ठे तिरे हुस्ने - सफ़ा[15] की धूप में
मिल गया भगवान गोया[16] आदमी के रूप में

सल्तनत[17] को छोड़कर, ठुकराके तख़्त[18]-ओ-ताज़[19] को
रख लिया तूने जहां में मारिफ़त[20] की लाज को

---

1. आराम, 2. व्याकुल, 3. जगह, 4. दुख, 5. गीली, अश्रुयुक्त, 6. रक्त, 7. मनुष्य, 8. मानव, 9. धर्म, 10. संदेशवाहक, 11. ज्ञान की मंजिल, 12. नेता, उपदेशक, 13. सत्यता, सच्चाई, 14. मार्गदर्शक, 15. पवित्रता का सौंदर्य, 16. अर्थात्, यानी, 17. राजपाट, 18. सिंहासन, 19. राजमुकुट, 20. अध्यात्म।

नौजवानी को है रिश्ता[1] क्या, ख़ुशी के त्याग से
दिल ने लज़्ज़त[2] ली मगर इश्क़े - ख़ुदा[3] की आग से

दुख सहे तन पर तो पाकीज़ा[4] तिरा मन हो गया
आग में इतना तपा सोना कि कुन्दन हो गया

रूहे - पाकीज़ा[5] पे नश्शा ज्ञान का तारी[6] हुआ
फिर तिरी हिक्मत[7] का दरिया[8] हर तरफ़ जारी[9] हुआ

चांद तारों से सिवा[10] रौशन[11] हैं यह ज़र्री[12] उसूल[13]
आदमी कांटों में भी घिरकर रहे जिस तरह फूल

अम्न से इंसान की रूहों[14] को मिलता है सुरूर[15]
और अहिंसा दिल को कर देता है इक शोले[16] से तूर[17]

एक है ख़ल्क़े - ख़ुदा[18] इक़रार[19] करना चाहिए
आदमी को आदमी से प्यार करना चाहिए

आत्मा परमात्मा की ही तो जल्वादार[20] है
आदमी सब फूल हैं संसार इक गुलज़ार[21] है

त्याग क्या ? क़िस्मत बना लेने की इक तदबीर[22] है
हाथ में इन्सां[23] के ख़ुद इंसान की तक़दीर[24] है

अम्न के अय देवता है यह घड़ी आलाम[25] की
छा गयी है सुब्हे-आलम[26] पर सियाही शाम की

दे सदा - ए - रूहपरवर[27] इक नई तंज़ीम[28] की
फिर ज़रूरत है ज़माने को तिरी तालीम[29] की

---

1. संबंध, 2. आनंद, स्वाद, 3. ख़ुदा का प्रेम, 4. पवित्र, 5. पवित्र आत्मा, 6. छा गया, 7. बुद्धि, विज्ञान, 8. नदी, 9. शुरू, 10. अधिक, 11. प्रकाशमान, 12. सुनहरी, 13. नियम, 14. आत्मा, 15. नशा, 16. अंगारा, 17. एक पहाड़ जहां हज़रत मूसा को ख़ुदा की तजल्ली नज़र आई, 18. खुदा की सृष्टि, 19. स्वीकार, 20. दर्शन देनेवाली, 21. बाग़ीचा, उपवन, 22. उपाय, 23. मनुष्य, 24. भाग्य, 25. कष्ट (बहु.व.), 26. विश्व का प्रातःकाल, 27. आत्मा को शान्त करनेवाली आवाज़, 28. संगठन, 29. शिक्षा।

महावीर स्वामी

'उन्वान' चिश्ती

बहुत दिन हुए इक थी ज़ाते-गिरामी[1]
ज़माने में है जिसकी शुहरत[2] दवामी[3]
जगत का सहारा, अहिंसा पयामी[4]
वो ख़ल्क़े - मुजस्सम[5] मुहब्बत का हामी[6]
अभी तक यह दुनिया है जिसकी सलामी[7]
सिधारत का बेटा, महावीर स्वामी
महावीर स्वामी

इन्हीं की विलादत[8] के फ़ैज़-ओ-असर[9] से
हुआ हुक्म यह क़ुदरते - दादगर[10] से
कि अब इस क़दर[11] हुन[12] ज़माने में बरसे
न हरगिज़ कोई माल-ओ-दौलत को तरसे[13]
लिखा है मुअर्रिख़[14] ने भी आबे-ज़र[15] से
हुरूफ़े - जली[16] में वो इस्मे - गिरामी[17]
महावीर स्वामी

लिखा है कि जब आप तशरीफ़[18] लाए
ज़मीं[19] हंस पड़ी, आसमां जगमगाए
एरावत[20] से हाथी का मरकब[21] उड़ाए
हज़ार आंखें चश्मे - तमन्ना[22] बनाए
ज़ियारत[23] को ख़ुद इन्द्र भी जिसकी आये
वो था हुस्न में रश्के - माहे - तमामी[24]
महावीर स्वामी

---

1. भव्य हस्ती, 2. प्रसिद्धि, 3. अमर, सदैव बनी रहनेवाली, 4. सनन्देश देनेवाला, 5. साकार शिष्टता, 6. समर्थक, 7. सलाम करनेवाली, 8. जन्म, 9. दया और प्रभाव, 10. ख़ुदा की क़ुदरत, 11. इतना, 12. सोना, 13. ललचाए, 14. इतिहासकार, 15. सोने के पानी, 16. बड़े अक्षरों में, 17. पवित्र नाम, 18. पधारे, 19. धरती, 20. इन्द्र का हाथी, 21. यान, 22. अभिलाषा की आंखें, 23. दर्शन, 24. जिससे पूर्णिमा का चांद भी ईर्ष्या करे।

महावीर ही के क़दम की बदौलत[1]
चमक उट्ठी गोया[2] ज़माने की क़िस्मत
ज़मीं[3] बनने की आस्मां[4] की थी हस्रत[5]
बसद शान-ओ-शौकत,[6] बसद जाह-ओ-हशमत[7]
जिलौ[8] में चले जिसके इन्द्र-ओ-इरावत[9]
वो पांडक शिला की तरफ़ ख़ुश ख़िरामी[10]
महावीर स्वामी

सरअन्दीप क़दमों पे सर पे हिमाला
जगत में न हो उसका क्यों बोलबाला
अहिंसा को परमोधरम कहने वाला
यही है वो अरहंत[11] जग में निराला
जो मशहूर[12] है ज्ञान दर्शन उजाला
उसी का है मुमताज़[13] इस्मे - गिरामी[14]
महावीर स्वामी

इब्ने-मरियम
(हज़रत ईसा)

दर्शनसिंह दुग्गल

इब्ने-मरियम[15] ! रूह[16] की अज़्मत[17] का आईना है तू
तू अहिंसा का पयामी[18], अम्न का तू राहबर[19]

हक़[20] की ख़ातिर[21] अहले-बातिल[22] से कभी खाया न खौफ़[23]
मर्दुमआज़ारी[24] को तूने जुर्मे - बेपाया[25] कहा

---

1. प्रताप से, 2. यानी, अर्थात्, 3. धरती, 4. आकाश, 5. अपूर्ण इच्छा, 6. सैकड़ों वैभव के साथ, 7. सैकड़ों ऐश्वर्य और वैभव के साथ, 8. दामन, 9. इन्द्र और उनका हाथी, 10. मंद गति से चलना, 11. अरिहन्त, 12. प्रसिद्ध, 13. उच्च, प्रमुख, 14. पवित्र नाग, 15. मरियम का बेटा, हज़रत ईसा, 16. आत्मा, प्राण, 17. महानता, 18. संदेशवाहक, 19. मार्गदर्शक, 20. न्याय, सत्य, 21. के लिए, 22. झूठे, 23. भय, 24. सबको कष्ट देना, 25. सबसे बड़ा अपराध।

चीरादस्ती[1] से तुझे हल्का सा भी रिश्ता[2] न था
कितनी जुरअत[3] से नवा-ए-हक़[4] किया तूने बलन्द[5]

ताज कांटों का तिरे सर के लिए ज़ीनत[6] बना
तेरी हिम्मत मुस्कराई रंज - ओ - ग़म[7] के दार[8] पर

तेरा अज़्मे - सरफ़रोशी[9] रूह के मैदान में
जिस्मे-इन्सां[10] को सिखाता है दिल आसाई[11] की बात

वक़्त की रफ़्तार[12] से आगे तिरा पैग़ाम[13] है
सुब्ह[14] जब बेदार[15] होगी तो वही हंगाम[16] है

जिस सहर[17] को जाग उठेगी रूहे-इन्सां[18] ख़्वाब[19] से
आम होगा दहर[20] में मिहर-ओ-मुहब्बत[21] का रिवाज

सारी दुनिया रिश्तः-ए-इख़लास[22] में गुंध जायेगी
यह ज़मीं इक दिन जवाबे - आसमां हो जायेगी

क़सीदा नातिया[23]

'मोहसिन' काकोरवी

सिम्ते-काशी[24] से चला जानिबे-मथरा[25] बादल
अब्र[26] के दोश[27] पे लाती है सबा[28] गंगा जल

घर में अशनान करें सर्वक़दाने-गोकुल[29]
जाके जमुना पे नहाना भी है इक तूल अमल[30]

---

1. अन्याय, जब़रदस्ती, 2. संबंध, 3. हिम्मत, साहस, 4. सत्य की आवाज, 5. ऊंचा, 6. शोभा, 7. शोक और दुख, 8. फांसी, 9. सर काटने का संकल्प, 10. मानव शरीर, 11. सबको सुख पहुंचाना, 12. गति, 13. संदेश, 14. सवेरा, प्रातःकाल, 15. जाग्रत, 16. कोलाहल, 17. प्रातः, 18. मानव की आत्मा, 19. नींद, स्वप्न, 20. दुनिया, 21. दया और प्रेम, 22. निष्ठा का बन्धन, 23. छन्दोबद्ध स्तुति, 24. काशी की दिशा, 25. मथुरा की ओर, 26. बादल, 27. कंधे, 28. हवा, प्रातःसमीर, 29. गोकुल की लंबे क़द की नारियां, 30. लंबा काम।

ख़बर उड़ती हुई आई है महाबन में अभी
कि चले आते हैं तीरथ को हवा पर बादल

न खुला आठ पहर में कभी दो चार घड़ी
पन्द्रह रोज़ हुए पानी को मंगल मंगल

देखिए होगा श्रीकृष्ण का क्योंकर दर्शन
सीनः-ए-तंग[1] में दिल गोपियों का है बेकल[2]

राखियां लेके सलोनो[3] की बिरहमन निकले
तार बारिश का तो टूटे कोई साअत[4] कोई पल

डूबने जाते हैं गंगा में बनारस वाले
नौजवानों का सनीचर है यह बुढ़वा मंगल

तह-ओ-बाला[5] किए देते हैं हवा के झोंके
बेड़े भादों के निकलते हैं भरे गंगा जल

जोगिया भेस किए चर्ख़[6] लगाए है भभूत
या कि बैरागी है पर्बत पे बिछाए कम्बल

लहरें लेता है जो बिजली के मुक़ाबिल[7] सब्ज़ा[8]
चर्ख़ पे बादला[9] फैला है ज़मीं[10] पे मुख़मल

जुगनू फिरते हैं जो गुलबन में तो आती है नज़र
मुसहफ़े-गुल[11] के हवाशी[12] पे तिलाई[13] जदवल[14]

तख़्ते-ताऊसि-ए-गुलशन[15] पे है साया किए अब्र[16]
चत्र खोले हुए फ़र्के - शहे - गुल पर[17] सेंमल

---

1. तंग सीने, 2. व्याकुल, 3. रक्षा-बन्धन, श्रावन-पूर्णिमा, 4. घड़ी, 5. नष्ट, बरबाद, 6. आकाश, 7. सम्मुख, 8. हरियाली, 9. चमकीला तार, 10. धरती, 11. फूलों का ग्रन्थ, 12. हाशिया, 13.सुनहरी, 14. लकीर, 15. उपवन का मोर के आकार का सिंहासन, 16. आकाश, 17. फूल के ललाट पर।

कितना बेक़ैद[1] हुआ किस क़दर आवारा फिरा
कोई मंदिर न बचा इससे न कोई स्थल

कभी गंगा पे भटकता है कभी जमना पर
घाघरा पर कभी गुज़रा कभी सू-ए-चम्बल[2]

गिरते पड़ते हुए मस्ताना[3] कहां रक्खा पांव
कि तसव्वुर[4] भी वहां जा न सके सर के बल

यानी उस नूर[5] के मैदान में पहुंचा कि जहां
ख़िर्मने[6]-बर्क़े[7]-तजल्ली[8] का लक़ब[9] है बादल

कहीं तूबा[10] कहीं कौसर[11] कहीं फ़िर्दौसे[12]-बरीं
कहीं बहती हुई नहरे-लबन[13]-ओ-नहरे-असल[14]

कंजे-मख़फ़ी[15] के किसी सिम्त[16] निहां[17] तहख़ाने
इक तरफ़ मज़हरे-क़ुदरत[18] के अयां[19] शीशमहल

कहीं जिबरील[20] हुकूमत पे कहीं इसराफ़ील[21]
कहीं रिज़वां[22] का कहीं साक़ि-ए-कौसर[23] का अमल[24]

बाग़े - तंज़ीह[25] में सरसब्ज़[26] निहाले-तश्बीह[27]
अंबिया[28] जिसकी हैं शाख़ें उरफ़ा[29] हैं कोंपल

गुले-ख़ुशरंग[30] रसूले - मदनी - ए - अरबी[31]
ज़ेबे-दामाने[32]-अबद,[33] तुर्रः - ए - दस्तारे-अज़ल[34]

---

1. आज़ाद, 2. चंबल की ओर, 3. मदोन्मत्त, 4. कल्पना, 5. प्रकाश, 6. खलिहान, 7. बिजली, 8. प्रकाश, 9. उपाधि, 10. स्वर्ग का एक वृक्ष, 11. स्वर्ग में बहनेवाली नहर, 12. स्वर्ग, 13. दूध की नहर, 14. शहद की नहर, 15. छुपा हुआ ख़जाना, 16. ओर, 17. छुपे हुए, 18. प्रकृति का द्योतक, 19. प्रकट, 20. एक फ़रिश्ते का नाम, 21. एक फ़रिश्ते का नाम, 22. स्वर्ग का दारोग़ा, 23. कौसर का साक़ी, 24. शासन, 25. निर्गुण का बाग़, 26. हरा-भरा, 27. चित्र से भरा वृक्ष, 28. रबी, पैगम्बर, 29. ज्ञानी, 30. सुंदर फूल, 31. हज़रत मुहम्मद, 32. शोभा, 33. अनंतकाल का दामन, 34. अनादि काल की पगड़ी का तुर्रा।

न कोई उसका मुशाबा[1] है न हमसफ़र[2] न नज़ीर[3]
न कोई उसका मुमासिल[4] है न मुक़ाबिल[5] न बदल

औजे-रफ़अत[6] का क़मर[7] नख़्ले-दोआलम[8] का समर[9]
बहरे-वहदत[10] का गुहर[11] चश्मः-ए-कसरत[12] का कंवल

मेहरे-तौहीद[13] की ज़ौ[14] औजे-शरफ़[15] का महे-नौ[16]
शम्-ए-ईजाद[17] की लौ बज़्मे-रिसालत[18] का कंवल

हफ़्त[19] इक़लीमे - विलायत[20] में शहो - आलीजाह[21]
चार अतराफ़[22] हिदायत[23] में नबी - ए - मुर्सिल[24]

जी में आता है लिखूं मतलः - ए - बर्जस्ता[25] अगर
वज्द[26] में आके क़लम हाथ से जाये न उछल

मुन्तख़ब[27] नुस्ख़ः-ए-वहदत[28] का यह था रोज़े-अज़ल[29]
कि न अहमद[30] का है सानी[31] न अहद[32] का अव्वल[33]

दौरे - ख़ुरशीद[34] की भी हश्र[35] में हो जायेगी सुब्ह[36]
ता अबद[37] दौरे - मुहम्मद का है रोज़े - अव्वल[38]

शबे - अस्रा[39] में तजल्ली[40] से रुख़े - अनवर[41] की
पड़ गयी गर्दने - रफ़रफ़[42] में सुनहरी हैकल[43]

लुत्फ़[44] से तेरे हुई शौकते - ईमां[45] मुहकम[46]
क़हर[47] से सल्तनते - कुफ़्र[48] हुई मुस्तासल[49]

---

1. तुल्य, समान, 2. बराबर, 3. उदाहरण, 4. उस जैसा, 5. स्पर्धी, 6. ऊंचाई की चरम सीमा, 7. चांद, 8. दोनों लोकों का वृक्ष, 9. फल, 10. एकत्व का समुद्र, 11. मोती, 12. अधिकता का स्रोत, 13. अद्वैत का सूरज, 14. प्रकाश, 15. प्रतिष्ठा की ऊंचाई, 16. नया चंद्र, 17. आविष्कार का चिराग़, 18. पैग़म्बरी महफ़िल, 19. सात, 20. दुनियायें, 21. बादशाह, 22. चारों तरफ़, 23. आदेश, 24. वह नबी जिन पर खुदा ने किताब भेजी, 25. तुरंत, 26. मस्ती, झूमना, 27. चुना हुआ, 28. अद्वैत का नुस्ख़ा, 29. पहला दिन, 30. हज़रत मुहम्मद, 31. द्वितीय, 32. अल्लाह, 33. प्रथम, 34. सूर्य का चक्कर, 35. प्रलय, 36 सवेरा, 37. अनंतकाल तक 38. प्रथम दिन, 39. मेराज की रात, 40. प्रकाश, 41. प्रकाशमान मुख, 42. बुर्राक़, 43. ज़ंज़ीर, 44. प्रेम, दया, 45. ईमान की शान, 46. मज़बूत, 47. प्रकोप, 48. अधर्म का राज्य, 49. उन्मूल।

जिस तरफ़ हाथ बढ़ें कुफ़्र[1] के हट जाये क़दम
जिस जगह पांव रखे सज्दा करें लात-ओ-हुबल[2]

है हक़ीक़त[3] को मजाज़[4] आपका हैरत[5] का मुक़ाम[6]
बेनियाज़ी[7] को नियाज़[8] आपका नाज़िश[9] का महल

रफ़्अ[10] होने का न था वहदत-ओ-कसरत[11] का ख़िलाफ़[12]
मीम[13] अहमद ने किया आके यह क़िस्सा फ़ैसल[14]

'मोहसिन'[15] अब कीजिए गुलज़ारे-मुनाजात[16] की सैर
कि इजाबत[17] का चला आता है घिरता बादल

सबसे आला[18] तिरी सरकार है सबसे अफ़ज़ल[19]
मेरे ईमाने - मुफ़स्सिल[20] का यही है मुजमल[21]

है तमन्ना[22] कि रहे नात[23] से तेरी ख़ाली
न मिरा शेर न क़तआ[24] न क़सीदा[25] न ग़ज़ल

दीन-ओ-दुनिया[26] में किसी का न सहारा हो मुझे
सिर्फ़ तेरा ही भरोसा तिरी क़ुव्वत[27] तिरा बल

आरज़ू[28] है कि रहे ध्यान तिरा ता - दमे - मर्ग[29]
शक्ल[30] तेरी नज़र आये मुझे, जब आये-अजल[31]

सफ़े - महशर[32] में तिरे साथ हो तेरे मद्दाह[33]
हाथ में हो यही मस्ताना क़सीदा[34] यह ग़ज़ल

कहें जिब्रील[35] इशारे से कि हां बिसमिल्ला[36]
सिम्ते - काशी[37] से चला जानिबे - मथुरा[38] बादल

---

1. अधर्म, 2. इस्लाम से पूर्व के दो अरबी देवता, 3. सत्य 4. अधिकार, 5. आश्चर्य, 6. स्थान, 7. निस्पृहता, 8. परिचय, 9. गर्व, 10. दूर, 11. एक और अनेक, 12. मतभेद, 13. हज़रत मुहम्मद, 14. फ़ैसला, 15. एहसान करनेवाला, 16. खुदा की तारीफ़ का उपवन, 17. स्वीकृति, 18. श्रेष्ठ, 19. श्रेष्ठ, 20. विस्तृत ईमान, 21. संक्षिप्त, 22. इच्छा, 23. स्तुति, प्रशंसा, 24. कवित्त, 25. प्रशंसा-गीत, 26. दुनिया और परलोक, 27. शक्ति, 28. आकांक्षा, 29. मरते समय तक, 30. सूरत, 31. मौत, 32. महशर की सफ़, 33. प्रशंसक, 34. प्रशंसा-गीत, 35. एक फ़रिश्ता, 36. साथ नाम अल्लाह के, 37. काशी की ओर से, 38. मथुरा की ओर।

हज़रत मुहम्मद सलअम

अल्ताफ़ हुसैन 'हाली'

वो नबियों[1] में रहमत[2] लक़ब[3] पाने वाला
मुरादें[4] ग़रीबों की बर[5] लाने वाला
मुसीबत में ग़ैरों[6] के काम आने वाला
वो अपने पराए का ग़म खाने वाला

फ़क़ीरों का मलजा[7] ज़ईफ़ों[8] का मावा[9]
यतीमों[10] का वाली ग़ुलामों का मौला[11]

ख़ताकार[12] से दरगुज़र[13] करने वाला
बदअन्देश[14] के दिल में घर करने वाला
मुफ़ासिद[15] का ज़ेर-ओ-ज़बर[16] करने वाला
क़बाइल[17] को शीर-ओ-शकर[18] करने वाला

उतरकर हिरा[19] से सू - ए - क़ौम[20] आया
और इक नुस्ख़ः-ए-कीमिया[21] साथ लाया

मिसे - ख़ाम[22] को जिसने कुन्दन बनाया
खरा और खोटा अलग कर दिखाया
अरब जिस पे क़रनों[23] से था जहल[24] छाया
पलट दी बस इक आन में उसकी काया

रहा डर न बेड़े को मौजे-बला[25] का
इधर से उधर फिर गया रुख़[26] हवा का

---

1. पैग़म्बरों, 2. दया, 3. उपाधि, 4. इच्छायें, 5. पूरी करनेवाला, 6. परायों, 7. रक्षास्थान, 8. वृद्ध, 9. शरण, 10. अनाथ, 11. स्वामी, 12. अपराधी, 13. टाल जाना, 14 बुरा चाहनेवाला, 15. उपद्रवी, 16. नष्ट, 17. समुदाय, 18. एक, 19. एक पहाड़, 20. क़ौम की तरफ़, 21. कीमिया का नुस्खा, 22. तांबा, 23. युगों से, 24. अज्ञान, 25. विपत्ति की लहर 26. बहाव।

वो बिजली का कड़का था या सौत-ए-हादी[1]
अरब की ज़मीं[2] जिसने सारी हिला दी
नई इक लगन सबके दिल में लगा दी
इक आवाज़ में सोती बस्ती जगा दी

पड़ा हर तरफ़ गुल[3] यह पैग़ामे-हक़[4] से
कि गूंज उट्ठे दश्त-ओ-जबल[5] नामे-हक़[6] से

सबक़ फिर शरीअत[7] का उनको पढ़ाया
हक़ीक़त[8] का गुर[9] उनको इक इक बताया
ज़माने[10] के बिगड़े हुओं को बनाया
बहुत दिन के सोते हुओं को जगाया

खुले न जो राज़[11] अब तक जहां[12] पर
वो दिखला दिए एक परदा उठाकर

किसी को अज़ल[13] का न था याद पैमां[14]
भुलाए थे बन्दों ने मालिक के फ़रमां[15]
ज़माने में था दौरे - सहबा - ए - बतलां[16]
मै-ए-हक़[17] से मरहम[18] न थी बज़्मे-दौरां[19]

अछूता था तौहीद[20] का जाम[21] अब तक
ख़ुमे-मारिफ़त[22] का था मुंह ख़ाम[23] अब तक

न वाक़िफ़[24] थे इन्सां[25] कज़ा और जज़ा[26] से
न आगाह[27] थे मब्द - ओ - मुनतेहा[28] से
लगाई थी एक इक ने लौ[29] मासिवा[30] से
पड़े थे बहुत दूर बन्दे[31] ख़ुदा से

यह सुनते ही थर्रा गया गल्ला[32] सारा
यह राई[33] ने ललकार कर जब पुकारा

---

1. मार्गदर्शक की आवाज, 2. धरती, 3. शोर, कोलाहल, 4. ख़ुदा का संदेश, 5. जंगल और पर्वत, 6. ख़ुदा का नाम, 7. धर्मशास्त्र, 8. सत्य, 9. रहस्य, 10. समय, 11. रहस्य, 12. संसार, 13. अनादिकाल, 14. वादा, 15. शाही हुक्म, 16. झूठ की शराब का दौर, 17. सत्य की मदिरा, 18. परिचित, 19. समय की महफ़िल, 20. अद्वैतवाद, 21. प्याला, 22. अध्यात्म का घड़ा, 23. अपक्व, 24. परिचित, 25. मनुष्य, 26. भाग्य और प्रत्युपकार, 27. परिचित, 28. आरम्भ और अन्त, 29. ध्यान, 30. माया, 31. भक्त, 32. रेवड़, 33. भेड़ें चरानेवाला।

कि है ज़ाते-वाहिद[1] इबादत[2] के लायक़[3]
ज़बां और दिल की शहादत[4] के लायक़[5]
उसी के हैं फ़रमान[6] ताअत[7] के लायक़
उसी की है सरकार ख़िदमत[8] के लायक़

लगाओ तो लौ[9] उससे अपनी लगाओ
झुकाओ तो सर उसके आगे झुकाओ

उसी पर हमेशा भरोसा करो तुम
उसी के सदा इश्क़[10] का दम भरो तुम
उसी के ग़ज़ब[11] से डरो गर[12] डरो तुम
उसी के तलब[13] में मरो जब मरो तुम

मुबर्रा है[14] शिरकत[15] से उसकी ख़ुदाई
नहीं उसके आगे किसी को बड़ाई

इसी तरह दिल उनका एक इक से तोड़ा
हर इक क़िबलः-ए-कज[16] से मुंह उनका मोड़ा
कहीं मासिवा[17] का इलाक़ा[18] न छोड़ा
खुदावन्द से रिश्ता बन्दों का जोड़ा

कभी के जो फिरते थे मालिक से भागे
दिए सर झुका उनके मालिक के आगे

('मद्दो-जज़रे-इस्लाम' से उद्धृत)

1. एकमात्र अस्तित्व, 2. आराधना, 3. योग्य, पात्र, 4. धार्मिक मनुष्य का वध, गवाही, 5. योग्य, 6. आदेश, 7. आज्ञापालन, 8. सेवा, 9. ध्यान, 10. प्रेम, 11. प्रकोप, 12. यदि, 13. याचना, इच्छा, 14. पाक, 15. साझा, 16. ग़लत, क़िब्ला, 17. माथा, 18. रिश्ता।

हज़रत मुहम्मद

दर्शनसिंह दुग्गल

रूहे-इन्सां[1] को हक़ीक़त[2] से मिलाने वाले
मरहबा[3] ! नग़्मः-ए-तौहीद[4] सुनाने वाले

दौर पर दौर चले वाद-ए-इख़लास[5] का फिर
मुन्तज़िर[6] बैठे हैं सब पीने पिलाने वाले

कर दे बेदार[7] ज़रा फिर से ज़मीरे-इन्सां[8]
ख़्वाबे-ग़फ़लत[9] से ज़माने[10] को जगाने वाले

अहले-दिल[11] भूल नहीं सकते हैं एहसां[12] तेरा
ग़म की मारी हुई दुनिया को हंसाने वाले

क्यों न दम तेरा भरें अहले-विला[13] अहले-वफ़ा[14]
नक़्श[15] उलफ़त[16] का हर इक दिल में बिठाने वाले

कश्ति-ए-ज़ीस्त[17] है तूफ़ां[18] में बचा ले इसको
डूबती नाव को साहिल[19] पे लगाने वाले

ख़ाके-पा[20] को तिरी अय नूरे-ख़ुदा[21] के हामिल[22]
सुर्मः - ए - चश्म[23] बनाते हैं बनाने वाले

हम फ़क़ीरों पे भी हो जाये तिरा लुत्फ़-ओ-करम[24]
बार[25] हंस हंस के ग़रीबों का उठाने वाले

लौ[26] लगाए हुए बैठे हैं गुज़रगाहों[27] में
नक़्शे-पा[28] को तिरे आंखों से लगाने वाले

---

1. इंसान की रूह, 2. सत्य, ख़ुदा, 3. धन्य, 4. अद्वैत का गीत, 5. निःस्वार्थता का वादा, 6. प्रतीक्षा में, 7. जाग्रत, 8. मनुष्य का अन्तःकरण, 9. बेहोशी की नींद, 10. संसार, 11. दिलवाले, 12. एहसान, 13. प्रेमी, 14. वफ़ादार, 15. निशान, 16. प्रेम, 17. जीवन-नैया, 18. तूफ़ान, 19. किनारा, 20. पैर की धूल, 21. ख़ुदा का प्रकाश, 22. वाहक, उठानेवाला, 23. आंखों का सुरमा, 24. दया, प्रेम, 25. बोझ, 26. ध्यान, 27. मार्ग, 28. पैरों के निशान।

बन्दगी[1] तेरी करूं मुझको यह तौफ़ीक़[2] तो बख़्श[3]
वादः - ए - रोज़े - अज़ल[4] याद दिलाने वाले

बख़्ते - 'दर्शन'[5] पे भी इक बार नज़र हो जाये
बिगड़ी तक़दीर ज़माने की बनाने वाले

हुसैन अलैहिस्सलाम

'जोश' मलीहाबादी

तारीख़[6] दे रही है यह आवाज़ दम ब दम[7]
दश्ते-सबात-ओ-अज़्म[8] है दश्ते-बला-ओ-ग़म[9]
सब्रे-मसीह[10]-ओ-जुरअते-सुक़रात[11] की क़सम
इस राह में है सिर्फ़ इक इंसान का क़दम
जिसकी रगों[12] में आतिशे-बदर-ओ-हुनैन[13] है
जिस सूरमा का इस्मे - गिरामी[14] हुसैन है

जो साहिबे - मिज़ाजे - नबूवत[15] था वो हुसैन
जो वारिसे - ज़मीरे - रिसालत[16] था वो हुसैन
जो ख़िलवति - ए - शाहिदे - क़ुदरत[17] था वो हुसैन
जिसका वुजूद[18], फ़ख्रे - मशीयत[19] था वो हुसैन
सांचे में ढालने के लिए कायनात[20] को
जो तोलता था नोके-मिज़गां[21] पर हयात[22] को

जो इक निशाने - तिशनःदहानी[23] था वो हुसैन
गेती[24] पे अर्श[25] की जो निशानी था वो हुसैन

---

1. इबादत, आराधना, 2. साहस, हिम्मत, 3. प्रदान कर, 4. हश्र के दिन का वादा, 5. दर्शन का भाग्य, 6. इतिहास, 7. हर समय 8. साहस और दृढ़ता का मैदान, 9. विपत्ति और शोक का मैदान, 10. हज़रत ईसा का धैर्य, 11. सुकरात का साहस, 12. धमनियां, 13. इस्लाम की दो बड़ी लड़ाइयां, 14. पवित्र नाम, 15. नबियों का स्वभाव रखनेवाला, 16. रसूल की अंतरात्मा का उत्तराधिकारी, 17. क़ुदरत का गवाह, 18. अस्तित्व, 19. ईश्वरेच्छा का गर्व, 20. ब्रह्मांड, 21. पलक की नोक, 22. जीवन, 23. प्यास का प्रतीक, 24. धरती, 25. आकाश।

जो ख़ुल्द[1] का अमीरे-जवानी[2] था वो हुसैन
जो इक सने-जदीद[3] का बानी[4] था वो हुसैन

जिसका लहू तलातुमे - पिन्हां[5] लिये हुए
हर बूंद में था नूह[6] का तूफ़ां[7] लिये हुए

जो कारवाने-अज़्म[8] का रहबर था वो हुसैन
.ख़ुद अपेन ख़ून का जो शनावर[9] था वो हुसैन
इक दीने-ताज़ा[10] का जो पयम्बर[11] था वो हुसैन
जो कर्बला का दावरे-महशर[12] था वो हुसैन

जिसकी नज़र पे शेवः-ए-हक़[13] का मदार[14] था
जो रूहे - इंक़िलाब[15] का परवर्दिगार[16] था

हां, अब भी जो मिनारः-ए-अज़्मत[17] है वो हुसैन
जिसकी निगाह, मर्गे - हुकूमत[18] है वो हुसैन
अब भी जो महवे-दर्से-बग़ावत[19] है वो हुसैन
आदम[20] की जो दलीले-शराफ़त[21] है वो हुसैन

वाहिद[22] जो इक नमूना है ज़िबहे-अज़ीम[23] का
शाहिद[24] है जो ख़ुदा के मज़ाक़े-सलीम[25] का

पानी से तीन रोज़[26] हुए जिसके लब[27] न तर[28]
तेग़-ओ-तबर[29] को सौंप दिया जिसने घर का घर
जो मर गया जमीर की अज़्मत[30] के नाम पर
ज़िल्लत[31] के आस्तां[32] पे झुकाया मगर न सर

ली जिसने सांस रिश्तः-ए-शाही[33] को तोड़कर
जिसने कलाई मौत की रख दी मरोड़कर

---

1. स्वर्ग, 2. जवानी का सरदार, 3. वर्तमान काल, 4. प्रवर्तक, 5. छुपा हुआ तूफ़ान, 6. एक पैग़म्बर, 7. तूफ़ान, 8. संकल्प का कारवां, 9. तैराक, 10. नया धर्म, 11. नबी, 12. हश्र के दिन न्याय करनेवाला, 13. सत्य का चलन, 14. आधार, 15. क्रांति की रूह, 16. ख़ुदा, 17. महानता की मीनार, 18. हुकूमत की मौत, 19. बग़ावत के पाठ में लीन, 20. मानव, 21. शराफ़त का सबूत, 22. एकमात्र, 23. महान् क़ुरबानी, 24. गवाह, 25. श्रेष्ठ अभिरुचि, 26. दिन, 27. होंठ, 28. गीले, 29. तलवार और फरसा, 30. महानता, 31. अपमान, 32. चौखट, 33. राजपाट का संबंध।

जिसकी जबीं[1] पे कज[2] है खुद अपने लहू[3] का ताज[4]
जो मर्ग-ओ-ज़िंदगी[5] का है इक तुरफ़ा[6] इम्तिज़ाज[7]
सर दे दिया मगर न दिया ज़ुल्म[8] को ख़िराज[9]
जिसके लहू ने रख ली तमाम अम्बिया[10] की लाज

सुनता न कोई दहर[11] में सिद्क़-ओ सफ़ा[12] की बात
जिस मुर्दे-सरफ़रोश[13] ने रख ली ख़ुदा की लाज

हां अय हुसैन तिश्नः-ओ-रंजूर[14] 'अस्सलाम'[15]
अय मेहमाने - अर्सा - ए - बेनूर[16] 'अस्सलाम'
अय शम्ए - हल्क़ः - ए - शब आशूर[17] 'अस्सलाम'
अय सीनः-ए-हयात[18] के नासूर[19] 'अस्सलाम'

अय साहिले - फ़ुरात[20] के प्यासे, तिरे निसार[21]
अय आख़िरी नबी[22] के नवासे,[23] तिरे निसार

हां अय हुसैन ! इब्ने - अली,[24] रहबरे - अनाम[25]
अय मिम्बरे - ख़ुदी[26] के हयातआफ़रीं[27] पयाम[28]
अय नुत्क़े-ज़िंदगी[29] के मुक़द्दसतरीन[30] नाम
अय चर्ख़े-इंक़िलाब[31] के अब्रे-जवां[32] ख़िराम[33]

ग़ाज़ा[34] है तेरा ख़ून, रुख़े - कायनात[35] का
हर क़तरा[36] कोहे-नूर है ताजे - हयात[37] का

फिर हक़[38] है, आफ़ताबे-लबे[39]-बाम अय हुसैन
फिर बज़्मे-आब-ओ-गिल[40] में है कोहराम[41] अय हुसैन

---

1. ललाट, 2. टेढ़ा, 3. रक्त, 4. मुकुट, 5. जीवन-मृत्यु, 6. विचित्र, 7. सम्मिश्रण, 8. अत्याचार, 9. लगान, 10. नबी (ब.व.), पैगम्बर, 11. दुनिया, 12. सच्चाई और पवित्रता, 13. बहादुर, 14. प्यासा और बीमार, 15. नतमस्तक, 16. अंधेरे मैदान का मेहमान, 17. इमाम हुसैन के जीवन की आख़िरी रात, 18. जीवन का वक्षस्थल, 19. बहता हुआ जख़्म, 20. फ़रात नदी का किनारा, 21. न्यौछावर, 22. पैगम्बर, 23. नाती, 24. अली का बेटा, 25. जन नेता, 26. अहं का मिम्बर, 27. जीवनदायक, 28. संदेश, 29. जीवनवाणी, 30. पवित्र, 31. इंक़लाब का गगन, 32. जवान बादल, 33. मंद गति, 34. पाउडर, 35. ब्रह्मांड का चेहरा, 36. बूंद, 37. जीवन का मुकुट, 38. सत्य, 39. डूबता हुआ सूरज, 40. पानी और मिट्टी की महफ़िल—दुनिया, 41. कोलाहल।

फिर ज़िंदगी है सुस्त-ओ-सुबुकगाम[1] अय हुसैन
फिर हुर्रियत[2] है मूरिदे-इल्ज़ाम[3] अय हुसैन

ज़ौक़े-फसाद[4]-ओ-वल्वलः-ए-शर[5] लिये हुए
फिर अस्रे-नौ[6] के शिम्र[7] है ख़ंजर[8] लिये हुए

अय जानशीने[9] - हैदरे - करार[10], अलमदद[11]
अय मनचलों के क़ाफ़लासालार[12] अलमदद
अय अम्रे-हक़[13] की गर्मि-ए-बाज़ार[14] अलमदद
अय जिन्से - ज़िंदगी[15] के ख़रीदार[16] अलमदद

दुनिया तिरी नज़ीरे - शहादत[17] लिये हुए
अब तक खड़ी है शम्अ-ए-हिदायत[18] लिये हुए

('हुसैन और इंक़िलाब' से उद्धृत)

आवाज़े-हक़

(हज़रत ख़्वाजा मुइनुद्दीन चिश्ती)

दर्शनसिंह दुग्गल

मिली थी ख़ाक[19] के पैकर[20] को रूहे-इश्क़[21]-ओ-दिलदारी[22]
ज़मीनों-आसमां[23] से ज़ीस्त[24] रखती थी शनासाई[25]
सलाम अय रूहे-दानाई[26]

तिरे दरबार[27] में धुलती थी गर्दे - जिस्मे - इंसानी[28]
तेरी निकहत[29] से जाग उठता था अरमाने-दिलआसाई[30]
सलाम अय रूहे-दानाई

---

1. मंद गति, 2. आज़ादी, 3. अपराधी, दोषी, 4. फ़साद की रुचि, 5. उपद्रव का जोश, 6. वर्तमान, 7. इमाम हुसैन का क़ातिल, 8. छुरा, 9. उत्तराधिकारी, 10. हज़रत अली, 11. हमारी मदद कर, 12. क़ाफ़ले का सरदार, 13. सच्चा काम, 14. बाज़ार की गर्मी, 15. जीवन-रूपी वस्तु, 16. ग्राहक, 17. शहादत की मिसाल, 18. आदेश का चिराग़, 19. धूल, 20. आकार, 21. प्रेम की आत्मा, 22. धैर्य, दिलासा, 23. धरती और आकाश, 24. जीवन, 25. जान-पहचान, 26. अक़्लमंदी की रूह, 27. घर, 28. मानव-शरीर की धूल, 29. सुगंध, 30. दिल रखने का अरमान।

दयारे-हिंद[1] के हर फूल में ख़ुशबू[2] मिली तेरी
कि यह धरती हर इक ख़ुशबू को ख़ुद[3] में जज़्ब[4] करती है
इसी बाइस[5] तो है यह सरज़मीं[6] तस्वीरे - रानाई[7]
सलाम अय रूहे-दानाई

यह धरती पाक रूहों[8] की तमन्नाओं[9] का मसकन[10] है
यह धरती गर्म भी है सर्द[11] भी, शोला[12] भी शबनम[13] भी
हज़ारों अहले - दानिश[14] से हैं बढ़कर यां के सौदाई[15]
सलाम अय रूहे-दानाई

मुबारक[16] यह ज़मीं जिसमें तिरा जिस्म[17] आरमीदा[18] है
तिरे मदफ़न[19] से है चश्मा[20] रवां[21] वहदतपरस्ती[22] का
तिरे ज़र्रों को चूमे, सुब्हे - गर्दूं[23] है तमन्नाई[24]
सलाम अय रूहे-दानाई

रौशनी की लकीर

'रौनक़' दकनी सीमाबी

जबीने[25]-इज्ज़ पे नख़वत[26] की खिंच गयी जो लकीर
हुई अंधेरों में गुम सरज़मीने - बर्रे - सग़ीर[27]

रही न फिर कोई तम्ईज़े-नेक-ओ-बद[28] बाक़ी
पड़ी ख़िरद[29] के जो पांवों में जहल[30] की ज़ंजीर

हुआ जो माइले - ईज़ा[31] ग़ुरूरे-फ़ितनातराज़[32]
सियाही[33] किब्र[34] की छाने लगी बरू-ए-ज़मीर[35]

---

1. भारत की धरती, 2. सुगंध, 3. स्वयं, 4. सोख लेना, 5. कारण, 6. धरती, 7. सौंदर्य का चित्र, 8. पवित्र आत्मा, 9. आकांक्षा, 10. घर, निवास-स्थान, 11. ठंडी, 12. ज्वाला, 13. ओस, 14. बुद्धिमान, विद्वान, पढ़े-लिखे, 15. पागल, 16. धन्य, 17. शरीर, 18. दफ़्न, 19. क़ब्र, 20. स्रोत, 21. जारी, 22. अद्वैत की पूजा, 23. आकाश से आनेवाली सुबह, 24. आकांक्षी, 25. विनम्र ललाट, 26. अहंकार, 27. महाद्वीप की धरती, 28. अच्छे-बुरे का बोध, 29. बुद्धि, 30. मूर्खता, जहालत, 31. दुख देने की ओर प्रवृत्त, 32. धूर्त का घमंड, 33. अंधेरा, 34. अहंकार, 35. अन्तःकरण के चेहरे पर।

हुईं जो खोखली तक़वा[1] की सारी बुनियादें[2]
तो ज़ुहद[3] भी हुआ बेमग़ज़[4] और बेतासीर[5]

गिरी अंधेरों पे बातिल[6] की बर्क़[7] आख़िरकार
उफ़ुक़[8] से उभरी बसदजाह[9] रौशनी की लकीर

मक़ामे[10] - हज़रते - ख़्वाजा मुईनुद्दीन चिश्ती
हुआ जो ख़ित्तः[11]-ए-अजमेर पर ज़हूरपिज़ीर[12]

फ़ज़ा[13] में परचमे - इस्लाम[14] लहलहाने लगा
तो गूंज उट्ठा हर इक सिम्त[15] नारः -ए-तकबीर[16]

मिला है क़ुत्बे-मशाइख़[17] का हक़नवाज़[18] लक़ब[19]
लक़ब वो जिसका बमुश्किल है इस जहां में नज़ीर[20]

रवां[21] था फ़ैज़े - क़दूमे - बुख़ारी - ओ - मख़दूमं[22]
तुम्हारा फ़ैज़[23] मगर था बलीग़[24]-ओ-पुरतासीर[25]

तुम्हारा सोज़े - दरूं[26] लाइलाहाइल्लल्ला[27]
तुम्हारे दिल का सुकूं[28] है क़ुरआन की तफ़्सीर[29]

अता[30] हुआ वो तुम्हें इक़्तिदारे - रूहानी[31]
वो इक़्तिदार जो लुत्फ़-ओ-करम[32] से है ताबीर[33]

---

1. संयम, 2. जड़ें, 3. परहेज़गारी, निस्पृहता, 4. बिना मस्तिष्क, 5. बेअसर, 6. झूठ, 7. बिजली, 8. क्षितिज, 9. सौ जगह, 10. स्थान, 11. क्षेत्र, 12. प्रकट, 13. वातावरण, 14. इस्लाम का झंडा, 15. दिशा, 16. अल्लाहोअकबर का नारा, 17. शेखों का ध्रुवतारा, 18. उपयुक्त, 19. उपाधि, 20. उदाहरण, मिसाल, 21. प्रवाहित, 22. बुख़ारी और मख़दूम के चरणों का प्रभाव, 23. प्रताप, 24. खुश बयान, 25. प्रभावपूर्ण, 26. दिल का दर्द, 27. अल्लाह एक है, 28. शांति, 29. व्याख्या, 30. प्रदान, 31. आध्यात्मिक प्रभुत्व, 32. दया, 33. विवरण।

निज़ामुद्दीन औलिया

डॉक्टर मुहम्मद इक़बाल

फ़रिश्ते पढ़ते हैं जिसको वो नाम है तेरा
बड़ी जनाब[1] तिरी, फ़ैज़[2] आम[3] है तेरा

तिरे वुजूद[4] से रौशन[5] है राहे-मंज़िले-शौक़[6]
दियारे-इश्क़[7] का मुसहफ़[8] कलाम[9] है तेरा

निहां[10] है तेरी मुहब्बत में रंगे-महबूबी[11]
बड़ी है शान, बड़ा एहतिमाम[12] है तेरा

ख़रोशे[13]-मैकदः-ए-शौक़[14] है तिरे दम से
तलब[15] हो फ़क्र[16] को जिसकी वो जाम[17] है तेरा

सितारे इश्क़[18] के तेरी कशिश[19] से हैं क़ायम[20]
निज़ामे-मिहर[21] की सूरत निज़ाम[22] है तेरा

अगर सियाह दिलम दाग़े-लालाज़ारे तो अम[23]
वगर कुशादा जबीनम गुले-बहारे तो अम[24]

1. ड्योढ़ी, द्वारा 2. उदारता, 3. सबके लिए, 4. अस्तित्व, 5. प्रकाशित, 6. अभिलाषा की मंज़िल का मार्ग, 7. प्रेम का घर (ब.व.), 8. धर्म-ग्रन्थ, 9. कथन, प्रवचन, 10. गुप्त, 11. प्रेमपात्र का रंग, 12. व्यवस्था, 13. कोलाहल, 14. शौक़ की मधुशाला, 15. प्यास, 16. फ़क़ीरी, 17. प्याला, 18. प्रेम, 19. आकर्षण, 20. स्थित, 21. सूरज का विधान, 22. व्ययस्था, 23. अगर मेरा दिल काला है तो मैं तेरे बाग़ के लाले के फूलों के दिल का दाग़ हूं, 24. अगर मेरा ललाट चमक रहा है तो मैं तेरी बहार का फूल हूं।

महबूबे-इलाही[1]

(हज़रत निज़ामुद्दीन औलिया)

दर्शनसिंह दुग्गल

हर एक फ़र्क़[2] की ख़ातिर[3] है आस्ताना[4] तिरा
सभी ने दिल की मुरादें[5] यहां से पाई हैं
तिरे क़दम की बदौलत[6] ज़मीने - पाके - वतन[7]
दियारे[8] - शम्स - ओ - क़मर[9] से भी सर बुलंद[10] हुई
दिया वो रूह[11] का पैग़ाम[12] अहले - दुनिया[13] को
कि ज़िंदगी के अंधेरों में रौशनी[14] जागी,
हयात[15] क्या है, तबस्सुम[16] ख़ुलूसे-बातिन[17] का
ज़माना क्या है, सहर[18] आरिफ़ाना[19] मस्ती की
तिरे पयाम[20] से रौशन[21] है महफ़िले - हस्ती[22]
तिरे कलाम[23] से सरशार[24] है बशर[25] की हयात[26]
कोई तो बात है जिसने दिलों को राम किया[27]
कोई तो जज़्ब[28] है जिसने जहान को खींचा

ख़ुदा करे कि दिल उल्फ़त[29] का जाम[30] हो जाये
तिरी शराब ज़माने में आम[31] हो जाये

---

1. ख़ुदा का महबूब, 2. माथा, ललाट, 3. के लिए, 4. चौखट, 5. अभिलाषायें, 6. प्रताप से, 7. देश की पवित्र धरती, 8. देश, नगर, 9. चांद-सूरज, 10. ऊंची, 11. आत्मा, 12. संदेश, 13. दुनियावाले, 14. प्रकाश, 15. जीवन, 16. मुस्कुराहट, 17. अन्तःकरण की निष्ठा, 18. जादू, 19. ज्ञान की मस्ती, 20. संदेश, 21. प्रकाशमान, 22. अस्तित्व की महफ़िल, 23. कथन, प्रवचन, 24. परिपूर्ण, 25. इंसान, 26. जीवन, 27. वशीभूत, 28. आकर्षण, 29. प्रेम, 30. प्याला, 31. हर एक के लिए।

गुरु नानक

'नज़ीर' अकबराबादी

हैं कहते नानक शाह जिन्हें वो पूरे हैं आगाह[1] गुरु
वो कामिल[2] रहबर[3] जग में हैं, यूं रौशन जैसे माह[4] गुरु
मक़सूद[5], मुराद[6], उमीद[7] सभी बर लाते हैं दिलख़्वाह[8] गुरु
नित लुत्फ़-ओ-करम[9] से करते हैं हम लोगों का निर्बाह गुरु

इस बख़्शिश[10] के इस अज़मत[11] के हैं बाबा नानक शाह गुरु
सब सीस नवा अर्दास[12] करो और हर दम बोलो वाह गुरु

हर आन दिलों विच पायां[13] अपने जो ध्यान गुरु का धरते हैं
और सेवक होकर उनके ही, हर सूरत[14] बीच कहाते है
गुरु अपनी लुत्फ़-ओ-इनायत[15] से सुख चैन उन्हें दिखलाते हैं
खुश रखते हैं हर हाल उन्हें सब मन का काज बनाते हैं

इस बख़्शिश के, इस अज़मत के हैं बाबा नानक शाह गुरु
सब सीस नवा अर्दास करो और हर दम बोलो वाह गुरु

दिन रात जिन्होंने यां दिल विच है याद गुरु से काम लिया
सब मन के मक़सद[16] भर पाए, ख़ुशवक़्ती[17] का हंगाम[18] लिया
दुख दर्द में अपने ध्यान लगा जिस वक़्त गुरु का नाम लिया
पल[19] बीच गुरु ने आन उन्हें ख़ुशहाल किया और थाम लिया

इस बख़्शिश के इस अज़मत के हैं बाबा नानक शाह गुरु
सब सीस नवा अर्दास करो और हरदम बोलो वाह गुरु

---

1. परिचित, 2. पूर्ण, दक्ष, 3. मार्गदर्शक, 4. चांद, 5. उद्देश्य, 6. इच्छा, 7. आशा, 8. दिल की ख़्वाहिश, 9. दया और प्रेम, 10. उदारता, 11. महानता, 12. प्रार्थना, 13. दिलों के बीच, दिल में, 14. हर हाल में, 15. प्रेम और कृपा, 16. उद्देश्य, 17. अच्छा वक्त, 18. समय, 19. क्षण-भर में।

जो हर दम उनसे ध्यान लगा उम्मीद[1] करम[2] की करते हैं
वो उन पर लुत्फ़-ओ-इनायत[3] से हर आन[4] तवज्जुह[5] करते हैं
अस्बाब[6] ख़ुशी और ख़ूबी के घर बीच उन्हूं के भरते हैं
आनंद इनायत[7] करते हैं, सब मन की चिंता हरते हैं

इस बख़्शिश के इस अज़मत के हैं बाबा नानक शाह गुरु
सब सीस नवा अर्दास करो और हर दम बोलो वाह गुरु

जो लुत्फ़-ओ-इनायत[8] उनमें है कब वस्फ़[9] किसी से उनका हो
वो लुत्फ़-ओ-करम[10] जो करते हैं हर चार तरफ़ हैं ज़ाहिर[11] वो
अल्ताफ़[12] जिन्हूं पर हैं उनके, सो खूबी हासिल[13] है उनको
हर आन[14] 'नज़ीर' अब यां तुम भी बाबा नानक शाह कहो

इस बख़्शिश के इस अज़मत के हैं बाबा नानक शाह गुरु
सब सीस नवा अर्दास करो हर दम बोलो वाह गुरु

नानक

डॉक्टर इक़बाल

क़ौम[15] ने पैग़ामे - गौतम[16] की ज़रा परवा न की
क़द्र[17] पहचानी न अपने गौहरे - यकदाना[18] की

आह, बदक़िस्मत रहे आवाज़े-हक़[19] से बेख़बर[20]
ग़ाफ़िल[21] अपने फल की शीरीनी[22] से होता है शजर[23]

आशकार[24] उसने किया जो ज़िंदगी[25] का राज़[26] था
हिंद को लेकिन ख़याली[27] फ़लसफ़े[28] पर नाज़[29] था

1. आशा, 2. दया, 3. प्रेम और दया, 4. क्षण, 5. ध्यान, 6. सामान, 7. दया, 8. प्रेम और दया, 9. प्रशंसा, गुणगान, 10. प्रेम और दया, 11. प्रकट, 12. मेहरबानियां, 13. प्राप्त, 14. हर पल, 15. राष्ट्र, 16. गौतम का संदेश, 17. मूल्य, 18. अमूल्य मोती, 19. सत्य की आवाज़ 20. अपरिचित, 21. अनभिज्ञ, 22. मिठास, 23. वृक्ष, 24. प्रकट, व्यक्त, 25. जीवन, 26. रहस्य, 27. काल्पनिक, 28. दर्शन, 29. गर्व।

शम्ए:-हक़[1] से जो मुनव्वर[2] हो यह वो महफ़िल[3] न थी
बारिशे-रहमत[4] हुई लेकिन ज़मीं[5] क़ाबिल[6] न थी

आह शूदर[7] के लिए हिन्दोस्तां ग़मख़ाना[8] है
दर्दे - इंसानी[9] से इस बस्ती का दिल बेगाना[10] है

बिरहमन सरशार[11] है अब तक मए-पिन्दार[12] में
शम्ए-गौतम[13] जल रही है महफ़िले-अग़ियार[14] में

बुतकदा[15] फिर बाद मुद्दत[16] के मगर रौशन[17] हुआ
नूरे-इब्राहीम[18] से आज़र[19] का घर रौशन हुआ

फिर उठी आख़िर सदा[20] तौहीद[21] की पंजाब से
हिंद को इक मर्दे-कामिल[22] ने जगाया ख़्वाब[23] से

तस्वीरे-रहमत[1]

तिलोकचन्द 'महरूम'

तिरी तौक़ीर[25] से तौक़ीरे - हस्ती[26] है गुरु नानक
तिरी तनवीर[27] हर ज़र्रे[28] में बसती[29] है गुरु नानक
तिरी जागीर में इरफ़ां[30] की मस्ती है गुरु नानक
तिरी तहरीर[31] औजे[32]-हक़-परस्ती[33] है गुरु नानक

तिरी तस्वीर[34] से रहमत[35] बरसती है गुरु नानक

---

1. सत्य का चिराग़, 2. प्रकाशमान, 3. गोष्ठी, 4. दया की वर्षा, 5. धरती, 6. योग्य, 7. शूद्र, 8. दुखों का घर, 9. इंसान का दुख-दर्द, 10. अपरिचित, 11. संतुष्ट, तृप्त, 12. अहंकार की मदिरा, 13. गौतम बुद्ध की शमा, 14. ग़ैरों की महफ़िल में, 15. मंदिर, 16. लंबे समय के बाद, 17. प्रकाशित, 18. हज़रत इब्राहीम का प्रकाश, 19. इब्राहीम के चचा, 20. आवाज़ 21. अद्वैतवाद, 22. सिद्धहस्त पुरुष, 23. नींद, 24. दया की मूर्ति, 25. प्रतिष्ठा, 26. संसार की प्रतिष्ठा, 27. आभा, चमक, 28. कण, 29. रहती है, 30. ब्रह्मज्ञान, 31. लेखनी, 32. ऊंचाई, 33. खुदा की पूजा, 34. चित्र, 35. दया, कृपा।

ज़हूरिस्ताने - रहमत[1] है कि यह तस्वीर है तेरी
कोई नक़्शे - हक़ीक़त[2] है कि यह तस्वीर है तेरी
अयां[3] सुब्हे - सआदत[4] है कि यह तस्वीर है तेरी
दिले - मुज़्तर[5] की राहत[6] है कि यह तस्वीर है तेरी

तिरी तस्वीर से रहमत बरसती है गुरु नानक

ख़ामोशी[7] से हुवैदा[8] है अजब[9] अंदाज़े-गोयाई[10]
कि है मुंह बोलता पैकर[11] यह नक़्शे-नाज़े-यकताई[12]
हर इक अज़्वे-बदन[13] से है अयां[14] एजाज़े-रानाई[15]
ज़मीं[16] पर है मगर नज़रों में है परवाज़े - बालाई[17]

तिरी तस्वीर से रहमत बरसती है गुरु नानक

शबीहे-पाक[18] है या इक तिलिस्मे-ज़ांफ़िज़ाई[19] है
झलक ख़ुद जल्वः-ए-हुस्ने-अज़ल ने यां दिखाई है
सफ़ा-ए-क़ल्बे-आरिफ़[20] से सिवा[21] इसमें सफ़ाई है
रुख़े - अनवर[22] है या महताबे - चर्ख़े - पारसाई[23] है

तिरी तस्वीर से रहमत बरसती है गुरु नानक

नज़र अफ़रोज़[24] है ऐसी अदा-ए-जांफ़िज़ा[25] इसमें
गुले-फ़िर्दौस[26] का हर रंग गोया भर दिया इसमें
नज़र आता है मजमा[27] सरबसर[28] औसाफ़[29] का इसमें
कि हैं सिद्क़-ओ-सफ़ा[30], फ़क्र-ओ-गिना[31], लुत्फ़-ओ-अता[32] इसमें

तिरी तस्वीर से रहमत बरसती है गुरु नानक

---

1. वह स्थान जहां रहमत का आविर्भाव हो, 2. सत्य की मूर्ति, 3. प्रकट, 4. सौभाग्य का सवेरा, 5. व्याकुल हृदय, 6. चैन, सुख, 7. मौन, 8. प्रकट, जाहिर, 9. विशेष, 10. बोलने का अंदाज, 11. आकार, 12. ऐसे गर्व का नक्श जिसकी मिसाल न मिले, 13. शरीर का अंग-प्रत्यंग, 14. प्रकट, 15. सुंदरता का चमत्कार, 16. धरती, 17. ऊंची उड़ान, 18. पवित्र तस्वीर, 19. जान को बढ़ानेवाला जादू, 20. ब्रह्मज्ञानी के दिल की पवित्रता, 21. अधिक, 22. प्रकाशमान चेहरा, 23. पारसाई के आकाश का चांद, 24. नज़रों को रौशन करनेवाली, 25. जान को बढ़ानेवाली अदा, 26. स्वर्ग का फूल, 27. जमघट, 28. तमाम, 29. ख़ूबियां, विशेषतायें, 30. सच्चाई और पवित्रता, 31. दरिद्रता और समृद्धि, 32. दया और बख़्शिश।

बाबा गुरु नानक देव

कुंवर महेन्द्रसिंह बेदी 'सहर'

एक जिस्मे-नातवां[1] और इतनी वबाओं[2] का हुजूम[3]
इक चराग़े - सुब्ह[4] और इतनी हवाओं का हुजूम
मंज़िलें[5] गुम, और इतने रहनुमाओं[6] का हुजूम
एतक़ादे-ख़ाम[7] और इतने ख़ुदाओं का हुजूम

कशमकश[8] में अपने ही माबद[9] से कतराता हुआ
आदमी फिरता था दर-दर ठोकरें खाता हुआ

हक़[10] को होती थी हर इक मैदां में बातिल[11] से शिकस्त[12]
सरनगूं[13] सर दर गरीबां[14] सरबसर[15] थे ज़ेर[16] दस्त[17]
फ़न[18] था इक मतलब बरआरी[19] लोग थे मतलबपरस्त[20]
इस क़दर बिगड़ा हुआ था ज़िंदगी का बन्दोबस्त[21]

हामि-ए-ज़ोर-ओ-सितम[22] हर तरह मालामाल था
जिसकी लाठी थी उसी की भैंस थी यह हाल था

क्या ख़ुदा का ख़ौफ़[23] कैसा जज़्बः-ए-हुब्बे-वतन[24]
बरसरे - पैकार[25] थे आपस में शेख़-ओ-बिरहमन
बाग़बां[26] जो थे वो ख़ुद थे महूवे-तख़रीबे-चमन[27]
अलग़रज़[28] बिगड़ी हुई थी अंजुमन की अंजुमन[29]

मज़हबे-इन्सायिनत[30] का पासबां[31] कोई न था
कारवां लाखों थे मीरे-कारवां[32] कोई न था

---

1. दुर्बल शरीर, 2. महामारी, 3. जमघट, 4. सवेरे का चराग़, 5. गंतव्य, 6. मार्ग-दर्शक, 7. कच्चा विश्वास, 8. संघर्ष, 9. आराधना-गृह, 10. सच्चाई, 11. झूठ, 12. हार, पराजय, 13. नतमस्तक, 14. उदास, शर्मिन्दा, 15. बिल्कुल, 16. नीचे, 17. हाथ, 18. कला, 19. काम निकालना, 20. स्वार्थी, 21 व्यवस्था, 22 अत्याचार का समर्थक, 23. भय, 24. देशभक्ति की भावना, 25. लड़ने-मरने को तैयार 26. माली, 27. उपवन को उजाड़ने में व्यस्त, 28. अर्थात्, 29. महफ़िल, 30. मानव-धर्म, 31. पहरेदार, 32. कारवां का सरदार।

रूहे-इन्सां[1] ने ख़ुदा के सामने फ़रियाद की
जो ज़मीं[2] पर हो रहा था सब बयां[3] रूदाद[4] की
और कहा हद हो चुकी हैं कुफ़्र[5] की इलहाद[6] की
एक दुनिया मुन्तज़िर[7] है आपके इरशाद[8] की

तब यह फ़रमाया[9] ख़ुदा ने सबको समझाऊंगा मैं
आदमी का रूप धारण करके ख़ुद आऊंगा मैं

इस तरह आख़िर[10] हुआ दुनिया में नानक का ज़हूर[11]
फ़र्शे[12]-तलवंडी पे उतरा अर्श[13] से रब्बे-ग़फ़ूर[14]
उठ गया ज़ुल्मात[15] का डेरा, बढ़ा हर सिम्त[16] नूर[17]
मम्बाःए - अनवार[18] से फैलीं शुआयें[19] दूर - दूर

मेहरे-ताबां[20] ने दोआलम[21] में उजाला कर दिया
आदमी ने आदमी का बोल बाला कर दिया

•

गुरु नानक देवजी

दर्शनसिंह दुग्गल

तिरे जमाल[22] से अय आफ़ताबे[23]-ननकाना
निखर निखर गया हुस्ने-शऊरे-रिन्दाना[24]
कुछ ऐसे रंग से छेड़ा रबाबे[25]-मस्ताना
कि झूमने लगा रूहानियत[26] का मैख़ाना[27]

तिरी शराब से मदहोश[28] हो गये मैख़्वार[29]
दुई मिटा के हमआग़ोश[30] हो गये मैख़्वार

---

1. इंसान की रूह, 2. धरती, 3. बयान की, बताई, 4. कहानी, 5. अधर्म, 6. नास्तिकता, 7. प्रतीक्षक, 8. आज्ञा, 9. कहा, 10. अन्त में, 11. प्रकटन, 12. धरती, 13. आकाश, 14. दयालु परमात्मा, 15. अंधकार, 16. चारों ओर, 17. प्रकाश, 18. प्रकाश का स्रोत, 19. किरणें, 20. प्रकाशमान चांद, 21. धरती और आकाश, 22. सौंदर्य, 23. सूरज, 24. रिन्दों की चेतना का सौंदर्य, 25. वीणा, 26. अध्यात्म, 27. मदिरालय, 28. मदमस्त, 29. शराबी, 30. लिपट जाना।

तिरा पयाम[1] था डूबा हुआ तबस्सुम[2] में
भरी थी रूहे-लताफ़त[3] तिरे तकल्लुम[4] में
नवा-ए-हक़[5] की कशिश[6] थी तिरे तरन्नुम[7] में
यक़ीं[8] की शमूअ जलाई शबे-तवहहुम[9] में
दिलों को हक़[10] से हम आहंग[11] कर दिया तूने
गुलों को गूंध के यकरंग[12] कर दिया तूने

तिरी नवा[13] ने दिया नूर[14] आदमीयत[15] को
मिटा के रख दिया हिर्स-ओ-हवा[16] की ज़ुल्मत[17] को
दिलों से दूर किया सीमा-ओ-ज़र[18] की रग़बत[19] को
कि पा लिया था तिरे दिल ने हक़[20] की दौलत[21] को
हुजूमे-जुल्मते-बातिल[22] में हक़ पनाही[23] की
फ़क़ीर होके भी दुनिया में बादशाही की

तिरी निगाह में क़ुरआनो-वेद का आलम[24]
तिरा ख़याल था राज़े-हयात[25] का मरहम[26]
हर एक गुल[27] पे टपकती थी प्यार की शबनम[28]
कि बस गया था नज़र में बिहिश्त[29] का मौसम
नफ़स[30] नफ़स से कली रंग-ओ-बू[31] की ढलती थी
नसीम[32] थी कि फ़रिश्तों की सांस चलती थी

तिरी शराब से बाबा फ़रीद थे सरशार[33]
तिरे ख़ुलूस[34] से बेख़ुद[35] थे सूफ़ियाने-किबार[36]
कहां-कहां नहीं पहुंची तिरे क़दम की बहार[37]
तिरे अमल[38] ने संवारे जहान के किरदार[39]
तिरी निगाह ने सहबा-ए-आगही[40] दे दी
बशर[41] के हाथ में क़न्दीले-ज़िंदगी[42] दे दी

---

1. संदेश, 2. मुस्कुराहट, 3. पवित्रता की आत्मा, 4. बातचीत, 5. सच्चाई की आवाज़, 6. आकर्षण, 7. स्वर-माधुर्य, 8. विश्वास, 9. भ्रम की रात, 10. सदाक़त, सच्चाई, 11. एक आवाज़, 12. एक रंग, 13. आवाज़, 14. प्रकाश, 15. मानवता, 16. लोभ, 17. अंधकार, 18. सोना-चांदी, 19. लगाव, प्रेम, 20. सच्चाई, 21. धन, 22. झूठ और अंधेरे के जमघट में, 23. सत्य का साथ, 24. संसार, 25. जीवन का रहस्य, 26. जानकार, 27. फूल, 28. ओरा, 29. स्वर्ग, 30. सांस, 31. रंग और गंध, 32. मंद समीर, 33. मस्त, 34. निष्ठा, 35. मदहोश, 36. बड़े-बड़े सूफ़ी, 37. बसंत, 38. कर्म, व्यवहार, 39. चरित्र, 40. चेतना, 41. इंसान, 42. ज़िंदगी की क़ंदील।

तिरे पयाम[1] में ईसा की थी मसीहाई[2]
तिरे सुख़न[3] में हबीबे - ख़ुदा की रानाई[4]
तिरे कलाम[5] में गौतम का नूरे-दानाई[6]
तिरे तराने[7] में मुरली का लहने-यक्ताई[8]

हर एक नूर[9] नज़र आया तेरे पैकर[10] में
तमाम[11] निकहतें[12] सिमटी हैं इक गुले-तर[13] में

जहां जहां भी गया तूने आगही[14] बांटी
अंधेरी रात में चाहत[15] की रौशनी[16] बांटी
अता[17] किया दिले-बेदार[18], ज़िंदगी बांटी
फ़साद-ओ-जंग[19] की दुनिया में शान्ती बांटी

बहार[20] आई खिली प्यार की कली हर सू[21]
तिरे नफ़स[22] से नसीमे-सहर[23] चली हर सू

रज़ा-ए-हक़[24] को नजाते[25]-बशर[26] कहा तूने
तऐयुनाते - ख़ुदी[27] को ज़रर[28] कहा तूने
वफ़ा[29] नगर को हक़ीक़त[30] नगर कहा तूने
ज़हूरे - इश्क़[31] को सच्ची सहर[32] कहा तूने

जहाने-इश्क़[33] में कुछ बेश[34]-ओ-कम का फ़र्क़ न था
तिरी निगाह में दैर-ओ-हरम[35] का फ़र्क़[36] न था

बताया तूने कि इरफ़ां[37] से आशना[38] होना
कभी न आशिक़े-दुनिया-ए-बेवफ़ा[39] होना
बदी[40] से शाम-ओ-सहर[41] जंगआज़मा[42] होना
ख़ुदा से दूर न अय बन्दः-ए-ख़ुदा[43] होना

---

1. संदेश, 2. ईसा की तरह बीमारों को अच्छा और मुर्दों को ज़िंदा करना, 3. वाणी, 4. खुदा के हबीब की शोभा, 5. वाणी, 6. समझदारी का प्रकाश, 7. गीत, 8. मधुर स्वर, 9. प्रकाश, 10. आकार, 11. सब, 12. खुशबू, सुगंध, 13. ताज़ा फूल, 14. चेतना, 15. प्रेम, 16. प्रकाश, 17. प्रदान, 18. जागृत हृदय, 19. उपद्रव और युद्ध, 20. बसंत, 21. हर तरफ़, 22. सांस, 23. प्रातःसमीर, 24. ख़ुदा की मरज़ी, 25. मुक्ति, 26. इंसान, 27. अहं के बंधन, 28. हानि, 29. प्रेम-निर्वाह, 30. सच्चाई, 31. इश्क़ का प्रकटन, 32. प्रातःकाल, 33. प्रेम संसार, 34. अधिक, 35. मंदिर और काबा, 36. अंतर, 37. ब्रह्मज्ञान, 38. परिचित, 39. बेवफ़ा दुनिया का प्रेमी, 40. बुराई, 41. सुबह-शाम, 42. लड़ना, 43. ख़ुदा के बन्दे।

नशे में दौलत-ओ-ज़र[1] के न चूर हो जाना
क़रीब आये जो दुनिया तो दूर हो जाना

जो रूह[2] बनके समा जाये हर रग-ओ-पै[3] में
तो फिर न शहद में लज़्ज़त न साग़रे-मै[4] में
वही है साज़[5] के पर्दे में, लहन[6] में, लय में
उसी की ज़ात[7] की परछाइयां हर इक शै[8] में

न मौज है न सितारों की आब[9] है कोई
तजल्लियों[10] के उधर आफ़ताब[11] है कोई

अबद[12] का नूर[13] फ़राहम[14] किया सहर[15] के लिए
दिया पयाम[16] बहारों का दश्त[17]-ओ-दर के लिए
दिये जला दिए तारीक[18] रहगुज़र[19] के लिए
जिया बशर[20] के लिए, जान दी बशर के लिए

दुआ यह है कि रहे इश्क़ हश्र[21] तक तेरा
ज़मीं[22] पे आम हो यह दर्दे-मुश्तरक[23] तेरा

ख़ुदा करे कि ज़माना सुने तिरी आवाज़
हर इक जबीं[24] को मुयस्सर[25] हो तिरा अक्से-नियाज़[26]
जहां में आम हो तेरे ही प्यार का अंदाज़[27]
ख़ुलूसे-दिल[28] से हो पूजा, ख़ुलूसे-दिल से नमाज़

तिरे पयाम[29] की बरकत[30] से नेक हो जायें
ये इम्तियाज़[31] मिटें, लोग एक हो जायें

---

1. धन-दौलत, 2. प्राण, आत्मा, 3. धमनियां और गोश्त, 4. शराब का प्याला, 5. गाने-बजाने का सामान, 6. मधुर स्वर, 7. अस्तित्व, 8. चीज़, 9. चमक, 10. झलक, (ब. व.), 11. सूर्य, 12. अनंतकाल, 13. प्रकाश, 14. एकत्र, संचित, 15. सवेरा, प्रातःकाल, 16. संदेश, 17. जंगल, 18. अंधेरी, 19. राह, मार्ग, 20. इंसान, 21. क़यामत, 22. धरती, 23. सम्मिलित, 24. ललाट, 25. प्राप्त, 26. श्रद्धा का प्रतिबिम्ब, 27. ढंग, 28. हार्दिक निष्ठा, 29. संदेश, 30. विभूति, 31. अंतर।

एक जिस्म दो तुर्बतें[1]

'अख़्तर' बस्तवी

सुब्ह को मैं आज इक मुद्दत[2] पे, साथ अहबाब[3] के
शहर की मश्ग़ूलियत[4] से भागकर आया यहां

दिन कटा, सैर-ओ-शिकार-ओ-शग़्ले-नावनोश[5] में
शाम के लम्हात[6] गुज़रे क़हक़हों के दर्मियां[7]

अब फ़ज़ाओं[8] पर अंधेरे और ख़मोशी[9] का है राज
निस्फ़[10] शब का सहर[11] है माहौल पर छाया हुआ

मेरे साथी बेख़बर सोये हैं गहरी नींद में
मैं मगर बैठा हूं तन्हा[12], सोच में डूबा हुआ

पुश्त[13] पर आमी[14] की लहरें गुनगुनातीं, नाचतीं
जाने किस मंज़िल की जानिब[15] हौले हौले हैं रवां[16]

सामने गुमसुम खड़ा है इक पुराना मक़बरा[17]
जिसकी ख़ामोशी सुनाती है अजब सी दास्तां[18]

लोग कहते हैं कि यह मदफ़न[19] है उस फ़नकार[20] का
जिसने शेरों में किया था रूहे-मज़हब[21] को असीर[22]

शैख़ से थी जिसको उल्फ़त[23] और ब्रहमन से था उंस[24]
प्यार था इन्सा[25] से जिसको, नाम था जिसका कबीर

मक़बरे[26] के पास लेकिन इक इमारत और है
जिसको कुछ लोगों ने बख़्शा[27] है 'समाधि' का लक़ब[28]

---

1. कब्रें, (यह नज़्म कबीर की समाधि पर लिखी गयी है), 2. लंबा समय, 3. मित्रगण, 4. व्यस्तता, 5. सैर-सपाटे, शिकार खाने-पीने, 6. क्षण, 7. बीच, 8. वातावरण, 9. मौन, 10. आधी, 11. जादू, 12. अकेला, 13. पीठ, 14. नदी का नाम, 15. ओर, 16. बह रही हैं, 17. क़ब्र, 18. कहानी, 19. समाधिस्थान, 20. कलाकार, 21. धर्म के प्राण, 22. क़ैद, 23. मुहब्बत, 24. प्रेम, 25. मानव, 26. क़ब्र, 27. प्रदान किया, 28. उपाधि।

यह इमारत भी उसी के नाम से मंसूब[1] है
यह समाधि भी उसी की वज्ह से जा-ए-अदब[2]

अजनबी[3] मुल्कों[4] के जब सैयाह[5] आते हैं यहां
सख़्त हैरत[6] उनको होती है यह मंज़र[7] देखकर

सोचते हैं वो कि यह किस तरह मुम्किन[8] है भला
एक ही इन्सां[9] के दो मर्क़द[10] हों फ़र्शे-ख़ाक[11] पर

मुझको लेकिन यह नज़ारा[12] देखकर हैरत[13] नहीं
क्योंकि मैंने परवरिश[14] पाई है ऐसे देश में

रूह[15] जिसकी एक होकर भी कई क़ालिब[16] में है
हुस्न[17] जिसका कारफ़र्मा[18] है हज़ारों भेस में

यह वो महफ़िल[19] है जहां वहदत[20] में कसरत[21] है अयां[22]
इसका नग़्मा[23] एक है लेकिन धुनें हैं बेशुमार[24]

एक ही मंज़र[25] में इस गुलशन[26] के सदहा[27] रंग हैं
इस चमन में एक ख़ुशबू है मगर गुल[28] हैं हज़ार

हिंद के इस वस्फ़[29] की अक्कास[30] थी ज़ाते-कबीर[31]
जिसको हम इक संत भी कहते हैं और एक पीर भी

जिसकी आंखों में झलकता था तक़द्दुस[32] राम का
और जबीं[33] पर थी ख़ुदा के नाम की तनवीर[34] भी

अपने पुरतासीर[35] दोहों की ज़बां[36] में उम्र भर
उसने दुनिया को सुनाई बस यही एक रागनी

---

1. संबंधित, 2. आदर का स्थान, 3. अपरिचित, 4. देशों, 5. पर्यटक, 6. आश्चर्य, ताज्जुब, 7. दृश्य, 8. सम्भव, 9. मनुष्य, 10. कब्रें, 11. धरती, 12. दृश्य, 13. आश्चर्य, 14. पालन पोषण, 15. आत्मा, प्राण, 16. शरीर, 17. सौंदर्य, 18. फैला हुआ, 19. गोष्ठी, अंजुमन, 20. एकत्व, 21. बाहुल्य, 22. प्रकट, व्यक्त, 23. संगीत, 24. असंख्य, 25. दृश्य, 26. उपवन, 27. सैकड़ों, 28. फूल, 29. गुण, 30. प्रतिनिध, 31. कबीर का व्यक्तित्व, 32. पवित्रता, 33. ललाट, 34. आभा, चमक, 35. प्रभावशाली, 36. वाणी।

ज़र्रे - ज़र्रे[1] से है ज़ाहिर[2] सरज़मीने - हिंद[3] के
इख़्तिलाफ़े - ज़ाहिरी[4] में इत्तिहादे - बातिनी[5]

उसको यह ख़ूबी[6] थी अपने मुल्क[7] की बेहद अज़ीज़[8]
इसलिए बाद-अज़-फ़ना[9] भी इससे वाबस्ता[10] रही

एक ही था जिस्म[11] लेकिन तुर्बतें[12] दो दो मिलीं
है समाधि में भी वो और मक़बरे[13] में भी वही

बज़्मे-खुसरो में

गोपीनाथ 'अम्न'

कोई पीताम्बर या जामः - ए - एहराम[14] में आये
मुहम्मद की गली या कूचः[15]-ए-घनश्याम में आये
खुदा शाहिद[16] कि सर झुकता है अहले-दिल[17] के क़दमों पर
मए-साफ़ी[18] से मतलब है किसी भी जाम[19] में आये

नियाज़-आगीं[20] जबीं[21] लेकर जो बज़्मे-नाज़[22] में आये
न क्यों फिर वो शुमारे[23]-अहले-सोज़ो-साज़[24] में आये
तसव्वुफ़[25] की निगाहें[26] तो इसे पहचान ही लेंगी
किसी भी भेस में आये, किसी अंदाज़ में आये

मुबारक[27] उसका जीना जो तिरी सरकार में आये
सफ़ा-ए-क़ल्ब[28] लेकर सिद्क़[29] से दरबार में आये
निगाहे-अहले-आलम[30] में जो इज़्ज़त हो तो क्या इज़्ज़त
वो क़िस्मत का धनी है जो निगाहे-यार[31] में आये

---

1. कण-कण, 2. प्रकट, 3. भारत की धरती, 4. प्रत्यक्ष विरोध, 5. दिलों की एकता, 6. विशेषता, 7. देश की, 8. अतिप्रिय, 9. मृत्यु के बाद, 10. संबंधित, 11. शरीर, 12. क़ब्रें, 13. कब्र, 14. हज का लिबास, 15. गली, 16. गवाह, 17. दिलवाले, 18. पवित्र शराब, 19. प्याला, 20. विनम्र, 21. ललाट, 22. प्रेमिका की महफ़िल, 23. गिनती, 24. दिलवाले, 25. अध्यात्म, 26. दृष्टि, 27. सफल, अभिनन्दनीय, 28. दिल की पवित्रता, 29. सच्चाई, 30. दुनिया वालों की दृष्टि, 31. प्रेमिका की नज़र।

मक़ाम[1] उनका भी ऊंचा है जो तेरी राह में आये
और उनकी बात ही क्या जो तिरी दरगाह[2] में आये
इबादत[3] और सिज्दों[4] की भी इज़्ज़त दिल में है लेकिन
इबादत वो इबादत है मज़ा[5] जब आह[6] में आये

1. स्थान, 2. चौखट, मज़ार, 3. आराधना, 4. सर टेकनां, 5. आनंद, 6. आर्तनाद।

दसवां अध्याय

(पहला भाग)

हमारी हिकायात

(कथा-माला)

जन्म कन्हैयाजी

'नज़ीर' अकबराबादी

है रीत जनम[1] की यूं होती जिस घर में बाला होता है
उस मंडल में हर मन भीतर सुख चैन दुबाला होता है
सब बात बिथा[2] की भूलें हैं, जब भोला भाला होता है
आनंद मंदीले बाजत हैं, नित भवन उजाला होता है
यूं नेक निछत्तर[3] लेते हैं, इस दुनिया में संसार जनम
पर उनके और ही लच्छन हैं जब लेते हैं औतार जनम

सुभ साइत से यूं दुनिया में औतार गरभ में आते हैं
जो नारद मुनि[4] वां, पहले ही सब उनका भेद बताते हैं
वो नेक महूरत से जिस दम इस शिष्ट[5] में जनमे जाते हैं
जो लीला रचनी होती है वो रूप यह जा दिखलाते हैं
यूं देखने में और कहने में वो रूप तो बाले होते हैं
पर बाले ही पन में उनके उपकार निराले होते हैं

यह बात कही जो मैंने अब यूं उसको तू अब ध्यान लगा
है पंडित पुस्तक बीच लिखा, था कंस जो राजा मथरा का
धन ढेर बहुत, बल[6] तेज[7] निपट, सामान अनेक[8] और डील बड़ा
गज[9] और तुरंग[10] अच्छे नीके, अमबारी हौदे ज़ीन सजा
जब बनठन ऊंचे हस्ती पर वो पापी आन निकलता था
सब साज़ झलाझल करता था और संग कटक दल[11] चलता था

---

1. ज़माना, 2. रंज-ओ-ग़म, 3. साअत, 4. रौशन ज़मीर, 5. मोहज़्ज़ब अवतार, 6. ताकत, 7. रोब, 8. तरह-तरह, 9. हाथी, 10. घोड़े, 11. बेशुमार फ़ौज।

इक रोज़[1] जो अपने भुजबल पर वो कंस बहुत मग़रूर[2] हुआ
और हंसकर बोला दुनिया में है दूजा कौन बली मुझ सा
इक बान लगाकर पर्बत को, चाहूं तो अभी दूं पल में गिरा
इस देस के बढ़बल जितने हैं, है कौन जो होवे मुझसे सिवा

जो दुष्ट कोई आ युद्ध करे, जब मों पर वा का वार चले
वो सामने मेरे ऐसा हो जूं चींटी हाथी पांव तले

वो ऐसे ऐसे कितने ही जो बोल गरब से कहता था
सब लोग सभा के सुनते थे क्या ताब[3] जो बोले कोई ज़रा
था एक परख सो यूं बोला, तू भूला अपने बल पर क्या
जो तेरा मारन हारा है सो वो भी जनम अब लेवेगा

तू अपने बल पर हाय मूर्ख इस आन अबस[4] हुंकार लिया
वो तुझको मार गिरा देगा यूं जैसे भुनगा मार लिया

यह बात सुनी जब कंस ने वां, तब सुनकर उसके होश उड़े
भौ, मन के भीतर आन भरा और बोल गरब सिगरे बिसरे
यूं पूछा वो किस देस में है और कौन बनों आकर जनमे
कौन उसके माता-पिता होवें जो पालें उसको चाहत[5] से

वो बोला मथरा नगरी में इक रोज़ जनम वो पाएगा
जब स्याना होगा तब तुझको इक पल में मार गिराएगा

इस बात को सुनकर कंस बहुत तब मन में अपने घबराया
जब नारद मुनि उस पास गये, तब उनसे उसने भेद कहा
तब नारद मुनि ने उसको भी कुछ और तरह से समझाया
फिर कंस को वां इस बात सिवा कुछ और न मारग बन आया

जो अपनी जान बचाने का कर सोच यह उसने छन्द किया
बुलवा बसुदेव औ' देवकी को इक मंदिर भीतर बन्द किया

1. दिन, 2. घमंडी, 3. साहस, 4. बेकार, व्यर्थ, 5. प्रेम।

भौ बैठा था जो कंस के मन वह भर कर नींद न सोता था
कुछ बात सुभाती ना उसको, नित अपनी पलक भिगोता था
उस मंदिर में उन दोनों के जब कोई बालक होता था
कंस आन उसे छब मारे था, मन मात-पिता का रोता था

इक मुद्दत[1] तक उन दोनों का उस मंदिर में यह हाल रहा
जो बालक उनके घर जन्मा, सो मारता वो चंडाल रहा

फिर आया वां इक वक़्त ऐसा जो आये गरभ में मनमोहन
गोपाल, मनोहर, मुरलीधर, स्रीकिश्न, किशोरन कंवल नयन
घनश्याम, मुरारी, बनवारी, गिरधारी, सुंदर श्याम बरन
प्रभुनाथ बिहारी कान लला, सुखदायी जगत के दुखभंजन

जब साअत परगट होने की वां आई मुकुट धरैया की
अब आगे बात जनम की है, जय बोलो किशन कन्हैया की

था नेक महीना भादों का और दिन बुध गिनती आठन की
फिर आधी रात हुई जिस दम और हुआ निछत्तर रोहनी भी
सुभ साइत नेक महूरत से वां जन्मे आकर किशन जभी
उस मंदिर के अंधियारे में जो और उजाली आन भरी

बसुदेव से बोलीं देवकीजी मत डर भौ मन में ढेर करो
इस बालक को तुम गोकुल में ले पहुंचो और मत देर करो

जब देवकी ने बसुदेव से वां रो रोकर तब यह बात कही
वो बोले क्योंकर ले जाऊं, है बाहर तो चौकी बैठी
और द्वार लगे हैं ताले कुल, कुछ बात नहीं मेरे बस की
तब देवकी बोलीं ले जाओ मन ईशर की रख आस अभी

वो बालक को जब ले निकले सब सांकर पट पट छूट गये
थे ताले ज़ितने द्वार लगे उस आन झड़ाझड़ टूट गये

---

1. लंबा समय।

जब आये चौकीदारों में तब वां भी यह सूरत देखी
सब सोते पाए उस साअत, हर आन जो देते थे चौकी
जब सोता देखा उन सबको हो निर्भौ निकले वां से भी
फिर आये जमुना पे जूहीं, फिर जमुना देखी बहुत चढ़ी

यह सोच हुआ मन बीच उन्हें पैर इस जल में कैसे धरिये
है रैन अंधेरी, संग बालक, इस बिपता में अब क्या करिये

यूं मन में ठहरा फिर चलिये, फिर आप ही मन मज़बूत हुआ
भगवान दया पर आस लगा, वां जमुनाजी पर ध्यान धरा
यह जूं जूं पांव बढ़ाते थे, वो पानी चढ़ता आता था
यह बात लगी जब होने वां, बसुदेव गये मन में घबरा

तब पांव बढ़ाए बालक ने जो आपसे और भीगे जल में
जब जमुना ने पग चूम लिए जा पहुंचे पार वो इक पल में

जब आन बिराजे गोकुल में सब फाटक वां भी पाए खुले
तब वां से चलते चलते वो फिर नन्द के द्वारे आ पहुंचे
वां नन्द महल के द्वारे भी सब देखे पट पट दूर खड़े
जो चौकी वाले सोते थे, अब कौन उन्हें रोके टोके

जब बीच महल के जा पहुंचे सब सोते वां घर वाले थे
हर चार तरफ़ उजियाली थी जूं सांझ में दीवे बाले थे

इक और अचंभा यह देखो जब जन्म स्रीकिरशन की थी
उस रात जसोदा के घर में थी जन्मी यारो इक लड़की
वां सोते देख जसोदा को और बदली कर इस बालक की
उस लड़की को वो आप उठा ले निकले, आये मथरा जी

जब लड़की लाए मंदिर में, सब ताले मंदिर लाग उठे
जो चौकी देने वाले थे फिर वो भी उस दम जाग उठे

जब भोर हुई तब घबराकर सुध कंस ने ली उस मंदिर की
जब ताले खुलवा बीच गया, तब लड़की जन्मी इक देखी
ले हाथ फिराया चक्कर दे तो टपके वो बिन टपके ही
यूं जैसे बिजली कौंदे है, जब छूट हुआ परजा पहुंची

यह कहती निकली अय मूरख क्या तूने सोच बिचारा है
वो जीता अब तो सीस मुकुट जो तेरा मारनहारा है

अब नंद के घर की बात सुनो, वां एक अचंभा यह ठहरा
जो रात को जन्मी थी लड़की और भोर को देखा तो लड़का
घड़नालें छूटीं, नाच हुआ और नौबत[1] का गुल[2] शोर मचा
फिर किशन गरब से नाम रखा, सब कुनबे के मिल बैठे आ

नन्द और जसोदा और क्वात करने वां हेराफेर लगे
पकवान मिठाई मेवे के हर नारी आगे ढेर लगे

सब नारी आईं गोकुल की और पास पड़ोसन आ बैठीं
कुछ ढोल मंजीरे लाती थीं, कुछ गीत जच्चा के गाती थीं
कुछ हरदम मुख उस बालक का, बलिहारी होकर देख रहीं
कुछ थाल पंजीरी के रखतीं, कुछ सोंठ संठोरा करती थीं

कुछ कहती थीं हम बैठे हैं नेग[3] आज के दिन का लेने को
कुछ कहतीं हम तो आये हैं आनंद बधावा देने को

कोई घुट्टी बैठी गर्म करे, कोई डाले अस्पन्द और भूसी
कोई लाए हंसली और खड़वे, कोई कुर्ता टोपी, मेवा घी
कोई देखे रूप उस बालक का, कोई चूमे माथा मेहर भरी
कोई भौओं की तारीफ़ करे, कोई आंखों की, कोई पलकों की

कोई कहती उम्र बड़ी होवे अय बीर तुम्हारे बाले की
कोई कहती बियाह बहू लाओ इस आस मुरादों वाले की

कोई कहती बालक खूब हुआ अय भैना तेरी नेक रति
यह बाले उनको मिलते हैं जो दुनिया में हैं बढ़ भागी
इस कुनबे की भी शान बढ़ी, और भाग बढ़े इस घर के भी
ये बातें सबकी सुन सुनकर यह बात जसोदा कहती थी

अय बीर यह बालक जो ऐसा अब मेरे घर में जनमा है
कुछ और कहूं मैं क्या तुमसे भगवान की मो पर किरपा है

थी कोने कोने ख़ुशवक़्ती[4] और तबले ताल खनकते थे
कोई नाच रही, कोई कूद रही, कोई हंस हंस के, कोई रूप सजे

1. नक़्क़ारा, 2. कोलाहल, 3. हक़, 4. आनंद, हर्ष।

हर चार तरफ़ आनंदें थीं वां घर में नन्द जसोदा के
कुछ आंगन बीच बिराजें थीं, कोई बैठी कोठे और छज्जे

सौ ख़ूबी और खुशहाली से दिखलाती थी सामान खड़ी
सच बात है बालक होने की है दुनिया में आनंद बड़ी

फिर और ख़ुशी की बात हुई जब रीत हुई दोकांदों की
रखवाई दूध की मटकी भर और डाली हल्दी बहुतेरी
यह उस पर फेंके भर भर कर वो उस पर डाले घड़ी घड़ी
कोई पोंछे मुख और बाहन को, कोई सखरनी[1] फेंके और मठड़ी

उस दूध की रंगरलियों में रूप और हुआ हर नारी का
और तन के अबरन यूं भीगे जौ रंग हो केसर क्यारी का

जो नेगी जोगी थे उनको उस आन निपट ख़ुशहाल किया
पहराये बागे रेशम के और ज़र[2] भी बख़्शा[3] बहुतेरा
और जितने नाचनेवाले थे अस्बाब[4] उन्हें भी ख़ूब दिया
मेहमान जो घर में आये थे, सब उनका भी अरमान[5] रखा

दिन रात छटी के होने तक मन ख़ुश किया लोग लुगाई का
भर थाल रुपये और मोहरें दीं जब नेग चुकाया दाई का

नन्द और जसोदा बालक को वां हाथों छांव में थे रखते
नित प्यार करें, तन मन वारें, सुथरी अबरन, गहने तन के
जी बहलाते, मन परचाते, और खूब खिलौने मंगवाते
हर आन झुलाते पालने में वो ईधर और उधर बैठे

कर याद 'नज़ीर' अब हर साअत उस पालने और उस झूले की
आनंद से बैठो, चैन करो, जय बोलो कान्ह झंडूले की

---

1. ख़रबूजे, केले और दही से शक्कर और चन्द मसाले मिलाकर बनाई जाती है, 2. सोना, 3. प्रदान किया, 4. सामान, 5. आकांक्षा।

हरि की तारीफ़ में

'नज़ीर' अकबराबादी

मैं क्या क्या वस्फ़[1] कहूं यारो उस श्यामबरन[2] औतारी के
स्रीकिशन, कन्हैया, मुरलीधर, मनमोहन, कुंजबिहारी के
गोपाल, मनोहर, सांवलिया, घनशाम, अटल बनवारी के
नन्दलाल दुलारे सुंदर छब, ब्रज चन्द मुकुट झलकारी के
कर धूम, लुटइया दूध माखन अझवार नवल गिरधारी के
बन कुंज फिरैया, रास रचन, सुखदाई कान्ह मुरारी के
हर आन दिखैया रूप नए, हर लीला न्यारी न्यारी के
पति लाज रखइया, दुखभंजन हरी भगती भगताधारी के

नित हरि भज हरि भज रे बाबा, जो हरि से ध्यान लगाते हैं
वो हरि की आसा रखते हैं, हरि उसकी आस पुजाते हैं

जो भगती हैं सो उनको तो नित हरि का नांव सुहाता है
जिस ज्ञान में हरि से नेह बढ़े वो ज्ञान उन्हें ख़ुश आता है
नित मन में हरि हरि भजते हैं हरि भजना उनको भाता है
सुख मन में उनके लाता है, दुख उनके जी से जाता है
मन उनका अपने सीने में दिन रात भजन ठहराता है
हरि नाम की सुमिरन करते हैं, मुख चैन उन्हें दिखलाता है
जो ध्यान बंधा है चाहत का, वो उनका मन बहलाता है
दिल उनका हरि हरि कहने से हर आन नया सुख पाता है

हरि नाम के जपने से मन को खुश नेह जतन से रखते हैं
नित भगत जतन में रहते हैं और काम भजन से रखते हैं

स्रीकिशन की जो जो किरपा है कब मुझसे हो उनकी गिनती
हैं जितनी उनकी किरपायें, इक यह भी किरपा है उनकी
मज़कूर[3] करूं जिस किरपा का वो मैंने है इस भांत सुनी
जो इक बस्ती है जूनागढ़ वां रहते थे मेहता नरसी

---

1. गुण, 2. सांवला रंग, 3. ज़िक्र।

थी नरसी की उस नगरी में दूकान बड़ी सर्राफ़ी[1] की
व्योपार बड़ा सर्राफ़ी का था, बस्ता लेखन और बही
था रूप घना और फ़र्श बिछा, परतीत बहुत और साख बड़ी
थे मिलते-जुलते हर इक से और लोग थे उनसे बहुत ख़ुशी

कुछ लेते थे कुछ देते थे, और बहियां देखा करते थे
जो लेन और देन की बातें हैं, नित उनको लीखा करते थे

दिन कितने में फिर नरसी का स्रीकिशन चरण का ध्यान लगा
जब भगती हर के कहलाये, सब लेखा-जोखा भूल गया
सब काज बिसारे, काम तजे हरि नांव भजन से मन लागा
जा बैठे साधु और संतों में, नित सुनते रहते किशन कथा
था जो कुछ दूकां बीच रखा वो दूब जमा और पूंजी का
मध प्रेम के होकर मतवाले, सब साधौं को हरि नांव दिया
हो बैठे हरि के द्वारे पर सब मीत कुटुम से हाथ उठा
सब छोड़ बखेड़े दुनिया के, नित हरि सुमिरन का ध्यान लगा

हरि सुमिरन से जब ध्यान लगा फिर और किसी का ध्यान कहां
जब चाहत की दूकान हुई फिर पहली वो दूकान कहां

नित मन में हर की आस धरे ख़ुश रहते थे वां यूं नरसी
इक बेटी आंख जन्मी थी, सो दूर कहीं वह ब्याही थी
और बेटी के घर जब शादी[2] वां ठहरी बालक होने की
तब आईं ईधर उधर से सब नारियां उसके कुनबे की
मिल बैठीं, घर में ढोल बजा, आनंद ख़ुशी की धूम मची
सब नाचीं गाईं आपस में है रीत जो शादी की होती
कुछ शादी की खुशवक़्ती[3] थी, कुछ सोंठ संठोरे की ठहरी
कुछ चमक झमक थी अबरन की, कुछ ख़ूबी[4] काजल मेंहदी की

है रस्म[5] यही घर बेटी के जब बालक मुंह दिखलाता है
तब बालक उसकी छूछक का ननिहाल से भी कुछ जाता है

---

1. सुनार, 2. खुशी, 3. अच्छा समय, 4. विशेषता, 5. रिवाज़।

वां नारियां जितनी बैठी थीं समध्याने में आ नरसी के
जब नरसी की वां बेटी से यह बोलीं हंसकर ताना[1] दे
कुछ रीत नहीं आई अब तक अय लाल तिहारे मैके से
और दिल में थीं यह जानती सब वह क्या हैं और क्या भेजेंगे
तब बोली बेटी नरसी की उन नारियों के आकर आगे
वो भगती हैं, बैरागी हैं, जो घर में था सो खो बैठे
वो बोली कुछ तो लिख भेजो, यह बोली क्या उनको लिखिए
कुछ उनके पास धरा होता तो आप ही वह भिजवा देते

जो चिट्ठी मैं लिख भेजूंगी, वो बांच उसे पछतावेंगे
इक दमड़ी उनके पास नहीं, वो छूछक क्या भिजवावेंगे

उन नारियों को तो करनी थी उस वक़्त हंसी वा नरसी की
बुलवाके लिखइया जल्दी से, यह बात उन्होंने लिखवा दी
सामान हैं जितने छूछक के सब भेजो चिट्ठी पढ़ते ही
वो चीज़ें इतनी लिखवाईं बन आये न उनसे एक कभी
कुछ जेठ जिठानी का कहना, कुछ बातें सास और नन्दों की
कुछ देवरानी की बात लिखी, कुछ उनके जो, जो थे नेगी
थी एक टहलनी घर की जो सब बोलीं 'तू भी कुछ कहती'
वो बोली उनसे हंसकर वां, मंगवाऊं मैं क्या पत्थर जी

वो लिखना क्या था, वां लोगों मन चुहल हंसी पर धरना था
इन चीज़ों के लिख भेजने से शर्मिन्दा उनको करना था

जो चिट्ठी नरसी पास गयी तब बांचते ही घबराय गये
लजियाये मन में और कहा, यह हो सकता है क्या मुझसे
यह एक नहीं बन आता है, हैं जो जो चिट्ठी बीच लिखे
है यह तो काम कठिन इस दम, वां क्यों कर मेरी लाज रहे
वो भेजे इतनी चीज़ों को यां कुछ भी हो मक़दूर[2] जिसे
कुछ छोटी सी यह बात नहीं, इस आन भला किससे कहिये
इस वक़्त बड़ी लाचारी है, कुछ बन नहीं आता क्या कीजे
फिर ध्यान लगा हरि आसा पर औ' मन को धीरज दे अपने

---

1. व्यंग्य, 2. सामर्थ्य।

वो टूटी सी इक गाड़ी थी चढ़ उस पर बेबिस्वास चले
सामान कुछ उनके पास न था, रख श्याम की मन में आस चले

हरि नाम भरोसा रख मन में चल निकले वां से जब नरसी
गो पल्ले में कुछ चीज़ न थी, पर मन में हरि की आसा थी
थी सिर पर मैली सी पगड़ी और चोली जामे की मसकी
कुछ ज़ाहिर[1] में अस्बाब[2] न था, कुछ सूरत भी लजियाई सी
थे जाते रसते बीच चले थी आस लगी हरि किरपा की
कुछ इस दम मेरे पास नहीं, वां चाहियें चीज़ें बहुतेरी
वां इतना कुछ है लिख भेजा, मैं फ़िक्र करूं अब किस किसकी
जो ध्यान में अपने लाते थे, कुछ बात नहीं बन आती थी

जब उस नगरी में जा पहुंचे, सब बोले नरसी आते हैं
और लाने की जो बात कहो, इक टूटी गाड़ी लाते हैं

कोई बात न आया पूछने को जब जाके देखा नरसी को
और जितना जितना ध्यान किया, कुछ पास न देखा उनके तो
जब बेटी ने यह बात सुनी कह भेजा क्या क्या लाए हो
जो छूछक के सामान किए सब घर में जल्दी भेजवा दो
दो हंस हंस अपने हाथों से यां देना है अब जिस जिसको
यह बोले तब उस बेटी से, हरि किरपा ऊपर ध्यान धरो
था पास तुम्हारे क्या बेटी, अब लाने की कुछ मत पूछो
कुछ ध्यान जो लाने का होवे सीकिशन कहो सीकिशन कहो

इस आन जो हरि ने चाहा है, इक पल में ठाठ बना देंगे
है जो जो यां से लिख भेजा इक आन में सब भिजवा देंगे

स्रीकिशन भरोसे जब नरसी यह बात जो मन में कह बैठे
क्या देखते हैं वां आते ही सब ठाठ वो उस जा आ पहुंचे
कुछ छकड़ों[3] पर अस्बाब[4] कसे, कुछ भैंसों पर कुछ ऊंट लदे
थे हंसुली खड़वे सोने के, और ताश की टोपी और कुर्ते
कुल कपड़ों का अमबार हुए, और ढेर किनारी गोटे के

1. प्रकट, 2. सामान, 3. गाड़ी, 4. सामान।

कुछ गहने झुमके चार तरफ़, कुछ चमकें चीर झलाझल के
था नेग में देना एक जिसे सो उसको बीस और तीस दिये
अब वाह वाह की इक धूम मची, और शोर[1] आ हा हा के ठहरे

थी वो जो टहलनी उसकी मां वह भोली जिस दम ध्यान पड़ी
सो उसके लिए फिर ऊपर से, इक सोने की सिल आन पड़ी

वां जिस दम हरि की किरपा ने यूं नरसी की तब लाज रखी
उस नगरी भीतर घर घर में तब नरसी की तारीफ़[2] हुई
बहुतेरे आदर-मान हुए और नाम बड़ाई की ठहरी
जो लिख भेजी थी ताने से हरि माया से वो सांच हुई
सब लोग कुटुम के शाद[3] हुए खुशवक़्त[4] हुई फिर बेटी भी
वो नेगी भी ख़ुशहाल हुए तारीफ़ें कर कर नरसी की
वां लोग सब आये देखने को, और द्वारे ऊपर भीड़ लगी
यह ठाठ जो देखे छूछक के, सब बस्ती भीतर धूम पड़ी

जो हरि से काम रखे उनका फिर पूरा क्यों कर काम न हो
जो हर दम हरि का नाम भजे, फिर क्योंकर हरि का नाम न हो

स्रीकिशन ने वां जब पूरी की सब नरसी की मन की आसा
इक पल में कर दी दूर सभी जो उनके मन की थी चिंता
यह ऐसी छूछक ले जाते सो उनमें था मक़दूर[5] यह क्या
यह आदर-मान वहां पाते, यह उनसे कब हो सकता था
जो हरि किरपा ने ठाठ किया, वो एक न उनसे बन आता
यह इतनी जिसकी धूम मची सो ठाठ वो था हरि किरपा का
यह किरपा उन पर होती है जो रखते हैं हरि की आसा
हरि किरपा का जो वस्फ़[6] कहूं वो बातें हैं सब ठीक बजा[7]

हैं शाद[8] 'नज़ीर' अब हरदम वो जो हरि के नित बलिहारी हैं
सीकिशन कहो सीकिशन कहो, सीकिशन बड़े औतारी हैं

---

1. कोलाहल, 2. प्रशंसा, 3. प्रसन्न, 4. समृद्ध, 5. सामर्थ्य, 6. गुण, 7. सच, 8. ख़ुश।

रामायण का एक सीन

(राजा रामचंद्र का मां से रुख़सत होना)

ब्रजनारायण 'चकबस्त'

रुख़्सत[1] हुआ वो बाप से लेकर ख़ुदा का नाम
राहे-वफ़ा[2] की मंज़िले[3]-अव्वल[4] हुई तमाम[5]
मंज़ूर[6] था जो मां की ज़ियारत[7] का इन्तिज़ाम[8]
दामन से अश्क[9] पोंछ के दिल से किया कलाम[10]

इज़्हारे - बेकसी[11] से सितम[12] होगा और भी
देखा हमें उदास तो ग़म[13] होगा और भी

दिल को संभालता हुआ आख़िर वो नौनिहाल[14]
ख़ामोश[15] मां के पास गया सूरते-ख़याल[16]
देखा तो एक दर[17] में है बैठी वो ख़स्ताहाल[18]
सक्ता[19] सा हो गया है यह है शिद्दते-मलाल[20]

तन में लहू का नाम नहीं ज़र्द[21] रंग है
गोया[22] बशर[23] नहीं कोई तस्वीरे-संग[24] है

क्या जाने किस ख़याल[25] में गुम[26] थी वो बेगुनाह[27]
नूरे-नज़र[28] पे दीदः-ए-हस्रत[29] से की निगाह[30]
जुम्बिश[31] हुई लबों[32] को, भरी एक सर्द[33] आह[34]
ली गोशाहा-ए-चश्म[35] से अश्कों[36] ने रुख़[37] की राह

चेहरे का रंग हालते-दिल[38] खोलने लगा
हर मू-ए-तन[39] ज़बां[40] की तरह बोलने लगा

---

1. बिदा, 2. प्रेम-मार्ग, 3. पड़ाव, 4. शुरू में, 5. समाप्त, 6. मान्य, 7. दर्शन, 8. व्यवस्था, 9. आंसू, 10. बातचीत, 11. बेचारगी प्रकट करना, 12. अत्याचार, 13. दुःख, 14. बालक, 15. मौन, 16. ध्यान के रूप में, 17. दरवाज़ा, 18. दुर्दशाग्रस्त, 19. मूर्च्छा रोग, 20. दुख की अधिकता, 21. पीला, 22. अर्थात, 23. इंसान, 24. पत्थर की मूर्ति, 25. ध्यान, विचार, 26. डूबी हुई, 27. निष्पाप, 28. आंखों की ज्योति, पुत्र, 29. अपूर्ण अभिलाषा भरी आंख, 30. नज़र, दृष्टि, 31. कम्पन, 32. होंठ, 33. ठंडी, 34. आर्तनाद, 35. आंख का कोना, 36. आंसुओं ने, 37. चेहरा, 38. हृदय की दशा, 39. शरीर का रोम-रोम, 40. ज़बान, वाणी।

आख़िर[1] असीरे-यास[2] का क़ुफ़्ले[3]-दहन[4] खुला
अफ़सानः - ए - शदायदे - रंज - ओ - मुहन[5] खुला
इक दफ़्तरे - मज़ालिमे - चर्ख़े - कुहन[6] खुला
वा[7] था दहाने - ज़ख़्म[8] कि बाबे - सुख़न[9] खुला

दर्दे - दिले - ग़रीब[10] जो सर्फ़े - बयां[11] हुआ
ख़ूने-जिगर[12] का रंग सुख़न[13] से अयां[14] हुआ

रोकर कहा ख़मोश[15] खड़े क्यों हो मेरी जां[16]
मैं जानती हूं जिस लिए आये हो तुम यहां
सब की ख़ुशी यही है तो सहरा[17] को हो रवां[18]
लेकिन मैं अपने मुंह से न हर्गिज़ कहूंगी हां

किस तरह बन में आंखों के तारे को भेज दूं
जोगी बना के राजदुलारे को भेज दूं

दुनिया का हो गया है यह कैसा लहू[19] सपेद[20]
अन्धा किए हुए है ज़र-ओ-माल[21] की उमेद[22]
अंजाम[23] क्या हो कोई नहीं जानता यह भेद
सोचे बशर[24] तो जिस्म[25] हो लरज़ां[26] मिसाले-बेद[27]

लिक्खी है क्या हयाते-अबद[28] इनके वास्ते
फैला रहे हैं जाल यह किस दिन के वास्ते

लेती किसी फ़क़ीर[29] के घर में अगर जनम
होते न मेरी जान को सामान यह बहम[30]
डसता न सांप बनके कुछ शौकत-ओ-हशम[31]
तुम मेरे लाल थे मुझे किस सल्तनत[32] से कम

---

1. अन्त में, 2. निराशा का क़ैदी, 3. ताला, 4. मुंह, 5. दुख और दर्द की अधिकता की कहानी, 6. आसमान के अत्याचारों का विवरण, 7. खुला, 8. घाव का मुंह, 9. बातचीत का द्वार, 10. ग़रीब के दिल का दर्द, 11. बयान में ख़र्च, 12. जिगर का ख़ून, 13. बातचीत, 14. प्रकट, 15. मौन, 16. प्राण, 17. जंगल, 18. रवाना, 19. रक्त, 20. सफ़ेद, श्वेत, 21. धन- सम्पति, 22. आशा, 23. अन्त, 24. इंसान, 25. शरीर, 26. कम्पायमान, 27. वेद की तरह, 28. अमर जीवन, 29. भिखारी, 30. मुहैया, प्राप्त, 31. वैभव और नौकर-चाकर, 32. राजपाट।

मैं ख़ुश हूं फूंक दे[1] कोई इस तख़्त-ओ-ताज[2] को
तुम ही नहीं तो आग लगाऊंगी राज को

किन किन रियाज़तों[3] से गुज़ारे हैं माह-ओ-साल[4]
देखी तुम्हारी शक्ल[5] जब अय मेरे नौनिहाल[6]
पूरा हुआ जो ब्याह का अरमान[7] था कमाल
आफ़त[8] यह आई मुझ पे हुए जब सफ़ेद बाल

छुटती हूं उनसे जोग लिया जिनके वास्ते
क्या सब किया था मैंने इसी दिन के वास्ते

ऐसे भी नामुराद[9] बहुत आयेंगे नज़र
घर जिनके बेचिराग़[10] रहे आह उम्र भर
रहता मिरा भी नख़्ले-तमन्ना[11] जो बेसमर[12]
यह जा-ए-सब्र[13] थी कि दुआ[14] में नहीं असर[15]

लेकिन यहां तो बन के मुक़द्दर[16] बिगड़ गया
फल फूल लाके बाग़े - तमन्ना[17] उजड़ गया

सरज़द[18] हुए थे मुझसे ख़ुदा जाने क्या गुनाह[19]
मंझधार में जो यूं मिरी कश्ती[20] हुई तबाह[21]
आती नज़र नहीं कोई अम्न-ओ-अमां[22] की राह[23]
अब यां से कूच हो तो अदम[24] में मिले पनाह[25]

तक़सीर[26] मेरी ख़ालिक़े-आलम[27] बहल[28] करे
आसान मुझ ग़रीब की मुश्किल अजल[29] करे

सुनकर ज़बां[30] से मां की यह फ़रियाद[31] दर्दख़ेज़[32]
इस ख़स्तःजां[33] के दिल पे चली ग़म[34] की तेग़े-तेज़[35]

---

1. आग लगा दो, 2. सिंहासन और राजमुकुट, 3. तपस्या, 4. महीने और वर्ष, 5. सूरत, 6. बालक, 7. अभिलाषा, 8. विपत्ति, 9. अभागे, 10. औलाद से वंचित, 11. आशाओं का वृक्ष, 12. बिना फल का 13. संतोष की जगह, 14. प्रार्थना, 15. प्रभाव, 16. भाग्य, 17. अभिलाषाओं का उपवन, 18. घटित, 19. पाप, अपराध, 20. नाव, 21. बरबाद, 22. शांति, 23. मार्ग, 24. परलोक, 25. शरण, 26. अपराध, 27. संसार का स्रष्टा, 28. माफ़, 29. मृत्यु, 30. ज़बान, वाणी, 31. आर्तनाद, 32. दुःखभरा, 33. जर्जर शरीर, 34. दुःख, 35. तेज़ तलवार।

आलम यह था क़रीब[1] कि आंखें हों अश्करेज़[2]
लेकिन हज़ार ज़ब्त[3] से रोने से की गुरेज़[4]

सोचा यही कि जान से बेकस[5] गुज़र न जाये
नाशाद[6] हमको देख के मां और मर न जाये

फिर अर्ज़[7] की यह मादरे-नाशाद[8] के हुज़ूर[9]
मायूस[10] क्यों हैं आप अलम[11] का है क्यों वफ़ूर[12]
सदमा[13] शाक़[14] आलमे-पीरी[15] में है ज़रूर
लेकिन न दिल से कीजिए सब्र-ओ-क़रार[16] दूर

शायद ख़िज़ां[17] से शक्ल[18] अयां[19] हो बहार[20] की
कुछ मस्लेहत[21] इसी में है परवर्दिगार[22] की

यह जाल यह फ़रेब[23] यह साज़िश[24] यह शोर-ओ-शर[25]
होना जो है सब इसके बहाने में सर बसर[26]
अस्बाबे-ज़ाहिरी[27] हैं न इन पर करो नज़र
क्या जाने क्या है पर्दः-ए-क़ुदरत[28] में जल्वागर[29]

ख़ास उसकी मस्लेहत[30] कोई पहचानता नहीं
मंज़ूर क्या उसे है कोई जानता नहीं

राहत[31] हो या कि रंज़[32] ख़ुशी हो कि इंतिशार[33]
वाजिब[34] हर एक रंग में है शुक्र[35] किर्दगार[36]
तुम ही नहीं हो कुश्तः - ए - नैरंगे - रोज़गार[37]
मातमकदे[38] में दहर[39] के लाखों हैं सोगवार[40]

सख़्ती[41] सही नहीं कि उठाई कड़ी[42] नहीं
दुनिया में क्या किसी पे मुसीबत[43] पड़ी नहीं

---

1. निकट, 2. आंसुओं से पूर्ण, 3. सहनशीलता, 4. नफ़रत, 5. दुर्बल, 6. दुःखी, 7. निवेदन, 8. दुःखी मां, 9. सेवा में, 10. निराश, 11. दुःख, 12. आधिक्य, 13. दुःख, 14. जानलेवा, कष्टप्रद, 15. बुढ़ापा, 16. धीरज, 17. पतझड़, 18. सूरत, 19. प्रकट, 20. बसंत, 21. रहस्य, राज, 22. खुदा, 23. धोखा, 24. षड्यन्त्र, 25. कोलाहल, 26. बिलकुल, सब, 27. प्रकट उपकरण, 28. प्रकृति के पर्दे में, 29. प्रकट, ज़ाहिर, 30. राज़, 31. सुख, 32. दुःख, 33. अस्त-व्यस्तता, 34. उचित, 35. धन्यवाद, 36. ख़ुदा, 37. ज़माने के मायाजाल के शिकार, 38. शोकगृह, 39. दुनिया, 40. शोकातुर, 41. विपत्ति, मुसीबत, 42. कठिनाई, 43. विपत्ति।

देखे हैं इससे बढ़के ज़माने के इंक़िलाब[1]
जिनसे कि बेगुनाहों की उम्रें[2] हुईं ख़राब
सोज़े-दरू[3] से क़ल्ब-ओ-जिगर[4] हो गये कबाब[5]
पीरी[6] मिटी किसी की किसी का मिटा शबाब[7]

कुछ बन नहीं पड़ा जो नसीबे[8] बिगड़ गये
वो बिजलियां गिरीं कि भरे घर उजड़ गये

मां बाप मुंह देखते थे जिनका हर घड़ी
क़ायम[9] थीं जिनके दम से उमीदें बड़ी बड़ी
दामन पे जिनके गर्द[10] भी उड़कर नहीं पड़ी
मारी न जिनको ख़्वाब[11] में भी फूल की छड़ी

महरूम[12] जब वो गुल हुए रंगे-हयात[13] से
उनको जलाके ख़ाक किया अपने हाथ से

कहते थे लोग देख के मां बाप का मलाल[14]
इन बेकसों[15] की जान का बचना है अब मुहाल[16]
है किबरियाई[17] शान गुज़रते ही माह-ओ-साल[18]
खुद दिल से दर्दे-हिज्र[19] का मिटता गया ख़याल

हां कुछ दिनों तो नौहः-ओ-मातम[20] हुआ किया
आख़िर[21] को रोके बैठ गये और क्या किया

पड़ता है जिस ग़रीब पे रंज-ओ-मुहन[22] का बार
करता है उसको सब्र[23] अता[24] आप किर्दगार[25]
मायूस[26] होके होते हैं इंसां[27] गुनाहगार[28]
यह जानते नहीं वो है दाना - ए - रोज़गार[29]

इंसान उसकी राह में साबित[30] क़दम रहे
गर्दन वही है अम्रे-रज़ा[31] में जो ख़म[32] रहे

---

1. परिवर्तन, 2. जीवन, आयु, 3. गुप्त जलन, 4. हृदय, 5. भुन गये, 6. बुढ़ापा, 7. जवानी, 8. भाग्य, 9. स्थिर, 10. धूल, 11. स्वप्न, 12. वंचित, 13. जीवन का रंग, 14. दुःख, रंज, 15. दुर्बल, 16. कठिन, 17. ख़ुदा की शान, 18. महीने और वर्ष, 19. विरह का दुःख, 20. शोक-विलाप, 21. अन्त में, 22. शोक, 23. धीरज, धैर्य, 24. प्रदान, 25. ख़ुदा, 26. निराश, 27. मनुष्य, 28. पापी, 29. ज्ञानी, 30. दृढ़, 31. स्वीकृति, 32. झुकी।

और आपको तो कुछ भी नहीं रंज[1] का मुक़ाम[2]
बादे-सफ़र[3] वतन[4] में हम आयेंगे शादकाम[5]
होते हैं बात करते में चौदह बरस तमाम
क़ायम उमीद ही से है दुनिया है जिसका नाम

और यूं कहीं भी रंज-ओ-बला[6] से मफ़र[7] नहीं
क्या होगा दो घड़ी में किसी को ख़बर नहीं

अक्सर रियाज़[8] करते हैं फूलों पे बाग़बां[9]
है दिन की धूप रात की शबनम[10] इन्हें गिरां[11]
लेकिन जो रंगे-बाग़[12] बदलता है नागहां[13]
वो गुल हज़ार पर्दों में जाते हैं रायेगां[14]

रखते हैं जो अज़ीज़[15] इन्हें अपनी जां की तर्ह
मलते हैं दस्ते-यास[16] वो बर्गे-ख़िज़ां[17] की तर्ह

लेकिन जो फूल खिलते हैं सहरा[18] में बेशुमार[19]
मौक़ूफ़[20] कुछ रियाज़[21] पे उनकी नहीं बहार
देखो यह क़ुदरते - चमन - आरा - ए - रोज़गार[22]
वो अब्र - बाद[23] - ओ - बर्फ़[24] में रहते हैं बेक़रार[25]

होता है उनपे फ़ज़्ल[26] जो रब्बे - करीम[27] का
मौजे - समूम[28] बनती है झोंका नसीम[29] का

अपनी निगाह[30] है करमे[31] - कारसाज़[32] पर
सहरा[33] चमन बनेगा वो है मेहरबां[34] अगर
जंगल हो या पहाड़, सफ़र[35] हो कि हो हज़र[36]
रहता नहीं वो हाल से बन्दे के बेख़बर[37]

उसका करम[38] शरीक[39] अगर है तो ग़म[40] नहीं
दामाने - दश्त[41] दामने - मादर[42] से कम नहीं

---

1. दुःख, 2. स्थान, 3. यात्रा के बाद, 4. देश, 5. ख़ुश, 6. शोक और विपत्ति, 7. बचाव, छुटकारा, 8. मेहनत, परिश्रम, 9. माली, 10. ओस, 11. महंगी, भारी, 12. बाग़ का रंग, 13. अचानक, 14. व्यर्थ, 15. प्रिय, 16. निराशा के हाथ, 17. पतझड़ के पत्ते, 18. जंगल, 19. अनगिनत, 20. निर्भर, 21. परिश्रम, तपस्या, 22. प्रकृति का चमन को सजाने का काम, 23. बादल और हवा, 24. हिम, 25. बेचैन, 26. दया, कृपा, 27. दयालु भगवान, 28. लू की लहर, 29. प्रातःसमीर, 30. दृष्टि, 31. दया, 32. भगवान, 33. जंगल, 34. दयालु मेहरबान, 35. यात्रा, 36. देश में निवास, 37. उदासीन, 38. दया, 39. सम्मिलित, 40. दुःख, 41. जंगल का दामन, 42. मां का आंचल।

सीताहरण

मुंशी बनवारी लाल 'शोला'

इतने में एक आहू - ए - ज़र्री[1] पड़ा नज़र
ख़ुश रंग रूप[2] जिस्म[3] तिलाकार[4] सीमबर[5]
मर्जां[6] की शाख़ें सींग थे खुर सूरते - गुहर[7]
आंखें तिलस्म-ज़ा[8] थीं छलावा था फ़ितनागर[9]

तिनके थे सब्ज[10] दूब के मुंह में ग़ज़ाल[11] के
दुम्बाले[12] जैसे चश्म[13] बुते - ख़ुशजमाल[14] के

दिलकश[15] मिसाले-हल्क़ः-ए-गेसू[16] ख़मीदा[17] दुम
दिलहा-ए-पुरशिगाफ़[18] की मानिन्द[19] चारों सुम्ब
गर्दन में घूंघरू थे कमर थी शिकम[20] में गुम
रफ़्तार[21] की सदा[22] थी छमा छूम छूम छम

जिस्मे-जवाहरीं[23] पे खिले सब्ज़[24] बाग़ थे
नीलम की तख़्ती पुश्त[25] थी अल्मास[26] दाग़[27] थे

जंगल में सामने से गुज़र कर ! निकल चला
करता हुआ किलोल ! उभर कर ! निकल चला
मौजे-हवा[28] से बिगड़ा ! संवर कर निकल चला
चौंका ज़रा ! तो चौकड़ी भर कर निकल चला

देखा श्री सिया ने तो कुछ जी लुभा गया
आहू[29] का मृगनयनी को अंदाज़ भा गया

---

1. सुनहरी हिरन, स्वर्ग-मृग, 2. सुंदर रूप, 3. शरीर, 4. सुनहरी, 5. चांदी का, 6. मूंगा, प्रवाल, 7. मोती, 8. जादूगरी, 9. उपद्रवी, 10. हरी, 11. हिरन, 12. आंख का कोया, 13. आंखें, 14. सुंदर मूर्ति, 15. मोहक, 16. लटाओं की गोलाई की तरह, 17. मुड़ी हुई, 18. कट, दरार, 19. तरह, प्रकार, 20. पेट, 21. गति, 22. आवाज़, 23. रत्नजटित शरीर, 24. हरे, 25. पीठ, 26. हीरे, 27. धब्बे, 28. हवा का झोंका, 29. हिरन।

रघुबर से बोलीं देख के आहा है क्या हिरन
क्या रंग मीनाकार[1] है ? क्या ख़ुशनुमा[2] बदन[3]
सोसन[4] के फूल का कोई ग़ुंचा[5] है या दहन[6]
साये से भागता है यह शोख़ी[7] का है चलन

हे नाथ लाओ गर यह ग़ज़ाले-ख़ुतन[8] मिले
क्या अच्छी मिरगछाला हो जो यह हिरन मिले

रघुराई सुनके इतनी उठे ! मुस्कुरा चले
तीर-ओ-कमां[9] को दोश[10] के ऊपर सजा चले
सब राक्षसों के भैव कपट छल बता चले
भाई लखन को बहरे-हिफ़ाज़त[11] बता चले

माया रची हुई थी कहां का शिकार था
सब जानते थे आप जो कुछ होनहार[12] था

क़स्दे-शिकार[13] आहु-ए[14] शोख़-ओ-शरीर[15] है
अंदाज़े-शस्त[16] आप ही अपनी नज़ीर[17] है
दिलदोज़[18] है ख़दंग[19] मगर दिलपिज़ीर[20] है
एक हाथ में कमान[21] है चुटकी में तीर है

हल्का सा है पसीना रुख़े - ताबदार[22] पर
आंखें लड़ी हुई हैं हिरन के शिकार पर

नावक की इक सदा[23] थी जो सन से निकल पड़ी
आंखों की पुतली ! रूह[24] बदन से निकल पड़ी
इक जलती शमूअ थी ! जो लगन से निकल पड़ी
घबरा गया ! ज़बान[25] दहन[26] से निकल पड़ी

एक देने मोक्ष ! दूसरा लेने को जां गिरा
तीरे-नज़र[27] के साथ ही ! तीरे-कमां[28] गिरा

---

1. जड़ाऊ काम, 2. सुंदर, 3. शरीर, 4. कुमुदनी, 5. कली, 6. मुंह, 7. चंचलता, 8. ख़ुतन का हिरन, 9. धनुष और बाण, 10. कंधा, 11. सुरक्षा के लिए, 12. होनेवाला, 13. शिकार का संकल्प, 14. मृग, 15. चंचल, चपल, 16. निशाने का ढंग, 17. उदाहरण, 18. दिल में घुस जानेवाला, 19. तीर, 20. मोह, 21. धनुष, 22. तेजपूर्ण, 23. आवाज, 24. आत्म, प्राण, 25. जीभ, 26. मुंह, 27. नज़र का तीर, 28. धनुष का तीर।

चौकन्ना ईस्तादा[1] था ! आहू[2] रवां[3] कभी
पिन्हां[4] कभी नज़र से ! नज़र में अयां[5] कभी
फुर्ती से मिस्ले - बर्क़े - जहिंदा[6] तपां[7] कभी
तड़पा ज़मीं[8] पे ! उछला सू - ए - आस्मां[9] कभी

खाते ही तीर ! दर्शनों को मेहरा फिर गया
भाई लखन चलो ! यह सदा[10] देके गिर गया

आवाज़ सुनके जानकी ब्याकुल हुई इधर
बोली लखन से देखो हे तात ! लो ख़बर
तुमको पुकारते हैं ! कोई बात है मगर
आवाज़ उधर से आई है स्वामी गये जिधर

संकट कोई ज़रूर है ! जो पेच-ओ-ताब[11] है
आवाज़ में है दर्द सा ! कुछ इज़्तिराब[12] है

बोले लखन सिया से यह चरणों में धर के सर
इक सहल[13] सा शिकार था ! माता नहीं ख़तर[14]
हैं रामचंद्र मालिके - कोनैने - बहर - ओ - बर[15]
सबकी ख़बर जो लेते हैं, कौन उनकी ले ख़बर !

दुख उनको नाम मात्र भी मिल सकता ही नहीं
बे हुक्म[16] जिनके पत्ता तो हिल सकता ही नहीं

माना श्री सिया ने लखन का न इक बचन
ताना[17] भरे जवाब दिये क्या ही दिलशिकन[18]
इक दम कलेजा बैठ गया कांप उठा बदन
बढ़ता था और दर्द जो समझाते थे लखन

रिक़्क़त[19] के जोश, रंज-ओ-अलम[20] से उबल पड़े
जल मात्र नेत्र हो गये आंसू निकल पड़े

---

1. खड़ा हुआ, 2. हिरन, 3. गतिशील, 4. छुपा हुआ, 5. प्रकट, 6. तड़पती हुई बिजली की तरह, 7. जलती हुई, 8. धरती, 9. गगन की ओर, 10. आवाज़, 11. अकड़, 12. बेचैनी, व्याकुलता, 13. सरल, आसान, 14. भय, 15. धरती और सागर की दुनिया, 16. बिना आज्ञा, 17. व्यंग्य, 18. दिल तोड़नेवाला, 19. रुदन, 20. दुःख और शोक।

आख़िर लखन उठे ही धनुष बान को संवार
हल्क़ा[1] श्री सिया का किया खींचकर हिसार[2]
बाहर चरण न रखना ! यह समझा के बार बार
अंगड़ाई लेके शेर बढ़ा जानिबे - शिकार[3]

पड़ता कहीं भी फ़र्क़ है ! बिधना[4] की बात में
रावण लगा हुआ था यहां ! अपनी घात में

जाना पड़ा लखन को कुटी छोड़कर ज़रूर
मौक़े[5] की ताक में था वह चालाक पुर ग़ुरूर[6]
भर बिरहमन का रूप गया सीता के हुज़ूर[7]
हे माई भिक्षा दीजियो ! आया हूं चलके दूर

दाता समझके घर से चला ! नाम सुन तेरा
भूका बिराहमन हूं ! बड़ा होगा पुन तेरा

वो कन्दमूल फल जो लगीं देने दिलपिज़ीर[8]
बोला श्री सिया से भिकारी सियह-ज़मीर[9]
देनी अगर है भीक तो दो छोड़कर लकीर
भिक्षा बंधी हुई ! नहीं लेते कभी फ़क़ीर

बाहर जो कुंडली से चलीं धोका खा गईं
रावण के छल[10] में ! हाय महारानी आ गईं

1. चक्र, 2. परिधि, 3. शिकार की ओर, 4. भाग्य, 5. अवसर, 6. घमंडी, 7. सेवा में, 8. मनमोहक, 9. काले दिल वाला, 10. जाल।

आलमे-फ़िराक़ में[1]

(एक राज़दार सख़ी का राधा की कैफ़ियत कृष्ण के सामने बयान करना)

'मुनव्वर' लखनवी

जज़्बः-ए-शौक़[2] से बेताब[3] हैं क्या क्या राधे
आपके वस्ल[4] की रखती हैं तमन्ना[5] राधे

दम बदम[6] आपकी क़ुर्बत[7] का गुमां होता है
यही राधा की अदाओं[8] से अयां[9] होता है

हो गया आपसे मस[10] पैकरे-सीमीं[11] उनका
हो गया वक़्फ़े-मसर्रत[12] दिले-ग़मगीं[13] उनका

इसी आलम[14] में यह मासूम[15] को महसूस[16] हुआ
इस तसव्वुर[17] से बहुत ख़ुश दिले-मायूस[18] हुआ

लब[19] श्रीकृष्ण के रक्खे हैं लबों पर उनके
छीनने के लिए दिल आये हैं दिलबर[20] उनके

इनके उभरे हुए सीने की अदा[21] है कुछ और
उनके नाखुन की ख़राशों[22] का मज़ा[23] है कुछ और

सनसनाहट से फिर आज़ा[24] की हिरासां[25] होना
लब[26] से ताकीद[27] के पहलू का नुमायां[28] होना

चश्मे-महबूब[29] की शोख़ी[30] का नज़ारा[31] करके
रोकना पासे-हया[32] से वो इशारा करके

कहके 'यह क्या है' ज़रा खुद को संभालें सरकार
जो तक़ाज़े[33] भी हों दिल के उन्हें टालें सरकार

---

1. विरह की हालत, 2. प्रेम भावना, 3. व्याकुल, 4. मिलन, 5. आकांक्षा, 6. हर क्षण, 7. निकटता, 8. हावभाव, 9. प्रकट, 10. स्पर्श, 11. चांदी का आकार, 12. खुशी पर समर्पित, 13. दुखी दिल, शोकातुर हृदय, 14. हालत, दशा, 15. निष्पाप, निस्पृह, 16. अनुभव, 17. कल्पना, 18. निराश दिल, 19. होंठ, 20. मनमोहक, 21. हावभाव, 22. रगड़, 23. आनंद, 24. अंग-प्रत्यंग, 25. निराशा, 26. होंठ, 27. चेतावनी, 28. प्रकट, 29. प्रियतम की आंख, 30. चंचलता, 31. दर्शन, 32. लज्जा से, 33. मांगें।

यूं ही आता है ज़बां[1] पर जो कहा करती हैं
आपके ध्यान में ग़र्क़ाब[2] रहा करती हैं

(2)

एक पत्ता भी अगर बन में खड़क जाता है
यही मायूसे - मुहब्बत[3] को ख़याल[4] आता है

किसी जानिब[5] से हुज़ूर आप चले आते हैं
माइले - बारिशे - नूर[6] आप चले आते हैं

ज़ेवरों से तने - ज़ेबा[7] को सजा लेती हैं
ख़ुद को महबूब[8] की महबूब बना लेती हैं

सेज[9] फूलों की सजाने में लगी रहती हैं
घर को गुलज़ार[10] बनाने में लगी रहती हैं

कुछ न कुछ सोचती रहती हैं मुसलसल[11] राधे
हैं ग़म-ओ-फ़िक्र[12] की तस्वीर मुकम्मल[13] राधे

दिल में उठते हैं बहर शक्ल[14] ख़यालात[15] हज़ार
लबे-ख़ामोश[16] पे आते हैं सवालात[17] हज़ार

आपके ध्यान से रहती नहीं ग़ाफ़िल[18] दम भर
क्या करें राह[19] पर आता ही नहीं दिल दम भर[20]

जो न आप आये तो है रात का कटना मुश्किल[21]
है बहुत चादरे-हिर्मा[22] का सिमटना मुश्किल

सुब्ह होते रुख़े - अय्याम[23] जो मुड़ जायेगा
ताइरे-जां[24] क़फ़से - हुस्न[25] से उड़ जायेगा

(जयदेवकृत 'गीत गोविन्द' का उर्दू अनुवाद)

---

1. ज़बान, 2. डूबी हुई, 3. प्रेम में निराश, 4. ध्यान, 5. ओर, 6. प्रकाश की वर्षा, 7. सुंदर शरीर, 8. प्रेमिका, 9. बिस्तर, बिछौना, 10. उपवन, 11. लगातार, 12. चिंता और शोक, 13. संपूर्ण, 14. हर हालत में, 15. विचार, 16. मौन होंठ, 17. प्रश्न (ब.व.), 18. बेख़बर, 19. मार्ग, 20. क्षण-भर, 21. कठिन, 22. निराशा की चादर, 23. ज़माने का रुख़, 24. आत्मा, 25. सौंदर्य का पिंजरा।

कृष्ण और राधा की मुलाक़ात

'मुनव्वर' लखनवी

(1)

जिस तरह रात की आमद[1] पे समंदर उमड़े
देखकर चर्ख़[2] पे शक्ले - महे - अनवर[3] उमड़े

वो समंदर जो हो बेताब[4] उमंगों वाला
वो समंदर जो हो पुरशोर[5] तरंगों[6] वाला

एक मुद्दत[7] से वो ख़ूं करदः - ए - अरमाने-विसाल[8]
तालिबे - क़ुर्बते - महबूब[9] वो ख़्वाहाने-विसाल[10]

बहरे-इशरत[11] में वो ग़र्क़ाब[12] निहायत[13] हर वक़्त
आतिशे-शौक़[14] से बेताब[15] निहायत हर वक़्त

कृष्ण की दिल के तक़ाज़ों[16] से अजब[17] हालत[18] थी
जिससे आईना भी शशदर[19] था यह वो सूरत थी

दीदनी[20] थी सिफ़ते-शमूअ[21] तजल्ली[22] उनकी
राधिका की तरफ़ अब आंख उठी थी उनकी

(2)

राधिका ने भी श्रीकृष्ण की जानिब[23] देखा
जो था मग़लूबे-मुहब्बत[24] उसे ग़ालिब[25] देखा

---

1. आगमन, 2. गगन, 3. प्रकाशमान चंद्र के रूप में, 4. बेचैन, 5. कोलाहलपूर्ण, 6. मौज, लहर, 7. अरसा, लंबा समय, 8. मिलन की अभिलाषा, 9. प्रियतम की निकटता का इच्छुक, 10. मिलन का इच्छुक, 11. ऐश का समुद्र, 12. डूबा हुआ, 13. बहुत, 14. प्रेम-अग्नि, 15. व्याकुल, 16. मांग, 17. विचित्र, 18. दशा, 19. अचम्भित, 20. देखने योग्य, 21. चिराग़ की विशेषता, 22. दर्शन, 23. ओर, 24. प्रेम-पराजित, 25. छाया हुआ, विजयी।

उनकी गर्दन के थे जो हार कमर तक पहुंचे
सिलसिले शौक़[1] के पायाने-नज़र[2] तक पहुंचे

उनमें जमना की तरंगों का कफ़-आईना[3] था
कहकशां[4] हुस्न[5] में हर बार सरे - सीना[6] था

(3)

मनहरन कृष्ण की थी कितनी सलोनी मूरत
ज़र्द ज़ीरे[7] से भरी नील कंवल की सूरत

उनको राधा ने मुहब्बत की नज़र से देखा
दिलरुबाई[8] का सरापा[9] थे जिधर से देखा

(4)

बिजलियां थीं कि यह कानों में तिलाई[10] कुंडल
था हसीं[11] चेहरः-ए-नाज़ुक[12] कि शिगुफ़्ता[13] था कंवल

दीद[14] रुख़[15] की जो तमन्ना[16] में यह हिल जाते थे
कुंडल आपस में बड़े शौक़[17] से मिल जाते थे

मुस्कुराहट लबे-लाली[18] की थी मौजे-गुलनार[19]
जिनसे पैदा था हसीनों[20] की तबीअत का उभार

(5)

जिस तरह अब्र[21] में हो नूरफ़िशां[22] माहे-मुबीं[23]
फूल बालों में कुसुम के थे बला के रंगीं[24]

ज़ीनते - ज़ुल्मते - शब[25] चांद का हाला[26] जैसे
और फैला हो अंधेरे में उजाला जैसे

---

1. प्रेम के सिलसिले, 2. दृष्टि की सीमा, 3. दर्पण, 4. आकाश-गंगा, 5. सौंदर्य, 6. सीने का उभार, 7. पराग, 8. आकर्षण, 9. सर से पैर तक, साक्षात्, 10. सोने के , 11. सुंदर, 12. कोमल चेहरा, 13. ताज़ा, खिला हुआ, 14. दर्शन, देखना, 15. चेहरा, 16. आकांक्षा, 17. प्रेम, 18. सुर्ख होंठ, 19. सुर्ख़ फुलवार, अनार जैसी, 20. सुन्दरियां, 21. बादल, 22. प्रकाश फैलानेवाला, 23. पूर्णचंद्र, 24. खूबसूरत, 25. रात के अंधेरे की शोभा, 26. परिधि।

मलयागिरि[1] का है यह चन्दन सरे-पेशानि[2]-ए-नूर[3]
इस हसीं[4] लौह[5] पे क्या ख़ूब है क़श्क़े[6] का ज़हूर[7]

मर्कज़े - हुस्ने - नज़र[8] जाने - तमन्ना[9] के थे
कृष्ण इस शान से अब सामने राधा के थे

(6)

शिद्दते-शौक़[10] से इस्तादा[11] थे जिनके रोयें[12]
दिल की ताईद[13] पे आमादा[14] थे जिनके रोयें

लुत्फ़े-सोहबत[15] के लिए हौसले[16] उकसाते थे
ज़ब्त[17] दुश्वार[18] था बेताब[19] हुए जाते थे

इस क़दर[20] गौहर-ओ-अलमास[21] में ताबानी[22] थी
ज़ेवरों की तने - नीली[23] पे दरख़्शानी[24] थी

गुम थीं इस कसरते-अनवार[25] में राधे क्या क्या
महव[26] थीं कृष्ण के दीदार[27] में राधे क्या क्या

(7)

राधिका पर हुई इक तुरफ़ा[28] मुसरत[29] तारी[30]
कृष्ण को देख के ऐसी हुई रिक़्क़त[31] तारी

चंचल आंखों में मचलती हुई रानाई[32] से
दिल के उमडे हुए जज़्बात[33] की गहराई से

कान तक अश्क[34] गये बहके पसीने की तरह
चमक उट्ठे रुख़े - रंगीं[35] पे नगीने की तरह

---

1. एक पर्वत का नाम, 2. ललाट पर, 3. प्रकाश, 4. सुंदर, 5. ललाट, 6. तिलक, 7. दर्शन, 8. नज़र के सौंदर्य का केन्द्र, 9. अभिलाषा की जान, 10. प्रेम की अधिकता, 11. खड़ा, 12. रोम, 13. अनुमोदन, 14. तैयार, 15. संगत का आनंद, 16. साहस, हिम्मत, 17. नियन्त्रण, 18. कठिन, 19. बेचैन, 20. इतना, 21. हीरे, 22. चमक, 23. सांवला शरीर 24. चमक, 25. प्रकाश की अधिकता, 26. तल्लीन, 27. दर्शन, 28. विचित्र, 29. प्रसन्नता, 30. छाई हुई, 31. रुदन, 32. शुभ दर्शन, 33. भावनायें, 34. आंसू, 35. सुंदर चेहरा।

(8)

राधिका देख के पहले तो उन्हें शर्माईं
दूर ही उनसे रहीं पास न उनके आईं

हौसले[1] खुल गये सखियों के चले जाने से
काम बनता था न कुछ दिल का हिजाब[2] आने से

शर्म अब दिल से थी मादूम[3] हया[4] रुख़्सत[5] थी
अब वो पलकों के झपकने की अदा[6] रुख़सत थी

(9)

जा पहुंची जब कुंज भवन के बाहर सखियां जल्द से जल्द
हो गये ख़ुद ही फ़राहम[7] क्या क्या ऐश[8] के सामां[9] जल्द से जल्द

काम[10] के तीरों से बेबस[11] थीं राधे का था हाल अजीब[12]
उनके सहने-दिल[13] में बिछा था इस ज़ालिम[14] का जाल अजीब

फिर भी लब[15] थे महूवे-तबस्सुम[16] ग़ुंचः-ए-नौरस[17] की सूरत
बन गयी ख़ुद पूजा के क़ाबिल[18] कृष्ण के प्रेम की यह मूरत

ताज़ा ताज़ा फूलों पत्तों से थी सेज[19] सजी क्या क्या
राधा ने इस सेज की जानिब[20] ख़ास[21] अदाओं[22] से देखा

देखा अपनी आंखों से जब यह राधा का अल्हड़पन
अपनी जाने-तमन्ना[23] से यूं कृष्ण हुए मसरूफ़े-सुख़न[24]

राधे तुम हो कितनी राना[25] ख़त्म[26] है तुम पर हुस्न ओ-जमाल[27]
बस में तुम्हारे अब तो मैं हूं दम भर को हो मेरा ख़याल[28]

---

1. साहस, 2. लज्जा, 3. लुप्त, 4. लज्जा, 5. ग़ायब, 6. हाव-भाव, 7. उपलब्ध, 8. विलास, 9. सामान, उपकरण, 10. कामदेव, 11. विवश, 12. विचित्र, 13. दिल का आंगन, 14. अत्याचारी, 15. होंठ, 16. मुस्कुराहट में तल्लीन, 16. नयी कली, 18. योग्य, 19. बिस्तर, 20. ओर, 21. विशेष, 22. हावभाव, 23. प्रेमिका, 24. बातचीत में व्यस्त, 25. ख़ूबसूरत, 26. समाप्त, 27. सौंदर्य, 28. ध्यान।

(10)

चांद से रौशन[1] मुखड़ेवाली अब हो मुझसे महवे-कलाम[2]
दिलदारी[3] की बातें कुछ हों अय दिलदारे-शोरीं कलाम[4]

मैं भी तुम्हारे सीने का यह आंचल राधे दूर करूं
सैरे - जहाने - मरहम[5] करके आंखों को मसरूर[6] करूं

(11)

हुस्न[7] का तुम मख़ज़न[8] हो राधे मुझ पर हो बेकार गरम
दिल क्यों सख़्त[9] बना रक्खा है अब तो तुम बन जाओ नरम

उस पर ग़लबा[10] शर्म-ओ-हया[11] का कर देता है आंखें बन्द
वो भी अदा मरग़ूब[12] थी मुझको है यह भी अंदाज़[13] पसन्द

अच्छा गुस्सा ख़त्म करो अब ग़म[14] से फ़राग़त[15] हासिल[16] हो
हम तुम दोनों हमपहलू[17] हों लुत्फ़े-सुहबत[18] हासिल हो.

(जयदेवकृत 'गीत गोविन्द' का उर्दू अनुवाद)

---

1. प्रकाशमान, 2. वार्तालाप में लीन, 3. दिलों की, 4. मीठी-मीठी बातें करनेवाला प्रियतम, 5. जानी-बूझी दुनिया, 6. मदमस्त, 7. सौंदर्य, 8. ख़ज़ाना, 9. कठोर, 10. आधिपत्य, 11. लज्जा, 12. पसन्द, 13. अदायें, हाव-भाव, 14. शोक, 15. छुटकारा, 16. प्राप्त, 17. बग़लगीर, 18. सम्भोग का आनंद।

हमारी हिकायात

(दूसरा भाग)

हमारी हिकायात

(कथा-माला)

शिवजी और पार्वती

(कामदेव का शिवजी को अपने तीर का निशाना बनाना)

'मुनव्वर' लखनवी

काम[1] तैयार हुआ इन्द्र से रुख़्सत[2] के लिए
सरे-तस्लीम[3] ख़मीदा[4] था इताअत[5] के लिए

पांव जब काम ने चलने को उठाया अपना
इन्द्र ने हाथ मुहब्बत से बढ़ाया अपना

सख़्त[6] था हाथ यह सहलाने से इरावत[7] के
इससे आसार[8] नुमायां[9] थे मगर शफ़क़त[10] के

काम का दोस्त बसंत उसकी रफ़ाक़त[11] में चला
सर के बल जादा-ए-इख़्लास-ओ-मुरव्वत[12] में चला

शोबदे[13] अपने दिखाने को रति साथ गयी
हाथ शौहर[14] का बटाने को रति साथ गयी

इसी आलम[15] में सरे-बामे-हिमाला[16] पहुंचे
आश्रम शिव का जहां था यह वहीं जा पहुंचे

कुछ अजब शान से था ज़ीनते-गुलज़ार[17] अशोक[18]
बन गया और भी ग़ैरतदहे-अशजार[19] अशोक

---

1. कामदेव, 2. बिदा, 3. विनम्र मस्तक, 4. झुका हुआ, 5. आज्ञापालन, 6. कड़ा 7. इन्द्र का हाथी, 8. लक्षण, 9. प्रकट, 10. कृपा, दया, 11. मैत्री, दोस्ती, 12. निष्ठा और मुरव्वत की राह, 13. चमत्कार, 14. पति, 15. दशा, 16. हिमालय की चोटी पर, 17. उपवन की शोभा, 18. अशोक वृक्ष, 19. वृक्षों की लाज रखनेवाला।

टहनी टहनी में सितमकोश[1] थी झूलों की बहार
हामिले-नग़्मः-ए-ख़ामोश[2] थी फूलों की बहार

यह किसी शोख़[3]-सितमगार[4] के मुहताज[5] न थे
यानी पाज़ेब[6] की झनकार के मुहताज न थे

आम के बौर नए आलः-ए-तसख़ीर[7] बने
काम की फ़ितनातराज़ी[8] के लिए तीर बने

पत्तियां उनकी परे - तीर नज़र आती थीं
हुस्ने - मक़बूल[9] की तस्वीर नज़र आती थीं

हो गयी बौर की जब नश्व-ओ-नमा-ए-कामिल[10]
दिलरुबाई के हुए और भी जौहर[11] शामिल

मस्त भौंरों को बसंत उस पे बिठा देता था
आम के बौर का दीवाना बना देता था

नाज़नीं[12] फ़र्ते-नज़ाकत[13] से थे गुलहा-ए-कनेर[14]
आतिशीं[15] हुस्ने-लताफ़त[16] से थे गुलहा-ए-कनेर

नाशिगुफ़्ता[17] से वो टेसू के दहकते हुए फूल
शोला-सां[18] आतिशे-पिन्हां[19] से भड़कते हुए फूल

थी चकाचौंद निगाहों में चमक से उनकी
नूर[20] था दश्त[21] की राहों में दमक से उनकी

---

1. सितम ढानेवाली, 2. मौन संगीत का रखनेवाला, 3. चंचल, 4. अत्याचार करनेवाली प्रेमिका, 5. ज़रूरतमंद, 6. एक गहना, 7. वशीकरण का साधन, 8. उपद्रव खड़ा करना, 9. लोकप्रिय सौंदर्य, 10. बढ़वार, 11. रत्न, 12. कोमलांगिनी, 13. नज़ाकत की अधिकता, 14. कनेर के फूल, 15. आग जैसा, 16. पवित्रता का सौंदर्य, 17. बिन खिले, 18. शोले जैसा, 19. छुपी हुई आग, 20. प्रकाश, 21. जंगल।

गर्द[1] हो काहकशां[2] जिनसे ये वो राहें थीं
शाहिदे - फ़स्ले - बहारी[3] की गुज़रगाहें[4] थीं

दिले - मुज़्तर[5] की तरंगों से हिरन मतवाले
उसकी बेताब उमंगों से हिरन मतवाले

ज़ीरः-ए-गुल[6] से चिरौंजी[7] की नज़र उलझी थी
कुछ उलझने की न थी बात मगर उलझी थी

दश्ते-पुरकैफ़[8] में जिस रुख़ से हवा आती थी
और पतझड़ से मर-मर की सदा[9] आती थी

दिल लुटाते थे उसी सम्त[10] परेशां होकर
दौड़ जाते थे उस आवाज़ पे हैरां[11] होकर

ख़त्म शोख़ी[12] जो हसीनाने-गुलअन्दाम[13] की थी
इस परिंदे की सदा[14] थी कि सदा काम की थी

क़ौसे-गुल[15] तान के उस बन की तरफ़ काम चला
शान से रुद्र के मस्कन[16] की तरफ़ काम चला

साथ ही उसके गयी उसकी गुलअन्दाम[17] रति
सिफ़ते[18]-बादे-बहारी[19] थी सुबुकगाम[20] रति

उसकी आमद[21] से मअन[22] रंग फ़ज़ा[23] का बदला
देखते-देखते ही रुख़ वो हवा का बदला

---

1. धूल, 2. आकाश-गंगा, 3. बसंत की फसल, 4. मार्ग, 5. बेचैन दिल, 6. फूल का पराग, 7. एक सूखा मेवा, 8. मादक जंगल, 9. आवाज़, 10. ओर, दिशा, 11. व्याकुल, 12. चंचलता, 13. फूल जैसे शरीरवाली सुन्दरियां, 14. आवाज़, 15. फूल का धनुष, 16. निवास-स्थान, 17. सुंदर, कोमलांगिनी, 18. गुण, 19. बसंत की हवा, 20. मंद गति, 21. आगमन, 22. सहसा, 23. वातावरण।

दिल के जज़्बात[1] की तक़दीर चमक उट्ठी थी
हर तरफ़ आग मुहब्बत की भड़क उट्ठी थी

मुज़तरिब[2] सूरते - सीमाब[3] था जोड़ा - जोड़ा
ख़्वाहिशे - वस्ल[4] से बेताब[5] था जोड़ा - जोड़ा

मस्त भौंरे का दिल अंजाम[6] से बेगाना था
अपने जज़्बात से मजबूर था, दीवाना था

काले काले वो हिरन मस्त नज़र आते थे
हिरनी - हिरनी का बदन सींग से खुजलाते थे

हिरनियां और भी दिल उनका बढ़ा देती थीं
बन्द आंखों से मुहब्बत का मज़ा लेती थीं

दुल्हनें शर्म से महजूब[7] थीं बेलें ये न थीं
हुस्न[8] में शाहिदे-महबूब[9] थीं बेलें ये न थीं

इन हसीनों को दिल - आराम[10] बनाने के लिए
अपने पहलू-ए-मुअम्बर[11] में बिठाने के लिए

अपनी शाख़ों से दरख़्तों ने पकड़ रक्खा था
बाजु-ए-शौक़े-मुसलसल[12] से जकड़ रक्खा था

था लताकुंज पे नन्दी का मुक़र्रर[13] पहरा
रोज़ होते थे शरफ़याब[14] यह देकर पहरा

काम नन्दी की मगर आंख बचाकर आया
ख़ुद को पर्दे में लताफ़त[15] के छुपाकर आया

---

1. भावना, 2. बेचैन, 3. पारा, 4. मिलन की इच्छा, 5. आतुर, 6. नतीजा, फल, 7. लज्जित, शर्मिन्दा, 8. सौंदर्य, 9. चहेती, प्रेमिका, 10. दिल का चैन, 11. सुगन्धित, 12. लगातार प्रेमपाश, 13. नियुक्त, 14. प्रतिष्ठित, 15. कोमलता।

अब कमींगाह[1] में बेवहम-ओ-गुमां[2] जा पहुंचा
महव[3] शिवजी थे रियाज़त[4] में जहां जा पहुंचा

राजकन्या जो हिमांचल की इधर आ निकली
जज़्बः-ए-शौक़[5] की देने को ख़बर आ निकली

मौसमे-गुल[6] में थी कुछ और ही आराइशे-तन[7]
आज हर रंग के फूलों से थी ज़ेबाइशे-तन[8]

औज[9] पर क़िस्मते-अंदाज़-ओ-अदा[10] थी इससे
और भी हुस्न[11] की तौक़ीर[12] सिवा[13] थी इससे

ज़र्दि-ए-रंग[14] से था मिहरे-ज़ियाबार[15] कनेर
जिस्मे-पुरनूर[16] पे था मतलः-ए-अनवार[17] कनेर

सिंधवार[18] अपनी जगह ख़ास असर रखता था
इसका हलक़ा[19] शरफ़े-सिल्के-गुहर[20] रखता था

इक तरफ़ थी यह सजावट यह दिलआवेज़[21] सिंगार
दूसरी सिम्त बलाख़ेज़[22] था सीने का उभार

झुक के चलने पे जो मजबूर किए देता था
सर्वअंदाम[23] को माज़ूर[24] किए देता था

रंग ख़ुर्शीदे - सहर[25] पैरहने - नूर[26] में था
एक शोला[27] था जो लिपटा हुआ काफ़ूर[28] में था

---

1. घात लगाने का स्थान, 2. जिसकी शंका न थी, 3. तल्लीन, 4. तपस्या, 5. प्रेम-भावना, 6. बसंत, 7. शरीर की सजावट, 8. शरीर की शोभा, 9. उन्नति, 10. हावभाव की क़िस्मत, 11. सौंदर्य, 12. प्रतिष्ठा, 13. अधिक, 14. रंग का पीलापन, 15. प्रकाशमान चंद्रमा, 16. प्रकाशमान शरीर, 17. प्रकाश का क्षितिज, 18. एक जंतु विशेष, 19. परिधि, 20. मोतियों की लड़ी, 21. मनमोहक, 22. ज़ुल्म ढानेवाला एक जंतु विशेष, 23. सुडौल और लंबे शरीर वाला, 24. असमर्थ, 25. प्रातःकाल के सूर्य का रंग, 26. प्रकाश के वस्त्र, 27. लपट, ज्वाला, 28. कपूर।

झूमती नाज़[1] से अंदाज़ से बल खाती थी
चलती फिरती-सी कोई बेल नज़र आती थी

सहर अंगेज़[2] बकुल की वो निगारीं[3] ज़ंजीर
मोजज़ाख़ेज़[4] वो फूलों की बहारीं ज़ंजीर

दमे-रफ़्तार[5] कमर से जो खिसक जाती थी
और भी आग जवानी की भड़क जाती थी

फ़ितनः-ए-महशरे-जज़्बात[6] की बानी थी यह
काम की क़ौस[7] का इक चिल्लः-ए-सानी[8] थी यह

बिम्ब फल की लबे-लालीं[9] से थी रंगत पैदा
बढ़के अंगूर से भी कुछ थी हलावत[10] पैदा

भौंरे आ आ के मज़ा इसका लिया करते थे
तंग मासूम[11] को हद दर्जा[12] किया करते थे

हाथ में था जो कंलर उससे हटाती थीं उन्हें
पास आते थे वो जब दूर भगाती थीं उन्हें

उसकी हर मौजे-नफ़स[13] इत्र लुटा जाती थी
प्यास उड़ते हुए भौंरों की बढ़ा जाती थी

कुछ नज़र काम की इस तरह दमे-दीद[14] बंधी
अब उसे कार[15] बरारी[16] की फिर उमीद बंधी

दूसरी सिम्त थे शिव आलमे-अनवार[17] में गुम
हमातन-चश्म[18] थे उस ज़ात के दीदार[19] में गुम

---

1. अदा, 2. जादू जगानेवाली, 3. सचित्र, सुंदर, 4. चमत्कार दिखानेवाली, 5. चलते समय, 6. भावनाओं की क़यामत की विपत्ति, 7. कामदेव का धनुष, 8. दूसरा चिल्ला, 9. सुर्ख़ होंठ, 10. मिठास, 11. निष्पाप, 12. बेहद, 13. सांस की मौज, 14. दर्शन के समय, 15. काम, 16. बन आना, 17. नूर की दुनिया, प्रकाश का संसार, 18. साक्षात आंखें, 19. दर्शन।

मालिके-कुल[1] जिसे मुख़्तारे-जहां[2] कहते हैं
बानी[3]-ए-सिलसिलाः-ए-कौन-ओ-मकां[4] कहते हैं

जो था मदहोश[5] उसे होश अब आया कुछ-कुछ
आपने दिल को समाधि से हाटाया कुछ-कुछ

जिस्म में सांस का इजरा[6] हुआ रफ़्ता-रफ़्ता[7]
बीर आसन जो था ढीला हुआ रफ़्ता-रफ़्ता

पेशवाई[8] के लिए शौक़ से नन्दी उट्ठा
जब्बासाई के लिए शौक़ से नन्दी उट्ठा

अर्ज़[9] की आपसे मिलने को उमा आई है
जो है गिरिराज की बेटी वो यहां आई है

कर लिया आमदे-मेहमां[10] को गवारा शिव ने
कर दिया जुम्बिशे-अबरू[11] से इशारा शिव ने

सर झुकाए हुए थीं साथ की सखियां दोनों
शोख़-फ़ामी[12] से थीं हमशक्ले-गुलिस्तां[13] दोनों

लेके गिरिराजकुमारी को यहां आईं थीं
फूल पत्ती वो चढ़ाने के लिए लाई थीं

ज्यों ही महबूब[14] के क़दमों पे झुका सर उसका
और भी कुछ चमक उट्ठा रुख़े-अनवर[15] उसका

कसरते-शौक़[16] का शिव ने जो यह आलम[17] देखा
अपने क़दमों पे जो यूं पा-ए-उमा[18] ख़म[19] देखा

---

1. कुल का मालिक, ख़ुदा, 2. संसार का स्वामी, 3. बुनियाद रखनेवाला, 4. संसार, दुनिया, 5. मदमस्त, मदोन्मत्त, 6. प्रवेश, 7. धीरे-धीरे, 8. स्वागत, 9. प्रार्थना, निवेदन, 10. अतिथि का आगमन, 11. भृकुटी का इशारा, 12. रंग की शोख़ी, 13. उपवन की सूरत, 14. प्रियतम, 15. प्रकाश का चेहरा, 16. प्रेम की अधिकता, 17. दशा, 18. उमा का पांव, 19. झुका हुआ।

लबे-ख़ामोश[1] पे फ़ौरन यह दुआ आ ही गयी
सहर[2] यह कर ही दिया मोजिज़ा[3] फ़रमा ही गयी

जिससे क़िस्मत तेरी ताबां[4] हो वो गौहर[5] मिल जाये
जिस पे जी-जान से क़ुर्बां[6] है वो शौहर[7] मिल जाये

बख़्त[8] होने को था बेदार[9] कंवलगट्टों का
दस्ते-गुलगूं[10] में था इक हार कंवलगट्टों का

दे दिया शिव को उमा ने वही नज़राने[11] में
हुस्न[12] ने रंग भरा इश्क़[13] के अफ़साने[14] में

कर लिया शौक़[15] से मंज़ूर[16] उमा का तुहफ़ा[17]
पेशकश[18] हार की थी या दिल-ओ-जां[19] का तुहफ़ा

आप इस सिम्त[20] से इज़हारे-करम[21] पर माइल[22]
काम उस सिम्त हुआ जौर-ओ-सितम[23] पर माइल

वार करने के लिए पांव बढ़ाया उसने
क़ौस[24] पर नावके-रंगीं[25] को चढ़ाया उसने

शाम के वक़्त तुलू - ए - महे - नूरानी[26] से
जैसे हैजान[27] समंदर में हो तुग़यानी[28] से

आ गया फ़र्क़[29] सदाशिव के सुकूं[30] में कुछ-कुछ
फंस गये काम के नैरंग-फ़ुसूं[31] में कुछ-कुछ

---

1. बन्द होंठ, 2. जादू, 3. चमत्कार, 4. चमक उठे, 5. हीरा, 6. न्योछावर, 7. पति, 8. भाग्य, 9. जाग्रत, 10. फूल-सा सुंदर, 11. भेंट, 12. सौंदर्य, 13. प्रेम, 14. कहानी, 15. प्रेम, स्वेच्छा, 16. स्वीकार, 17. भेंट, 18. उपहार, प्रस्ताव, 19. दिल और जान, 20. ओर, 21. दया का प्रदर्शन, 22. प्रवृत्त, 23. जुल्म और अत्याचार, 24. धनुष, 25. रंगीन तीर, 26. प्रकाशमान चंद्रोदय, 27. प्रचंडता, 28. तूफ़ान, 29. अंतर, 30. शांति, 31. माया का जादू।

दिले - साकित[1] में हुवैदा[2] हुई बेताबी[3] सी
कैफ़ियत[4] अब थी इस आईने में सीमाबी[5] सी

बेक़रारी थी तबीअत में परेशानी थी
दिल से जो मौज भी उठती थी वो तूफ़ानी थी

कसरते - शौक़[6] से चेहरे पे उमा के जमकर
रह गयी थीं लबे-लालीं[7] पे निगाहें थमकर

सोचते थे सबबे - नुक़्से - तबीअत[8] क्या है
किसने ढाई है क़यामत[9] यह मुसीबत क्या है

दिल के अन्दर कभी देखा कभी बाहर देखा
आपने चार तरफ़ आंख उठाकर देखा

आंख उट्ठी तो अजब[10] शोब्दाबाज़ी[11] देखी
हर तरफ़ काम की हंगामा[12] तराज़ी[13] देखी

क़ौसे-गुलरेज़[14] के चिल्ले[15] पे थी चुटकी उसकी
दाहिनी आंख के गोशे[16] पे थी मुट्ठी उसकी

एक मरकज़[17] पे थमे से वो रुके से शाने[18]
थे कुछ आगे की तरफ़ उसके रुके से शाने

क़ाबिले-दीद[19] था यह कारे-नुमायां[20] उनका
और आगे की तरफ़ पांव था बायां उनका

---

1. ठहरा हुआ दिल, 2. प्रकट, 3. व्याकुलता, 4. हालत, दशा, 5. पारे जैसी, 6. प्रेम की अधिकता, 7. सुर्ख़ होंठ, 8. तबीअत ख़राब होने का कारण, 9. प्रलय, 10. विचित्र, 11. इंद्रजाल, 12. उपद्रव, दंगा-फ़साद, 13. मचाना, 14. फूलझड़ी का धनुष, 15. धनुष की तांत, 16. कोने, 17. केंद्र, 18. कंधे, 19. देखने योग्य, 20. विशेष काम।

क़ौस[1] को हलक़ा[2] बनाए हुए इस्तादा[3] था
वार करने को महादेव पे आमादा[4] था

जब यह हंगामा[5] यह तूफ़ान यह फ़ितना[6] उट्ठा
तीसरी आंख से इक आग का शोला[7] उट्ठा

काम को आपने महरूमे-बक़ा[8] कर ही दिया
तीसरी आंख के शोले से फ़ना[9] कर ही दिया

उस लई[10] को ख़बरे - रोज़े - क़यामत[11] देकर
ओझल आंखों से हुए साथ गणों को लेकर

मुज़तरिब[12] शोमिः-ए-क़िस्मत[13] से थी अब पार्वती
मुन्फ़इल[14] फ़र्ते-नदामत[15] से थी अब पार्वती

दिल पे वह चोट लगी थी कि बुझा जाता था
पै[16] ब पै साथ की सखियों से हिजाब[17] आता था

होके तक़दीर से मायूस उमा घर को चली
ख़स्ता-दिल[18] आह-बलब[19] महवे-फ़ुग़ां[20] घर को चली

दिल था बरबाद किसी ख़ानः-ए-वीरां[21] की तरह
कपकपी जिस्म[22] में थी शोलाः-ए-लरज़ां[23] की तरह

बाइसे - रंज[24] थी नाकामि - ए - अर्मां[25] ऐसी
रुद्र के क़हर-ओ-ग़ज़ब[26] से थी हिरासां[27] ऐसी

---

1. धनुष, 2. परिधि, 3. खड़ा था, 4. तैयार, 5. उपद्रव, 6. उपद्रव, 7. ज्वाला, 8. अस्तित्व से वंचित, 9. नष्ट, 10. शैतान, धिक्कृत, 11. क़यामत के दिन की ख़बर, 12. बेचैन, 13. दुर्भाग्य, 14. लज्जित, 15. पश्चात्ताप की अधिकता, 16. बार-बार, 17. शर्म, लज्जा, 18. जर्जर दिल, 19. होंठों पर आर्तनाद, 20. आह में गुम, 21. वीरान घर, 22. शरीर, 23. कांपती हुई ज्वाला, 24. शोक का कारण, 25. अरमान की असफलता, 26. प्रकोप, आफ़त, 27. निराश।

नज़र आती थी भलाई की न कोई सूरत
बंद आंखें हुई जाती थीं कली की सूरत

जैसे गजराज बहुत जिस्म को फैलाके चले
दांत में शाख़ कंवल की कोई लिपटाके चले

दोनों हाथों से बहर तौर[1] संभाला उसको
चल दिया गोद में .ख़ुद लेके हिमाला उसको

(कालिदासकृत 'कुमार संभव' का अनुवाद)

आश्रम से शकुन्तला की रुख़सत का समां[2]

'मुनव्वर' लखनवी

(कण्व ऋषि तपोबन के दरख़्तों[3] से मुख़ातिब[4] हैं)

तुमसे उसकी लगन लगी थी
पहले तुमको यह सींचती थी
पीती थी उसके बाद पानी
था उसका यह दर्द जाविदानी[5]
शृंगार की गर्चे[6] आरज़ू[7] थी
रंगीं फूलों की जुस्तुजू थी
थी तुमसे उसे मुहब्बत इतनी
तुमसे मानूस[8] थी यह कितनी
तुमको न यह हाथ भी लगाती
छूती भी अगर तो कांप जाती

---

1. हर तरफ, 2. आश्रम से शकुंतला की बिदाई का दृश्य, 2. वृक्षों, 3. संबोधित, 4. शाश्वत, 5. यद्यपि, 6. तमन्ना, आकांक्षा, 7. हिलगी हुई।

थी उंस-ओ-वफ़ा[1] का इक नमूना
इक बर्ग[2] को था मुहाल[3] छूना
फूली न बरंगे - गुल[4] समाती
होकर सरमस्त[5] झूम जाती
नौरस[6] जो देखती थी कलियां
करती थी ख़ुशी से रंगरलियां
तुम भी देकर जवाबे-उल्फ़त[7]
कर दो इसको बख़ैर[8] रुख़्सत[9]

बन में हैं पेड़ सारे साथी शकुन्तला के
उनमें है उंस[10] बेहद[11] पुतले हैं ये वफ़ा[12] के
कोयल की कूक से वो यह काम ले रहे हैं
मासूम[13] को इजाज़त[14] जाने की दे रहे हैं

(आसमां को देखकर कहते हैं)

यात्रा हो शकुंतला की सफल
आज जंगल में भी मने मंगल
हों भलाई के हर तरफ़ सामान
हर तरह इससे उसका हो कल्यान
हर क़दम पर हों राह में तालाब
बार पायें निगाह में तालाब
ता ब लब[15] जो मिलें भरे ही भरे
नौ - शिगुफ़्ता[16] कंवल के फूलों से
हर क़दम पर हों सायादार दरख़्त
सायादार और बेशुमार[17] दरख़्त

---

1. लगाव और निर्वाह, 2. पत्ता, 3. कठिन, 4. फूल की तरह, 5. उन्मत्त, 6. नवपक्व, नई खिली हुई, 7. प्रेम का उत्तर, 8. कुशलपूर्वक, 9. बिदा, 10. लगाव, 11. असीम, 12. प्रेम-निर्वाह, 13. निस्पृह, निष्पाप, 14. अनुज्ञा, 15. ऊपर तक, 16. नए खिले हुए, 17. अनगिनत।

छाओं में जिनकी धूप से हो अमां[1]
हो समां[2] इनका दिलनवाज़[3] समां
उड़ रही हो अजीब ढंग से धूल
जिस पे ज़रपाश[4] हों कंवल के फूल
चार जानिब[5] फ़ज़ा[6] हो नुज़्हतबख़्श[7]
रास्ते की हवा हो फ़र्हतबख़्श[8]

उगले देती हैं चबाई सी कुशा[9] को हिरनियां
झुंड में मोरों के अब वो रक़्स[10]. का आलम कहां
पत्ते बेलों के झड़े जाते हैं अश्कों[11] की तरह
नर्म-ओ-नाज़ुक[12] दिल को बरमाते[13] हैं अश्कों की तरह

(कण्व ऋषि शकुन्तला से मुख़ातिब होते हैं)

थी तमन्ना[14] जैसे शौहर[15] की तुम्हारे वास्ते
ढूंडता था जैसा मैं साथी तुम्हारे वास्ते

मुद्दतों[16] जिसका तसव्वुर[17] ज़िह्न[18] में करता रहा
रंग सौ सौ जिसके नक़्शे-नाज़[19] में भरता रहा

तुमको वैसा ही पति हुस्ने-अज़ल[20] से मिल गया
जाग उठी तक़दीरे-अरमां[21], गुंचा-ए-दिल[22] खिल गया

वैसे ही बन ज्योत्सना इस बन में है आराम से
उसको जीने का सहारा है मुयस्सर[23] आम से

मुझको इन दोनों के बारे में कोई उलझन नहीं
चाक[24] ख़ाके-फ़िक्र[25] से अब नाम को दामन नहीं

कांटे से कुशा के ज़ख़्मी मुंह तुम जिसका अच्छा करती थीं
हंगोट के तेल की मालिश से तुम जिसका मदावा[26] करती थीं

---

1. सुरक्षा, हिफ़ाज़त, 2. वातावरण, 3. मोहक, 4. सोना बिखेरना, 5. चारों ओर, 6. वातावरण, 7. ताज़गी देनेवाला, 8. हर्षप्रद, 9. घास 10. नृत्य, 11. आंसू, 12. कोमल, 13. छेद करना, 14. इच्छा, 15. पति, 16. लंबा समय, 17. कल्पना, 18. मन, 19. चित्र, 20. सौभाग्य, 21. अरमानों का भाग्य, 22. दिल का फूल, 23. प्राप्त, 24. फटा हुआ, 25. चिंता की धूल, 26. इलाज।

मुट्ठी भर-भर कर चावल हर रोज़ खिलाती थीं जिसको
आंखों के तारे की सूरत सीने से लगाती थीं जिसको

ख़ुशमंज़र[1] वो महबूब[2] हिरन रस्ता रोके इस्तादा[3] है
शोख़ी से दामन पकड़े है, तर्रारी[4] पर आमादा[5] है

सब्र[6] करो पोंछो अश्कों[7] को मेरी बेटी भोलीभाली
इनके अन्दर छुपकर आंखें उभरे उभरे अबरू[8] वाली

ताक़त[9] दीद[10] की खो बैठी हैं देख नहीं सकती हैं कुछ भी
पांव नहीं सीधे पड़ते हैं, राह बहुत है ऊंची नीची

बनना शौहर[11] के घर की ज़ीनत[12] जब तुम
होना आगाहे - राज़े - ख़िल्वत[13] जब तुम

हों जितने बुज़ुर्ग[14] उनकी इज़्ज़त करना
इज़्ज़त के साथ साथ ख़िदमत[15] करना

सौतों से हो मेहर[16] का मुहब्बत का सुलूक[17]
बरताओ ख़ुलूस[18] का, मुरव्वत[19] का सुलूक

शौहर की तरफ़ से कुछ जो बेक़दरी[20] हो
परवा न ज़रा भूल के भी उसकी हो

अच्छा नहीं तुमको उस पे ग़ुस्सा आना
झगड़े का न ज़िक्र भी ज़बां पर लाना

हर ऐब[21] को, हुस्न[22] को परखना होगा
दिल अपने मुलाज़िमों[23] का रखना होगा

---

1. सुंदर, 2. प्रिय, 3. खड़े, 4. तेज़ी, 5. तैयार, 6. धीरज, 7. आंसू, 8. भौं, 9. शक्ति, 10. देखना, 11. पति, 12. शोभा, 13. एकान्त के रहस्य से परिचित, 14. वयोवृद्ध, 15. सेवा, 16. दया, 17. व्यवहार, 18. निष्ठा, 19. शील, 20. अनादर, 21. अवगुण, 22. सौंदर्य, 23. नौकर-चाकर।

करना न ग़ुरूर[1] ख़ुशनसीबी[2] पे कभी
हर्गिज़ हर्गिज़[3] नहीं रविश[4] यह अच्छी

जिस घर में चलन यह औरतों का होगा
उसका दुनिया में नाम ऊंचा होगा

और इसके ख़िलाफ़[5] होगा शेवा[6] जिनका
अखरेगा ज़माने को वतीरा[7] उनका

डसने वाली वो सबको कहलायेंगी
वो नागिनी कुल के हक़ में बन जायेंगी

मेरी बेटी ! यह नादानी है कैसी
यह हैरानी परेशानी है कैसी
कहां तक यह मुसलसल अश्कबारी[8]
यह इतनी किसलिए है बेक़रारी
तुम ऊंचे ख़ानदान में जा रही हो
यह इज़्ज़त, मंज़िलत[9] यह, पा रही हो
तुम्हारे जिस्म-ओ-जां[10] हैं माल जिनका
है पूरे औज[11] पर इक़बाल[12] जिनका
तुम उसके घर में पटरानी बनोगी
दुर्रे - सिल्के - जहांबानी[13] बनोगी
पहुंच जाओगी जब शौहर के घर में
चढ़ोगी अपने मालिक की नज़र में
मिलेगी कब वहां कामों से फ़ुर्सत
न होगी ख़ानादारी[14] से फ़रागत[15]
रहोगी रोज़-ओ-शब[16] कामों में उलझी
न पल भर भी तुम्हें छुट्टी मिलेगी

---

1. घमंड, 2. सौभाग्य, 3. बिलकुल, 4. चलन, 5. विपरीत, 6. व्यवहार, 7. आचरण, 8. आंसू बहाना, 9. सम्मान, प्रतिष्ठा, 10. शरीर और प्राण, 11. ऊंचाई, 12. प्रताप, 13. शासन के हार का चमकता मोती, 14. घर का कामकाज, 15. अवकाश, 16. दिन-रात।

बरंगे - मेहरे - ख़ावर[1] होगी औलाद
तुम्हारी गोद हो जायेगी आबाद
तुम्हारा बत्न[2] जब ज़ौबार[3] होगा
तुम्हें फ़रज़न्द[4] का दीदार[5] होगा
खुशी इस तरह जब होगी फ़राहम[6]
सताएगा न फिर तुमको मिरा ग़म
रहेगा ग़म[7] न यह जांसोज़[8] बेटी
भुला दोगी मुझे इक रोज़ बेटी

सौतिया डाह से धरती के परेशां रहकर
ता ब मुद्दत[9] सिफ़ते-आईना हैरों[10] रहकर

राज बेमिस्ल[11] मिरे लख़्ते-जिगर[12] को देकर
कार-ओ-बार अपनी हुकूमत का पिसर[13] को देकर

अपने कुनबे का निगहबान[14] बनाकर उसको
शान से तख़्ते - हुकूमत[15] पे बिठाकर उसको

आओगी लौट के जब शौहरे-मुख़्तार[16] के साथ
नाज़[17] हो जायेगा वाबस्ता[18] जब अंदाज़[19] के साथ

हमको तस्कीन[20] यह बख़्शेगा[21], मुसर्रत[22] देगा
आश्रम राहत - ओ - आराम[23] निहायत[24] देगा

(कालिदास कृत 'अभिज्ञान शाकुन्तल' का उर्दू अनुवाद)

---

1. पूर्व के सूरज के समान, 2. उदर, 3. चमकेगा, 4. पुत्र, 5. दर्शन, 6. संचित, 7. दुख, 8. जान लेनेवाले, 9. लंबे समय तक, 10. परेशान आईने की तरह, 11. जिसकी मिसाल न मिले, 12. जिगर का टुकड़ा, 13. पुत्र, 14. संरक्षक, 15. राज सिंहासन, 16. पति परमेश्वर, 17. गर्व, 18. संलग्न, नत्थी, 19. हावभाव, 20. शांति, 21. प्रदान करेगा, 22. ख़ुशी, आनंद, 23. सुख-चैन, 24. अत्यधिक।

मेघदूत

हाफ़िज़ ख़लील हसन 'ख़लील'

हां मिरे दोस्त मिहरबां बादल
मेरे फ़ैयाज़[1] दरख़्शां[2] बादल
तू ज़माने में सबका प्यारा है
ग़म के मारों का तू सहारा है
मुझ पे सख़्ती कबीर ने की है
बेख़ता[3] मुझको बददुआ[4] दी है
रंज[5] में जब से मुब्तिला[6] हूं मैं
राम गिरि पर पड़ा हुआ हूं मैं
तुझसे उम्मीद है मुझे बादल
होगा मेरा क़लक़[7] तुझे बादल
मेरी हालत पे रहम खाएगा
मेरे घर तू ज़रूर जायेगा
रहती वो मेरी दिलरुबा[8] है जहां
यक्ष ही हर जगह बसे हैं जहां
होगी मुज़्तर[9] बहुत ही वो कमसिन[10]
गिनती होगी मुफ़ारक़त[11] के दिन
होगा उसका बहुत रद्दी अहवाल[12]
एक इक रात होगी इक इक साल
काली काली घटा घिरी पाकर
घन गरज की सदा[13] पे ललचाकर
राजहंसों का होगा पैदा शौक़[14]
मानसरोवर का ले उड़ेगा शौक़
फिर कंवल नाल मुंह में ले लेकर
लेके मादा[15] को सब करेंगे सफ़र

---

1. उदार, 2. प्रकाशमान, 3. निर्दोष, 4. शाप, 5. दुःख, 6. ग्रस्त, 7. क्षोभ, दुःख, 8. प्रेमिका, 9. बेक़रार, 10. कम उम्र, 11. विरह, 12. दुर्दशा, 13. आवाज़, 14. इच्छा, 15. स्त्री प्राणी।

साथ उन सबका और तिरा होगा
तय बहुत जल्द रास्ता होगा
तुझको अब कुछ पता मैं घर का दूं
राह अल्कापुरी की बतला दूं
राह में हो थकन अगर मालूम
और सफ़र का हो कुछ असर मालूम
तो पहाड़ों पे तू ठहर जाना
बैठकर चोटियों पे सुस्ताना
जाना उस सिम्त[1] पहले अय बादल
है जहां वेद का बड़ा जंगल
इज़्ज़[2] गो वो दिखाते रहते हैं
और सब थरथराते रहते हैं
पर हवा से कभी नहीं डरते
उस से सब हैं मुक़ाबला[3] करते
जाना उत्तर की सिम्त[4] फिर बादल
हाथियों के वहां मिलेंगे दल
तू गुरूर[5] उनका तोड़ता जाना
नीचा उन सरकशों[6] को दिखलाना
होके दूर उनकी फिर निगाहों से
और निकलकर पहाड़ी राहों से
गांव के रास्ते से तू जाना
और शक्ल[7] अपनी सबको दिखलाना
औरतें सीधी उन किसानों की
मेहनती और जांफ़िशानों[8] की
बार बार अपना वो उठाकर सर
तुझको देखेंगे ललचा ललचाकर
कि मुरब्बी[9] यही हमारा है
यही खेती का इक सहारा है
इससे कुछ दूर आगे फिर चलकर
तुझको आयेगा मालदेस नज़र

---

1. दिशा, 2. नम्रता, 3. सामना, 4. ओर, 5. घमंड, 6. बाग़ी, 7. सूरत, 8. परिश्रमी, 9. पोषक।

खेत सारे कुसुम के ख़ुशबूदार
तुझको कर लेंगे अपना आशिक़ज़ार[1]
उनकी बू ही न तुझको भाएगी
दिल को रंगीनी भी लुभाएगी
तू तवज्जुह[2] न पर उधर करना
मेरी बेताबी[3] पर नज़र करना
साफ़ अमरकोट देगा दिखलाई
होगी इक उस पे ताज़गी छाई
है यह आमों के पेड़ से छाया
ख़ूब हर सिम्त[4] है घना साया[5]
पके आमों से ज़र्द[6] वो होगा
लुत्फ़[7] में अपने फ़र्द[8] वो होगा
तू जो छाएगा उसकी चोटी पर
आयेगा इस तरह पहाड़ नज़र
जैसे कोई हसीन हो पहने
सोने के सर से पांव तक गहने
और खोले हो अपने सर के बाल
काले काले वह लंबे लंबे बाल
आगे उसके है फिर रवां नद्दी
है अजब यह भी दिलकुशा नद्दी
विंधियाचल में यूं यह बहती है
और यूं लुत्फ़ देती रहती है
काले हाथी के जैसे माथे पर
खरिया मिट्टी को फ़ीलबान[9] लेकर
खूब उसका सिंगार करता है
साफ़ उसमें सफ़ेदी भरता है
तू जो बरसेगा हर तरफ़ बादल
लुत्फ़[10] दिखलाएगा बड़ा जंगल
फूल दिखलायेंगे कदम के बहार
काले पीले महीन[11] रोयेंदार

1. प्रेमी, 2. ध्यान, 3. व्याकुलता, 4. चारों ओर, 5. छांव, 6. पीला, 7. आनंद, 8. अकेला, 9. महावत, 10. आनंद, मज़ा, 11. बारीक।

फूलकर गुंडली ख़ारज़ारों[1] में
लुत्फ़ दिखलायेंगी कछारों में
सूंघ कर मोर फूलों की ख़ुशबू
और कूकेंगे जोश में हर सू[2]
नाचकर तुझको वो रिझायेंगे
राह उड़ उड़के सब बतायेंगे
जी पपीहे भी तुझ पे देते हुए
मुंह में बूंदों का रस वो लेते हुए
दूर तक साथ उड़ते जायेंगे
लुत्फ़ तेरा बहुत बढ़ायेंगे
और बगले तो साथ ही देंगे
वो कहीं राह में न दम लेंगे
गर्चे[3] उम्मीद है यह अब्र[4] मुझे
दिल से मेरा बहुत क़लक़[5] है तुझे
यह भी लेकिन है इसके साथ ख़याल
कि कहीं केतकी और अर्जुन साल
दिल न फूलों से लें लुभा तेरा
और न पहुंचे पयाम वो मेरा
और यह भी ख़याल आता है
नहीं यह शक[6] भी दिल से जाता है
कि पपीहे की पुरअसर[7] आवाज़
दिल में वो करनेवाली घर आवाज़
ख़ैर आगे जो इसके तू चलकर
तीन मंज़िल का तै करेगा सफ़र
तो मिलेगा तुझे विशारन देस
सबसे इस देस का नया है भेस
होगा पानी की वां पुकार बहुत
और तिरा होगा इन्तिज़ार बहुत
दुख में बगले भी सब पड़े होंगे
जाके झीलों में अब पड़े होंगे

1. कांटों का जंगल, 2. हर तरफ़, 3. यद्यपि, 4. बादल, 5. क्षोभ, दुःख, 6. शंका, 7. प्रभावशाली।

देखते ही तुझे वो खोलके पर
पास पहुंचेंगे तेरे उड़ उड़कर
चाहेंगे जोश अपना दिखलायें
जाके तेरे गले वो लग जायें
और मिलेंगे जो सब वो उड़ उड़कर
आयेंगे यूं वो तेरे साथ नज़र
जैसे पैवन्द[1] उजले कपड़े का
काले कम्मल में हो किसी के लगा
वां के बाग़ों में कोहसारों[2] में
जंगलों और सब्ज़ाज़ारों[3] में
केतकी फूलती है यूं हर सू
जाती उसकी है दूर तक ख़ुशबू
इन्हीं फूलों से हर तरफ़ बादल
ज़ाफ़रानज़ार[4] होगा कुल जंगल
ख़ुश सिवा[5] हद से दिल तिरा होगा
तुझको धाका बसंत का होगा
आगे अब इसके राजधानी है
उसी रजहट की हुक्मरानी[6] है
यां है नद्दी वतीरती बहती
और तेरी है मुन्तज़िर[7] रहती
है बहुत धीमी धीमी वो बहती
पड़ी माथे पे है शिकन[8] रहती
तू जो यकबारगी[9] वहां जाकर
देखकर उसको जोश में आकर
झुक पड़ेगा गले लगाने को
अपने आग़ोश[10] में उठाने को
तो सकत[11] वो न इतनी पाएगी
नातवानी[12] बहुत दिखाएगी
काम लेना कहीं न उज्लत[13] से
चूसना लब[14] तो इस सहूलत[15] से

---

1. जोड़, 2. पर्वतीय प्रदेश, 3. हरे-भरे मैदान, 4. केसर का बाग़, 5. अत्यधिक, 6. राज़, शासन, 7. प्रतीक्षा में, 8. बल, 9. सहसा, 10. गोद, 11. शक्ति, 12. दुर्बलता, 13. शीघ्रता, जल्दी, 14. होंठ, 15. सुगमता।

जैसे कोई किसी के माथे से
पोंछे उसका पसीना हलके से
सीधे फिर पंचगिरि को जाना तू
जाके चोटी पे उसके छाना तू
हद से बढ़कर है यह जगह दिलकश[1]
इसपे हैं ऐश[2] करने वाले ग़श
दिल वो अपना दिए हुए हैं जिन्हें
दिल का मालिक किए हुए हैं जिन्हें
दूर से उनको लेके आते हैं
रंगरलियां यहीं मनाते हैं
अब करेगा जो चलने में जल्दी
तो मिलेगी तुझे नगद नद्दी
उसके नज़दीक आगे कुछ चलकर
आयेंगे अच्छे अच्छे बाग़ नज़र
दिल चंबेली तिरा लुभाएगी
उसकी ख़ुशबू बहुत ही भाएगी
उनमें कुछ होंगी मुंहबन्द ही कलियां
और कुछ खिलके होंगी इत्रफ़िशां[3]
अपने साये में उनको ले लेना
नन्ही बूंदों से सींच भी देना
मालिनें फूल चुन रही होंगी
गीत चिड़ियों के सुन रही होंगी
वक़्त यह धूप का अगर होगा
मालिनों पर पड़ा असर होगा
उनके फूलों के सारे वो गहने
होंगी कानों में अपने जो पहने
सब वो पज़मुर्दा[4] हो चले होंगे
ताज़गी अपनी खो चले होंगे
तेरी छींटों से ताज़ा हो होकर
फिर वो झूमेंगे उनके गालों पर

---

1. सुंदर, मोहक, 2. भोग-विलास, 3. सुगन्ध फैलाने वाली, 4. मुरझाए हुए, मलिन।

हां है जाना तुझे यहां से जिधर
इस जगह से वो शहर है उत्तर
चाहिए फेर से न घबराना
होते उज्जैन लुत्फ़ से जाना
तुझको उज्जैन देखना है ज़रूर
शहर यह कुल जहां[1] में है मशहूर[2]
औरतें शहर की हसीं सब हैं
नाज़ुक-अन्दाम[3] नाज़नीं[4] सब हैं
ख़ूबियां सब इन्हीं में आई हैं
आंखें हिरनों की सबने पाई हैं
तेरी बिजली के वां चमकने से
उनकी आंखें मअन[5] झपकने से
होगी उस वक़्त जो अदा पैदा
और तू होगा जिस तरह शैदा[6]
इसको तुझसे बता नहीं सकता
और वो नक्शा दिखा नहीं सकता
फिर चलेगा जो करके तू जल्दी
तो मिलेगी नरविंध्या नद्दी
आयेगी उसके इन किनारों पर
टुकड़ी हंसों की ऐसी बैठी नज़र
जैसे कोई हसीं[7] हो शोख़-ओ-शरीर[8]
और कमर में हो चांदी की ज़ंजीर
जब हटाती हवा है चल चलकर
उसके सीने से पानी की चादर
नाफ़ उसकी है यूं नज़र आती
कि तबीअत बहुत है ललचाती
इस भंवर का फंसा हुआ लेकिन
कभी उभरे, नहीं है यह मुम्किन
कहीं फंसना न तू उधर जाकर
नैन खाएगा उम्र भर चक्कर

1. संसार, 2. प्रसिद्ध, 3. कोमल शरीरवाली, 4. सुंदरी, 5. तुरन्त, 6. मोहित, 7. सुंदरी, 8. चंचल।

सन्द नद्दी मिलेगी बाद इसके
तू है आगाह[1] हाल से जिसके
जेठ बैसाख के वो जलते दिन
काटना जिनका यूं न था मुम्किन[2]
काटे उसने हैं जैसे मुश्किल से
पूछे उसके कोई ज़रा दिल से
होगी इस तरह सूखकर पतली
जैसी जानां[3] की हो कमर पतली
उसके नज़्दीक[4] के पहाड़ों पर
महल आयेंगे ऊंचे - ऊंचे नज़र
इनमें रहती हैं औरतें वो हसीं[5]
मिस्ल[6] जिनका कहीं जहां[7] में नहीं
जब निखरती हैं सब यह जी भर के
तो धुयें से अगर के केसर के
करती बालों को सब हैं खुशबूदार
रहते हर वक़्त हैं वो अंबरबार
रानियों के वहां के पालू मोर
देखकर तुझको कर उठेंगे शोर
उससे हो जायेगा अयां[8] तुझ पर
है महाकाल का यहीं मंदिर
गंदवती उसके नीचे बहती है
हर घड़ी पाक साफ़ रहती है
जितनी यां औरतें हैं गुंचादहन[9]
ज़ाफ़रानी[10] लगाती हैं उबटन
और उसमें वो सब नहाती हैं
आबरू[11] इसकी वो बढ़ाती हैं
शाम पहुंचेगी आके फिर जिस दम
उसका भी होगा इक नया आलम

---

1. परिचित, 2. सम्भव, 3. प्रेमिका, 4. निकट, 5. सुंदर, 6. मिसाल, उदाहरण, 7. संसार, 8. प्रकट, 9. कली जैसे मुंहवाली, 10. केसरी, 11. इज़्ज़त, मान।

रंग इसमें तिरा करेगा असर
आयेगी और वो सियाह नज़र[1]
पर जो उस वक़्त कोई माहजबीं[2]
ग़ैरते - हूर[3] रश्के - लाबते - चीं[4]
कहीं जाने को बैठी हो तैयार
कर चुकी वो किसी से हो इक़रार[5]
तो तुझे चाहिए ठहर जाना
नहीं वाजिब[6] है पानी बरसाना
नद्‌दी बाद इसके अब घनेरा है
साफ़ पानी बहुत ही इसका है
वो सफ़ाई है पानी को हासिल[7]
क्वांरी लड़की का साफ़ जैसे दिल
उसके नज़दीक[8] एक है मंदिर
पूजा होती वहां है शाम-ओ-सहर[9]
नद्‌दी बाद इसके चरमवन्ती है
लुत्फ़ देती सफ़ाई इसकी है
शहर विशपूर उस पे है आबाद[10]
रहते बाशिन्दे[11] हैं यहां के शाद[12]
औरतें हद से बढ़के हैं बेबाक[13]
शोख़[14], तर्रार, फ़ितनागर[15], चालाक
इनकी चरबाकियां[16] ग़ज़ब की हैं
फ़ितनाअंगेज़[17] आंखें सबकी हैं
तेरे टुकड़े जो छायेंगे सर पर
आयेगी यह बहार सबको नज़र
भौरे फूलों पे हैं ये मंडलाते
उन पे क़ुर्बान[18] हैं हुए जाते
यां से तू ब्रह्मावर्त[19] होते हुए
दिल का अपने ग़ुबार[20] धोते हुए

---

1. काली नज़र, 2. चंद्रमुखी, 3. अप्सरा का आत्मसम्मान, 4. चीन की सुंदरी से अधिक सुंदर, 5. वादा, 6. उचित, 7. प्राप्त, 8. निकट, 9. सुबह-शाम, 10. बसा हुआ, 11. वासी, 12. प्रसन्न, 13. निःसंकोच, 14. चंचल, 15. शरारती, 16. वाक्‌शक्ति, 17. उपद्रवकारी, 18. न्योछावर, 19. एक स्थान, 20. मैल।

कुरुक्षेत्र अपने तू निकल जाना
वां से गंगा पे जाके तू छाना
इस ज़मीं पर बरसती है इब्रत[1]
कि हुई थी यहीं महाभारत
अब जो तू यां से रास्ता लेगा
रास्ता यह बड़ा मज़ा[2] देगा
जाके गंगा पे अब रुकेगा तू
पानी पीने को जो झुकेगा तू
तो तिरा अक्स पानी में पड़कर
आयेगा इस तरह हर इक को नज़र
जिस तरह से प्रयाग में बाहम[3]
गंगा जमुना का है हुआ संगम
क़िस्मत अच्छी हिमालिया की है
जिसको दौलत .ख़ुदा ने यह दी है
तू उसी अपनी राह से जाना
सीधे पच्छिम के रुख़ चले जाना
जिसमें तू जल्दी वां पहुंच जाये
और चक्कर न राह में खाए
वहीं घाटी करो चरन्धर है
सख़्त[4] घाटी यह सबसे बढ़कर है
तू पहुंच कर और उस जगह छाकर
लंबा पतला धुआं सा बल खाकर
जल्द इस राह से गुज़र जाना
सख़्तियों[5] से न इसकी घबराना
तू धुआं सा वहां जो छाएगा
और कुछ वां नज़र न आयेगा
हंस हो जायेंगे बहुत मुज़्तर[6]
तुझसे टकरायेंगे सब उड़ उड़कर
और हिरनों से कुछ न हो सकना
तुझको घबराई आंखों से तकना

1. शिक्षा, नसीहत, 2. आनंद, 3. आपस में, परस्पर, 4. कठिन, 5. कठिनाइयों, 6. बेक़रार।

दिल को हद से सिवा[1] मज़ा देगा
हुस्न[2] तेरा बहुत बढ़ा देगा
सीधे आना मगर वहां से चले
और आना हिमालिया के तले
वहीं राहत[3] से रात को रहना
काला कम्बल बिछाके सो रहना
है बड़ा यह पहाड़ रुतबे[4] में
ख़ूबियां हैं इसी के हिस्से में
अब मिलेगा तुझे यहीं कैलास
उसके नज़दीक और उसके पास
बर्फ़ ही से ढका यह रहता है
और रुतबे में सबसे ऊंचा है
अब जो अपनी अख़ीर कोशिश पर
ग़ौर[5] के साथ तू करेगा नज़र
तो खुशी दिल तिरा बढ़ाएगी
कामयाबी[6] झलक दिखाएगी
इसी गंगा के फिर किनारे पर
बस्ती आयेगी एक ऐसी नज़र
जिस तरह कोई नाज़नीं[7] गुलफ़ाम[8]
गुंचःलब[9] गुलअज़ार[10] गुलअन्दाम[11]
ज़ेबतन[12] हो किए बहुत गहने
और सारी[13] सफ़ेद हो पहने
और करके सिंगार जी भर के
बैठी आग़ोश[14] में हो शौहर[15] के
यही अलकापुरी[16] है अय बादल
शहर मेरा यही है अय बादल
औरतें अपने सहन में आकर
तुझको देखेंगी घबरा घबराकर
उनके कानों में कुंद की कलियां
होंगी सब झूम झूमकर ख़न्दां[17]

---

1. अत्यधिक, 2. सौंदर्य, 3. आराम, 4. दर्जा, प्रतिष्ठा, 5. ध्यानपूर्वक, 6. सफलता, 7. सुदरी, 8. फूल जैसे रंगवाली, 9. कली जैसे होंठ, 10. जिसके कपोल फूल जैसे हों, 11. फूलों जैसे शरीरवाली, 12. पहने हुए, 13. साड़ी, 14. गोद, 15. पति, 16. स्वर्ग, 17. प्रफुल्ल।

सुब्ह को जब ये सब नहाती हैं
माथे पर ज़ाफ़रां[1] लगाती हैं
गोल टीका है वो मज़ा देता
और हुस्न[2] उनका है बढ़ा देता
झुमके कानों में झूमते होंगे
उनके गालों को चूमते होंगे
फूल चोटी में भी गुंधे होंगे
लुत्फ़ वो और दे रहे होंगे
मांग के पिछले हिस्से वाले फूल
हुस्न को और देते होंगे तूल[3]
ऐसे अय्याम[4] में मिरी प्यारी
मेरी फुर्क़त[5] के सदमों[6] की मारी
आयेगा यह भी रास्ते में नज़र
जाती हैं कुछ हसीनें[7] छुप छुपकर
तो जिधर से वो जायेंगी होकर
सुब्ह को राह देगी उनकी ख़बर
फूल चोटी के ढीले हो होकर
गिर पड़े होंगे राह में अक्सर[8]
पायेंगी जो किसी की वो आहट
शर्म से दिल में जायेंगी सब कट
सर को अपने मअन[9] झुका लेंगी
अपने हाथों से मुंह छुपा लेंगी
इसी हालत में हाथ से इक बार
टूट जायेगा वो गले का हार
मोती सब गिर के फैल जायेंगे
चमक अपनी बहुत दिखायेंगे
मुत्तसिल[10] घर के इक मेरा है बाग़
और बहुत ही हरा - भरा है बाग़

---

1. केसर, 2. सौंदर्य, 3. विस्तार, लंबाई, 4. दिन (ब.व.), 5. विरह, 6. रंज, ग़म, 7. सुंदरियां, 8. अधिकांश, 9. फ़ौरन, तुरंत, 10. निकट, लगा हुआ।

है वहीं इक चबूतरा ऊंचा
ख़ुशनुमा[1] और बहुत ही रूहअफ़्ज़ा[2]
उस पे चौकोर ख़ूबसूरत सी
चौकी बिल्लूर[3] की है एक बिछी
उसी चौकी पे शाम को हर रोज़
बैठती आके है वो दिलअफ़रोज़[4]
आती है अपने मोर को लेकर
जिसको पाले हुए है वो गुले-तर[5]
बीन फिर ताल से बजाती है
और उस मोर को नचाती है
यही बादल हैं मेरे घर के निशान
पाएगा तू इन्हीं पतों से मकान
तू जो मेरे मकान पर जाना
जल्द घिरकर न हर तरफ़ छाना
वरना डर जायेगी वो गुंचः-दहन[6]
थरथराने लगेगा उसका बदन
बैठी होगी वहीं मिरी प्यारी
मेरी दर्दे - फ़िराक़[7] की मारी
वही अब होगी ग़म से यूं रहती
यूं जुदाई का होगी ग़म सहती
जैसे बे - नर[8] के मादः-ए-सुर्ख़ाब[9]
मछली बालू में जिस तरह बेताब[10]
होगी अफ़सुर्दा[11] यूं वो होके मलूल[12]
पाले से जिस तरह कंवल का फूल
रोते - रोते वो सुर्मगीं[13] आंखें
ख़ुशनुमा[14] सहरआफ़रीं[15] आंखें
सूजकर बार हो गयी होंगी
और बीमार हो गयी होंगी

---

1. सुंदर, 2. आत्मा को शांति प्रदान करनेवाला, 3. शीशा, 4. मनमोहिनी, 5. फूल जैसी, 6. कली जैसे मुंहवाली, 7. विरह का दुःख, 8. बिना नर के, 9. चकवी, 10. व्याकुल, 11. दुखी, 12. दुखी, 13. सुरमा लगी हुई, 14. सुंदर, 15. जादू-भरी।

हो गयी होगी गालों से रुख़्सत[1]
सुर्ख़ी-माइल[2] वो चम्पई रंगत[3]
टेके इक हाथ पर वो होगी गाल
तुझको गुज़रेगा देखकर यह ख़याल
कि यह शायद गहन[4] लगा है चांद
कुछ गहन में है कुछ खुला है चांद
और यह भी अजब[5] नहीं अय अब्र[6]
मेरी फुर्क़त[7] में होके वो बेसब्र[8]
मेरी तस्वीर वो बनाती हो
उसको अपने गले लगाती हो
आंखें खोलेगी जब वो रश्के-क़मर[9]
और पड़ेगी मअन[10] नज़र तुझ पर
तो झिझक कर वो और घबराकर
फेर लेगी तिरी तरफ़ से नज़र
तब तू आहिस्तगी[11] से शफ़्क़त[12] से
उससे कहना बड़ी मुहब्बत से
तेरे शौहर[13] का ग़मगुसार[14] हूं मैं
उसका क़ासिद[15] हूं राज़दार[16] हूं मैं
मुझको आज़िम[17] किया सफ़र के लिए
और भेजा तिरी ख़बर के लिए
बातें तेरी ये प्यार की सुनकर
अपना तकिये से वो उठाकर सर
तुझको देखेगी इक मुहब्बत से
सच्ची उल्फ़त[18] से सच्ची चाहत से
दिल में अपने तुझे दुआ देगी
कान तेरी तरफ़ लगा देगी
तू यह कहना कि अय हसीं[19] प्यारी
अपने शौहर की हिज्र[20] की मारी

---

1. बिदा, 2. लाली लिये हुए, 3. चम्पा के रंग की, 4. ग्रहण, 5. आश्चर्यजनक, 6. बादल, 7. विरह, 8. अधीर, 9. चांद को शरमानेवाली, 10. सहसा, 11. धीरे से, 12. दया, कृपा, 13. पति, 14. दुःख बंटानेवाला, 15. संदेशवाहक, 16. राज़ जाननेवाला, दोस्त, 17. तैयार, 18. प्यार, 19. सुंदर, 20. विरह।

ज़िंदा तेरा ग़रीब शौहर है
ख़ैरियत[1] से वो रामगिरि पर है
रंज-ओ-ग़म[2] का तिरे वो करके ख़याल
है बहुत ही वो ख़स्तादिल[3] बेहाल
करके क़िस्मत ने दफ़अतन[4] बेदाद[5]
कर दिया उस ग़रीब को बरबाद
और ऐसा किया है ख़्वार[6] तबाह[7]
रोक रक्खी है वापसी की राह
पर है उम्मीद अब ये दिन जायें
वही फिर पहले वाले दिन आयें
हाय वो तेरी आंखें मोतीचूर
और उनकी वो चितवनें[8] मग़रूर[9]
सामने मेरे फिरती रहती है
दिल पे इक बिजली गिरती रहती है
तिरे इक एक अज़्ब[10] का नक़्शा
मेरे दिल पर है अब तलक लिक्खा
अब तो ढाने लगा है और सितम[11]
आके बारिश का ज़िंदादिल[12] मौसम
आती उत्तर से हैं हवायें अगर
पेड़ को देवदार के छूकर
तो मैं सीने पे उसको लेता हूं
दिल को तस्कीन[13] अपने देता हूं
यही होता ख़याल है मुझ को
छू के आती है यह हवा तुझ को
चांद चौदस का देखता हूं अगर
होता क़ायम[14] ख़याल है इस पर
तू भी वां इसको देखती होगी
तेरी भी आंख पड़ रही होगी

---

1. कुशलपूर्वक, 2. दुखी, 3. दुखी हृदय, 4. सहसा, 5. अत्याचार, अन्याय, 6. ज़लील, अपमानित, 7. बरबाद, 8. नज़र, दृष्टि, 9. घमंडी, 10. अंग, 11. जुल्म, 12. खुश मिज़ाज, विनोदी, 13. शांति, 14. स्थिर।

कट गये अब तो ग़म के दिन हैं सब
बाक़ी हैं चार ही महीने अब
इसका कटना नहीं बहुत दुश्वार[1]
सब्र[2] है इसके वास्ते दरकार[3]
राज़ी क़िस्मत पे चाहिए रहना
होगा बेहतर यह दिल पे ग़म सहना
ख़ुशी सच्ची उसी को है हासिल[4]
ग़म के जो इम्तिहां[5] में हैं कामिल[6]
यही ईमान और यही इस्मत[7]
सब से बढ़कर जहां में है दौलत
एक दिन हम बहम[8] मिलेंगे ज़रूर
ग़म यह हो जायेगा दिलों से दूर

(कालिदासकृत 'मेघदूत' का उर्दू अनुवाद)

1. कठिन, 2. धीरज, 3. ज़रूरी, 4. प्राप्त, 5. परीक्षा, 6. कुशल, निपुण, 7. सतीत्व, 8. परस्पर।

ग्यारहवां अध्याय

हमारा अंदाज़े-इश्क़

मुहब्बत ने जुल्मत से काढ़ा है नूर
न होती मुहब्बत न होता ज़ुहूर

—मीर तक़ी 'मीर'

मुहब्बत

डॉक्टर मुहम्मद इक़बाल

उरूसे - शब[1] की ज़ुल्फ़ें थीं अभी नाआशना[2] ख़म[3] से
सितारे आसमां के बेख़बर थे, लज़्ज़ते - रम[4] से

क़मर[5] अपने लिबासे-नौ[6] में बेगाना सा लगता था
न था वाक़िफ़ अभी गर्दिश[7] के आईने-मुसल्लम[8] से

अभी इमका[9] के ज़ुल्मतख़ाने[10] से उभरी ही थी दुनिया
मज़ाक़े-ज़िंदगी पोशीदा था पहना - ए - आलम[11] से

कमाले - नज़्मे - हस्ती[12] की अभी थी इब्तिदा गोया
हुवैदा[13] थी नगीने की तमन्ना चश्मे - ख़ातम[14] से

सुना है आलमे - बाला[15] में कोई कीमियागर[16] था
सफ़ा[17] थी जिसकी ख़ाके-पा में बढ़कर साग़रे-जम[18] से

लिखा था अर्श[19] के पाए पे इक इकसीर[20] का नुस्ख़ा
छुपाते थे फ़रिश्ते जिसको चश्मे - रूहे - आदम[21] से

निगाहें ताक में रहती थीं लेकिन कीमियागर की
वो इस नुस्ख़े को बढ़कर जानता था इस्मे - आज़म[22] से

---

1. रात की दुल्हन, 2. अपरिचित, बेख़बर, 3. मोड़, 4. पलायन का स्वाद, 5. चंद्रमा, 6. नए वस्त्र, 7. चक्कर, 8. प्रमाणित विधान, 9. संभावना, 10. अंधेरा घर, अंधकार, 11. संसार का विस्तार, 12. जीवन-व्यवस्था, 13. प्रकट, 14. अंगूठी की आंख, 15. परलोक, 16. रसायनशास्त्र विशेषज्ञ, 17. पवित्रता, 18. एक विख्यात प्याला जिसमें संसार का हाल दिखाई देता था, 19. आकाश, 20. रामबाण रसायन, 21. आदम की आत्मा की आंख, 22. महामंत्र।

बढ़ा तस्बीह - ख़्वानी[1] के बहाने अर्श की जानिब
तमन्ना-ए-दिली आख़िर बर आई सई-ए-पैहम[2] से

फिराया फ़िक्रे - अज्ज़ा[3] ने इसे मैदाने - इम्कां[4] में
छुपेगी क्या कोई शै बारगाहे-हक़[5] के महरम[6] से

चमक तारे से मांगी, चांद से दाग़े - जिगर मांगा
उड़ाई तीरगी[7] थोड़ी सी शब की ज़ुल्फ़े - बरहम[8] से

तड़प बिजली की पाई, हूर से पाकीज़गी[9] पाई
हरारत[10] ली नफ़सहा-ए-मसीहे-इब्ने-मरियम[11] से

ज़रा सी फ़िर रबूबियत[12] से शाने-बेनियाज़ी[13] ली
मलक[14] से आजिज़ी,[15] उफ़्तादगी[16] तक़दीरे-शबनम[17] से

फिर इन अज्ज़ा[18] को घोला चश्मः-ए-हैवां[19] के पानी में
मुरक्कब[20] ने मुहब्बत नाम पाया अर्शे-आज़म[21] से

मुहव्विस[22] ने यह पानी हस्ति-ए-नौख़ेज़[23] पर छिड़का
गिरह खोली हुनर ने इसके गोया कारे-आलम[24] से

हुई जुम्बिश[25] अयां[26], ज़र्रों ने लुत्फ़े-ख़्वाब[27] को छोड़ा
गले मिलने लगे उठ उठ के अपने अपने हमदम से

ख़िरामे - नाज़[28] पाया आफ़ताबों[29] ने सितारों ने
चटक ग़ुंचों[30] ने पाई दाग़ पाए लालाज़ारों[31] ने

---

1. माला जपना, 2. लगातार प्रयत्न, 3. प्रत्युपकार, 4. संसार, 5. खुदा का दरबार, 6. जानकार, मर्मज्ञ, राज़दां, 7. अंधकार, 8. बिखरी हुई अलकें, 9. पवित्रता, 10. गरमी, 11. हज़रत ईसा (जो मुर्दों को जीवित कर देते थे) की श्वास, 12. पालनहार, 13. निस्पृहता का गर्व, 14. फ़रिश्ता, 15. नम्रता, 16. नीचे गिरना, 17. ओस का भाग्य, 18. भाग, तत्व, 19. अमृत-कुंड, 20. मिश्रण, 21. आखिरी आसमान, सबसे ऊंचा आकाश, 22. रसायनविद, कीमियागर, 23. किशोर, नवयुवा, 24. संसार का कारोबार, 25. कम्पन, थरथराहट, 26. प्रकट, जाहिर, 27. स्वप्न का आनंद, 28. इठलाती हुई चाल, 29. सूरज, 30. कली, 31. अहि पुष्प (पोस्ते के फूल) का खेत।

इश्क़-ओ-महब्बत

(मुख़्तलिफ़ मसनवी निगार)

महब्बत ने ज़ुल्मत[1] से काढ़ा है नूर[2]
न होती महब्बत न होता ज़ुहूर[3]

महब्बत ही इस कारख़ाने में है
महब्बत से सब कुछ ज़माने में है

महब्बत लगाती है पानी में आग
महब्बत से है तेग़[4]-ओ-गर्दन में लाग

महब्बत की आतिश[5] से अख़गर[6] है दिल
महब्बत न होवे तो पत्थर है दिल

–मीर तक़ी 'मीर'

☆

बहुत इश्क़ में लोग रोगी हुए
बहुत ख़ाक मल मुंह पे जोगी हुए

किया इश्क़ में तर्क[7] सौम-ओ-सलात[8]
गये अहले-मस्जिद सू-ए-सोमनात[9]

न सुब्ह:[10] न ज़ुन्नार[11] न कुफ़्र-ओ-दीं[12]
जहां सब है इश्क़ और कुछ भी नहीं

–मीर तक़ी 'मीर'
(मसनवी इश्क़िया)

☆

---

1. अंधकार, 2. प्रकाश, 3. प्रकटन, प्रकट होना, 4. तलवार, 5. आग, 6. चिंगारी, 7. त्याग, 8. रोज़ा और नमाज़, 9. सोमनाथ की ओर, 10. जयमाला, 11. जनेऊ, 12. अधर्म और धर्म।

कुछ हक़ीक़त न पूछो क्या है इश्क़
हक़[1] अगर समझो तो ख़ुदा है इश्क़

इश्क़ आली जनाब रखता है
जिबरईल[2] - ओ - किताब रखता है

इश्क़ ने छातियां जलाई हैं
आगें किस किस जगह लगाई हैं

ख़स्तः-ए-इश्क़[3] कुछ न 'मीर' हुए
बादशाह इश्क़ में फ़क़ीर हुए

–मीर तक़ी 'मीर'
(मसनवी 'मुआमलाते-इश्क़')

★

इश्क़ है जौहरे - मुहीते - जहां[4]
इश्क़ है जिस्मे - आदमी में जां

इश्क़ है कायनात[5] का मफ़हूम[6]
गर न हो इश्क़ तो है सब मादूम[7]

–ग़ुलाम हमदानी 'मुसहफ़ी'
(मसनवी जज़्बः-ए-इश्क़)

★

इश्क़ आफ़ाते - आसमानी[8] है
बरसों लोगों ने ख़ाक छानी है

शम्अ होके कहीं पिघलता है
कहीं पर्वाना हो के जलता है

कहीं ख़ंजर है दस्ते - क़ातिल[9] का
कहीं मरहम जराहते - दिल[10] का

---

1. सत्य, उचित, ईश्वर, 2. एक फ़रिश्ता, 3. प्रेम में जर्जर, 4. संसार रूपी समुद्र का जवाहर, 5. ब्रह्मांड, 6. अर्थ, 7. लुप्त, अनस्तित्व, 8. आकाश से आनेवाली विपत्तियां, 9. क़ातिल का हाथ, 10. मन का घाव।

सैकड़ों जी से खो दिए इस ने
लाख बेड़े डुबो दिए इसने

ये करिश्मे इसी के सारे हैं
कैसे कैसे जवान मारे हैं

जिगर-ओ-दिल का ख़ून होता है
रफ़्ता रफ़्ता[1] जुनून[2] होता है

–'शौक़' लखनवी

('बहारे-इश्क़')

★

इश्क़ से कौन है बशर[3] ख़ाली
कर दिए इसने घर के घर ख़ाली

मार डाला तमाशबीनों[4] को
ज़हर खिलवा दिया हसीनों को

बस में डाले न किब्रिया[5] इसके
रहम[6] दिल में नहीं ज़रा इसके

–'शौक़' लखनवी

(ज़हरे-इश्क़)

★

अज़ल[7] से इश्क़ काफ़िर माजरा है
बला-ए-जाने-सुल्तान-ओ-गदा[8] है

हज़ारों के जिगर पानी किए हैं
बहुत दिल इसने तूफ़ानी किए हैं

हर इक के लब पे शोरे-अलअमां है
ज़माना इससे लबरेज़े-फ़ुग़ां[9] है

–अमीरुल्ला 'तस्लीम'

('शामे-ग़रीबां')

---

1. धीरे-धीरे, 2. उन्माद, पागलपन, 3. इंसान, मनुष्य, 4. तमाशा देखनेवाला, 5. ख़ुदा, ईश्वर, 6. दया, 7. अनादिकाल, 8. राजा और रंक की जान के लिए विपत्ति, 9. आर्तनाद से भरा हुआ।

★

दिल बना है इसी मज़े के लिए
मैंने ये लुत्फ़ जान दे के लिये

दिल इसी से जवान रहता है
मरमिटों का निशान रहता है

इश्क़ क्या क्या बहार देता है
यह दिलों को उभार देता है

इश्क़ से आदमीयत आती है
आदमी को मुरव्वत आती है

–'दाग़' देहलवी
('फ़रियादे-दाग़')

ग़ज़लें

'वली' दकनी

किया तुझ इश्क़ ने ज़ालिम ख़राब आहिस्ता आहिस्ता
कि आतिश[1] गुल कू[2] करती है गुलाब आहिस्ता आहिस्ता

वफ़ादारी ने दिलबर की बुझाया आतिशे-ग़म[3] कूं
कि गरमी दफ़अ[4] करता है गुलाब आहिस्ता आहिस्ता

अजब कुछ लुत्फ़ रखता है शबे-ख़िल्वत[5] में गुलरू[6] सूं
सवाल आहिस्ता आहिस्ता, जवाब आहिस्ता आहिस्ता

मिरे दिल कूं किया बेख़ुद तिरी अंखियां ने अय ज़ालिम
कि ज्यों बेहोश करती है शराब आहिस्ता आहिस्ता

---

1. आग, 2. फूल को, 3. दुख की आग, 4. हटाना, निवारण, 5. तन्हाई (एकांत) की रात, 6. फूल सा चेहरा।

अदा-ओ-नाज़[1] सूं आता है वो रौशन जबीं[2] घर सूं
कि ज्यों मश्रिक़ से निकले आफ़ताब आहिस्ता आहिस्ता

'वली' मुझ दिल में आता है ख़्याले-यारे - बेपरवा
कि ज्यों अंखियां मनें आता है ख़्वाब आहिस्ता आहिस्ता

☆

सरोदे-ऐश[3] गावें हम, अगर वो इश्वासाज़[4] आवे
बजावें तब्ल शादी[5] के, अगर वह दिलनवाज़ आवे

ख़ुमारे - हिज्र[6] ने जिसके दिया है दर्दे - सर मुजकूं
रखूं नश्शा नमन अंखियां में गर वो मस्ते - नाज़ आवे

जुनूने - इश्क़[7] में मुजकूं नहीं ज़ंजीर की हाजत[8]
अगर मेरी ख़बर लेने कूं वो ज़ुल्फ़े - दराज़[9] आवे

'वली' उस गौहरे-काने-हया[10] की क्या कहूं ख़ूबी
मिरे घर इस तरह आता है ज्यूं सीने में राज़[11] आवे

☆

मीर तक़ी 'मीर'

आलम आलम[12] इश्क़-ओ-जुनूं[13] है दुनिया दुनिया तुहमत[14] है
दरिया दरिया रोता हूं मैं सहरा[15] सहरा वहशत[16] है

हम तो इश्क़ में नाक़िस[17] ठहरे कोई न ईधर देखेगा
आंख उठाकर वो देखे तो यह भी उसकी मुरव्वत है

---

1. हाव-भाव और गर्व, 2. प्रकाशित मुख, 3. खुशी का गीत, 4. हाव-भाव और गर्व दिखानेवाला (माशूक़), 5. खुशी की दुंदुभि (नक़्क़ारा), 6. विरह का नशा, 7. प्रेम-उन्माद, 8. इच्छा, आवश्यकता, 9. लंबी अलकोंवाला, 10. लज्जा (शर्म) की खान का हीरा, 11. भेद, मर्म, 12. संसार, 13. प्रेम और उन्माद, 14. आरोप, 15. मरुस्थल, 16. उपेक्षा, घबराहट, 17. अपूर्ण, निकम्मा।

हाय ग़यूरी[1] जिसको देखे जी ही निकलता है अपना
देखे उसकी ओर नहीं फिर इश्क़ की यह भी ग़ैरत[2] है

सुब्ह से आंसू नौमीदाना[3] जैसे विदाई आता था
आज किसू ख़्वाहिश की शायद दिल से हमारे रुख़्सत[4] है

✯

पत्ता पत्ता बूटा-बूटा हाल हमारा जाने है
जाने न जाने गुल ही न जाने बाग़ तो सारा जाने है

आशिक़ सा तो सादा कोई और न होगा दुनिया में
जी के ज़ियां[5] को इश्क़ में उसके अपना वारा जाने है

चारागरी[6] बीमारि - ए - दिल की रस्मे - शहरे - हुस्न[7] नहीं
वर्ना दिलबर नादां भी इस दर्द का चारा[8] जाने है

मेहर[9]-ओ-वफ़ा[10]-ओ-लुत्फ़[11]-ओ-इनायत[12] एक से वाक़िफ़ इनमें नहीं
और तो सब कुछ तंज़-ओ-किनाया[13] रम्ज़[14]-ओ-इशारा जाने है

✯

हाथ से तेरे अगर मैं नातवां[15] मारा गया
सब कहेंगे यह कि क्या इक नीमजां[16] मारा गया

इक निगह से बेश[17] कुछ नुक़्सां न आया उस तईं[18]
और मैं बेचारा तो अय मेहरबां मारा गया

वस्ल-ओ-हिज्रां[19] सी जो दो मंज़िल[20] हैं राहे-इश्क़[21] में
दिल ग़रीब इनमें ख़ुदा जाने कहां मारा गया

दिल ने सर खींचा[22] दयारे-इश्क़[23] में अय बुल्हवस[24]
वो सरापा आरज़ू[25] आख़िर जवां मारा गया

---

1. आत्मसम्मान, 2. आत्मसम्मान, 3. निराशापूर्ण, 4. विदा, 5. नुक़्सान, 6. इलाज, चिकित्सा, 7. सौंदर्य-नगर की रीत, 8. इलाज, 9. प्रेम, 10. प्रेम-निर्वाह, 11. शिष्टाचार, 12. दया, 13. व्यंग्य और इशारा, 14. रहस्य, 15. दुर्बल, 16. अधमुआ, 17. अधिक, 18. उसके भाग में, 19. मिलन और विरह, 20. पड़ाव, 21. प्रेम-मार्ग, 22. सर उठाया, 23. प्रेम-नगर, 24. अत्यंत लोभी, 25. साकार अभिलाषा।

कब नियाज़े - इश्क़[1] नाज़े - हुस्न[2] से खींचे है हाथ
आख़िर - आख़िर 'मीर' सरबर - आस्तां[3] मारा गया

★

मुतफ़र्रिक़ अशआर

मीर तक़ी 'मीर'

हमारे आगे तिरा जब किसू ने नाम लिया
दिले-सितमज़दा[4] को हमने थाम - थाम लिया

जब नाम तिरा लीजिये तब चश्म[5] भर आवे
इस ज़िंदगी करने को कहां से जिगर[6] आवे

★

दिले-पुरख़ूं[7] की इक गुलाबी[8] से
हम रहे उम्र भर शराबी से

★

मैं तौरे-इश्क़[9] से तो वाक़िफ़[10] नहीं हूं लेकिन
सीने में कोई जैसे दिल को मला करे है

★

याद उसकी इतनी ख़ूब नहीं 'मीर' बाज़[11] आ
कमबख़्त फिर वो दिल से भुलाया न जायेगा

★

आवारगाने-इश्क़[12] का पूछा जो मैं निशां
मुश्ते-ग़ुबार[13] लेके सबा[14] से उड़ा दिया

★

पासे - आदाबे - इश्क़[15] था वर्ना
कितने आंसू पलक तक आये थे

1. प्रेम-श्रद्धा, 2. सौन्दर्याभिमान, 3. चौखट पर सर रखे हुए, 4. दुखी हृदय, 5. आख, 6. साहस, 7. ख़ून-भरा दिल, 8. शराब, 9. प्रेम की रीत, 10. परिचित, 11. मान जा, 12. प्रेम की राह में भटकनेवाले, 13. मुट्ठी-भर धूल, 14. हवा, प्रातःसमीर, 15. प्रेम के शिष्टाचार का लिहाज।

दूर बैठा गुबारे - मीर[1] उससे
इश्क़ बिन यह अदब नहीं आता

✮

हिज्र[2] में क्या क्या समय देखे हैं इन आंखों से मैं
ज़र्द रुख़[3] पर लालागूं[4] आंसू बहा करता था रात

✮

अबके जुनूं[5] में फ़ासला शायद न कुछ रहे
दामन के चाक और गरीबां[6] के चाक में

✮

लुत्फ़[7] पर उसके हमनशीं[8] मत जा
कभू हम पर भी मेहरबानी थी

✮

दीदनी[9] है शिकस्तगी[10] दिल की
क्या इमारत ग़मों ने ढाई है

✮

मसाइब[11] और थे पर दिल का जाना
अजब इक सानिहा[12] सा हो गया है

✮

ग़ज़लें

मिर्ज़ा ग़ालिब

मुद्दत[13] हुई है यार को मेहमां किए हुए
जोशे-क़दह[14] से बज़्म[15] चरागां[16] किए हुए

---

1. 'मीर' की राख, 2. विरह, 3. पीला मुख, 4. लाल रंग का, 5. उन्माद, 6. वस्त्र का गला, 7. मेहरबानी, 8. दोस्त, मित्र, 9. देखने योग्य, 10. जर्जरता, 11. विपत्तियां, 12. दुर्घटना, 13. अधिक समय, 14. मदिरा का उबाल, प्यालों का उत्सव, 15. गोष्ठी, 16. दीपोत्सव (शराब को पिघली हुई आग कहते हैं)।

करता हूं जमा फिर जिगरे - लख़्त लख़्त[1] को
अर्सा[2] हुआ है दावते - मिज़गां[3] किए हुए

फिर वज़्‌ - ए - एहतियात[4] से रुकने लगा है दम[5]
बरसों हुए हैं चाक[6] गरीबां किए हुए

फिर गर्मे नालाहा - ए - शररबार[7] है नफ़स[8]
मुद्‌दत हुई है सैरे - चरागां[9] किए हुए

फिर पुर्सिशे - जराहते - दिल[10] को चला है इश्क़
सामने - सद - हज़ार नमकदां[11] किए हुए

फिर भर रहा है ख़ामः - ए - मिज़गां[12] बख़ूने-दिल[13]
साज़े - चमन तराज़ि - ए - दामां[14] किए हुए

बाहम दिगर[15] हुए हैं दिल-ओ-दीदा[16] फिर रक़ीब[17]
नज़्ज़ारा - ओ - ख़याल[18] का सामां किए हुए

दिल फिर तवाफ़े-कू-ए-मलामत[19] को जाये है
पिन्दार[20] का सनमकदा[21] वीरां[22] किए हुए

फिर शौक़[23] कर रहा है ख़रीदार की तलब[24]
अर्ज़े-मता-ए-अक़्ल-ओ-दिल-ओ-जां[25] किए हुए

दौड़े है फिर हर एक गुल-ओ-लाला[26] पर ख़याल
सद गुलिस्तां निगाह[27] का सामां किए हुए

---

1. टुकड़े-टुकड़े जिगर, 2. लंबा समय, 3. माशूक़ की पलकों की दावत, 4. सावधानी की रीति, 5. सांस, 6. विदीर्ण, 7. आग बरसानेवाले आर्तनाद में लीन, 8. सांस, 9. दीपोत्सव की सैर, 10. दिल के जख़्म का हाल पूछना, 11. लाखों नमकदान लिये हुए, 12. पलकों की लेखनी 13. दिल के खून से, 14. दामन पे फूलों के चमन खिलाने का सामान, 15. आपस में, 16. हृदय और आंख, 17. प्रतिद्वन्द्वी दुश्मन, 18. अवलोकन और कल्पना, 19. धिक्कार की गली की परिक्रमा, 20. अहं, 21. प्रतिमाशाला, 22. उजाड़, 23. चाव, 24. मांग, 25. बुद्धि, मन और प्राण की सम्पत्ति का समर्पण, 26. गुलाब और लाला, 27. ऐसी दृष्टि जिसमें सैकड़ों फुलवारियों का रंग बसा हुआ हो।

फिर चाहता हूं नामः - ए - दिलदार[1] खोलना
जां नज़्रे - दिलफ़रेबि - ए - उन्वां[2] किए हुए

मांगे है फिर किसी को लबे-बाम[3] पर हवस[4]
ज़ुल्फ़े - सियाह[5] रुख़[6] पे परेशां[7] किए हुए

चाहे है फिर किसी को मुक़ाबिल[8] में आरज़ू[9]
सुरमे से तेज़ दशनः - ए - मिज़गां[10] किए हुए

इक नौबहारे - नाज़[11] को ताके है फिर निगाह
चेहरा फ़रोग़े - मै[12] से गुलिस्तां[13] किए हुए

फिर जी में है कि दर पे किसी के पड़े रहें
सर ज़ेरे - बारे - मिन्नते - दरबां[14] किए हुए

जी ढूंडता है फिर वही फ़ुर्सत[15] के रात दिन
बैठे रहें तसव्वुरे - जानां[16] किए हुए

'ग़ालिब' हमें न छेड़ कि फिर जोशे-अश्क[17] से
बैठे हैं हम तिहैयः - ए - तूफ़ां[18] किए हुए

मोमिन ख़ां 'मोमिन'

आंखों से हया[19] टपके है अंदाज़ तो देखो
है बुल्हवसों[20] पर भी सितम, नाज़ तो देखो

इस बुत के लिए मैं हवसे-हूर[21] से गुज़रा
इस इश्क़े-ख़ुशअंजाम[22] का आग़ाज़[23] तो देखो

1. प्रेमिका का पत्र, 2. शीर्षक की सुंदरता को भेंट, 3. छत के किनारे, 4. तीव्र लालसा, 5. काली अलकें, 6. मुख, कपोल, गाल, 7. बिखराए हुए, 8. सम्मुख, 9. कामना, 10. पलकों के नश्तर, 11. सौन्दर्याभिमान की नई बहार में डूबा हुआ आकार, 12. शराब की चमक, 13. फूल ही फूल, 14. दरबान के आभार के बोझ से दबा हुआ, 15. अवकाश, 16. प्रेमिका की कल्पना, 17. आंसुओं का उबाल, 18. तूफ़ान का दृढ़ निश्चय, 19. लज्जा, 20. अत्यन्त लोभी, 21. हूर (अप्सरा) की लालसा, 22. प्रेम का सुखान्त, 23. आरंभ।

चशमक[1] मिरी वहशत[2] पे है क्या हज़रते - नासेह[3]
तर्ज़े - निगहे - चश्मे - फ़ुसूंसाज़[4] तो देखो

मज्लिस में मिरे ज़िक्र के आते ही उठे वह
बदनामि - ए - उश्शाक़[5] का एजाज़[6] तो देखो

उस ग़ैरते - नाहीद[7] की हर तान है दीपक
शोला सा पलक जाये है आवाज़ तो देखो

दें ताकि - ए - दामन[8] की गवाही मिरे आंसू
उस यूसुफ़े - बेदर्द का एजाज़ तो देखो

'दाग़' देहलवी

(1)

लुत्फ़[9] वो इश्क़ में पाए हैं कि जी जानता है
रंज भी ऐसे उठाए हैं कि जी जानता है

जो ज़माने के सितम[10] हैं वो ज़माना जाने
तूने दिल इतने सताए हैं कि जी जानता है

सादगी, बांकपन, इग़माज़,[11] शरारत, शोख़ी[12]
तूने अंदाज़ वो पाए हैं कि जी जानता है

इन्हीं क़दमों ने तुम्हारे इन्हीं क़दमों की क़सम
ख़ाक में इतने मिलाए हैं कि जी जानता है

'दाग़'-वारफ़्ता[13] को हम आज तिरे कूचे[14] से
इस तरह खींच के लाए हैं कि जी जानता है

---

1. मनमुटाव, 2. उपेक्षा, घबराहट, 3. उपदेशक महोदय, 4. जादूगर की आंख का देखने का ढंग, 5. आशिक़ की बदनामी, 6. विचित्रता, चमत्कार, 7. शुक्र ग्रह का आत्मसम्मान, 8. दामन की पवित्रता, 9, आनंद, 10. अत्याचार, 11. कटाक्ष, 12. चुलबुलापन, 13. बेसुध, अचेत, 14. गली।

✯

ख़ातिर[1] से या लिहाज़[2] से मैं मान तो गया
झूटी क़सम से आपका ईमान तो गया

दिल लेके मुफ़्त कहते हैं कुछ काम का नहीं
उल्टी शिकायतें हुईं एहसान तो गया

अफ़शा-ए-राज़े-इश्क़[3] में गर ज़िल्लतें[4] हुईं
लेकिन उसे जता तो दिया जान तो गया

होश-ओ-हवास[5]-ओ-ताब-ओ-तवां[6] 'दाग़' जा चुके
अब हम भी जानेवाले हैं सामान तो गया

'हसरत' मोहानी

तासीरे-बर्क़े-हुस्न[7] जो उनके सुख़न[8] में थी
इक लरज़िशे-ख़फ़ी[9] मिरे सारे बदन में थी

वां से निकल के फिर न फ़राग़त[10] हुई नसीब
आसूदगी[11] की जान तिरी अंजुमन[12] में थी

इक रंगे-इल्तिफ़ात[13] भी उस बेरुख़ी में था
इक सादगी भी उस निगहे-सहरफ़न[14] में थी

मुहताजे-बू-ए-इत्र[15] न था जिस्मे-बू-ए-यार[16]
ख़ुशबूए-दिलबरी[17] थी जो उस पैरहन[18] में थी

---

1. शील, 2. मुरव्वत, 3. प्रेम के रहस्य का प्रकटन, 4. अपमान, 5. चेतना, विवेक, 6. सामर्थ्य, 7. सौंदर्य की बिजली का प्रभाव, 8. बातचीत, 9. हल्का-सा कम्पन, 10. अवकाश, 11. संपन्नता, इत्मीनान, 12. महफ़िल, 13. आकर्षण का रंग, 14. जादूगर आंखें, 15. इत्र की सुगंध का ज़रूरतमंद, 16. प्रेमिका के शरीर की गंध, 17. आकर्षक गंध, 18. वस्त्र, कपड़ा।

मुख़्तलिफ़ अशआर

'हसरत' मोहानी

इश्क़ की कुछ हवा लगी जब उन्हें
कुछ उड़ा रंग कुछ निखर भी गये

हुस्न[1] पर भी कुछ आ गये इलज़ाम[2]
गो बहुत अहले-दिल[3] के सर भी गये

★

चुपके चुपके रात दिन आंसू बहाना याद है
हमको अब तक आशिक़ी का वो ज़माना याद है

बा - हज़ारां इज़्तिराब[4] - ओ - सद - हज़ारां इश्तियाक़[5]
तुझ से वो पहले - पहल दिल का लगाना याद है

बार - बार उठना उसी जानिब निगाहे-शौक़[6] का है
और तिरा ग़ुर्फ़े[7] से वो आंखें लड़ाना याद है

तुझ से कुछ मिलते ही वो बेबाक हो जाना मिरा
और तिरा दांतों में वो उंगली दबाना याद है

खेंच लेना वो मिरा पर्दे का कोना दफ़्अतन[8]
और दुपट्टे से वो तेरा मुंह छुपाना याद है

जानकर सोता तुझे वो क़स्दे - पाबोसी[9] मिरा
और तिरा ठुकरा के सर वो मुस्कुराना याद है

ग़ैर की नज़रों से बचकर सबकी मर्ज़ी के ख़िलाफ़
वो तिरा चोरी छुपे रातों को आना याद है

दोपहर की धूप में मेरे बुलाने के लिए
वो तिरा कोठे पे नंगे पांव आना याद है

---

1. सौंदर्य, 2. आरोप, 3. दिलवाले (प्रेमी), 4. हज़ारों व्याकुलतायें, 5. हज़ारों उत्सुकतायें, 6. प्यार-भरी दृष्टि, 7. झरोखा, 8. अचानक, 9. पांव चूमने का इरादा।

आज तक नज़रों में हैं वो सुह्बते-राज़-ओ-नियाज़[1]
अपना जाना याद है तेरा बुलाना याद है

देखना मुझको जो बर्गश्ता[2] तो सौ-सौ नाज़[3] से
जब मना लेना तो फिर ख़ुद रूठ जाना याद है

बावुजूदे - इद्दिआ - ए - इत्तिक़ा[4] 'हसरत' मुझे
आज तक अहदे-हवस[5] का वो फ़साना याद है

अश्के-अव्वलीने-आरज़ू

'जोश' मलीहाबादी

ख़ुशा[6] वो दिन कि शादाबी[7] थी दिल में जब लड़कपन की
बहारें लूटती थीं जब वो मेरे साथ गुलशन[8] की

कली रूहों की खिलती थी ख़ुनुक[9] जाड़ों की रातों में
अंगीठी के किनारे नींद उड़ जाती थी बातों में

जब औजे-चर्ख़[10] पर सावन के बादल घिर के आते थे
हवा-ए-नर्म[11] में क्या क्या न हम धूमें मचाते थे

मैं पहरों नीम के नीचे उसे झूला झुलाता था
वो गाती थी, मगर उसको न कुछ आता न जाता था

ख़फ़ा होते थे तो इक दूसरे का मुंह चिढ़ाते थे
घरौंदे सहन में बन बन के अक्सर टूट जाते थे

---

1. एकान्त मिलन, 2. विमुख, 3. हावभाव, 4. संयम के दावे के बावजूद, 5. लालसा का ज़माना, 6. अहो, बहुत अच्छा, 7. सुसिक्ति, 8. पुष्पवन, 9. ठंडी, 10. आकाश की ऊंचाई, 11. कोमल वायु।

न दिन को दिल धड़कता था न शब को आंख रोती थी
महब्बत इतनी नाज़ुक थी कि मुतलक़[1] हिस[2] न होती थी

★

किसे मालूम था इक रोज़ होगी सरगरानी[3] भी
दबे पांव चली आती है तेज़ी से जवानी भी

जवानी सीनः-ए-तिफ़्ली[4] में इठलाती रही बरसों
कोई मुब्हम तमन्ना[5] दिल को गरमाती रही बरसों

ज़मीने-बर्फ़[6] में तुख़्मे-शरर[7] बोती रही बिजली
तने-नाज़ुक[8] में रफ़्ता[9]-रफ़्ता हल[10] होती रही बिजली

नज़र अब जो उठाई तो यकायक देखता क्या हूं
कि मैं तन्हा हज़ारों बिजलियों की ज़द[11] पे बैठा हूं

नज़र पहले तो आई इक चमक आंसू के महमिल[12] में
यकायक खुल गया फिर एक दरिया सा मिरे दिल में

सदायें[13] गूंज उठीं दिल में हज़ारों आबशारों[14] की
हवा चलने लगी सीने में लाफ़ानी बहारों[15] की

मअन[16] इक आग सी सोज़े-दरूं[17] ने दिल में भड़काई
तमन्ना[18] कुनमुनाई, ग़म ने ली सीने में अंगड़ाई

मिरे पहलू[19] में पहली मरतबा इक फांस सी खटकी
घटा सी छा गयी दिल पर, कली-सी रूह में चटकी

निराला ख़ौफ़[20], अनोखी कशमकश[21], नाआशना हलचल[22]
गरजते हों कहीं कुछ दूर जैसे ख़्वाब में बादल

---

1. तनिक, बिल्कुल, 2. इंद्रियों द्वारा किसी चीज़ का ज्ञान, 3. नाराज़गी, 4. बचपन, 5. संदिग्ध कामना, 6. बर्फ़ की धरती, 7. आग का बीज, 8. कोमल शरीर, 9. धीरे-धीरे, 10. विलयन, 11. निशाना, लक्ष्य, 12. परदा, 13. आवाज़ें, 14. जल प्रपात, 15. अमर बहारें, 16. सहसा, 17. अन्तःकरण की तपन, 18. कामना, 19. पार्श्व, 20. अनोखा भय, 21. संघर्ष, 22. अपरिचित हलचल।

दिखाई इक नई दुनिया ने कुछ यूं बज़्मआराई[1]
यकायक आये चश्मे-कोर[2] में जिस तरह बीनाई[3]

जहां का ज़र्रा ज़र्रा[4] दीदः - ए - हैरां[5] नज़र आया
मैं ख़ुद अपने को इक बदला हुआ इन्सां नज़र आया

वो भड़की आग सीने में, रग-ओ-पै[6] को तपा डाला
ज़बां से यह मिरी बेसाख़्ता[7] निकला, 'जला डाला'

यह सुनते ही जबीने-हुस्न[8] पर पहली शिकन[9] आई
जिलौ[10] में सैकड़ों जल्वे[11] लिये ताज़ा दुल्हन[12] आई

गुरूरे - हुस्न[13] ने बिगड़े हुए अंदाज़ से देखा
नियाज़े-इश्क़[14] सदक़े[15] हो गया, इस नाज़ से देखा

कहा कुछ ज़ेरे-लब[16], ज़ुल्फ़ें हटाकर रू-ए-ताबां[17] से
महक दोशीज़गी[18] की आई लाले-इत्र-अफ़्शां[19] से

नज़र में आ गया रंगे-तमन्ना[20] खिंच के सीने से
गुलाबी हो गया कुछ और भी चेहरा पसीने से

हया[21] की शमुअ[22] जल उट्ठी हरीमे-दिलरुबाई[23] में
झुकाकर सर घुमाया देर तक कंगन कलाई में

बचाकर आंख परखा उसने मेरे दिल की हालत को
अदा से फेर कर आंखों पे अंगुश्ते - शहादत[24] को

सितम ही ढा दिया भूले से उरियां[25] होके बांहों ने
बक़द्रे-इक नज़र[26] तक़रीर[27] की नीची निगाहों ने

---

1. महफ़िल, सजाना, 2. अंधी आंख, 3. ज्योति, 4. कण-कण, 5. चकित आंखें, 6. धमनी और मांस, 7. सहसा, अचानक, 8. सौंदर्य का ललाट, 9. बल, 10. दामन, 11. छवि, 12. नई दुल्हन, 13. सौन्दर्याभिमान, 14. प्रेम की आकांक्षा, 15. वारी, 16. होंठों ही होंठों में, 17. प्रकाशमान चेहरा, 18. कौमार्य, 19. महकते हुए होंठ, 20. कामना का रंग, 21. लज्जा, 22. मोमबत्ती, 23. मोहकता का अन्तःपुर, 24. हाथ के अंगूठे के पास की उंगली, 25. नग्न, नंगी, 26. एक नज़र के बराबर, 27. भाषण।

गले पर हमदमे-तिफ़्ली[1] के तेग़े-ख़ूंफ़िशां[2] फेरी
ज़रा सा मुस्कुराकर सुर्ख़ होंटों पर ज़बां फेरी

मिटा डाला है जिस ज़ालिम ने मेरी शादमानी[3] को
इलाही[4] ! ख़ैर[5] की तौफ़ीक़[6] दे उसकी जवानी को

हनोज़

'जोश' मलीहाबादी

नक़्शे-ख़याल[7] दिल से मिटाया नहीं हनोज़[8]
बेदर्द मैंने तुझको भुलाया नहीं हनोज़

यादश बख़ैर[9] जिस पे कभी थी तिरी नज़र
वो दिल किसी से मैंने लगाया नहीं हनोज़

मेहराबे-जां[10] में तूने जलाया था ख़ुद जिसे
सीने का वो चराग़ बुझाया नहीं हनोज़

बेहोश होके जल्द तुझे होश आ गया
मैं बदनसीब होश में आया नहीं हनोज़

दुनिया ने तुझको ख़्वाबे-गरां[11] से जगा दिया
लेकिन मुझे किसी ने जगाया नहीं हनोज़

तू कार-ओ-बारे-शौक़ में तन्हा नहीं रहा
मेरा किसी ने हाथ बटाया नहीं हनोज़

गर्दन को आज भी तिरी बांहों की याद है
यह मिन्नतों का तौक़[12] बढ़ाया नहीं हनोज़

मरकर भी आयेगी यह सदा क़ब्रे-'जोश' से
बेदर्द मैंने तुझ को भुलाया नहीं हनोज़

---

1. बचपन का मित्र, 2. ख़ून में डूबी हुई तलवार, 3. ख़ुशी, 4. ईश्वर, 5. कल्याण, 6. सामर्थ्य, 7. यादों का चिह्न, 8. अभी तक, 9. उसकी याद की ख़ैर हो, 10. शरीर की मेहराब, 11. बहुमूल्य सपना, 12. हार।

ग़ज़लें और अशआर

'फ़िराक़' गोरखपुरी

(1)

सर में सौदा[1] भी नहीं दिल में तमन्ना[2] भी नहीं
लेकिन इस तर्के-महब्बत[3] का भरोसा भी नहीं

दिल की गिनती न यगानों[4] में न बेगानों[5] में
लेकिन उस जल्वागहे-नाज़[6] से उठता भी नहीं

मेहरबानी को महब्बत नहीं कहते अय दोस्त
आह अब मुझसे तिरी रंजिशे - बेजा[7] भी नहीं

एक मुद्दत[8] से तिरी याद भी आई न हमें
और हम भूल गये हों तुझे ऐसा भी नहीं

(2)

नर्म फ़ज़ाओं[9] की करवटें दिल को दुखा के रह गईं
ठंडी हवायें भी तिरी याद दिलाके रह गईं

शाम भी थी धुआं धुआं हुस्न भी था उदास उदास
दिल को कई कहानियां याद सी आके रह गईं

मुझको ख़राब कर गईं नीम-निगाहियां[10] तिरी
मुझसे हयात-ओ-मौत[11] भी आंखें चुराके रह गईं

साज़े-नशाते-ज़िंदगी[12] आज लरज़ लरज़[13] उठा
किसकी निगाहें इश्क़ का दर्द सुना के रह गईं

---

1. उन्माद, पागलपन, 2. इच्छा, अभिलाषा, 3. प्रेम का त्याग, 4. अपना, रिश्तेदार, 5. अपरिचित, ग़ैर, 6. प्रेमिका की महफ़िल, 7. अनुचित वैमनस्य, 8. लंबा समय, 9. कोमल वातावरण, 10. आंख बचाकर देखना, 11. जीवन-मृत्यु, 12. जीवन के आनंद का साज़, 13. कांपना।

कौन सुकून दे सका ग़मज़दगाने - इश्क़[1] को
भीगती रातें भी 'फ़िराक़' आग लगाके रह गई

(3)

शामे-ग़म[2] कुछ उस निगाहे-नाज़[3] की बातें करो
बेखुदी[4] बढ़ती चली है राज़ की बातें करो

निकहते - जुल्फ़े - परीशां[5], दास्ताने शामे - ग़म[6]
सुब्ह होने तक इसी अंदाज़ की बातें करो

हर रगे-दिल[7], वज्द[8] में आती रहे दुखती रहे
यूंही उसके जा-ओ-बेजा नाज़[9] की बातें करो

जो अदम[10] की जान है जो है पयामे-ज़िंदगी[11]
उस सुकूते-राज़[12] उस आवाज़ की बातें करो

नाम भी लेना है जिसका इक जहाने-रंग-ओ-बू[13]
दोस्तो उस नौबहारे - नाज़[14] की बातें करो

कुछ क़फ़स[15] की तीलियों से छन रहा है नूर[16] सा
कुछ फ़ज़ा[17] कुछ हसरते-परवाज़[18] की बातें करो

जिसकी फ़ुर्क़त[19] ने पलट दी इश्क़ की काया 'फ़िराक़'
आज उस ईसा नफ़स[20] दमसाज़[21] की बातें करो

☆

तू याद आये तिरे जौर-ओ-सितम[22] लेकिन न याद आयें
तसव्वुर[23] में यह मासूमी बड़ी मुश्किल से आती है

---

1. प्रेम के मारे हुए, 2. दुख की शाम, 3. गर्व-भरी दृष्टि, 4. बेहोशी, 5. बिखरी हुई लटों की सुगन्ध, 6. दुख की शाम की कहानी, 7. हृदय की रग, 8. झूमना, 9. उचित-अनुचित गर्व, 10. अनस्तित्व, 11. जीवन-संदेश, 12. रहस्यमय नीरवता, 13. रंग और सुगन्ध का संसार, 14. नवयौवन के रंगों से लहलहाता रूप, 15. पिंजरा, 16. प्रकाश, 17. वातावरण, 18. उड़ान की अपूर्ण कामना, 19. जुदाई, विरह, 20. जिसकी सांस से जीवन मिले, 21. दोस्त, मित्र, 22. अत्याचार, 23. कल्पना।

मासूम है महब्बत लेकिन इसी के हाथों
यह भी हुआ कि मैंने तेरा बुरा भी चाहा

★

कहां हर एक से बारे - नशात[1] उठता है
बलायें[2] यह भी महब्बत के सर गयी होंगी

★

दिल दुखे रोए हैं शायद इस जगह अय कू-ए-दोस्त[3]
ख़ाक का इतना चमक जाना ज़रा दुशवार[4] था

★

तुझे तो हाथ लगाया है बारहा लेकिन
तिरे ख़याल को छूते हुए मैं डरता हूं

★

ग़रज़ कि काट दिए ज़िंदगी के दिन अय दोस्त
वो तेरी याद में हों या तुझे भुलाने में

★

किया है सैरगहे-ज़िंदगी[5] में रुख़[6] जिस सिम्त[7]
तिरे ख़याल से टकरा के रह गया हूं मैं

★

रफ़्ता-रफ़्ता इश्क़ मानूसे - जहां[8] होता गया
ख़ुद को तेरे इश्क़ में तन्हा[9] समझ बैठे थे हम

★

कोई समझे तो एक बात कहूं
इश्क़ तौफ़ीक़[10] है गुनाह[11] नहीं

★

हुस्न सरतापा[12] तमन्ना[13], इश्क़ सरतापा ग़ुरूर[14]
इसका अंदाज़ा नियाज़-ओ-नाज़[15] से होता नहीं

★

---

1. सुख का बोझ, 2. आपत्तियां, 3. दोस्त की गली, 4. कठिन, 5. जीवन का क्रीड़ास्थल, 6. मुख, 7. ओर, 8. संसार से परिचित, 9. अकेला, 10. साहस, 11. पाप, 12. सर से पैर तक, 13. कामना, 14. गर्व, 15. गर्व और आकांक्षा।

न रहा हयात[1] की मंज़िलों में वो फ़र्क़े-नाज़-ओ-नियाज़[2] भी
कि जहां है इश्क़ बरहनापा[3] वहीं हुस्न ख़ाक-बसर[4] भी है

★

बहुत दिनों में महब्बत को यह हुआ मालूम
जो तेरे हिज्र[5] में गुज़री वो रात रात हुई

★

कड़े हैं कोस बहुत मंज़िले - महब्बत[6] के
मिले न छांव मगर धूप ढल तो सकती है

★

हासिले-हुस्न-ओ-इश्क़[7] बस है यही
आदमी आदमी को पहचाने

★

हुस्न को इक हुस्न ही समझे नहीं और अय 'फ़िराक़'
मेहरबां नामेहरबां क्या-क्या समझ बैठे थे हम

एतिराफ़े-महब्बत

'अख़्तर' शीरानी

लो आओ कि राज़े-पिन्हां[8] को रुसवा-ए-हिकायत[9] करता हूं
दामाने-ज़बाने-ख़मोशी[10] को लबरेज़े-शिकायत[11] करता हूं
घबराके हुजूमे-ग़म[12] से आज अफ़शाए-हक़ीक़त[13] करता हूं
इज़हार[14] की जुरअत[15] करता हूं, मैं तुम से महब्बत करता हूं

फ़िक्र-आबादे-दुनिया[16] में मिरी इक मसजूदे-अफ़कार[17] हो तुम
शे'रिस्ताने-हस्ती[18] में मिरी इक माबूदे-अशआर[19] हो तुम
और मेरे परस्तिशज़ारे-दिल[20] में इक बुते-शीरींकार[21] हो तुम
मैं जिसकी इबादत[22] करता हूं, मैं तुम से महब्बत करता हूं

1. जीवन, 2. गर्व और आकांक्षा का अंतर, 3. नंगे पांव, 4. मिट्टी में रहने वाला, 5. विरह, 6. प्रेम की मंज़िल, 7. सौंदर्य और प्रेम का निष्कर्ष, 8. छुपा हुआ रहस्य, 9. कहानी सुनाकर बदनाम करना, 10. ख़ामोशी की ज़बान का दामन, 11. शिकायत से भरपूर, 12. दुखों का समूह, 13. वास्तविकता प्रकट करना, 14. प्रकट करना, 15. साहस, 16. चिंतन का संसार, 17. विचारों का आराध्य, 18. शायरी की दुनिया, 19. शेरों का ख़ुदा, 20. दिल का आराधना-गृह, 21. मधुर मूर्ति, 22. आराधना।

रातों को मिरे रोने का समां[1] बेदार[2] सितारे देखते हैं
और मिरे जुनूं[3] के आलम[4] को आलम के नज़ारे[5] देखते हैं
बाग़ों के मनाज़िर[6] देखते हैं नहरों के किनारे देखते हैं
यूं शरहे - महब्बत[7] करता हूं, मैं तुमसे महब्बत करता हूं

तुम चांद से बढ़कर रौशन[8] हो, जुहरा[9] की क़सम, तारों की क़सम
तुम फूल से बढ़कर रंगीं हो, दुनिया के चमनज़ारों[10] की क़सम
तुम सबसे हसीं हो दुनिया की, दुनिया के नज़्ज़ारों की क़सम
दुनिया से भी नफ़रत करता हूं, मैं तुमसे महब्बत करता हूं

इस मक्र[11] की दुनिया में कि जहां मेयारे-सदाक़त[12] कुछ भी नहीं
दो अश्कों[13] से बढ़कर सच्चा और इज़हारे-महब्बत[14] कुछ भी नहीं
रोता हूं तुम्हारी याद में गो रोने की शहादत[15] कुछ भी नहीं
पेश[16] इतनी शहादत करता हूं, मैं तुमसे महब्बत करता हूं

गर हुक्म दो रौशन तारों को, मैं ला के झुका दूं क़दमों पर
जन्नत के शिगुफ़्ता[17] फूलों की जन्नत सी बसा दूं क़दमों पर
सज्दागहे-महर-ओ-माह[18] को भी सज्दे में गिरा दूं क़दमों पर
नाचीज़[19] हूं, हिम्मत करता हूं, मैं तुमसे महब्बत करता हूं

एतिराफ़

असरारुलहक़ 'मजाज़'

अब मिरे पास तुम आई हो तो क्या आई हो
मैंने माना कि तुम इक पैकरे - रानाई[20] हो
चमने - दहर[21] में रूहे - चमन आराई[22] हो
तलअते - मेहर[23] हो फ़िर्दौस की बरनाई[24] हो
बिन्ते-महताब[25] हो गर्दूं[26] से उतर आई हो

1. दृश्य, 2. जाग्रत, 3. उन्माद, 4. हालत, 5. संसार के दृश्य, 6. दृश्य, 7. प्रेम की व्याख्या, 8. प्रकाशित, 9. शुक्र ग्रह, 10. उपवन, 11. फ़रेब, 12. सच्चाई, 13. आंसुओं, 14. प्रेम का इज़हार, 15. गवाही, 16. सम्मुख, 17. ताज़ा खिले हुए, 18. चांद-सितारे, 19. तुच्छ, 20. साकार सौंदर्य, 21. दुनिया का बाग़, 22. उद्यान की आत्मा, 23. दया का रूप, 24. स्वर्ग की जवानी, 25. चंद्रमा की बेटी, 26. आकाश।

मुझसे मिलने में अब अन्देशः-ए-रुसवाई[1] है
मैंने ख़ुद अपने किए की यह सज़ा पाई है

ख़ाक में आह मिलाई है जवानी मैंने
शोलाज़ारों[2] में जलाई है जवानी मैंने
शहरे-ख़ूबां[3] में गंवाई है जवानी मैंने
ख़्वाबगाहों[4] में जगाई है जवानी मैंने

हुस्न ने जब भी इनायत[5] की नज़र डाली है
मेरे पैमाने-महब्बत[6] ने सिपर[7] डाली है

उन दिनों मुझपे क़यामत[8] का जुनूं[9] तारी[10] था
सर पे सरशारि-ए-इशरत[11] का जुनूं तारी था
माहपारों[12] से महब्बत का जुनूं तारी था
शहरयारों[13] से रक़ाबत[14] का जुनूं तारी था

बिस्तरे-मख़मल-ओ-संजाब[15] थी दुनिया मेरी
एक रंगीन-ओ-हसीं ख़्वाब[16] थी दुनिया मेरी

जन्नते-शौक़[17] थी बेगानः-ए-आफ़ाते-समूम[18]
दर्द जब दर्द न हो काविशे-दरमां[19] मालूम
ख़ाक[20] थे दीदः-ए-बेबाक[21] में गर्दूं के नजूम[22]
बज़्मे-परवीं[23] था निगाहों में कनीज़ों का हुजूम[24]

लैलः-ए-नाज़[25] बरअफ़गन्दा निक़ाब[26] आती थी
अपनी आंखों में लिये दावते-ख़्वाब[27] आती थी

संग[28] को गौहरे-नायाब-ओ-गरां[29] जाना था
दश्ते-पुरख़ार[30] को फ़िरदौस-जवां[31] जाना था

---

1. बदनामी का डर, 2. आग का बाग़, 3. सुन्दरियों का नगर, 4. शयनागार, 5. दया, कृपा, 6. प्रेम का वादा, 7. ढाल, 8. प्रलय, 9. उन्माद, पागलपन, 10. छाया हुआ, 11. ऐश्वर्य की तृप्ति, 12. चांद का टुकड़ा, सुन्दरियां, 13. बादशाह, 14. दुश्मनी, प्रतिद्वन्द्विता, 15. मख़मल और संजाब का बिस्तर, 16. रंगीन और सुंदर सपना, 17. आकांक्षाओं का स्वर्ग, 18. विपत्तियों की ज़हरीली हवा से बेख़बर, 19. इलाज की कोशिश, 20. मिट्टी, 21. निर्भय आंख, 22. आकाश के सितारे, 23. सितारों की महफ़िल, 24. दासियों का समूह, 25. गर्व की देवी, 26. निक़ाब उलटकर, 27. स्वप्न का निमंत्रण, 28. पत्थर, 29. अप्राप्य और बहुमूल्य मोती, 30. कांटों से भरा जंगल, 31. जवान स्वर्ग।

रेग[1] को सिलसिलःए-आबे-रवां[2] जाना था
आह यह राज़[3] अभी मैंने कहां जाना था

मेरी हर फ़त्ह[4] में है एक हज़ीमत[5] पिन्हां[6]
हर मसर्रत[7] में है राज़े-ग़म-ओ-हसरत[8] पिन्हां

क्या सुनोगी मिरी मजरूह जवानी[9] की पुकार
मेरी फ़रियाद[10] जिगरदोज़[11], मिरा नालः-ए-ज़ार[12]
शिद्दते - कर्ब[13] में डूबी हुई मेरी गुफ़्तार[14]
मैं कि ख़ुद अपने मज़ाक़े-तरबआगीं[15] का शिकार[16]

वो गुदाज़े[17] - दिले - मरहूम[18] कहां से लाऊं
अब मैं वो जज़्बः-ए-मासूम[19] कहां से लाऊं

मेरे साए से डरो तुम मिरी क़ुर्बत[20] से डरो
अपनी जुरअत[21] की क़सम अब मिरी जुरअत से डरो
तुम लताफ़त[22] हो अगर मेरी लताफ़त से डरो
मेरे वादों से डरो मेरी महब्बत से डरो

अब मैं अलताफ़-ओ-इनायत[23] का सज़ावार[24] नहीं
मैं वफ़ादार नहीं हां मैं वफ़ादार नहीं

अब मिरे पास तुम आई हो तो क्या आई हो

तुम्हारे हुस्न के नाम

फ़ैज़ अहमद 'फ़ैज़'

सलाम लिखता है शाइर तुम्हारे हुस्न के नाम

बिखर गया जो कभी रंगे-पैरहन[25] सरे-शाम[26]
निखर गयी है कभी सुब्ह, दो पहर, कभी शाम

---

1. रेत, 2. बहते हुए पानी का सिलसिला, 3. रहस्य, 4. विजय, जीत, 5. पराजय, 6. छुपी हुई, 7. ख़ुशी, आनंद, 8. अपूर्ण कामनाओं और दुखों का रहस्य, 9. घायल जवानी, 10. आर्तनाद, 11. हृदय-विदारक, 12. आर्तनाद, 13. दुख की अधिकता, 14. बातचीत, 15. हंसने-खेलने की आदत, 16. आखेट, 17. कोमलता, 18. स्वर्गीय दिल, 19. निष्पाप भावना, 20. सामीप्य, 21. साहस, 22. कोमलता, 23. दया और कृपा, 24. योग्य, पात्र, 25. वस्त्रों का रंग, 26. सायंकाल से।

कहीं जो क़ामते-ज़ेबा पे[3] सज गयी है क़बा[4]
चमन में सर्व-ओ-सनोबर[5] संवर गये हैं तमाम
बनी बिसाते-ग़ज़ल[6] जब डुबो लिये दिल ने
तुम्हारे सायः-ए-रुख़सार-ओ-लब[7] में साग़र-ओ-जाम[8]

सलाम लिखता है शाइर तुम्हारे हुस्न के नाम

तुम्हारे हाथ पे है ताबिशे-हिना[9] जब तक
जहां में बाक़ी है दिलदारि - ए - उरूसे - सुख़न[10]
तुम्हारा हुस्ने - जवां[11] है तो मेहरबां है फ़लक[12]
तुम्हारा दम है तो दमसाज़[13] है हवा-ए-वतन[14]
अगरचे तंग[15] हैं औक़ात[16] सख़्त हैं आलाम[17]
तुम्हारी याद से शीरीं[18] है तलख़ि - ए - अय्याम[19]

सलाम लिखता है शाइर तुम्हारे हुस्न के नाम

तुम नहीं आये थे जब

अली सरदार जाफ़री

तुम नहीं आये थे जब, तब भी तो मौजूद थे तुम
आंख में नूर[20] की और दिल में लहू[21] की सूरत
दर्द की लौ[22] की तरह, प्यार की ख़ुशबू की तरह
बेवफ़ा वादों की दिलदारी का अंदाज़ लिये

तुम नहीं आये थे जब तब भी तो तुम आये थे
रात के सीने में महताब[23] के ख़ंजर[24] की तरह
सुब्ह के हाथों में ख़ुर्शीद[25] के साग़र[26] की तरह
शाख़े-ख़ूं रंगे-तमन्ना[27] में गुले - तर[28] की तरह
तुम नहीं आओगे जब, तब भी तो तुम आओगे
याद की तरह धड़कते हुए दिल की सूरत

---

3. सुशोभित आकार, 4. वस्त्र, 5. चीड़ और सरौ, 6. ग़ज़ल की बिसात, 7. होंठ और कपोल की छाया, 8. प्याला, 9. मेंहदी की गर्मी, 10. काव्य की प्रेमिका की दिलदारी, 11. जवान सौंदर्य, 12. आकाश, 13. मित्र, 14. देश की हवा, 15. थोड़ा, 16. समय (वक़्त का बहुवचन), 17. वेदना, 18. मधुर, 19. ज़माने की कटुता, 20. प्रकाश, 21. ख़ून, 22. ज्योति, 23. चांद, 24. कटार, 25. सूर्य, 26. मधुपात्र, 27. आकांक्षा की ख़ून जैसी लाल डाली, 28. ताज़ा फूल।

ग़म के पैमानः-ए-सरशार[1] को छलकाते हुए
बर्गहा - ए - लब - ओ - रुख़सार[2] को महकाते हुए
दिल के बुझते हुए अंगारे को दहकाते हुए
ज़ुल्फ़ दर ज़ुल्फ़[3] बिखर जायेगा फिर रात का रंग
शबे-तन्हाई[4] में भी लुत्फ़े-मुलाक़ात[5] का रंग
रोज़ लाएगी सबा[6] कू-ए-सबाहत[7] से पयाम[8]
रोज़ गाएगी सहर[9] तहनियते - जश्ने - फ़िराक़[10]

आओ आने की करें बात कि तुम आये हो
अब तुम आये हो तो मैं कौन-सी शै[11] नज़्र[12] करूं
कि मेरे पास बजुज़[13] मेहर-ओ-वफ़ा[14] कुछ भी नहीं
एक ख़ूंगश्ता तमन्ना[15] के सिवा कुछ भी नहीं

महकती हुई रात

जां निसार अख़्तर

यह तिरे प्यार की ख़ुशबू से महकती हुई रात
अपने सीने में छुपाए तिरे दिल की धड़कन
आज फिर तेरी अदा से मिरे पास आई है

अपनी आंखों में तिरी ज़ुल्फ़ का डाले काजल
अपनी पलकों पे सजाये हुए अरमानों के ख़्वाब
अपने आंचल पे तमन्ना के सितारे टांके

गुनगुनाती हुई यादों की लवें जाग उठीं
कितने गुज़रे हुए लम्हों[16] के चमकते जुगनू
दिल को हाले[17] में लिये कांप रहे हैं कब से

कितने लम्हे जो तिरी ज़ुल्फ़ के साये के तले
ग़र्क़[18] होकर तिरी आंखों के हसीं सागर[19] में
ग़मे - दौरां[20] से बहुत दूर गुज़ारे मैंने

---

1. परिपूर्ण मधुपात्र, 2. होंठ और कपोल रूपी पत्ते, 3. अलकें, 4. एकान्त की रात, 5. मिलन का आनंद, 6. हवा, 7. सौंदर्य की गली, 8. संदेश, 9. सुबह, 10. विरह उत्सव की स्तुति, 11. चीज़, 12. भेंट, 13. अतिरिक्त, 14. प्रेम और प्रेम-निर्वाह, 15. ख़ून में डूबी हुई कामना, 16. क्षणों, 17. घेरे, 18. डूबकर, 19. प्याला, 20. ज़माने का ग़म।

कितने लम्हे कि तिरी प्यार भरी नज़रों ने
किस सलीक़े[1] से सजाई मिरे दिल की महफ़िल
किस क़रीने[2] से सिखाया मुझे जीने का शऊर[3]

कितने लम्हे कि हसीं नर्म सुबुक[4] आंचल से
तूने बढ़कर मिरे माथे का पसीना पोंछा
चांदनी बन गयी राहों की कड़ी धूप मुझे

कितने लम्हे कि ग़मे-ज़ीस्त[5] के तूफ़ानों में
ज़िंदगानी की जलाए हुए बाग़ी मशअल[6]
तू मिरा अज़्मे-जवां[7] बन के मिरे साथ रही

कितने लम्हे कि ग़मे-दिल[8] से उभरकर हमने
इक नई सुब्हे-महब्बत[9] की लगन अपनाई
सारी दुनिया के लिए, सारे ज़माने के लिए

इन्हीं लम्हों के गुलआवेज़[10] शरारों[11] का तुझे
गूंधकर आज कोई हार पहना दूं आ जा
चूमकर मांग तिरी तुझको सजा दूं आ जा

चारागर

'मख़दूम' मोहीउद्दीन

इक चंबेली के मंडवे तले
मैकदे[12] से ज़रा दूर उस मोड़ पर

दो बदन
प्यार की आग में जल गये
प्यार हर्फ़े-वफ़ा[13]
प्यार उनका ख़ुदा
प्यार उनकी चिता

---

1. ढंग, 2. ढंग, 3. तमीज़, ज्ञान, 4. कोमल, 5. जीवन का ग़म, 6. बाग़ी मशाल, 7. जवान प्रतिज्ञा, 8. हृदय का दुख, 9. प्रेम की सुबह, 10. फूलों से लदे, 11. चिंगारियां, 12. शराबख़ाना, 13. प्रेम-निर्वाह का शब्द।

दो बदन
ओस में भीगते, चांदनी में नहाते हुए
जैसे दो ताज़ा रू[1] ताज़ा दम फूल पिछले पहर
ठंडी ठंडी सुबुक रौ[2] चमन की हवा
सर्फ़े-मातम[3] हुई
काली काली लटों से लिपट गर्म रुख़सार[4] पर
एक पल के लिए रुक गयी

दिन में और रात में
नूर-ओ-ज़ुल्मात[5] में
मस्जिदों के मिनारों ने देखा उन्हें
मंदिरों के किवाड़ों ने देखा उन्हें
मैकदे की दराड़ों ने देखा उन्हें

यह बता चारागर[6]
तेरी ज़ंबील[7] में
नुस्ख़ः-कीमिया-ए-महब्बत[8] भी है ?
कुछ इलाज-ओ-मदावा-ए-उल्फ़त[9] भी है ?

इक चंबेली के मंडवे तले
मैकदे से ज़रा दूर उस मोड़ पर
दो बदन
चारागर !

ग़ज़ल

'मजरूह' सुल्तानपुरी

मुझे सहल[10] हो गयी मंज़िलें वो हवा के रुख़[11] भी बदल गये
तिरा हाथ, हाथ में आ गया कि चराग़ राह में जल गये

---

1. चेहरा, 2. मंदगति से बहने वाली, 3. विलाप में व्यय, 4. कपोल, 5. प्रकाश और अंधकार, 6. उपचारक, 7. झोली, 8. प्रेम का रासायनिक नुस्खा, 9. प्रेम का इलाज, 10. आसान, 11. दिशा।

वो लजाये मेरे सवाल पर कि उठा सके न झुका के सर
उड़ी जुल्फ़ चेहरे पे इस तरह कि शबों के राज़[1] मचल गये

वही बात जो न वो कह सके मिरे शे'र-ओ-नग़्मे[2] में आ गयी
वही लब न मैं जिन्हें छू सका, क़दहे-शराब[3] में ढल गये
वही आस्तां[4] है वही जबीं[5] वही अश्क[6] है वही आस्तीं
दिले-ज़ार[7] तू भी बदल कहीं कि जहां के तौर[8] बदल गये

तुझे चश्मे-मस्त[9] पता भी है कि शराब[10] गर्मि-ए-बज़्म[11] है
तुझे चश्मे-मस्त ख़बर भी है कि सब आबगीने[12] पिघल गये
मिरे काम आ गईं आख़िरश[13] यही काविशें[14] यही गर्दिशें[15]
बढ़ीं इस क़दर मेरी मंज़िलें कि क़दम[16] के ख़ार[17] निकल गये

अंदेशे

'कैफ़ी' आज़मी

रूह[18] बेचैन है इक दिल की अज़ीयत[19] क्या है
दिल ही शोला[20] है तो यह सोज़े-महब्बत[21] क्या है
वो मुझे भूल गयी इसकी शिकायत क्या है
रंज तो यह है कि रो रो के भुलाया होगा

वो कहां और कहां काविशे-ग़म[22] सोज़िशे-जां[23]
उसकी रंगीन नज़र और नुक़ूशे - हिर्मां[24]
उसका एहसासे-लतीफ़[25] और शिकस्ते-अर्मां[26]
तानाज़न[27] एक ज़माना नज़र आया होगा

दिल ने ऐसे भी कुछ अफ़साने सुनाए होंगे
अश्क[28] आंखों ने पिए और न बहाए होंगे

---

1. रातों के रहस्य, 2. शेर और गीत, 3. शराब का प्याला, 4. चौखट, 5. माथा, 6. आंसू, 7. रोता हुआ दिल, 8. ढंग, 9. मस्त आंखें, 10. यौवन, जवानी, 11. महफ़िल की गर्मी, 12. शीशे, 13. अंततः, 14. परिश्रम, 15. चक्कर, घूमना, 16. पैर, 17. कांटा, 18. आत्मा, 19. कष्ट, तकलीफ़, 20. अंगारा, 21. प्रेम की जलन (तपन), 22. ग़म की तलाश, 23. शरीर की जलन, 24. निराशा के चिह्न, 25. कोमल भावना, 26. अरमानों की पराजय, 27. व्यंग्य करता हुआ, 28. आंसू।

बन्द कमरे में मिरे ख़त जो जलाए होंगे
एक - इक हर्फ़[1] जबीं[2] पर उभर आया होगा

उसने घबरा के नज़र लाख बचाई होगी
मिट के इक नक़्श[3] ने सौ शक्ल दिखाई होगी
मेज़ से जब मिरी तस्वीर हटाई होगी
हर तरफ़ मुझको तड़पता हुआ पाया होगा

बेमहल[4] छेड़ पे जज़्बात[5] उबल आये होंगे
ग़म पशेमान तबस्सुम[6] में ढल आये होंगे
नाम पर मेरे जब आंसू निकल आये होंगे
सर न कांधे से सहेली के उठाया होगा

परछाइयां

'साहिर' लुधियानवी

तसव्वुरात[7] की परछाइयां उभरती हैं
तुम आ रही हो ज़माने की आंख से बचकर
नज़र झुकाए हुए और बदन चुराए हुए
.ख़ुद अपने क़दमों की आहट से झेंपती डरती
.ख़ुद अपने साए की जुम्बिश[8] से ख़ौफ़[9] खाए हुए
तसव्वुरात की परछाइयां उभरती हैं

रवां[10] है छोटी-सी कश्ती हवाओं के रुख़ पर
नदी के साज़ पे मल्लाह गीत गाता है
तुम्हारा जिस्म हर इक लहर के झकोले से
मिरी खुली हुई बांहों में झूम जाता है
तसव्वुरात की परछाइयां उभरती हैं

---

1. शब्द, 2. माथा, 3. चिह्न, 4. अनुचित, 5. भावनायें, 6. शर्मिन्दा मुस्कराहट, 7. कल्पनाओं, 8. कम्पन, 9. भय, डर, 10. गतिशील।

मैं फूल टांक रहा हूं तुम्हारे जूड़े में
तुम्हारी आंख मसर्रत[1] से झुकती जाती है
न जाने आज मैं क्या बात कहने वाला हूं
ज़बान .खुश्क[2] है आवाज़ रुकती जाती है

तसव्वुरात की परछाइयां उभरती हैं

मिरे गले में तुम्हारी गुदाज़[3] बांहें हैं
तुम्हारे होंटों पे मेरे लबों[4] के साए हैं
मुझे यक़ीन कि हम अब कभी न बिछड़ेंगे
तुम्हें गुमान[5] कि हम मिल के भी पराए हैं

तसव्वुरात की परछाइयां उभरती हैं

मिरे पलंग पे बिखरी हुई किताबों को
अदा-ए-इज्ज़-ओ-करम[6] से उठा रही हो तुम
सुहाग रात जो ढोलक पे गाए जाते हैं
दबे सुरों में वही गीत गा रही हो तुम

तसव्वुरात की परछाइयां उभरती हैं

(इक़्तिबास)

(रुबाइयां)

रूप

'फ़िराक़' गोरखपुरी

(1)

हर जल्वे[7] से इक दर्से-नुमू[8] लेता हूं
छलकते हुए सद जाम-ओ-सुबू[9] लेता हूं
अय जाने-बहार[10] तुझ पे पड़ती है जब नज़र
संगीत की सरहदों को छू लेता हूं

---

1. प्रसन्नता, खुशी, 2. सूखी हुई, 3. भरी हुई, पिघलाने वाली, 4. होंठ, 5. शंका, 6. विनय और दया की अदा, 7. दर्शन, 8. विकास का पाठ (सबक़), 9. सैकड़ों प्याले और सुराहियां, 10. बहार की जान।

(2)

क़ामत[1] है कि अंगड़ाइयां लेती सरगम
हो रक़्स[2] में जैसे रंग-ओ-बू का आलम[3]
जगमग जगमग है शबिस्ताने - इरम[4]
या क़ौसे - कुज़ह[5] लचक रही है पैहम[6]

(3)

रंगत है कि घुंघरुओं की मद्धम झंकार
जोबन है कि पिछली रात बजता है सितार
सरशार[7] फ़ज़ाओं[8] की रगें टूटती हैं
चटकाता है उंगलियां जवानी का ख़ुमार[9]

(4)

वो मस्त नज़र कि मौजे-सहबा[10] थर्राए
वो हंसती जबीं[11] कि सुब्हे-सादिक़[12] शरमाए
इक मौजे - हयात[13] नर्मगामी[14] तेरी
बेहिस[15] राहों में जान जैसे पड़ जाये

(5)

मोती की कान, रस का सागर है बदन
दर्पन आकाश का सरासर[16] है बदन
अंगड़ाई में राजहंस तोले हुए पर
या दूध भरा मानसरोवर है बदन

(6)

यह रंगे - नशात[17] लहलहाता हुआ गात
जागी जागी सी काली जुल्फ़ों की यह रात
अय प्रेम की देवी यह बता दे मुझको
यह रूप है या बोलती तस्वीरे-हयात[18]

---

1. आकार, क़द, 2. नृत्य, 3. रंग और सुगंध का संसार, 4. स्वर्ग में सोने का कमरा, 5. इंद्रधनुष, 6. लगातार, 7. परिपूर्ण, 8. वातावरण, 9. मदिरालस, 10. शराब की लहर, 11. ललाट, 12. ऊषाकाल, 13. जीवन की लहर, 14. मंदगति, 15. निर्जीव, 16. नितान्त, 17. खुशी का रंग, 18. जीवन का चित्र।

(7)

संगीत की पंखड़ी को शबनम धो जाये
जैसे शोलों की जगमगाहट खो जाये
पिछले पहर को जिस्मे - ख़ुमारे - रंगीं[1] जैसे
कलियों के लबों पर मुस्कुराहट सो जाये

(8)

अय रूप की लक्ष्मी यह जल्वों का राग
यह जादु-ए-कामरूप[2] यह हुस्न की आग
ख़ैर-ओ-बरकत[3] है जहां में तेरे दम से
तेरी कोमल हंसी, महब्बत का सुहाग

(9)

हर सांस में गुलज़ार[4] से खिल जाते थे
हर लम्हे में जन्नत की हवा खाते थे
क्या तुझको महब्बत के वो अय्याम[5] हैं याद
जब परदः-ए-शब[6] बजते थे दिन गाते थे

(10)

रंगत तिरी कुछ और निकल आती है
यह आन तो हूरों[7] को भी शरमाती है
कटते ही शबे-विसाल[8] हर सुब्ह कुछ और
दोशीज़गी - ए - जमाल[9] बढ़ जाती है

(11)

जब तारों भरी रात ने ली अंगड़ाई
नमनाक मनाज़िर[10] ने पलक झपकाई
जब छा गयी पुरकैफ़[11] उदासी हर सिम्त[12]
सरशार फ़ज़ाओं[13] को तिरी याद आई

---

1. नशे से टूटता हुआ सुंदर शरीर, 2. कामरूप का जादू, 3. कल्याण और विभूति, 4. पुष्पवन, 5. समय, 6. रात के परदे, 7. अप्सरा (ब.व.), 8. मिलन की रात, 9. सौंदर्य का कौमार्य, 10. भीगे हुए दृश्य, 11. नशे से ओत-प्रोत, 12. दिशा, 13. परिपूर्ण वातावरण।

घर आंगन

जां निसार अख़्तर

(1)

यह तेरा सुभाव, यह सलीक़ा[1] यह सुरूप
लहजे[2] की यह छांव, गर्म जज़्बे[3] की यह धूप
सीता भी शकुन्तला भी, राधा भी तू ही
युग युग से बदलती चली आई है तू रूप

(2)

हाथों में यह गाती हुई सिंगर की मशीन
क़तरों[4] से पसीने के शराबोर[5] जबीन[6]
मसरूफ़[7] किसी काम में देखूं जो तुझे
तू और भी मुझको नज़र आती है हसीन

(3)

नज़रों से मिरी .ख़ुद को बचा ले कैसे
खुलते हुए सीने को छुपा ले कैसे
आटे में सने हुए हैं दोनों ही तो हाथ
आंचल को संभाले तो संभाले कैसे

(4)

हर सुब्ह को गुंचे[8] में बदल जाती है
हर शाम को शम्अ बन के जल जाती है
और रात को जब बन्द हों कमरे के किवाड़
छिटकी हुई चांदनी में ढल जाती है

(5)

हर एक घड़ी शाक़[9] गुज़रती होगी
सौ तरह के वहम[10] करके मरती होगी

---

1. योग्यता, ढंग, 2. उच्चारण-शैली, 3. जोश, 4. बूंद, 5. भीगी हुई, 6. पेशानी, ललाट, 7. लीन, 8. कली, 9. कठिन, कष्टप्रद, 10. आशंका।

घर जाने की जल्दी तो नहीं मुझको मगर
वो चाय पे इन्तज़ार करती होगी

(6)

कहती है कि वहशत[1] की भी हद होती है
कपड़ों का भी होश तुम भुला देते हो
जब देखूं गरीबान[2] खुला रहता है
क्या जाने बटन कहां गिरा देते हो

(7)

दरवाज़े की खोलने उठी है ज़ंजीर
लौटा हूं कहीं से जब भी पीकर किसी रात
हर बार अंधेरे में लगा है ऐसा
जैसे कोई शमूअ जल रही हो मिरे सात

(8)

हर एक मुसीबत से बचाने को तुम्हें
हर तरह की बात ख़ुद पे ले सकती हूं
कहती है कभी कभी तो यूं लगता है
मैं मां का भी प्यार तुमको दे सकती हूं

उनकी ज़बानी

(9)

मैं चाहे जहां भी जाऊं उनकी नज़रें
इस तरह से गिर्द[3] घूमती हैं मेरे
लगता है कि जैसे कोई लक्ष्मण रेखा
चलती है हर एक क़दम पे मुझको घेरे

(10)

मैं वह ही करूं जो वो कहें वो चाहें
मुझको तो इसी बात में चैन आता है

1. उन्माद, पागलपन, 2. कुरते का गला, 3. आसपास।

मनवा भी लूं उनसे अपनी मरज़ी जो कभी
हफ़्तों को मिरा सुकून मर जाता है

(11)

ख़ुद हिल के क्या मजाल वो पानी पी लें
हर रात बंधा हुआ है यह ही दस्तूर
सिरहाने पे चाहे भरके छागल रख दूं
सोते से मगर मुझको जगायेंगे ज़रूर

(12)

वो ज़िद[1] पे उतर आते हैं अक्सर औक़ात[2]
हर चीज़ पे वो बहस करेंगे मिरे सात
हर्गिज़ भी न मानेंगे जो मैं चाहूंगी
लेकिन जो मैं चाहूंगी करेंगे वही बात

(13)

बाहर वो जहां भी काम करते होंगे
रहते ही तो होंगे वां झुकाए हुए सर
घर में भी न सर उठा सकेंगे तो भला
रह जायेगा उनका दम न सचमुच घुट कर

(14)

हर बार तपस्या से जीता है उन्हें
वो ही मेरे स्वामी हैं वही मेरे पती
उनका है मिरा जनम-जनम का नाता
उमा हूं कभी मैं तो कभी पार्वती

●●●

1. हठ, 2. समय।